CB122928

Direito Probatório Material Comentado

LIVROS DO MESMO AUTOR:

- *Prova por Presunção no Direito Civil*, 2017, 3ª ed.
  Este livro recebeu o 1º Prémio de Literatura Judiciária, em setembro de 2013.
- *Prova Testemunhal, Noções de Psicologia do Testemunho*, Almedina, 2020
- *O Valor Probatório do Documento Eletrónico no Processo Civil*, 2017, 2ª ed.
- *Processos Especiais de Divisão de Coisa Comum e de Prestação de Contas*, 2020, 2ª ed.

Em coautoria com António Abrantes Geraldes e Paulo Pimenta:

- *CPC Anotado*, I Vol., 2022, 3ª ed.
- *CPC Anotado*, II Vol., 2022, 2ª ed.

Direito Probatório Material Comentado

2023 • 3ª Edição

Luís Filipe Pires de Sousa
Juiz Desembargador
Mestre em Direito

ALMEDINA

DIREITO PROBATÓRIO MATERIAL COMENTADO
AUTOR
Luís Filipe Pires de Sousa
EDITOR
EDIÇÕES ALMEDINA, S.A.
Avenida Emídio Navarro, 81, 3D
3000-151 Coimbra
Tel.: 239 851 904 · Fax: 239 851 901
www.almedina.net · editora@almedina.net
DESIGN DE CAPA
EDIÇÕES ALMEDINA, S.A.
PRÉ-IMPRESSÃO
João Jegundo
IMPRESSÃO E ACABAMENTO

Abril, 2023

ISBN
978-989-40-1116-3

DEPÓSITO LEGAL

Os dados e as opiniões inseridos na presente publicação são da exclusiva responsabilidade do(s) seu(s) autor(es).
Toda a reprodução desta obra, por fotocópia ou outro qualquer processo, sem prévia autorização escrita do Editor, é ilícita e passível de procedimento judicial contra o infrator.

ALMEDINA | GRUPOALMEDINA

ABREVIATURAS

AUJ	–	Acórdão de Uniformização de Jurisprudência
CAD	–	Código de Administração Digital Italiano
CC	–	Código Civil
CIRE	–	Código da Insolvência e da Recuperação de Empresas
CJ	–	Coletânea de Jurisprudência
CN	–	Código do Notariado
CPA	–	Código de Procedimento Administrativo
CPC	–	Código de Processo Civil
DL	–	Decreto-lei
RJDEAD	–	Regime Jurídico do Documento Eletrónico e da Assinatura Digital (Decreto-lei nº 290-D/99, de 2.8)

ADVERTÊNCIAS

- São do Código Civil as normas mencionadas sem qualquer outra indicação.
- Os acórdãos referidos sem qualquer outra indicação têm por fonte www.dgsi.pt.

Direito Probatório Material Comentado

ARTIGO 341º – FUNÇÃO DAS PROVAS

As provas têm por função a demonstração da realidade dos factos.

Remissões: art. 410º do CPC (objeto da instrução); art. 596º, nº 1, do CPC (enunciação dos temas da prova).

1. Noção de prova

O vocábulo prova é polissémico, podendo estar associado a três significados. Em primeiro lugar, o de meio que serve para confirmar ou infirmar um enunciado fáctico relativo à causa, ou seja, um elemento que pode ser utilizado para conhecer o facto. Neste sentido, estamos perante a prova como meio de prova, *"evidence"* na terminologia anglo-saxónica. Em segundo lugar, prova será o resultado da aquisição desse meio de prova e da sua valoração pelo juiz, dizendo-se que *"está provado o facto x"*, *"proof"* na terminologia anglo-saxónica. Em terceiro lugar, o termo prova designa o procedimento que medeia entre os dois significados anteriores, mediante o qual se adquirem no processo as informações que servem para formular a decisão, isto é, a atividade da assunção e instrução probatórias.

Na redação deste preceito, o legislador centrou-se no primeiro dos referidos sentidos.

2. Fonte de prova e meio de prova

A fonte de prova designa uma realidade extrajurídica preexistente ao processo, que representa um *quid* material substantivo. O meio de prova é um conceito processual, reportando-se à atividade necessária para introduzir a fonte no processo.[1] Na síntese de Abel Lluch, «As fontes de prova são

[1] Cf. Juan Montero Aroca, *La Prueba en el Proceso Civil*, 2007 pp.150-153; Maria Del Carmen Ortuño Navalón, *La Prueba Electrónica Ante los Tribunales*, 2014, pp. 34-35.

os instrumentos que as partes devem averiguar para demonstrar as suas afirmações de facto e são, por definição, ilimitadas. Os meios de prova são os instrumentos de que o juiz se serve para verificar as afirmações fácticas das partes e são os previstos, com carácter limitado, pelo legislador.»[2] Assim, a testemunha é a fonte de prova e o testemunho é o meio de prova; o objeto submetido a perícia é a fonte e o meio consiste na atividade pericial e subsequente relatório. É fonte de prova a informação armazenada no suporte eletrónico (palavras, dados, imagens e/ou sons), sendo meio de prova a forma através da qual tais elementos são incorporados no processo designadamente através de prova documental, pericial ou mesmo testemunhal.[3]

3. Prova direta e prova indireta

Na prova direta, o procedimento probatório consiste na contrastação empírica direta do enunciado fáctico que se prova: «o enunciado que expressa o *factum probans* coincide com o que descreve o *factum probandum*»[4], como sucede quando a testemunha profere afirmações sobre factos principais de molde a confirmar a sua ocorrência. Diversamente, na prova indireta o procedimento probatório permite alcançar o facto que se prova (*factum probandum*) a partir de outro ou outros factos mediante um processo inferencial.[5]

Francesco de Santis, *Il Documento Non Scritto Come Prova Civile*, Napoli, Edizioni Scientifiche Italiane, 1988, pp. 117-118, afirma que a fonte de prova designa genericamente o *factum probans*, entendido como o conteúdo representativo da prova, ou seja, como o conjunto de factos (ou atos) que demonstram a (in)existência ou alguma característica do *thema probandum*, mas também como o facto material que permite, através do seu conteúdo, de alcançar a prova útil à decisão. Por sua vez, o meio de prova indica o modo formal de assunção da prova em juízo. A concetualização da prova atípica radica nesta distinção, discutindo-se se a atipicidade deriva apenas de fontes de prova atípicas ou se abrange também os meios instrutórios pelos quais as provas são adquiridas para o processo.

[2] Abel Luch e Picó i Junoy, *La Prueba Electrónica*, "Colección de Formación Continua Facultad de Derecho ESADE", 2011, p. 28.

[3] Em conformidade, a fonte de prova pode suscitar questões atinentes à sua (i)licitude enquanto o meio de prova pode colocar questões de (i)legalidade processual.

[4] Remédio Marques, "Os Poderes da Relação em Matéria de Presunções Judiciais e o Controlo do STJ sobre o Exercício Desses Poderes", in *Boletim da Faculdade de Direito*, Nº 92, 2016, p. 782.

[5] Sobre a distinção entre prova direta e indireta, cfr. mais desenvolvidamente, Michele Taruffo, *La Prueba de los Hechos*, Editorial Trotta, Madrid, 2002, pp. 257 a 273. Marina

Todavia, não deve atribuir-se tal relevância à distinção entre prova direta e prova indireta porquanto, do ponto de vista da sua estrutura, a maior parte das provas judiciais (incluindo as chamadas diretas) são indiretas ou indiciárias. As provas diretas produzem também apenas um resultado provável, mesmo que esse grau de probabilidade possa ser maior em razão do menor número de passos inferenciais que requerem.[6] O que distingue a prova direta da indireta é o número de passos inferenciais requeridos para estabelecer o *factum probandum*. Não há uma diferença ontológica, mas sim no grau de inferência, na estrutura, na medida em que o processo probatório indireto é complexo enquanto na prova direta é mais simples. Na prova direta ou representativa, o juiz aplica máximas de experiência no momento em que valora a atendibilidade e credibilidade do meio de prova. Na prova indireta ou crítica, o juiz aplica máximas de experiências em dois momentos sucessivos: quando valora a atendibilidade e credibilidade do facto-base (v.g., testemunho, documento) e, subsequentemente, quando estabelece um nexo lógico entre o facto-base e o facto presumido.[7]

Gascón Abellán, *Los Hechos en el Derecho, Bases Argumentales de la prueba*, Marcial Pons, Madrid, 2010, pp. 79-88, propõe três critérios para distinguir a prova direta da indireta. Assim, num primeiro critério a distinção radica no carácter mediato ou imediato do conhecimento dos factos que se provam, sendo a prova direta quando a verificação do facto a que o enunciado se refere é imediata e indireta quando se chega ao facto a partir de outros, mediante um processo inferencial. Neste critério, todas as provas de factos passados são indiretas. Um segundo critério assenta na estrutura lógica da inferência em que consiste o procedimento probatório: enquanto na prova direta se utilizam leis lógica e científicas (não probabilísticas) que conduzem a resultados necessários, na prova indireta utilizam-se máximas de experiência que conduzem a resultados possíveis. No terceiro critério, considera-se prova direta aquela em que o facto que se quer provar surge direta e espontaneamente sem necessidade de raciocínio e é capaz, só por si, de fundar a convicção. Prova indireta será aquela em que o facto não surge diretamente do meio de prova, necessitando de raciocínio, sendo incapaz só por si de fundar a convicção.

[6] Antonio Carrata, "Prova e convincimento del giudice nel processo civile", in *Rivista di Diritto Processuale*, Ano 2003, p. 46, enfatiza também que, quer na prova direta ou representativa quer na prova por presunção, «(...) o raciocínio do juiz efetua uma ligação entre o *factum probans* com o *probandum* fazendo, de qualquer modo, recurso às máximas da experiência e o resultado deste modo de proceder é sempre a provável veracidade das alegações factuais, quer se trate de prova direta , quer se trate de prova presuntiva.»

[7] Cf. Vincenzo Russo, *La Prova Indiziaria e il "Giusto Processo"*, Jovene Editore, 2001, p. 56. Confluentemente, cf. Nevio Scapini, *La Prova per Indizi nel Vigente Sistema del Processo Penale*, Giuffrè Editore, 2001, pp. 254-255. Afirma Giuseppe Saccone, *L'Indizio "Per la Prova" e L'Indizio "Cautelare" nel Processo Penale*, Giuffrè Editore, 2012, p. 58, que na prova indiciária «o

Na verdade, se uma testemunha diz que viu *A* disparar sobre *B* e este cair morto, este depoimento *de per si* só prova que a testemunha *disse* que viu *A* disparar sobre *B* e este cair morto. Tal declaração só provará que *A* matou *B* se a testemunha disser a verdade (se não tiver sofrido erros de perceção, se não sofrer de erros de memória, se não tiver mentido). Este dado (a testemunha disse a verdade) é o resultado de uma inferência do mesmo tipo da que define a prova indireta.[8] Entre a declaração da testemunha e a fixação da prova do facto existe uma passagem lógica que se consubstancia num *juízo de atendibilidade*, consistindo este na apreciação da idoneidade da declaração em função da correção da perceção e da sinceridade do declarante. Ou seja, mesmo o juízo sobre a atendibilidade de uma fonte de prova representativa está condicionado pelo grau de probabilidade da lei inferencial aplicada, a qual pode ser "certa" como uma lei científica ou simplesmente provável como as regras emergentes da observação da reiteração dos comportamentos humanos. De todo o modo, tanto pode o juiz errar ao apreciar a declaração de uma testemunha presencial como quando extrai uma certa conclusão de um ou vários factos-base/indícios.

Conforme refere ANDREA PELLEGRINO, a estrutura do raciocínio judiciário não muda em função da natureza direta ou indireta da prova, obedecendo sempre a um silogismo em que o elemento conhecido (premissa menor ou *factum probans*) é analisado segundo uma regra (premissa maior) criada indutivamente daí emergindo um resultado (conclusão ou *factum probandum*) de tipo hipotético.[9] Dito de outra forma, o juiz parte de um dado probatório (entendido como a informação transmitida por um meio de prova), adota um critério de valoração (a máxima de experiência) e chega a um resultado probatório consistente na afirmação sobre a exatidão ou falsidade da informação.

A maior certeza do raciocínio probatório judicial não depende da natureza representativa ou crítica da prova mas sim da maior capacidade do facto conhecido a constituir-se, no caso concreto, como indício inequívoco

juiz deve realizar duas valorações sucessivas e aplicar duas regras de experiência: a primeira servirá para verificar a seriedade e a fiabilidade da fonte de prova; a segunda consentirá – em virtude de um diverso e ulterior critério inferencial – ascender do facto provado – não coincidente com o *thema probandum* – ao facto a provar.»

[8] Neste sentido, MARINA GASCÓN ABELLÁN, *Los Hechos en el Derecho, Bases Argumentales de la prueba*, Marcial Pons, Madrid, 2010, pp. 82, 138, 183.

[9] *Il Doppio Volto Dell'Indizio nel Processo Penale*, Giappichelli Editore, 2010, p. 259.

do facto desconhecido/*factum probandum*.[10] Em suma, o que determina a atendibilidade do raciocínio probatório não é a categoria em que se subsume a prova (direta ou indireta) mas o conteúdo e o fundamento epistemológico da regra de inferência a que o juiz recorre e que expressa como fundamento da sua decisão.

4. A prova e a verdade

A finalidade material da prova é a de permitir alcançar o conhecimento acerca da veracidade dos enunciados fácticos do caso.

Todavia, quando se afirma que o facto x está provado, o que se afirma é que as provas produzidas (cf. art. 413º do CPC) constituem esteio suficiente para confirmar uma determinada hipótese sobre tal facto. Dito de outra forma, quando o juiz afirma que "*Está provado x*" tal é sinónimo de afirmar "*Há elementos de juízo suficientes a favor de x*". Por elementos de juízo entende-se aqui qualquer enunciado fáctico descritivo do qual se possa obter, direta ou indiretamente, inferências para a corroboração ou refutação do facto em apreço.[11] O enunciado declarativo dos factos provados é um enunciado relacional no sentido de que não pode afirmar-se em absoluto que uma proposição x está provada, mas apenas que está provada em função de um determinado conjunto de elementos de juízo ou meios de prova alcançados no processo.

Daqui decorre uma consequência importante: "*Está provado que x*" será um enunciado verdadeiro quando se disponham de elementos de juízo suficientes a favor de *x* e falso quando tais elementos sejam insuficientes (ou contra), tudo isto independentemente da verdade ou falsidade da proposição *x*. Dizer que um enunciado fáctico está provado significa dizer que o mesmo foi confirmado pelas provas disponíveis mas isto não impede nem garante que a declaração dos factos provados na sentença possa ser falsa. Ou seja, considerar provado um enunciado fáctico equivale a dizer que há boas razões para aceitar – de maneira justificada e decisional – a hipótese com base no contexto probatório, independentemente da crença subjetiva na sua veracidade.[12]

[10] Carlo Pecoraro, *Le Presunzioni nel Diritto Penale*, Roma Tre, Anno Accademico 2007/2008, pp. 13-14.

[11] Ferrer Beltrán, Jordi, *Prueba y Verdade en el Derecho*, Marcial Pons, Madrid, 2ª Ed., 2005, p. 35.

[12] Cf. Daniel Coutinho da Silveira, *Prova, Argumento e Decisão. Critérios de Suficiência para Orientação dos Juízos de Factos no Direito Processual Brasileiro*, São Paulo, 2011, p. 101.

Uma conceção racional da prova implica a distinção entre os conceitos de *provado* e *verdadeiro*, pautando-se por uma postura cognoscitivista no sentido de que o processo deve orientar-se para a comprovação da verdade (que será o objetivo último da atividade probatória) mas o conhecimento alcançado é sempre imperfeito e relativo. O processo permite obter verdades relativas, contextuais, aproximadas, derivadas racionalmente das provas fornecidas em cada caso particular. Conforme refere REMÉDIO MARQUES, «toda a verdade é contextualizada e está condicionada pela situação no âmago da qual é perseguida, designadamente pelos conhecimentos ou informações disponíveis, a metodologia seguida para a alcançar e a validade e eficácia dos mecanismos utilizados para a confirmar.»[13] A convicção do juiz versa sobre a verdade do enunciado fáctico feita pela parte, podendo o enunciado ser tido como provado, apesar de ser falso e vice-versa.

Deve distinguir-se entre a crença na veracidade de um enunciado fáctico, por um lado, e afirmação deste como provado, por outro. Esta última pode decorrer de norma que o impõe, v.g. art. 376º, nº 1, independentemente da crença no valor de verdade do enunciado em causa. Quando se afirma "*Está provado que x*", no fundo, o que se quer dizer é que se aceita tal enunciado, atuando-se como se o mesmo fosse verdadeiro, independentemente de se crer ou não na sua veracidade. Daí que o "*Está provado que x*", em última instância, significa "*Aceita-se x como verdadeiro*".

Daí que, conforme afirma MICHELE TARUFFO, apesar de ser necessário que a decisão se funde na melhor aproximação possível à realidade empírica dos factos, é inevitável que se trate em todo o caso de uma aproximação "relativa", em função da extensão e utilidade epistémica das provas disponíveis. O que não justifica a ênfase que alguma doutrina põe na distinção entre uma **verdade formal** obtida no processo e uma verdade empírica, **material** que existiria e seria estabelecida fora do processo. "Esta duplicação de conceitos de verdade é inútil e equivocada, porque não é verdade que no âmbito do processo se persiga uma verdade qualitativamente distinta daquela que existira em qualquer âmbito fora do processo. O que se persegue no processo é a melhor aproximação possível, baseada nas provas que estão disponíveis no caso concreto, à verdade "histó-

[13] "Os Poderes da Relação em Matéria de Presunções Judiciais e o Controlo do STJ sobre o Exercício Desses Poderes", in *Boletim da Faculdade de Direito*, Nº 92, Tomo II, 2016, pp. 768-769.

rica" ou "empírica" dos factos. Esta verdade histórica ou empírica, por sua vez, não "existe por si mesma" num lugar estranho e longe do processo.[14] É, ao contrário, uma espécie de ideal regulativo, um ponto de referência ao qual se orienta a atividade de quem, no processo ou fora dele, tem a função de averiguar os factos."[15] Na expressão de Guzmán, qualquer verdade é relativa e não existem fora do processo verdades absolutas a respeitos das quais a verdade processual seja por definição algo menor.[16]

ARTIGO 342º – ÓNUS DA PROVA

1. Àquele que invocar um direito cabe fazer a prova dos factos constitutivos do direito alegado.

2. A prova dos factos impeditivos, modificativos ou extintivos do direito invocado compete àquele contra quem a invocação é feita.

3. Em caso de dúvida, os factos devem ser considerados como constitutivos do direito.

[14] «(...) o processo não deve servir de instrumento para a busca de uma verdade fora do processo, pois na medida em que se é permeado pela linguagem, somente é verdadeiro aquilo que o próprio contexto linguístico permite afirmar. O juiz não é (e não deve ser) um historiador que busca estabelecer a veracidade dos fatos em sua pureza ontológica. Por isso não se reconstroem fatos no processo, mas sim narrativas sobre fatos. Pode-se chamar a isso de "reconstrução da história institucional do fenômeno sob exame". Não há uma busca pela essência dos fatos e muito menos uma "verdade real" como linha de chegada para a valoração probatória» – Lenio Luiz Streck, Igor Raatz e Wlliam Gaelle Dietrich, "Sobre um possível diálogo entre a crítica hermenêutica e a teoria dos standards probatórios: notas sobre valoração probatória em tempos de intersubjetividade", www.univali.br/periodicos, Doi: 10.14210/nej.v21n2. p. 16.

[15] *La Prueba, Artículos y conferencias*, Editorial Metropolitana, 2008, pp. 29-30. Noutro passo da sua obra, afirma Taruffo que «(...) a verdade como correspondência absoluta de uma descrição com o estado de coisas do mundo real não é alcançável com procedimentos cognoscitivos concretos, já que é só um valor-limite teórico da verdade da descrição» – *La Prueba de los Hechos*, Editorial Trotta, Madrid, 2002, p. 180. Também rui pinto Duarte, "Algumas notas acerca do papel da "convicção-crença" nas decisões judiciais", in *Themis*, Ano IV, Nº 6, 2003, p. 14, afirma que "os juristas têm, no entanto, generalizadamente consciência de que a "verdade" estabelecida nos processos judiciais não é a verdade naturalística. A verdade que se visa apurar nos processos não é a verdade ontológica, mas sim uma verdade prática, processualmente válida."

[16] *La verdade en el Proceso Penal*, p. 25, *apud* Germano Marques da Silva, *Curso de Processo Penal*, II, 4ª Ed., 2008, p. 132.

Remissões: art. 414º do CPC (princípio a observar em casos de dúvida); art. 75º da Lei Geral Tributária (ónus da prova); art. 12º do Decreto-lei nº 147/2008, de 29.7. (responsabilidade objetiva em sede de responsabilidade por danos ambientais).

1. A regra do ónus da prova

A regra do ónus da prova intervém em dois momentos processuais e com funções distintas.[17]

Em sede de apuramento dos factos provados e não provados, a regra do ónus da prova veicula um critério de decisão nos termos do qual, perante a inconcludência ou insuficiência da prova realizada sobre um enunciado fáctico e em nome da proibição do *non liquet* (art. 8º, nº 1), o juiz decide contra a parte onerada com a prova do facto. «Perante a falta de prova do facto, o tribunal ficciona que se encontra provado o facto contrário e toma-o como fundamento da sua decisão.»[18] Neste sentido, a norma em causa tem natureza substantiva e supletiva, porquanto só é chamada à colação nas situações de dúvida insanável sobre o enunciado fáctico, não chegando a aplicar-se quando a prova produzida é suficiente para dar o facto – diretamente – como provado ou não provado. Quando o juiz alcança um convencimento firme, a regra não chega a aplicar-se. Como afirma Salvatore Patti, «Quando a verdade é conhecida importa pouco saber quem estava onerado em revelá-la».[19] Na expressão de um aresto do STJ: «A apreciação das provas é independente da questão do ónus da prova. O tribunal perante os factos e a prova que sobre eles incidiu deve formar a sua convicção tendo

[17] «As regras da distribuição do ónus da prova servem, por um lado, para resolver as dúvidas sérias sobre a realidade de um facto e, por outro, para decidir do sentido da ação quando não se provem determinados factos» – Acórdão do Supremo Tribunal de Justiça de 29.10.2020, *Olindo Geraldes*, 3214/18.

[18] Teixeira de Sousa, *As Partes, o Objeto e a Prova na Acção Declarativa*, 1995, p. 216. Vaz Serra, *Provas (Direito Probatório Material)*, 1962, p. 57, afirma que: «Decidir que o ónus da prova incumbe a uma das partes, significa que essa parte, se no processo a prova não for feita, verá julgar o pleito contra si, ou, o que é coisa análoga, sujeitar-se-á ao inconveniente de ser havido como assente o facto contrário.» Por sua vez, no Acórdão do Supremo Tribunal de Justiça de 18.9.2012, *Joaquim Piçarra*, 1634/07, *Sumários*, afirma-se: «Se o julgador, depois de analisar criticamente as provas produzidas, ficar sem saber se determinado facto pertinente à decisão da causa ocorreu ou não, é nesse ponto crucial que intervém o chamado ónus da prova. Este traduz-se, para a parte a quem compete, no encargo de fornecer ao tribunal a prova do facto visado, incorrendo nas desvantajosas consequências de se ter como líquido o facto contrário, quando omitiu ou não logrou realizar essa prova.»

[19] Salvatore Patti, *Prove*, Zanichelli Editore, 2015, p. 53.

em vista um juízo prudencial. Só então cumpre ao tribunal determinar o sentido da decisão à luz das regras do ónus da prova considerando a falta de prova sobre determinadas realidades de facto.»[20] Ou seja, a regra do ónus da prova é uma regra de decisão na falta de prova. Na expressão de LEO ROSEMBERG, «o domínio do ónus da prova começa onde acaba o domínio da livre apreciação da prova.»[21] No que tange à determinação da parte (subjetivamente) onerada com a prova do facto, em caso de dúvida, entende-se que é a parte a quem o facto aproveita (art. 414º do CPC).

Considerando o princípio da aquisição processual (cf. art. 413º do CPC), nos termos do qual o juiz deve considerar as provas mesmo que não provenham da parte onerada com o ónus subjetivo da prova, a regra do ónus da prova distribui o risco da insuficiência do convencimento do juiz. Deste modo, não se trata de um ónus em sentido estrito, consubstanciando a regra do ónus da prova em sentido objetivo uma regra de distribuição do risco da insuficiência/inconcludência da prova na reconstrução dos factos. Como a prova pode advir da parte contrária, o insucesso do esforço probatório da parte onerada subjetivamente com o ónus não determina, necessariamente, tal efeito negativo, mas potencia-o.

Em suma, como regra de decisão supletiva, a regra do ónus da prova centra-se na aceção da prova como resultado. Diversamente, como norma orientadora da estratégia das partes, a regra do ónus da prova centra-se na prova como atividade.

Num segundo momento e após a fixação dos factos provados, a regra do ónus da prova intervém como pauta de decisão sobre a (im)procedência da pretensão de mérito deduzida em juízo, mediante a formulação de um juízo de conformidade/subsunção entre os factos provados e os requisitos constitutivos da hipótese de facto pressuposta para aplicação da norma favorável, ao abrigo da qual a parte deduziu a pretensão. Incumbe à parte alegar os factos constitutivos/integradores do direito cujo acionamento pretende de molde que, perante a não prova de factos integrantes da previsão da norma substantiva em que a parte estriba a pretensão, o juiz julgará improcedente o pedido e vice-versa. Neste sentido, é frequente a fundamentação de mérito em que o tribunal julga improcedente a ação com fundamento na inobservância do ónus da prova dos factos constitutivos do direito do autor.

[20] Acórdão do Supremo Tribunal de Justiça de 28.5.2015, *Salazar Casanova*, 633/12, *Sumários*.

[21] *La Carga de la Prueba*, Editorial Bdef, Buenos Aires, 2002, p. 61.

A repartição do ónus da prova «deve fazer-se consoante a posição em que cada um dos sujeitos da relação material se encontre no processo (isto é, consoante a pretensão que nele deduzir), não havendo, por conseguinte, temas probatórios fixos, quer dizer, factos cuja prova tenha de caber sempre a certos sujeitos» (Vaz Serra, *Op. Cit.*, p. 76), sendo a repartição determinada pela posição da parte em relação a cada espécie concreta de processo. Por exemplo, numa ação em que peticione a anulabilidade de contrato com base em vício da vontade, incumbe ao autor a prova do vício. Pelo contrário, sendo o réu demandado no pressuposto da validade do contrato, caber-lhe-á provar tal vício se deduzir exceção com tal fundamento.

Sobre a articulação entre o ónus da prova, a contraprova e o *standard* de prova, cf. pp. 56-58.

2. A teoria da norma e a teoria da normalidade

O critério mais recorrente para qualificar, em concreto, os factos como constitutivos, impeditivos, modificativos ou extintivos é o critério ou teoria da norma.

Segundo a teoria da norma, formulada por Rosenberg, «(...) cada uma das partes terá de alegar e provar os pressupostos da norma que lhe é favorável. A teoria da norma pressupõe, desta maneira, que as regras sobre a distribuição do ónus da prova emanem, em primeira linha, das normas de direito substantivo, sendo, antes de mais, necessário escrutinar a norma material que uma parte alega (e que lhe será favorável), atendendo à sua posição processual no caso concreto. Sendo-lhe favorável, como com certeza o será, recairá sobre a parte que alega a referida norma a prova dos pressupostos que a constituem.»[22] «Ao réu incumbirá, por sua vez, a prova dos factos correspondentes à previsão (abstrata) da norma substantiva em que se baseia a *causa impeditiva, modificativa* ou *extintiva* (do efeito jurídico pretendido pelo autor) por ele (réu) invocada. Compete-lhe, portanto, a prova dos factos *impeditivos, modificativos* ou *extintivos* da pretensão da contraparte, determinados de acordo com a norma em que assenta a exceção por ele invocada (...) Cada uma das partes terá, em suma, de alegar e provar, sobre o terreno da situação concreta em exame, os pressupostos da *norma* que lhe é favorável. (...) a distinção entre os factos constitutivos e os

[22] Gonçalo Almeida Cardim, *A Inversão do Contencioso. Em Especial, a Distribuição do Ónus da prova na Sequência da Inversão do Contencioso*, UCP, 2018, p. 27.

factos impeditivos da pretensão formulada pelo autor deve [se] procurar na interpretação e aplicação da norma substantiva que serve de fundamento à pretensão de cada uma das partes.»[23] Em síntese, de acordo com a teoria das normas, «cada parte está onerada com a prova dos factos subsumíveis à regra jurídica que lhe atribui um efeito favorável».[24]

Factos constitutivos são os considerados relevantes pela lei para que o direito surja na esfera jurídica da parte, permitindo à parte que o exerça. Factos impeditivos são os que se opõem a que o direito do autor tenha eficazmente surgido, sendo anteriores ou contemporâneos dos factos constitutivos. «Um facto serve de causa *impeditiva* sempre que *obste ao nascimento* do direito do autor ou, noutros termos, não permita, *ab initio*, que os factos constitutivos produzam a sua eficácia normal.»[25] Os factos extintivos são os que, temporalmente posteriores aos factos que originaram o direito, determinam a cessação do direito do autor, pressupondo que este surgiu validamente.[26] Factos modificativos são os que alteram os termos de um direito do autor que, validamente, se tenha constituído (VAZ SERRA, *Op. Cit.*, pp. 69-70; MIGUEL MESQUITA, *Op. Cit.*, p. 45).

A qualificação do facto como constitutivo, modificativo, impeditivo e extintivo só pode ser feita mediante uma análise de cada situação concreta e considerando a função que o facto desempenha atenta a posição das partes. Por outras palavras, «a obrigação de prova não está determinada pela

[23] ANTUNES VARELA, RLJ, Ano 117º, p. 26 e ss.
Quanto à evolução subsequente da teoria das normas na Alemanha, refere PEDRO MÚRIAS, *Por Uma Distribuição Fundamentada do Ónus da Prova*, p. 38 que: «Numa rápida sinopse, o estado actual da crítica e «modificação» da teoria das normas revela a rejeição de dois pressupostos metodológicos centrais do pensamento rosenberguiano: a autonomia substantiva das «normas impeditivas» e a dedução da distribuição do ónus da prova a partir da impossibilidade de «aplicar uma norma» sem convicção quanto à ocorrência dos elementos da sua *facti species*. Em sentido inverso, observa-se o acolhimento de uma distinção substantiva entre normas constitutivas, excludentes e extintivas, a atribuição de um papel determinante à sintaxe dos textos legais e um consenso generalizado quanto à irrelevância da posição processual das partes para a distribuição.»

[24] JOÃO DE CASTRO MENDES e MIGUEL TEIXEIRA DE SOUSA, *Manual de Processo Civil*, Vol. I, AAFDL, 2022, p. 493.

[25] MIGUEL MESQUITA, *Reconvenção e Excepção no Processo Civil*, p. 43.

[26] «Incumbe à parte que invoca um determinado acordo quanto aos termos em que poderiam pôr fim a um contrato o ónus de o provar» (Acórdão do Supremo Tribunal de Justiça de 11.3.2010, *Prazeres Beleza*, 11993/07).

qualidade do facto que se tem de provar, mas pela condição jurídica que tem em juízo aquele que o invoca».[27]

Caso o autor não prove o facto constitutivo alegado, a ação é julgada improcedente, segundo o princípio *actore non probante reus absolvitur*, mesmo que o réu não prove qualquer facto impeditivo, modificativo ou extintivo. Diversamente, se o autor lograr provar o facto constitutivo, o réu pode assumir uma das seguintes atitudes: impugnar aquela, por contraprova ou por prova do contrário ou, em alternativa, provar um facto impeditivo, modificativo ou extintivo do direito invocado pelo autor.

Numa segunda aproximação, há quem propugne atender aos parâmetros de normalidade, de modo que ao autor caberá a prova do facto específico idóneo a produzir o efeito jurídico pretendido, sendo irracional impor-lhe a prova concomitante dos requisitos genéricos (v.g. capacidade das partes) ou, pior ainda, o ónus da prova das condições negativas, que impedem o surgimento ou o perdurar do direito acionado. Caberá ao réu provar a eventual inexistência de algum dos requisitos genéricos do ato ou a existência de condições negativas, enquanto factos extintivos, modificativos ou impeditivos do direito acionado pelo autor.[28]

A teoria da norma e a teoria da normalidade podem, em concreto, revelar-se inadequadas, requerendo uma intervenção corretiva do juiz, em prol da igualdade processual e da efetividade da tutela, sob pena de ser tornar intoleravelmente difícil a prova a cargo de uma parte, em benefício irracional a favor da contraparte.[29] Com efeito, a predisposição do ónus probatório de forma apriorística e imutável pode redundar numa dificuldade probatória subjetiva acentuada, desvirtuadora do acesso ao direito (art. 20º da Constituição) e indutora de uma desigualdade substancial entre as partes.

[27] Carlos Lessona, Teoria *general de la prueba en derecho civil*, p. 129, *apud* Rita Lynce Faria, *A Inversão do Ónus da Prova no Direito Civil Português*, Lex, 2001, p. 32.

[28] Cf. Luigi Comoglio, *Le Prove Civili*, UTET, 2010, pp. 285-286. «Na repartição do ónus da prova, nos termos do artigo 342º do Código Civil há que apelar para o critério da normalidade cabendo à parte contrária a prova dos factos anormais que excluem ou impedem a eficácia dos elementos constitutivos do direito» (Acórdão do Supremo Tribunal de Justiça de 13.7.2010, *Sebastião Póvoas*, 7005/05, *Sumários*).

[29] Segundo Pedro Múrias, *Por Uma Distribuição Fundamentada do Ónus da Prova*, p. 110, «Numa área em que os «factos» relevantes não se encontram previstos na lei, a «teoria» [das normas] redunda em pura arbitrariedade e fonte de desequilíbrio entre as partes, pela unilateralidade da distribuição», exemplificando com as cláusulas gerais e com as categorias do abuso de direito, v.g., *venire contra factum proprium*.

Essa intervenção pode, desde logo, passar pela interpretação da norma no sentido de estabelecer em que medida um facto deve integrar a *fatispécie* constitutiva ou se, pelo contrário, deve integrar uma *fatispécie* autónoma, com efeitos impeditivos.[30] Pode também passar pelo estabelecimento de específicas inversões de ónus probatórios, bem como pela simplificação da prova através da *prova prima facie,* da teoria da *res ipsa loquitor*[31] e da atenuação do grau de prova exigível ao onerado mesmo através do recurso à prova por presunção judicial.

Na expressão de CASTRO MENDES e TEIXEIRA DE SOUSA, «A exigência de uma convicção que não admite dúvidas sobre a verdade do facto probando comporta uma exceção: no caso de uma prova objetivamente difícil e na hipótese de a dificuldade não poder ser ultrapassada através de uma prova *prima facie*, é suficiente uma menor convicção sobre a verdade do facto», v.g., prova do assédio moral.[32]Propõem estes autores outra ferramenta para superar a dificuldade subjetiva da prova, qual seja o ***ónus de contra-afirmação***. Assim, a dificuldade que a parte onerada com a prova tem em realizá-la «pode ser evitada, no plano e no momento da alegação, através da imposição de um ónus de contra-afirmação ao demandado quanto a factos que o autor não tem a obrigação de conhecer (e que, por isso, tem dificuldade em provar) e que o réu não pode deixar de conhecer (e que, por isso, tem facilidade em provar).»[33]

O legislador está cada vez mais atento à dificuldade objetiva da prova, prevendo regimes específicos no que tange ao ónus da prova. Constituem exemplos o art. 9º-B, nº 9, da Lei da Defesa do Consumidor, nos termos do qual «*Incumbe ao fornecedor de bens a prova do cumprimento das obrigações estabelecidas no presente artigo*», bem como o art. 113º do Regime Jurídico dos Serviços de Pagamento e de Moeda Eletrónica (Decreto-lei nº 91/2018, de 12.11.), nos termos do qual:

[30] Conforme refere PEDRO MÚRIAS, *Op. Cit.*, p. 113, «(...) o art. 342º, nº s 1 e 2, tem um papel determinante para o nosso tema apenas quando deva entender-se que houve, na redacção da lei, o cuidado de a utilizar como meio de exprimir a repartição do ónus da prova.»

[31] Sobre estes conceitos, cf. desenvolvidamente LUÍS FILIPE PIRES DE SOUSA, *Prova por Presunção no Direito Civil*, 3ª ed., pp. 73-79 e JOÃO DE CASTRO MENDES e MIGUEL TEIXEIRA DE SOUSA, *Manual de Processo Civil*, Vol. I, AAFDL, 2022, pp. 525-527.

[32] *Manual de Processo Civil*, Vol. I, AAFDL, 2022, p. 527.

[33] *Manual de Processo Civil*, Vol. I, AAFDL, 2022, pp. 527-528.

«1 – Caso um utilizador de serviços de pagamento negue ter autorizado uma operação de pagamento executada, ou alegue que a operação não foi corretamente efetuada, incumbe ao respetivo prestador do serviço de pagamento fornecer prova de que a operação de pagamento foi autenticada, devidamente registada e contabilizada e que não foi afetada por avaria técnica ou qualquer outra deficiência do serviço prestado pelo prestador de serviços de pagamento.

2 – Se a operação de pagamento tiver sido iniciada através de um prestador do serviço de iniciação do pagamento, recai sobre este último o ónus de provar que, no âmbito da sua esfera de competências, a operação de pagamento foi autenticada e devidamente registada, e não foi afetada por qualquer avaria técnica ou por outra deficiência relacionada com o serviço de pagamento por si prestado.

3 – Caso um utilizador de serviços de pagamento negue ter autorizado uma operação de pagamento executada, a utilização do instrumento de pagamento registada pelo prestador de serviços de pagamento, incluindo o prestador do serviço de iniciação do pagamento, se for caso disso, não é necessariamente suficiente, por si só, para provar que a operação de pagamento foi autorizada pelo ordenante, que este último agiu de forma fraudulenta, ou que não cumpriu, com dolo ou negligência grosseira, uma ou mais obrigações previstas no artigo 110º

4 – Nas situações a que se refere o número anterior, o prestador de serviços de pagamento, incluindo, se for caso disso, o prestador do serviço de iniciação do pagamento, deve apresentar elementos que demonstrem a existência de fraude, de dolo ou de negligência grosseira da parte do utilizador de serviços de pagamento.»

A teoria dos ónus probatórios dinâmicos não tem suporte legal e doutrinário suficiente entre nós, não constituindo meio idóneo para suprir as dificuldades de prova.[34]

[34] Cf. Maria Prazeres Beleza, *O activismo judiciário em matéria probatória e a teoria dinâmica da distribuição do ónus da prova*, 2012, e Joana Moreira Beirão, *Da Distribuição do Ónus da Prova no Direito Processual Civil Português – Contributo para o Estudo da Possibilidade de Flexibilização através de uma Distribuição Dinâmica*, FDUL, 2017. No Acórdão do Supremo Tribunal de Justiça de 1.10.2015, *Prazeres Beleza*, 2104/05, *Sumários*, é dito que lei portuguesa só admite a modificação das regras do ónus da prova nos termos previstos no nº 2 do art. 344º do CC. No Acórdão do Supremo Tribunal de Justiça de 25.10.2018, *Graça Trigo*, 3275/15, foi explicitado que não se admite entre nós a ideia de uma distribuição dinâmica do ónus da prova. Para um resumo do estado da arte quanto a esta teoria, a nível nacional e internacional, cf. José Luís Bonifácio Ramos, *Questões Actuais de Direito Probatório*, AAFDL, 2020, pp. 157-175.

3. Ónus da prova e factos negativos

Segundo VAZ SERRA, «(...) se o direito, que se faz valer, tem como requisito um facto negativo, deve este facto ser provado por quem exerce o direito, precisamente como os factos positivos que sejam requisitos de direitos exercidos. Não há motivo para soluções diferentes nos dois casos, dado que os factos negativos não têm que se presumir pela mera circunstância de o serem (...)» – *Provas (Direito Probatório Material)*, 1962, p. 64.[35]

Com efeito, o brocardo *negativa non sunt probanda* tem como campo de aplicação as proposições negativas indefinidas, no sentido de que um facto não ocorreu num determinado período de tempo longo, *v.g.* prova de não se ter assumido uma obrigação. É por esta ordem de razões que, numa ação de cumprimento, o credor não tem de provar que não recebeu a prestação (facto negativo indefinido), cabendo ao devedor demonstrar mais facilmente a execução (facto positivo). Sendo impossível provar diretamente uma proposição negativa indefinida, o objeto da prova transfere-se para prova de facto positivo contrário ou mediante presunções judiciais dos quais seja deduzível o facto negativo.[36] De modo mais concreto, os factos negativos definidos devem ser provados por via presuntiva com base na demonstração de factos secundários/instrumentais dos quais se possa inferir como provável a veracidade do enunciado fáctico negativo. Por sua vez, os factos negativos indefinidos podem ser provados mediante a prova de facto específico positivo contrário.[37]

[35] No mesmo sentido, cf.: Acórdão do Supremo Tribunal de Justiça de 28.1.2016, *Graça Trigo*, 7793/09, *Sumários*; JOÃO DE CASTRO MENDES e MIGUEL TEIXEIRA DE SOUSA, *Manual de Processo Civil*, Vol. I, AAFDL, 2022, p. 489.

[36] Cf. SALVATORE PATTI, *Prove*, Zanichelli Editore, 2015, pp. 79-80; LUIGI COMOGLIO, *Le Prove Civili*, UTET, 2010, p. 287; GIOVANNI BUONOMO E ANIELLO MERONE, "*La Scrittura Privata Informatica : Firme Elettroniche, Valor Probatorio e Disconoscimento in Giudizio [Alla Luce delle Modifiche Introdotte dalla l. 221/2012]*", http://www.uilpadirigentiministeriali.com/attachments/article/2911/++la_%20scrittura_%20privata%20_informatica.pdf, p. 29. MICHELE TARUFFO, *La Prova nel Processo Civile*, "Trattato di Diritto Civile e Commerciale", 2012, p. 21, enfatiza que a prova de um facto negativo – em regra – decorre de forma indireta pela demonstração de um facto incompatível com a verificação do primeiro. O que implica uma diferença entre o facto como é definido na norma em referência e o facto que é efetivamente objeto de prova.

[37] SALVO LEUZZI, *I Mezzi di Prova Nel Processo. Formazione, Acquisizione, Integrazione*, Giuffrè Editore, 2013, p. 16 e 36-37.

4. Os factos notórios

Na definição de COMOGLIO[38], facto notório é o facto de conhecimento comum e de experiência comum, que integra a cultura média da coletividade de um dado tempo e lugar. Por sua vez, LUCA ARIOLA [39] entende que o facto notório é um facto adquirido com tal grau de certeza que se apresenta indubitável e incontestável, sendo uma realidade diversa de um evento ou situação objeto do conhecimento apenas do juiz. Nos termos do Acórdão do Supremo Tribunal de Justiça de 23.1.2020, «Facto notório é, por definição, facto conhecido, mas é indispensável que o conhecimento seja amplo e esteja difundido, de forma a poder atribuir-se-lhe um elevado grau de certeza.»[40]

Nos termos do Artigo 412º, nº 1, do CPC, não carecem de prova nem de alegação os factos notórios, devendo considerar-se como tais os factos que são do conhecimento geral.

A exigência do conhecimento geral atua em vários âmbitos:

- Na esfera pessoal, o facto notório tem de constar como certo ou falso para a generalidade de pessoas de cultura média entre as quais se encontra o juiz;
- Na esfera cognoscitiva, no sentido de que tal conhecimento deve integrar a cultura média, de acesso geral, e não ser constitutivo de um saber especializado próprio de um reduzido número de pessoas que se dedica a uma atividade comum;
- Na esfera espacial, no sentido de que tal facto deve ser conhecido no território que integra as instâncias de recurso. Não pode o facto ser notório para o juiz da primeira instância e desconhecido para o juiz conselheiro. Assim, um desastre nacional divulgado pela imprensa constitui um facto notório, mas já não será facto notório os prejuízos causados pelo granizo numa comarca mesmo que tenham afetado pessoalmente o juiz.

Apesar de os factos notórios não carecerem de prova nem de alegação, o juiz não é obrigado a aceitá-los se não estiver convencido da verdade da afirmação, não estabelecendo a lei essa imposição ao juiz. Por essa razão,

[38] *Le Prove Civili*, Utet Giuridica, Torino, 2010, p. 303.

[39] *Le Prove Atipiche nel Processo Civile*, Giappichelli Editore, Torino, 2008, p. 13.

[40] Sendo relatora *Rosário Morgado*, ECLI:PT:STJ:2020:12.15.0TNLSB.L1.S1.

a parte pode litigar em tribunal contra um facto notório, sendo o tribunal soberano mesmo para se impor à *vox populi* [41], gozando de liberdade de apreciação. Todavia, quando o juiz não estiver convencido da veracidade de uma afirmação notória, admitindo a possibilidade de a afirmação inversa ser verdadeira, deverão então inserir esta nos temas da prova (art. 596º, nº 1, do CPC) desde que a mesma seja previamente alegada. Provando-se a afirmação contrária ao facto notório, pode o juiz julgar segundo a sua convicção formada sobre a livre apreciação da prova, fundamentando racionalmente a sua opção (art. 607º, nº 1, do CPC).

O facto notório vale *de per si*, não requerendo a formulação do nexo lógico ínsito à presunção. Também não é confundível com as máximas de experiência porquanto estas (neste enfoque) constituem regras para valorar factos e não factos.

Constituem exemplos de factos notórios: a inflação; a desvalorização de veículo automóvel pelo mero decurso do tempo; a circunstância de o credor de alimentos e o obrigado à sua prestação realizarem despesas com a sua própria alimentação[42]; que quem morre em consequência das lesões corporais resultantes de acidente de viação, sofre antes um dano não patrimonial, quer pela angústia advinda da consciência do risco de lesão iminente, quer pelas lesões corporais sofridas[43]; que alguém se sinta triste e ansioso quando é confrontado com o lançamento de dejetos na sua casa.[44] Em sentido contrário, a disponibilização *online* de documentos, no portal oficial do governo de Portugal, de acesso à generalidade dos cidadãos, não permite afirmar o seu conhecimento geral necessário à afirmação de que a produção do documento em causa constitui um facto notório.[45]

5. Ónus da prova na responsabilidade obrigacional

Nas obrigações de dar e fazer, e sendo o pedido formulado de exigência de cumprimento ou de exercício do direito, cabe ao credor alegar a constituição da obrigação e o seu incumprimento ou cumprimento defeituoso, mas só lhe cabe provar que a obrigação nasceu e está vencida, ou seja, só

[41] CASTRO MENDES, *Do conceito de prova em processo civil*, Edições Ática, Lisboa, 1961, p. 645.

[42] Acórdão do Supremo Tribunal de Justiça de 15.2.2007, *Salvador da Costa*, 07B209.

[43] Acórdão do Supremo Tribunal de Justiça de 29.10.2020, *Olindo Geraldes*, 5/05.

[44] Acórdão do Tribunal da Relação de Lisboa de 12.5.2022, *Inês Moura*, 10626/18.

[45] Acórdão do Tribunal da Relação de Lisboa de 23.9.2020, *Maria José Costa Pinto*, 18425/19.

lhe cabe o ónus de alegação quanto ao incumprimento, que não o da sua prova.[46] Ao devedor incumbe provar a realização da prestação (o cumprimento da obrigação como facto extintivo do crédito) ou que não cumpriu por causa legítima (cabe ao réu provar outro facto extintivo, impeditivo ou modificativo do reclamado crédito do autor).[47] Isto porque as obrigações de dar e fazer se mantêm inalteráveis no caso de não serem cumpridas, reportando-se a este propósito alguma doutrina italiana ao *princípio da presunção da persistência do direito*.[48]

Diversamente, nas obrigações de não fazer, incumbe ao credor provar não só o facto constitutivo da obrigação, mas também o facto lesivo do devedor. De igual modo, quando o credor formula um pedido que tem como pressuposto o facto negativo do incumprimento, *v.g.* resolução por incumprimento, cabe ao credor provar o incumprimento como facto constitutivo do seu direito.[49]

Cabe ao devedor demonstrar que não lhe pode ser pessoalmente censurável o facto de não ter adotado o comportamento devido, o que sucederá sempre que esse não cumprimento seja devido a facto do credor, de terceiro, a caso fortuito ou de força maior.[50] Não basta ao devedor mostrar que foi diligente, cabe-lhe estabelecer positivamente qual o evento concreto que não lhe deixou realizar o cumprimento [51].

Com efeito, a culpa presume-se nos termos do art. 799º, nº 1 do CC (*"Incumbe ao devedor provar que a falta de cumprimento ou o cumprimento defeituoso da obrigação não procede de culpa sua")*, sendo que a presunção de culpa

[46] Salvatore Patti, *Prove*, Zanichelli Editore, 2015, pp. 19-20.

[47] Cf. Vaz Serra, *Provas (Direito Probatório Material)*, 1962, p. 87; Antunes Varela, *Manual de Processo Civil*, 2ª Ed., p. 462; anselmo de castro, *Direito Processual Civil Declaratório*, III Vol., p. 362; Acórdãos do Tribunal da Relação de Lisboa de 28.11.96, *Casanova Abrantes*, BMJ nº 461, p. 511, de 9.7.1998, *Pais do Amaral*, CJ 1998 – III, p. 99; Acórdão do Supremo Tribunal de Justiça de 8.7.2000, *Miranda Gusmão*, CJ AcSTJ – II, p. 104.

[48] Salvatore Patti, *Op. Cit.*, p. 170.

[49] Neste sentido, Luigi Comoglio, *Op. Cit.*, p. 275.

[50] «É que, se o credor tivesse de prova a culpa do devedor, poderia ver-se seriamente embaraçado, ao passo que o devedor está em melhores condições para provar a falta de culpa da sua parte» – Vaz Serra, *Op. Cit.*, pp. 108-109.

[51] "Não é o lesado, pelo não cumprimento da obrigação, que tem que provar este facto, mas sim o devedor, que não cumpre, que terá o encargo de demonstrar que o não cumprimento não foi por culpa sua. Trata-se de um regime de prova específica da responsabilidade contratual" – Freitas Rangel, *O Ónus da Prova no Processo Civil*, Almedina, 2000, p. 162.

pressupõe o incumprimento ou cumprimento defeituoso[52], cuja prova cabe ao credor da prestação bem como a prova do nexo de causalidade.[53] E dispõe o nº 2 do art. 799º que a culpa do devedor na falta de cumprimento da obrigação é apreciada nos termos aplicáveis à responsabilidade civil. Tal remissão implica a vigência do princípio formulado no art. 487º, segundo o qual a culpa do devedor se mede em abstrato, tendo como padrão a diligência típica de um bom pai de família, em face das circunstâncias de cada caso, e não em concreto de acordo com a diligência habitual do obrigado. Ou seja, serve de paradigma a conduta que teria uma pessoa medianamente cuidadosa, atendendo às especificidades das diversas situações. O homem médio que interfere como critério da culpa é determinado a partir do círculo de relações em que está inserido o agente. [54]

No caso de exceção *non adimpleti contractus*, oposta a exceção, «deve caber ao contraente que exige o cumprimento, a prova de que fez ou ofereceu a prestação, salvas algumas restrições, e ao contraente, que deduz a exceção, a prova de que ela não é contrária à boa fé» (Vaz Serra, *Op. Cit.*, p. 87), cabendo também ao excipiente a prova da inexatidão do cumprimento da contraparte.[55] O ónus da prova dos factos constitutivos da exceção de não cumprimento (que simultaneamente, face à correspetividade das prestações contratuais, são impeditivos do direito alegado pela contraparte) cabe àquele que dela pretende aproveitar-se.[56]

[52] «Cabe ao autor o ónus da prova do cumprimento defeituoso, sendo que só após a sua verificação é que o devedor fica onerado com a prova de que aquele não procede de culpa sua (nº 1 do art. 342º e nº 1 do art. 799º, ambos do CC)» (Acórdão do Supremo Tribunal de Justiça de 8.9.2015, *Paulo Sá*, 3650/08).

[53] Acórdãos do Supremo Tribunal de Justiça de 21.3.2017, *Salreta Pereira*, 128081/11 e de 19.12.2018, *Sousa Lameira*, 2382/17.

[54] Cf. Almeida Costa, *Direito das Obrigações*, 12ª Ed., Almedina, 2016, p. 584; Acórdão do Supremo Tribunal de Justiça de 9.7.2014, *Martins de Sousa*, 8201/06, *Sumários*.

[55] Cf. Luigi Comoglio, *Op. Cit.*, p. 276.Ainda neste sentido, cabe ao comprador o ónus da prova da venda de coisa defeituosa (Acórdão do Supremo Tribunal de Justiça de 22.6.2017, *Olindo Geraldes*, 124/06).

[56] Acórdão do Supremo Tribunal de Justiça de 8.5.2013, *Nuno Cameira*, 5612/10. «Um dos requisitos para a oponibilidade da *exceptio non adimpleti contractus* é a necessidade do crédito do excipiente se encontrar «vencido e munido de ação», àquele cumprindo alegar e provar factos donde tal decorra (art. 342º, nº 2, do CC)» (Acórdão do Supremo Tribunal de Justiça de 8.9.2011, *Pereira da Silva*, 171505/09, *Sumários*).

Seguidamente, procederemos à análise do ónus da prova no âmbito de diversas ações, cuja centralidade é crescente nos tribunais. Nessa análise, centrar-nos-emos na jurisprudência do Supremo Tribunal de Justiça.

6. O ónus da prova no enriquecimento sem causa

Cabe ao autor do pedido de restituição, por enriquecimento sem causa, o ónus da prova dos respetivos factos integradores ou constitutivos, incluindo a falta de causa justificativa desse enriquecimento (Acórdãos do Supremo Tribunal de Justiça de 5.12.2019, *Rosa Coelho*, 5940/06, de 14.10.2010, *Lopes do Rego*, 5938/04, de 19.2.2013, *Alves Velho*, 2777/10, de 24.3.2017, *Joaquim Piçarra*, 1769/12, de 1.3.2018, *Sousa Lameira*, 4290/09). «Quando a ação de enriquecimento sem causa se funda, como aqui sucede, na circunstância de ter sido recebida, indevidamente, determinada importância, o autor [empobrecido] precisa de demonstrar, não que não existe qualquer causa, seja ela qual for, para a prestação, mas sim que aquela ou aquelas que foram alegadas pelo réu [enriquecido], alegadas, e não, necessariamente, provadas, não existem, porquanto, tratando-se de um facto negativo indefinido, a prova que impende sobre o autor tornar-se-á, mais do que diabólica, pura e simplesmente, impossível, se esta precisão interpretativa não for introduzida na aplicação do artigo 342º, nº 1, do CC» (Acórdão do Supremo Tribunal de Justiça de 29.4.2014, *Hélder Roque*, 246/12).

7. Ação de impugnação de justificação judicial

Na ação de impugnação de justificação notarial, o ónus da prova dos factos constitutivos do direito a que o interessado se arrogou com o aludido procedimento notarial incumbe a esse mesmo interessado (art. 342º do CC, e AUJ nº 1/2008, de 04-12-2007; Acórdãos do Supremo Tribunal de Justiça de 23.11.2011, *Salazar Casanova*, 200/05, de 12.1.2012, *Fernando Bento*, 880/08).

8. Acidente de viação

Quando a negligência presumida resulta, direta e meramente, da inobservância da lei, assiste-se à inversão do ónus da prova, que agora compete ao lesante, que deverá realizar a contraprova quanto à presunção, demonstrando que, embora tenha cometido a contraordenação estradal, o acidente se ficou a dever a uma causa, totalmente estranha à mesma, a qual consequentemente, não foi determinante do desencadeamento do facto danoso

(Acórdão do Supremo Tribunal de Justiça de 17.1.2017, *Hélder Roque*, 5/14, de 16.3.2011, *Serra Baptista*, 2113/05, *Sumários*).

9. Acidente de viação em autoestrada

Em caso de acidente de viação em autoestrada concessionada, causado pela existência de líquidos na via, perante o disposto no art. 12º da Lei nº 24/2007, de 18-07, cabe à concessionária o ónus da prova do cumprimento das obrigações de segurança, de modo a ilidir a presunção de culpa que sobre ela recai, e não ao lesado demonstrar que tais obrigações não foram observadas (Acórdãos do Supremo Tribunal de Justiça de 15.11.2011, *Nuno Cameira*, 1633/05, de 24.3.2015, *Pinto de Almeida*, 966/07).

10. Anulação de testamento

O ónus da prova dos factos demonstrativos da incapacidade acidental do testador, no momento da feitura do testamento, recai sobre o interessado na anulação do testamento, nos termos do art. 342º, nº 1, do CC (Acórdãos do Supremo Tribunal de Justiça de 24.5.2011, *Marques Pereira*, 4936/04, de 19.1.2016, *Fonseca Ramos*, 893/05).

11. Cláusulas contratuais gerais

Nos termos dos arts. 5º e 6º do DL nº 446/85, de 25.10, recai sobre o proponente o dever de comunicação do teor das cláusulas, bem como o ónus da prova da comunicação adequada e efetiva, acrescendo o dever de informação sobre os aspetos nelas compreendidos cuja aclaração se justifique (Acórdãos do Supremo Tribunal de Justiça de 1.6.2010, *João Camilo*, 600/05, de 30.3.2017, *João Trindade*, 4267/12, de 19.12.2018, *Rosário Morgado*, 857/08). Sem embargo, cabe ao aderente invocar a violação/preterição desses deveres por parte do proponente (Acórdãos do Supremo Tribunal de Justiça de 24.6.2010, *Bettencourt de Faria*, 5611/03, de 21.10.2010, *Lázaro Faria*, 3214/06, de 28.9.2017, *Tomé Gomes*, 580/13, de 2.11.2017, *Isabel Pereira*, 620/09, de 21.4.2022, *Vieira e Cunha*, 2502/21). Previamente à demonstração a que os ónus da prova previstos no DL nº 446/85, de 25-10, se reportam, tem de haver a demonstração, a cargo da parte que quer beneficiar da invalidade das cláusulas contratuais, de que se está em terreno próprio destas (Acórdão do Supremo Tribunal de Justiça de 11.3.2010, *João Bernardo*, 806/05).

12. Contrato de empreitada

Cabe ao autor, condomínio do prédio, o ónus da prova da existência dos defeitos, mas não das suas causas, nos termos do art. 342º, nº 1, do CC, e cabe-lhe ainda provar que a gravidade dos defeitos é de molde a afetar o uso ou a acarretar uma desvalorização da coisa (Acórdão do Supremo Tribunal de Justiça de 15.12.2011, *Nuno Cameira*, 365/06).

13. Contrato de seguro de vida

Compete ao tomador do seguro (e não à seguradora) a obrigação de informação das cláusulas contratuais constantes do seguro, bem como o ónus da prova do cumprimento desse dever (art. 4º, nºs. 1 e 2, do DL nº 176/95, de 26-07; Acórdãos do Supremo Tribunal de Justiça de 20.1.2010, *Cardoso Albuquerque*, 294/06, de 11.3.2010, *Santos Bernardino*, 1860/07, de 30.3.2017, *João Trindade*, 4267/12, de 30.11.2017, *Rosário Morgado*, 608/14).

14. Declarações inexatas na celebração do contrato de seguro

Cumpre à seguradora o ónus da prova de que não teria outorgado o contrato de seguro ou só o teria celebrado em termos diversos, se conhecesse as circunstâncias inexatamente declaradas na proposta do seguro contratado (nexo de causalidade), sendo de concluir que o mero erro sobre a qualidade jurídica da pessoa do declaratário não constitui um vício suscetível de influenciar a decisão da seguradora de contratar, ou não, as condições da contratação (Acórdãos do Supremo Tribunal de Justiça de 23.2.2012, *Abrantes Geraldes*, 575/07, de 12.3.2015, *Clara Sottomayor*, 1988/05).

15. Empreitada de consumo

Constitui ónus da prova do réu dono da obra de se estar perante uma empreitada para consumo (Acórdão do Supremo Tribunal de Justiça de 20.5.2015, *Távora Victor*, 298/11, *Sumários*).

16. Venda de coisa defeituosa

No regime da venda defeituosa previsto no nº 1 do art. 913º do CC, impende sobre os compradores o ónus da prova de que o vício já existia aquando da venda (Acórdão do Supremo Tribunal de Justiça de 13.11.2018, *Lima Gonçalves*, 71/15).

17. Oposição à execução

Na oposição à execução, o ónus da prova quanto aos factos impeditivos, modificativos ou extintivos do exercício do direito constante do título executivo, invocados no requerimento de execução, incumbe ao oponente/executado (Acórdãos do Supremo Tribunal de Justiça de 9.9.2010, *Cunha Barbosa*, 47902/06, de 10.10.2012, *Nuno Cameira*, 1975/07).

18. Preenchimento de livrança em branco

O ónus da prova da exceção de violação do contrato de preenchimento pertence a quem invoca a exceção (Acórdãos do Supremo Tribunal de Justiça de 11.2.2010, *Serra Baptista*, 1213-A/2001, de 13.1.2015, *Garcia Calejo*, 4813/11, de 20.5.2015, *Isabel Pereira*, 448/11, de 9.7.2015, *Pires de Rosa*, 466/13, de 21.4.2022, *Vieira e Cunha*, 15165/19, de 13.7.2022, *Cura Mariano*, 2784/20).

19. Presunção de culpa do art. 493º, nº 2, do Código Civil

A inversão do ónus da prova, ou seja, a presunção de culpa por parte de quem exerce uma atividade perigosa, consagrada pelo art. 493º, nº 2, do CC, não altera o princípio matricial de que a responsabilidade depende da culpa, salvo nos casos especificados na lei, porquanto se trata de responsabilidade delitual e não de responsabilidade pelo risco ou objetiva, agravando o dever normal de diligência, não bastando, para afastar a responsabilidade, a prova de ter agido sem culpa, sendo necessário demonstrar que se adotaram todas as providências destinadas a evitar o dano (Acórdão do Supremo Tribunal de Justiça de 7.3.2017, *Hélder Roque*, 6091/03, *Sumários*).

20. Perda de chance processual

O ónus da prova da probabilidade de ganho da causa – que mais não é, afinal, que a prova do nexo de causalidade entre o evento lesivo e o dano – cabe ao lesado, como facto constitutivo do seu alegado direito à peticionada indemnização (Acórdãos do Supremo Tribunal de Justiça de 9.7.2015, *Tomé Gomes*, 5105/12, de 16.3.2017, *Nunes Ribeiro*, 1785/00, de 11.5.2017, *Roque Nogueira*, 382/13, de 30.11.2017, *Tomé Gomes*, 12198/14, *Sumários*).

Nesta sede, foi proferido o AUJ nº 2/2022 com o seguinte teor: *O dano da perda de chance processual, fundamento da obrigação de indemnizar, tem de ser consistente e sério, cabendo ao lesado o ónus da prova de tal consistência e seriedade* (DR, I Série, 26.1.2022).

21. Prescrição presuntiva
A presunção de pagamento por banda do devedor faz deslocar o ónus da prova do não pagamento para o credor. Ou seja, existindo a presunção de pagamento a favor do devedor, competirá ao credor ilidir essa presunção, demonstrando que aquele não pagou. Esta presunção de pagamento não dispensa, porém, o devedor de alegar o pagamento (Acórdão do Supremo Tribunal de Justiça de 9.2.2010, *Garcia Calejo*, 2614/06).

22. Proveito comum do casal
A não ser nos casos que a lei prevê, o proveito comum do casal não se presume, cabendo ao credor o ónus da prova dos factos de que possa resultar essa qualificação (art. 1691º, nº 3, do CC; Acórdão do Supremo Tribunal de Justiça de 10.12.2015, *Abrantes Geraldes*, 2943/03).

23. Garantia do bom funcionamento
O Artigo 921º do CC enuncia a garantia de bom funcionamento na qual se fixa um período durante o qual o vendedor se responsabiliza objetivamente por na utilização normal e correta da coisa, nenhum defeito de funcionamento aparecerá. No domínio do direito probatório, o facto de o vendedor assumir a garantia de um resultado, permite ao comprador apenas fazer a prova do mau funcionamento da coisa no período de duração da garantia sem necessidade de identificar ou individualizar a causa concreta e impeditiva do resultado prometido e assegurado nem de provar a sua existência no momento da entrega. E ao vendedor que cabe a prova de que a causa concreta do mau funcionamento é imputável ao comprador, a terceiro ou devida a caso fortuito (Acórdão do Supremo Tribunal de Justiça de 29.11.2022, *Manuel Capelo*, 6886/18).

24. Reconhecimento de dívida
O art. 458º (Promessa de cumprimento e reconhecimento da dívida) não consagra o princípio do negócio abstrato, visando estabelecer uma inversão do ónus da prova da existência da relação fundamental. Será o declarante que terá de alegar e provar que a relação não existe porque o negócio se não chegou a constituir ou porque é nulo ou foi anulado ou porque caducou ou os seus efeitos se extinguiram, ou ainda, porque, existindo uma fonte não negocial, não foi ele o autor do dano que pretendesse reparar (Acórdãos do Supremo Tribunal de Justiça de 2.2.2010, *Cardoso de Albuquerque*,

6/05, de 13.7.2010, *Azevedo Ramos*, 765/03, de 18.12.2013, *Paulo Sá*, 293/03, de 29.1.2014, *Sérgio Poças*, 495/09). Se os atos mencionados no art. 458º, nº 1, do CC, não constituem fonte autónoma de uma obrigação, mas mera presunção da existência de uma relação fundamental, que é a verdadeira fonte da obrigação, invocando o réu essa fonte, tem de a provar para que a sua pretensão possa triunfar – art. 342º, nº 1 (Acórdão do Supremo Tribunal de Justiça de 14.6.2011, *Azevedo Ramos*, 765/03).

25. O ónus da prova na responsabilidade médica

A nossa jurisprudência vem acolhendo, no que tange à atividade do médico, a cisão entre as obrigações de meios e resultado[57], vincando que não vigora entre nós a *teoria do risco profissional* pelo que, não se demonstrando a culpa, inexiste responsabilidade civil médica.[58]

Dentro desta corrente, a posição que se nos afigura mais equilibrada é a de que a «execução de um contrato de prestação de serviços médicos pode implicar para o médico uma obrigação de meios ou uma obrigação de resultado, importando ponderar a natureza e objetivo do ato médico para não o catalogar aprioristicamente naquela dicotómica perspetiva.»[59] Deste modo, há que atentar, caso a caso, na natureza e objetivo do ato médico (prestação solicitada) para saber se estamos perante uma obrigação de meios ou de resultado.[60] De forma ainda mais concretizada, já foi decidido que – no âmbito das especialidades clínicas – pode ocorrer que o médico ou clínica médica se obrigue em termos de garantir um resultado concreto, mesmo que a assunção de tal obrigação contrarie a sua deontologia profissional atenta a provável impossibilidade médica de cumprir aquela obrigação.[61]

O STJ adota a cisão entre obrigação de meios e de resultado para efeitos da análise do ónus da prova que incumbe ao autor e da ilisão da presunção de culpa por parte do médico. Na jurisprudência do STJ, a enunciação destas questões é tratada de forma confluente no que tange à responsa-

[57] Cf., a título meramente exemplificativo, os Acórdãos do STJ de 13.9.2011, *João Camilo*, 10527/07, de 15.12.2011, *Gregório Silva Jesus*, 209/06, de 21.3.2013, *Ana Paula Boularot*, 2488/03, de 11.6.2013, *Salreta Pereira*, 544/10.

[58] Cf. Acórdão do STJ de 24.5.2011, *Hélder Roque*, 1347/04.

[59] Acórdãos do Supremo Tribunal de Justiça de 4.3.2008, *Fonseca Ramos*, 183/08, de 15.12.2011, *Gregório Silva Jesus*, 209/06, de 29.3.2022, *Clara Sottomayor*, 640/13.

[60] Cf. Acórdão do STJ de 15.12.2011, *Gregório Silva Jesus*, 209/06.

[61] Acórdão do STJ de 13.9.2011, *João Camilo*, 10527/07.8TBMAI.P1.S1.

bilidade do médico e do advogado.[62] Sempre que se trate de uma obrigação de meios, incumbe ao doente o ónus da prova da falta de diligência do médico.[63] Na explicitação clara do Acórdão do STJ de 15.12.2011, *Gregório Silva Jesus*, 209/06,

[62] Cf. Acórdãos do STJ de 28.9.2010, *Moreira Alves*, 171/2002.S1, de 5.2.2013, *Hélder Roque*, 488/09, de 15.12.2011, *Gregório Silva Jesus*, 209/06.
No que tange à articulação entre os requisitos próprios da obrigação de meios e a presunção de culpa do devedor, é particularmente elucidativo o seguinte excerto do Acórdão do STJ de 28.9.2010, *Moreira Alves*, 171/2002.S1, proferido num caso de responsabilidade contratual de advogado, mas cujas considerações são extensíveis à responsabilidade médica:
«O ónus da prova da culpa, pertence, pois, no domínio da responsabilidade contratual, ao devedor.
Porém, como ensina A. Varela (Direito das Obrig. em Geral – II – 4ª ed.-97).
"Nas obrigações chamadas de meios não bastará... a prova da não obtenção do resultado previsto com a prestação, para considerar provado o não cumprimento.
Não basta alegar a morte do doente ou a perda da ação para se considerar em falta o médico que tratou o paciente ou o advogado que patrocinou a causa.
É necessário provar que o médico ou advogado não realizaram os atos em que normalmente se traduziria uma assistência ou um patrocínio diligente, de acordo com as normas deontológicas aplicáveis ao exercício da profissão".
Também a este respeito escreve Carneiro da Frada (Direito Civil – Responsabilidade Civil – O Método do caso – 81) "nas obrigações de meios..., dada a ausência de um resultado devido, não é suficiente que o credor demonstre a falta de verificação desse resultado. Ele tem sempre de individualizar uma concreta falta de cumprimento (ilícita). Dada a índole da obrigação, carece de demonstrar que os meios não foram empregues pelo devedor ou que a diligência prometida com vista a um resultado não foi observada".
Ora, tal doutrina aceite pela generalidade dos autores, não significa que a presunção de culpa do Artº 799 nº 1 do C.C. não tenha qualquer aplicação no âmbito das obrigações de meios (...).
Significa apenas, como diz Carneiro da Frada (in obra citada), que em tal tipo de obrigações terá o credor de identificar e fazer provar a exigibilidade dos meios ou da diligência (objetivamente) devida. "A presunção de culpa tende, portanto, a confinar-se à mera censurabilidade pessoal do devedor" isto é, a presunção reduzir-se-á à culpa em sentido estrito.
Portanto, provado pelo credor que o meio exigível *ex contractu* ou *ex negotii* não foi empregue pelo devedor ou que a diligência exigível de acordo com as regras da arte, foi omitida, competirá ao devedor provar que não foi por sua culpa que não utilizou o meio devido, ou omitiu a diligência exigível.
Neste sentido, mais restrito, é aplicável às obrigações de meios a presunção de culpa do Artº 799 nº 1 do C.C.»
Em sentido equivalente, cf. o Acórdão do STJ de 5.2.2013, *Alves Velho*, 2035/05.

[63] «Não estando em causa a prestação de um resultado, quando se invoca o cumprimento defeituoso é necessário provar a desconformidade objetiva entre o ato praticado e as *leges artis*, só depois funcionando a presunção de culpa a ilidir mediante prova de que a desconformidade não se deveu a culpa do agente, dado que o que se presume é a culpa do cumprimento

«(...) tem o paciente/lesado de provar o defeito de cumprimento, porque o não cumprimento da obrigação do médico assume, por via de regra, a forma de cumprimento defeituoso, e depois tem ainda de demonstrar que o médico não praticou todos os atos normalmente tidos por necessários para alcançar a finalidade desejada.

"A presunção de culpa do devedor inadimplente estende-se ao cumprimento defeituoso (artº 799º, nº 1). Quem invoca tratamento defeituoso como fundamento de responsabilidade civil contratual tem de provar, além do prejuízo, a desconformidade (objetiva) entre os atos praticados e as *leges artis*, bem como o nexo de causalidade entre defeito e dano".

Feita essa prova, então, funciona a presunção de culpa, que o médico pode ilidir demonstrando que agiu corretamente, provando que a desconformidade não se deveu a culpa sua por ter utilizado as técnicas e regras de arte adequadas ou por não ter podido empregar os meios adequados.

Em termos gerais, ponto comum à responsabilidade contratual e à responsabilidade extracontratual, ter o médico agido culposamente significa ter o mesmo agido de tal forma que a sua conduta lhe deva ser pessoalmente censurada e reprovada, pois em face das circunstâncias concretas do caso, o médico devia e podia ter atuado de modo diferente».

Certo é que, nas obrigações de meios, o devedor (médico) está em melhores condições para provar que não atuou culposamente do que o credor (paciente) para provar o contrário. Nesta medida, deve transferir-se o ónus da prova da falta da culpa para o devedor em homenagem à ideia de uma melhor posição do devedor perante a prova [64].

Conforme refere ÁLVARO GOMES RODRIGUES,

"O ónus da prova da diligência recairá sobre o médico, caso o lesado faça prova da existência do vínculo contratual e dos factos demonstrativos do seu incumprimento ou cumprimento defeituoso.

Com isto em nada se está a agravar a posição processual do médico, que disporá de excelentes meios de prova no seu arquivo, na ficha clínica, no processo individual do doente, além do seu acervo de conhecimentos técnicos.

defeituoso, mas não o cumprimento defeituoso em si mesmo» (Acórdão do Supremo Tribunal de Justiça de 13.9.2011, *João Camilo*, 10527/07, *Sumários*). No mesmo sentido, cf. Acórdão do STJ de 15.12.2020, *Ricardo Costa*, 765/16.

[64] RICARDO LUCAS RIBEIRO, *Obrigações de Meio e Obrigações de Resultado*, Wolters Kluver, 2010, p. 103.

Por outro lado, tal posição tem o mérito de não dificultar substancialmente a posição do doente que, desde logo, está numa posição processual mais debilitada, pois não sendo, geralmente, técnico de medicina não dispõe de conhecimentos adequados e, doutra banda, não disporá dos registos necessários (e, possivelmente, da colaboração de outros médicos) para cabal demonstração da culpa do médico inadimplente."[65]

Por sua vez, André Dias Pereira sustenta que a natureza da obrigação de meios só tem por consequência que o paciente tenha de provar o incumprimento das obrigações do médico, isto é, tem de provar objetivamente que não lhe foram prestados os melhores cuidados possíveis.[66] O ónus da prova da culpa incide, também nas obrigações de meios, sobre o devedor inadimplente (art. 799º, nº 1).

No Acórdão do Supremo Tribunal de Justiça de 17.12.2002[67] enfatizou-se que não se vê qualquer razão para não fazer incidir sobre o médico a presunção de culpa estabelecida no art. 799º, nº 1, o que se reputou de equitativo porquanto a facilidade da prova está do lado do médico.

Esta linha jurisprudencial foi reiterada em diversos arestos[68] invocando-se, no essencial, que não se justifica afastar a regra do art. 799º, nº 1 face:

- à especial dignidade dos interesses afetados pelo (in)cumprimento;
- ao desequilíbrio estrutural da relação estabelecida entre o médico e o doente;
- à particular dificuldade da tutela dos interesses do doente, à luz das preocupações crescentes do legislador de favorecimento dos lesados enquanto parte contratual mais fraca.

[65] "Reflexões em torno da responsabilidade civil dos médicos", in *Revista Direito e Justiça*, 2000, XIV, p. 209.

[66] *O consentimento informado na relação médico-paciente*, Coimbra Editora, 2004, pp. 425-426.

[67] Sendo relator *Afonso de Melo*, 02A4057.

[68] Acórdãos do STJ de 22.5.2003, *Neves Ribeiro*, 03P912, de 15.10.2009, *Rodrigues dos Santos*, 1800/08, no Acórdão da Relação do Porto de 20.7.2006, *Gonçalo Silvano*, 0633598, no Acórdão do Tribunal da Relação de Lisboa de 11.9.2007, *Rosa Coelho*, CJ 2007 – IV, pp. 77-81 (diagnóstico errado em análise por médico anatomopatologista), no Acórdão da Relação de Évora de 15.12.2009, *Jaime Pestana*, CJ 2009- V, pp. 234-236, no Acórdão do Tribunal da Relação de Lisboa de 9.3.2010, *Rosário Morgado*, acessível em www.colectaneadejurisprudencia.pt .

Caberá ao autor alegar e provar a desconformidade objetiva entre os atos praticados/omitidos e as *leges artis* (o incumprimento ou cumprimento defeituoso), bem como o nexo de causalidade entre tais atos e o dano.[69] O ponto de partida essencial para qualquer ação de responsabilidade médica é a desconformidade da concreta atuação do agente, no confronto com aquele padrão de conduta profissional que um médico medianamente competente, prudente e sensato, com os mesmos graus académicos e profissionais, teria tido em circunstâncias semelhantes na altura. [70]

As *leges artis* correspondem a «métodos e procedimentos, comprovados pela ciência médica, que dão corpo a *standards* contextualizados de atuação, aplicáveis aos diferentes casos clínicos, por serem considerados pela comunidade científica como os mais adequados e eficazes.»[71]

No que tange à definição do conteúdo material das *leges artis*, realce-se o contributo da Convenção para a Proteção dos Direitos do Homem e da Dignidade do Ser Humano face às Aplicações da Biologia e da Medicina (vigente em Portugal desde 1.12.2001 [72]) que veio dispor, no seu Artigo 4º, que "*Qualquer intervenção na área da saúde, incluindo a investigação, deve ser efetuada na observância das normas e obrigações profissionais, bem como as regras de conduta aplicáveis ao caso concreto*". Daqui decorre o reforço do valor jurídico dos "Protocolos", "Guidelines" e das "Reuniões de consenso", os quais consubstanciam documentos criados pelos médicos que contribuem diretamente para a definição das *regras de conduta* a que se deverá subordi-

[69] Na expressão do Acórdão do Supremo Tribunal de Justiça de 22.5.2003, *Neves Ribeiro*, 912/03, o doente tem que provar que um certo diagnóstico, tratamento ou intervenção foi omitido e, por assim ser, conduziu ao dano, pois se outro ato médico tivesse sido (ou não tivesse sido) praticado teria levado à cura, atenuado a doença, evitado o seu agravamento ou mesmo a morte. Por sua vez, no Acórdão do Supremo Tribunal de Justiça de 1.7.2010, *Serra Baptista*, 398/1999, clarifica-se que a prova do nexo causal, como um dos pressupostos da obrigação de indemnizar e medida da mesma, cabe ao credor da obrigação, independentemente da sua fonte. «Como elemento constitutivo do direito invocado pelo doente, é a ele que cabe a demonstração da ilicitude, enquanto falta de cumprimento, por parte de quem demanda como civilmente responsável, das "leges artis" ajustadas à sua situação de doença, ou seja, do incumprimento dos deveres tuteladores do seu direito de saúde» (Acórdão do Supremo Tribunal de Justiça de 6.1.2020, *Rosa Ribeiro Coelho*, ECLI:PT:STJ:2020:700.16.3T8PRT.P1.S1).

[70] Cf. Acórdão do Supremo Tribunal de Justiça de 18.9.2007, *Alves Velho*, CJ 2007 – III, pp. 54-57.

[71] Acórdão do STA de 13.3.2012, *Políbio Henriques*, 0477/11.

[72] Acessível em http://www.gddc.pt/direitos-humanos/textos-internacionais- dh/tidh regionais/convbiologiaNOVO.html.

nar a sua atividade. Deste modo, tais documentos colhem uma aplicação indireta. A respetiva violação faz presumir uma violação das *leges artis*.[73]

Feita a prova da violação das *leges artis*, opera a presunção de culpa.[74] O que se presume é a culpa do cumprimento defeituoso e não o cumprimento defeituoso em si mesmo.[75]

A culpa [76] deve ser entendida não só como deficiência da vontade, como falta de cuidado, de zelo, de aplicação (a incúria, o desleixo, a precipitação, a leviandade ou ligeireza), mas também como deficiência da conduta, abrangendo-se aqui a falta de senso, de perícia, de aptidão (a incompetência, a incapacidade natural, a inaptidão, a inabilidade).[77] Cura-se de saber se «seria exigível ao médico ter atuado de outra forma naquele circunstancialismo, tendo em consideração os dados existentes e as informações conhecidas à data em que o agente atuou.»[78]

[73] André Gonçalves Dias Pereira, "Responsabilidade civil dos médicos: danos hospitalares – Alguns casos da Jurisprudência", in *Lex Medicinae*, Ano 4, Nº 7, Jan- Jun (2007), p. 59.

[74] No sentido da aplicação do regime do art. 799º do Código Civil, cf. Acórdãos do Supremo Tribunal de Justiça de 1.10.2015, *Prazeres Beleza*, 2104/05, de 28.1.2016, *Graça Trigo*, 136/12, de 23.3.2017, *Tomé Gomes*, 296/07.

[75] Acórdãos do Supremo Tribunal de Justiça de 18.9.2007, *Alves Velho*, 2334/07, de 16.69.2009, *João Camilo*, 287/09, de 13.9.2011, *João Camilo*, 10527/07, de 11.6.2013, *Salreta Pereira*, 544/10.

[76] Segundo Manuel Rosário Nunes, *Da responsabilidade civil por atos médicos – Alguns Aspetos*, Universidade Lusíada, 2001, p. 35, "Autores como planiol, de martini, convicini, pennequ, gonzález morán ou ataz lópez confluem na definição da culpa médica como a infração por parte do médico ou do cirurgião, de algum dever próprio da sua profissão e, mais concretamente, do dever de atuar com a diligência objetivamente exigida pela natureza do ato do médico que se executa, segundo as circunstâncias das pessoas, do tempo e do lugar."

[77] Segundo o Acórdão do Supremo Tribunal de Justiça de 5.7.2001, *Ferreira de Almeida*, 1987/01, atua com negligência o médico que não exercite todo o seu zelo nem ponha em prática toda a sua capacidade técnica e científica na execução das suas tarefas para proporcionar cura ao doente, sendo que traduz imperícia do médico a utilização da técnica incorreta dentro dos padrões científicos atuais (no mesmo sentido quanto à noção de imperícia, cf. Acórdão do Supremo Tribunal de Justiça de 7.10.2010, *Ferreira de Almeida*, 1364/05). No Acórdão de 18.5.2006 do mesmo Tribunal, sendo relator *Ferreira de Sousa*, 1279/06, foi enfatizado que "A deficiência da atuação médica poderá ser avaliada em função da situação patológica do doente antes e após a intervenção contratada, mas, ainda assim, para funcionar a responsabilidade médica necessário se torna que se verifique uma desconformidade da concreta atuação do médico, no confronto com o padrão de conduta profissional exigível a um operador medianamente competente e prudente."

[78] Vera Lúcia Raposo, *Do Ato Médico ao Problema Jurídico*, Almedina, 2013, p. 80.

Na área do exercício da medicina, o médico deve atuar de acordo com o cuidado, a perícia e os conhecimentos compatíveis com os padrões por que se regem os médicos sensatos, razoáveis e competentes do seu tempo.[79] O que pressupõe que o médico se mantenha razoavelmente atualizado sobre a evolução dos conhecimentos médicos [80] bem como que esteja obrigado a pedir opinião a outro profissional quando não se sinta suficientemente preparado.[81] Ou seja, exige-se ao médico que atue com aquele grau de cuidado e competência que é razoável esperar de um profissional da mesma especialidade, agindo em circunstâncias semelhantes. Desta forma e no âmbito da responsabilidade profissional, o critério do bom pai de família é substituído pelo ***critério do bom profissional da categoria e especialidade do devedor à data da prática do facto***. Conforme refere PAULA LEITE DE FARIA, o modelo que define o dever de cuidado corresponde «à atuação que teria adotado o bom profissional médico da especialidade do agente face ao caso concreto (incluindo assim a consideração da sua categoria e das concretas circunstâncias em que atua) o que implica a necessidade de construir de todas as vezes, em todos os julgamentos a fazer acerca da violação do dever de cuidado, um novo parâmetro, um novo modelo de conduta», correspondente a uma valoração jurídica e social que só pode pertencer ao juiz.[82]

Ou seja, «(...) não se pode ter como padrão de aferição um só tipo profissional ideal, mas vários consoante a classe ou grupo do médico concretamente visado. Natural que a um especialista se exija mais no domínio da sua especialidade do que a um médico generalista, mas isso não implica (...) que a sua obrigação seja de resultado. Tal depende da especificidade e finalidade da sua intervenção.»[83]

[79] Segundo MARIA PAULA RIBEIRO DE FARIA, "O Erro em Medicina e o Direito Penal", in *Lex Medicinae*, Ano 7º, Nº 14 (2010), p. 18, "O padrão que define a violação jurídica do dever de cuidado corresponde a um critério de razoabilidade objetiva, ao que socialmente se espera de uma pessoa medianamente razoável face a uma situação em que é objetivamente previsível que um dado correr dos acontecimentos conduza a um certo resultado."

[80] Segundo o Artigo 9º do atual Código Deontológico, "*O médico deve cuidar da permanente atualização da sua cultura científica e da sua preparação técnica, sendo dever ético fundamental o exercício profissional diligente e tecnicamente adequado às regras da arte médica (leges artis)*".

[81] VERA LÚCIA RAPOSO, *Do Ato Médico ao Problema Jurídico*, Almedina, 2013, p. 94.

[82] "O Erro em Medicina e o Direito Penal", in *Lex Medicinae*, Ano 7º, Nº 14 (2010), p. 19.

[83] Acórdão do STJ de 15.12.2011, *Gregório Silva Jesus*, 209/06.

O nível de diligência exigível não será o mesmo para um especialista[84] ou para um médico de clínica geral, para a realização de diagnóstico por um médico a exercer numa zona rural ou por um médico a exercer num hospital em que se disponha de meios e técnicas necessárias para emitir um diagnóstico mais preciso.

O médico não deverá ser responsabilizado por riscos atípicos nem tampouco quando na sua atuação optou por utilizar um dos procedimentos ou das técnicas validamente alternativas em termos científicos.

A operacionalidade da presunção de culpa impõe ao Réu – caso queira eximir-se da sua responsabilidade – que prove que a desconformidade (com os meios que deveriam ter sido utilizados) não se deveu a culpa sua por ter utilizado as técnicas e regras de arte adequadas ou por não ter podido empregar os meios adequados.[85] Ou seja, cabe ao médico provar a conformidade entre a sua conduta efetivamente observada e a atuação que lhe era exigível. Na expressão precisa de VERA LÚCIA RAPOSO, o médico tem que «demonstrar que atuou de forma diligente, exatamente como atuaria um qualquer outro médico naquela mesma situação, porque é sobre a diligência da sua conduta (ou a falta dela) que recai a presunção», não bastando ao médico sugerir várias hipóteses por força das quais o dano possa ter ocorrido, nem sendo-lhe exigível que demonstre qual a real causa do dano.[86]

Poderá também o médico provar que o dano se deve a caso fortuito ou de força maior, assentando o primeiro na ideia de imprevisibilidade

[84] O Acórdão do STJ de 7.10.2010, *Ferreira de Almeida*, 1364/05, adotou uma posição particularmente exigente quanto aos deveres que recaem sobre o médico especialista: «Já se tratar de médico especialista (v.g. um médico obstetra), sobre o qual recai um específico dever de emprego da técnica adequada, se torna compreensível a inversão do ónus da prova, por se tratar de uma obrigação de resultado – devendo o mesmo ser civilmente responsabilizado pela simples constatação de que a finalidade proposta não foi alcançada(prova do incumprimento), o que tem por base uma presunção da censurabilidade ético-jurídica da sua conduta.». Cremos que a atuação do médico especialista não pode ser colimada desta forma imediata a uma obrigação de resultado.

[85] Na expressão do Acórdão do Supremo Tribunal de Justiça de 22.5.2003, *Neves Ribeiro*, 912/03, no âmbito da responsabilidade contratual, cabe ao médico provar que não houve erro técnico profissional, com recurso às leis da arte e meios da ciência médica, prevalentes em certa época e local e de que razoavelmente dispunha.

[86] *Do Ato Médico ao Problema Jurídico*, Almedina, 2013, p. 98. Na mesma obra e mais à frente, afirma a mesma autora que "Basta que o réu ofereça uma explicação excludente do dano simultaneamente congruente com a sua conduta diligente" (p. 142).

(podendo prevenir-se o dano se tivesse sido previsto) e o segundo na ideia de inevitabilidade (acontecimento natural ou ação humana que, embora previsível ou até prevenido, não se pôde evitar, nem em si mesmo nem nas suas consequências). [87]

Atentas as complicações que podem produzir-se no corpo humano, a possibilidade de ocorrência de situações reconduzíveis a caso fortuito é maior em medicina do que em outras atividades humanas. Em Espanha, o Supremo Tribunal já decidiu, por exemplo, que o risco de complicações urinárias causadas por uma ligadura no uréter era previsível e evitável, segundo os conhecimentos comuns de urologia. [88] O nosso STJ também já salientou que a atividade médica envolve, por natureza e por pequena que seja, uma álea. Na expressão do mesmo, «A medicina progrediu imenso, mas a variedade das doenças, a sua evolução, a particularidade, genética ou não, de cada doente e outros fatores, determinam que se lide sempre em termos de probabilidade de ser alcançado o fim pretendido; nuns casos com mais probabilidade, noutros com menos, mas sempre probabilidade.» Dito de outra forma, é necessário assegurar a margem de risco tolerado ao ato médico.[89] Há que admitir o erro escusável, aquele que recai no âmbito da denominada falibilidade médica, ou seja, que decorre da imperfeição dos conhecimentos científicos para a mediana cultura médica.[90]

Contudo, não constitui causa de exculpação a demonstração singela de que, na sequência de um determinado tipo de cirurgia, ocorre uma franja de casos (por ex., 5%) em que se produzem determinadas sequelas no paciente (percentagem racional de risco típico). A estatística em causa nada esclarece sobre a proporção que, dentro dessa percentagem de risco, deve ser imputável a uma deficiente aplicação da técnica cirúrgica .[91]Caberá sempre apurar a causa efetiva de tais sequelas.

No que tange ao dever de informação do médico, ao consentimento informado e ao consentimento presumidos, cf. os Acórdão do Supremo Tribunal de Justiça de 18.3.2010, *Pires da Rosa*, 301/06, *Sumários*, de 16.6.2015, *Mário Mendes*, 308/09 e de 2.5.2015, *Clara Sottomayor*, 1263/06, de 26.11.2020,

[87] Cf. Almeida Costa, *Direito das Obrigações*, Almedina, 12ª Ed., 2016, pp. 1073-1074.

[88] Cf. Fernández Hierro, *Sistema de responsabilidad médica*, Comares, 2007, pp. 154-155.

[89] Cf. Acórdão do STJ de 15.12.2011, *Gregório Silva Jesus*, 209/06.

[90] Cf. Acórdão do STJ de 24.5.2011, *Hélder Roque*, 1347/04.

[91] Cfr. Fernández Hierro, *Op. Cit.*, pp. 158-159.

Ferreira Lopes, 21966/15, de 2.12.2020, *Clara Sottomayor*, 359/10, de 18.1.2022, *Lima Gonçalves*, 19473/17.

Para maiores desenvolvimentos no que tange à responsabilidade médica, cf.: ANDRÉ DIAS PEREIRA, *Direitos dos Pacientes e Responsabilidade Médica*, Coimbra Editora, 2015; LEILA FREITAS E SOUSA, *Responsabilidade Civil do Médico por Erro de Diagnóstico*, FDUL, 2016; ANTÓNIO CARLOS FONTES CINTRA, *Imputação do Erro Médico, Ponderação de Riscos e Prova por Inferências*, FDUL, 2012; ALINE REGINA CARRASCO VAZ, "O ónus da prova na responsabilidade médica", in *O Direito*, Ano 152, nº 3 (2020), pp. 527-558; JOSÉ LUÍS BONIFÁCIO RAMOS, *Questões Actuais de Direito Probatório*, 2020, pp. 183-190.

ARTIGO 343º – ÓNUS DA PROVA EM CASOS ESPECIAIS

1. Nas ações de simples apreciação ou declaração negativa, compete ao réu a prova dos factos constitutivos do direito que se arroga.

2. Nas ações que devam ser propostas dentro de certo prazo a contar da data em que o autor teve conhecimento de determinado facto, cabe ao réu a prova de o prazo ter já decorrido, salvo se outra for a solução especialmente consignada na lei.

3. Se o direito invocado pelo autor estiver sujeito a condição suspensiva ou a termo inicial, cabe-lhe a prova de que a condição se verificou ou o termo se venceu; se o direito estiver sujeito a condição resolutiva ou a termo final, cabe ao réu provar a verificação da condição ou o vencimento do prazo.

Remissões: art. 270º (noção de condição); art. 279º (cômputo do termo).

Inexiste consenso na doutrina quanto à distribuição do ónus da alegação e da prova nas ações de simples apreciação negativa. Para TEIXEIRA DE SOUSA e REMÉDIO MARQUES, ao autor da ação de apreciação negativa cabe a «prova da inexistência ou do facto impeditivo, modificativo ou extintivo (que é a causa de pedir dessa ação) e somente perante esta prova se devolve à contraparte a prova do facto constitutivo dessa situação (arts. 342º, nº 2, e 343º, nº 1, CC). Esta solução para o ónus da prova nas ações de apreciação negativa decorre da vigência naquelas ações, como, aliás, em todas as demais, do ónus de alegação da causa de pedir (...), o que, dada a correspondência, em regra, entre o ónus da alegação e o ónus da prova, significa que é essa a factualidade que deve ser provada pelo autor.»[92] A esta posição contrapõe-se outra, segundo a qual existe uma ordem no encargo probatório das partes, cabendo, em primeiro lugar, ao réu fazer a prova dos factos constitutivos do direito que se arroga e, só sendo feita tal prova, caberá ao autor a prova dos factos impeditivos ou extintivos. A sequência será, então, esta: i) o autor justifica na petição a necessidade de recurso à via judicial com base na arrogância extrajudicial do réu; ii) o réu deverá demonstrar os factos constitutivos do direito que se arroga e iii) feita essa prova, cabe ao autor demonstrar a existência de factos impeditivos ou extintivos do direito do réu.[93]

Subscrevemos a segunda posição por várias ordens de razões. Em primeiro lugar, consoante visto a propósito do ónus da prova na responsabilidade obrigacional, nem sempre ocorre sobreposição entre o ónus da alegação e da prova. Em segundo lugar, a primeira posição torna excessivamente difícil a posição do autor, ao qual caberá provar a inexistência de todos os possíveis factos constitutivos do direito arrogado pelo réu.[94]Em terceiro lugar, a norma exige uma interpretação cuidada atento o seu segmento "*direito que o réu se arroga*", de onde se deve inferir que a solução apenas tem aplicação quando o réu seja a origem da incerteza em causa. Pelo contrário, «quando o réu nada tenha a ver com a incerteza criada, caberá ao autor a prova da inexistência do direito, através dos competentes factos impeditivo, modificativos ou extintivos, ou mesmo, através da prova do contrafacto negativo traduzido na simples impugnação do direito.»[95]

Constituem exemplos frequentes de ações de simples apreciação negativa as ações de impugnação da resolução de negócio jurídico a favor da massa insolvente e as ações de impugnação de escritura de justificação. No AUJ nº 1/08 decidiu-se que "*na ação de impugnação de escritura de justificação notarial prevista nos arts. 116º, nº 1, do Cód. de Registo Predial e 101º do*

[92] Teixeira de Sousa, *As Partes, o Objecto e a Prova na Acção Declarativa*, 1995, p. 260, posição reiterada em João de Castro Mendes e Miguel Teixeira de Sousa, *Manual de Processo Civil*, Vol. I, AAFDL, 2022, pp. 490-491. Confluindo na mesma posição, Remédio Marques, *Acção Declarativa à Luz do Código Revisto*, 2ª ed., p. 121.

[93] Cf. Paulo Pimenta, *Processo Civil Declarativo*, 2ª ed., pp. 42-43, bem como Lebre de Freitas in Ana Prata (Coord.), *Código Civil Anotado*, Vol. I, Almedina, 2017, pp. 424-425.

[94] Cf. Salvatore Patti, *Prove*, Zanichelli Editore, 2015, p. 83.

[95] Rita Lynce de Faria in *Comentário ao Código Civil, Parte Geral*, Universidade Católica Editora, 2014, p. 814.

Cód. de Notariado, tendo sido os réus que nela afirmaram a aquisição, por usucapião, do direito de propriedade sobre um imóvel, inscrito definitivamente no registo, a seu favor, com base nessa escritura, incumbe-lhes a prova dos factos constitutivos do seu direito, sem poderem beneficiar da presunção do registo decorrente do art. 7º do Cód. de Registo Predial".

Nos termos do nº 2, incumbe ao réu a prova de que o autor interpôs a ação intempestivamente, quando o termo inicial da interposição da ação se conte a partir da data em que o autor tenha tido conhecimento de determinado facto, sem prejuízo doutra solução consagrada expressamente. Constitui exemplo o regime dos embargos de terceiro (art. 344º, nº 2, do CPC), no qual cabe ao embargado demonstrar a intempestividade dos embargos e não ao embargante provar a sua tempestividade.

Quando o direito invocado pelo autor ou pelo reconvinte estiver dependente de um acontecimento futuro e incerto (cf. art. 270º; condição suspensiva) ou de um acontecimento de ocorrência certa, mas incerto quanto ao momento da verificação, o ónus da prova da ocorrência do evento incumbe ao autor. Se o direito estiver sujeito a condição resolutiva ou a termo incerto final, a prova passa a incumbir ao réu, cabendo-lhe demonstrar a verificação da condição ou o vencimento do prazo.

O disposto no nº 3 do art. 1817º constitui norma especial face ao nº 2 deste artigo (Acórdão do Supremo Tribunal de Justiça de 18.3.2018, *Alexandre Reis*, 2947/12).

ARTIGO 344º – INVERSÃO DO ÓNUS DA PROVA

1. As regras dos artigos anteriores invertem-se, quando haja presunção legal, dispensa ou liberação do ónus da prova, ou convenção válida nesse sentido, e, de um modo geral, sempre que a lei o determine.

2. Há também inversão do ónus da prova, quando a parte contrária tiver culposamente tornado impossível a prova ao onerado, sem prejuízo das sanções que a lei de processo mande especialmente aplicar à desobediência ou às falsas declarações.

Neste artigo, preveem-se exceções à regra geral da distribuição do ónus da prova prevista no artigo 342º.

1. A inversão do ónus da prova

Ocorre a inversão do ónus da prova quando «a parte que tem o ónus de alegar o facto não tem o ónus de o provar, cabendo antes à contraparte o ónus de provar o facto contrário do facto alegado». [96] Assim, por exemplo, o réu em ação de investigação de paternidade que recuse, culposamente, realizar exame hematológico, fica onerado com a prova de que não é o pai. A inversão do ónus da prova pode decorrer da lei ou por vontade das partes.

A dispensa ou liberação legal do ónus da prova ocorre quando a lei admite, à partida, um facto como certo se não se provar o contrário, impondo consequentemente à contraparte o ónus de provar o contrário.[97] Permite-se alcançar um determinado resultado probatório sem que a parte normalmente onerada com a prova tenha de realizar qualquer atividade probatória, cabendo à contraparte provar o contrário. Dito de outra forma, a lei dispensa a parte da prova de um facto enquanto não for provado um outro facto. Assim, ocorrendo uma declaração unilateral nos termos da qual alguém reconhece uma dívida, não indicando a respetiva causa, o credor fica dispensado de provar a relação fundamental até à prova da inexistência desta relação (art. 458º, nº 1, do CC).[98]

No que tange à inversão do ónus da prova em decorrência das presunções legais, conforme explica RITA LYNCE DE FARIA [99], «A partir do conceito de presunção, fácil é concluir em que termos as presunções invertem o ónus da prova: a parte a quem incumbiria o ónus da prova de acordo com as regras gerais de repartição, não tem de provar o facto que a beneficia, bastando-lhe provar o facto que constitui a base da presunção. Nestes termos, passará a ser a parte que estava desonerada do ónus da prova que tem de provar o facto contrário. Isto é, que a presunção não corresponde à verdade.» Ou seja, a presunção facilita a atividade probatória na medida em que a parte que beneficia da presunção pode limitar-se a demonstrar um

[96] JOÃO DE CASTRO MENDES e MIGUEL TEIXEIRA DE SOUSA, *Manual de Processo Civil*, Vol. I, AAFDL, 2022, p. 493.

[97] O art. 779º do Código Civil constitui um caso de dispensa ou liberação legal do ónus da prova. O devedor é dispensado de provar o benefício do prazo por mera consideração do *favor debitoris*. Nestas situações, terá o credor de provar que o prazo não foi estabelecido a favor do devedor, mas sim do credor ou de ambos conjuntamente.

[98] JOÃO DE CASTRO MENDES e MIGUEL TEIXEIRA DE SOUSA, *Manual de Processo Civil*, Vol. I, AAFDL, 2022, p. 494.

[99] *A Inversão do Ónus da Prova no Direito Civil Português*, Lex, Lisboa, 2001, p. 34.

facto cuja prova é claramente mais fácil que a do facto que teria de provar se não existisse a presunção. Ocorre uma modificação do tema da prova que, em substância, se consubstancia na substituição do facto a provar: a parte em vez de demonstrar o facto mais difícil ou completo (a+b+c) demonstra apenas o facto mais singelo (x) e que conduz àquele.

Por sua vez, a contraparte fica investida no ónus da prova do facto contrário ao facto presumido. A inversão do ónus da prova ocorre na precisa medida em que a parte beneficiada pela presunção fica dispensada de provar o facto presumido (tendo sempre de provar o facto-base), incumbindo à contraparte a prova do facto contrário ao facto presumido. Na presunção legal exige-se sempre a prova do facto-base à parte beneficiada.

As partes podem convencionar inverter o ónus da prova, dentro dos limites assinalados no art. 345º, nº 1, dispensando a parte onerada com o ónus da prova. Essa convenção da prova pode onerar «o titular do direito com a prova da inocorrência dum facto impeditivo ou o titular do dever com a prova da inocorrência dum elemento da *facti species* constitutiva».[100]

2. Prova impossível por ato culposo da contraparte (nº 2).

O fundamento da inversão do ónus da prova prevista no nº 2 é a justa (re) distribuição do ónus da prova.

A inversão estabelecida no nº 2 «significa que passa a ser a parte responsável pela frustração da prova a ter o ónus de provar o facto contrário do facto que a parte inicialmente onerada teria de provar».[101]

O nº 2 tem como pressupostos: uma conduta ilícita e culposa da contraparte; um resultado de impossibilidade de prova para a parte onerada; um nexo de causalidade entre a conduta ilícita e culposa e entre a impossibilidade. Acompanhando Pires Salpico, cabe à parte inicialmente onerada com a prova demonstrar, tendo em vista beneficiar da inversão do ónus da prova, o seguinte: «que existe ou existiu um meio de prova, que o meio de prova seria relevante para a decisão da causa (pressuposto positivo do nexo de causalidade), de que não restam outros meios de prova relevantes (pressuposto negativo do nexo de causalidade) e que o mesmo se encon-

[100] Lebre de Freitas in Ana Prata (Coord.), *Código Civil Anotado*, Vol. I, Almedina, 2017, p. 427.

[101] João de Castro Mendes e Miguel Teixeira de Sousa, *Manual de Processo Civil*, Vol. I, AAFDL, 2022, p. 502.

trava em posse da contraparte ou, em condições de serem alterados pela contraparte (componente para o pressuposto da ilicitude e da culpa).»[102]

Este nº 2 prevê a violação de um dever material de conservação de meios de prova, que emerge de diversos dispositivos legais tais como os arts. 574º e 575º do Código Civil, 44º do Código Comercial, art. 4º, nº 3, da Lei nº 41/2004, e arts. 47º-A, nº 5, al a), e 48º, nº 7, da Lei nº 5/2004 das Comunicações Eletrónicas, podendo afirmar-se que o direito civil consagra um **dever geral substantivo de conservação** de coisas que são (ou possam vir a ser) meios de prova.[103] Já na pendência de um processo, dos princípios da boa-fé e da cooperação (arts. 7º e 8º do CPC) deriva o dever de as partes conservarem os meios de prova. No que tange à formulação do juízo de prognose sobre eventualidade da coisa ser, futuramente, meio de prova, à semelhança da jurisprudência americana, podem utilizar-se dois critérios: «1) quando é razoável antecipar a ocorrência do litígio; ou 2) quando a parte infratora deve saber da relevância de determinadas informações para um futuro litígio. Esta antecipação ou probabilidade de ocorrência do litígio pode verificar-se pela receção de cartas que possam revelar essa eventualidade, por exemplo, uma intimação, uma ameaça de instauração de ação, a contratação de advogados ou peritos, ou ainda, uma troca de cartas que demonstre um desacordo entre as partes.»[104]

A conduta da contraparte inviabilizadora da prova ao onerado tanto pode assentar em dolo como em negligência ("*culposamente*"), como deflui da conjugação sistemática deste art. 344º com o art. 431º, nº 2, do CPC. Contudo, «em casos em que a contraparte manifesta uma culpa bastante diminuta, de menor grau, em obediência ao princípio da proporcionalidade pode não ter de operar a inversão do ónus de prova (art. 18º/2 CRP).»[105]

Nos casos em que a parte confia a terceiros a guarda de meios de prova e os terceiros viciam os meios de prova, a «contraparte será culpada pela

[102] Nuno Alexandre Pires Salpico, "A inversão do ónus da prova devido a impossibilidade de prova culposamente causada", in *Ius Dictum*, Nº 1, 2020, pp. 45-75, também acessível em https://sousaferro.pt/wp-content/uploads/2020/06/Invers%C3%A3o-por-impossibilidade-culposamente-causada-NUNO-SALPICO.pdf, p. 21.

[103] Pires Salpico, "A inversão do ónus da prova..., p. 28.

[104] Pires Salpico, "A inversão do ónus da prova..., pp. 25-26.
Sobre o dever da seguradora conservar a apólice por dez anos e consequências da sua violação, cf. o Acórdão do Tribunal da Relação de Lisboa de 12.5.2022, *Orlando Nascimento*, 20752/19.

[105] Pires Salpico, "A inversão do ónus da prova..., p. 34.

atuação de terceiro, se tiver culpa na atuação deste enquanto auxiliar seu, se o tiver instigado à destruição dos meios de prova, ou, tendo atuado em coautoria (cf. art. 490º CC), ou ainda, atuado em autoria mediata. No que toca à culpa da contraparte pela atuação dos seus auxiliares, fala-se de *culpa in instruendo, culpa in eligendo*, e de *culpa in vigilando*.»[106]

À contraparte cabe demonstrar que, sem culpa sua, o meio de prova desapareceu ou foi destruído, por aplicação analógica do art. 431º, nº 2, do CPC.

Na medida em que os factos instrumentais permitem provar, por presunção legal, os factos principais, há que entender que o legislador não quis restringir a inversão do ónus da prova aos factos principais, abarcando também os factos instrumentais.

No que tange à dicotomia entre dificuldade da prova e impossibilidade da prova, deverá assimilar-se a alta ou extrema dificuldade à impossibilidade da prova (cf. *infra* o Acórdão do Supremo Tribunal de Justiça de 31.3.2009). Na verdade, «Tanto a impossibilidade, como a dificuldade de prova se referem à probabilidade ou aptidão de convencer o julgador, a distinção entre ambas figuras não pode deixar de ser mais flexível, visto que o que as separa é a percentagem de probabilidade de convencimento do julgador. A impossibilidade representa o grau mais alto, mas tal como o convencimento do julgador não é absoluto e matemático, também a impossibilidade deste convencimento não o pode ser. Daí que se concorde em equiparar a alta/elevada dificuldade à impossibilidade.»[107]

No que tange ao requisito do nexo de causalidade, existe nexo de causalidade «quando a contraparte tiver *destruído ou deteriorado o meio de prova lógica e normativamente relevante* (**definição positiva**), *não restando outros meios de prova relevantes, por limitação legal* [v.g., arts. 313º, nº 1, e 364º do CC], *ou por, no caso concreto, não existirem ou não estarem disponíveis meios de prova cuja conjugação revelasse aptidão a provar o facto em discussão* (**definição negativa**).»[108] Nesta senda, haverá que aquilatar se a parte – que requere a junção de meio de prova pela contraparte – poderia ter-se munido de prova, nomeadamente face ao regime do art. 787º, de molde a evitar que, por negligência do requerente, ocorra uma indevida inversão do ónus da

[106] PIRES SALPICO, "A inversão do ónus da prova..., p. 34.

[107] PIRES SALPICO, "A inversão do ónus da prova..., pp. 59-60.

[108] PIRES SALPICO, "A inversão do ónus da prova..., p. 57.

prova. E, em sentido oposto, apesar de o facto em causa poder ser eventualmente provável por outros meios probatórios, há que ponderar se o meio probatório preterido assume especial relevância e fiabilidade na formação da convicção do julgador, como é o caso dos exames hematológicos numa ação de investigação da paternidade.

Havendo dúvida sobre «a verificação do requisito da impossibilidade de prova, é julgada tal questão contra o requerente da inversão, a quem cabe provar tal impossibilidade, pois esta é um facto que o favorece nos termos do art. 342º CC, regra geral de repartição do ónus da prova.»[109]

No ensinamento de LEBRE DE FREITAS, ocorrerá inversão do ónus da prova nos termos do nº 2 quando, por exemplo, o condutor do automóvel destrói, após a colisão, os indícios da sua culpa no acidente de viação, quando uma das partes impede a testemunha oferecida pela outra de se deslocar ao tribunal, quando a parte notificada para apresentar um documento não o apresenta (art. 430º do CPC) ou declara que não o possui, tendo-o já possuído e não provando que ele desapareceu ou foi destruído sem culpa sua (art. 431º, nº 2, do CPC), quando o réu em ação de investigação de paternidade se recusa a permitir o exame do seu sangue.[110]

CASTRO MENDES e TEIXEIRA DE SOUSA admitem que, por interpretação extensiva, o preceito se aplique nas situações em que a impossibilidade da prova decorre do próprio facto probando, como são os casos de causalidade alternativa no âmbito da responsabilidade civil.[111]

Na jurisprudência do STJ sobre esta temática, merecem destaque os seguintes acórdãos:

[109] ANA CRISTINA AMARAL PATRÍCIO, *A Inversão do Ónus da Prova, no Caso de Não Colaboração de Uma das Partes*, UCP, 2013, p. 62.

[110] Cf. RITA LYNCE DE FARIA, *A Inversão do ónus da Prova no Direito Civil Português*, Lex, 2001, p. 39. No Acórdão do Supremo Tribunal de Justiça de 16.10.2012, *Garcia Calejo*, 194/08, afirmou-se que: «Hoje os exames hematológicos aos pretensos pai e filho dão um grau de certeza sobre a filiação, quando esta se verifique, próximo dos 100%, excluindo-a quase completamente quando não ocorra. Assim, nas ações de investigação da paternidade esses exames constituem elementos importantes e até essenciais para a descoberta da verdade, secundarizando as outras provas, designadamente a testemunhal, patentemente muito mais falível e aleatória. No caso, o réu, ao faltar ao exame injustificadamente, inviabilizou a sua realização, obstaculizando, assim, a que a verdade da sua paternidade em relação ao autor fosse cientificamente investigada e determinada. Recusou-se, assim, a colaborar para a descoberta da verdade, pelo que se justificou a inversão do ónus da prova a que alude o nº 2 do art. 344º.»

[111] *Manual de Processo Civil*, Vol. I, AAFDL, 2022, p. 503.

- À impossibilidade da prova, por atuação culposa da parte não colaborante para com o onerado, deve ser equiparada, uma *colaboração reticente ou parcialmente inviabilizadora da prova*, desde que dessa falta de colaboração resulte, comprovadamente, *fragilidade probatória* causada pelo recusante, isto em homenagem ao *princípio da colaboração* e da *boa-fé*, seja na perspetiva processual, seja na perspetiva substantiva – art. 762º, nº 2, do Código Civil (de 31.3.2009, *Azevedo Ramos*, 09A197);
- Integra a previsão do art. 344º, nº 2, do CC a situação em que o autor invoca a irregularidade de um documento na posse da parte contrária e o réu destrói-o, tornando assim impossível a prova do facto por ele alegado: neste caso, não se vai desde logo ao ponto de considerar a irregularidade como provada, mas impõe-se ao réu a prova da inexistência dessa irregularidade (15.4.2010, *Oliveira Vasconcelos*, 4953/09, *Sumários*);
- Apesar da realidade de determinado facto invocado dever ser demonstrada por aquele que a invoca, se a parte contrária tiver impossibilitado culposamente a prova desse facto, então inverte-se o ónus da prova e, não sendo feita a prova do contrário, tem-se como assente o facto presumido. A inversão do ónus da prova existe para, na ausência da prova do contrário, se presumir a existência do facto alegado (de 21.4.2010, *Alberto Sobrinho*, 766/2001, *Sumários*);
- Pode esse comportamento recusante (de junção der documentos solicitados pelo tribunal) determinar, quando verificado o condicionalismo do art. 344º, nº 2, do CC, a inversão do ónus da prova, o que acontece quando a recusa impossibilita a prova do facto a provar, a cargo da contraparte, por não ser possível consegui-la com outros meios de prova, já por a lei o impedir (cf. arts. 313º, nº 1, e 364º do CC), já por concretamente não bastarem para tanto os outros meios produzidos (de 12.5.2011, *Granja da Fonseca*, 7656/04, *Sumários*).
- Tem lugar a inversão da regra do ónus da prova do preenchimento abusivo se se prova que a exequente nunca informou os oponentes dos *debitor* a que correspondiam os valores que havia inserido nas letras, não tendo igualmente prestado essa informação no requerimento executivo, o que impossibilitou os executados de uma defesa eficiente (de 31.1.2012, *Távora Victor*, 3402/05, *Sumários*);
- Aquele que, culposamente, se recusa a se submeter a testes de ADN em ação de investigação da paternidade em que é réu, fica onerado

com o encargo de provar que não é pai, nos termos do art. 344º, nº 2, do CC, devendo ser notificado com a advertência da inversão do ónus da prova (de 23.2.2012, *Bettencourt Faria*, 994/06, de 16.10.2012, *Garcia Calejo*, 194/08, de 3.10.2017, *Pinto de Almeida*, 737/13, *Sumários*);

- O decurso do tempo, por si só, não pode servir de fundamento a uma inversão do ónus da prova de um facto impeditivo do direito da autora, cabendo à Ré provar, por exemplo, que lhe foram recusados recibos de quitação dos pagamentos efetuados ou qualquer outro facto que tornasse difícil ou inviável a sua atividade probatória positiva (de 29.5.2012, *Gabriel Catarino*, 162/06, *Sumários*);
- A circunstância da recusa da contraparte tornar culposamente a prova impossível ou tornar particularmente difícil a prova, não importa, sem mais, que o facto controvertido se tenha por verdadeiro, mas tão só que passou a caber à parte recusante a prova da falta de realidade desse facto, não estando, por isso, as instâncias dispensadas de valorar essa recusa para efeitos da formação da sua convicção com vista a dar, como provado, ou não, o facto em causa. Tendo em conta as consequências decisivas da inversão do ónus da prova para a decisão da causa, impõe-se que a notificação efetuada à parte para proceder à junção de documentos seja acompanhada da advertência de que a sua recusa injustificada implica a inversão do ónus da prova, nos termos do art. 344º, nº 2, do CC (de 12.4.2018, *Rosa Tching*, 744/12);
- Deve inverter-se o ónus da prova por violação do dever de colaboração para a descoberta da verdade se a ré, ainda que por meio do seu auxiliar técnico oficial de contas, não logrou conservar os seus próprios elementos contabilísticos – que sabia que poderiam vir a ser solicitados para exame – vindo, na prática, a inviabilizar a prova do enriquecimento a cargo do autor (de 16.11.2017, *Júlio Gomes*, 3129/03);
- A «decisão de efetivação da inversão do ónus da prova nos termos do artigo 344º, nº 2, do CC terá lugar depois de esgotada a possibilidade de a parte onerada com tal inversão produzir a respetiva prova e da valoração, em sede de prova livre, dos resultados probatórios desse modo obtidos, ou seja, a jusante da decisão sobre os factos controvertidos. Tal não obstará, porém, a que, em sede de revista, o STJ, para efeitos de ampliação da decisão de facto, defina, desde logo, o direito aplicável, nomeadamente quanto à repartição

do ónus da prova, ao abrigo e nos termos do disposto no artº 683º, nº 1, do CPC, poder esse que já não assiste às instâncias. / De qualquer modo, deverão as partes ser advertidas previamente da eventualidade daquela inversão do ónus da prova, de forma a poderem gerir o esforço probatório que lhe é exigível e a evitar uma decisão-surpresa, como decorre do disposto no artº 3º, nº 3, do CPC» (de 24.5.2018, *Tomé Gomes*, 318/05).

- Opera a inversão do ónus da prova a conduta do oponente que, por meio de alteração voluntária da escrita, tornou impossível a obtenção de um resultado pericial conclusivo, quanto à autoria das assinaturas apostas nos títulos executivos, quando a perita que subscreveu o relatório acabou por assegurar, em julgamento, essa autoria (de 9.4.2019, *Fernando Samões*, 4759/07).

3. Casos de inversão do ónus da prova na responsabilidade médica

Nos termos do art. 344º, nº 2, ocorre inversão do ónus da prova nos casos em que a parte contrária tiver culposamente (com dolo ou negligência[112]) tornado impossível a prova ao onerado. O princípio subjacente a este regime é o da proximidade da prova.

Assim, se o médico extraviar ou destruir a ficha clínica do doente poderá inviabilizar a atividade processual do doente, o que determinará a inversão do ónus da prova cabendo ao médico provar que agiu adequadamente [113]. O mesmo raciocínio será de aplicar, *mutatis mutandis*, quando o réu/médico se recuse a fornecer cópia legível do processo clínico. Caso o médico inutilize compressa que não havia sido inicialmente removida de ferida causada por uma operação, inviabilizando a prova que cabia ao doente, também ocorrerá a inversão do ónus da prova. «A não apresentação, sem qualquer justificação, dos relatórios – médicos ou de enfermeiros – respeitantes ao dia da alta hospitalar, por parte do réu, afigura-se suscetível de tornar impossível, ou particularmente difícil, a produção de prova ao sujeito pro-

[112] Conforme enfatiza Vera Lúcia Raposo, *Do Ato Médico ao Problema Jurídico*, Almedina, 2013, p. 111, basta a mera culpa porquanto o regime do art. 344º, nº 2, «mais do que um mecanismo sancionador do agente que dificulta a prova, pretende ser uma forma de desagravar a situação daquele que se vê impedido de fazer prova dos factos independentemente de qual tenha sido o contributo culposo do outro para esse desfecho.»

[113] Rute Teixeira Pedro, *A responsabilidade civil do médico, Reflexões sobre a noção de perda de chance e a tutela do doente lesado*, Coimbra Editora, 2008, p. 367.

cessual onerado com o ónus da prova nos termos gerais e, por isso, justifica a inversão do ónus da prova relativamente ao estado febril da autora ao tempo da alta hospitalar.»[114]

No caso de o autor requerer a notificação do réu para juntar documentação clínica (art. 429º, nº 1, do CPC), em caso de incumprimento não justificado desse dever de cooperação para descoberta da verdade, tal omissão será livremente apreciada pelo tribunal, podendo levar mesmo à inversão do ónus da prova (arts. 430º e 417º, nº 2, do CPC). Tal omissão, em regra, é valorada no sentido de que a parte (réu) – no plano subjetivo – receia o resultado daquela diligência probatória.[115]

De um modo mais abrangente, defendemos que uma conduta processual pode constituir o facto-base de um indício endoprocessual desde que: (i) a parte tenha conhecimento de determinado facto; (ii) esse facto releve na apreciação de mérito do processo, segundo as várias soluções plausíveis de direito; (iii) a prova desse facto no processo seja desfavorável à parte em causa; (iv) no intuito de evitar esse resultado desfavorável, a parte proceda (por ação ou omissão) no sentido de frustrar (total o parcialmente) a prova desse facto ou de desviar a atenção sobre o mesmo.[116]

ARTIGO 345º – CONVENÇÕES SOBRE AS PROVAS

1. É nula a convenção que inverta o ónus da prova, quando se trate de direito indisponível ou a inversão torne excessivamente difícil a uma das partes o exercício do direito.

2. É nula, nas mesmas condições, a convenção que excluir algum meio legal de prova ou admitir um meio de prova diverso dos legais; mas, se as determinações legais quanto à prova tiverem por funda-

[114] Acórdão do STJ de 8.9.2020, *Maria João Vaz Tomé*, 148/14.

[115] «I. Os registos clínicos, de acordo com as 'leges artis', devem ser precisos, completos, detalhados, específicos e congruentes, descrevendo fiel, detalhada e especificamente tudo quanto de relevante foi comunicado, observado ou realizado, permitindo vislumbrar os fundamentos e objectivos das decisões médicas que foram sendo tomadas. (...) / III. Enquanto respeitarem aquelas características os registos clínicos gozam de uma especial força probatória. / IV. O desrespeito das 'leges artis' na elaboração dos registos clínicos pode, no limite, levar à inversão do ónus da prova» – Acórdão do Tribunal da Relação de Lisboa de 28.4.2020, *Rijo Ferreira*, 1765/12.

[116] Cf., desenvolvidamente, o nosso *Prova por Presunção no Direito Civil*, 3ª ed., pp. 34-50.

mento razões de ordem pública, a convenção é nula em quaisquer circunstâncias.

Remissões: art. 3º, nº 9, do DL nº 12/2021, de 9.2 (convenção sobre prova eletrónica).

Nos termos deste preceito, a convenção sobre prova- sob pena de nulidade – não pode inverter o ónus da prova, quando se trate de direito indisponível ou quando a inversão torne excessivamente difícil a uma das partes o exercício do direito. Igualmente, sob pena de nulidade, não pode a convenção excluir algum meio legal de prova ou admitir um meio de prova diverso dos legais, quando tal acordo torne excessivamente difícil a uma das partes o exercício do direito ou se trate de direito indisponível. Em qualquer caso, a convenção é nula se as determinações legais quanto à prova, visadas pela convenção, tiverem por fundamento razões de ordem pública.

Castro Mendes e Teixeira de Sousa sustentam que os contratos probatórios são vinculativos para as partes e para o tribunal da ação, «embora não possam retirar ao tribunal os poderes inquisitórios em matéria probatória sobre os factos de que, em consequência de um contrato sobre o objeto ou sobre o ónus da prova, pode conhecer (art. 411º).»[117]

O limite da indisponibilidade do direito compreende-se porquanto se visa obstar a que, por força de uma convenção probatória, as partes disponham indiretamente do direito substantivo indisponível. No que tange às razões de ordem pública como limite, há que enunciar a ***ordem pública processual*** como o conjunto dos princípios fundamentais e normas imperativas que não podem deixar de presidir à decisão de qualquer controvérsia jurídica, nomeadamente: o princípio da igualdade das partes; o princípio do contraditório; o processo equitativo[118]; o princípio do juiz natural; a independência e imparcialidade do juiz; o princípio da aquisição processual (art. 413º do CPC); a necessidade de fundamentação das decisões; o caso julgado material; a regra decisória do *non liquet*. As convenções probatórias não podem bulir com o núcleo intangível mínimo destes princípios. Acresce que subjazem a múltiplas normas substantivas razões de ordem pública, designadamente de segurança no tráfico jurídico, de previsibilidade das relações jurídicas e de tutela de terceiros e, nessa medida, tais normas não

[117] João de Castro Mendes e Miguel Teixeira de Sousa, *Manual de Processo Civil*, Vol. I, AAFDL, 2022, p. 505.

[118] Cf. Acórdão do Supremo Tribunal de Justiça de 20.11.2014, *Prazeres Beleza*, 7614/12.

podem ser afastadas convencionalmente, mesmo de forma indireta. Não se pode olvidar a natureza pública do objeto do processo, o qual tem como objetivo a paz social. São os casos das normas que impõem forma *ad substantiam* para a celebração dos negócios jurídicos, bem como das normas que atribuem poderes inquisitórios ao tribunal em matéria probatória.

Este artigo deve ser interpretado como expressão de um princípio geral segundo o qual não pode excluir-se *a priori* a possibilidade do exercício de um direito.[119] Por força do mesmo, não são admissíveis convenções que incindam de modo direto sobre os poderes decisórios do juiz nomeadamente sobre a sua liberdade de apreciação da prova porquanto tais poderes integram, *de per si*, a ordem pública processual.[120] Todavia, mediante uma convenção lícita sobre a prova, as partes exercem uma atividade que se repercute – indiretamente- sobre a valoração da prova e o convencimento do juiz na medida em que delimitam o resultado da sua atividade negocial sujeita ao crivo judicial.

Constituem exemplos típicos de convenções admissíveis ao abrigo deste preceito: convenção que preveja certos comportamentos contratuais como factos-base de presunções judiciais, desonerando a parte beneficiada do ónus da prova do facto presumido; convenção que restrinja a certo meio a prova de um facto ou exclua certo meio de prova para a prova de um facto[121], *v.g.*, exclusão de prova testemunhal ou exigência de que certo facto só possa ser provado por escrito, sem prejuízo dos limites referidos supra; convenção que preveja a utilizabilidade de um documento apesar da falta de assinatura do mesmo. [122] Por via desta convenção, pode «o titular do direito fica[r] onerado com a prova da *inocorrência* de um facto impeditivo, assim como o titular do dever com a prova da *inocorrência* do facto constitutivo.»[123]

Serão inadmissíveis convenções que prevejam presunções sem admissibilidade da prova em contrário ou que estabeleçam que um determinado facto deve ser dado como provado pelo juiz.[124]

[119] Cf. Salvatore Patti, *Le Prova, Parte Generale*, 2010, p. 272.

[120] Luigi Comoglio, *Op. cit.*, pp. 405-406.

[121] Lebre de Freitas in Ana Prata (Coord.), *Código Civil Anotado*, Vol. I, Almedina, 2017, p. 429.

[122] Salvatore Patti, *Prove*, Zanichelli Editore, 2015, p. 280.

[123] Maria Paula Rebelo, "Manifestações da vontade das partes no processo civil português", in *Civil Procedure Review*, v. 9, nº 3, set.-dez. 2018, pp. 85-86.

[124] Salvatore Patti, *Prove*, Zanichelli Editore, 2015, pp. 270 e 304.

A excessiva dificuldade para o exercício do direito, decorrente da inversão convencional do ónus da prova, deve ser determinada «de acordo com a bitola de pessoa normal, colocada na concreta posição considerada.»[125] A excessiva dificuldade , enquanto limite, visa obstar a que o contraente mais forte imponha limitações probatórias à parte contratual mais débil. O critério para valorar a excessiva dificuldade apresenta carácter objetivo, prescindindo da aferição da eventual má fé de uma das partes ou do erro de outra. Na sua valoração, deverá atender-se designadamente ao tempo para o exercício do direito, ao custo da produção da prova, ao acesso aos dados de facto úteis para o processo.

Esta questão articula-se com o Artigo 21º, alínea g), da Lei das Cláusulas Contratuais Gerais, nos termos do qual são em absoluto proibidas as cláusulas que «*modifiquem os critérios de repartição do ónus da prova ou restrinjam a utilização de meios probatórios legalmente admitidos.*»

Ao abrigo desta norma, o STJ decidiu o seguinte:

- São nulas as condições de utilização que dispõem considerar-se aceite e validado o conteúdo dos extratos de conta das operações realizadas com o cartão, desde que o mesmo não haja sido objeto de reclamação pelo seu titular, no prazo máximo de 30 dias, contados do respetivo conhecimento (12.4.2005, *Sousa Leite*, 105/05);
- A cláusula inserta em contratos de emissão e de utilização de cartões de débito e de crédito, onde se estipula que "*O titular compromete-se a, após a sua adesão ao serviço de pagamento MBNet, utilizar esses serviço de pagamento em todas e quaisquer transações que venha a efetuar em ambientes abertos (internet, WAP, televisão interativa, etc.) e, ao fazê-lo, reconhece-se devedor ao Banco dos valores registados eletronicamente*", por modificar os critérios de repartição do ónus da prova (27.4.2005, *Moreira Camilo*, 821/05);
- Com a cláusula em que o cliente se reconhece devedor ao Banco dos valores registados eletronicamente está o banco a criar, nas transações efetuadas em ambiente aberto, uma presunção de dívida relativamente aos valores registados eletronicamente. De acordo com esta presunção imposta ao titular do cartão, decorre que, mesmo no caso da dívida real ser inferior à constante dos registos eletrónicos, se não conseguir fazer essa prova se tem como assente que deve as

[125] António Menezes Cordeiro, *Tratado de Direito Civil*, V, Almedina, 2011, p. 469.

quantias assinaladas eletronicamente. Ao estabelecer-se uma presunção de dívida do titular do cartão nos termos apontados e ao conceder-se um valor absoluto ao registo eletrónico, está-se a alterar os critérios de repartição do ónus da prova e a subtrair ao juiz a livre apreciação de um documento particular (15.10.2009, *Alberto Sobrinho*, 29368/03).

ARTIGO 346º – CONTRAPROVA

Salvo o disposto no artigo seguinte, à prova que for produzida pela parte sobre quem recai o ónus probatório pode a parte contrária opor contraprova a respeito dos mesmos factos, destinada a torná-los duvidosos; se o conseguir, é a questão decidida contra a parte onerada com a prova.

1. Graus de eficácia da prova

Os meios de prova legal ou tarifada comportam os seguintes graus de eficácia probatória:

i. **Prova bastante** quando a prova cede mediante contraprova. Quando o onerado com a prova tenha feito prova bastante só por si, cabe à parte contrária fazer prova que crie no espírito do juiz dúvida ou incerteza acerca do facto questionado (*ónus da contraprova*). Basta-lhe isso, não tendo de provar que o facto não é verdadeiro;

ii. **Prova plena** se cede apenas mediante a prova do contrário (*ónus da prova do contrário*). A prova do contrário tem por fim a demonstração de que certo facto não é verdadeiro, de que tal facto não existe (cf. art. 347º)[126];

iii. **Prova pleníssima** se não cede sequer perante a prova do contrário. Todavia, admite a impugnação do facto probatório/facto-base da presunção.[127]

[126] Leo Rosenberg, *La Carga de la Prueba*, Editorial Bdef, Buenos Aires, 2002, p. 258.

[127] João de Castro Mendes e Miguel Teixeira de Sousa, *Manual de Processo Civil*, Vol. I, AAFDL, 2022, p. 481.

2. A contraprova

A contraprova tem por fim tornar incerto o facto: «Quando o onerado com a prova tenha feito prova bastante só por si, tem a parte contrária de fazer prova que crie no espírito do tribunal *dúvida* ou *incerteza* acerca do facto questionado (ónus da *contraprova*). É isso suficiente, não tendo de provar que tal facto não é verdadeiro» (VAZ SERRA, *Op. Cit.*, p. 112). «A contraprova é suficiente para invalidar as provas livres ou as provas legais não plenas, ao passo que a prova do contrário é precisa para contrabalançar a prova legal plena de um facto» (*Ibidem*).

A contraprova destina-se a refutar as afirmações factuais do autor, podendo preceder mesmo temporalmente a prova principal. A contraprova, tal como a prova principal, pode ser feita por provas diretas ou indiretas. A contraprova integra a atividade probatória do réu/reconvindo que, dentro do perímetro factual enunciado pelo autor/reconvinte, visa demonstrar a inveracidade dos enunciados fácticos do autor/reconvinte ou a inidoneidade dos meios de prova para constituírem base do convencimento judicial. Na expressão de ROSENBERG, «a contraprova deve considerar-se verificada não só quando o juiz está convencido da veracidade do facto (objeto da contraprova), mas também quando fica abalado o seu convencimento, relativo à veracidade dos factos afirmados (e provados) pela contraparte; por isso, da alcançada zona de luz da certeza o juiz é novamente precipitado na sombra da incerteza.»[128]

Quando a confissão tenha a eficácia de prova livre, a oposição de uma simples contraprova será suficiente para a destruição dos efeitos probatórios da confissão simples.[129]

3. A contraprova no *iter* probatório

No *iter* de valoração da prova segundo a probabilidade lógica são configuráveis quatro passos, a saber: i) requisito da confirmação; ii) requisito da não refutação; iii) escolha entre as diferentes hipóteses alternativas; iv) submissão ao *standard* de prova aplicável.

No que tange ao **requisito da confirmação**, uma prova *p* confirma a hipótese *h* se existir um nexo causal e lógico entre ambas que faz com que a existência daquela constitua uma razão para aceitar a segunda.

[128] *Die Beweislast*, p. 77, *apud* SALVATORE PATTI, *Prove*, Zanichelli Editore, 2015, p. 143, Nota 353.
[129] LEBRE DE FREITAS, *A Confissão no Direito Probatório*, 2ª ed., 2013, p. 286.

Na medida em que é expressão do grau de confirmação, a probabilidade de uma hipótese aumenta e diminui com: a) o fundamento cognoscitivo e o grau de probabilidade expresso pelas regras e máximas de experiência utilizadas; b) a qualidade epistemológica das provas que a confirmam; c) o número de passos inferenciais que separam a hipótese das provas que a confirmam; d) a quantidade e variedade de provas ou confirmações.[130]

O **requisito da não refutação** (ii) tem expressão processual precisamente na contraprova prevista neste art. 346º. Assim, se uma hipótese é confirmada por provas disponíveis, deve submeter-se ainda a refutação através do exame dos factos que, a existirem, a invalidariam ou tornariam pouco provável. Se a prova de tais factos infirmativos não ocorre, a hipótese não fica refutada. Se ocorre a prova de tais factos mediante a prova de factos que desvirtuam a hipótese inicial, deve abandonar-se esta. Esta é a essência da contraprova.

Ou seja, se, após a produção das provas, persistir no espírito do julgador um estado de dúvida sobre a ocorrência dos factos sob apreciação, o julgador terá que decidir a matéria de facto segundo a regra do ónus da prova (cf. pp. 14-16).[131] Se, pelo contrário, os meios de prova produzidos estearem a convicção da ocorrência do facto, haverá que concluir que foi feita prova bastante do mesmo. Daqui resulta que a contraprova tem, genuinamente, por escopo acionar a regra de decisão do ónus da prova.

Essa prova bastante, emergente de meios de prova sujeitos a livre apreciação ou sem o valor de prova legal plena, terá ainda se ser submetida ao crivo do *standard* probatório pertinente face à matéria em discussão no caso (cf. *infra*).

O terceiro passo é eventual, cuidando-se de escolher – caso sejam configuráveis diferentes hipóteses alternativas sustentadas pelas provas – qual a hipótese que deve ser elegida como a adequada no caso sob apreciação. Para este efeito, têm sido avançados vários critérios, desig-

[130] Cf., desenvolvidamente, o nosso *Prova Testemunhal, Noções de Psicologia do Testemunho*, Almedina, 2020, pp. 415-416.

[131] Neste sentido, cf. o Acórdão do Tribunal da Relação de Lisboa de 7.4.2016, *Ondina Alves*, 689/14, que afirma que: «Na reapreciação das provas pelo Tribunal da Relação também se impõe a obediência à regra constante do artigo 414º do CPC que estabelece que, em caso de dúvida sobre a realidade de um facto, ela se terá de resolver contra a parte à qual o facto aproveita, tendo em consideração, segundo o que se dispõe no artigo 346º do Código Civil, o efeito da dúvida que a contraprova consiga suscitar.»

nadamente: o critério da simplicidade, o critério da coerência narrativa, o critério da coerência lógica, o critério da congruência e o critério da correspondência entre os factos e a norma jurídica.[132] Neste âmbito, acompanhamos MICHELE TARUFFO na conclusão eclética de que «(...) à parte da eventual relevância do facto constitutivo da coerência narrativa, a decisão final sobre os factos dotada do grau mais elevado de racionalidade é aquela que se baseia numa narração que seja, ao mesmo tempo, logicamente coerente, congruente com os factos que resultam provados e correspondente à previsão da norma legal que constitui a base da decisão *in jure*.»[133]É «racional a valoração de diversos elementos de prova que resolva os seus contrastes identificando univocamente a hipótese mais aceitável; é irracional, pelo contrário, a valoração que não resolve os contrastes e, por isso, não identifica uma solução unívoca.»[134]

No quarto passo, sujeita-se a hipótese fáctica (que não foi refutada e que é a melhor sustentada pelas provas do processo nos termos do terceiro passo) ao **crivo do *standard* de prova** aplicável no caso. Se esse grau de suficiência (umbral mínimo de prova) não for atingido, haverá então que acionar a regra de decisão derivada do ónus da prova (cf. pp. 14-16).

4. O que é um *standard* da prova

A atividade comprobatória não pode depender da confiança subjetiva do julgador numa hipótese, mas deve centrar-se na indicação de que existem boas razões para justificar essa confiança. Um *standard* de prova consiste numa regra de decisão que indica o nível mínimo de corroboração de uma hipótese para que esta possa considerar-se provada, ou seja, possa ser aceite como *verdadeira*. Este critério da suficiência da prova deve pautar-se pela análise sobre a (in)existência de boas razões para justificar a decisão e não propriamente sobre a confiança do julgador. Um *standard* deve ser capaz de responder a duas perguntas: quando é que o grau de justificação é suficiente para aceitar um enunciado fáctico como verdadeiro e quais são os critérios objetivos que indicam que se alcançou esse grau de justificação.

[132] Cf., desenvolvidamente, o nosso *Prova Testemunhal, Noções de Psicologia do Testemunho*, Almedina, 2020, pp. 417-420.

[133] *La Prueba de hos Hechos*, Editorial Trotta, Madrid, 2002, p. 325.

[134] MICHELE TARUFFO, *La Prueba de los Hechos*, Editorial Trotta, Madrid, 2002, p. 426.

O *standard* tem de ser objetivo requerendo um critério de controle de molde que uma pessoa distinta do operador judicial possa realizar um juízo sobre a hipótese a partir do material probatório disponível. O *standard* serve de guia ao juiz indicando o que deve buscar em cada prova para fixar os factos e, por outro lado, permite rever a construção dos factos assim feita pelo juiz no sentido de averiguar se este se cingiu ao *standard* ou se, pelo contrário, fixou os factos por mecanismos não controláveis. O *standard* de prova expressa uma tentativa de instruir o julgador no que tange ao grau de confiança que a sociedade crê que ele deve utilizar nas suas conclusões factuais.

Nesta medida, os critérios da suficiência da prova estão mais próximos dos princípios de tipo normativo (e não de regras) porquanto propiciam ao julgador pautas de conduta cujas condições de aplicação derivam exclusivamente do seu conteúdo, exprimindo mandatos de otimização referentes ao risco do erro no apuramento dos factos e, por isso, requerem ponderação em vez de subsunção.[135] Os critérios de suficiência direcionam um campo de argumentação (são guias para juízos de facto) mas não dão uma resposta em si.

O *standard* de prova é um mecanismo que permite determinar e distribuir os erros judiciais na fixação dos factos provados. Estaremos perante um falso positivo quando uma decisão declara provada uma hipótese, sendo esta falsa. O falso negativo ocorre quando se declara uma hipótese não provada, sendo esta verdadeira. Qualquer uma destas decisões pode ser válida epistemologicamente no sentido de que se fundou corretamente nos elementos de prova disponíveis.

Deste modo, à medida que aumentamos a exigência do *standard* de prova, aumentam os falsos negativos e diminuem os falsos positivos. É por esta ordem de razões que o *standard* de prova adotado para a decisão final no processo penal é muito mais elevado que no processo civil: existe uma opção ética no sentido de que é socialmente preferível uma absolvição falsa do que uma condenação falsa.[136]

Nesta medida, os *standards* de prova não são mais do que uma reação do próprio sistema contra a sua falibilidade na determinação do juízo fáctico,

[135] Daniel Coutinho da Silveira, *Prova, Argumento e Decisão. Critérios de Suficiência para Orientação dos Juízos de Factos no Direito Processual Brasileiro*, São Paulo, 2011, p. 315.

[136] Cf. Jordi Ferrer Beltrán, *La Valoración Racional de la Prueba*, Marcial Pons, Madrid, 2007, p. 143.

facultando modelos de controle das inferências do juiz e submetendo-as, no âmbito do contraditório, a um juízo crítico comum, garantindo a cientificidade da decisão jurídica.[137]

Noutra vertente epistemológica, os *standards* probatórios são uma expressão da impossibilidade da busca da verdade em estado puro (ontológica), da inviabilidade de apreensão de certezas absolutas. Com efeito, «a aceitação de diferentes *standards* probatórios, tendo em vista as peculiaridades de cada causa e, portanto, a tipologia do direito material em discussão, ao mesmo tempo em que busca evitar uma livre atribuição de sentidos pelo órgão julgador, controlando sua valoração, igualmente supera a noção de que exista uma verdade fora do processo a ser perquirida na essência das coisas (verdade ontológica clássica). Bem compreendida a discussão acerca dos *standards* probatórios, ela se coloca como uma cadeira entre a "verdade real" e o assujeitamento das provas, podendo contribuir para que se possa falar da prova no processo sem recorrer à nenhuma espécie de noção metafísica de verdade.»[138]

5. Os graus de prova

Acompanhando Casto Mendes e Teixeira de Sousa, são distinguíveis três graus de prova.[139]

Num primeiro patamar, está o **princípio de prova** em que a prova em causa não é suficiente para estabelecer, por si só, qualquer juízo de aceitabilidade final, podendo apenas coadjuvar a prova de um facto desde que em conjugação com outros elementos de prova. É o caso da prova realizada noutro processo (depoimentos e arbitramentos) que só vale como princípio de prova em processo ulterior quando o regime de produção de prova no primeiro processo ofereça às partes garantia inferiores às do processo onde se pretende invocar essa prova – cf. art. 421º, nº 1, segunda parte, do CPC.

Num segundo nível, encontramos o grau de prova denominado **mera justificação** em que a convicção do tribunal se basta com a demonstração

[137] Danilo Knijnik,"Os Standards do Convencimento Judicial: Paradigmas Para o Seu Possível Controle", acessível em www.abdpc.org.br, pp. 18-19.

[138] Lenio Luiz Streck, Igor Raatz e Wlliam Gaelle Dietrich, "Sobre um possível diálogo entre a crítica hermenêutica e a teoria dos standards probatórios: notas sobre valoração probatória em tempos de intersubjetividade", www.univali.br/periodicos, Doi: 10.14210/nej.v21n2. p. 17.

[139] *Manual de Processo Civil*, Vol. I, AAFDL, 2022, pp. 476-481.

de que o facto é verosímil ou plausível, ou seja, basta um convencimento assente num juízo de verosimilhança ou de plausibilidade. A mera justificação «basta-se com a demonstração de que o facto probando é verosímil, ou seja, ela só exige que o tribunal forme uma convicção sobre a aparência de verdade desse facto». [140]

A mera justificação só é aplicável nas situações expressamente previstas por lei. É o caso paradigmático da probabilidade séria da existência do direito ou interesse juridicamente tutelado (*fumus boni juris*) nos procedimentos cautelares, cuja prova basta ser sumária, constituir uma simples justificação ou um juízo de verosimilhança [141], expressões que pretendem significar que, para a prova do direito do requerente, basta uma constatação objetiva da grande probabilidade de que exista. Aqui as razões de celeridade que presidem a estes procedimentos não se coadunam com uma averiguação exaustiva da prova sobre a existência do direito do requerente, bem como com um contraditório pleno, pelo que o juiz tem de contentar-se com um material probatório incipiente em atenção à necessidade premente de tutela. Há aqui uma tentativa de equilibrar a relação processual no confronto entre a tutela pressuposta pelo direito material e a iniquidade decorrente da demora que o processo comum impõe aos litigantes.

A mera justificação está presente noutras normas nomeadamente em sede de direito da filiação – cf. arts.1808, nº 4, 1865º, nos. 4 e 5, 1831º, nº 1 e 1859º, nº 3, todos do CC.

No terceiro nível, temos a prova que Castro Mendes e Teixeira de Sousa designam de **prova *stricto sensu***. A prova *stricto sensu* «exige uma convicção que não é compatível com a admissão de que a realidade possa ser distinta daquela que se considera provada.» [142] Quando falamos de *standard* de prova, centramos a discussão da (in)suficiência de prova neste nível.

6. *Standards* de prova nos EUA, Reino Unido, Alemanha e Itália

Na *common law* dominam dois *standards* de prova: o *standard "evidence beyond a reasonable doubt"* (prova para além de toda a dúvida razoável) para o processo penal e o *"preponderance of evidence"* (*more-likely-than-not*), preponderância de prova, nos casos civis designadamente nos EUA. O *standard* da

[140] *Manual de Processo Civil*, Vol. I, AAFDL, 2022, pp. 476-477.

[141] Cf., por todos, Lebre de Freitas, *Código de Processo Civil Anotado*, II Vol., p. 35.

[142] *Manual de Processo Civil*, Vol. I, AAFDL, 2022, p. 476.

preponderância de prova é assim definido: «*To 'establish by a preponderance of the evidence' means to prove that something is more likely so than not so. In other words, a preponderance of the evidence in the case means such evidence as, when considered and compared with that opposed to it, has more convincing force, and produces in your minds belief that what is sought to be proved is more likely true than not true. This rule does not, of course, require proof to an absolute certainty, since proof to an absolute certainty is seldom possible in any case.*»[143]

O *standard* da prova preponderante visa preservar a igualdade e simetria entre os litigantes, incidindo sobre relações jurídicas em que os bens jurídicos envolvidos merecem igual consideração. Ou seja, este *standard* de prova garante uma distribuição igualitária do risco de erro entre o autor e o réu (um erro contra o autor é tão caro quanto um erro contra o réu): minimiza o número de vereditos errados de forma igualitária, sendo que o tribunal deve assegurar, em regra, um estatuto de igualdade substancial entre as partes (cf. art. 4º do CPC). Em certos casos civis exige-se uma "*clear and convincing evidence*", prova clara e convincente, também explicitada com recurso à expressão "*much-more-likely-than-not*" (muito mais provável do que improvável). Este *standard* é aplicável quando os interesses em jogo justificam que a distribuição do risco do erro da decisão seja mais gravosa para o autor do que para o réu. É o que ocorre designadamente nos casos de importantes interesses individuais, v.g., restrição dos direitos parentais.

No Reino Unido, ADRIAN KEANE indica como *standard* comum dos casos de direito civil o "*balance of probabilities*".[144] Segundo dá nota este autor, em diversas matérias cíveis tem sido exigido um *standard* mais elevado que nos casos comuns e, independentemente das matérias, também tem sido defendido que quanto mais improvável for o facto alegado, mais forte terá de ser a prova necessária a fixá-lo segundo o "*balance of probabilities*". Abrangem-se designadamente as seguintes situações: a prova da intenção de uma parte mudar de domicílio tem de ser clara e inequívoca; os vícios da vontade na celebração do casamento têm de ser provados de forma forte, distinta e satisfatória; nos casos de abusos de crianças no âmbito do poder paternal, quanto mais séria ou improvável foi a alegação de abuso,

[143] MARK SCHWEIZER, "The civil standard of proof – What is it, actually", 2013, http://homepage.coll.mpg.de/pdf_dat/2013_12online.pdf.

[144] ADRIAN KEAN, JAMES GRIFFITHS e PAUL MCKEOWN, *The Modern Law of Evidence*, 8ª Ed., Oxford University Press, 2010, pp. 106-111.

mais forte terá de ser a prova quer do abuso quer da identidade do abusador; a imposição de tratamento médico pelo tribunal a um inimputável exige uma prova convincente de que o tratamento é medicamente necessário.

Na Alemanha, o *standard* de prova preconizado pelo Supremo Tribunal Federal (Bundesgerichtshof) é definido como uma «convicção pessoal (...) em casos duvidosos, em que o juiz pode e deve satisfazer-se com um grau de certeza útil para a vida prática que silencie a dúvida, sem excluí-la completamente.»[145]A doutrina discute os graus ou medidas da prova (*Beweismaß*), afirmando-se que para que o juiz se considere convencido segundo a sua consciência, deve alcançar-se uma "verosimilitude objetiva", e não uma "credibilidade aproximada", o que equivale a uma "alta probabilidade" (*hohe Wahrscheinlichkeit*).[146] Tal medida de prova deve ser rebaixada designadamente em casos de difícil prova em que se exige apenas uma "verosimilitude predominante". Como assinala JORDI NIEVA FENOLL, as frases construídas pela doutrina alemã em nada se diferenciam dos *standards* de prova anglo-saxónicos, sendo a sua finalidade a mesma.[147]

Em Itália, a doutrina e a jurisprudência afirmam que para a afirmação da responsabilidade civil é suficiente a "*preponderanza dell'evidenza*", devendo seguir-se o critério do *mais provável que não*. No setor específico da causalidade civil, SALVATORE PATTI admite mesmo a formulação menos exigente da prevalência mínima.[148] LUIGI COMOGLIO refere que no que tange à correlação probabilística concreta entre o comportamento ilícito e o evento danoso, se deve seguir a regra da "normalidade causal", segundo um critério definido como da "*preponderanza dell'evidenza*", da *probabilidade prevalecente* ou do *mais provável que não*.[149]

7. O *standard* da probabilidade prevalecente

Pese embora a existência de algumas flutuações terminológicas, o *standard* que opera no processo civil é, assim, o da probabilidade prevalecente ou "mais provável que não". Este *standard* consubstancia-se em duas regras fundamentais:

[145] MARK SCHWEIZER, *Op. Cit.*, p. 6.

[146] MICHELE TARUFFO, "Rethinking the sandards of proof", in *American Journal of Comparative Law*, 51, 2003, p. 6.

[147] *La Valoración de la Prueba*, Marcial Pons, Madrid, 2010, p. 92.

[148] SALVATORE PATTI, *Le Prove, Parte Generale*, Giuffrè Editore, 2010, p. 232.

[149] *Le Prove Civili*, Utet Giuridica, Torino, 2010, p. 159.

(i) Entre as várias hipóteses de facto deve preferir-se e considerar-se como verdadeira aquela que conte com um grau de confirmação relativamente maior face às demais;
(ii) Deve preferir-se aquela hipótese que seja "*mais provável que não*", ou seja, aquela hipótese que é mais provável que seja verdadeira do que seja falsa.

Se, em decorrência dos articulados e da subsequente instrução probatória, existirem duas teses fácticas antagónicas, deverão aplicar-se as duas regras. Se, pelo contrário, houver só uma versão fáctica sob apreciação (*v.g.* ação declarativa de condenação com um réu em que ocorra revelia inoperante), só será aplicável a segunda regra. Isto porquanto a mensuração da suficiência da prova é inerente à prolação de qualquer decisão fáctica.

Em primeiro lugar, este critério da probabilidade lógica prevalecente – insiste-se – não se reporta à probabilidade como frequência estatística, mas sim como *grau de confirmação lógica* que um enunciado obtém a partir das provas disponíveis.

Em segundo lugar, o que o *standard* preconiza é que, quando sobre um facto existam provas contraditórias, o julgador deve sopesar as probabilidades das diferentes versões para eleger o enunciado que pareça ser relativamente "mais provável", tendo em conta os meios de prova disponíveis. Dito de outra forma, deve escolher-se a hipótese que receba apoio relativamente maior dos elementos de prova conjuntamente disponíveis.

Todavia, pode acontecer que todas as versões dos factos tenham um nível baixo de apoio probatório e, nesse contexto, escolher a relativamente mais provável pode não ser suficiente para considerar essa versão como "verdadeira". Pelo que para que um enunciado sobre os factos possa ser escolhido como a versão relativamente melhor é necessário que, além de ser mais provável que as demais versões, tal enunciado em si mesmo seja mais provável que a sua negação. Ou seja, é necessário que *a versão positiva de um facto seja em si mesma mais provável que a versão negativa simétrica.*[150]

Há, assim, um **limite mínimo de probabilidade** a partir do qual opera a probabilidade lógica prevalecente, que TARUFFO situa em 0,51. Há que esclarecer a forma de apresentação do grau de confirmação de hipóteses. Na metodologia proposta por este autor, cada prova concreta é valorável

[150] MICHELE TARUFFO, *La Prueba*, Marcial Pons, Madrid, 2008, p. 138.

numa escala de 0 a 1 (**grau particular de confirmação**). Por sua vez, a representação da valoração do conjunto da probabilidade da hipótese dever fazer-se numa escala de valores 0 → ∞, sem limite máximo (**grau global de confirmação**).[151] As duas escalas combinam-se para determinar a probabilidade do facto. Os números são aqui uma forma de expressar relações lógicas e não supõem medidas quantitativas de nada. Um grau de confirmação da hipótese superior a 0,50 deve considerar-se como o limite mínimo abaixo do qual não é razoável aceitar a hipótese como aceitável. Uma só prova clara e segura pode ultrapassar esse limite mínimo, podendo igualmente ser racional aceitar a hipótese confirmada por vários provas ditas indiretas convergentes, por exemplo.[152]

Apesar da pertinência de tal limite mínimo de probabilidade, TARUFFO logo ressalva que podem existir contextos em que seja sensato aplicar a probabilidade lógica prevalecente no seu estado puro, o que equivale a dizer, sem que se exija que a hipótese dotada de grau de probabilidade comparativamente mais alto seja também aceitável segundo o critério que opera quando está em jogo uma só hipótese (≥ 0,51). A aplicação do critério no seu estado puro poderá ser pertinente em casos em que não se exija a demonstração da aceitabilidade plena da hipótese, bastando algum elemento de confirmação suscetível de atribuir um mínimo de credibilidade a tal hipótese.[153]

De modo mais concretizado e também com o intuito de articular a probabilidade lógica com a regra do ónus da prova objetivo, vejamos em concreto como devem ser resolvidas várias situações.

[151] Refere LUIGI LOMBARDO, *La Prova Giudiziale, Contributo alla Teoria del Giudizio di Fatto nel Processo*, Giuffrè Editore, 1999, p. 521, que o grau particular de confirmação, em princípio, é fixado de uma vez por todas e não muda durante o processo. Pelo contrário, o grau global de confirmação é uma noção essencialmente dinâmica na medida em que representa o nível do *status* cognitivo do juiz, o seu grau de convencimento, que se desenvolve à medida que se dispõe de novos elementos de prova. Deste modo, se uma hipótese está já amplamente confirmada, será baixo o grau particular de confirmação decorrente de uma nova prova; diversamente, será mais elevado se a hipótese ainda não está confirmada por alguma prova ou se foram já produzidas provas que confirmam a hipótese contraposta (provas conflituantes). Ou seja, o grau particular de confirmação que cada prova singular é idónea a conferir à hipótese decresce à medida que se reúnem provas convergentes e, em sentido oposto, cresce progressivamente em presença de provas divergentes.

[152] MICHELE TARUFFO, *La Prueba de los Hechos*, Editorial Trotta, Madrid, 2002, pp. 277-278, 295-298.

[153] MICHELE TARUFFO, *La Prueba de los Hechos*, Editorial Trotta, Madrid, 2002, p. 302.

A situação mais singela coloca-se quando se pretende saber se, partindo das provas disponíveis, o enunciado relativo ao facto x é verdadeiro (vx) ou é falso (fx). Se vx recebeu uma confirmação probatória forte, pode simultaneamente ocorrer que : a) fx não haja recebido confirmação; b) fx haja recebido uma confirmação débil, ou que c) também fx haja recebido uma confirmação forte. Nas hipóteses a) e b), deve ser naturalmente escolhida vx segundo a probabilidade prevalecente. No caso c), haverá que comparar os respetivos graus de confirmação (qual a que recebeu maior apoio das provas disponíveis) e determinar se o mais elevado é o vx ou o fx.

Se vx recebeu uma confirmação probatória débil (v.g. porque os indícios são vagos, as presunções não são concordantes ou as provas são divergentes e contraditórias), pode simultaneamente ocorrer que: a) que fx haja recebido uma confirmação forte; b) que fx haja recebido também uma confirmação débil ou que c) fx não haja recebido confirmação. Na hipótese a), a escolha racional será escolher fx na medida em que recebeu uma confirmação probatória relativamente maior. No caso b) nenhuma das hipóteses opostas recebeu uma confirmação probatória relativamente maior e no caso c) nenhuma das hipóteses recebeu uma confirmação adequada. Estas situações de incerteza não permitem que se determine a verdade ou a falsidade do enunciado de facto x. Perante este estado de incerteza ou outro em que a verdade de um enunciado não receba uma adequada confirmação, a decisão só pode ser adotada mediante a aplicação da regra do ónus da prova objetivo.[154]

A doutrina nacional não tem dedicado especial atenção ao *standard* de prova.

O Professor LEBRE DE FREITAS afirma que «No âmbito do princípio da livre apreciação da prova, não é exigível que a convicção do Julgador sobre a validade dos factos alegados pelas partes equivalha a uma certeza absoluta, raramente atingível pelo conhecimento humano. Basta-lhe assentar num juízo de suficiente *probabilidade ou verosimilhança* (...).».[155]

TOMÉ GOMES afirma impressivamente que:

> «Quanto ao critério da livre convicção, há que ter presente que o convencimento do julgador se deve fundar numa certeza relativa, histórico-empírica, dotada de um grau de probabilidade adequado às exigências práticas

[154] Cf. MICHELE TARUFFO, *Simplemente la Verdad, El Juez y la Construcción de los Hechos*, Marcial Pons, Madrid, 2010, pp. 250-252.

[155] *Introdução do Processo Civil*, Coimbra Editora, 1996, pp. 160-161.

da vida. Para a formação de tal convicção não basta um mero convencimento íntimo do foro subjetivo do juiz, mas tem de ser suportada numa persuasão racional, segundo juízos de probabilidade séria, baseada no resultado da prova apreciado à luz das regras de experiência comum e atentas as particularidades do caso.»[156]

O Professor Teixeira de Sousa afirma que «(...) a prova *stricto sensu* exige uma medida de convicção que não é compatível com a admissão de que a realidade pode ser distinta daquela que se considera provada. (...) O que é relevante é que esse grau de convicção permita excluir, segundo o padrão que na vida prática é tomado como certeza, outra configuração da realidade dada como provada.»[157] Noutro passo, o mesmo autor afirma que:

> «(...) em processo civil o tribunal condena quando tem dúvidas para a absolvição e absolve quando tem dúvidas para a condenação e em processo penal o tribunal condena quanto tem certezas para a não absolvição e absolve quando tem dúvidas para a condenação, pelo que em processo civil as exigências de fundamentação são iguais para a condenação e para a absolvição e em processo penal as exigências de fundamentação são maiores para a condenação do que para a absolvição.»[158]

Mais recentemente, o mesmo Professor tem afirmado que o *standard* da probabilidade prevalente não é compatível com o direito positivo português, desde logo porque, para que a teoria da probabilidade prevalecente possa operar, é necessário que existam provas ou enunciados contrários ou contraditórios. Em segundo lugar, entende que «Se se seguisse o critério da "probabilidade prevalecente", seria sempre possível determinar qual das duas versões contrárias ou contraditórias seria mais provável que a outra e considerar uma delas provada e a outra não provada. (...) A ser-se consequente nesta matéria, ter-se-ia que aceitar que, quando apenas uma das versões tenha recebido alguma "confirmação probatória", então ela estaria necessariamente provada.»[159]

156 "Um olhar sobre a demanda da verdade no processo civil", in *Revista do CEJ*, 2005, Nº 3, pp. 158-159.

157 *As Partes, o Objecto e a Prova na Acção Declarativa*, Lex, Lisboa, 1995, p. 201.

158 "A livre apreciação da prova em processo civil", in *Scientia Iuridica*, Jan-Abr 1984, Tomo XXXIII, nos. 187-188, p. 117.

159 Texto publicado em 18.10.2019 no blogue do IPPC.

Com o respeito que lhe é devido, cremos que estas críticas não colhem. Em primeiro lugar, consoante já se viu *supra*, o parâmetro da probabilidade prevalecente é aplicável mesmo que estejamos apenas perante uma única versão fáctica. Dele deriva que tal versão (única) só deverá ser dada como provada se for "*mais provável que não*", ou seja, se as razões que sustentam a veracidade daquele enunciado fáctico forem superiores às inversas, que apontem no sentido da falsidade do mesmo enunciado fáctico. Ou seja, o estado de dúvida tem ser afastado mesmo perante uma versão única dos factos. Pela mesma ordem de razões, da teoria da probabilidade prevalecente não decorre que haja, necessariamente, que dar como provada uma das versões fácticas. A prova decorrente de qualquer das versões pode, apesar de ser superior à da versão oposta, não atingir ainda o patamar do necessário umbral mínimo da probabilidade. Conforme já se viu também *supra*, perante a inexistência de um grau de confirmação adequado de qualquer uma das versões, haverá que, simplesmente, convocar a regra do ónus da prova (*non liquet*; cf. comentário ao art. 342º).

Pode, naturalmente, discutir-se qual o limite mínimo de probabilidade aceitável, se o de 0,51 proposto por Taruffo[160] ou se a *dúvida* (a que se reporta este artigo 346º) só deve considerar-se removida com um limite mínimo de probabilidade de ≥0,55. Neste enfoque, a especificidade lusitana decorrente do art. 346º imporia que o limiar probatório prevalecente mínimo fosse majorado.[161] Essa discussão é admissível, sendo certo que – consoante se verá no ponto seguinte – o *standard* da prova tem, por inerência, uma mobilidade que advém da própria importância das matérias sob apreciação.

No processo, os factos obedecem a uma lógica binária: ou são provados ou não provados, não existe *a se* a categoria de factos duvidosos. O juiz não afirma que o facto é ***duvidoso*** mas sim que ***não está provado***. Conforme

[160] Eventualidade em que a dúvida seria removida desde que a versão fáctica atinja o limiar de 0,51 e, no caso de existência de outra versão colidente, a primeira seja corroborada em termos superiores à segunda.

[161] No estudo conduzido por MARK SCHWEIZER, *Op. Cit.*, p. 26, conclui o mesmo que: «*The actual difference in standards of proof in civil cases between Common Law and Civil Law may therefore be much smaller than thought. The error costs the Swiss judges and judicial clerks associate with each possible outcome of a civil action imply an error-cost-minimizing decision threshold of just 51%, the same as the threshold usually stated for the Common Law's "preponderance of the evidence" or "balance of probabilities" standard of proof.*»

deflui da parte final do art. 346º, a persistência de dúvidas quanto aos enunciados fácticos determina que a questão seja decidida contra a parte onerada com a prova, conduzindo a que o julgador considere não provados os factos em causa (regra do ónus da prova). A dúvida é absorvida pelo acionamento da regra do ónus da prova (*non liquet*), ou seja, a dúvida constitui um *iter* transitório que se dissolve no subsequente facto não provado.

Desta forma, não vemos que haja incompatibilidade entre a consagração da contraprova no artigo 346º e o *standard* da probabilidade prevalecente. A contraprova, consoante vimos, constitui a expressão processual do *requisito da não refutação* de modo que, se, após a produção das provas infirmatórias, persistir no espírito do julgador um estado de dúvida sobre a ocorrência dos factos sob apreciação, o julgador terá que decidir a matéria de facto segundo a regra do ónus da prova. Se as provas infirmatórias produzidas não gerarem esse estado de dúvida irremovível ou se o réu não produzir contraprova pode, ainda assim, o enunciado fáctico do autor não lograr provar-se pela simples circunstância da prova produzida em seu abono não atingir o patamar do umbral mínimo de probabilidade necessário. Em suma, o emprego do *standard* da prova integra o último e decisivo momento da valoração da prova, no indispensável enfoque da sua suficiência (cf. art. 607º, nº 4, do CPC).

Na jurisprudência nacional, são crescentes as referências ao *standard* de prova de que são exemplo os seguintes arestos:

- " (...) tendo presente que a verdade judicial (material) é "a realidade, aquilo que tem efetiva existência, com exclusão do meramente possível" (Prof. Castro Mendes – "*Do conceito de prova em Processo Civil*"), a verdade que, "não sendo absoluta ou ontológica, há de ser antes de tudo uma verdade judicial prática" (Prof. Fig. Dias, in "*Direito Processual Penal*", 1º, 194), não será excessivo afirmar que o nosso ordenamento civil se basta, para a convicção, com uma tese de "*preponderância de prova*" ou "*balanço de probabilidades*"".[162]

[162] Acórdão do Tribunal da Relação de Évora de 21.6.2001, *João Gomes de Sousa*, 1273/08. No Acórdão da mesma Relação de 6.12.2011, *António João Latas*, 5901/09, foi dito que que não valem em processo penal critérios ou parâmetros de decisão geralmente adotados em processo civil, como é o caso do critério da *probabilidade prevalente*, ou seja, do *mais provável que não ou prepoderance of evidence* (preponderância das provas), desde logo porque não asseguram que a hipótese mais provável corresponde à verdade judicialmente alcançável, o que sucede designadamente quando todas as versões do facto têm um baixo nível de apoio probatório.

- A afirmação pelo tribunal de que um facto se considera provado não dependerá (...) da «íntima convicção» do julgador, mas mais, e prevalentemente, da aplicação de critérios racionais que, em processo civil, diferentemente do que ocorre em processo penal, se rege pelo standard da «probabilidade prevalente» ou do mais «provável que não», vinculando-se a um juízo positivo sobre os factos a uma análise comparativa das distintas hipóteses que se referem aos factos, desde um ponto de vista da confirmação que recebem das provas disponíveis.[163]
- Vigorando no processo civil, em matéria probatória, a regra da probabilidade prevalecente, deve reputar-se como suficiente a fundamentação da decisão da matéria de facto que, perante a constatação da subsistência após a instrução e discussão da causa de duas hipóteses contraditórias sobre os factos, uma correspondente à versão apresentada nos autos pelo autor e outra à versão apresentada nos autos pelo réu, cada uma sustentada pelas testemunhas que respetivamente ofereceram para prova dos pontos discriminados nas atas e sintetizados na própria decisão, para além dos documentos pontualmente referenciados na descrição da factualidade assente, explica sucintamente porque considerou prevalecente uma delas, apelando a critérios de coerência lógica, grau de probabilidade em face de regras da experiência e máxima corroboração pelos meios probatórios produzidos, quer em quantidade, quer em qualidade, sublinhando a confirmação por depoimentos de testemunhas sem ligação com as partes, concluindo no sentido de ser uma delas a que é mais clara, coerente, lógica e confirmada por vasta prova documental e testemunhal, ou, por outras palavras, a que é a relativamente "mais provável", tendo em conta os meios de prova disponíveis.[164]
- Aquilo que qualificamos como 'limiar da prova', referindo-nos ao limite valorativo, se assim nos podemos expressar, que suporta a afirmação de estar provado um determinado facto, corresponde, numa ação cível, a um juízo de preponderância da hipótese afirmada como provada no confronto com a afirmação contrária, em termos de se sustentar como realidade 'mais provável do que não' (*'more likely than*

[163] Acórdão do Supremo Tribunal de Justiça de 6.12.2011, *Gabriel Catarino*, 1675/06.

[164] Acórdão do Tribunal da Relação de Lisboa de 12.2.2014, *Alda Martins*, 26/10.

not'). Vale isto pela afirmação de que não se requer aqui, contrariamente ao que sucede na valoração da prova no ambiente de um processo penal, a ultrapassagem de todos os estados de dúvida razoáveis quanto à correspondência de determinado facto à realidade (o chamado *standard* caraterizado como "*beyond a reasonable doubt*")".[165]

- Quando sobre os factos existam versões contraditórias, o julgador deve sopesar as probabilidades de verificação de cada uma delas e depois fazer uma eleição a favor do enunciado que parece ser relativamente mais provável não só em relação aos restantes, mas também em relação ao próprio enunciado negativo simétrico. / Na responsabilidade civil médica, área onde o paciente está numa posição mais desfavorável do que a do médico no levantamento dos ónus probatórios, a valoração da prova deve convocar standards necessariamente menos exigentes do que os comuns.[166]

Cremos que a adoção de um *standard* de prova no direito civil é matéria de incontornável interesse, quer para as partes quer para o juiz. Consoante já se referiu, o *standard* serve de guia para orientar a análise da prova pelo juiz (no contexto de descobrimento e de justificação dos factos) e oferece às partes condições de controlabilidade do processo de formação da convicção do juiz. O *standard* constitui uma racionalização adequada ao princípio da livre apreciação da prova. Isto sem prejuízo da sua utilidade epistémica, também já enunciada, de permitir distribuir os erros em caso de apreciação errónea da matéria de facto.

8. Mobilidade do *standard* da prova

O *standard* de prova deve variar segundo a matéria concreta em discussão no litígio, designadamente em função dos bens ou direitos que se encontram em jogo, em função da importância e necessidade de obter uma decisão célere bem como dos custos expectáveis da produção e análise da informação potencialmente relevante. O sistema jurídico sopesa permanentemente valores, afirmando-os através de normas. Assim, quanto maior a proteção destinada a um bem jurídico, maior será também a proteção

165 Acórdãos da Relação de Coimbra de 6.3.2012 e de 18.2.2014, *Teles Pereira*, 1994/06 e 693/09, respetivamente.

166 Acórdão do Tribunal da Relação de Lisboa de 8.10.2020, *Luís Mendonça*, 1616/11.

imposta pelo critério da suficiência da prova.[167] Cremos também que colhe todo o sentido a ideia (comum no Reino Unido, como vimos) de que o *standard* de prova deve ser mais exigente quanto maior for a improbabilidade do evento alegado.

Deste modo, o *standard* deve operar como uma pauta móvel que tem de ser permanentemente concretizada ao ser aplicada ao caso concreto.

Cremos que no nosso ordenamento será, pois, de aplicar o *standard* da probabilidade prevalecente acima explicitado. Assim, nos litígios que versam apenas sobre *direitos patrimoniais das partes*, como no vulgar caso de cobrança de um crédito decorrente de compra e venda, na ação de responsabilidade civil emergente de acidente de viação ou na ação em que se discuta o cumprimento de um contrato de empreitada, operará o *standard* da probabilidade lógica prevalecente desde que seja ultrapassado o limite mínimo de probabilidade (≥ 0,51).[168]

Diversamente, em processos que versem sobre direitos indisponíveis, em que a procedência do pedido formulado implique a restrição de direitos de personalidade ou da capacidade jurídica, que versem sobre responsabilidades parentais bem como em processos em que se aprecie a validade, subsistência ou cessação de arrendamento para habitação (cf. art. 629º, nº 3, al. a), do CPC) ou de aquisição de habitação própria, haverá que ajustar o *standard* de prova para um nível de maior exigência. Cremos que aqui será de aplicar um standard de *prova clara e convincente* cujo limite mínimo de probabilidade deverá ser equivalente a ≥ 0,75. Em todos estes exemplos, os bens e direitos em litígio exigem uma tutela acrescida que começa pelo próprio *standard* de prova a aplicar.

[167] «Quanto mais grave a repercussão que um erro acarreta às pessoas envolvidas no processo, maior a carga de provas necessária para embasar uma decisão, maior a qualidade e a quantidade de provas que deve estruturar o juízo de fato. Quanto maior o prejuízo que um erro judiciário pode causar ao jurisdicionado, mais contundente e aprofundado deve ser o grau ou força com que as provas devem aparelhar o convencimento do juiz. O standard se modifica de maneira diretamente proporcional à gravidade ou prejuízo que um erro decisional pode acarretar» – Cássio Benvenutti de Castro, *O Standard do Convencimento na Tutela Jurisdicional do Consumidor (Aproximação Dogmática)*, Porto Alegre, 2015, p. 39.

[168] Para quem entenda que o art. 346º impõe uma majoração do limiar mínimo, então será de aplicar o liminar mínimo de probabilidade de 0,55.

9. Juízo decisório factual sobre os factos impugnativos
Consoante se refere no Acórdão do Supremo Tribunal de Justiça de 11.7.2019, *Tomé Gomes*, 24369/16, os factos alegados pelo réu em sede de contraprova não se traduzem em factos essenciais, nos termos do art. 5º, nº 1, do CPC, consistindo em meros factos impugnativos com função instrumental em relação aos factos essenciais que incumbe ao autor provar. Assim, é sobre ao factos constitutivos que incumbe ao autor provar que devem recair os juízos probatórios positivos ou negativos, não se exigindo, em regra, a formulação destacada de um juízo decisório factual sobre os respetivos factos impugnativos, bastando que estes sejam atendidos, como elementos resultantes da contraprova produzida, em sede da fundamentação dos factos essenciais a que se reportam.

ARTIGO 347º – MODO DE CONTRARIAR A PROVA LEGAL PLENA

A prova legal plena só pode ser contrariada por meio de prova que mostre não ser verdadeiro o facto que dela for objeto, sem prejuízo de outras restrições especialmente determinadas na lei.

1. Ónus da prova do contrário
Conforme já se viu no comentário ao art. 346º, quando à prova assiste o grau de eficácia de prova plena, esta só cede mediante a prova do contrário (*ónus da prova do contrário*). A prova do contrário tem por fim a demonstração de que certo facto não é verdadeiro, de que tal facto não existe .[169] A prova plena só é afastada mediante a criação de um convicção contrária no espírito do julgador, «que o leve a concluir que o facto afinal não se verificou ou que se verificou um outro com ele incompatível».[170] Não basta a formação de simples dúvida sobre a ocorrência do facto (é insuficiente a contraprova), sendo necessária a certeza da existência do facto contrário.

Atento este regime, no caso das presunções legais (art. 350º), feita a prova do facto-base, a ocorrência do facto presumido só poderá ser afastada mediante a prova de que este não se verificou. Do mesmo modo, havendo dispensa ou liberação do ónus da prova (cf. art. 344º, nº 1), só é afastada

[169] Leo Rosenberg, *La Carga de la Prueba*, Editorial Bdef, Buenos Aires, 2002, p. 258.
[170] Lebre de Freitas in Ana Prata (Coord.), *Código Civil Anotado*, Vol. I, Almedina, 2017, p. 431.

a prova plena da ocorrência do facto mediante a demonstração de que o facto dispensado de prova, afinal, não se verificou. Em qualquer destas situações, produz-se uma inversão do ónus da prova do facto principal.

Nos casos em que ocorra inversão do ónus da prova nos termos do nº 2 do art. 344º, cabe ao agravado com a inversão do ónus da prova demonstrar que o facto não ocorreu, v.g., que não é o pai biológico nos casos de recusa culposa à realização de exame hematológico.

Quando o facto estiver plenamente provado por documento (cf. arts. 371º, nº 1, e 376º, nº 1) ou por outro meio com força probatória plena (cf. art. 358º, nº 1), não é admitida a prova por testemunhas ou por presunções para fazer a prova do contrário (arts. 393º, nº 2 e 351º).

Distinta da prova plena é a prova pleníssima, a qual não cede sequer perante a prova do contrário, sendo exemplo a presunção inilidível, v.g., arts. 243º, nº 3, e 1250º, nº 3, do CC.

Entre as restrições ressalvadas na parte final deste art. 347º está o regime da confissão. Com efeito, o confitente só logrará impugnar a força probatória plena da confissão judicial escrita (nº 1 do art. 358º) ou da confissão extrajudicial com força probatória plena (nº 2 do art. 358º) demonstrando, cumulativamente, que o facto confessado não corresponde à verdade e que ocorrem os pressupostos que conduzem à nulidade ou anulabilidade da confissão (cf. art. 359º; Acórdão do Supremo Tribunal de Justiça de 8.1.2019, *Ana Paula Boularot*, 3696/16).

2. Colisão dos meios de prova

Dos meios de prova produzidos podem derivar resultados relevantes e atendíveis, mas contraditórios. A questão que se coloca, então, é a de saber que critério adotar para solucionar esse conflito probatório.

Pronunciando-se, expressamente, sobre a questão afirma Vaz Serra:

> «Desde que o juiz possa determinar a produção de meios de prova, deve fazê-lo até se obter prova plena dos factos; e, por outro lado, uma vez feita esta prova, não é obrigado a admitir outros meios probatórios, enquanto não for eliminada a eficácia do meio do qual resulta a prova, v.g., enquanto não for eliminada a eficácia probatória de um documento autêntico, por falsidade.
>
> Parece, na verdade, razoável e conforme à ideia de economia processual que, se está feita já a prova plena dos factos, não havendo, portanto, necessidade de outros meios de prova, não deve o juiz ser obrigado a admiti-los. Seria isso uma inutilidade.

Pode ainda acontecer que os resultados dos vários meios de prova sejam entre si contraditórios, provando cada um deles plenamente coisa contrária à prova pelo outro. Como resolver este conflito?

Sustenta-se que, se o conflito for entre dois documentos autênticos ou particulares, deve dar-se preferência ao posterior, caso a contradição seja meramente cronológica; que, se os documentos tiverem a mesma data ou a contradição for de substância ou se dois testemunhos forem contraditórios, se anulam um ao outro e faltará, portanto, a prova; que, no caso de conflito entre o documento autêntico e o documento particular, não sendo aquele exigido *ad substantiam*, prevalece o posterior, desde que os dois documentos se destinem a provar duas realidades diversas (assim, se, pelo contrário, um deles for produzido para provar a simulação contida no outro, aplicar-se-á a regulação da prova da simulação, que pode, entre as partes, provar-se com qualquer meio probatório, mas não pode ser oposta a terceiros, arts. 1414º e 1415º do Código Italiano, salvo o conflito de terceiros entre si, arts. 1415º a 1418º); que se resolve com o mesmo critério o conflito entre um meio de prova plena (documento autêntico, documento particular, etc.) e um meio de plena exclusão da prova (*v.g.*, confissão), de modo que, se a confissão é posterior, prevalece o resultado do documento autêntico, e, se for posterior o documento, prevalece este.»[171]

No que tange ao conflito entre confissões, Lebre de Freitas sustenta que prevalece a primeira confissão (cf. comentário ao art. 358º, p. 105). Marco Russo sustenta que, ocorrendo confissões cruzadas, deve afirmar-se a recíproca neutralização do valor de prova legal, sendo as declarações confessórias objeto da livre apreciação pelo juiz.[172]

Quanto à configuração de oposição entre um documento particular, dotado do valor de prova plena, e uma subsequente confissão em depoimento de parte, trata-se de uma hipótese tendencialmente académica porquanto o juiz não deve admitir, por irrelevância, o depoimento de parte sobre um facto já assim demonstrado por documento particular, com valor de prova plena, cuja autenticidade não esteja em discussão.[173]

171 *Provas (Direito Probatório Material)*, 1962, pp. 622-623.

172 *Prova Legale e Libero Convincimento del Giudice*, Giappichelli Editore, 2017, p. 202.

173 Neste sentido, cf. a posição de Vaz Serra expressa nos dois primeiros parágrafos da citação que antecede, bem como Marco Russo, *Prova Legale e Libero Convincimento del Giudice*, Giappichelli Editore, 2017, p. 202.

Para os casos em que ocorre oposição entre as declarações desfavoráveis emergentes de dois documentos particulares com valor de prova plena, a doutrina italiana aventa, sem consenso, várias soluções. Assim, há quem convoque o critério tradicional para a solução da oposição entre provas legais, qual seja o da recíproca supressão dos efeitos de prova plena com a consequente reafirmação da regra da livre apreciação pelo juiz. Há também quem dirima a questão atribuindo prevalência com base na datação dos documentos, subsistindo divergência sobre se deve prevalecer o documento mais antigo ou o mais recente.[174]

Xavier Abel Lluch sustenta que, havendo colisão entre o meio probatório de livre valoração e outro meio probatório com valoração taxada, deve prevalecer este. Se existir colisão entre meios de prova de valoração tarifada, estes neutralizam-se e as provas devem ser valoradas livremente pelo juiz.[175] O mesmo autor entende que se ocorrer uma colisão entre o conteúdo de documentos autênticos (ou particulares não impugnados), na medida em que ambos gozam de força probatória tarifada, a sua força vinculante fica anulada, devendo valorar-se ambos os documentos com sujeição às regras da livre apreciação da prova e atendendo ao valor que emergir da valoração conjunta da prova.[176]

Feito este excurso, e sendo certo que se trata de matéria de índole doutrinária sem regime legal específico orientador, revemo-nos mais na posição de Abel Lluch.

Cremos que, num cenário em que ocorra contradição entre meios probatórios, mesmo com a eficácia de prova plena, carreados para o processo em função de um determinado *thema probandum*, não se trata tanto de uma colisão entre meios de prova em si, mas sobretudo de uma antítese entre enunciados fácticos suportados por esses meios de prova. Assim, mesmo num contexto em que assista força probatória plena a ambos os meios probatórios colidentes, a sua neutralização recíproca só será superada em função do critério da probabilidade prevalecente, que opera em função do conjunto do acervo probatório que, em regra, não se esgota nos concretos meios de prova antagónicos.

[174] Marco Russo, *Prova Legale e ...*, p. 204.

[175] *Derecho Probatorio*, Bosch Procesal, 2012, p. 506.

[176] *Op. Cit.*, p. 881.

ARTIGO 348º – DIREITO CONSUETUDINÁRIO, LOCAL, OU ESTRANGEIRO

1. Àquele que invocar direito consuetudinário, local ou estrangeiro, compete fazer a prova da sua existência e conteúdo; mas o tribunal deve procurar, oficiosamente, obter o respetivo conhecimento.

2. O conhecimento oficioso incumbe também ao tribunal, sempre que este tenha de decidir com base no direito consuetudinário, local ou estrangeiro, e nenhuma das partes o tenha invocado, ou a parte contrária tenha reconhecido a sua existência e conteúdo ou não haja deduzido oposição.

3. Na impossibilidade de determinar o conteúdo do direito aplicável, o tribunal recorrerá às regras do direito comum português.

Esta norma institui um ónus da prova mitigado quanto à existência e conteúdo de normas de direito consuetudinário, normas de direito local e normas de direito estrangeiro. Cabe à parte que invoca a existência de tais normas em abono da sua pretensão, fazer a prova da sua existência e conteúdo. Contudo, o tribunal deve procurar, oficiosamente, obter o respetivo conhecimento, o que constitui um poder-dever. O conhecimento desse direito consuetudinário, local ou estrangeiro poderá obter-se com recurso a prova testemunhal.[177]

Caso não se logre apurar o conteúdo do direito aplicável, o *non liquet* tem uma configuração específica, nos termos da qual o tribunal recorrerá às regras do direito comum português (nº 3).

O nº 2 rege para as situações em que as normas de direito interno determinam a aplicação de direito estrangeiro ou consideram atendíveis os usos e costumes (cf. art. 3º). Nesta eventualidade, cabe ao juiz dar cumprimento à regra *iura novit curia* (art. 5º, nº 3, do CPC), procurando conhecer oficiosamente tal direito. Este mesmo regime é pertinente quando a parte tenha invocado o direito consuetudinário, local ou estrangeiro e a contraparte não se tenha opostos ou o haja reconhecido expressamente.

[177] Cf. Salvatore Patti, *Prove,* Zanichelli Editore, p. 530.

SECÇÃO II – PRESUNÇÕES

ARTIGO 349º – NOÇÃO

Presunções são as ilações que a lei ou o julgador tira de um facto conhecido para firmar um facto desconhecido.

1. Noção e elementos da presunção

O facto *desconhecido* a que se reporta o enunciado legal não é um facto indeterminado ou incógnito em sentido estrito. O sentido útil da menção a *desconhecido* é, apenas, o de significar que não se sabe ainda se o facto principal (*factum probandum*) em causa é ou não verdadeiro.[178] O *factum probandum* encontra-se alegado como hipótese a verificar, sendo – nessa medida – prefigurado como possível conclusão da inferência em que se articula o raciocínio presuntivo. A inferência não serve para descobrir o que se ignora de todo, mas sim para estabelecer se um enunciado de facto, que foi formulado pelas partes, é ou não confirmado com base no facto conhecido.

O art. 349º dá uma definição unitária das presunções legais e das presunções judiciais, assentando num esquema inferencial, segundo o qual a presunção constitui o resultado de um raciocínio lógico-cognoscitivo feito a partir de um facto conhecido (*factum probans* que constitui a fonte da presunção) para um facto desconhecido (*factum probandum* que deve ser provado em juízo).

A presunção pode definir-se como um raciocínio em virtude do qual, partindo de um facto que está provado (facto-base/facto indiciário), chega-se à consequência da existência de outro facto (facto presumido), que é o pressuposto fáctico de uma norma, atendendo ao nexo lógico existente entre os dois factos.[179] Na proposta exaustiva de RONALDO SOUZA BORGES, a presunção define-se como «raciocínio conclusivo que resulta na prova, sempre passível de infirmação, de um facto desconhecido, tomando como base o liame, estabelecido em lei ou aferido caso a caso pelo juiz com base na ordem natural das coisas, que existe entre ele e um ou mais factos conheci-

[178] Cf. MICHELE TARUFFO, "Le Prove per Induzione" in MICHELE TARUFFO (org.), *La Prova Nel Processo Civile*, Giuffrè Editore, 2012, p. 1105.

[179] Seguimos aqui de perto a proposta de PEDRO ÁLVAREZ SÁNCHEZ DE MOVELLÁN, "Las presunciones en la Ley de Enjuiciamento Civil", in *Carga de la Prueba y Responsabilidad civil*, Tirant, Valencia, 2007, p. 78.

dos [*rectius*: devidamente provados no processo], voltada à formação do convencimento do juiz sobre as alegações de facto realizadas pelas partes.»[180]

Assim, a existência de uma presunção carateriza-se pela seguinte estrutura:

FACTO-BASE/FACTO INDICIÁRIO + NEXO LÓGICO = FACTO PRESUMIDO

De uma forma menos precisa mas impressiva, diremos que na presunção um facto *narra* outro facto.

2. O nexo lógico da presunção

O nexo lógico não é um facto mas um juízo de probabilidade qualificada que assenta e deriva de uma máxima de experiência, tida por aplicável no caso, segundo a qual, perante a ocorrência de um facto, gera-se uma probabilidade qualificada de que se tenha produzido outro. Assim, a parte que recorre a uma presunção judicial não tem que provar o nexo lógico mas tem que lograr convencer o juiz da existência e aplicabilidade ao caso de uma máxima de experiência. O que é objeto de prova é a máxima de experiência e não o nexo lógico.

As máximas da experiência costumam ter uma estrutura lógica associacionista baseando-se quer no *princípio da causalidade* (relação que vincula dois factos através de um conexão supostamente necessária, mesmo que nem sempre o seja, isto é, quando nos encontramos perante um efeito podemos presumir a presença da sua causa normal e vice-versa), quer no *princípio da contiguidade* (vincula os factos segundo a proximidade temporal ou espacial das conexões correspondentes), quer no *princípio da semelhança* (que vincula os factos sem relacioná-los a um princípio de unidade).

A máxima de experiência, como proposição enunciativa, estabelece uma relação de natureza epistemológica (que não ontológica) entre dois ou mais factos com estrutura implicativa, construindo-se como um condicional: *se ocorre x* (antecedente), *então afirmamos y* (consequente).[181]Qualquer dos factos (x ou y) pode realizar a função de indicador ou de avisador do

[180] *A Presunção Judicial e a Formação do Convencimento do Juiz no Processo Civil*, FDUL, 2014, pp. 225-226.

[181] Carlos de Miranda Vásquez, "La Prueba Indiciaria: Deducción? Inducción? Abducción? O Inferencia a la Mejor Explicación?" in García Amado, Juan António e Raúl Bonorino/Pablo (Coords.), *Prueba y Razonamiento Probatorio en Derecho, Debates sobre Abducción*, Editorial Comares, 2014, p. 193.

outro. A relação entre o antecedente e o consequente é de tal ordem que se este for certo então será totalmente compreensível e razoável a presença do antecedente/facto observado.

A máxima da experiência constitui o critério de vinculação, ou anel de conjunção, entre o *factum probandum* e a conclusão que o juiz retira para formar o seu convencimento.[182] A máxima de experiência constitui a premissa maior, o facto indiciário é a premissa menor e a conclusão extraída (à qual se chega por inferência da maior através da menor) constitui elemento de prova do facto em litígio.

A concludência da máxima de experiência, qualquer que seja a forma que assume em concreto, deve ser avaliada no caso especificamente examinado. E, na formulação desse juízo, deve atender-se à relevância científica da regra em causa ou ao consenso social que a mesma suscite.

O grau de probabilidade que pode ser atribuído ao *factum probandum* é sempre relativo ao material cognoscitivo disponível. Este grau de probabilidade, que pode ser atribuído a uma certa asserção, afere-se não tanto na sua apreciação *de per si* mas mais pelo seu cotejo com outras proposições contrárias e/ou incompatíveis relativas ao mesmo *factum probandum*. A força probante do indício reside na razão direta da frequência do *factum probandum* face àquele e na razão inversa da multiplicidade e da frequência dos factos contrários ao indício.[183] Quanto maior for a conexão lógica que o juiz encontre entre o *factum probans* e o *factum probandum* maior será a força probante daquele. A certeza ínsita à formulação da convicção judicial significa, neste circunspecto, que o juiz assumiu uma hipótese como a mais atendível por ser a que apresenta maior probabilidade possível naquela concreta situação probatória[184], excluindo – do mesmo passo – outras alterna-

[182] Vincenzo Russo, *La Prova Indiziaria e il Giusto Processo*, Napoli, 2001, p. 174.

[183] Afirma Lopez Moreno citado em Gioconda Fianco Pitt, *Prova Indiciária e Convencimento Judicial no Processo Civil*, Universidade Federal do Rio Grande do Sul, Porto Alegre, 2008, pp. 103-104, que «todo indício produz tanto maior convicção quanto maior número exclui de explicações diferentes do facto. No concurso das probabilidades a favor, somam-se as homogéneas, isto é conducentes ao mesmo resultado, enquanto que as contrárias, por heterogéneas e conducentes a factos diferentes, se não podem somar. Daí que cada novo indício que concorre aumente em extremo o grau de certeza, podendo ser tal o número que conduz, quando não à evidência, pelo menos a uma convicção tal que permite obrar sem receio de engano.»

[184] Cf. Michele Taruffo, "Certezza e probabilità nelle presunzioni", in *Foro Italiano*, 1974, V, p. 98 e Notas (58) e (59).

tivas verosímeis. Esta mesma ideia é formulável através da inferência para a melhor explicação. Conforme referem Castro Mendes e Teixeira de Sousa, «A melhor maneira de justificar esta inferência entre o facto probatório e o facto probando é através da inferência para a melhor explicação: é possível inferir o facto probando do facto probatório quando o facto probando constituir a melhor explicação do facto probatório.»[185]

Em **Itália**, o Artigo 2729º, nº 1 do Codice Civile, dispõe que "*Le presunzioni non stabilite dalla lege sono lasciate alla prudenza del giudice, il quale non deve ammettere che presunzioni gravi, precise e concordanti*". Por sua vez, o Artigo 192º, nº 2, do Codice de Procedura Penale dispõe que: "*L'esistenza di un fatto non puo' essere desunta da indizi a meno che questi siano gravi, precisi e concordanti.*"

Na interpretação da norma do Codice Civile, a doutrina tem entendido que o requisito de admissibilidade gravidade se reporta ao grau de convencimento que o facto-base é idóneo a produzir acerca do facto desconhecido, tratando-se de um conceito essencialmente quantitativo. No enfoque proposto por Michele Taruffo, pode dizer-se que «uma presunção é suficientemente grave se atribuir à conclusão sobre o *factum probandum* uma probabilidade prevalente, ou seja, um grau de atendibilidade maior do que aquele que resulta atribuído à hipótese contrária.»[186] O requisito precisão reveste natureza qualitativa. Nas palavras de Michele Taruffo[187], o sentido útil deste requisito é o de permitir que se formule «(...) uma inferência dotada de *univocidade prática*: esta produz-se quando a inferência em questão atribui um grau prevalecente de confirmação à hipótese sobre o facto a provar, isto é, quando entre as diversas conclusões que se podem obter a partir do "facto conhecido" a mais provável é aquela que confirma a hipótese sobre o facto a provar.» A concordância impõe que a presunção se baseie sobre uma pluralidade de factos conhecidos não contraditórios e que convirjam na demonstração do facto desconhecido. E, de facto, quantas mais afirmações confluam numa única presunção maiores garantias oferecerá esta.

Todavia, quer a doutrina quer a jurisprudência confluem em que a concordância constitui um elemento não essencial, mas apenas eventual do procedimento lógico. Uma só presunção grave e precisa pode ser *de per*

[185] *Manual de Processo Civil*, Vol. I, AAFDL, 2022, p. 524.

[186] "Considerazioni Sulle Prove per Induzione", in *Rivista Trimestrale di Diritto e Procedura Civile*, Vol. 64, Nº 4, 2010, p. 1171.

[187] *La Prueba de los Hechos*, Editorial Trotta, Madrid, 2002, p. 474.

si suficiente a determinar o convencimento do juiz.[188] Afirma MICHELE TARUFFO que uma só presunção grave e precisa «constitui o equivalente a uma prova completa do facto e, por isso, pode mesmo prevalecer sobre particulares provas contrárias.»[189] Pensemos no caso de certas provas biológicas com um elevado nível de fiabilidade (v.g., restos de sangue ou cabelos encontrados em certo lugar).

O nosso Código Civil não exige, ao contrário do italiano e do francês, que a presunção se funde em factos graves, precisos e concordantes. VAZ SERRA[190] entende que, na fórmula de tais códigos, não deve ver-se senão um avisado conselho de prudência ao juiz, a cujo poder discricionário é inteiramente abandonada a apreciação do valor das presunções. E continua: «(...) não parece de declarar na lei que os factos devem ser graves, precisos e concordantes: a presunção pode basear-se num só facto, e, quer se baseie num, quer em vários, depende da prudente apreciação do julgador.» Por sua vez, REMÉDIO MARQUES afirma que «somente uma *elevada força argumentativa das regras de experiência* fundadas em factos indiciários permite lograr um elevado grau de credibilidade de uma presunção judicial. / Esse grau de credibilidade será tanto maior quanto se fundamenta sobre a convicção existente na *inexorabilidade, precisão, concordância e elevado grau de convencimento* que essas regras ou máximas da experiência são idóneas a produzir.»[191]

Quando o legislador e a doutrina prescrevem que os indícios devem cumprir os requisitos da gravidade, precisão e concordância, fazem-no com o propósito de prevenir o risco de "falsificação", no sentido de evitar que o processo de indagação descarrile. Nesse sentido, tais requisitos desempenham a mesma função da teoria da falsificação de KARL POPPER, segundo o qual: «se se quer que um determinado método científico possa ser controlado pela experiência é necessário conhecer os fatores que poderão falsificá-lo: uma teoria será tanto mais válida quanto mais resistir às provas de falsificação a que é exposta e possa ser submetida.»[192]

[188] Cf. LUIGI PAOLO COMOGLIO, *Le Prove Civili*, Utet Giuridica, Torino, 2010, p. 670-673, LUCA ARIOLA, *Le Prove Atipiche nel Processo Civile*, Giappichelli Editore, Torino, 2008, p. 42.

[189] "Considerazioni Sulle Prove per Induzione", in *Rivista Trimestrale di Diritto e Procedura Civile*, Vol. 64, Nº 4, 2010, p. 1175.

[190] *Direito Probatório Material*, BMJ nº 110, p. 192.

[191] "Os Poderes da Relação em Matéria de Presunções Judiciais e o Controlo do STJ sobre o Exercício Desses Poderes", in *Boletim da Faculdade de Direito*, Vol. 92, Tomo II, 2016, p. 797.

[192] *Logica della Scoperta Scientifica*, 1934, *apud* ANDREA PELLEGRINO, *Il Doppio Volto Dell'Indizio nel Processo Penale*, Giappichelli Editore, 2010, pp. 289-290.

No fundo, o sentido útil dos critérios da precisão, gravidade e concordância é o de que as presunções só propiciam a prova do facto desconhecido na medida em que possam conferir à hipótese da existência do mesmo um grau apreciável de confirmação lógica. Esta confirmação lógica ancora-se na livre apreciação da prova, a qual tem de obedecer a cânones e critérios intersubjetivos e racionalmente controláveis. Não estamos perante realidades ontologicamente distintas.

Para uma análise mais desenvolvida do nexo lógico e do regime jurídico das máximas de experiência, cf. o nosso *Prova por Presunção no Direito Civil*, Almedina, 3ª Edição, 2017, pp. 55-64 e 85-100.

3. Taxonomia indiciária

Os indícios podem ser classificados, ser objeto de uma taxonomia em função das máximas de experiência que os dinamizam. A elaboração de uma taxonomia indiciária constitui tarefa praticamente infinita. Todavia, a elaboração de uma taxonomia indiciária facilita a identificação e o agrupamento sistemático dos indícios em categorias segundo um sistema de afinidades e tem efeitos operativos relevantes e significativos, designadamente:

- Proporciona um acervo de dados fácticos e indícios, organizados de molde a provar determinado *thema probandi*, agilizando os conhecimentos disponíveis para a solução de um problema probatório específico;
- Desperta intuições, proporcionando estímulos que ativam a imaginação e o pensamento, abrindo caminho para a descoberta e emprego de novos indícios;
- Fortalece a confiança do juiz e do operador judiciário. A classificação indiciária é útil para guiar o juiz na intrincada selva da prova indireta, despertando a atenção do juiz para indícios que, doutro modo, podem passar despercebidos;
- Realça que, ao lado da conclusão inferida do indício, podem coexistir outras conclusões que se afigurem mais pertinentes por no caso não operar a máxima de experiência que normalmente dinamiza aquele indício;
- Estimula a utilização de presunções, contribuindo para a erradicação da postura cética face ao uso de presunções;

- Permite cristalizar síndromes indiciários que acabam por estandardizar-se numa presunção *iuris tantum*.[193]

Qualquer indício tem sempre, por sê-lo, uma determinada valência probática. Tal valência probática não é fixa, dependendo de fenómenos de potenciação ou de enfraquecimento mercê de relações que estabeleça com outros indícios. Os indícios relacionam-se entre si, quer em relações de corroboração (presunção polibásica) quer em relações de infirmação. A infirmação de um indício pode, por sua vez, ser objeto de contra-infirmação.

Existem indícios que assumem a mesma natureza mas em que um deles aparece, por regra, associado a um determinado *thema probandi*, o que justifica a sua autonomização. Por vezes também, um indício constitui uma subespécie de outro, v.g. *contiguetas* face ao *locus* e *tempus*.

No nosso *Prova por Presunção no Direito Civil*, Almedina, 3ª ed., 2017, pp. 235-262, fazemos uma taxonomia desenvolvida dos indícios mais relevantes e típicos, designadamente: *affectio, animus, character, cognitio, deliberatio*, domínio, *habitus*, móbil, *necessitas, nestientia, perseveratio, professionalitas, alertas, indocumentatio, opportunitas, previssio, responsio*, insídia, *interpositio, ocultatio, preconstitutio, contiguetas, locus, obstaculum, praesentia, ubiactio rei, vicinitas, colaboratio, coniuntus, cura, difusum commercium*, fortuna, *lesivitas, medium*, movimento bancário, *omnia bona, pretium, solvo, utilitas, vindicandi, disparitesis, magnitudo, comparatio*/prova estatística, *evocatio, implicatio, inalterum, sequitur, similitudo, simult atque, subyacencia*.

Também fazemos uma análise sistemática dos indícios em função do *thema probandi*: impugnação pauliana (*Op. Cit.*, pp. 277-286); prestação defeituosa (*Op. Cit.*, pp. 287-293); conhecimento (*Op. Cit.*, pp. 295-300); testamento (*Op. Cit.*, pp. 301-308) e acidente de viação (*Op. Cit.*, pp. 309-325).

Infra, a propósito da prova da simulação, fazemos uma enunciação desenvolvida dos indícios da simulação (pp. 245 e ss.).

4. Conflitos de presunções

Sobre o modo como deve resolver-se os conflitos de presunções sejam judiciais sejam legais, cf. o nosso *Prova por Presunção no Direito Civil*, Almedina, 3ª Edição, 2017, pp. 123-125.

[193] Muñoz Sabaté, "Taxonomia indiciaria" in *La Prueba Judicial, Desafios en las Jurisdicciones civil, penal, laboral y contencioso-administrativa*, La Ley, 2011, p. 212.

5. A presunção judicial e o princípio do contraditório

No que tange ao modo como a presunção judicial se articula com o princípio do contraditório, cf. o nosso *Prova por Presunção no Direito Civil*, Almedina, 3ª Edição, 2017, pp. 127-130.

6. A presunção judicial nos recursos de apelação e de revista

As presunções judiciais interferem na decisão do Tribunal da Relação por duas vias: ou pelo controlo que este faz sobre o uso de presunções judiciais realizado pela primeira instância[194]; ou pela utilização de presunções judiciais pelo próprio Tribunal da Relação na formulação da sua convicção autónoma.

Para uma análise circunstanciada da intervenção do Tribunal da Relação nestas duas vias bem como sobre a sindicância feita pelo Supremo Tribunal de Justiça sobre o uso que as instâncias fizeram, ou não fizeram, das presunções judiciais, cf. o nosso *Prova por Presunção no Direito Civil*, Almedina, 3ª Ed., 2017, pp. 183-196.

ARTIGO 350º – PRESUNÇÕES LEGAIS

1. Quem tem a seu favor a presunção legal escusa de provar o facto a que ela conduz.

2. As presunções legais podem, todavia, ser ilididas mediante prova em contrário, exceto nos casos em que a lei o proibir.

1. Noção de presunção legal

A densificação do conceito de presunção feita no art. 249º opera uma unificação fictícia de fenómenos diversos. Na verdade, o conceito de presunção como inferência de um facto conhecido para um facto desconhecido vale para as presunções judiciais mas não vale para as presunções legais. Nestas, perante a simples existência de algum(s) facto(s) é a própria lei que consente automaticamente considerar provados os factos desconhe-

[194] Consoante se refere no Acórdão do Supremo Tribunal de Justiça de 29.9.2016, *Tomé Gomes*, 286/10, «Hoje, face à competência alargada da Relação em sede da impugnação da decisão de facto, em conformidade com o preceituado no nº 1 do artigo 662º do CPC, é lícito à 2ª instância, com base na prova produzida constante dos autos, reequacionar a avaliação probatória feita pela 1ª instância, nomeadamente no domínio das presunções judiciais, nos termos do nº 4 do artigo 607º, aplicável por via do artigo 663º, nº 2, do mesmo Código.»

cidos sem necessidade (nalguns casos, sem alguma possibilidade) de que o raciocínio inferencial subjacente à norma seja submetido a uma verificação com o recurso a argumentos lógicos do tipo alternativo.

2. A presunção legal relativa

Na presunção legal é o legislador que fixa o nexo lógico a aplicar a uma afirmação base. O legislador escolhe o enlace para uma hipótese abstrata da mesma forma que o julgador poderia escolhê-lo num caso concreto. O enlace é estabelecido *a priori* e à margem do processo. A presunção legal impõe ao juiz uma determinada decisão para todos os casos a que se refere em abstrato. O fim judiciário de todas as presunções legais é o mesmo: diminuir o arbítrio do juiz na apreciação das provas, facilitando a decisão das questões de facto.

Na presunção legal, o legislador impõe ao juiz uma certa solução que, em muitos casos, não representa sequer uma consequência de um facto conhecido nem corresponde ao *id quod plerumque accidit*, que são característicos e justificam as presunções judiciais. Na presunção legal, a ideia de probabilidade é deixada à elaboração técnica da norma, enquanto na presunção judicial o recurso à probabilidade é constitutivo da própria presunção. A presunção legal não deixa ao juiz qualquer alternativa, impondo-lhe uma consequência pré-confecionada pela própria lei.

A explicação do fundamento das presunções legais relativas pode assentar em critérios designadamente de experiência, verosimilhança e probabilidade. Nalguns casos, as presunções legais relativas correspondem à reconstrução do facto em conformidade com o *id quod plerumque accidit*. Será o caso da presunção da titularidade do direito prevista no art. 1268º, nº 1, do CC. Noutros casos, as presunções legais relativas tendem simplesmente a facilitar o apuramento dos factos atribuindo o ónus da prova ao sujeito que se encontra em melhor posição para satisfazê-lo. Noutras situações, utiliza-se a técnica das presunções legais relativas, sobretudo em diretivas europeias, quando são limitadas as possibilidades de prova contrária, com o intuito de tutelar a parte mais fraca da relação jurídica ou aquela que se encontra com maior dificuldade para fazer prova.

Na presunção legal relativa, a lei considera um facto (presumido ou probando) como certo até prova em contrário (art. 350º, nº 2). O juiz tem de considerar determinado facto como verdadeiro, na ausência de suficiente prova em contrário. Compete à parte, para a qual o facto presumido é desfavorável, provar que esse facto não é verdadeiro.

3. A norma de presunção legal como norma facilitadora da prova

A norma de presunção legal produz uma facilitação da prova positiva de uma determinada afirmação.

Por exemplo, dispõe o art. 1043º, nº 2, que : *Presume-se que a coisa foi entregue ao locatário em bom estado de manutenção, quando não exista documento onde as partes tenham descrito o estado dela ao tempo da entrega.* O estado de coisas ideal (entrega da coisa (a) + ao locatário (b) + em bom estado de manutenção (c)) ou se prova diretamente, ou se prova indiretamente demonstrando que as partes não redigiram documento descrevendo o estado do locado ao tempo da entrega (x). É manifesto que nesta segunda hipótese ocorre uma facilitação da prova.

A norma de presunção legal permuta ou substitui um dos pressupostos de uma consequência jurídica (no caso, a+b+c) por outro pressuposto distinto (x), ligado ao primeiro por um certo enlace. Este pressuposto (x) deve ser distinto de todos os pressupostos concretos determinantes da consequência jurídica prevista na norma.

Deste modo, pode falar-se com propriedade da existência de uma parte favorecida pela presunção uma vez que quem recorre à presunção vê modificado o objeto da prova ou, com mais rigor, vê duplicado o objeto da prova na medida em que a parte tanto pode provar o facto indiciário (x) como o facto presumido (a+b-c), admitindo que a prova deste seja exequível. A parte dispõe de dois meios para chegar ao mesmo fim, bastando o êxito de qualquer deles para que o fim seja alcançado.

Na verdade, o artigo 350º, nº 1, afirma que a parte que tem a seu favor a presunção leal escusa de provar o facto a que ela conduz, mas não proíbe a prova do facto presumido.

A presunção legal relativa (*iuris tantum*) não se confunde, assim, com as chamadas liberações ou dispensas do ónus da prova (*liberationes ab onere probandi*) porquanto «(...) aquelas limitam-se a facilitar a prova, uma vez que o onerado com o encargo da prova não tem de provar o facto que é objeto da prova, bastando-lhe que prove o facto conhecido (base da presunção) de que a lei infere o outro; estas vão mais longe, pois liberam da prova, cujo ónus de inverte, isto é, a lei considerar desde logo certo um facto, se não se provar o contrário.»[195]

Na presunção legal relativa, incumbe à parte beneficiada pela presunção a prova do facto-base da presunção, estando apenas dispensada da

[195] VAZ SERRA, *Direito Probatório Material*, BMJ nº 110, p. 187.

prova do facto presumido. A presunção produz uma modificação do tema da prova e não das regras relativas ao ónus da prova. Em vez da prova do facto presumido, pode a parte beneficiada provar apenas os pressupostos da presunção (facto probatório).

4. A presunção legal absoluta

As presunções *iuris et de iure* são normas jurídicas que, para garantia de determinados valores, estabelecem que, em presença de certos factos, há que considerar outros factos como se fossem verdadeiros, assim se assemelhando às presunções *iuris tantum*. Todavia, ao contrário destas, não admitem prova em contrário. Ao proibir-se a prova em contrário, o juízo de probabilidade qualificada que subjaz às presunções judiciais e legais relativas desaparece e converte-se em certeza. Daí que já se tenha dito que elas são apenas um artifício técnico que permite considerar como verdadeiro o que pode muito bem ser falso. [196]

As presunções legais absolutas constituem normas de direito material, limitando-se as mesmas a dar por adquirido *ope legis*, sem necessidade de alguma demonstração crítica, o resultado de uma hipotética inferência.[197]

Na verdade, a admissibilidade da prova em contrário e a existência de um enlace entre um facto-base e um facto presumido são elementos estruturais das presunções judiciais e legais relativas que estão, de todo, ausentes nas presunções *iuris et de iure*. De molde que a própria designação presunção *iuris et de iure* é contraditória.

As presunções absolutas constituem um resquício do sistema da prova legal na medida em que limitam o conhecimento do juiz.

Persistem no nosso ordenamento presunções legais absolutas de que são exemplo os arts. 243º, nº 3, 579º,nº 2, 1093º, nº 2, 1260º, nº 3, do CC e art. 186º do CIRE.

[196] Marina Gascón Abellán, *Los Hechos en el Derecho, Bases Argumentales de la prueba*, Marcial Pons, Madrid, 2010, citando Foriers, "Présomptions et fictions", Perelman e Foriers, *Les présomptions et les fictions en droit*, Bruxelas, 1974, p. 10.

[197] Cf. Luigi Paolo Comoglio, *Le Prove Civili*, Utet Giuridica, Torino, 2010, pp.651-652; Carlos Lessona, *Las presunciones en el derecho probatório*, Leyer, Bogotá, 2006, pp. 98-99; Manuel Serra Domínguez, *Estudios de Derecho Probatorio*, Communitas, Lima, 2009, pp. 642-649; Carlo Pecoraro, *Le Presunzioni nel Diritto Penale*, Roma Tre, Anno Accademico 2007/2008, p.21.

5. Ónus da prova nas presunções legais relativas

Na presunção legal, exige-se sempre a prova do facto-base/facto probatório à parte beneficiada. A presunção facilita a atividade probatória na medida em que a parte que beneficia da presunção pode limitar-se a demonstrar um facto probatório cuja prova é claramente mais fácil que a do facto que teria de provar se não existisse a presunção. Ocorre uma modificação do tema da prova que, em substância, se consubstancia na substituição do facto a provar: a parte em vez de demonstrar o facto mais difícil ou completo (a+b+c) demonstra apenas o facto mais singelo (x) e que conduz àquele.

Por sua vez, a contraparte fica investida no ónus da prova do facto contrário ao facto presumido. A inversão do ónus da prova ocorre na precisa medida em que a parte beneficiada pela presunção fica dispensada de provar o facto presumido (tendo sempre de provar o facto-base), incumbindo à contraparte a prova do facto contrário ao facto presumido.

Nos termos do art. 350º, nº 2, as presunções legais podem ser ilididas mediante prova em contrário.

Refere ANTUNES VARELA[198] que « Esta *prova do contrário,* bem como a *contraprova,* dirige-se contra o *facto presumido,* visando convencer o juiz de que, não obstante a realidade do facto que serve de base à presunção, o *facto presumido* não ser verificou ou o direito presumido não existe.»

Esta asserção é correta quanto às presunções judiciais em que o facto presumido pode ser elidido por contraprova, ou seja, pela demonstração a partir de outras fontes de prova que a afirmação não deve ser dada como provada.

Já quanto às presunções legais relativas, há que distinguir as situações. Se o facto-base da presunção tiver sido provado por prova bastante, o mesmo pode ser atacado por contraprova. Todavia, se tal facto-base tiver sido provado por prova plena, o mesmo só poderá ser elidido pela prova do contrário.[199] Quanto ao facto presumido, tendo o mesmo o grau de eficácia probatória de prova plena, a respetiva negação só pode ser feita pela prova do facto contrário.

[198] *Manual de Processo Civil,* Coimbra Editora, 2ª Ed., 1985, p. 504.

[199] A este propósito, JOÃO DE CASTRO MENDES e MIGUEL TEIXEIRA DE SOUSA, *Manual de Processo Civil,* Vol. I, AAFDL, 2022, p. 496, distinguem entre *presunções fracas* e *presunções fortes,* sendo que naquelas a base/facto probatório pode ser impugnado por contraprova e nestas a base só pode ser impugnada pela prova do contrário.

Neste circunspecto, há que cindir entre o valor persuasivo das provas, por um lado, e o grau de eficácia probatória das mesmas, por outro. Assim, por exemplo, a confissão judicial, que não seja escrita, é livremente apreciável pelo tribunal, podendo ser ou não persuasiva, o que decorrerá designadamente da sua conjugação com outros meios de prova. A confissão judicial escrita tem força probatória plena contra o confitente (cf. art. 358º, nº 1 e nº 4).

Sob o enfoque da prova dos estados subjetivos, Cláudia Trindade entende, diferentemente, que a contraprova e a prova do contrário não recaem sobre o próprio facto presumido, mas sim sobre os factos-base da presunção judicial ou sobre a regra da experiência. Invoca, para tal, a natureza de interioridade do estado subjetivo da qual decorre que, da mesma forma que tal estado não é suscetível de prova direta, também não será possível conhecer diretamente da sua inexistência. Deste modo, a contraprova ou prova do contrário só se dirigem contra o facto presumido de forma indireta, ao atacar os factos-base da presunção judicial ou a regra da experiência. Argumenta que a consideração de que a contraprova e a prova do contrário se destinam a atacar o facto presumido parte do pressuposto que os factos-base foram dados provados, sendo esse apenas um dos cenários possíveis. Quando os factos-base não sejam dados como assentes, a contraprova e a prova do contrário podem dirigir-se exclusivamente contra eles, lançando a dúvida sobre a existência dos factos-base (contraprova) ou demonstrando a sua não verificação (prova do contrário).[200]

A presunção legal contém os três elementos estruturantes repetidamente aludidos: facto-base, nexo lógico e facto presumido.

A presunção legal relativa está prefigurada anteriormente ao litígio de modo abstrato na lei. A contraparte, da parte que pode ser beneficiada pela presunção, facilmente intuirá que é do seu interesse fazer contraprova sobre todos os factos suscetíveis de constituir o facto–base da presunção legal. Se a contraprova oferecida tiver êxito, o juiz não pode aceitar a afirmação do facto-base e, em consonância, a presunção como atividade intelectual do julgador não chega a produzir-se.

As presunções legais relativas (*iuris tantum*) constituem prova plena quanto ao facto presumido enquanto não se prove o contrário. Não podem

[200] *A Prova de Estados Subjetivos no Processo Civil, Presunções Judiciais e Regras de Experiência*, Almedina, 2016, pp. 243-248.

ser infirmadas quanto ao facto presumido por simples contraprova, mas por prova que mostre não ser verdadeiro o facto que dela for objeto (art. 347º do CC).

A contraprova de uma presunção judicial e a contraprova do facto-base (quando assente por prova bastante) de uma presunção legal relativa poderão ser feitas através de quaisquer meios de prova, podendo a convicção da irrealidade do facto presumido da presunção judicial ou do facto-base (provado por prova bastante) da presunção legal relativa assentar mesmo no emprego de presunções judiciais e/ou legais. Isto porquanto inexiste uma hierarquia pré-constituída das fontes de prova admissíveis [201] , sem prejuízo da limitação do art. 351º.

Anteriormente, defendemos que, no âmbito de uma presunção legal relativa, a prova do contrário do facto presumido só pode ser feita por meio probatório com força probatória plena (art. 393º, nº 2, *ex vi* art. 351º), o que excluiria a admissibilidade das presunções judiciais ou *hominis*. Todavia, revemos essa posição, convencidos pela argumentação de ISABEL ALEXANDRE que aqui acompanhamos. Com efeito, se é certo que, numa primeira análise, a prova do contrário do facto presumido parece sofrer as limitações dos artigos 393º, nº 2, e 351º, de modo a que a inveracidade do facto presumido não poderia ser demonstrada por testemunhas e/ou presunções, numa reflexão mais aprofundada haverá que concluir que o âmbito dos artigos 393º, nº 2, e 351º é mais restrito, não abrangendo a demonstração de que o facto presumido por presunção *iuris tantum* não ocorreu. «A razão prende-se, por um lado, com a circunstância de que seria questionável a exigência de um determinado meio de prova para a demonstração da inexistência do facto presumido e já não para a sua existência e, sobretudo, com a circunstância de a presunção legal não constituir, verdadeiramente, um meio de prova.»[202]

A contraprova e a prova do contrário surtem unicamente efeitos *inter partes.* [203]

[201] LUIGI PAOLO COMOGLIO, *Le Prove Civili*, Utet Giuridica, Torino, 2010, p. 653, Nota 26.

[202] ISABEL ALEXANDRE in MENEZES CORDEIRO (coord.) *Código Civil Comentado, I – Parte Geral*, Almedina, 2020, p. 1025.

[203] LEO ROSENBERG, *La Carga de la Prueba*, Editorial Bdef, Buenos Aires, 2002, p. 258.

ARTIGO 351º - PRESUNÇÕES JUDICIAIS

As presunções judiciais só são admitidas nos casos e termos em que é admitida a prova testemunhal.

Sobre a noção e elementos da presunção, cf. o comentário ao art. 349º.

1. Limitação legal ao uso de presunções

A exclusão da prova testemunhal fundamenta-se na exigência, para a prova de determinado facto, de um grau de segurança que as testemunhas não podem dar e, por maioria de razão, não o poderão dar as presunções.[204] A inadmissibilidade da prova testemunhal e das presunções fundamenta-se, pois, na sua falibilidade.

2. A conduta das partes no processo como indício endoprocessual

O princípio do contraditório (em que se inclui a faculdade de impugnar a matéria de facto alegada pela contraparte) não pode ser lido como uma garantia de defesa ilimitada, mas como defesa necessária pautada pela participação na construção segundo cânones de um comportamento correto. O dever de boa fé visa atender a um interesse que excede o das partes, qual seja o interesse público do Estado na prestação da tutela jurisdicional. E o interesse público não é o de obter a paz a qualquer custo, mas sim dar razão a quem efetivamente a tem, segundo os ideais de justiça reconhecidos pela norma. Dar razão a quem a efetivamente tem é um interesse público de toda a sociedade.

Dos princípios da cooperação e da boa fé processual (arts. 7º e 8º do CPC) dimanam deveres de conduta que exorbitam o ónus impugnatório (art. 574º, nº 1, do CPC), cabendo ao litigante veraz colaborar para o esclarecimento dos factos em litígio, fazendo as aclarações e precisões impostas pelo conhecimento que tem dos factos.

Verificados que sejam certos pressupostos, a inobservância do dever de boa fé e colaboração na vertente probatória pode gerar um indício endoprocessual. Ou seja, a censura ético-processual da litigância de má fé não constitui a sanção única para a inobservância do dever da boa fé. Mais, poderá mesmo não ser a sanção mais adequada, sendo que – perante a

[204] ANTUNES VARELA e PIRES DE LIMA, *Código Civil Anotado*, I Vol., 4ª Ed., 1987, p. 313.

demonstração da violação de tais deveres – cabe ao juiz eleger a resposta mais adequada para o caso.

O facto histórico atua como um estímulo específico cuja perceção se fixa na memória das partes e/ou das testemunhas. Sendo esse facto histórico juridicamente desfavorável à parte, esta – naturalmente movida pelo instinto de conservação e determinada por uma ordem de ideias semelhante à que legitima a aplicação processual do princípio *nemo tenetur edere contra se* (ninguém é obrigado a manifestar-se contra si próprio) ou *contra se pronuntiatio* – acionará uma resposta motora de evitação do facto, o que – em termos processuais – se consubstancia na vontade e ação (comissiva ou omissiva) no sentido de fazer fracassar a prova da parte contrária.

O que tipifica uma conduta processual do ponto de vista probatório não é propriamente a sua amoralidade ou falta de ética, mas sim a falta de colaboração específica num ato processual formalmente dirigido à fixação da prova de afirmações constantes do processo. Ou seja, se é certo que qualquer deslealdade processual pode implicar uma falta de colaboração, aqui estamos perante um género dentro daquela espécie.

Assim, para que uma conduta processual possa constituir a base de um indício endoprocessual será necessário que:

a) A parte tenha conhecimento de determinado facto;
b) Esse facto releve na apreciação de mérito do processo segundo as várias soluções plausíveis de direito;
c) A prova desse facto no processo seja desfavorável à parte em causa;
d) No intuito de evitar esse resultado desfavorável, a parte proceda (por ação ou omissão) no sentido de frustrar (total ou parcialmente) a prova desse facto ou de desviar a atenção sobre o mesmo.

Em resultado do funcionamento deste indício, poderá o juiz ter como provado o facto em causa com base em presunção judicial que tem como facto-base a conduta da parte, salvo as limitações legais existentes quanto à utilização das presunções.

Para uma análise mais desenvolvida, cf. o nosso *Prova por Presunção no Direito Civil*, Almedina, 3ª Edição, 2017, pp. 34-50.

3. Admissibilidade de cadeias de presunções

É admissível o estabelecimento de uma cadeia de presunções em que o facto indiciário da segunda presunção corresponde ao facto presumido da primeira presunção (*presunção de segundo grau*).

Se o indício, devidamente articulado com um nexo lógico fundamentado, pode conduzir à prova de um facto principal, também é idóneo a servir de prova de outro indício. Essencial é que o facto indiciário esteja suficientemente demonstrado sem que suscite dúvida a sua ocorrência, independentemente de tal prova se consubstanciar noutro indício, numa testemunha ou num documento.

Numa cadeia de inferências, há que considerar separadamente cada anel da cadeia e calcular autonomamente o valor de confirmação ínsito à conclusão de cada inferência singular. De modo que, se cada inferência singular permite considerar confirmada a sua conclusão, o juiz pode utilizar tal conclusão como premissa menor da inferência subsequente até à inferência final. O grau de confirmação da hipótese final não é fixado em função da "soma" de todas as inferências, mas atendendo somente à última e ao critério sobre a qual esta se fundou.

Exemplificando um caso de presunção de segundo grau no direito civil: sendo uma das funções do diretor de obra supervisionar a mesma, deve presumir-se a presença constante do mesmo no local da obra. Se, na obra, forem realizadas alterações e trabalhos a mais, haverá que presumir que o mesmo aceitou tacitamente a realização das mesmas pois que não impediu a sua realização.

Para uma análise mais desenvolvida, cf. o nosso *Prova por Presunção no Direito Civil*, Almedina, 3ª Ed., 2017, pp. 51-54.

SECÇÃO III – CONFISSÃO

ARTIGO 352º – NOÇÃO

Confissão é o reconhecimento que a parte faz da realidade de um facto que lhe é desfavorável e favorece a parte contrária.

A confissão é uma declaração de ciência, judicial ou extrajudicial, espontânea ou provocada, nos termos da qual o declarante, com capacidade para obrigar-se e no âmbito de um conflito de interesses com outro sujeito, reconhece a veracidade de um facto, o qual é suscetível de produzir efeitos jurídicos e releva para a decisão da controvérsia, assumindo tal facto uma natureza bifronte: é desfavorável ao declarante e favorável ao beneficiado. O facto em causa pode assumir várias nuances: constitutivo dum dever ou sujeição do declarante; extintivo ou impeditivo de um direito do declarante; modificativo de uma situação jurídica favorável ao declarante; negação de um facto constitutivo de um direito do declarante; negação de um facto extintivo ou modificativo de um direito ou sujeição do declarante.[205]

A declaração de ciência integra-se por uma manifestação expressa, verbalizada ou escrita do declarante, não sendo extraível de um comportamento concludente da parte. Ao *animus confitendi* basta a vontade do declarante de reconhecer a verdade de um facto desfavorável, não sendo necessária a consciência do valor probatório da confissão e das consequências derivadas do mesmo. Neste sentido, pode dizer-se que a confissão não é um negócio jurídico, mas sim um ato jurídico em que a produção dos seus efeitos decorre diretamente da lei e não da intenção do declarante. Pela mesma ordem de razões, não é admissível a confissão sob condição.[206]

A aferição do carácter desfavorável da declaração pode, em tese, situar-se em dois momentos: ou quando o juiz valora a prova ou reportado ao momento da formalização da declaração de ciência, reconhecendo o facto desfavorável. Deve prevalecer esta posição porquanto o *animus confitendi* centra a questão na vontade do declarante, independentemente das consequências legais assinaladas para a mesma.

O reconhecimento incide sobre um facto, *quid* material, e não sobre opiniões, valorações, relações ou qualificações jurídicas, uma vez que estas não vinculam o juiz de acordo com o princípio *iura novit curia*.

No Acórdão do Supremo Tribunal de Justiça de 22.2.2022, *José Rainho*, 359/19, entendeu-se que o reconhecimento, exarado na escritura de mútuo, do facto do empréstimo significa uma confissão feita à parte contrária que esse empréstimo aconteceu, não tendo a declarada *finalidade do empréstimo* (aquisição de habitação própria permanente) nada a ver com essa confissão, nada provando plenamente no sentido de contender com

[205] Cf. Lebre de Freitas in Ana Prata (Coord.), *Código Civil Anotado*, Vol. I, Almedina, 2017, p. 437.

[206] Salvatore Patti, *Prove*, Zanichelli Editore, p. 730.

o facto provado de que o preço do prédio foi pago anteriormente ao casamento pelo ex-cônjuge marido.

A confissão assenta no princípio da autorresponsabilidade das partes e na regra da experiência segundo a qual ninguém reconhece um facto desfavorável, salvo se o mesmo for verdadeiro. Pelo que pode dizer-se que o legislador transformou uma constatação de normalidade num juízo histórico normativo.[207]

A jurisprudência italiana tem afirmado que é indiferente, para que ocorra a confissão, que o convencimento do confitente decorre de conhecimento direto ou de narração de outrem. Não compete ao juiz examinar a atendibilidade do juízo subjetivo de veracidade, ao contrário do que sucede com a prova testemunhal, salvo se a confissão for impugnada por falta ou vícios da vontade (cf. art. 359º).[208]

ARTIGO 353º – CAPACIDADE E LEGITIMAÇÃO

1. A confissão só é eficaz quando feita por pessoa com capacidade e poder para dispor do direito a que o facto confessado se refira.

2. A confissão feita pelo litisconsorte é eficaz, se o litisconsórcio for voluntário, embora o seu efeito se restrinja ao interesse do confitente; mas não o é, se o litisconsórcio for necessário.

3. A confissão feita por um substituto processual não é eficaz contra o substituído.

A confissão só tem eficácia probatória se provier de pessoa com capacidade e poder de disposição do direito a que o facto confessado se reporta. Este requisito da capacidade encontra a sua justificação na exigência de evitar que a parte alcance, por via processual, um resultado objetivamente equivalente aquele que lhe está interdito no plano do direito substantivo aplicável.

Assim, o legal representante do menor pode confessar eficazmente factos que este não pode confessar, havendo que aferir os limites e condições de exercício dos poderes de disposição do representante (cf. arts. 1889º

[207] Salvatore Patti, *Prove*, Zanichelli Editore, p. 709.

[208] Salvatore Patti, *Op. Cit.*, p. 713; Salvo Leuzzi, *I Mezzid di Prova Nel Processo. Formazione, Acquisizione, Integrazione*, Giuffrè Editore, 2013, pp. 318-319.

e 1938º do CC e 453º, nº 2, do CPC). A confissão pode também provir de procurador constituído, desde que a procuração confira expressamente poderes para confessar (cf. art. 356º, nº 1). Todavia, há que considerar que a possibilidade de fazer confissões pode ser inerente ao exercício do poder conferido (cf. arts. 258º e 1159º) de modo que «o procurador com poderes para a venda de determinado bem poderá, se a procuração lhe conceder a faculdade de receber o preço, emitir recibo de quitação ou declarar em escritura pública que o preço foi pago, mas já não poderá eficazmente declarar» em depoimento de parte ou documento extrajudicial que celebrou a venda em causa.[209]

O requisito da capacidade do confitente não incide sobre a validade da declaração, mas simplesmente sobre a eficácia da confissão enquanto prova legal tarifada. Deste modo, a confissão feita por incapaz pode ser livremente valorada pelo juiz (art. 361º) e valorada como elemento indiciário[210], não sendo nula.

Num contexto de litisconsórcio necessário em que ocorre unicidade de interesses, a confissão proveniente de litisconsorte não é eficaz enquanto prova plena, o que se justifica porquanto este não dispõe do direito. Tal confissão será apreciada livremente pelo juiz, nos termos do art. 361º. Já se o litisconsórcio for voluntário (cf. art. 32º do CPC), a confissão proveniente do litisconsorte é eficaz, mas o seu efeito restringe-se ao interesse do confitente.

Na substituição processual, a parte é o substituto – que atua em seu nome, mas sobre relação jurídica alheia – e não o substituído. Esta legitimidade indireta só ocorre nos casos expressamente previstos na lei, v.g. arts. 263º, nº 1 e 329º do CPC. Ocorrendo substituição processual, a confissão feita pelo substituto não é eficaz contra o substituído.

No Acórdão do Supremo Tribunal de Justiça de 27.4.2022, *Graça Amaral*, 3284/07, foi entendido que o herdeiro, desacompanhado dos demais, carece de legitimidade para proferir declaração confessória reportada a direitos integrados em herança que, nessa data, ainda não tenha sido partilhada.

[209] Lebre de Freitas, *A Confissão no Direito Probatório*, 2ª ed., 2013, pp. 93-94.

[210] Cf.: Salvo Leuzzi, *I Mezzid di Prova Nel Processo. Formazione, Acquisizione, Integrazione*, Giuffrè Editore, 2013, p. 310; Marco Segatti, "La Confessione", in Michele Taruffo, *La Prova nel Processo Civile*, Giuffrè Editore, 2012, p. 546.

ARTIGO 354º – INADMISSIBILIDADE DA CONFISSÃO

A confissão não faz prova contra o confitente:

a) **Se for declarada insuficiente por lei ou recair sobre facto cujo reconhecimento ou investigação a lei proíba;**
b) **Se recair sobre factos relativos a direitos indisponíveis;**
c) **Se o facto confessado for impossível ou notoriamente inexistente.**

Remissões: art. 568º, al. c), do CPC (exceção à revelia).

Neste preceito, são tipificadas situações em que a confissão não faz prova plena contra o confitente, em nome da tutela de outros direitos mais valiosos ou para obviar à inobservância de normas imperativas.

Assim, quando a lei exige forma escrita *ad substantiam* para a formalização de um contrato, nenhuma prova pode suprir a falta originária do documento, o que inclui a confissão (cf. art. 364º, nº 2). Isto porquanto a forma dos atos constitui matéria indisponível para as partes. [211] De igual modo, se as partes tiverem convencionado sobre a forma do negócio (cf. art. 223º, nº 1), a mesma não pode ser suprida por confissão. Ocorre a proibição da investigação ou reconhecimento de facto quando este tende ao reconhecimento duma relação de filiação contrária à que consta do registo de nascimento, enquanto este não for retificado, declarado nulo ou cancelado (cf. arts. 1815º, 1807º e 1848º, nº 1).[212]

A confissão não faz prova plena contra o confitente quando recai sobre factos relativos a direitos indisponíveis. Direitos indisponíveis são aqueles que têm por objeto relações jurídicas subtraídas ao domínio da vontade das partes, de que são exemplo as ações de estado tais como as de filiação, de divórcio[213] ou de anulação de casamento. Subsumem-se a esta categoria as ações sobre o estado e capacidade das pessoas singulares. Todavia, quando

[211] Salvo Leuzzi, *I Mezzid di Prova Nel Processo. Formazione, Acquisizione, Integrazione*, Giuffrè Editore, 2013, p. 311.

[212] Lebre de Freitas, *A Confissão no Direito Probatório*, 2ª ed., 2013, pp. 160-161.

[213] No Acórdão do Tribunal da Relação de Coimbra de 25.10.2022, *Henrique Antunes*, 5414/21, entendeu-se que o carácter indisponível do direito potestativo extintivo de divórcio torna inadmissível a prova dos factos integrantes da respectiva causa constitutiva por confissão ou acordo das partes.

incida sobre direitos indisponíveis, a declaração confessória é sujeita à livre apreciação do juiz (cf. art. 361º).[214]

A impossibilidade, a que se reporta a alínea c), pode derivar das leis da natureza (facto fisicamente impossível), de disposição legal que inviabilize a representação (facto legalmente impossível) ou de contraditoriedade a uma realidade notória. No que tange ao facto legalmente impossível, «esta irrelevância total e absoluta só pode resultar da inviabilização pelo sistema jurídico de qualquer representação – e, mais latamente, de qualquer prova – que o tenha por objeto. Para quem aceita a categoria da inexistência jurídica, tratar-se-á dum facto que, por não integrar *qualquer* fatispécie normativa, é *juridicamente inexistente*.»[215] De comum, estas três situações têm o facto de serem objeto impossível de qualquer prova, que não apenas da confissão.

ARTIGO 355º - MODALIDADES

1. A confissão pode ser judicial ou extrajudicial.

2. Confissão judicial é a feita em juízo, competente ou não, mesmo quando arbitral, e ainda que o processo seja de jurisdição voluntária.

3. A confissão feita num processo só vale como judicial nesse processo; a realizada em qualquer procedimento preliminar ou incidental só vale como confissão judicial na ação correspondente.

4. Confissão extrajudicial é a feita por algum modo diferente da confissão judicial.

Remissões: art. 421º do CPC (valor extraprocessual das provas).

A confissão judicial corresponde à que é feita no próprio processo em que é invocada. Para tal efeito, é indiferente a natureza contenciosa, arbitral ou de jurisdição voluntária do processo, bem como que ocorra incompetência relativa ou absoluta do tribunal (cf. arts. 96º e 102º do CPC).

[214] Cf.: Salvatore Patti, *Prove*, Zanichelli Editore, pp. 716 e 753; Salvo Leuzzi, *I Mezzid di Prova Nel Processo. Formazione, Acquisizione, Integrazione*, Giuffrè Editore, 2013, p. 312; Marco Segatti, "La Confessione", in Michele Taruffo, *La Prova nel Processo Civile*, Giuffrè Editore, 2012, p. 544.

[215] Lebre de Freitas, *A Confissão no Direito Probatório*, 2ª ed., 2013, p. 160.

Considerando que cada processo tem um contexto específico, que se espelha nos interesses e na posição do confitente, a confissão feita num processo só vale como confissão judicial nesse processo (nº 3).[216] Atento o carácter instrumental e apendicular dos procedimentos preliminares ou incidentais, a confissão ocorrida nestes só tem validade como confissão judicial na ação correspondente, o que se compreende porquanto o feixe de interesses é comum e contínuo entre o procedimento incidental e a ação principal. Diversamente, a confissão feita anteriormente numa ação principal só poderá ser invocada em ação subsequente entre as mesmas partes com o valor de confissão extrajudicial, sendo livremente apreciada (cf. art. 421º, nº 1, do CPC e art. 358º, nº 4).

A confissão extrajudicial corresponde à realizada fora de ação judicial ou realizada noutra ação judicial, que não naquela em que decorre a valoração da prova. Pode ser oral ou escrita, o que tem repercussão no seu valor probatório, consoante decorre do art. 358º.

ARTIGO 356º – FORMAS DA CONFISSÃO JUDICIAL

1. A confissão judicial espontânea pode ser feita nos articulados, segundo as prescrições da lei processual, ou em qualquer outro ato do processo, firmado pela parte pessoalmente ou por procurador especialmente autorizado.

2. A confissão judicial provocada pode ser feita em depoimento de parte ou em prestação de informações ou esclarecimentos ao tribunal.

A confissão judicial espontânea pode ser feita nos articulados, de forma expressa ou tácita, através de mandatário munido de procuração com poderes forenses gerais, nos termos dos arts. 46º, 574º, nº 2 e 465º nº 2, todos do CPC.[217] Fora dos articulados, a própria parte pode confessar por ato escrito por si assinado (cf. art. 160º, nº s. 3 e 4, do CPC) ou por ato praticado pelo mandatário ou procurador, exigindo-se aqui que este esteja munido de poderes especiais para confessar.

[216] Cf. Acórdão do Supremo Tribunal de Justiça de 10.7.2012, *Fernandes do Vale*, 3817/05.

[217] Cf., desenvolvidamente, o Acórdão do Supremo Tribunal de Justiça de 11.11.2010, *Álvaro Rodrigues*, 1902/06.

No Acórdão do Tribunal da Relação do Porto de 4.4.2022, *Damião e Cunha*, 542/19, entendeu-se que a admissão de um facto pela parte a quem ele desfavoreça, embora em quantidade ou grau inferior ao alegado pela parte a quem favorece, constitui confissão, na exata medida da quantidade ou grau admitidos. Como a confissão judicial escrita tem força probatória plena contra o confitente, não pode o juiz fixar aquela incapacidade em grau inferior ao confessado, com base em peritagem, cujo valor probatório é apreciado livremente pelo tribunal. Comentando este aresto, afirma Teixeira de Sousa que «o que importa concluir é que a confissão realizada nos articulados não pode ser infirmada contra o confitente por qualquer outro meio de prova» (https://blogippc.blogspot.com/, 16.1.2023).

A confissão judicial provocada pode ser feita em depoimento de parte ou no âmbito de declarações de parte. O depoimento de parte só pode ter por objeto factos pessoais ou de que o depoente deva ter conhecimento. O facto é pessoal quando é «conhecido pela parte, trate-se de ato por ela própria praticado, ou praticado com a sua intervenção, de ato de terceiro perante ela praticado (incluindo as declarações escritas de que tenha sido destinatária) ou de mero facto ocorrido na sua presença. Facto de que a parte deve ter conhecimento é aquele que é de presumir que ela tenha conhecido, pois o termo "*deve*" que consta do artigo tem o sentido de juízo de probabilidade psicológica e não de conduta ética» (Lebre de Freitas e Isabel Alexandre, *CPC Anotado*, Vol. II, 3ª ed., p. 290).

O depoimento de parte pode ser ordenado oficiosamente ou requerido pela parte contrária ou mesmo pela comparte (cf. arts. 452º, nº 1 e nº 2 e 453º, nº 3, do CPC). Nesta última eventualidade, todavia, a comparte apenas pode pedir o depoimento do coautor ou corréu quando este assuma na ação posição divergente do requerente do depoimento (cf. Acórdão do Supremo Tribunal de Justiça de 27.1.2004, CJ, Tomo I, p. 49). Nos segmentos em que ocorra confissão do depoimento, o depoimento deve ser reduzido a escrito (nº 1 do art. 463º do CPC), o que releva porquanto potencia a força probatória plena contra o confitente, nos termos do nº 1 do art. 358º. No âmbito das declarações de parte, o declarante pode reconhecer facto desfavorável, o que constituirá confissão, sendo também necessária e pertinente a sua redução a escrito nesse segmento (cf. arts. 466º, nº 2, e 463º, nº 1, do CPC).

A confissão judicial provocada pode, ainda, ocorrer no âmbito de prestação de informações ou de esclarecimentos solicitados pelo tribunal (cf.

arts. 7º, 411º e 417º, nº 1, do CPC), não estando sujeita a nenhum formalismo especial.

ARTIGO 357º - DECLARAÇÃO CONFESSÓRIA

1. A declaração confessória deve ser inequívoca, salvo se a lei o dispensar.

2. Se for ordenado o depoimento de parte ou o comparecimento desta para prestação de informações ou esclarecimento, mas ela não comparecer ou se recusar a depor ou a prestar as informações ou esclarecimentos, sem provar justo impedimento, ou responder que não se recorda ou nada sabe, o tribunal apreciará livremente o valor da conduta da parte para efeitos probatórios.

Remissões: arts. 7º, 411º e 417º, nº 1, do CPC (prestação de informações ou esclarecimentos a pedido do tribunal); art. 140º do CPC (justo impedimento); art. 452º, nº 1 (determinação da comparência para prestação de depoimento de parte); art. 457º do CPC (impossibilidade de comparência no tribunal); art. 459º, nº 3, do CPC (recusa em prestar juramento equivale a recusa a depor).

A declaração de ciência, em que se consubstancia a confissão, tem de ser expressa e inequívoca, o que pretere a admissibilidade de uma declaração tácita, de um comportamento concludente ou de um comportamento declarativo por omissão.

No que tange à interpretação do nº 2, no segmento em que determina a livre apreciação do valor da conduta da parte para efeitos probatórios, no Acórdão do Tribunal da Relação do Porto de 10.2.2004 [218] considerou-se que a mera falta da parte admitida a depor, ainda que injustificada, não implica a automática confissão do facto que lhe é desfavorável e sobre o qual deveria depor.[219] Para tal, invocou-se o ensinamento de

[218] Sendo relator *Henrique Araújo*, 0325206.

[219] Nos termos do Acórdão do Supremo Tribunal de Justiça de 16.10.2002, *Manuel Pereira*, 02S2087, «A não comparência do depoente de parte ou a sua recusa a depor ou a prestar as informações ou esclarecimentos, sem provar justo impedimento, ou responder que não se recorda ou nada sabe, determina que o tribunal aprecie livremente o valor da conduta da parte para efeitos probatórios, não tendo por consequência necessária a confissão dos factos sobre que o seu depoimento incidiria.»

Vaz Serra[220], segundo o qual: «É certo que a lei impõe à parte o dever de colaborar no apuramento dos factos da causa; mas, concluir, sem mais, da falta de cumprimento deste dever, embora tenha sido notificada com a advertência de que, não comparecendo, se haverão por confessados os factos, que confessa os factos, parece excessivo.» Mais se considerou que a falta de comparência, conjugada com as demais provas dos autos, pode levar o tribunal a considerar provado esse facto.

Pensamos que esta degradação do dever de colaborar para uma categoria de *probatio inferior* não será, por certo, solução incontornável.

Cremos que tal conduta omissiva pode ser erigida à categoria de facto indiciário[221] tanto mais que, conforme refere LEO ROSENBERG [222], os tribunais podem considerar provada a afirmação discutida em virtude do princípio fundado na experiência de que o adversário, se o facto fosse falso, não teria impedido a produção da prova, pelo contrário, tê-la-ia fomentado. Tudo dependerá da valoração racional que o juiz faça no caso e que seja requerida pelo circunstancialismo do processo, ao abrigo do princípio da livre apreciação da prova.

O que tipifica uma conduta processual do ponto de vista probatório não é propriamente a sua amoralidade ou falta de ética, mas sim a falta de colaboração específica num ato processual formalmente dirigido à fixação da prova de afirmações constantes do processo. Ou seja, se é certo que qualquer deslealdade processual pode implicar uma falta de colaboração, aqui estamos perante um género dentro daquela espécie.

Conforme já vimos (pp. 92-93), uma conduta processual pode constituir a base de um indício endoprocessual verificados que sejam certos requisitos.

Em resultado do funcionamento do indício endoprocessual, poderá o juiz ter como provado o facto em causa com base em presunção judicial que tem como facto-base a conduta da parte, salvo as limitações legais existentes quanto à utilização das presunções.

Conforme explica MUNÕZ SABATÉ, há que questionar qual a diferença entre o indício da fuga do local do assassino ou autor de ato ilícito e a conduta processual que consiste em recusar a exibição de um documento

[220] "Provas", BMJ nº 111, p. 11.

[221] Rita Barbosa da Cruz in *Comentário ao Código Civil, Parte Geral*, UCE, 2014, p. 836, afirma: «O que significa que, no limite, este comportamento da parte pode basear uma presunção judicial, ilidível por contraprova.»

[222] *La Carga de la Prueba*, Editorial Bdef, Buenos Aires, 2002, pp. 223-224.

desfavorável sob o pretexto de que foi destruído. A única diferença de monta é que, no primeiro caso, o facto ocorreu fora e antes do processo e, no segundo, ocorreu dentro do processo. Porém, em ambas as situações «(...) deu-se um estímulo configurador de uma impressão mental de perigo que por sua vez provocou uma resposta motora, no primeiro caso muscular (a fuga) e no segundo caso verbal (declarar que o documento foi destruído).»[223]

Visam-se aqui situações intermédias entre a conduta inócua da parte (limiar mínimo) e a conduta que culposamente impossibilita a prova do facto ao onerado (limiar máximo), sancionada pela lei com a inversão do ónus da prova. Com efeito, se a não colaboração nos termos do nº 2 deste art. 357º tornar, culposamente, impossível a prova ao onerado, ocorrerá a inversão do ónus da prova nos termos do nº 2 do art. 344º (cf. o respetivo comentário).

A norma do nº 2 é derrogada pelo art. 314º, segundo o qual, em sede de prescrições presuntivas, «*Considera-se confessada a dívida, se o devedor se recusar a depor ou a prestar juramento no tribunal, ou praticar em juízo atos incompatíveis com a presunção de cumprimento.*» Segundo LEBRE DE FREITAS, a interpretação que se impõe é a seguinte: «(...) sem prejuízo de constituir confissão o reconhecimento *expresso* que o devedor faça de que não cumpriu, resulta do art. 313º, nº 1, que a omissão em causa tem o mero efeito de ilidir a *presunção do cumprimento* (art. 312º), pelo que o devedor deixa de se poder prevalecer do decurso do prazo prescricional, mas não fica impedido de provar por outro meio que cumpriu; a destruição da presunção faz-se, não mediante prova do contrário, nos termos gerais do art. 350º, nº 2, mas impedindo a ilação».[224]

ARTIGO 358º – FORÇA PROBATÓRIA DA CONFISSÃO

1. A confissão judicial escrita tem força probatória plena contra o confitente.

2. A confissão extrajudicial, em documento autêntico ou particular, considera-se provada nos termos aplicáveis a estes documentos

[223] LUIS MUNÕZ SABATÉ, "Los indícios endoprocesales", in *Diario La Ley*, Ano XXVII, Número 6849, 27.12.2007.

[224] LEBRE DE FREITAS in ANA PRATA (Coord.), *Código Civil Anotado*, Vol. I, Almedina, 2017, pp. 443-444.

e, se for feita à parte contrária ou a quem a represente, tem força probatória plena.

3. A confissão extrajudicial não constante de documento não pode ser provada por testemunhas nos casos em que não é admitida a prova testemunhal; quando esta seja admitida, a força probatória da confissão é livremente apreciada pelo tribunal.

4. A confissão judicial que não seja escrita e a confissão extrajudicial feita a terceiro ou contida em testamento são apreciadas livremente pelo tribunal.

1. Força probatória plena da confissão

A confissão judicial escrita, feita em depoimento de parte reduzido a escrito nos termos do art. 463º, nº 1, do CPC, ou através de mandatário judicial ou em qualquer outro ato do processo firmada pessoalmente ou por procurador especialmente autorizado para tal (arts. 38º e 356º, nº 1), e a confissão extrajudicial feita em documento, autêntico ou particular, dirigido à outra parte, têm força probatória plena contra o confitente (art. 358º, nº 1 e nº 2).

A confissão só é idónea a adquirir a força probatória plena se estiverem reunidos os requisitos da capacidade e legitimidade do confitente (cf. art. 353º). Do efeito de força probatória plena decorre que os factos confessados devem considerar-se, para feitos do processo, como verídicos, estando precludida ao juiz qualquer averiguação suplementar no sentido de determinar se os factos confessados são verdadeiros ou não. Dito de outra forma, a eficácia de prova plena significa que está excluída uma valoração diversa do juiz sobre a veracidade dos factos objetos da confissão, desde que esta seja admissível (cf. art. 354º), estando o juiz vinculado à confissão e a parte contrária eximida de provar o facto confessado. O confitente só logrará impugnar a força probatória plena da confissão judicial escrita (nº 1) ou da confissão extrajudicial com força probatória plena (nº 2) demonstrando, cumulativamente, que o facto confessado não corresponde à verdade e que ocorrem os pressupostos que conduzem à nulidade ou anulabilidade da confissão (cf. art. 359º).

A declaração do vendedor relativa ao recebimento anterior do preço, constante da escritura pública, constitui confissão extrajudicial, dotada de força probatória plena, não podendo o confitente provar a inveracidade de tal declaração mediante prova exclusivamente testemunhal, nos termos previstos no art. 358º, nº 2 (Acórdão do Supremo Tribunal de Justiça de

15.5.2013, *Lopes do Rego*, 279/10). Sobre a questão dos efeitos da declaração confessória do recebimento do preço ou tornas em escritura pública, cf., desenvolvidamente, o comentário ao art. 359º.

Na interpretação do nº 2 no segmento «*se for feita à parte contrária*», deve entender-se que a declaração confessória feita à parte contrária é uma declaração dirigida mas não uma declaração recetícia.[225] No que tange à qualidade de representante, para efeitos do nº 2, a opinião prevalecente em Itália vai no sentido de que representante é, não só aquele que tem representação legal, mas «qualquer pessoa que, no confronto do confitente, aja no interesse da parte destinatária da confissão»[226], como um filho, um empregado ou o defensor judicial da contraparte.

A força probatória plena emergente da confissão exarada em documento particular só existe no âmbito da relação entre o declarante e o declaratário, e não também no confronto de terceiros, *v.g.* massa falida e credores do insolvente. Quanto aos terceiros a declaração confessória não tem eficácia plena, valendo apenas como elemento de prova a apreciar livremente.[227]

2. Confissão extrajudicial

A confissão extrajudicial tem a natureza de prova pré-constituída, sendo não só fonte de prova como objeto de prova na medida em que quem queira fazer valê-la em juízo terá de provar o facto histórico da declaração.

A confissão extrajudicial não constante de documento, ou seja, verbal, não pode ser provada por testemunhas (nem por presunções judiciais – art. 351º) nas situações em que não é admitida a prova testemunhal (arts. 393º a 395º). Visa-se com este regime evitar a instrumentalização da confissão como meio de contornar as normas restritivas da prova testemunhal. Se a prova testemunhal for admissível, por não se verificar nenhuma das situações prevenidas nos arts. 393º a 395º, a força probatória da confissão é livremente apreciada pelo tribunal (nº 3).

A confissão extrajudicial feita a terceiro é livremente apreciada pelo tribunal, o que pode permitir ao juiz fundar o seu convencimento apenas nessa confissão, desde que motive adequadamente a sua convicção em

[225] LEBRE DE FREITAS in ANA PRATA (Coord.), *Código Civil Anotado*, Vol. I, Almedina, 2017, p. 444.

[226] MARCO SEGATTI, "La Confessione", in MICHELE TARUFFO, *La Prova nel Processo Civile*, Giuffrè Editore, 2012, p. 557.

[227] Acórdão do Supremo Tribunal de Justiça de 12.2.2019, *José Rainho*, 882/14.

moldes sindicáveis.[228] A razão de ser desta livre valoração assenta em que a declaração feita à parte ou ao seu representante é mais séria e ponderada do que a declaração feita a um terceiro, o qual não tem interesse no objeto da declaração, assumindo a declaração confessória feita a terceiro a natureza de um testemunho.

O Supremo Tribunal Italiano decidiu que, em sede de contratos financeiros , uma declaração aposta pelo cliente, nos termos da qual «*declaro que me foi fornecida a informação necessária e suficiente a fim da valoração completa do grau de risco do produto*», não pode ser considerada como confissão extrajudicial porquanto é necessária a consciência e vontade de admitir um facto específico desfavorável para o declarante e favorável à outra parte que determine a realização de um prejuízo objetivo.[229] Em sentido oposto, decidiu-se no Acórdão do Supremo Tribunal de Justiça de 30.5.2019, *Graça Trigo*, 22244/16, que os factos desfavoráveis à declarante, que constam dos documentos dados como provados, tendo sido dirigidos à contraparte do contrato de intermediação financeira, têm valor confessório, com força probatória plena (art. 358º, nº 2). Consequentemente, tais factos, relativos ao conhecimento das características e riscos inerentes à aplicação financeira, não admitem prova testemunhal em contrário (nº 2 do art. 393º). Uma declaração fiscal de rendimentos constitui uma mera externalização ínsita à fase do *iter* procedimental de cumprimento da obrigação tributária, não produzindo efeitos similares a uma confissão.

3. Casos de confissão com valor de prova livre (nº 4)

Dão azo à sua livre apreciação pelo tribunal, as seguintes modalidades de confissão: contida em testamento, não tendo maior valor do que a efetuada por forma diferente; judicial mas não reduzida a escrito, *v.g.* depoimento de parte com confissão mas que não foi reduzido a escrito em cumprimento do art. 463º, nº 1, do CPC; feita a terceiro em documento autêntico ou particular; feita em documento autêntico ou particular e não dirigida a pessoa alguma; a dirigida à parte contrária, em documento escrito (podendo ser eletrónico) a que falte um requisito legal (cf. art. 366º); a confissão verbal registada em reprodução mecânica (cf. art. 368º).[230]

[228] Cf. Salvo Leuzzi, *I Mezzid di Prova Nel Processo. Formazione, Acquisizione, Integrazione*, Giuffrè Editore, 2013, p. 317.

[229] Cf. Salvo Leuzzi, *Op. Cit.*, p. 324.

[230] Cf. Lebre de Freitas in Ana Prata (Coord.), *Código Civil Anotado*, Vol. I, Almedina, 2017, p. 445.

Tendo a testemunha indireta por fonte uma parte que produziu declarações desfavoráveis a si própria, o chamado *relato ex parte contra se,* este importa para o processo uma confissão extrajudicial feita a terceiro, a qual é livremente valorável pelo tribunal nos termos do art. 358º, nº 4.[231]

Deve ser havido como terceiro, nos termos do nº 4, o interessado herdeiro, cabeça de casal, a quem a declaração não é dirigida (por não ser devedor das tornas) e que relaciona tais créditos de tornas como créditos da herança (Acórdão do Supremo Tribunal de Justiça de 8.11.2022, *Jorge Arcanjo*, 46/08).

No Acórdão do Supremo Tribunal de Justiça de 13.12.2022, *Barateiro Martins*, 11857/16, sustentou-se que a regra é a de que a confissão extrajudicial tem uma eficácia limitada à relação entre o seu autor e a parte contrária (ou seja, não é oponível em relação a terceiros) e, podendo haver exceções, deve manter-se a regra (da ineficácia e inoponibilidade) designadamente em relação aos terceiros com interesse subordinado ao do confitente, seja essa subordinação jurídica ou prática. E nesta subordinação prática entram as pessoas/terceiros a quem a confissão não causa prejuízo jurídico, por a mesma não colocar em causa a validade ou existência do direito de tais terceiros, embora possa afetar a consistência prática ou económica do direito de tais terceiros, como é o caso dos restantes credores insolvenciais – principalmente, do credor hipotecário – a quem a confissão extrajudicial da devedora/insolvente não causa qualquer prejuízo jurídico, podendo, todavia, afetar o pagamento do seu créditos, o mesmo é dizer, podendo afetar a consistência prática e económica do seu crédito.

4. Colisão entre confissões com força probatória plena

Se o autor e o réu confessarem factos antitéticos e desfavoráveis ao confitente, coloca-se a questão de qual prevalece ou se as confissões se neutralizam. Na Alemanha, tem-se entendido que a situação em apreço conduz à inexistência de confissão, sendo qualquer delas retratável, porquanto a produção de duas afirmações contrárias implica a falta do pressuposto da confissão consistente na alegação do facto pela parte contrária. Lebre de Freitas propugna que deve prevalecer a confissão formada em primeiro lugar, sustentando a sua posição de que «o meio de prova legal, sendo de natureza substantiva, realiza a sua eficácia logo que a fatispécie norma-

[231] Acórdão do Tribunal da Relação de Lisboa de 29.5.2014, *Ezaguy Martins*, 562/11.

tiva se aperfeiçoa e encontra apoio, não só no regime estabelecido pelo art. 359º»[232], mas também na antiga figura processual da especificação, segundo a qual se dão como já provados os factos que tenham sido objeto de confissão.

ARTIGO 359º – NULIDADE E ANULABILIDADE DA CONFISSÃO

1. A confissão, judicial ou extrajudicial, pode ser declarada nula ou anulada, nos termos gerais, por falta ou vícios da vontade, mesmo depois do trânsito em julgado da decisão, se ainda não tiver caducado o direito de pedir a sua anulação.

2. O erro, desde que seja essencial, não tem de satisfazer aos requisitos exigidos para a anulação dos negócios jurídicos.

1. Declaração de nulidade e anulação da confissão

A força probatória plena da confissão pode ser elidida pela demonstração, cumulativa, de que o facto confessado não corresponde à verdade e que ocorrem os pressupostos que conduzem à nulidade ou anulabilidade da confissão, o que pode demandar a propositura de ação de anulação ou declaração de nulidade da confissão por falta ou vícios da vontade (art. 359º).[233]

Nos termos do nº 1, a confissão pode ser declarada nula ou anulada por falta ou vícios da vontade. A confissão não integra um negócio jurídico mas uma declaração de ciência, colhendo aplicação o regime dos vícios aludidos por força do art. 295º do Código Civil. Assim, são convocáveis os seguintes vícios: simulação (art. 240º), fraude à lei (art. 291º), reserva mental (art. 244º), declaração não séria (art. 245º), falta de consciência da declaração e coação física (art. 246º), erro na declaração (art. 247º), erro sobre a pessoa ou sobre o objeto (art. 251º), dolo (art. 253º), coação moral (art. 255º) e incapacidade acidental (art. 257º). Releva o erro de direito, demonstrando-se que o reconhecimento do facto desfavorável se deve a erro de interpretação ou de aplicação de uma norma jurídica.[234] Todavia, não releva um erro sobre as consequências jurídicas diretas (erro sobre o

[232] *A Confissão no Direito Probatório*, 2ª ed., 2013, p. 367.

[233] Neste mesmo sentido, cf. Acórdão do Tribunal da Relação de Lisboa de 17.3.2022, *António Santos*, 2600/17.

[234] Rita Barbosa da Cruz in *Comentário ao Código Civil, Parte Geral*, UCE, 2014, p. 839.

efeito probatório) ou indiretas (erro sobre os efeitos do facto confessado) da confissão.[235]

Nos termos do nº 2, para que o erro releve, basta que seja essencial para o confitente, não se exigindo a cognoscibilidade pelo declaratário da essencialidade do erro (cf. arts. 247º e 251º) nem o acordo das partes quanto à essencialidade do motivo atingido pelo erro (cf. art. 252º, nº 1).

Ocorre uma confissão feita por erro quando a confissão é feita sobre uma declaração que, com desconhecimento do confitente, foi objeto de documentação em contrário, sendo que essa documentação não foi imposta por lei ou pelas partes. O erro em causa incide sobre o próprio facto que é objeto da confissão, dando azo à anulação da confissão, após o que o documento fica a provar a declaração que dele é objeto.[236]

2. Tramitação

Na pendência da ação, a nulidade da confissão pode ser invocada mediante uma exceção probatória, aplicando-se analogicamente o regime dos arts. 446º, 448º e 449º do CPC, no que tange às exceções probatórias deduzidas contra documentos.[237] Na pendência da ação, a anulabilidade pode ser arguida na contestação a título de exceção.

No art. 464º do CPC prevê-se a instauração autónoma da ação de declaração de nulidade ou de anulação da confissão, não impedindo o prosseguimento da causa em que ocorreu a confissão.

A ação de anulação tem de ser instaurada no prazo de um ano subsequente à cessação do vício que lhe serve de fundamento (nº 1 do art. 287º), podendo ser arguida, sem dependência de prazo (nº 2 do art. 287º), enquanto não ocorrer a produção dos efeitos do facto confessado no processo. Após o trânsito da sentença proferida no processo em que tenha ocorrido confissão, pode ainda o confitente requerer a revisão da sentença com fundamento na nulidade ou anulabilidade da confissão, no prazo de 60 dias a contar da data em que teve conhecimento do fundamento da nulidade ou anulabilidade, sem prejuízo do prazo geral perentório de cinco anos (cf. arts. 696º, al. d), 697º, nº 2, al. c), do CPC).

[235] Lebre de Freitas in Ana Prata (Coord.), *Código Civil Anotado*, Vol. I, Almedina, 2017, p. 447.

[236] Cf. Lebre de Freitas, *A Confissão no Direito Probatório*, 2ª ed., 2013, pp. 360 e 804.

[237] Lebre de Freitas in Ana Prata (Coord.), *Código Civil Anotado*, Vol. I, Almedina, 2017, p. 448.

A prova do vício da confissão pode fazer-se por qualquer meio não se excluindo a admissibilidade da prova testemunhal ou por presunções. Conforme explica LEBRE DE FREITAS[238]

> «A tal não obsta o disposto nos arts. 393-2 e 351 do Código Civil, ao excluírem a admissibilidade da prova testemunhal e da presunção judicial quanto a factos plenamente provados por um meio com força probatória plena. Fazendo-o, a lei veda o recurso a esses meios de prova para contrariar a prova que haja sido extraída duma declaração confessória ("quando o facto *estiver* plenamente provado"), mas sempre *com ressalva da possibilidade de ilisão da presunção que está na base da força probatória atribuída à confissão.* Articulando-se com o art. 653-2 do CPC, o preceito referido, contendo uma norma *geral*, não constitui uma das derrogações *especiais* a que se refere o art. 347º do Código Civil e apenas tem o alcance de vedar que, uma vez assente, por confissão não impugnada, a realidade de determinado facto, esta prova possa ser posta em causa por testemunhas ou presunções judiciais, deixando intacto o problema da colisão da confissão com outros meios de prova legal plena.»

Divergindo parcialmente desta posição, no Acórdão do Supremo Tribunal de Justiça de 8.1.2019, *Ana Paula Boularot*, 3696/16, entendeu-se que a alegação da existência de vícios da vontade e da inveracidade do declarado pode ser feita na própria ação onde essa declaração confessória foi invocada (exceção probatória inominada), não existindo, salvo no que toca aos vícios da simulação e da reserva mental (arts. 394º nº 2, 351º e 244º, nº 2), limitações à utilização de qualquer meio de prova.

3. Declaração confessória do recebimento do preço ou das tornas

É frequente, no âmbito da outorga de escritura pública de compra e venda ou de partilhas (ou outra similar), que um dos outorgantes declare perante outro que já recebeu o preço da venda ou as tornas, num contexto em que tal efetivamente não ocorreu, colocando-se – então – a questão de saber se tal declaração confessória é removível e em que termos.

Neste circunspecto, a jurisprudência do STJ não é uniforme. Assim, alguns arestos entendem que a força probatória plena da confissão pode ser afastada pelo autor com a alegação e demonstração do facto contrário e com as restrições previstas nos arts. 351º, 393º e 394º (Acórdãos do Supremo

[238] JOSÉ LEBRE DE FREITAS, *A Confissão no Direito Probatório*, 2ª ed., 2013, p. 851.

Tribunal de Justiça de 13.9.2012, *Tavares de Paiva*, 2816/08, de 17.4.2018, *Roque Nogueira*, 617/12, de10.11.2022, *Cura Mariano*, 286/21). Numa segunda orientação, entende-se que recai sobre o confitente o ónus de prova da inveracidade da declaração confessória, defrontando-se com as limitações ao nível do direito probatório material no que concerne à apresentação de prova testemunhal ou ao uso de presunções judiciais (arts. 393º, nº 2, e 351º), sendo que tais limitações apenas cedem quando exista outro meio de prova, *máxime* prova documental, que torne verosímil a inveracidade da declaração, servindo, então, a prova testemunhal ou o recurso a presunções judiciais como complemento dessa prova indiciária (Acórdão do Supremo Tribunal de Justiça de 17.12.2015, *Abrantes Geraldes*, 940/10). Numa terceira abordagem, sustenta-se que a força probatória plena dessa confissão pode ser destruída com base na falsidade do documento (arts. 372º, nº 1) ou mediante a invocação de factos integrativos de falta ou de vício da vontade que determinem a nulidade ou anulação da confissão (art. 359º; Acórdãos do Supremo Tribunal de Justiça de 9.7.2014, *Paulo Sá*, 28252/10, de 14.5.2019, *Raimundo Queirós*, 930/12). No caso de se considerar que a declaração constante da escritura de que o preço já foi recebido constitui uma declaração confessória, mesmo nesse caso nada obsta à produção de prova testemunhal tendo em vista provar que a vontade dos vendedores, quando declararam, na escritura, já recebido o preço, resultou de erro induzido pelos compradores de que iriam pagar ulteriormente a dívida, confiando os vendedores que assim sucederia (Acórdão do Supremo Tribunal de Justiça de 17.3.2016, *Salazar Casanova*, 294/12). Dentro desta mesma linha, no Acórdão do Supremo Tribunal de Justiça de 15.4.2015, *Pires de Rosa*, 28247/10, entendeu-se que o facto (recebimento do preço) pode ser impugnado por qualquer das partes sem necessidade de arguição da falsidade do documento, uma vez que o mesmo faz prova plena em relação à materialidade das afirmações atestadas mas já não quanto ao rigoroso sentido, sinceridade, veracidade ou validade das declarações emitidas pelas partes, sendo- para o efeito – admissível prova testemunhal (confluentemente, cf. os Acórdãos do Supremo Tribunal de Justiça de 16.12.1999, *Ferreira de Almeida*, 99B988, de 9.1.2018, *Falcão de Magalhães*, 8470/15).

Revemo-nos na orientação acima enunciada como segunda, por ser a que mais se conforma com a interpretação dos arts. 393º e 394º, no que tange às exceções às restrições probatórias aí enunciadas (cf. comentário aos arts. 393º e 394º e comentário ao art. 371º, a pp. 149 e ss.).

Lebre de Freitas sustenta que «O regime da *reserva mental conhecida* (art. 244º, nº 2) leva à nulidade da confissão, sempre que o confitente, com conhecimento da parte contrária, *não queira*, com a sua declaração, a produção dos efeitos do pagamento; e, quando a declaração falsa do vendedor é feita, por acordo com o comprador, para engano de terceiros, caindo no campo da *simulação*. Em ambos os casos, a exclusão da vontade do efeito indireto da confissão (o efeito do pagamento) é indispensável.»[239]

ARTIGO 360º - INDIVISIBILIDADE DA CONFISSÃO

Se a declaração confessória, judicial ou extrajudicial, for acompanhada da narração de outros factos ou circunstâncias tendentes a infirmar a eficácia do facto confessado ou a modificar ou extinguir os seus efeitos, a parte que dela quiser aproveitar-se como prova plena tem de aceitar também como verdadeiros os outros factos ou circunstâncias, salvo se provar a sua inexatidão.

1. Modalidades de confissão

A confissão pode assumir três modalidades:

- **Simples** em que o facto é reconhecido sem qualquer reserva ou condição ou sem a invocação de qualquer facto suscetível de afetar o seu efeito;
- **Qualificada** quando o facto é reconhecido com outra qualificação ou eficácia jurídica; o confitente adita à declaração confessória factos que alteram a significação jurídica dos factos reconhecidos;
- **Complexa** quando, conjuntamente com o reconhecimento do facto, a parte alega outro que destrói o efeito da confissão. O confitente adita ao facto reconhecido outros factos suscetíveis de consubstanciarem uma exceção perentória (facto impeditivo, modificativo ou extintivo) ao direito do autor/reconvinte ou de sustentar uma reconvenção.

Exemplificando: se o autor invoca que emprestou dinheiro ao réu, e este declara que o recebeu, temos uma confissão simples. Já se o réu acres-

[239] Lebre de Freitas in Ana Prata (Coord.), *Código Civil Anotado*, Vol. I, Almedina, 2017, p. 447.

centar que o autor prescindiu dos juros, temos uma confissão qualificada. Diversamente, se o réu –além da confissão do recebimento da quantia em empréstimo – afirmar que já restituiu todo o dinheiro ou parte, teremos uma confissão complexa.

As confissões qualificadas e complexas convocam a aplicação do regime da indivisibilidade da confissão (*confessio dividi non debet*), segundo o qual a parte que queira aproveitar-se da eficácia do facto confessado como prova plena tem de aceitar também como verdadeiros ou outros factos ou circunstâncias, salvo se provar a sua inexatidão, ou seja, a confissão só pode ser aceite ou rejeitada na íntegra. Este princípio da indivisibilidade da confissão radica na unidade da declaração confessória.

Para que a regra da indivisibilidade se aplique é necessário que os factos declarados pelo confitente pertençam à mesma *fatispécie* (hipótese de facto prevista por determinada norma para a sua aplicação) e ainda que haja uma relação entre os efeitos de uns e outros (os factos favoráveis devem ser impeditivos, modificativos ou extintivos dos factos desfavoráveis).[240] Em segundo lugar, o princípio da indivisibilidade aplica-se apenas no âmbito da confissão com força probatória plena.[241] Não é observável no plano de confissão judicial espontânea em articulado porquanto os factos narrados em articulado recebem tratamento individualizado.[242]

Colocada perante uma confissão qualificada ou complexa, a contraparte pode assumir uma de três posições:

i. Rejeita a confissão na sua globalidade, não se aproveitando dela. Caso em que a declaração confessória será livremente apreciada pelo julgador (art. 361º).
ii. Aceita a declaração confessória na sua totalidade, considerando-se plenamente provados os factos referidos pelo confitente. Neste caso, a declaração de aceitação funciona como condição legal da eficácia da confissão e corresponde também a uma segunda confissão, em sentido inverso, de tais factos.
iii. Aceita a confissão sob reserva do direito de provar, por qualquer meio, a inexatidão dos factos que lhe são desfavoráveis e, consequentemente, favoráveis ao confitente. Neste caso, a confissão tem

[240] José Lebre de Freitas, *A Confissão no Direito Probatório*, 2ª ed., 2013, pp. 255-259.
[241] José Lebre de Freitas, *Op. Cit.*, p. 252, Nota 48.
[242] José Lebre de Freitas, *Op. Cit.*, pp. 252-253.

> eficácia de prova plena, mas a realidade dos factos desfavoráveis à contraparte apenas fica definitivamente estabelecida se esta não lograr fazer prova- por qualquer meio- do contrário desses factos. Isto mesmo que o ónus da prova relativamente aos factos aditados à confissão recaísse sobre o confitente pois, nessa eventualidade, a aceitação da confissão tem por efeito a inversão do ónus da prova quanto à parte favorável ao confitente .[243]

Castro Mendes e Teixeira de Sousa afirmam que a indivisibilidade é uma decorrência da aceitação da confissão pela contraparte. «Na hipótese da confissão complexa, a aceitação da contraparte é necessária para justificar a inversão do ónus da prova que decorre da indivisibilidade da confissão: antes da aceitação da confissão, a prova do facto impeditivo, modificativo ou extintivo cabe ao confitente (art. 342º, nº 2, CC); depois dessa aceitação, passa a incumbir à contraparte provar que o facto impeditivo, modificativo ou extintivo alegado pelo confitente não é verdadeiro (art. 360º *in fine* CC).»[244]

E se a contraparte nada disser quanto à aceitação/rejeição da confissão?

Deve excluir-se a correspondência do silêncio à aceitação da confissão no seu todo uma vez que o silêncio só vale como declaração nos casos expressamente previstos por lei, uso ou convenção (art. 218º), sendo ainda certo que o art. 360º faz referência expressa a um ato voluntário da parte contrária ao confitente.

Sobram duas opções: ou fazer corresponder o silêncio da contraparte a rejeição da confissão ou a aceitação da mesma sob reserva da prova em contrário dos factos que lhe são desfavoráveis.

Acompanhando Lebre de Freitas[245], afirmamos que a solução que melhor se coaduna com os princípios e normas processuais é a última. Com efeito, quando se trata de prova documental cuja força probatória plena depende de aceitação da parte contrária à que a apresentou, a aceitação não tem de ser expressa. No caso das públicas-formas basta o não reque-

[243] "A indivisibilidade da confissão só surge se o autor quiser aproveitar-se da confissão como meio de prova plena e tem como consequência, na confissão complexa aceite, a inversão do ónus da prova quanto à parte favorável ao confitente" – Acórdão do Tribunal da Relação de Évora de 27.4.1993, *Paiva de Carvalho*, BMJ nº 426, p. 547.

[244] *Manual de Processo Civil*, Vol. I, AAFDL, 2022, p. 547.

[245] José Lebre de Freitas, *A Confissão no Direito Probatório*, 2º ed., 2013, pp. 249-252.

rimento da exibição do original (art. 386º, nº 1) e no caso de reprodução mecânica basta a não impugnação da exatidão do documento (art. 368º), para que o mesmo tenha eficácia de força probatória plena. Do mesmo modo, a falta de aceitação expressa da confissão não deve obstar a que esta produza eficácia de prova plena. Os princípios da aquisição processual e da audiência contraditória (arts. 413º e 415º) apontam também para o aproveitamento da confissão como prova plena. Com efeito, se o tribunal deve tomar em consideração todas as provas produzidas, ainda que não provenham da parte a quem incumbia produzi-las, e se as provas não são admitidas nem produzidas sem audiência contraditória da parte a quem hajam de ser opostas, não faz sentido desaproveitar a especial força probatória da confissão pelo facto de a contraparte nada ter dito relativamente à mesma.

A jurisprudência do STJ sobre esta matéria não é uniforme. Assim, no Acórdão do Supremo Tribunal de Justiça de 29.11.2019, *Rosa Tching*, 6354/05, considerou-se que o silêncio da contraparte, face a uma confissão complexa, por ela provocada e prestada perante si, tem como consequência a inversão do ónus da prova quanto à parte favorável ao confitente. Todavia, no Acórdão do Supremo Tribunal de Justiça de 9.10.2014, *Serra Baptista*, 311/11, foi propugnado que deve entender-se que o silêncio da contraparte, face a uma confissão complexa (feita perante si), não tomando qualquer posição, leva a que a mesma (confissão) se torne eficaz (quer quanto aos factos favoráveis, quer quanto aos desfavoráveis).

No Acórdão do Supremo Tribunal de Justiça de 17.3.2016, *Salazar Casanova*, 294/12, entendeu-se que a indivisibilidade da confissão é afastada quando se prova a inexatidão dos factos confessados desfavoráveis ao depoente, sendo isso que sucede quando essa inexatidão resulta evidenciada pela análise do próprio contexto da escritura em conjugação com a alegação dos compradores (art. 393º, nº 3), relevando a não impugnação dos compradores de que o preço de venda pelos autores da metade do imóvel não foi no caso vertente pago, não se alegando nem evidenciando a escritura que o preço acordado foi objeto de remissão.

E se os factos ou circunstâncias favoráveis ao declarante não constituírem objeto do processo, tal obsta a que opere o princípio da indivisibilidade da confissão?

Lebre de Freitas[246] entende que tal não obsta a que a confissão faça prova plena contra o declarante, não tendo a regra da indivisibilidade que

[246] José Lebre de Freitas, *A Confissão no Direito Probatório*, 2ª ed., 2013, pp. 253 e 353-354.

jogar quanto aos factos que no processo não tenham sido alegados. O processo funciona aqui como limite.

Todavia, há que atentar nas virtualidades decorrentes do regime enunciado no art. 5º, nº 2, al. b), do CPC, nos termos do qual o juiz deve considerar os factos que sejam complemento ou concretização dos que as partes hajam alegado e resultem da instrução da causa, desde que sobre eles tenham tido a possibilidade de se pronunciar.

Conforme se refere no Acórdão do Supremo Tribunal de Justiça de 27.10.2009, «(...) deparando-se-nos um depoimento de parte visando a confissão, importará, analisando-o, tentar distinguir nos factos ou circunstâncias narrados aqueles que tendem a infirmar a eficácia do facto confessado ou a modificar ou extinguir os seus efeitos (artigo 360º/1 do Código Civil) daqueles outros que se traduzem em factos novos ou em factos complementares ou concretizadores de factos que tenham sido alegados."[247] Estes últimos poderão ser inseridos e atendidos no processo ao abrigo do citado art.5º, nº 2, al. b), do CPC. No caso analisado nesse aresto, tratava-se de um depoimento de parte em que o Réu reconheceu que se obrigou a pagar ao autor a quantia *x* até ao fim de um ano *y* (facto principal), mas também declara que ficou, adicionalmente, acordado que o réu poderia pagar tal quantia quando o autor efetuasse uma escritura de compra e venda de certo apartamento, caso em que o réu pagaria diretamente a quantia ao vendedor do apartamento, exonerando-se da dívida perante o autor (facto complementar). Tratando-se de um facto extintivo da pretensão do autor, incumbiria ao Réu prová-lo.

Nos termos do art. 465º, nº 1, do CPC, a confissão é irretratável pelo que subsequentes declarações do confidente não invalidam a confissão anterior. Todavia, as confissões expressas de factos, feitas nos articulados, podem ser retiradas enquanto a parte contrária as não tiver aceitado especificadamente (nº 2 do art. 465º).

ARTIGO 361º - VALOR DO RECONHECIMENTO NÃO CONFESSÓRIO

O reconhecimento de factos desfavoráveis, que não possa valer como confissão, vale como elemento probatório que o tribunal apreciará livremente.

[247] Sendo relator *Salazar Casanova*, 61/2002.

Subsumem-se ao âmbito precetivo desta norma as seguintes confissões: feita por incapaz; feita por litisconsorte em caso de litisconsórcio necessário; a que incida sobre direitos indisponíveis; a ocorrida em depoimento de parte não reduzido a escrito; a ocorrida em sede de declarações de parte quando feita sem os requisitos exigidos para que tenha eficácia probatória plena (Acórdão do Supremo Tribunal de Justiça de 21.11.2019, *Rosa Tching*, 6354/05). A estas situações, LEBRE DE FREITAS acrescenta o caso em que «a confissão consta duma declaração complexa, nos termos do art. 360º, e a parte contrária não se queira dela prevalecer como meio de prova plena.»[248]

SECÇÃO IV – PROVA DOCUMENTAL

SUBSECÇÃO I – DISPOSIÇÕES GERAIS

ARTIGO 362º – NOÇÃO

Prova documental é a que resulta de documento; diz-se documento qualquer objeto elaborado pelo homem com o fim de reproduzir ou representar uma pessoa, coisa ou facto.

Remissões: art. 3º, nº 35, do Regulamento nº 910/2014 (noção de documento eletrónico); art. 3º do DL nº 12/2021, de 9.2 (forma e força probatória dos documentos eletrónicos).

1. Noção de documento

Consagra-se neste artigo uma noção ampla de documento[249] como meio de prova, à qual subjazem dois requisitos: "um requisito funcional, que respeita à função representativa de uma pessoa, coisa ou facto realizada

[248] LEBRE DE FREITAS in ANA PRATA (Coord.), *Código Civil Anotado*, Vol. I, Almedina, 2017, pp. 450-451.

[249] A raiz etimológica do documento provém do grego *dék*, que correspondente ao verbo latino *docere*, "instruir" donde provém o vocábulo *documentum*, com o significado originário de "*o que ensina, com qual alguém se instrói*" – PINOCHET OLAVE, "El Documento Eletrónico y la Prueba Literal", in *Ius et Praxis*, V. 8, nº 2, Talca, 2002, http://www.scielo.cl/scielo.php?script=sci_art text&pid=S0718-00122002000200012, acedido em 31.3.2014.

pelo documento; um requisito teleológico, que se refere à finalidade representativa do documento."[250] A este conceito amplo opõe-se um conceito restrito, segundo o qual o documento é o escrito que corporiza uma declaração de ciência ou de vontade e que pode ser incorporado no processo.[251]

Segundo CARNELUTTI, a representação é um sucedâneo da perceção direta do facto representado, na medida em que é idónea a suscitar a ideia «mediante a perceção de outro facto, do qual precisamente constitui o equivalente sensível.»[252] Ao contrário da testemunha que propicia uma representação transitória do facto, o documento predispõe uma representação permanente do facto, cristaliza um facto transeunte, projetando-o no futuro. Daí que o legislador reserve uma posição proeminente à prova documental na medida em que esta é mais objetiva, perene e dissuasora da eclosão do próprio litígio entre as partes. Essa finalidade essencial do documento como meio de prova faz com que o documento possa ser considerado como o meio probatório por antonomásia.

Questiona-se se a representação é um elemento intrínseco ao documento ou se é um juízo firmado no documento, ou seja, se a representação não reside nos signos apostos no documento mas em quem interpreta o significado desses signos. Neste enfoque, há uma deslocação do carácter representativo da objetividade do documento para a subjetividade do intérprete. Esta última posição é defendida por IRTI, segundo o qual «Enquanto os signos vivem na esfera do percetível, a representação desenvolve-se na esfera do espiritual e exige um sujeito que torne a conhecer e reevoque em si a palavra do passado.»[253] Todavia, se é certo que o documento exige sem-

[250] TEIXEIRA DE SOUSA, "O Valor Probatório dos Documentos Eletrónicos", in *Direito da Sociedade da informação,* 2º vol., 1999, p. 184.

[251] JOÃO DE CASTRO MENDES e MIGUEL TEIXEIRA DE SOUSA, *Manual de Processo Civil,* Vol. I, AAFDL, 2022, p. 529.

[252] *La Prova Civile,* Milano, 1992, p. 94 *apud* GIANLUCA NAVONE, *Instrumentum Digitale, Teoria e Disciplina del Documento Informatico,* "Quaderni di Studi Senesi", 2012, pp. 10-11. Em termos gerais, a representatividade designa a capacidade de uma coisa reproduzir outra, podendo a segunda consistir num facto (narrado ou recordado), um lugar (fotografado ou desenhado), um ato (redigido) ou uma atividade (verbalizada), desde que a segunda se preste a ser documentada – cf. MARIA ENZA LA TORRE, *Contributo alla Teoria Giuridica del Documento,* 2004, p. 255, Nota 26.

[253] "Sul Concetto Giuridico di Documento", in RTDPC, 1969, p. 451 *apud* ADOLFO CECCARINI, *La Prova Documentale nel Processo Civile,* 2006, p. 9. GIANLUCA NAVONE, *Instrumentum Digitale, Teoria e Disciplina del Documento Informatico,* "Quaderni di Studi Senesi",

pre interpretação, o mesmo constitui por definição uma criação humana (um *opus* artificial que não se encontra na natureza), com a inerente capacidade de compreender os signos apostos, tendo como destinatário alguém dotado com a mesma capacidade pelo que, nessa precisa medida, o documento está dotado de uma intrínseca e objetiva capacidade representativa.[254] Essa capacidade representativa pode não ser coetânea da formação do documento mas surgir por circunstâncias supervenientes, v.g., fotografia que só adquire relevância em função de um concreto *thema probandum*. À noção de documento basta a capacidade de comunicar uma ideia, que se cristaliza de modo objetivo nos signos, e a potencialidade de representar um facto.[255] Assim, a relevância jurídica dos factos representados no documento não é um requisito do conceito de documento.[256]

Na síntese de Enza La Torre, as principais características conexas ao documento enquanto coisa representativa de um facto são: *res signata* (*res* que representa um certo dado da realidade mediante signos gravados na realidade); coisa material; coisa móvel; coisa artificial; *res* nova; coisa infungível e coisa indivisível (insuscetível de ser fracionada em partes homogéneas sem que fique desintegrada a sua estrutura).[257]

2012, pp. 15-16, propõe duas noções de representação: uma atinente à fase de codificação, em que a representação surge como uma propriedade estática da *res* documental; uma referente à fase da descodificação, em que a representação se resolve no ato dinâmico da pronúncia de um juízo sobre a existência de um facto histórico. Também Fabio Rota, "I documenti", *in* Michele Taruffo (org.), *La Prova nel Processo Civile*, "Trattato di Diritto Civile e Commerciale", 2012, pp. 579-581, distingue entre a representação atinente ao momento da codificação que é integrada por uma imagem, ilustração ou configuração (*representação formal*) e a representação que é fruto da descodificação, que é um *posterius* da existência do documento consubstanciado num ato psíquico, numa ideia (*representação semântica*).

254 Maria Enza La Torre, *Op. Cit.*, p. 36, critica certeiramente esta tese, afirmando que a mesma troca o momento da interpretação com o dado de facto que é objeto da interpretação, tal como se afirmasse que as notas musicais não estão na partitura, mas na execução do pianista.

255 Cf. Francesco Rizzo, *Il Documento Informatico, "Paternità" e "Falsità"*, 2004, p. 47.

256 Lebre de Freitas, *A Falsidade no Direito Probatório*, 2ª ed., 2013, p. 118. Afirma Maria Enza La Torre, *Op. Cit.*, p. 31, que não se deve "confundir a estrutura ontológica do documento, que consiste e se exaure na propriedade representativa de um facto, com a relevância jurídica do facto em si, que é um dado variável e externo àquela estrutura."

257 *Op. cit.*, pp. 48-49.

2. Funções do documento

O documento escrito assume várias funções, a saber: (i) de perpetuação, na medida em que preserva a declaração num suporte idóneo a fixá-la no tempo e a torná-la cognoscível de outrem (*verba volant, scripta manent*)[258] ; (ii) probatória enquanto permite demonstrar no processo a existência da declaração[259]; (iii) de garantia na precisa medida em que permite imputar a declaração a um autor, propiciando a recognoscibilidade do autor do documento[260] e (iv) constitutiva, quando assume a dupla natureza de meio de prova e de formalidade essencial do negócio, i. é, documento *ad substantiam.*[261]

3. Tipologias de documentos

Desde CARNELUTTI, é comum a cisão entre documentos declarativos e narrativos ou descritivos, contendo estes a exposição de um acontecimento. Os documentos declarativos dividem-se em documentos testemunhais (contêm uma declaração de ciência ou conhecimento do outorgante) e dispositivos (contêm uma declaração de vontade atinente a um ato ou negócio jurídico). Por sua vez, os documentos testemunhais subdividem-se – em função da proveniência da declaração – em documentos confessórios, se procedentes da própria parte, e em documentos testemunhais em sentido estrito, se provenientes de terceiros.[262]

Esta classificação tem como pressuposto a prova da efetiva proveniência subjetiva do documento, designadamente através da assinatura. A essencialidade da identificação da proveniência subjetiva do documento erige

[258] *As palavras voam, os escritos permanecem.*

[259] Afirma FRANCESCO DE SANTIS, *Il Documento Non Scritto Come Prova Civile*, Napoli, Edizioni Scientifiche Italiane, 1988, p. 31, que, sendo o documento a representação de um facto, o seu escopo é a conservação do facto, criando uma condição de certeza.

[260] Na ótica da função de garantia, o autor do documento pode: (i) corresponder ao autor material, ao criador da mensagem (v.g., testamento cerrado escrito pelo próprio testador); (ii) ser a autora da declaração de vontade, independentemente de quem a plasmou no suporte; (iii) exigir a concretização da pessoa que interveio na declaração de vontade ou certificou o ato, v.g., reconhecimento notarial, sendo que aqui é secundária a determinação do autor material do documento.

[261] Cf. XAVIER ABEL LLUCH e JOAN PICÓ I JUNOY, *La Prueba Documental*, Colección de Formación Continua Facultad de Derecho ESADE", 2010, PP. 41-43 E ANDRÈS JAUME BENNASAR, *La Validez del Documento Eletrónico y su Eficacia en Sede Procesal*, 2010, pp. 49-50.

[262] Cf. ABEL LLUCH e PICÓ I JUNOY, JOAN *(dirs.)*, *La Prueba Documental*, Colección de Formación Continua Facultad de Derecho ESADE", 2010, P. 22; SALVATORE PATTI, *Prova Documentale*, 1996, p. 8; LEBRE DE FREITAS, *Op. Cit.*, p. 38.

esta em elemento constitutivo da declaração.[263] Esta classificação evidencia que o valor da prova da representação documental varia em função da natureza da declaração.

Quando o conteúdo do documento consiste numa declaração de ciência, o que é objeto do *thema probandum* não é a declaração de ciência em si mas o objeto da declaração. Ou seja, o documento constitui uma fonte indireta de prova dos factos que são objeto da declaração. Pelo contrário, no caso dos documentos dispositivos, o que é objeto do *thema probandum* é a declaração em si, consubstanciando o documento em si a prova direta da declaração de vontade. Assim, podemos distinguir entre **documentos declarativos primários** (os quais representam diretamente a declaração negocial e são coetâneos dela) e **documentos declarativos secundários** (que são posteriores à génese do negócio, representando-o indiretamente).[264]

Os documentos são **autógrafos** quando a declaração procede do documentador e são **heterógrafos** quando a declaração procede de um terceiro e não do documentador.

Com base no critério da forma de armazenamento da informação, os documentos podem ser analógicos e eletrónicos. Um documento é ***analógico*** quando as expressões vertidas no documento são construídas com códigos, de qualquer natureza, que visam reproduzir a realidade mediante analogia física[265], ou seja, o documento analógico é formado por uma grandeza física que assume valores contínuos, como traços contínuos sobre papel ou as imagens numa película de vídeo.[266] No **documento eletrónico**, a mensagem é guardada com códigos binários, sendo que combinação de dígitos reproduz a realidade a que se reporta.

No Acórdão do Supremo Tribunal de Justiça de 12.10.2022, *Domingos Morais*, 1333/20, entendeu-se que as sentenças e os acórdãos constituem peças jurídicas, judicialmente elaboradas no decurso da resolução de conflitos no sistema judiciário, e não documentos nos termos definidos neste artigo 362º e nos artigos 651º, nº 1, e 425º, ambos do Código de Processo Civil.

[263] Andrea Graziosi, "Premesse ad una Teoria Probatoria del Documento Informatico", in *Rivista Trimestrale di Diritto e Procedura Civile*, 1998, p. 499.

[264] Giulia Bertolino, "Documento e Rappresentazione della realtà", *in* Alberto Ronco (dir.), *Il Documento nel Processo Civile*, 2011, p. 26.

[265] Cf. José Antonio Vega Vega, "El Documento Jurídico. Problemas de la Electronificación", in *Revista de Estudios Económicos y Empresariales*, Nº 25, 2013, pp. 168-169.

[266] Maria Enza La Torre, *Op. Cit.*, p. 259, Nota 35.

ARTIGO 363º – MODALIDADES DOS DOCUMENTOS ESCRITOS

1. Os documentos escritos podem ser autênticos ou particulares.

2. Autênticos são os documentos exarados, com as formalidades legais, pelas autoridades públicas nos limites da sua competência ou, dentro do círculo de atividades que lhe é atribuído, pelo notário ou outro oficial público provido de fé pública; todos os outros documentos são particulares.

3. Os documentos particulares são havidos por autenticados, quando confirmados pelas partes, perante notário, nos termos prescritos nas leis notariais.

Remissões: art. 371º (força probatória dos documentos autênticos); art. 376º (força probatória dos documentos particulares); art. 707º do CPC (exequibilidade dos documentos autênticos ou autenticados); art. 12º do DL nº 126/2021, de 30.12 (valor probatório dos atos autênticos, termos de autenticação de documentos particulares e reconhecimentos realizados ao abrigo do regime jurídico temporário aplicável à realização, através de videoconferência, de atos autênticos, termos de autenticação de documentos particulares e reconhecimento).

1. Noção de documento autêntico

Esta norma estabelece uma cisão entre os documentos segundo o critério da sua autoria. São documentos autênticos os emanados duma autoridade pública ou de um oficial público, a quem a lei atribui expressamente poderes de atestação (logo a autoridade ou o oficial estão providos de fé pública) com o respeito de determinadas formalidades, sendo que o seu emissor tem de ser capaz (não estar legalmente impedido de lavrar o documento), bem como ser competente em razão da matéria e do lugar (cf. art. 369º, nº 1). É necessário que a lei invista o autor do documento em específicos poderes de documentação, fazendo-o em razão do ofício que desempenha. A função do documento autêntico é a de atribuir fé pública ao documento, fazendo-o *erga omnes*, ou seja, a eficácia probatória do documento autêntico perante terceiros é idêntica à que tem no confronto das partes que nele intervieram. Como refere Vaz Serra, «A força probatória dos documentos autênticos não tem de restringir-se às partes e a seus herdeiros ou representantes, uma vez que, dizendo ela respeito àquilo que foi praticado pelo documentador ou por ele apreendido *propriis sensibus, visu et auditu*, tanto se justifica em relação às partes como em relação a terceiros: a fé pública atribuída às atestações do documentador é igual para as partes e para terceiros.»[267]

Os documentos autênticos têm, assim, três requisitos: a autorização, expedição ou intervenção de uma autoridade pública ou oficial público (*publicis personis*); a atuação da autoridade ou do oficial público dentro do seu âmbito e competências funcionais e territoriais decorrentes da lei; e que o documento revista as formalidades ou solenidades previstas pela lei (*solemniter confecta*). Se o documento autêntico contém apenas declarações do seu emitente, estamos perante um documento meramente declarativo. Se o documento reproduza declarações de outros sujeitos, proferidas na presença do oficial público, o documento é, nessa parte, narrativo.

O conceito de oficial público é mais abrangente do que o de funcionário público, assumindo tal qualidade sujeitos privados que atuam investidos de um múnus público, desde que, no exercício da sua atividade, estejam investidos em funções que, a titulo principal ou acessório, englobem a atividade de documentação assistida de fé pública. Assim, integram a categoria de oficial público, para este efeito, o agente de execução e o administrador de insolvência, os quais- conforme sabido- não integram a categoria de funcionários públicos, bem como o capitão do navio para certos efeitos. As câmaras de comércio e indústria, os advogados e solicitadores, que elaborem reconhecimentos presenciais de assinatura (nº 1 do art. 38º do Decreto-lei nº 76-A/2006, de 29.3), atuam nas vestes de oficial público (cf. comentário ao art. 375º) porquanto investidos de poder atestativo.

É requisito da existência do documento autêntico a sua subscrição pela autoridade pública ou oficial público que o emite.

Quid iuris se o documento for lavrado por oficial público incapaz ou incompetente ou sem a observância das formalidades legais prescritas? O Código Civil italiano responde à questão diretamente no seu art. 2701º, segundo o qual «*O documento formado por oficial público incompetente ou incapaz, ou sem observância das formalidades legais prescritas, se estiver subscrito pelas partes, tem a eficácia probatória dos documentos particulares.*» Pese embora o nosso Código Civil não disponha de norma expressa equivalente, a solução terá de ser a mesma. Em primeiro lugar, por força do princípio da conservação dos atos jurídicos (*utile per inutile non vitiatur*), de que é expressão máxima o art. 293º. Em segundo lugar, sendo a categoria dos documentos

[267] *Provas (Direito Probatório Material)*, 1962, p. 336.

particulares uma categoria residual em função da autoria do documento, estando esta assegurada com a subscrição pelos seus intervenientes, estamos – de pleno – dentro da categoria dos documentos particulares (cf. nº 2 e art. 373º).

Os documentos autênticos podem ser: (i) judiciais (cf. art. 451º do CPC); (ii) atinentes ao tráfico jurídico privado, sendo emanados de quem está investido de poderes para dar fé pública a tais documentos e (iii) documento autênticos administrativos, correspondentes àqueles que são provenientes da Administração Pública ou de outras entidades de direito público, sendo emitidos por funcionários para dar fé de atuações de tais órgãos; (iv) emitidos por outros oficiais públicos, v.g. administrador de insolvência.

Nos termos do art. 12º do DL nº 126/2021, de 30.12, «*Os atos autênticos, termos de autenticação de documentos particulares e reconhecimentos realizados ao abrigo do presente decreto -lei têm o mesmo valor probatório dos atos realizados presencialmente, desde que observados os requisitos nele previstos.*» Todavia, «*A preterição das formalidades instituídas pelo presente decreto-lei determina a nulidade dos atos realizados ao seu abrigo*» (art. 13º). Este diploma tem uma vigência temporária entre 4.4.2022 e 4.4.2024.

2. Noção de documento particular

O documento particular integra uma categoria residual, correspondente ao documento proveniente de quem não está investido com funções de atestação (desprovido de fé pública no sentido de que o particular não tem poder algum de atribuir à sua declaração carácter de veracidade), formado sem a observância de particulares prescrições formais, idóneo a representar de forma durável, mediante signos gráficos, um acontecimento ou uma declaração de um ou vários sujeitos, os quais assumem a paternidade do documento, em regra, mediante subscrição autógrafa, assumindo a paternidade da declaração contida no documento.

Os documentos particulares podem ser bilaterais, correspondendo àqueles em cuja subscrição intervieram as partes e que contêm um negócio ou ato jurídico. São unilaterais os subscritos somente por uma das partes, podendo conter atos jurídicos dispositivos ou serem documentos testimoniais. Estão aqui abarcados os livros dos comerciantes. Podem, ainda, os documentos particulares ser não assinados (cf. arts. 380º e 381º).

Os documentos particulares podem ser autenticados desde que as partes confirmem o seu conteúdo perante o notário (arts. 150º, nº 1 e 152º, do CN). Os documentos particulares autenticados têm a força probatória dos documentos autênticos, mas não os substituem quando a lei exija documento desta natureza para a validade do ato (art. 377º).

3. Jurisprudência sobre a qualificação do documento como autêntico

Na jurisprudência, foram classificados com documentos autênticos:

- O auto de notícia crime lavrado por autoridade pública nos limites da competência que lhe é atribuída por lei (Acórdão do Tribunal da Relação de Lisboa de 9.11.2022, *Isabel Castro*, 62/17; Acórdão do Supremo Tribunal de Justiça de 9.1.1997, *Sousa Guedes*, 96P210; Acórdão do Tribunal da Relação do Porto de 1.4.2020, *Pires Salpico*, 271/17);
- O auto de notícia lavrado pela Autoridade das Contraordenações no Trabalho (Acórdão da Relação de Lisboa de 8.2.2012, *Isabel Tapadinhas*, 272/11);
- As atas das audiências de julgamento e das diligências judiciais (Acórdãos da Relação de Guimarães de 3.2.2014, *António Condesso*, 2652/10, de 11.5.2017, *Lina Baptista*, 81/16, Acórdão do Supremo Tribunal de Justiça de 20.2.2014, *Tavares de Paiva*, 4622/08);
- O auto de participação de acidente de viação na precisa medida em que emana de um órgão de polícia criminal a quem é reconhecida competência para a sua elaboração (Acórdão da Relação do Porto de 24.1.2018, *Miguel Morais*, 1173/14);
- A certidão de citação, lavrada por funcionário competente da execução fiscal (Ac. TCAN de 14.1.2016, *Vital Lopes*, 00627/07);
- Relatório de inspeção tributária (Acórdãos do TCAS de 22.3.2018, *Vital Lopes*, 07165/13, de 17.10.2019, *Benjamim Barbosa*, 603/12);
- Certidão emitida pela Agência Portuguesa do Ambiente (Acórdão da Relação de Évora de 11.1.2018, *Paulo Amaral*, 2620/16);
- Declaração emitida pela Escola Básica, em papel timbrado e com selo branco sobre a respetiva assinatura, declarando que a parte está colocada nessa escola como professor (Acórdão da Relação do Porto de 24.1.2018, *Cecília Agante*, 102/14);
- Documento emitido pela Administração Regional de Saúde, denominado "Atestado Médico de Incapacidade Multiuso ", subscrito

e assinado pelo Presidente da Junta Médica (Acórdão do Supremo Tribunal de Justiça de 24.11.2016, *Tavares de Paiva*, 7531/12);
- A certidão emitida pela Autoridade de Supervisão de Seguros e Pensões (antigo Instituto de Seguros de Portugal) (Acórdão do Tribunal da Relação de Lisboa de 29.9.2022, *Vera Antunes*, 1795/19).

Em sentido oposto, foi excluída tal qualidade:

- Ao certificado de óbito emitido pelo médico que atesta os factos relativos à causa da morte não é documento autêntico nem é suscetível de produzir a sua prova plena (Acórdão do Supremo Tribunal de Justiça de 2.10.2008, *Salvador da Costa*, 08B2654), não fazendo prova plena quanto à causa da morte (Acórdão do Supremo Tribunal de Justiça de 26.11.2019, *Fernando Samões*, 18079/16);
- Ao ato administrativo (cf. os artigos 148º do CPA e 51º/1 do CPTA), onde se inclui a respetiva fundamentação de facto, sendo que os respetivos pressupostos de facto (cf. artigos 151º/1-d)-e), 152º e 153º do CPA) não cabem na previsão de "factos praticados pela autoridade ou oficial público" ou na previsão de "factos atestados com base nas perceções da entidade documentadora" (TCAS de 19.4.2018, *Paulo Gouveia*, 538/17);
- Ao plano de ordenamento (Acórdão da Relação de Évora de 13.9.2018, *Paulo Amaral*, 3125/15);
- À prescrição/receita médica (Acórdão do Supremo Tribunal de Justiça de 23.9.2020, *Paula Fernandes*, 1158.17, ECLI).

Sobre a análise do valor probatório do atestado de junta de freguesia e da participação de acidente de viação, cf. a análise desenvolvida no comentário ao art. 371º a pp. 155-160.

ARTIGO 364º – EXIGÊNCIA LEGAL DE DOCUMENTO ESCRITO

1. Quando a lei exigir, como forma da declaração negocial, documento autêntico, autenticado ou particular, não pode este ser substituído por outro meio de prova ou por outro documento que não seja de força probatória superior.

2. Se, porém, resultar claramente da lei que o documento é exigido apenas para prova da declaração, pode ser substituído por confissão expressa, judicial ou extrajudicial, contanto que, neste último caso, a confissão conste de documento de igual ou superior valor probatório.

Remissões: art. 223º (forma convencional); 392º (admissibilidade prova testemunhal).

1. O ato de declarar e o ato de documentar

Há que separar a declaração (ação de declarar) da documentação, entendida esta como a recolha da declaração numa *res* idónea a preservá-la. Um contrato não é o papel em que está plasmado, mas o ato da declaração de vontades que o gera. A declaração pode ser oral ou escrita. O ato ou facto jurídico dissolve-se no seu acontecer, enquanto o documento é uma *res* que permanece no tempo.[268] Há que distinguir entre o *prius* do conteúdo negocial ("ato") e o *posterius* da operação destinada a formalizá-lo e conservar memória ("documento").[269] A documentação é, em regra, sob a forma escrita. No caso de um documento autêntico, as partes declaram oralmente e tal declaração é documentada sob forma escrita.[270] Nos documentos particulares, a declaração é prestada de forma escrita ocorrendo, concomitantemente, a sua documentação. Aqui há uma sobreposição entre documento e documentação: a atividade de escrever é uma forma particular de documentação. O registo vídeo de declarações contratuais também é uma forma de documentação. Só a documentação que consiste

[268] ALFONSO MASUCCI, "Il Documento Informatico, Profili Ricostruttivi Della Nozione e Della Disciplina", in *Rivista di Diritto Civile*, Vol. 50, Nº 5, 2004, p. 750. Em sentido equivalente, FRANCESCO RIZZO, *Op. cit.*, p. 41, afirma que a ação se perde e não é capaz de sobreviver, o que pode sobreviver é o seu produto (documento).

[269] Cf. MARIA ENZA LA TORRE, *Op. Cit.*, p. 19. Refere esta autora, pp. 139-140, que "O ato, fora do documento que o representa, seria uma entidade sem forma; por sua vez, o documento – fora do ato representado – seria um invólucro sem conteúdo. Trata-se, por isso, de um vínculo de tipo simbiótico; com recurso a uma metáfora não muito arriscada, pode dizer-se que o ato está para o documento como o fruto está para a casca na qual toma vida."

[270] No documento autêntico ocorre uma cisão entre a paternidade do ato (que é do notário) e a sua imputação às partes. A assinatura que as partes apõem na escritura serve para a perfeição do ato e não para lhe atribuir a paternidade. Como refere ENZA LA TORRE, *Op. cit.*, pp. 136-137, as partes "com a subscrição do ato aprovam o texto predisposto pelo notário, reconhecendo-lhe assim a plena conformidade com a sua vontade: o que, comportando a admissão da verdade de um facto, apela por esse facto à ideia de uma declaração confessória."

em escrever constitui atividade que pode coincidir com o facto que tem por objeto.

Dito de outra forma, a atividade de escrever constitui uma forma em que pode ser expresso um ato declarativo (é a forma de exteriorizar a declaração) enquanto o escrito é a prova documental do ato e não o próprio ato. O ato escrito e a respetiva prova documental vêm à luz concomitantemente mas constituem realidades diversas. O meio de representação é a *prova* enquanto o meio de expressão é a *forma*.[271]

A dicotomia entre a ação de escrever e o escrito é patente no ato de certificação e no certificado. Aquele exaure-se no seu acontecer enquanto o certificado perpetua a memória da ação de certificação. Quando ocorre a destruição de um documento, tal não implica a perda de validade da declaração contida naquele. O que é suprimido é a representação escrita da declaração e não a declaração em si.

2. A forma *ad substantiam*

Por vezes, a lei subordina a validade de um negócio jurídico à formação de um documento escrito.[272] Quando a forma escrita é imposta *ad substantiam* ou *ad solemnitatem*, a declaração tem que ser exteriorizada simultaneamente com o ato de escrever, ou seja, a declaração consiste na formação do documento. Há uma coincidência cronológica entre a atividade declarativa e documentativa. A forma escrita constitui um requisito essencial para que o negócio exista (valência substantiva ou constitutiva da forma escrita) bem como um instrumento de prova do conteúdo do negócio (valência probatória). Nestes casos, a documentação deve considerar-se como «elemento da *fatispécie* constitutiva dos efeitos negociais»[273], ou seja, a *fatispécie* constitutiva do negócio compreende não só a declaração, mas também a sua documentação. O «vínculo entre o documento (escritura notarial ou documento particular) e o seu conteúdo (negócio jurídico) é de tal modo

[271] MAURO ORLANDI, *Il Falso Digitale*, Milano, Giuffrè Editore, 2003, p. 12.

[272] Para uma enunciação dos fatores que subjazem à exigência de forma legal, cf. PAULO MOTA PINTO, *Interesse Contratual Negativo e Interesse Contratual Positivo*, II Vol., 2008, pp. 1262-1263. Propugna este autor que devem ser averiguadas individualmente as razões determinantes da forma exigida para cada ato, só assim se conseguindo «resolver problemas como os da restrição da consequência do vício de forma, com base no abuso de direito, na "responsabilidade pela confiança"» (p. 1263).

[273] DENTI, *Verificazione delle Prove Documentali*, p. 23, *apud* SALVATORE PATTI, *Prova Documentale*, 1996, p. 13.

estreito que faz aparecer um compreendido noutro, quase uma entidade única e indistinguível.»[274]

No caso dos documentos *ad substantiam* vigora o princípio da correspondência entre forma e prova no sentido de que, quando a lei considera uma certa forma suficiente para a validade do ato, o mesmo vale para a prova do ato.

Quando a lei exige documento escrito como forma de declaração, a regra é a de que o documento escrito, autêntico, autenticado ou particular, é exigido como formalidade *ad substantiam,* sendo que a omissão da formalidade *ad substantiam* gera a nulidade do negócio (art. 220º), salvo se constar de documento de força probatória superior. Sem a observância da formalidade *ad substantiam*, o negócio não é válido.

A exigência da substituição do documento por outro documento de força probatória superior (parte final do nº 1) é satisfeita com a formalização da declaração negocial em documento autêntico ou autenticado, nos casos em que a lei exige documento particular como forma necessária. Atento o segmento "*não pode este ser substituído por outro meio de prova*", a inobservância da forma prescrita não pode ser suprida por outro meio de prova, ainda que de igual valor como é o caso da prova por confissão.[275] A restrição probatória imposta no nº 1 não impede que se utilizem outro tipo de provas, v.g. testemunhal, para demonstrar precisamente a emissão de uma declaração nula por falta de forma, potenciando a produção dos efeitos precípuos da nulidade. Conforme se refere a este propósito no Acórdão do Supremo Tribunal de Justiça de 20.9.2007, *Prazeres Beleza,* 07B1963, a impossibilidade de substituição de uma escritura pública exigida por lei como requisito de forma de uma declaração negocial para que se façam valer os efeitos do negócio, como se fora válido, não impede a utilização, nem de documentos de menor força probatória, nem de prova testemunhal ou por presunções judiciais, para a demonstração de que foi celebrado um mútuo nulo por falta de forma e, por essa via, fazer operar os efeitos da respetiva nulidade.[276]

[274] MARIA ENZA LA TORRE, *Op. cit.*, p. 54.

[275] Cf. PRAZERES BELEZA in *Comentário ao Código Civil, Parte Geral*, Universidade Católica Editora, 2014, p. 846.

[276] No mesmo sentido, cf. Acórdãos do Supremo Tribunal de Justiça de 19.5.2005, *Luís Fonseca*, 05B1200 e de 27.6.2006, *Urbano Dias*, 06A1744. Já VAZ SERRA se pronunciava neste sentido em *Provas (Direito Probatório Material)*, 1962, pp. 592-593.

No Acórdão do Supremo Tribunal de Justiça de 2.6.2015, *Hélder Roque*, 505/07, afirmou-se que a regra geral do nº 1 só tem aplicação às declarações negociais ou outros elementos que devam constar do teor do documento. Já as circunstâncias em que as partes fundaram a decisão de contratar não constituem um elemento essencial que deva constar de declaração negocial e do documento que a formaliza, sendo de aceitar qualquer espécie de prova para se averiguar se tais circunstâncias existiam à data do contrato, foram o seu fundamento e sofreram uma alteração anormal.

A arguição da omissão da formalidade legalmente prescrita poderá ser neutralizada mediante o instituto da boa fé, na modalidade da inalegabilidade formal. Para tanto, é necessário que: estejam em jogo apenas os interesses das partes envolvidas, nunca os de terceiros; a situação de confiança seja censuravelmente imputada à pessoa a responsabilizar; o investimento de confiança seja sensível, sendo dificilmente assegurado por outra via.[277]

Constituem exemplos de declarações negociais sujeitas a formalidade *ad substantiam*, entre outros:

- Cessão de quota societária (Artigo 228º, nº 1 do Código das Sociedades Comerciais)[278];
- Contrato de locação financeira (Artigo 3º, nº 1 do Decreto-lei nº 149/95, de 24.6.)[279];
- Contrato de aluguer de veículo automóvel sem condutor (Artigo 17º, nº 1 do Decreto-lei nº 354/86, de 23.10, com a redação do Decreto-lei nº 77/2009,de 1.4.)[280];
- Contrato de mediação imobiliária (Artigo 19º, nº 1 do Decreto-lei nº 211/2004, de 20.8.);
- Contrato de fornecimento de energia elétrica[281];

[277] Cf. Menezes Cordeiro, *Tratado de Direito Civil*, V, Almedina, 2011, p. 311.

[278] Acórdão da Relação de Évora de 18.12.2007, *Almeida Simões*, 2026/07.

[279] Acórdão do Tribunal da Relação de Coimbra de 28.4.2010, *Francisco Caetano*, 1903/08.

[280] Acórdão do Tribunal da Relação de Lisboa de 21.1.2010, *Olindo Geraldes*, 305/07. Afirma-se neste aresto, de forma pertinente, que "Exigindo-se documento escrito para os contratos, a circunstância da Apelada não ter contestado a ação, apesar de pessoalmente citada, não implica a sua confissão. Na verdade, o efeito da revelia previsto no nº 1 do art. 484º do CPC, aplicável por remissão do disposto no art. 463º, nº 1, do CPC, não se estende aos factos para cuja prova é exigido documento escrito, como expressamente se consigna na alínea d) do art. 485º do CPC."

[281] Acórdão do Tribunal da Relação de Lisboa de 15.3.2007, *Carlos Valverde*, 1886/2007.

- A documentação (gravação) da prova oralmente produzida [282];
- A cláusula compromissória (Artigo 2º, nº 1 da Lei nº 31/86, de 29.8)[283];
- O acordo de revogação do contrato de arrendamento quando não seja imediatamente executado ou quando contenha cláusulas compensatórias ou outras cláusulas acessórias (Artigo 1082º, nº 2 do Código Civil);
- Os contratos de mútuo e desconto bancário (Decreto-lei nº 32.765, de 29 de Abril de 1943)[284];
- Alteração do título da propriedade horizontal (Artigo 1419º, nº 1 do Código Civil)[285];
- A compra e venda de imóvel celebrada por transação por termo no processo[286];
- O contrato que importa a constituição do direito de uso e habitação (Artigo 1485º do Código Civil)[287];
- O contrato de edição (Artigo 87º, nº 1 do CDADC)[288];
- A autorização do dono da obra para o empreiteiro efetuar alterações por sua iniciativa, havendo um preço globalmente fixado para toda a obra (Artigo 1214º, nº 3 do Código Civil) [289];
- A ata societária enquanto documento necessário para a validade do ato ou da deliberação tomada[290];
- O contrato de seguro celebrado até 11.1.2009 (Artigo 426º do Código Comercial);
- A exigência de escritura pública ou de documento particular autenticado para a constituição de contrato de opção relativo à venda de imóvel;[291]
- Contratos de empreitada e subempreitada de obra particular sujeitos à lei portuguesa, cujo valor ultrapasse 10 % do limite fixado para

[282] Acórdão do Tribunal da Relação de Lisboa de 10.11.2009, *Rijo Ferreira*, 3027/08.

[283] Acórdão do Tribunal da Relação do Porto de 22.2.96, *Oliveira Vasconcelos*, 6520/99.

[284] Acórdão do Supremo Tribunal de Justiça de 12.6.96, *Nascimento Costa*, 96B162 e Acórdão do Tribunal da Relação de Lisboa de 25.10.2022, *Carlos Oliveira*, 11939/21.

[285] Acórdão do Tribunal da Relação de Lisboa de 28.5.2009, *Octávia Viegas*, 9759/08.

[286] Acórdão do Supremo Tribunal de Justiça de 23.10.2007, *Alves Velho*, 07A3028;

[287] Acórdão do Tribunal da Relação do Porto de 17.2.97, *Lázaro de Faria*, 9650648.

[288] Acórdão do Tribunal da Relação do Porto de 21.10.2003, *Fernando Samões*, 0324487.

[289] Acórdão do Tribunal da Relação de Coimbra de 25.9.2007, *Jorge Arcanjo Rodrigues*, 198/98.

[290] Acórdão do Tribunal da Relação do Porto de 22.6.98, *Ribeiro de Almeida*, 400/98.

[291] Acórdão do Tribunal da Relação de Lisboa de 19.12.2019, *Adeodato Brotas*, 9778/18.

a classe 1, são obrigatoriamente reduzidos a escrito, sob cominação da nulidade do contrato, não podendo, contudo, esta nulidade ser invocada pela empresa contratada pelo dono da obra (art. 26º, nºs 1 e 3, da Lei nº 41/2015, de 3.6, a conjugar com a Portaria nº 261-A/2015, de 27.8).[292]

3. A forma *ad probationem*

Nos contratos em que a forma escrita é imposta *ad probationem*, esta não é um requisito genético do contrato, sendo apenas necessária para efeitos probatórios. O contrato existe e é válido, mesmo na ausência de forma, mas a respetiva prova sofre limitações. Em rigor, ao disciplinar a forma *ad probationem*, a lei não disciplina a documentação mas o documento, não rege sobre a forma do ato mas sobre o seu meio de prova.[293] A prova escrita ou a confissão são necessárias aqui para documentar a existência de um acordo, que pode mesmo não ser escrito. A forma *ad probationem* não constitui um requisito do negócio, consubstanciando uma regra processual que limita diretamente a prova testemunhal (cf. art. 364º, nº 2). Em suma, a forma *ad probationem* não rege sobre a forma dos atos mas sobre a prova judicial dos mesmos.[294]

A cisão entre o documento com forma escrita *ad substantiam* e com forma escrita *ad probationem* pode exprimir-se com a distinção entre documento-forma e documento-prova. Quer num caso como no outro, o documento assume um valor instrumental, em relação ao ato, não só genético (para o fazer nascer) como funcional (para o fazer viver). A instrumentalidade e acessoriedade erigem-se, assim, como atributos complementares à natureza representativa do documento.[295]

[292] Cf. Acórdãos do Supremo Tribunal de Justiça de 16.5.2019, *Rosa Tching*, 2966/19, e de 6.10.2021, *Ricardo Costa*, 101387/15.

[293] Salvatore Patti, *Prova Documentale*, 1996, p. 14.

[294] Sintetizando a dicotomia entre a forma *ad substantiam* e *ad probationem*, Messina, *"Libertà di Forma" e Nuove Forme Negoziali*, 2004, p. 76, *apud* Sandei Claudia, *Il Valore Giuridico del Documento Informatico*, Università degli Studi di Ferrara, 2008, p. 34, afirma que, em sede processual, a forma escrita *ad substantiam* implica prova do documento enquanto a forma *ad probationem* implica mais simplesmente a prova do contrato.

[295] Exemplo acabado da instrumentalidade e acessoriedade do documento é o regime do Art. 586 do CC que impõe a obrigação de entrega dos documentos pelo cedente ao cessionário do crédito. Daqui decorre que o documento não é um bem em si, servindo o titular da relação jurídica enquanto proteção probatória do direito e auxiliar do seu exercício.

Sobretudo na área do direito do consumo, existem normas que impõem que o predisponente informe o consumidor por forma escrita ou em suporte duradouro, a qual pode denominar-se de forma *ad informationem*. A *ratio* de tais disposições é a de permitir que o consumidor avalie a conveniência, económica e jurídica, da operação a partir de informação fornecida de forma durável.[296]

A inobservância da formalidade *ad probationem* não gera a nulidade do ato, mas este só pode provar-se mediante a emissão de nova declaração que consubstancie confissão expressa, judicial ou extrajudicial, devendo neste último caso (confissão extrajudicial) a declaração constar de documento de igual ou superior valor probatório (v.g. sentença judicial) ao exigido para prova da declaração. Sem a observância da formalidade *ad probationem* o negócio não é propriamente nulo, só que a sua prova será mais custosa de obter, só podendo ser suprida por outros meios mais difíceis de conseguir.

No Acórdão do Supremo Tribunal de Justiça de 30.11.2022, *Fernando Baptista*, 191/13, foi decidido que, da conjugação dos arts. 327º e 67º do CVM (na redação anterior ao DL nº 357-A/2007, de 31.10) resulta que as ordens de realização de operações sobre instrumentos financeiros podem ser dadas, quer por escrito, quer oralmente, sendo que para o registo desse facto basta a elaboração, pela entidade registadora, de uma mera nota escrita justificativa do registo. A falta de observância desta última normal, que impõe a elaboração de nota escrita justificativa do registo, pode determinar a aplicação de sanção ao intermediário financeiro (art. 397º, nº 2, e) do CVM), sem que dela resulte, porém, a nulidade da ordem, nem convoca a aplicação do estatuído nos arts. 364º e 393º do CC.

Constituem exemplos de formalidades *ad probationem*:

- A assinatura do aviso de receção numa citação postal[297];
- A autorização do senhorio para a realização de obras mesmo quando foi convencionado no contrato que a autorização tinha de ser dada por escrito[298];
- O pacto de favor na letra de câmbio[299];

[296] Francesco Rizzo, *Op. Cit.*, pp. 72-73. Cf. Artigo 31.1. do Decreto-lei nº 7/2004, de 7.1.; Artigo 4.5. do Decreto-lei nº 24/2014, de 14.2.

[297] Acórdão do Tribunal da Relação do Porto de 6.11.2003, *Pires Condesso*, 5389/03.

[298] Acórdão do Tribunal da Relação de Évora de 25.2.99, *Granja da Fonseca*, 602/98.

[299] Acórdão do Tribunal da Relação de Lisboa de 14.11.2006, *Arnaldo Silva*, 1998/2006.

- O contrato de arrendamento celebrado no âmbito do Decreto-lei nº 321-B/90, de 15.10 (Artigo 7º)[300];
- O contrato-promessa de arrendamento[301];
- A ata da assembleia de condóminos[302];
- A dação em cumprimento de bens móveis[303];
- O contrato de seguro celebrado a partir de 12.1.2009 (Artigo 32º do Decreto-lei nº 72/2008, de 16.4);
- A exigência legal de celebração por escrito do contrato de edição (Acórdão do Supremo Tribunal de Justiça de 24.5.2012, *Lopes do Rego*, 850/07);
- A exigência de documento escrito para a denúncia do contrato de trabalho pelo trabalhador (Acórdão da Relação de Lisboa de 16.12.2015, *Maria João Romba*, 2898/14);
- O requisito da forma exigida para a celebração de contrato de emissão de cartão de crédito a favor de uma pessoa singular, cuja utilização não seja condicionada a fins profissionais ou empresariais (Acórdão da Relação de Lisboa de 6.1.2017, *Jorge Leal*, 56086/14);
- A apresentação da conta de honorários por escrito (Acórdão do Tribunal da Relação de Lisboa de 19.12.2019, *Adeodato Brotas*, 56285/17).

ARTIGO 365º - DOCUMENTOS PASSADOS EM PAÍS ESTRANGEIRO

1. Os documentos autênticos ou particulares passados em país estrangeiro, na conformidade da respetiva lei, fazem prova como o fariam os documentos da mesma natureza exarados em Portugal.

2. Se o documento não estiver legalizado, nos termos da lei processual, e houver fundadas dúvidas acerca da sua autenticidade ou da autenticidade do reconhecimento, pode ser exigida a sua legalização.

Remissão: art. 440º do CPC (legalização dos documentos passados em país estrangeiro).

[300] Acórdão do Tribunal da Relação de Lisboa de 22.9.2005, *Silva Santos*, 3892/2005 e Acórdão do Tribunal da Relação do Porto de 15.11.2004, *Jorge Vilaça*, 0455301.

[301] Acórdão do Tribunal da Relação de Lisboa de 5.11.2009, *Catarina Manso*, 5588/093.

[302] Acórdãos do Tribunal da Relação de Lisboa de 15.2.2007, *Jorge Leal*, 9207/2006, de 8.11.2007, *Manuela Gomes*, 9687/2006.

[303] Acórdão do Tribunal da Relação do Porto de 14.12.2006, *Deolinda Varão*, 0635505.

No que tange aos documentos emitidos nos demais países da União Europeia, há que atentar no regime específico que resulta dos arts. 57º a 61º do Regulamento nº 1215/2012 (reconhecimento e execução de decisões em matéria civil e comercial), dos arts. 24º e 25º do Regulamento nº 805/2004, de 21.4.2004 (título executivo europeu para créditos não contestados), do art. 46º do Regulamento nº 2201/2003, de 27.11.2003 (matéria matrimonial e de responsabilidade parental), do art. 4º, nº 2, do Regulamento nº 1206/2001 (a que sucedeu o art. 5º, nº 2, do Regulamento nº 2020/1783), art. 4º, nº 4, do Regulamento nº 1393/2007 (a que sucedeu o artigo 8º, nº 3, do Regulamento nº 2020/1784) e o art. 48º do Regulamento nº 4/2009, de 18.12.2008 (obrigações alimentares). Tais regimes específicos afastam a aplicação deste art. 365º dispensando, em regra, a legalização dos documentos.

Se o documento provier doutro país (que não da União Europeia), há que averiguar se o país em causa é aderente da Convenção da Haia de 5-10-1961 (a lista completa dos países aderentes consta em *https://www.hcch.net/pt*). Provindo o documento autêntico de um país aderente da Convenção, a legalização será feita por apostilha, nos termos do art. 3º. Cada país signatário tem uma entidade competente designada para a aposição da apostilha, sendo em Portugal a PGR (Regulamento do Serviço de Apostila, aprovado pelo despacho nº 18897/09, no D.R., 2ª série, de 14.9). Cf., ainda, a Convenção Europeia de 7-6-1968 sobre a supressão da legalização dos atos exarados pelos agentes diplomáticos e consulares.

A legalização não é indispensável para que um documento passado em país estrangeiro faça prova em Portugal. Desde que seja elaborado em conformidade com a *lex loci*, o documento reveste a mesma força probatória que têm os documentos da mesma natureza elaborados em Portugal, só sendo de exigir a respetiva legalização se houver fundadas dúvidas acerca da sua autenticidade ou da autenticidade do seu reconhecimento (Acórdão da Relação de Lisboa de 1.2.2011, *Anabela Calafate*, 987/10 e LEBRE DE FREITAS e ISABEL ALEXANDRE, *CPC Anotado*, Vol. II, 3ª ed., p. 259).

O art. 5º do Acordo de Cooperação Jurídica e Judiciária entre a República Portuguesa e a Região Administrativa Especial de Macau estabelece a dispensa da legalização e de autenticação de atos públicos judiciais e extrajudiciais.

ARTIGO 366º - FALTA DE REQUISITOS LEGAIS

A força probatória do documento escrito a que falte algum dos requisitos exigidos na lei é apreciada livremente pelo tribunal.

1. Degradação do valor probatório dos documentos

Este preceito determina que a inobservância de alguns requisitos exigidos pela lei, no que tange a documentos escritos, é cominada com a degradação do seu valor probatório, ficando o documento sujeito à livre apreciação do tribunal.

Conforme já se viu (comentário ao art. 363º), se o documento autêntico for lavrado por oficial público incapaz, incompetente ou sem a observância das formalidades legais prescritas, mas estando assinado pelas partes, o mesmo convola-se em documento particular, com a eficácia própria deste.

O insucesso do juízo probatório formal, isto é, a não identificação da proveniência do documento (por inexistência de assinatura ou de outro critério válido de imputação da autoria) tem como consequência a livre apreciação de tal documento nos termos deste preceito, podendo, por presunção judicial, ser dado como provado o facto nele representado.

2. Falta da prova da genuinidade da letra ou da assinatura

Perante a falta de prova da genuinidade da letra ou da assinatura (*non liquet* sobre esse facto), a doutrina e jurisprudência entendem que o documento, embora não possa valer como documento assinado, é livremente apreciado como documento não assinado. Esta posição assenta no argumento extraído neste art. 366º, segundo o qual a força probatória do documento escrito a que falte algum dos requisitos exigidos na lei é apreciada livremente pelo tribunal. Na prática, isto significa que ocorre a transformação de um documento cuja assinatura não se encontra provada num documento sem assinatura. Ou seja, há uma equiparação entre um documento não assinado e um documento cuja assinatura não é genuína. Há uma segmentação de planos entre a falta da prova da genuinidade da assinatura, por um lado, e a prova da veracidade das declarações contidas no documento, por outro.

Argumenta Teixeira de Sousa que é duvidoso que a falta da prova da genuinidade do documento possa ser equiparada à falta de um requisito legal desse documento, como sucede nos casos previstos no art. 373º, nº s 3 e 4 (cf. "Consequências do non liquet sobre a genuinidade da assinatura de um documento: desafiando a unanimidade", in https://blogippc.blogspot.com/search?q=desafiando+a+unanimidade).

Segundo o referido Professor, o critério da solução do *non liquet* que consta do art. 414º do CPC impõe que se considere como provada a não genuinidade da assinatura, e não que se ficcione que a assinatura é suprimida do documento.

O que este art. 366º considera que é livremente apreciado não é o conteúdo do documento, depois de desconsiderada a sua subscrição, mas o documento no seu conjunto, incluindo a forma como foi subscrito (regra de indivisibilidade da força probatória do documento).

O art. 366º demonstra que um documento assinado com uma assinatura não genuína não pode ser considerado equivalente a um documento não assinado. A falta da prova da genuinidade da assinatura não transforma um documento assinado num documento não assinado; o que sucede é que se está perante um documento assinado com uma assinatura que não é genuína.

Nos termos do art. 376º, nº 1, a genuinidade da assinatura faz presumir a veracidade das declarações do seu autor, embora se admita a arguição e prova da sua falsidade (material/adulteração e não ideológica) pelo seu autor. Deste modo, e por um raciocínio simétrico, da falta de prova sobre a genuinidade da assinatura deve presumir-se *iuris tantum* a inveracidade das declarações, devendo apenas admitir-se que o apresentante do documento possa fazer prova da veracidade do seu conteúdo. Ou seja, *em vez de se ficcionar que o documento nunca esteve assinado, deve partir-se da falta de prova da genuinidade da assinatura para daí se inferir a não veracidade das declarações* (conteúdo do documento).

A tese que TEIXEIRA DE SOUSA repudia implica a imposição de um duplo ónus à parte contra a qual o documento foi apresentado: tem de ilidir a presunção do art. 376º, nº 1, e, bem assim, demonstrar que o conteúdo do documento não é verdadeiro (= declarações proferidas). Ocorre aqui uma desigualdade porquanto ao apresentante do documento bastará provar a genuinidade da assinatura para poder beneficiar da presunção da veracidade das declarações (art. 376º, nº 1). Conclui TEIXEIRA DE SOUSA que «a falta de prova da genuinidade da assinatura e a prova de não genuinidade da assinatura fazem presumir *iuris tantum* a não veracidade do conteúdo do documento.»

Que dizer?

A questão é complexa e não nos assiste a veleidade de saná-la, sem mais. Todavia, cremos que podem invocar-se alguns argumentos em prol da tese maioritária.

Há que distinguir entre o *prius* do conteúdo negocial ("ato") e o *posterius* da operação destinada a formalizá-lo e conservar memória ("documento"). A atividade de escrever constitui uma forma em que pode ser expresso um ato declarativo (é a forma de exteriorizar a declaração) enquanto o escrito é a prova documental do ato e não o próprio ato. O ato escrito e a respetiva prova documental vêm à luz concomitantemente mas constituem realidades diversas: há uma coincidência cronológica entre a atividade declarativa e documentativa. O meio de representação é a prova enquanto o meio de expressão é a forma.

No caso dos documentos *ad substantiam* vigora o **princípio da correspondência entre a forma e prova** no sentido de que, quando a lei considera uma certa forma suficiente para a validade do ato, o mesmo vale para a prova do ato.

Faltando a subscrição, sucumbe a prova da vontade da parte em comprometer-se com o conteúdo do documento. A invalidade/ineficácia constitutiva do ato não se transmite ao documento que conserva o facto na sua inteireza, no sentido de que o documento não subscrito constitui meio probatório do facto histórico de que um determinado sujeito proferiu uma declaração (realidade diversa da prova direta da declaração em si mesma). Caso esta declaração seja autógrafa, a mesma pode permitir verificar a proveniência da declaração por prova pericial. Em resumo, o plano do documento é independente do plano do ato de modo que a eventual ineficácia do ato não atinge o documento que pode contribuir para a prova do ato.

Um documento particular manuscrito, mas não subscrito pelo seu autor, não tem força probatória legal por falta de um seu elemento estrutural (requisito exigido na lei, qual seja, a assinatura; cf. art. 373º, nº 1), sendo a sua força probatória livremente apreciada pelo tribunal (art. 366º). Em sede de apreciação de meios de prova livremente valoráveis, a regra é a da admissibilidade da segmentação da apreciação no sentido de que pode ser atendido parcialmente o meio de prova (v.g., tem-se por idónea apenas parte de depoimento), o qual não está sujeito a uma rejeição *in totum* ou aceitação em bloco, sendo sempre objeto de ponderação casuística.

Dissentimos da pertinência da invocação da regra da indivisibilidade da força probatória do documento. A regra da indivisibilidade da força probatória do documento respeita ao direito probatório material, tendo como pressupostos a existência de um documento assinado e a autenticidade do mesmo (coincidência entre o autor real e o autor aparente; cf. arts. 376º, nº s. 1 e 2 e 360º). Estando o documento particular privado de assinatura, quer de forma originária quer de forma superveniente (em consequência de um *non liquet* sobre a genuinidade da assinatura), a regra da indivisibilidade da força probatória material do documento não chega a ser ativada. Conforme refere LEBRE DE FREITAS, *A Falsidade no Direito Probatório*, 2ª ed., p. 82, o conceito de genuinidade não tem aplicação aos documentos particulares não assinados «cuja autoria real, não presumida por uma subscrição que não existe, *e reportada a todo o conteúdo do documento*, deve ser estabelecida por outros meios.»

A conclusão a que chega o Prof. T. DE SOUSA (a falta de prova da genuinidade da assinatura faz presumir *iuris tantum* a não veracidade do conteúdo do documento) não colide inapelavelmente com a posição maioritária: a livre apreciação fica acantonada à ilisão de tal presunção, podendo ser feita prova da veracidade do conteúdo do documento.

ARTIGO 367º – REFORMA DE DOCUMENTOS ESCRITOS

Podem ser reformados judicialmente os documentos escritos que por qualquer modo tiverem desaparecido.

Dada a importância da prova documental, permite-se a reforma judicial de documentos escritos que tenham desaparecido por qualquer modo, *v.g.* extravio ou destruição. A destruição do documento não faz desaparecer a declaração representada no mesmo. O que acontece é que fica a faltar a representação material da declaração, não a declaração propriamente dita. A reforma do documento permite a reconstrução do conteúdo do documento.

Para tal efeito, o anterior CPC previa o processo especial de reforma de documentos nos artigos 1069º a 1072º. Todavia, o atual CPC não contém processo especial equivalente.

Neste contexto, nos termos do art. 2º, nº 2, do CPC, a este direito corresponderá, por defeito, a ação declarativa comum. Todavia, ao abrigo dos princípios da gestão processual (art. 6º) e da adequação formal (art. 547º), nada obsta a que o juiz do processo crie uma tramitação alternativa que se inspire no regime de pretérito.

ARTIGO 368º - REPRODUÇÕES MECÂNICAS

As reproduções fotográficas ou cinematográficas, os registos fonográficos e, de um modo geral, quaisquer outras reproduções mecânicas de factos ou de coisas fazem prova plena dos factos e das coisas que representam, se a parte contra quem os documentos são apresentados não impugnar a sua exatidão.

Remissões: art. 387º (fotocópias de documentos); art. 3º, nº 6, do DL nº 12/2021, de 9.2 (força probatória do documento eletrónico, cujo conteúdo não seja suscetível de representação como declaração escrita, munido de assinatura eletrónica qualificada).

1. O carácter residual do Artigo 368º

A norma do art. 368º assume um carácter residual e expressa-se numa categoria aberta de modo a permitir absorver a valência probatória de novas realidades documentais desconhecidas à data da sua conceção, conferindo elasticidade aos meios de prova admissíveis com recurso a uma interpretação evolutiva. A este propósito, a doutrina italiana reporta-se à mesma apelidando-a de "*norma de chiusura*" (norma de encerramento) ou de cláusula geral.[304] A previsão desta norma abrange, desde logo, as fotocópias particulares em suporte de papel desacompanhadas da sua atestação de conformidade com o original analógico (cf. art. 387º) [305], os microfilmes de documentos[306], registos fonográficos e vídeo (desde que não sejam em

[304] Cf. Salvatore Patti, *Prova Documentale*, 1996, p. 28; Francesco Rizzo, *Op. Cit.*, p. 243. O carácter geral do art. 368 ressalta quando comparado com o art. 387.2. do CC na precisa medida em que, caso inexistisse esta norma, as situações aí previstas cairiam sobre a alçada do art. 368.

[305] Neste sentido, está correta a afirmação de que «As cópias dos documentos particulares não impugnados terão o valor probatório dos originais» (Acórdão do Tribunal da Relação de Guimarães de 22.4.2021, *Helena Melo*, 1719/14).

[306] Lebre de Freitas, *Op. cit.*, pp. 94-95, assinala preventivamente que «(...) a admissão da exatidão da fotocópia ou do microfilme pela parte contra quem é apresentado(a) não levará a atribuir-lhe a força probatória do original quando o documento formalize um ato jurídico para o qual a lei exija documento escrito, visto que com a sua mera apresentação não se pode

suporte informático, sendo que estes serão analisados a propósito do documento eletrónico), fotografias e os discos tacógrafos.

A menção a *reproduções* parece circunscrever o objeto da documentação mecânica apenas a factos que possam ser reproduzidos, entendendo-se aqui a reprodução no sentido de executar uma cópia que representa – de um modo mais ou menos exato – uma coisa ou uma obra. Esta noção implica uma alteridade entre o ato documentado e o ato de documentação, devendo o facto documentado ser diverso da ação documentativa. Todavia, esta vertente não esgota o âmbito da norma porquanto a mesma reporta-se a reproduções de factos, o que abarca as declarações. À semelhança do que ocorre com o documento particular, a documentação que dá azo a um dos tipos de documentos referidos no art. 368º pode- concomitantemente – substanciar o ato emissivo de uma declaração. Pense-se num vídeo em que *A* declara vender a *B* um veículo, entregando a este a chave e recebendo um cheque. Tratando-se de um contrato meramente consensual, o documento é idóneo a fazer prova do contrato.

2. A impugnação da exatidão

A reprodução só adquire o valor legal de prova plena se a parte contra quem o documento é apresentado não impugnar a sua exatidão (parte final do art. 368º), admitindo implicitamente que os factos ocorreram como representados na reprodução.[307] Tal como no art. 374º, nº 1, apela-se aqui a um comportamento integrativo da contraparte, consistente na não impugnação da exatidão. Daqui decorre que incumbe à contraparte o ónus de impugnar a exatidão da reprodução, sendo que a impugnação só é eficaz se expressa de um modo claro, circunstanciado e explícito, com expressa alegação de factos/circunstâncias atinentes àquela concreta reprodução, que apontem no sentido da não correspondência entre a realidade factual e o conteúdo reproduzido.[308]Caso se admitisse uma impugnação mera-

considerar provada a observância da forma legal e, portanto, o ato jurídico documentado terá de ser considerar nulo (C.Civil, arts. 220º e 354º-a)).»

[307] A lei só prevê a falta de impugnação e não o reconhecimento expresso porquanto, neste tipo de documentos, a impugnação não recai sobre um elemento suscetível de assunção de paternidade (assinatura) mas sobre uma relação de igualdade ou correspondência entre a reprodução e o original, incidindo sobre esta relação uma declaração de ciência.

[308] Cf. Eugenio Bonomi, "Le reproduzioni meccaniche ed i documenti che non riflettono una scrittura", *in* Alberto Ronco (dir.), *Il Documento nel Processo Civile*, 2011, p. 183; Fabio

mente genérica, estar-se-ia a relegar para o puro arbítrio da contraparte a virtualidade probatória deste tipo de documentos. A impugnação da exatidão pode assentar designadamente na invocação da alteração do aparelho mecânico (não genuinidade da reprodução) ou na alteração do seu resultado (infidelidade da imagem representada).[309]

A impugnação da exatidão está sujeita ao prazo de dez dias contados da apresentação do documento, se a parte estiver presente, ou da notificação da junção do documento no caso da parte não estar presente (art. 444º, nº 1, do CPC). Segundo Teixeira de Sousa, «se a parte contra quem a reprodução é apresentada impugnar a sua exatidão, cabe-lhe provar, nos termos gerais, a infidelidade do documento (cf. Arts. 368º e 342º, nº 2, CC)»[310], isto é , cabe à parte contra quem o documento é apresentado demonstrar que o documento não reproduz a realidade. Esta diversidade de regime, por contraposição ao art. 374º, nº 2, radica no «(...) facto de a reprodução não se encontrar assinada e de o documento particular retirar a sua força probatória material da não impugnação da assinatura.»[311] Para ilidir o valor probatório da reprodução mecânica basta a contraprova.[312]

Conforme enfatiza Lebre de Freitas, nestes documentos (previstos no art. 368º) a lei prescinde da determinação do seu autor para a sua utilização como meios de prova: «À lei não interessa a autoria do documento, mas apenas a correspondência da representação nele contida à realidade»[313], de modo que a questão da veracidade do seu conteúdo absorve a da sua genuinidade. Neste tipo de documentos, o problema da sua credibilidade resolve-se no plano de controlo da autenticidade do documento, no sentido de que o mesmo não sofreu manipulações.[314]

A função da impugnação é a de impedir que se constitua a força probatória plena do documento e não a de ilidir a força probatória plena ainda

Rota, *Op. cit.*, p. 712; Luca Ariola, *Op. cit.*, p. 207, Nota 6; Luigi Comoglio, *Op. cit.*, p. 503; Salvo Leuzzi, *I Mezzi di Prova Nel Processo. Formazione, Acquisizione, Integrazione*, Giuffrè Editore, 2013, pp. 266-267.

309 Cf. Enza La Torre, *Op. cit.*, p. 235.

310 *Op. cit.*, p. 187.

311 Op. cit., p. 187.

312 João de Castro Mendes e Miguel Teixeira de Sousa, *Manual de Processo Civil*, Vol. I, AAFDL, 2022, p. 539.

313 *Op. cit.*, p. 93.

314 Giulia Bertolino, "Documento e rappresentazione della realtà", *in* Alberto Ronco (dir.), *Il Documento nel Processo Civile*, 2011, p. 28.

não reconhecida ao documento. Daí que não se possa falar aqui de falsificação em sentido estrito.[315]

3. Os efeitos da impugnação da exatidão

Inexiste consenso doutrinal quanto aos efeitos da impugnação da exatidão. Salvatore Patti afirma que «(...) o desconhecimento priva a reprodução mecânica do valor de prova plena, mas não a apaga da realidade do processo enquanto meio de prova que, a par de outros meios de prova não dotados de eficácia de prova legal, estão sujeitos à livre apreciação do juiz.».[316] Nesta linha, Fabio Rota afirma que o desconhecimento tem o efeito de degradar a eficácia probatória do documento , porém sem que impeça o juiz de apreciar livremente a eficácia representativa da reprodução.[317] A jurisprudência italiana vem afirmando que a impugnação da exatidão da reprodução não impede o juiz de verificar a conformidade com o original com recurso a outros meios de prova, incluindo presunções, ao contrário do que sucede com o documento em papel impugnado.[318] Outra interpretação mais restritiva preconiza que, perante a impugnação, o documento em causa poderá ser atendido como um princípio de prova por escrito.[319]

Em sentido diametralmente oposto à primeira tese, defende-se que a reprodução mecânica impugnada deve ser sujeita ao mesmo regime que o documento particular impugnado pelo que se lhe nega qualquer eficácia probatória. Este tese não convence porquanto inexiste uma simetria suficiente entre o documento particular impugnado e a impugnação da reprodução mecânica. Com efeito, na eventualidade de impugnação, não seguida de instrução nos termos do art. 444º, nº 1, do CPC, a reprodução mecânica faculta de per si (ao contrário do documento particular em

[315] Lebre de Freitas, *Op. cit.*, p. 129.

[316] *Prova Documentale*, 1996, p. 130. No mesmo sentido: F. de Santis, *Il Documento Non Scritto Come Prova Civile*, p. 58; Montesano, "Sul Documento Informatico Come Rappresentazione Meccanica della Prova Civile Nella Forma Negoziale", in *Il Diritto dell'Informazione e dell'Informatica*, 1987, p. 8, *apud* Salvatori Patti, "L'Efficacia Probatoria del Documento Informatico", in *Rivista di Diritto Processuale*, V. 55, Nº 1, 2000, p. 83.

[317] "Gli altri documenti", *in* Michele Taruffo (org.), *La Prova nel Processo Civile*, Giuffrè Editore, 2012, p. 711.

[318] Cf. Alessandra Villecco, "Le Prove Informatiche e la Produzione dei Documenti Probatori su Supporto Informatico", in G. Taddei Elmi (org.), *Il Processo Telematico*,2000, p. 212.

[319] Alessandra Bettelli, *L'Efficacia Delle Prove Informatiche*, 2004, p. 160.

papel) uma verificação técnica objetiva e imediata da conformidade dos factos representados aos factos ocorridos.[320]Na lógica desta tese, o único modo de repristinar o valor probatório do documento é mediante o resultado final positivo do incidente probatório previsto no art. 445º do CPC, em que são admissíveis todos os meios de prova.

Cremos que a impugnação da exatidão da reprodução, apesar de questionar a sua capacidade representativa, não elimina a sua relevância como meio de prova. Perante a impugnação, a parte que apresentou a reprodução mecânica pode demonstrar que esta reproduz fielmente o facto ou a coisa. Da impugnação deriva apenas que a utilizabilidade daquele meio de prova fica condicionada a uma confirmação da genuinidade representativa da reprodução, que se tem de alcançar *aliunde* com recurso a outros meios de prova, incluindo presunções judiciais. No limite, a inércia das partes pode ser suprida com a intervenção do juiz ao abrigo do princípio do inquisitório (art. 411º do CPC). Se, após a tramitação prevista nos arts. 444º e 445º do CPC, não se puder formular um juízo seguro sobre a fidelidade da reprodução por razões de índole técnica, em nome do direito à prova e do interesse primário do apuramento dos factos (art. 411º do CPC), deve admitir-se uma relevância residual da reprodução como facto-base de uma presunção judicial.[321]

4. A eficácia de prova plena

Caso o incidente probatório previsto no art. 445º do CPC logre confirmar a fidelidade da reprodução, a mesma assume a eficácia de *prova plena*, o mesmo sucedendo se a reprodução não for impugnada *ab initio* quanto à sua exatidão. Não há unanimidade quanto ao significado desta prova plena ou legal. Assim, numa primeira interpretação, o seu sentido útil é o de que – não ocorrendo a impugnação da exatidão – a eficácia do meio de prova fica subtraída à livre apreciação do juiz, sendo vinculante para este.[322] É este o sentido precípuo da prova plena. Porém, há quem pugne

[320] Cf. Salvatore Patti, "L'Efficacia Probatoria del Documento Informatico", in *Rivista di Diritto Processuale*, V. 55, Nº 1, 2000, p. 83.

[321] Cf. Luigi Comoglio, *Op. cit.*, pp. 506 e 509, o qual defende que essa relevância residual pode consistir também na consideração da reprodução como argumento de prova na ótica do Art. 116 do CPC italiano.

[322] Cf. Carnelutti, *Note in Margine alle Nouve Leggi Processuali*, I. 1942, p. 233, *apud* Francesco Rizzo, *Op. Cit.*, p. 251; E. P. Luiso, *Diritto Processuale Civile*, II Vol., 2009, p. 116 *apud* Filippo Novario, *Op. cit.*, p. 92, Nota 31.

que as reproduções mecânicas são um meio de prova livremente valorável, sendo que a menção à prova plena deve ser entendida no sentido de que, no caso de não impugnação, a reprodução pode só por si fundar o convencimento do juiz quanto a um facto, mas não exclui automaticamente a admissibilidade de provas diversas ou contrárias ou a possibilidade de uma diversa valoração do juiz.[323] Numa posição intermédia, dominante na doutrina e na jurisprudência italianas, é acolhida a primeira tese do valor de prova legal mas com a limitação de que tal valor só ocorre no processo em que o documento foi produzido sem impugnação da exatidão (eficácia endoprocessual).[324] Entendemos que esta é a posição correta atento o segmento «*fazem prova plena dos factos e das coisas que representam*», podendo ser tal prova contrariada nos termos do art. 347º perante a demonstração que o acontecimento ou coisa reproduzida são fictícios.

Quando a reprodução tem por objeto uma declaração oral, a inexistência de impugnação tem por efeito a incontestabilidade da conformidade da reprodução à declaração (extrínseco do documento), sem que isso implique a fixação do valor probatório material da declaração. No que tange à sinceridade, veracidade e carácter vinculativo da declaração, também aqui o juiz está apenas condicionado pelo princípio da indivisibilidade (art. 376º, nº 2), sendo tudo o demais valorado em sede de livre apreciação da prova quanto ao convencimento que merecem as declarações.

[323] Cf. Eugenio Bonomi, "Le Riproduzioni Mecaniche ed i Documenti Che Non Riflettono Una Scrittura", *in* Alberto Ronco (dir.), *Il Documento nel Processo Civile,* 2011, p. 178; Michele Taruffo, "I Mezzi di Prova", in Comoglio/Ferri/Taruffo (org.), *Lezioni sul Processo Civile,* 1995, p. 572 e Andrioli, *Diritto Processuale Civile,* 1979, p. 695, ambos *apud* Andrea Graziosi, "Premesse ad una Teoria Probatoria del Documento Informatico", in *Rivista Trimestrale di Diritto e Procedura Civile*, 1998, p. 524; E. T. Liebman, *Manuale di Diritto Processuale Civile,* II Vol., 1981, p. 120 *apud* Filippo Novario, *Op. cit.*, p. 92, Nota 32.
Luigi Comoglio, *Op. cit.*, pp. 12 e 504, apela aqui à noção de *prova plena* em sentido ontológico, na aceção de que se trata de um meio probatório idóneo a determinar – de per si, com plena autonomia e autossuficiência – a formação do convencimento do juiz quanto à alegação da parte.

[324] Cf. doutrina e jurisprudência citadas por Francesco Rizzo, *Op. cit.*, p. 251, Nota 315, incluindo designadamente Montesano, "Sul Documento Informatico Come Rappresentazione Meccanica della Prova Civile Nella Forma Negoziale", in *Il Diritto dell'Informazione e dell'Informatica*, 1987, p. 28.

SUBSECÇÃO II – DOCUMENTOS AUTÊNTICOS

ARTIGO 369º – COMPETÊNCIA DA AUTORIDADE OU OFICIAL PÚBLICO

1. O documento só é autêntico quando a autoridade ou oficial público que o exara for competente, em razão da matéria e do lugar, e não estiver legalmente impedido de o lavrar.

2. Considera-se, porém, exarado por autoridade ou oficial público competente o documento lavrado por quem exerça publicamente as respetivas funções, a não ser que os intervenientes ou beneficiários conhecessem, no momento da sua feitura, a falsa qualidade da autoridade ou oficial público, a sua incompetência ou a irregularidade da sua investidura.

Remissões: art. 4º do CN (competência dos notários); art. 5º do CN (casos de impedimento do notário); art. 71º, nº 1, do CN (nulidade do ato lavrado por funcionário incompetente); art. 7º do Decreto-lei nº 26/2004, de 4.2. (competência territorial do notário); art. 366º (força probatória de documento escrito a que falta algum requisito legal); art. 12º do DL nº 126/2021, de 30.12 (valor probatório dos atos autênticos, termos de autenticação de documentos particulares e reconhecimentos realizados ao abrigo do regime jurídico temporário aplicável à realização, através de videoconferência, de atos autênticos, termos de autenticação de documentos particulares e reconhecimento).

Conforme já se viu no comentário ao art. 363º, constituem requisitos cumulativos de autenticidade do documento autêntico a competência do oficial público, em razão da matéria e do lugar, para exercer a atividade atestadora, bem como a capacidade deste para exarar o documento, o que pressupõe a inexistência de um concreto impedimento (cf. art. 5º do CN). A existência destes requisitos presume-se nos termos do nº 1 do art. 370º.

Tendo em vista a tutela da confiança, e no pressuposto da boa fé subjetiva dos intervenientes ou beneficiário (desconhecimento da falsa qualidade do oficial público, da sua incompetência ou irregularidade da sua investidura), o nº 2 equipara à competência real a competência aparente do agente putativo (investido irregularmente ou com funções expiradas) ou usurpador (que se apoderou da função pública com fraude à lei ou com violência). Reunidos que sejam estes pressupostos, considera-se que o documento foi exarado por autoridade ou oficial público competente.

ARTIGO 370º - AUTENTICIDADE

1. Presume-se que o documento provém da autoridade ou oficial público a quem é atribuído, quando estiver subscrito pelo autor com assinatura reconhecida por notário ou com o selo do respetivo serviço.

2. A presunção de autenticidade pode ser ilidida mediante prova em contrário, e pode ser excluída oficiosamente pelo tribunal quando seja manifesta pelos sinais exteriores do documento a sua falta de autenticidade; em caso de dúvida, pode ser ouvida a autoridade ou oficial público a quem o documento é atribuído.

3. Quando o documento for anterior ao século XVIII, a sua autenticidade será estabelecida por meio de exame feito na Torre do Tombo, desde que seja contestada ou posta em dúvida por alguma das partes ou pela entidade a quem o documento for apresentado.

Remissões: art. 153º do Cód. Notariado (espécies de reconhecimentos); art. 157º do Cód. Notariado (assinaturas que não podem ser reconhecidas).

A genuinidade de um documento consiste na coincidência entre a pessoa que consta no documento como seu autor no momento em que o documento é apresentado (autor aparente) e aquele que materialmente o formou ou por conta de quem o documento foi materialmente formado (autor real). Nos documentos particulares, a genuinidade não se presume, havendo que provar a sua autoria para que lhes possa ser atribuída a força probatória legal plena. Pelo contrário, desde que observados certos requisitos formais mínimos, estabelece-se uma presunção de autenticidade para os documentos autênticos, podendo a parte contrária ao apresentante do documento impugnar essa genuinidade.

O nº 1 estabelece uma presunção ilidível, nos termos da qual se presume que o documento provém da autoridade ou oficial público a quem é atribuído, desde que esteja subscrito pelo autor com assinatura reconhecida por notário ou com o selo do respetivo serviço. A presunção ilide-se mediante a prova de que o autor real do documento não é o seu autor aparente (contrafação do documento), bem como mediante a prova de que o autor real do documento não dispunha de competência para sua prática ou estava impedido de exará-lo (cf. nº 1 do art. 369º).

Incumbe à parte, contra quem o documento é apresentado, arguir e ilidir a falta de autenticidade do documento presumido como autêntico, nos termos do nº 1 do art. 446º, do CPC, seguindo-se a tramitação prevista nos arts. 447º a 449º. Quando a falta de autenticidade decorra, de forma manifesta, dos sinais exteriores do documento autêntico, a presunção da autenticidade pode ser excluída, de forma oficiosa, pelo juiz.

A consequência da ilisão da presunção de autenticidade de documento autêntico é a de que o documento passa a ser reconhecido como particular.[325]

O nº 3 ressalva um regime especial para os documentos anteriores ao século XVIII, prescrevendo a realização de exame na Torre do Tombo, no pressuposto de que seja arguida alguma dúvida ou contestada a autenticidade do documento.

ARTIGO 371º - FORÇA PROBATÓRIA

1. Os documentos autênticos fazem prova plena dos factos que referem como praticados pela autoridade ou oficial público respetivo, assim como dos factos que neles são atestados com base nas perceções da entidade documentadora; os meros juízos pessoais do documentador só valem como elementos sujeitos à livre apreciação do julgador.

2. Se o documento contiver palavras emendadas, truncadas ou escritas sobre rasuras ou entrelinhas, sem a devida ressalva, determinará o julgador livremente a medida em que os vícios externos do documento excluem ou reduzem a sua força probatória.

Remissões: art. 372º (falsidade do documento autêntico); arts. 393º, nº 2, 394º e 395º (inadmissibilidade da prova testemunhal); art. 88º do Cód. de Registo Civil (falsidade do registo); art. 12º do DL nº 126/2021, de 30.12 (valor probatório dos atos autênticos, termos de autenticação de documentos particulares e reconhecimentos realizados ao abrigo do regime jurídico temporário aplicável à realização, através de videoconferência, de atos autênticos, termos de autenticação de documentos particulares e reconhecimento).

[325] Lebre de Freitas, *Op. Cit.*, p. 148.

1. Força probatória do documento autêntico

O documento autêntico faz prova plena sobre as seguintes vertentes: a sua proveniência; a identidade dos declarantes se feita com base no conhecimento pessoal do notário (cf. art. 48º, nº 1, al. a), do CN); as declarações proferidas pelas partes e rececionadas pelo oficial público; os atos realizados pelo documentador ou a que o mesmo assistiu; a data e lugar da outorga.[326]Na sua essência, a força probatória plena reporta-se aos factos ocorridos na presença do oficial público/notário e aos atos que o mesmo declarou praticar, ou seja, aquilo que o mesmo atesta conhecer *de visu et de auditu ex propriis sensibus.*

No que tange às declarações proferidas pelas partes perante o oficial público, a eficácia probatória de prova plena reporta-se apenas ao ***conteúdo extrínseco das declarações***, ou seja, ao facto histórico que as partes proferiram declarações com aquele teor perante o oficial público documentador. A força probatória não se estende ao ***conteúdo intrínseco das declarações***, isto é, à veracidade, sinceridade e validade do que foi afirmado pelas partes perante o oficial público. O âmbito precípuo da eficácia privilegiada de prova plena não abarca a circunstância de as declarações proferidas pelas partes serem ou não verdadeiras (no caso das declarações de ciência, sendo que nestas se representa apenas um estado das coisas) ou de serem ou não válidas (no caso das declarações de vontade, nas quais se modifica um estado das coisas) porquanto a veracidade/sinceridade/validade das declarações está subtraída às perceções do documentador.[327] «A verdade das afirmações feitas pelos interessados perante a autoridade documentadora não fica abrangida pelo valor de prova plena do documento autêntico.»[328]

[326] Paolo Biorci, "L'atto pubblico e gli altri documenti di formazione pubblica", in Alberto Ronco (dir.), *Il documento nel Processo Civile*, 2015, Zanichelli Editore, p. 44.

[327] Acórdão do Supremo Tribunal de Justiça de 20.4.2022, *Lima Gonçalves*, 549/19: «No que respeita às declarações proferidas pelas partes perante o oficial público, o documento prova plenamente que a apresentante disse perante o Tesoureiro da Fazenda Pública que os aludidos prédios foram inscritos na matriz anteriormente ao ano de 1951, mas não prova, nem pode provar, que tal facto corresponde à realidade, isto é, que o conteúdo da declaração é verdadeiro, sendo que, do teor do documento, de natureza meramente narrativa, nada permite concluir no sentido propugnado pelo recorrente, de que tal facto foi atestado ou percecionado diretamente pelo oficial público.»

[328] João de Castro Mendes e Miguel Teixeira de Sousa, *Manual de Processo Civil*, Vol. I, AAFDL, 2022, p. 534.

Não são abarcadas pela força de prova plena os segmentos do documento autêntico em que ocorram: juízos pessoais ou valorações do oficial público que sejam expressão de um convencimento lógico-dedutivo[329]; a valoração da capacidade natural do declarante (cf. art. 173º, nº 1, al. c). do CN), *v.g.* sanidade mental do testador[330]; assunção de factos com base em informação solicitada pelo oficial público a terceiros; a exatidão da descrição de um bem vendido, *v.g.* descrição predial do imóvel vendido.[331]Tais segmentos do documento autêntico podem ser infirmados por uma específica prova contrária.[332]

A eficácia legal de prova plena significa que, por um lado, tem força vinculante para o julgador, independentemente do resultado de quaisquer outros meios de prova distintos e, por outro, implica que, nas vertentes do documento em que opera a prova plena, o juiz não pode admitir qualquer prova contrária sem que seja arguida e demonstrada a falsidade material ou ideológica do documento autêntico (cf. art. 372º). A força probatória

[329] «A apreensão de factos pelo documentador que envolva uma qualquer operação lógico-racional, que a simples perceção dispensa, constitui um juízo pessoal do documentador que, por suscetível de erro, está sujeita à livre apreciação do julgador» – Relação de Évora de 8.3.2018, *Francisco Matos*, 1146/16.

[330] «A circunstância de constar do testamento, lavrado por notária, que *"foi feita a sua leitura e a explicação do seu conteúdo à testadora"* não faz com que a capacidade desta esteja abrangida pela força probatória plena daquele documento autêntico, tanto porque apenas ficam plenamente provados os factos que nele se referem como tendo sido praticados pela entidade documentadora ou que nele são atestados com base nas suas perceções, mas já não os meros juízos pessoais do documentador (art. 371º, nº 1, do CC); como, porque, no caso concreto, tal atestação não integra sequer o documento autêntico» – Acórdão do Supremo Tribunal de Justiça de 8.3.2018, *Graça Trigo*, 2170/13.

[331] Salvo Leuzzi, *I Mezzi di Prova Nel Processo. Formazione, Acquisizione, Integrazione*, Giuffrè Editore, 2013, p. 162.

Conforme se refere no Acórdão do Supremo Tribunal de Justiça de 10.122019, *Graça Amaral*, 1808/03: «As inscrições matriciais não fazem prova plena da localização, da área, da composição, dos limites e das confrontações dos prédios a que se referem, pois que nenhum desses elementos concernentes à identificação física destes é atestado pela autoridade ou funcionários competentes com base nas suas percepções. /Os levantamentos topográficos, as declarações dos municípios e as cartas e plantas cadastrais apenas provam que foram feitas as declarações aí documentadas ou que constam das cartas o que nelas está assinalado, mas já não que corresponda à verdade o seu conteúdo, constituindo documentos sujeitos, nessa parte, à livre apreciação do julgador.»

[332] Fabio di Rota, "L'atto pubblico e la querela di falso" in Michele Taruffo (org.), *La Prova nel Processo Civile*, Giuffrè Editore, 2012, p. 601.

plena só cede perante a prova em contrário, através da demonstração de que: (i) nele foi atestado como tendo sido objeto de prática ou de perceção da autoridade ou oficial público qualquer facto que na realidade não se verificou (***falsidade ideológica***); (ii) ou que ocorre alteração da materialidade gráfica do documento, por contrafação ou por alteração do documento após a sua formação (***falsidade material***) (Arts. 371º, 372º, nº 1 e nº 2, do CC, e arts. 446º, nº 1, 448º e 449º, do CPC).[333]

Só pode falar-se de falsidade ideológica com referência a declarações de ciência e, por isso, apenas à parte narrativa do documento. No que tange às declarações de vontade, as mesmas esquivam-se à dicotomia singela de verdadeiro/falso, podendo subsumir-se – isso sim – ao regime dos vícios da vontade (art. 240º e ss.).

Reitera-se que o conceito de falsidade só se aplica aos factos plenamente provados pelo documento. Não é arguível a falsidade quanto a factos que não beneficiam da força probatória plena (cf. supra quanto aos segmentos do documento autêntico que beneficiam de força probatória plena).

Sobre o conceito de falsidade, cf. comentário ao art. 372º (pp. 161-164).

Nos termos do art. 12º do DL nº 126/2021, de 30.12, «*Os atos autênticos, termos de autenticação de documentos particulares e reconhecimentos realizados ao abrigo do presente decreto -lei têm o mesmo valor probatório dos atos realizados presencialmente, desde que observados os requisitos nele previstos.*» Todavia, «*A preterição das formalidades instituídas pelo presente decreto-lei determina a nulidade dos atos realizados ao seu abrigo*» (art. 13º). Este diploma tem uma vigência temporária entre 4.4.2022 e 4.4.2024.

2. Os vícios da vontade

Quanto aos factos atestados pelo documentador com base nas suas perceções (que perante ele compareceu uma determinada pessoa que fez declarações com certo teor), a força probatória estende-se apenas até onde alcançam as perceções do oficial público ou autoridade pública, ficando de fora os factos do foro interno dos outorgantes ou factos exteriores não ocorridos na sua presença (art. 371º, nº 1). Daí que tais factos possam ser provados por qualquer meio de prova sem necessidade de arguir a falsidade do documento porquanto esta só se impõe quanto às vertentes do documento

[333] Cf. Fabio di Rota, "L'atto pubblico e la querela di falso" in Michele Taruffo (org.), *La Prova nel Processo Civile*, Giuffrè Editore, 2012, p. 615.

autêntico que beneficiam da força probatória plena (cf. supra).[334] Conforme se refere no Acórdão do Supremo Tribunal de Justiça de 22.5.2012, *Fonseca Ramos*, 82/01, tendo sido arguida a simulação das declarações de vontade contidas em escritura notarial, irreleva ter ou não a mesma sido arguida de falsidade, já que o que está em causa é a autenticidade intelectual.

A força probatória plena do documento autêntico não abrange a veracidade e/ou sinceridade das declarações prestadas perante a entidade documentadora nem demonstra a inexistência de vícios de vontade. Dito de outra forma, o documento autêntico não prova a veracidade das declarações dos outorgantes, mas apenas que elas foram feitas. As declarações incorporadas no documento autêntico podem, nos termos gerais, estar inquinadas por vícios de consentimento, ser simuladas[335], ou estar afetadas por circunstâncias que se reflitam na sua eficácia jurídica.[336]

Pelo que – salvo quanto ao acordo simulatório e ao negócio dissimulado quando invocado pelos simuladores (art. 394º, nº 2) – é admissível qualquer meio de prova, incluindo a prova testemunhal e por presunções, para atingir a vontade real dos declarantes e atacar a veracidade das afirmações contidas no documento autêntico, sem necessidade de arguição da sua falsidade: o documento não é falso no sentido precípuo do art. 372º, nº 2, mas o seu conteúdo não corresponde à verdade. Dito de outra forma, é desnecessária a arguição de falsidade para demonstrar que não são verdadeiras ou eficazes as declarações contidas em documento autêntico pois sobre isso não faz ele prova plena.[337]

[334] «A prova da falta ou vícios da vontade, mesmo quando imputados a confissão extrajudicial inserida em documento autêntico, pode fazer-se por qualquer meio, designadamente por testemunhas ou presunções judiciais» (Acórdão do Supremo Tribunal de Justiça de 15.1.2020, *Rosário Morgado*, ECLI:PT:STJ:2020:1350.14.4TBBRR.L2.S1). Neste mesmo sentido, cf. João de Castro Mendes e Miguel Teixeira de Sousa, *Manual de Processo Civil*, Vol. I, AAFDL, 2022, p. 535.

[335] No caso de simulação, «(...) a escritura reproduz com fidelidade o que as partes declararam; há perfeita conformidade entre a declaração verbal dos outorgantes e o contexto da escritura; o que sucede é que as partes propositadamente declararam coisa diversa do que queriam. / Quer dizer, o documento é *verdadeiro*, o ato jurídico é que está viciado: a vontade declarada pelas partes não corresponde à sua vontade real, sendo intencional esta falta de correspondência» – Alberto dos Reis, *CPC Anotado*, Vol. I, 3ª ed., pp. 533-534.

[336] Acórdão do Tribunal da Relação de Lisboa de 10.1.2008, *António Neto Neves*, CJ 2008-I, pp. 75-78.

[337] almeida costa, Anotação na RLJ, Ano 129º, Nº 3872, p. 360.

3. A declaração vertida no documento autêntico como confissão extrajudicial

A declaração vertida no documento autêntico constitui-se como uma confissão extrajudicial (arts. 352º e 355º, nº 4) pelo que, sendo feita à parte contrária, tem força probatória plena (art. 358º, nº 2). A força probatória dessa confissão deve ser contrariada por meio de prova do contrário, onde se mostre não ser verdadeiro o facto que dela foi objeto (art. 347º), sem prejuízo da arguição da falsidade ideológica do documento autêntico (art. 372º, nº 2, 1ª parte; o confitente arguirá que não proferiu perante o oficial público aquelas palavras) ou da ação de declaração de nulidade ou de anulação da confissão em que argua algum vício do consentimento (art. 359º, nº 1). Nos casos de arguição da falsidade ideológica e de ação de anulação ou declaração de nulidade, a prova pode fazer-se por qualquer meio, inclusive através da prova testemunhal e por presunções.[338]

Pense-se na celebração de um contrato de compra e venda em que o vendedor declara que recebeu determinada quantia a título de preço, dando quitação. O pagamento do preço, propriamente dito, só estaria coberto pela força probatória plena do documento autêntico se o notário tivesse atestado tal facto como perceção sua, isto é, que tal pagamento foi feito na sua presença.[339] Esta quitação escrita tem o valor de confissão extrajudicial e, tendo sido feita à parte contrária, faz prova plena que o vendedor declarou já ter recebido o preço.[340]

Contudo, deverá ser permitido ao vendedor destruir a força probatória plena da confissão em causa mediante a prova da realidade do facto con-

[338] LEBRE DE FREITAS, *A Confissão no Direito Probatório*, 2ª ed., 2013, p. 851; Acórdão do Supremo Tribunal de Justiça de 3.6.1999, *Sousa Inês*, CJ 1999-II, pp. 136-139.

[339] Neste preciso sentido, cf. Acórdão do Supremo Tribunal de Justiça de 4.2.2010, *Álvaro Rodrigues*, 4114/06.

[340] Alguma jurisprudência do Supremo, afasta aqui a figura da confissão em prol da admissão. É o caso do Acórdão do Supremo Tribunal de Justiça de 25.11.2004, *Ferreira de Almeida*, 05B1417 em que se afirma: «(...) existe uma diferença entre a confissão e a admissão ou mera declaração de um facto (ou situação factual); esta última, queda-se no adiantamento de uma proposição ou juízo cuja veracidade se não confirma; aquela, traduz a afirmação de um facto (ou situação factual) como verdadeiro. Assim, a declaração constante de uma escritura de cessão de quotas na qual é mencionado pelo cedente o recebimento do preço ou de um dado preço, não pode ser havida como confissão, por não conter a admissão pelo declarante da veracidade de tal recebimento; a materialidade da declaração é indiscutível, porém o respetivo conteúdo, porque não atestado pelo oficial público, é passível de demonstração/impugnação, designadamente através de prova testemunhal.»

trário àquele que a confissão firmou.[341] Só que, nos termos do art. 393º, nº 2, não poderá fazer tal prova por testemunhas ou presunções, sem prejuízo das três exceções que serão vistas *infra* (pp. 240-244). Consoante se referiu, só é permitido ao vendedor socorrer-se de prova testemunhal e por presunções caso argua a falsidade da escritura pública ou a nulidade ou anulabilidade da confissão, por falta ou vícios da vontade.

Esta mesma questão dá azo a jurisprudência desencontrada do STJ, consoante explanado no comentário ao art. 359º (a pp. 111-112).

4. A força probatória do atestado emitido pela Junta de Freguesia

Compete às Juntas de Freguesia passar atestados nos termos da lei, os quais devem ser assinados, em nome da Junta de Freguesia, pelo seu presidente (arts. 16º, nº 1, al. rr), e 18º, nº 1, al. l) e nº 2, al. c), da Lei nº 75/2013, de 12.9). E, nos termos do art. 34º, nº 1, do Decreto-lei nº 135/99, de 22.4. (na redação do Decreto-lei nº 73/2014, de 13.5), «*Os atestados de residência, vida e situação económica dos cidadãos, bem como os termos de identidade e justificação administrativa, passados pelas juntas de freguesia, nos termos das alíneas qq) e rr) do nº 1 do artigo 16º da Lei nº 75/2013, de 12 de setembro, devem ser emitidos desde que qualquer dos membros do respetivo executivo ou da assembleia de freguesia tenha conhecimento direto dos factos a atestar, ou quando a sua prova seja feita por testemunho oral ou escrito de dois cidadãos eleitores recenseados na freguesia ou ainda por outro meio legalmente admissível.*»

O atestado da Junta de Freguesia é um documento autêntico que faz, assim, prova plena dos factos que refere como praticados pelo oficial público respetivo, assim como dos factos que neles são atestados com base em perceções da entidade documentadora (cf. art. 371º, nº 1).

Assim, se o subscritor do mesmo invocar, expressamente, o seu conhecimento direto e pessoal como razão de ciência, os factos atestados ficarão revestidos de força probatória plena porquanto estão baseados nas perceções diretas da entidade documentadora. Se o atestado declarar determinada factualidade, mas com base em testemunho oral ou escrito de cidadãos ou mediante declaração do próprio interessado, o atestado só faz prova plena que os declarantes produziram aqueles afirmações perante o

[341] Cf. entre outros, Acórdãos do Supremo Tribunal de Justiça de 3.6.1999, *Sousa Inês*, CJ 1999-II, pp. 136-139, de 20.2.2001, *Eduardo Baptista*, 01B2338, Acórdão do Tribunal da Relação de Lisboa de 13.9.2007. *Sousa Pinto*, 1903/2007.

emitente do atestado. Não faz prova plena da veracidade, sinceridade ou eficácia de tais declarações emitidas perante o emitente.[342]

O art. 2º-A da Lei nº 7/2001, de 11.5, veio prever expressamente que se possa fazer a prova da união de facto por declaração emitida pela junta de freguesia, acompanha de declaração do interessado (sobrevivo) ou de ambos os interessados, sob compromisso de honra, de que vivem em união de facto há mais de dois anos (art. 2º-A, nº 2 e nº 4), consignando-se que as falsas declarações são punidas nos termos da lei penal (nº 5 do mesmo artigo).

Este regime em nada bule com o que acima ficou dito, não conferindo força probatória plena à declaração emitida pela junta de freguesia. A declaração só faz prova plena que os interessados proferiram aquelas afirmações perante o emitente.

Esta declaração da junta de freguesia funciona como uma espécie de certificado administrativo, constituindo um elemento presuntivo de convicção do juiz como atestação de ciência emitida com base em declaração voluntária dos interessados. O juiz pode desatender ao que resulta da declaração com fundamento noutros elementos de prova adquiridos no processo e que mereçam maior atendibilidade. Ou seja, o atestado emitido pela Junta de Freguesia pode ser impugnado, admitindo prova em contrário.[343] Tanto mais que a união de facto se prova por qualquer meio legalmente admissível (art. 2º-A, nº 1) e que a entidade da segurança social, que tenha fundadas dúvidas sobre a existência da união de facto, deve promover ação de simples apreciação negativa (art. 6º, nº 2, do mesmo diploma).

5. A força probatória da participação de acidente de viação

A autoridade policial que ocorre ao local aquando de acidente de viação elabora a denominada participação de acidente de viação (vulgo *Croquis*) em que constam normalmente os seguintes dados: local do acidente; suas características; largura da faixa de rodagem; número de faixas existentes; existência de semáforos; sinalização do trânsito existente no local; local do embate; local onde se encontram vidros; local onde os veículos se imobilizaram; declarações dos intervenientes quanto à dinâmica do acidente.

[342] Cf. Acórdão do Tribunal da Relação de Lisboa de 2.12.1999, *Urbano Dias*, 0066156, de 10.10.2002, *Manuela Gomes*, 00127076 e Acórdão do Tribunal da Relação de Coimbra de 28.1.2009, *Sílvia Pires*, 1038/08.

[343] Cf. também Rossana Martingo Cruz, *União de Facto* Versus *Casamento*, Gestlegal, 2019, p. 268.

A questão que aqui se coloca é a de fixar o valor probatório de tal documento, designadamente saber se reveste força probatória plena e em que segmentos.

A participação do acidente de viação é um documento autêntico na precisa medida em que emana de um órgão de polícia criminal a quem é reconhecida competência para a sua elaboração. E, nos termos do art. 371º, nº 1, tal documento autêntico faz prova plena dos factos que refere como praticados pela autoridade pública, assim como dos factos que nele é atestado com base nas perceções do agente da autoridade.[344] O documento prova plenamente os factos que foram objeto das ações ou perceções do documentador, de que ele se certificou com os seus sentidos (*propris sensibus, visu et auditu*) e como pode, não obstante, não corresponder à verdade, pode tal força probatória ser combatida por prova do contrário (falsidade).[345] O documento faz prova plena da verdade dos factos que se passaram na presença do documentador, mas não faz prova plena da sinceridade das declarações que lhe foram prestadas ou da sua validade e eficácia jurídica pois disto não pode aperceber-se o documentador.

Partindo da distinção entre documentos autênticos dispositivos e testemunhais, o documento em causa assume a natureza de documento testemunhal na medida em que contém uma informação acerca de um acontecimento que ocorreu pelo que , em principio, é admissível a prova de que o testemunho é inexato, ou seja, de que o acontecimento se passou de maneira diferente.[346]

Assim, se o agente da autoridade efetua medições de rastos de travagem e os localiza, mede e anota a largura da faixa de rodagem, anota os sinais de trânsito e sua localização, anota o local onde ficaram os veículos imobilizados após o acidente, descreve os danos externos visíveis nos veículos, todos estes factos passam a estar abrangidos pela força probatória plena do documento autêntico em causa. Tal força probatória será desvirtuada, ilidida mediante a arguição e prova da falsidade ideológica (a largura não é x mas y, o rasto não é de 10 mas de 20, etc.) ou da falsidade material do documento (v.g., o agente fez constar do croquis algo que depois rasurou ou alterou).

344 Subscrevendo esta posição, cf. Acórdão do Tribunal da Relação de Évora de 14.7.2020, *Ana Margarida Leite*, 1580/18.

345 Vaz Serra, *Provas, Direito Probatório Material*, BMJ nº 111, p. 134.

346 Vaz Serra, *Provas, Direito Probatório Material*, BMJ nº 111, pp. 123-124.

Já no que tange à versão do acidente comunicada pelos intervenientes ao agente e demais elementos que este não presenciou, limitando-se a recolher declarações, o documento apenas prova plenamente que tais declarações foram feitas ao agente, fica provada a respetiva materialidade mas não a sua veracidade, sinceridade ou eficácia.[347] Podem as partes demonstrar que a declaração não é verdadeira ou eficaz sem necessidade de arguir a falsidade do documento. Só terão de arguir a falsidade do documento, nesse segmento, se pretenderem demonstrar que constam do documento declarações diferentes das efetivamente prestadas.

As declarações dos intervenientes constituem um elemento de prova a utilizar pelo tribunal, a par dos demais, sujeito ao princípio da livre apreciação da prova.[348]

Não merece a nossa concordância, a jurisprudência que afirma que «(...) o documento da entidade policial em que esta dá conta da ocorrência dum acidente de viação tem natureza autêntica em relação ao facto praticado pelo agente de segurança que consiste na própria participação, ou seja, atesta que determinado agente "tomou conta da ocorrência". Tudo o mais, ainda que adquirido por perceção direta, nomeadamente as circunstâncias do acidente, são apenas indicações coadjuvantes ou indicativas, que não têm força probatória plena, pela simples razão de que não é da competência da entidade policial fazer um julgamento da matéria de facto.»[349]

Em primeiro lugar, não vemos como se possa negar que a autoridade policial que assim atua é um oficial público para os efeitos do nº 1 do art. 371º.

[347] «O auto de participação do acidente de viação elaborado pelo membro de órgão de polícia criminal, apesar de constituir um documento autêntico, não faz prova plena da descrição do acidente que nele se contém, se essa descrição resultou das declarações dos intervenientes na colisão; aquele documento faz prova plena de que aqueles intervenientes produziram tais declarações – mas não que elas sejam verdadeiras, visto que a sua sinceridade escapa, naturalmente, à percepção do documentador» (Acórdão do Tribunal da Relação de Coimbra de 28.6.2022, *Henrique Antunes*, 2734/19).

[348] Neste sentido que propugnamos, vejam-se os Acórdãos da Relação de Coimbra de 6.5.2008, *Ferreira de Barros*, 300/06 e da Relação do Porto de 26.10.2004, *Henrique Araújo*, 0423773. «As declarações do sinistrado sobre o modo como ocorreu o acidente, constantes de auto de ocorrência, elaborado pela Guarda Nacional Republicana, porque não se trata de factos atestados com base nas perceções da entidade documentadora, só valem como elemento probatório sujeito à livre apreciação do julgador de facto» (Acórdão do STJ de 16.6.2016, *Pinto Hespanhol*, 774/11).

[349] Acórdão do Supremo Tribunal de Justiça de 6.4.2006, *Bettencourt de Faria*, 05B3970 e Acórdão do Tribunal da Relação de Lisboa de 4.5.2010, *Manuel Marques*, 5072/08.

Em segundo lugar, existe lei expressa que comete à entidade fiscalizadora do trânsito a obrigação de recolher tais elementos e de os colocar à disposição dos intervenientes no acidente, inclusive por certidões (art. 78º do Decreto-lei nº 291/2007, de 21.8, a que correspondia anteriormente o Decreto-lei nº 102/88, de 29.3).[350] Donde decorre que é a lei que atribui tais poderes oficiais à autoridade policial e, do mesmo passo, autoriza-a a atribuir-lhe fé pública. Acresce que, cingir a força probatória material apenas em relação à elaboração em si da participação, é tautológico na medida em que o documento que se apresenta com a aparência de autêntico deve presumir-se como tal, ou seja, é confundir a força probatória formal do documento (sua autenticidade ou genuinidade) com a força probatória material do mesmo (valor a atribuir aos atos praticados ou atestados pela entidade documentadora).

Em Espanha, a doutrina e a jurisprudência distinguem também entre as declarações dos intervenientes e testemunhas vertidas na participação e os dados objetivos aí constantes (características da via, rastos de travagem, etc.), conferindo a estes uma virtualidade própria na medida em que

[350] Artigo 78º do Decreto-lei nº 291/2007, de 21.8

Disponibilização dos dados informativos relativos à regularização de sinistros suscitadores de responsabilidade civil automóvel

(...)

2 - A entidade fiscalizadora de trânsito que tome conhecimento da ocorrência de acidente de viação deve recolher todos os elementos necessários ao preenchimento da participação de acidente constante de modelo aprovado pela Autoridade Nacional de Segurança Rodoviária.

3 - Os dados referidos no número anterior podem ser tratados nos sistemas informáticos da GNR e da PSP e enviados por via eletrónica para os sistemas de informação das entidades competentes em razão da matéria.

4 - A participação de acidente é enviada, por via eletrónica, ao tribunal quando tal seja legalmente exigido, mantendo-se cópia em arquivo.

5 - A entidade prevista no nº 2 remete cópia do auto de notícia por si elaborado:

a) Ao Fundo de Garantia Automóvel, sendo o responsável do acidente desconhecido, ou isento da obrigação de seguro em razão do veículo em si mesmo, ou se um dos intervenientes no acidente não se fizer acompanhar de documento comprovativo de seguro válido e eficaz;

b) às empresas de seguros correspondentes às apólices de seguro obrigatório de responsabilidade civil automóvel correspondentes aos veículos intervenientes, tratando-se de acidente de que resulte dano corporal.

6 - Nos casos não previstos no número anterior, o auto de notícia é colocado à disposição dos intervenientes nos acidentes de viação suscitadores de responsabilidade civil automóvel, suas empresas de seguros ou representantes, sendo-lhes facilitada a consulta e, se requeridas, fornecidas certidões e informações.

contêm dados objetivos e verificáveis e que, como tal, devem ser tidos em consideração como "verdadeira prova".[351]

Em Itália, entende-se que o auto faz prova plena das declarações feitas ao agente de autoridade bem como aos atos que os mesmos praticaram pessoalmente. Já no que tange às circunstâncias que lhes foram relatadas ou que sejam fruto de deduções do agente, *v.g.* quanto à dinâmica do acidente, o auto constitui material indiciário sujeito à livre apreciação do juiz, o qual não pode atribuir-lhe a natureza de prova estrita (cf. Luigi Comoglio, *Le Prove Civili*, 3ª ed., Utet Giuridica, p. 437, Nota 54).

Já no que tange à declaração amigável de acidente automóvel, a mesma não vale como confissão plena ou reconhecimento expresso dos factos (alegados pelo autor) por parte do condutor do veículo segurado, mas é suscetível de convocar o disposto no art. 35º, nº 3, do DL nº 291/2007, 21.08 (Acórdão do Tribunal da Relação de Lisboa de 28.4.2022, *Laurinda Gemas*, 4734/20). Nos teros desta norma, «*Quando a participação do sinistro seja assinada conjuntamente por ambos os condutores envolvidos no sinistro, presume-se que o sinistro se verificou nas circunstâncias, nos moldes e com as consequências constantes da mesma, salvo prova em contrário por parte da empresa de seguros.*»

ARTIGO 372º – FALSIDADE

1. A força probatória dos documentos autênticos só pode ser ilidida com base na sua falsidade.

2. O documento é falso, quando nele se atesta como tendo sido objeto da perceção da autoridade ou oficial público qualquer facto que na realidade se não verificou, ou como tendo sido praticado pela entidade responsável qualquer ato que na realidade o não foi.

3. Se a falsidade for evidente em face dos sinais exteriores do documento, pode o tribunal, oficiosamente, declará-lo falso.

Remissões: art. 446º do CPC (regime processual da arguição da falsidade do documento); art. 450º do CPC (arguição da falsidade em ação executiva); art. 696º, alínea b), do CPC (falsidade do documento como fundamento do recurso de revisão); art. 88º do Cód. Registo Civil (falsidade do registo).

[351] Ignacio Grau Grau, *Valoración Judicial de la Prueba en los Procesos por Accidente de Tráfico*, Bosch, 2008, pp. 137-139.

1. A falsidade ideológica e material

Conforme já se viu no comentário ao art. 371º (pp. 151-152), a força probatória plena do documento autêntico só é ilidida perante a prova em contrário, através da demonstração de que: (i) nele foi atestado como tendo sido objeto de prática ou de perceção da autoridade ou oficial público qualquer facto que na realidade não se verificou (***falsidade ideológica***); (ii) ou que ocorre alteração da materialidade gráfica do documento, por contrafação (formação do documento por um sujeito diverso do autor aparente) ou por alteração do documento após a sua formação (***falsidade material***). «O documento autêntico é eficaz enquanto não for ilidida a sua força probatória, por falsidade.»[352]

O documento autêntico narrativo «é falso quando o documentador *não tenha praticado* um facto que atesta ter praticado ou quando *não se tenha verificado* um facto que ele atesta ter sido objeto da sua perceção». No que tange ao documento autêntico narrativo ou dispositivo, o mesmo é «ainda falso quando *a própria declaração* que dele conta como tendo sido feita pelo respetivo autor na realidade não teve lugar.»[353] No que tange às declarações de vontade, as mesmas esquivam-se de per si à dicotomia singela de verdadeiro/falso, podendo subsumir-se – isso sim – ao regime dos vícios da vontade (art. 240º e ss.). As declarações de vontade, mais do que corresponderem ou não a uma verdade objetiva, correspondem à vontade do declarante e, por isso, podem dar azo a um fenómeno de erro ou de simulação, mas não de falsidade (cf. infra).[354]

Reitera-se que o conceito de falsidade só se aplica aos factos plenamente provados pelo documento, a saber: a sua proveniência; a identidade dos declarantes se feita com base no conhecimento pessoal do notário (cf. art. 48º, nº 1, al. a), do CN); as declarações proferidas pelas partes e rececionadas pelo oficial público; os atos realizados pelo documentador ou a que o mesmo assistiu; a data e lugar da sua outorga. Não é arguível a falsidade quanto a factos que não beneficiam da força probatória plena.

Na falsidade ideológica, há falta de correspondência entre o que realmente *ocorreu* e o que no documento *se dá como ocorrido*. No que tange às

[352] Vaz Serra, *Provas (Direito Probatório Material)*, 1962, p. 311.

[353] Lebre de Freitas in Ana Prata (Coord.), *Código Civil Anotado*, Vol. I, Almedina, 2017, p. 461.

[354] Cf. Adolfo Ceccarini, *La Prova Documentale nel Processo Civile*, Giuffrè Editore, 2006, p. 532.

declarações proferidas pelas partes, «(...) o que importa é a conformidade ou desconformidade entre as declarações que as partes fizeram e as que o documento lhes atribui. O documento reproduz com exatidão o que as partes declararam? O documento é verdadeiro, ainda que as declarações feitas pelas partes não correspondam à realidade. O documento põe na boca das partes declarações diferentes das que elas fizeram? O documento é falso, e não deixará de o ser pelo facto de serem conforme à realidade as declarações falsamente atribuídas às partes.»[355]

Há que não confundir a genuinidade do documento autêntico com a sua falsidade ideológica. Assim, se o notário afirma na escritura pública que se certificou da identidade das partes, apesar de não o ter feito, a escritura é genuína embora nesse segmento seja falsa.[356]

Na opinião de Lebre de Freitas, a contrafação é um caso de falta de autenticidade, estando excluída do âmbito da falsidade, sendo que o estabelecimento da autoria do documento, quer autêntico quer particular, está num plano que nada tem a ver com a falsidade, só sendo de equacionar a questão da falsidade depois de estabelecida a autoria do documento. Com efeito, todo o documento escrito tem um autor e representa uma sua declaração. A presunção de conformidade do teor desta declaração (ou também do que nela é atestado) à realidade só pode ser ilidida pela falsidade. Mas a presunção de que o autor real da declaração coincide com o que nele é apresentado como tal (válida só para os documentos autênticos) será ilidida por outros meios que não a falsidade, v.g. contrafação, falta de competência funcional ou territorial do autor do documento ou impedimento deste para a sua formação – cf. arts. 4º, 5º, 71º, nº 1 e 173º, nº 1, alínea b), do CN.

Na sua opinião, a falsidade define-se como a qualidade dum documento escrito genuíno consistente na desconformidade entre o facto representativo nele contido e a realidade de todos ou alguns dos factos pelo primeiro, direta ou indiretamente, presumidos, da qual resulta a ilisão dessa presunção.[357] A falsidade é «Uma causa de ilisão das presunções legais que impõem que da realidade do conteúdo dum documento escrito genuíno se deduza a realidade da declaração nele representada e, no caso dos docu-

[355] Alberto dos Reis, *CPC Anotado*, Vol. I, 3ª ed., p. 534.

[356] Cf. João de Castro Mendes e Miguel Teixeira de Sousa, *Manual de Processo Civil*, Vol. I, AAFDL, 2022, p. 535.

[357] Lebre de Freitas, *A falsidade no direito probatório*, Almedina, 2013, 2ª ed., p. 172.

mentos autênticos narrativos, a realidade dos factos atestados por essa declaração, da qual resulta a perda da eficácia probatória do documento quanto aos factos que na realidade não se verificaram.»[358]

Na análise de Lebre de Freitas, e ressalvado o tratamento autónomo da contrafação (cf. supra), as causas da falsidade documental só podem ser três:

- O autor do documento atesta nela, como verificados na sua presença ou por ele praticados, factos que na realidade não se verificaram (falsidade ideológica). Reporta-se esta ao momento da formação do documento e só é possível nos documentos autênticos narrativos ou em parte narrativa de documento dispositivo, quanto aos seus pressupostos;
- Em documento particular assinado em branco e preenchido por terceiro é inserta, também no momento da sua formação, uma declaração desconforme com a que o signatário realmente fez ao terceiro para que a inserisse no documento ou uma qualquer declaração se o documento tiver sido subtraído, depois de parcialmente preenchido pelo signatário (falsidade material);
- Em qualquer tipo de documento, quando o seu conteúdo é alterado, ainda que por supressão ou acrescentamento, depois de definitivamente formado e ainda que pelo seu próprio autor (falsidade material).[359]

A consequência do reconhecimento da falsidade de um documento consiste na perda da força probatória legal do documento quanto aos factos que nele são (falsamente) atestados (a consequência tem apenas a ver com a eficácia). A presunção que, a partir da prova do facto representativo (o registo ou a informação constante do documento) impõe que se considere provado o facto representando, ou outros por este representados, é afastada com a prova de não correspondência desse facto ou factos à realidade.

No que tange à configurabilidade da arguição da falsidade ideológica do documento particular, em Itália entende-se que a mesma não é admissível porquanto «não sendo o documento particular destinado a fazer prova plena da veracidade das declarações contidas no mesmo, o mesmo não

[358] Lebre de Freitas, *Op. Cit.*, p. 171.

[359] Lebre de Freitas, *A falsidade no direito probatório*, Almedina, 2013, 2ª ed., pp. 155-156.

possui o carácter de verdadeira e própria atestação, faltando por isso o pressuposto base de uma falsidade ideológica.»[360] De facto, o conceito de falsidade ideológica é estranho ao documento particular, não subsistindo neste uma obrigação de declarar a verdade (ao contrário do atestador no documento autêntico), sendo que a documentação particular constitui o meio para a emissão ou para a comunicação de um determinada declaração e não para a atestação de factos documentados.[361] No Acórdão do Supremo Tribunal de Justiça de 23.5.96, *Miranda Gusmão*, 96B021, afirmou-se que não é admissível a arguição de falsidade [ideológica] de documento particular, servindo a sua arguição como impugnação do mesmo, solução que se coaduna com o atual art. 193º, nº 3, do CPC.

2. Tramitação processual

A arguição da falsidade pode fazer-se a título incidental ou em ação autónoma. Ocorre a título incidental, no decurso do processo em que uma das partes juntou documento autêntico presumido como autêntico (cf. art. 370º), arguindo a contraparte a falsidade ideológica (no caso do documento autêntico) ou material (documento autêntico ou particular) do documento.

A arguição deve ser feita no prazo de 10 dias contados da apresentação do documento, se a parte a ela estiver presente, ou da notificação da junção, no caso contrário (art. 446º, nº 1, do CPC). Segue-se a tramitação prevista nos arts. 446º a 449º. O ónus da prova da falsidade recai sobre o seu arguente.

A prova da falsidade não pode fazer-se por testemunhas ou presunções judiciais (arts. 351º, 393º, nº 2), sem prejuízo do seu conhecimento oficioso, caso a falsidade seja patente e manifesta (nº 3 do art. 372º).[362]

Com a decisão final que declare falso o documento, desaparece a eficácia probatória do documento autêntico.

A decisão final proferida no incidente de falsidade produz caso julgado formal, impedindo a reabertura da questão no mesmo processo, mas sem que tenha qualquer eficácia fora dele (cf. arts. 91º, nº 2 e 696º, al. b), do CPC), operando o reconhecimento da falsidade *ex tunc*.

360 Fabio di Rota, "L'atto pubblico e la querela di falso" in Michele Taruffo (org.), *La Prova nel Processo Civile*, Giuffrè Editore, 2012, p. 616.

361 Cf. Adolfo Ceccarini, *La Prova Documentale nel Processo Civile*, 2006, p. 533.

362 João de Castro Mendes e Miguel Teixeira de Sousa, *Manual de Processo Civil*, Vol. I, AAFDL, 2022, p. 535.

A falsidade pode ser objeto de ação de simples apreciação autónoma, em que se peticione a declaração da falsidade do documento. A sentença a proferir terá força de caso julgado material. Sendo a sentença proferida de procedência, fica preterida a utilização do documento como fonte de prova no segmento em que tenha sido reconhecida a sua falsidade, sem prejuízo da sua eventual retificação em ação posterior. Sendo a ação julgada improcedente, fica assente definitivamente a força probatória do documento, salvo a ocorrência de uma causa de falsidade superveniente.[363]

Findo o processo por sentença transitada em julgado, a falsidade do documento pode fundar a revisão de sentença, nos termos dos arts. 696º, al. b) e 697º, nº 2, al. c), do CPC.

SUBSECÇÃO III – DOCUMENTOS PARTICULARES

ARTIGO 373º – ASSINATURA

1. Os documentos particulares devem ser assinados pelo seu autor, ou por outrem a seu rogo, se o rogante não souber ou não puder assinar.

2. Nos títulos emitidos em grande número ou nos demais casos em que o uso o admita, pode a assinatura ser substituída por simples reprodução mecânica.

3. Se o documento for subscrito por pessoa que não saiba ou não possa ler, a subscrição só obriga quando feita ou confirmada perante notário, depois de lido o documento ao subscritor.

4. O rogo deve igualmente ser dado ou confirmado perante notário, depois de lido o documento ao rogante.

Remissões: art. 154º do CN (assinatura a rogo); art. 708º do CPC (exequibilidade dos títulos com assinatura a rogo).

1. Elementos constitutivos do documento particular escrito

No comentário ao art. 363º, já enunciámos o conceito de documento particular (cf. pp. 125-126).

[363] Cf. LEBRE DE FREITAS, *A falsidade no direito probatório*, Almedina, 2013, 2ª ed., pp. 213-214.

Da conjugação dos arts. 363º, nº 1, 373º, nº 1 e 374º, nº 1, decorre que os elementos constitutivos de um documento particular analógico escrito são: (i) um suporte idóneo a receber e conservar a aposição de sinais gráficos; (ii) a recognoscibilidade/inteligibilidade dos sinais gráficos apostos ou impressos e (iii) a subscrição. Sendo o documento uma obra humana, faltando o autor não se pode falar de documento declarativo.

2. Noção de subscrição

No plano substancial, a subscrição pode ser qualificada como «uma autónoma declaração convencional, mediante a qual um determinado sujeito assume a paternidade da declaração representada no documento apondo ao fundo deste o seu próprio nome.»[364] A subscrição constitui «o elemento integrador entre o documento e o documentado, entre o escrito e o pensamento, entre o conteúdo e o continente; constitui o anel de conjunção entre a materialidade da coisa e o pensamento que a criou, entre o autor e a vontade manifestada.»[365]

A subscrição é erigida a uma função probatória, assumindo a função de pré-constituição de uma fonte de prova da paternidade do documento. A previsão da subscrição responde a exigências de rigor e de certeza nas relações jurídicas, constituindo o meio que garante a paternidade do texto e a reflexão sobre o seu conteúdo.

A subscrição não esgota os modos pelos quais se pode fixar a paternidade de um ato jurídico, não estando vedada a admissibilidade de instrumentos alternativos, equivalentes à subscrição. O que ocorre é que o legislador instituiu uma regra de prova legal, no que tange à proveniência do documento, nos termos da qual é autor do documento o seu subscritor. Ou seja, a subscrição é o elemento formal de uma declaração relativa à proveniência do documento da parte que o subscreveu.

3. As funções da subscrição

A função da subscrição não se esgota no vínculo apropriativo. Com efeito, a subscrição assume quatro funções, a saber: indicativa, que permite distin-

[364] Andrea Graziosi, "Premesse ad una Teoria Probatoria del Documento Informatico", in *Rivista Trimestrale di Diritto e Procedura Civile*, 1998, p. 503. Nos termos do Art. 12.1. da Lei nº 33/99, de 18.5, a assinatura é definida como "*o nome civil, escrito pelo respetivo titular, completa ou abreviadamente, de modo habitual e caraterístico e com liberdade de ortografia.*"

[365] A. Morello, "Sottoscrizione", in *Novissi. Dig. It.*, XVII, Torino, 1976, p. 1005, *apud* Francesco de Santis, *Il Documento Non Scritto Come Prova Civile*, 1988, p. 76.

guir o autor do documento dos demais (*"sou eu que escrevo"*); identificativa, que permite imputar aquela concreta assinatura àquele sujeito (*"demonstro-te que sou eu"*); declarativa, que consiste na assunção da paternidade do documento pelo seu autor, apropriação do conteúdo da declaração (*"confirmo que o texto corresponde àquilo que penso e quero"*)[366]; finalmente, a função presuntiva, nos termos da qual da assinatura emergem uma séria de situações subjetivas: a afirmação da completude do texto (*"afirmo que o texto é definitivo e não necessita de modificações"*)[367] e o conhecimento do seu teor, assente este na máxima de experiência segundo a qual ninguém subscreve um documento sem inteirar-se – previamente – do seu conteúdo.

4. A subscrição como critério da paternidade do documento escrito

Decorre dos arts. 373º, nº 1 e 374º nº 1, que o critério de paternidade consiste na subscrição, na aceção de ação de escrever – pelo próprio punho – o nome. A assinatura é quirógrafo, no sentido de que provém do simples movimento da mão. A combinação deste requisito com o da personalidade do subscritor (entendida como proveniência do texto da pessoa do declarante da qual se nota a identidade subjetiva) integra a autografia. A quirografia é o meio de prova da autografia na medida em que o carácter quirógrafo do signo permite a ilação sobre a identidade do autor, isto é, a associação entre um signo e um determinado sujeito.

A subscrição/signo serve para provar o ato de assinar, mas não deve confundir-se com este. Ou seja, há que distinguir entre a subscrição como um ato com certa forma e a prova de tal ato (coisa). A subscrição enquanto ato é que explica a função declarativa da subscrição.

A assinatura não tem de ser completa, podendo ser abreviada ou mesmo com recurso a rubrica, desde que esta seja idónea a designar com certeza a pessoa do subscritor.[368]O requisito mínimo da assinatura é o de que a

[366] Na função identificativa está em causa a subscrição como prova de um ato com certa forma. A subscrição, enquanto ato com certa forma, explica a função declarativa.

[367] Cf. Giorgio di Benedetto, *Scrittura Privata e Documento Informatico*, 2009, pp. 22-23; Alfonso Masucci, "Il Documento Informatico, Profili Ricostruttivi Della Nozione e Della Disciplina", in *Rivista di Diritto Civile*, Vol. 50, Nº 5, 2004, p.758; Francesco Rizzo, *Op. Cit.*, pp. 198-202; Mauro Orlandi, *Il Falso Digitale*, 2003, pp. 50-51.

[368] Salvo Leuzzi, *I Mezzid di Prova Nel Processo. Formazione, Acquisizione, Integrazione*, Giuffrè Editore, 2013, p. 174.
Conforme se refere no Acórdão do Supremo Tribunal de Justiça de 15.12.2022, *Graça Trigo*, 125/20, num caso em que resultou provado que: (i) foi a doadora que após a sua assinatura

mesma satisfaça a função indicativa (cf. supra), mostrando-se suficiente para identificar, com razoável certeza, a pessoa que a apôs. Já se o signo gráfico for indecifrável, no sentido de que é impossível de reportar a subscrição a uma pessoa determinada e, muito menos, à pessoa contra quem o documento é produzido, entende-se que o documento particular não chega a aperfeiçoar-se porquanto se trata de uma situação equivalente à falta de assinatura.[369]

A assinatura aposta apenas à margem ou a meio do documento, em princípio, não vale como tal porquanto a assinatura deve demonstrar o consenso e aprovação do texto, enunciando uma relação sólida e segura com o mesmo (afirmação de completude, cf. supra), o que sucede com a sua aposição no fim do texto. Todavia, a jurisprudência já admitiu a validade da assinatura marginal num contexto em que se possa presumir a vontade do subscritor de aprovar todo o conteúdo do documento.[370] Num texto com múltiplas folhas, pode colocar-se a questão da suficiência da aposição da assinatura apenas na última folha. A este propósito, a jurisprudência italiana tem vindo a entender que a aposição da assinatura apenas na última folha vale para todo o documento se as declarações contidas nas várias folhas constituírem, no plano lógico e lexical, um corpo único e incindível.[371] Entre nós, o Tribunal da Relação de Lisboa decidiu que «Quando apenas a última folha de um documento particular se encontra assinada pela parte contra a qual é oferecido, não contendo as restantes folhas nem assinatura nem rubrica do autor do documento e sendo o conteúdo de alguma dessas folhas restantes contestado/impugnado pela parte a que é oposto, não estando a sua autoria reconhecida, nos termos estabelecidos pelo nº 1, do artº 374º, do C. Civil, tais folhas não fazem a prova plena estabelecida pelo nº 1, do artº 376º, do C. Civil para os documentos particulares.»[372]

no documento contratual, apondo o seu nome próprio, resultando também provado que a mesma doadora estava debilitada fisicamente e, por isso, já só assinava com o primeiro nome; (ii) do mesmo documento, consta a identificação completa da doadora, com indicação do seu nome completo, do seu NIF, do seu estado civil, da sua naturalidade e da sua morada; há que considerar que a assinatura cumpre os requisitos legais previstos no art. 373º, nº 1, do CC.

369 Marco Russo, "La scrittura privata in senso stretto", in Alberto Ronco (dir.), *Il Documento nel Processo Civile*, 2011, p. 98.

370 Marco Russo, "La scrittura privata in senso stretto", in Alberto Ronco (dir.), *Il Documento nel Processo Civile*, 2011, p. 93.

371 Salvo Leuzzi, *Op. Cit.*, p. 176; Marco Russo, *Op. Cit.*, pp. 94-95.

372 Acórdão de 16.12.2021, *Orlando Nascimento*, 8021/20.

O cancelamento/risco da assinatura, pelo próprio subscritor, corresponde à emissão de um ato de vontade de eliminação da conexão subjetiva entre o documento e quem assume a paternidade do mesmo, equivalendo a uma revogação do ato de subscrever.[373] O desaparecimento da assinatura por desbotamento constitui causa superveniente da eliminação do documento particular, daí resultando a impossibilidade de provar *aliunde* o facto material de que o documento foi subscrito.

Em Itália, é objeto de debate a admissibilidade da aposição de assinatura a lápis. Enquanto a doutrina a admite, a jurisprudência nega-a, invocando a precariedade da utilização do lápis por parte do redator.[374] Esta parece ser a solução correta, tanto mais que é insuscetível o reconhecimento de assinatura aposta a lápis (cf. nº 1 do art. 157º do CN).

5. Assinatura a rogo

Se o autor do documento particular não souber, ou não puder assinar, pode pedir a outrem que assine a rogo. O documento particular assinado a rogo demanda o reconhecimento presencial da assinatura do rogado, devendo o documento ser lido ao rogante (art. 154º, nº 2, do CN). No que tange à força probatória do documento particular assinado a rogo, aplica-se o disposto no art. 376º, nº 1. A assinatura a rogo é elemento integrante e essencial do documento particular produzido por quem não sabe ler nem escrever e a falta de demonstração do reconhecimento notarial, que lhe empresta ou confere validade, implica preterição de formalidade *ad substantiam* do documento, com a consequente nulidade da declaração negocial nele ínsita, de conhecimento oficioso (arts. 220º e 286º).[375]

O nº 3 deste art. 373º rege para as situações em que o documento seja subscrito por quem não saiba ou não possa ler, impondo que a subscrição seja feita ou confirmada perante o notário, depois deste ler o documento ao subscritor. Não sendo observado tal formalismo, o subscritor a quem seja oposto o documento pode excecionar o facto de não saber ou não poder ler, nos termos do nº 1 do art. 446º, incumbindo-lhe o respetivo ónus da prova. Um documento particular autenticado assinado a rogo sem ter sido lido o

[373] Marco Russo, *Op. Cit.*, pp. 99-100.

[374] Marco Russo, "La scrittura privata in senso stretto", in Alberto Ronco (dir.), *Il Documento nel Processo Civile*, 2011, p. 84.

[375] Acórdão do Supremo Tribunal de Justiça de 21.3.2019, *Joaquim Piçarra*, 2693/13.

seu conteúdo ao subscritor/rogante nos termos do art. 373º, nºs 3 e 4, e art. 154º, nº 2, do CN, apenas pode valer como meio de prova livre (Acórdão do Supremo Tribunal de Justiça de 17.11.2020, *Fernando Samões*, 866/18).

ARTIGO 374º – AUTORIA DA LETRA E DA ASSINATURA

1. A letra e a assinatura, ou só a assinatura, de um documento particular consideram-se verdadeiras, quando reconhecidas ou não impugnadas, pela parte contra quem o documento é apresentado, ou quando esta declare não saber se lhe pertencem, apesar de lhe serem atribuídas, ou quando sejam havidas legal ou judicialmente como verdadeiras.

2. Se a parte contra quem o documento é apresentado impugnar a veracidade da letra ou da assinatura, ou declarar que não sabe se são verdadeiras, não lhe sendo elas imputadas, incumbe à parte que apresentar o documento a prova da sua veracidade.

1. A genuinidade do documento

O documento é, por si próprio, objeto de um juízo sobre a sua génese e integridade diacrónica, ou seja, sobre a sua criação e sobre a sua conservação no tempo sem alterações. Sob a designação de *genuinidade*, visa-se apurar se o autor real do documento corresponde ao seu autor aparente. Por defeito, o legislador dirime a questão da proveniência do documento através do controlo sobre a genuinidade da subscrição. A subscrição torna-se um meio de prova na medida em que consubstancia uma coisa a partir da qual pode extrair-se outro facto: a subscrição é meio de prova do critério de paternidade.[376]

Só depois de fixada a genuinidade do documento é que cumpre aferir o seu valor probatório material, ou seja, mensurar a credibilidade que o seu autor merece a respeito dos factos representados e que são objeto do *thema probandum*. Num primeiro momento, em sede de genuinidade, visa-se determinar a relação entre o emissor aparente e emissor real. Volvido com êxito esse momento, há que apurar algo adicional: a veracidade da declaração contida no documento, relação de correspondência entre o declarado com a verdade histórica (quanto a este segundo momento, cf. pp. 11-13).

[376] Mauro Orlandi, *Il Falso Digitale*, Milano, Giuffrè Editore, 2003, p. 50.

2. O reconhecimento da autoria como critério normativo da paternidade

Ao contrário do que sucede com o documento autêntico, o documento particular não faz por si a prova da sua autoria. Assim, o documento particular só é idóneo a adquirir a força probatória plena (art. 376º, nº 1) mediante o concurso de quatro elementos integrativos, que serão analisados de imediato. A exigência desses elementos integrativos explica-se porquanto, de per si, o documento particular é insuficiente para fornecer a prova vinculante da proveniência das declarações. A assinatura é elemento necessário, mas não suficiente, para atribuir o documento ao seu autor aparente. A invocação de um documento assinado importa apenas prova bastante de que a assinatura é genuína. Dito de outra forma, para que ao documento particular seja reconhecida a eficácia probatória vinculante sobre a sua proveniência há que garantir a autenticidade da subscrição. E essa autenticidade só pode adquirir-se por uma das seguintes vias:

- **Reconhecimento expresso** da autoria da subscrição (confissão) por parte do seu autor (declaração de ciência), a quem é imputada a assinatura pelo apresentante do documento. Este reconhecimento deve ocorrer na pendência do processo, sendo de excluir o reconhecimento prévio e extrajudicial decorrente da espontânea execução do contrato emergente do documento (facto concludente). Com efeito, formando o reconhecimento uma garantia de autenticidade do documento, é necessário que o reconhecimento seja direcionado a confirmar a genuinidade da assinatura;[377]
- **Reconhecimento tácito** (admissão) da autoria da subscrição decorrente da sua não impugnação nos termos do art. 444º, nº 1, do CPC, sendo a mesma imputada à contraparte pelo apresentante do documento. Este reconhecimento tácito opera apenas no processo em que ocorre;
- **Reconhecimento presencial da assinatura**, nos termos do art. 375º;
- **Reconhecimento judicial** da genuinidade da assinatura, na sequência da impugnação da assinatura do documento particular por parte do seu imputado autor, seguindo-se a tramitação dos arts 445º, 448º e 449º do CPC, culminando com a decisão confirmadora da genuinidade da assinatura.

[377] Fabio Rota, "I documenti", *in* Michele Taruffo (org.), *La Prova nel Processo Civile*, "Trattato di Diritto Civile e Commerciale", 2012, pp. 649-650.

Quando aquele a quem é imputado o documento, reconhece a sua autoria (expressa ou tacitamente), tal procedimento integrativo torna supérflua a prova da paternidade do documento.[378] Daqui se infere que se, por um lado, a subscrição é estruturalmente necessária porquanto o legislador quer que o documento seja intrinsecamente idóneo a atribuir a sua paternidade, por outro, a subscrição tem uma função eventual de prova da paternidade do documento na medida em que a prova do carácter pessoal da génese do documento pode ser suprida pelo sucessivo reconhecimento da autoria por parte daquele a quem é imputado o documento. O reconhecimento (expresso ou tácito) da autoria do documento integra um mecanismo, integrativo e sucessivo, de apropriação do documento (é um critério normativo da paternidade). Pelo que, como assinala ORLANDI, o quirógrafo contém potencialmente dois critérios alternativos de paternidade: o critério principal direto do reconhecimento, que despoleta a verificação automática da imputação pessoal do documento (*critério extrínseco da paternidade*); o critério residual indireto da autografia, que logra tal verificação de forma indireta mediante a prova da autografia da subscrição (*critério intrínseco da paternidade*).[379]

O reconhecimento expresso só poderá vir a ser impugnado nos termos do art. 359º. Há que ressalvar a possibilidade do conhecimento superveniente da falta de genuinidade do documento, nos termos do nº 2 do art. 446º do CPC.

3. A impugnação da letra e/ou da assinatura

O nº 1 admite uma cisão entre a assinatura e a letra do documento. Esta menção à letra, com a consequente admissibilidade da impugnação apenas desta, só colhe sentido para os casos dos documentos que não costumam ser assinados ou que não chegaram a ser assinados pelo seu redator.

Em geral, a impugnação de um documento escrito pode versar sobre três aspetos: sobre a autenticidade (coincidência entre autor real e autor aparente); exatidão (concordância da cópia ou certidão com o original) e sobre a certeza, ou seja, concordância das declarações vertidas no documento com a realidade.

[378] O reconhecimento da autoria do documento gera uma espécie de presunção legal de que o subscritor emitiu realmente a declaração subscrita – cf. MARIA ENZA LA TORRE, *Op. Cit.*, p. 181, Nota 49.

[379] MAURO ORLANDI, *Op. Cit.*, pp. 59 e 191.

Frequentemente, os mandatários afirmam impugnar o documento sem precisar que tipo de impugnação pretendem fazer. Em função do contexto do articulado, a asserção da parte poderá muitas vezes ser interpretada como pretendendo ser uma das formas de impugnação referidas. Se o contexto do articulado não permitir formular tal juízo, não será descabido ponderar a prolação de despacho a convidar a parte a esclarecer que tipo de impugnação afinal pretende fazer (cf. arts. 6º, nº 1 e 7º, nº 2, do CPC).

A parte, que junta ao processo um documento cuja assinatura imputa à parte contrária, afirma implicitamente a genuinidade de tal assinatura. Aquele a quem é imputado o documento fica investido no ónus de impugnar a letra ou assinatura de tal documento, sob cominação das mesmas passarem a ser tidas como verdadeiras.[380]

A impugnação deve ter um conteúdo específico, claro e unívoco, explicitando os elementos essenciais da negação da assinatura ou letra. Embora não sejam necessárias fórmulas sacramentais, a jurisprudência italiana tem considerado inidóneas impugnações deste tipo: "contestam-se os documentos produzidos pelo autor"; "impugnam-se os documentos produzidos"; "impugna-se e contesta-se tudo quanto foi deduzido e produzido pela contraparte".[381] Esta posição da jurisprudência italiana merece a nossa adesão. Dimana diretamente da regra da boa-fé processual (art. 8º do CPC) a exigência do réu assumir uma posição justificada, de contrapor – de forma clara e exaustiva – a sua versão dos factos à do autor, questão que extravasa o âmbito específico do ónus de impugnação.[382]

No que tange especificamente à assinatura autógrafa, a falsidade da mesma ocorre em duas hipóteses: (i) quando inexiste correspondência dos signos gráficos à assinatura original do presumível autor do ato; (ii) quando a assinatura não é aposta pelo punho do sujeito a quem é imputada (não autografia).[383] A primeira situação é restrita à assinatura autógrafa não ocorrendo na assinatura digital porque esta não é suscetível de imitação.

[380] Ou seja, a produção do documento privado, suscetível de desconhecimento, releva como a alegação de um facto que pode ser objeto de subsequente contestação – cf. SALVATORE PATTI, "L'Efficacia Probatoria del Documento Informatico", in *Rivista di Diritto Processuale*, V. 55, Nº 1, 2000, p. 69.

[381] GIORGIO DI BENEDETTO, *Scrittura Privata e Documento Informatico*, Milano, Giuffrè Editore, 2009, p. 127.

[382] Cf. o nosso *Prova por Presunção no Direito Civil*, 3ª ed., p. 44.

[383] "Forma Elettronica e Nuove Tecniche di Documentazione Formalle Dell'Acordo", in PAOLO CENDON (org.), *I Contratti in Generale*, VII Vol., 2000, p. 165.

Se o imputado autor do documento impugnar tal letra ou assinatura, recai sobre o apresentante do documento o ónus de provar a autoria do documento particular (nº 2 deste art. 374º). O mesmo regime se aplica se a parte contrária, que é confrontada com a apresentação do documento, negar que a assinatura é da pessoa (terceiro) a quem a assinatura é imputada.[384] Incumbe ao apresentante provar a veracidade da assinatura, cabendo-lhe requerer a produção de prova destinada a convencer da sua genuinidade, no prazo de dez dias (art. 445º, nº 2, do CPC).

A prova pode ser estabelecida por qualquer meio (arts. 374º, nº 2 e 445º, nº 2, do CPC), não valendo a limitação do art. 393º.[385] Conforme refere Lebre de Freitas, *A Falsidade no Direito Probatório*, 2ª ed., p. 190, Nota 36, ao estabelecer a inadmissibilidade da prova testemunhal em caso de negócio jurídico formal ou «quando o facto estiver plenamente provado por documento (ou qualquer outro meio com força probatória plena), a lei está vedando o recurso a testemunhas como meio de estabelecer a prova da existência ou do conteúdo duma declaração para a qual é exigida a forma escrita ou de contrariar a prova que haja sido extraída, por presunção legal, de um documento (cf. Arts. 370º nº 1, 371º, nº 1 e 376º, nº 1) *mas sempre ressalvando a possibilidade de ilisão da presunção que estabelece.*» Ou seja, só depois de estar definitivamente assente a prova plena, por preclusão do direito da contrariar ou por improcedência da alegação contrária (vise esta, no caso dos documentos, estabelecer a sua não genuinidade ou a sua falsidade) é que não é mais admissível prova em contrário daquela.

A contraprova é, em regra, admissível, não o sendo se a prova da autoria do documento decorrer de confissão extrajudicial escrita, feita à parte contrária ou a quem a represente (art. 358º, nº 2).

O apresentante do documento tem, assim, um ónus que opera em dois momentos sucessivos: o da produção do documento e o da demonstração da sua autenticidade (coincidência entre autor real e aparente), sendo que este segundo está sujeito à condição suspensiva da exceção (em sentido

[384] Acórdão do Supremo Tribunal de Justiça de 19.3.2019, *Catarina Serra*, 212/13.

[385] «Havendo impugnação da assinatura será ao apresentante do documento que incumbe provar a autoria contestada; para esse efeito, e na falta de disposição legal que o proíba, não está o apresentante do documento impedido de lançar mão de qualquer meio de prova, da mesma forma que, para formar a sua convicção acerca da dita autoria, não está o tribunal impedido de se socorrer de qualquer meio de prova, designadamente da prova testemunhal» (Acórdão do Supremo Tribunal de Justiça de 24.2.2022, *Graça Trigo*, 11/13).

estrito) do desconhecimento por parte do presumível autor. A atividade instrutória desenvolvida tem como resultado final uma decisão sobre a (in) utilizabilidade do documento em causa como meio de prova com a eficácia probatória consignada no Artigo 376º.

Caso não se logre, a final, estabelecer a genuinidade do documento particular que foi impugnado, o mesmo deixa de fazer prova plena quanto às declarações atribuídas ao seu autor, nos termos do art. 376º, mas pode ser utilizado como meio de prova a apreciar livremente pelo tribunal (Artigo 366º).[386]

Este art. 374º não se aplica aos casos em que quem apresenta e se pretende servir dos documentos nos quais foram apostas as impugnadas assinaturas são aqueles a quem as mesmas são imputadas, para o efeito de formular um pedido de indemnização civil fundado na alegação da falsidade das assinaturas e da falta de cumprimento pela contraparte dos deveres de verificação da sua genuinidade, caso em que incumbe ao apresentante o ónus de provar a falsidade das assinaturas.[387]

4. Legitimidade para impugnar a assinatura

O ónus de desconhecer a letra ou assinatura recai, em primeira linha, sobre o imputado autor material das mesmas. Todavia, no caso das pessoas coletivas, pode suceder que, no momento do litígio, o legal representante já não corresponda à pessoa física que assinou, anteriormente, o documento. Nesta eventualidade, a jurisprudência italiana vem afirmando que quem está legitimado para formular o desconhecimento é o legal representante da sociedade, mesmo que se trate de pessoa física diversa da que apôs a assinatura.[388]

O segmento do nº 2 «*não lhe sendo elas imputadas*» reporta-se à junção de documento da autoria de terceiro (não da contraparte), permitindo-se à parte contra quem é apresentado o documento impugnar a letra e/ou assinatura do documento da autoria de terceiro. Também nesta eventualidade, a prova da autoria do terceiro compete ao apresentante do documento.

Sobre a eficácia probatória dos documentos da autoria de terceiro, cf. o comentário ao art. 376º (pp. 181-183).

386 Cf. também Acórdão do Tribunal da Relação de Lisboa de 11.7.2019, *Ana Rodrigues*, 4013/15.

387 Acórdão do Tribunal da Relação de Coimbra de 13.4.2021, *Maria João Areias*, 44/18.

388 Marco Russo, "La scrittura privata in senso stretto", in Alberto Ronco (dir.), *Il Documento nel Processo Civile*, 2011, pp. 112-113.

ARTIGO 375º – RECONHECIMENTO NOTARIAL

1. Se estiverem reconhecidas presencialmente, nos termos das leis notariais, a letra e a assinatura do documento, ou só a assinatura, têm-se por verdadeiras.

2. Se a parte contra quem o documento é apresentado arguir a falsidade do reconhecimento presencial da letra e da assinatura, ou só da assinatura, a ela incumbe a prova dessa falsidade.

3. Salvo disposição legal em contrário, o reconhecimento por semelhança vale como mero juízo pericial.

Remissões: Decreto-lei nº 28/2000, de 13.3 (confere competência para a conferência de fotocópias às juntas de freguesia e ao serviço público de correios, às câmaras de comércio e indústria reconhecidas nos termos do Decreto-Lei nº 244/92, de 29 de Dezembro, aos advogados e aos solicitadores); art. 38º do Decreto-lei nº 76-A/2006, de 29.3 (competência para os reconhecimentos de assinaturas, autenticação e tradução de documentos e conferências de fotocópias); Portaria nº 657-B/2006, de 29.6 (registo informático dos atos praticados pelas câmaras de comércio e indústria, advogados e solicitadores); art. 36º do CN (onde é exarado o reconhecimento); art. 153º, nº 3, do CN (reconhecimento notarial presencial); art. 153º, nº 6, do CN (reconhecimento notarial por semelhança); art. 12º do DL nº 126/2021, de 30.12 (valor probatório dos atos autênticos, termos de autenticação de documentos particulares e reconhecimentos realizados ao abrigo do regime jurídico temporário aplicável à realização, através de videoconferência, de atos autênticos, termos de autenticação de documentos particulares e reconhecimento).

A autoria do documento particular pode ser fixada por reconhecimento presencial da assinatura, feita por notário ou por alguma das outras entidades legalmente habilitadas a tal (cf. legislação citada). Quando assim sucede, o atestador enuncia um facto que foi objeto das suas perceções, qual seja o de que o autor do documento o assinou na sua presença. Deste modo, o termo de reconhecimento integra um ato autêntico, assistindo-lhe a força probatória do documento autêntico, no sentido de que fica feita a prova plena da autoria do documento. Essa prova plena só será afastada pela arguição e prova da falsidade do reconhecimento (cf. art. 372º), *v.g.* que o mesmo não ocorreu na presença de quem atestou.

O nº 2 encerra duas hipóteses: pode provar-se a falsidade do reconhecimento e não obstante serem a letra e assinatura verdadeiras; ou pode provar-se que a assinatura é falsa e neste caso tal acarreta ou arrasta a falsidade do reconhecimento.[389]

Já o reconhecimento por semelhança da assinatura tem o valor de mero juízo pericial (nº 3), o que se compreende porquanto, ao atestar por semelhança, o interveniente intervém materialmente nas vestes de perito. Nesta situação, esta prova é infirmável mediante simples contraprova (art. 346º).

ARTIGO 376º – FORÇA PROBATÓRIA

1. O documento particular cuja autoria seja reconhecida nos termos dos artigos antecedentes faz prova plena quanto às declarações atribuídas ao seu autor, sem prejuízo da arguição e prova da falsidade do documento.

2. Os factos compreendidos na declaração consideram-se provados na medida em que forem contrários aos interesses do declarante; mas a declaração é indivisível, nos termos prescritos para a prova por confissão.

3. Se o documento contiver notas marginais, palavras entrelinhadas, rasuras, emendas ou outros vícios externos, sem a devida ressalva, cabe ao julgador fixar livremente a medida em que esses vícios excluem ou reduzem a força probatória do documento.

Remissões: art. 3º, nº 5, do DL nº 12/2021, de 9.2 (documento eletrónico munido de assinatura eletrónica qualificada).

1. O conteúdo extrínseco e o conteúdo intrínseco do documento

A doutrina italiana apela à distinção entre o conteúdo extrínseco e o conteúdo intrínseco do documento, sendo que esta cisão corresponde – de algum modo – à dicotomia significante/significado. O ***extrínseco*** reporta-se ao documento na sua materialidade de continente, de invólucro formal, abrangendo os aspetos atinentes à formação e proveniência do documento. Por sua vez, o ***intrínseco*** refere-se ao conteúdo do documento, ao que este representa, ao conteúdo negocial das declarações representadas. O intrín-

[389] Acórdão do Tribunal da Relação de Guimarães de 26.9.2019, *Lígia Venade*, 404/13.

seco é que se conjuga diretamente com o *thema probandum*.[390] A prova plena opera quanto ao conteúdo extrínseco (proveniência e existência das declarações, isto é, respeita ao facto histórico de declarar) e não ao conteúdo intrínseco das declarações (sua veracidade intrínseca e validade).[391]

O legislador hierarquiza a prova documental de acordo com o grau de certeza que os documentos podem garantir. Assim, por exemplo, o documento autêntico – em razão da qualidade do documentador – prova por si a proveniência das declarações nele vertidas.[392] Diversamente, o documento particular não faz prova plena da sua proveniência (cf. arts. 374º, nº 1 e 376º, nº 1). Ocorre aqui uma clara diferença estrutural que pode ser assim expressa: o documento autêntico tem a força de uma *probatio probata* na medida em que faz por si a prova da sua proveniência; o documento particular tem uma eficácia menor de *probatio probanda* porquanto a prova da proveniência tem de completar-se com um elemento que lhe é extrínseco.[393] Acompanhando Rizzo, podemos afirmar que toda a disciplina da prova está enformada por um *princípio de simetria*, segundo o qual quanto maior a segurança de uma prova, maior a sua eficácia em sede processual.[394]

A força probatória plena que assiste ao conteúdo extrínseco do documento poderá ser contrariada pela arguição e prova da falsidade material do documento, designadamente pela sua adulteração/alteração gráfica do texto escrito pelo subscritor, ou preexistente à subscrição. A trami-

390 Fabio Rota, "I documenti", *in* Michele Taruffo (org.), *La Prova nel Processo Civile*, "Trattato di Diritto Civile e Commerciale", 2012, p. 588; Luigi Comoglio, *Op. cit.*, p. 427.

391 CF. Francesco Rizzo, *Op. cit.*, pp. 178-179; Enza La Torre, *Op. cit.*, p. 120, Nota 6. Na formulação de Lebre de Freitas, *Op. Cit.*, pp. 58-59, a "prova plena estabelecida pelo documento particular respeita ao plano da formação da declaração, não ao da sua validade e eficácia".

392 Eugenio Gaete González, *Instrumento Público Electrónico*, 3ª ed., Barcelona, Bosch, 2009, pp. 279, 477-478, gradua a eficácia dos atos atinentes ao documento autêntico em três níveis: (i) *verdade imposta* que se reporta aos factos praticados pelo oficial público ou diretamente percecionados pelo mesmo (Artigo 371.1., primeira parte, do CC); (ii) *verdade pressuposta*, constituída por presunções *iuris tantum*, que se reporta aos factos afirmados pelo oficial mas a respeito dos quais tal oficial não pode afirmar que sejam verdadeiros ou falsos, v.g., identidade e capacidade das partes (cf. Artigo 371.1., segunda parte, do CC) e (iii) *verdade posta* que abrange as declarações das partes, cobertas por uma presunção de verdade.

393 Cf. Maria Enza La Torre, *Contributo alla Teoria Giuridica del Documento*, Milano, Giuffrè Editore, 2004, pp. 180-181.

394 *Il Documento Informatico, "Paternità" e "Falsità"*, 2004, p. 93.

tação é a prevista no nº 1 do art. 446º e seguintes do CPC, incumbindo o ónus da prova ao arguente da falsidade. Não é admissível a arguição da falsidade ideológica do documento particular (cf. comentário ao art. 372º, pp. 163-164).

2. O valor probatório formal e o valor probatório material do documento particular

Sobre a prova documental são formulados dois juízos sucessivos e complementares que sedimentam o seu valor probatório final. Em primeiro lugar, há que apurar a proveniência do documento, saber se o autor aparente coincide com o autor real, se o documento provém da pessoa a quem é atribuído (***valor probatório formal***). Confirmado tal pressuposto, há que determinar qual o valor dos atos praticados ou atestados pela entidade documentadora (documento autênticos e autenticados) ou das declarações atribuídas ao autor do documento particular (***valor probatório material***). Nesta sede, a lei presume a veracidade quer dos factos que são referidos como tendo sido praticados pelo oficial público quer da prolação das declarações atribuídas ao seu autor (arts. 371º, 376º e 377º).[395]

Daqui decorre que o insucesso do juízo probatório formal, isto é, a não identificação da proveniência do documento (por inexistência de assinatura ou de outro critério válido de imputação da autoria) tem como consequência a livre apreciação de tal documento (art. 366º).

O documento particular prova plenamente que a pessoa a quem é atribuído fez as declarações dele constantes, ou seja, a força probatória respeita somente à materialidade das declarações feitas no documento.[396]

[395] Teixeira de Sousa, "O Valor Probatório dos Documentos Electrónicos", in *Direito da Sociedade da informação*, 2º vol., Coimbra, Coimbra Editora, 1999, pp. 189-190.
Luigi Comoglio, *Le Prove Civili*, "Trattati Brevi", Terza Edizione, 2010, p. 458, entende que ocorre uma *presunção de veracidade formal* quanto à proveniência das declarações e à materialidade das mesmas, presunção essa ilidível mediante arguição e prova da falsidade do documento (cf. 376.1. do CC). Contudo, não ocorre uma similar presunção de veracidade intrínseca das declarações na medida em que a qualificação e os modos de invalidação do conteúdo declarativo extravasam o âmbito precípuo da eficácia documental.

[396] Vaz Serra, *Provas (Direito Probatório Material)*, 1962, p. 424. «Com efeito, se está assente que o documento emana dessa pessoa, que ela fez as declarações nele contidas, deve ele provar plenamente que esta emitiu as declarações constantes do mesmo documento: se este é genuíno ou verdadeiro (isto é, se a pessoa a quem é atribuído fez declarações que dele constam), não pode a existência das declarações ser contestada» (p. 424).

No que tange a tal materialidade, o juiz não pode ignorar a sua existência em decorrência da natureza de prova legal que assumem.

Provada a materialidade das declarações, há que aquilatar em que medida é que as declarações vinculam o seu autor. Ou seja, há que distinguir entre as regras que regem a eficácia da prova documental e as regras que dispõem sobre a eficácia da prova documental *em razão da declaração documentada*. Conforme refere Vaz Serra, «A eficácia probatória diz respeito somente à materialidade das declarações neles feitas ou dos factos neles referidos, não aos efeitos jurídicos que essas declarações ou factos possam produzir. Ora, dispor que os factos se consideram exatos na medida em que forem contrários aos interesses do autor do documento (...), não é estatuir acerca da força probatória do documento, mas acerca da eficácia dos factos nele mencionados.»[397]

No que tange aos documentos particulares, rege o *princípio da indivisibilidade* segundo o qual os factos compreendidos na declaração consideram-se provados na medida em que forem contrários aos interesses do declarante (*contra se:* factos prejudiciais), sendo a declaração indivisível nos termos prescritos para a prova por confissão (arts. 376º, nº 2 e 360º). Ou seja, o valor probatório material dos factos documentados restringe-se àqueles que sejam desfavoráveis ao declarante porquanto, tratando-se de declarações de ciência, ninguém pode ser testemunha em causa própria e, tratando-se de declarações de vontade, ninguém poder constituir um título a seu favor.[398] É necessário que os factos declarados sejam desfavoráveis ao declarante já no momento em que o escrito é produzido, sem o que a declaração dele constante não pode ser tida como proferida em contrário aos interesses do declarante.[399] Quanto aos factos favoráveis ao declarante vertidos no documento, por força do princípio da indivisibilidade, ocorre uma inversão do ónus da prova, incumbindo à contraparte (declaratário do documento) o ónus de produzir prova no sentido de que os factos favoráveis ao declarante são inexatos.

São aqui pertinentes – *mutatis mutandis* – as considerações expendidas no comentário ao art. 360º sobre as confissões qualificadas e complexas (cf. pp. 113-117).

397 *Provas (Direito Probatório Material)*, 1962, p. 425.

398 Vaz Serra, *Provas (Direito Probatório Material)*, 1962, p. 426.

399 Cf. Acórdão do Supremo Tribunal de Justiça de 7.3.2019, *Rosa Coelho*, 2293/10.

A força probatória plena estabelecida no artigo 376º, nº 2, , apenas se reporta *inter partes*, ou seja, nas relações entre declarante e declaratário, mas não no confronto de terceiros.[400]

3. Os vícios da vontade

A força probatória plena qualificada não prova que as declarações são verdadeiras ou que não estão inquinadas por vícios de vontade (arts. 376º, nº 2, 359º, nº 1 e nº 2). Como refere VAZ SERRA, «A força probatória do documento não se estende aos factos que o documento não prova, *v.g.*, à coincidência entre a vontade e a declaração ou à ausência de vícios da vontade. / O documento prova apenas que o declarante fez as declarações constantes do documento: não prova que tais declarações não estejam porventura afetadas de algum vício suscetível de as invalidar.»[401] A força probatória plena reporta-se tão só às declarações documentadas, ficando por demonstrar que tais declarações correspondiam à realidade dos factos materiais e, sobretudo, não se excluindo a possibilidade de o seu autor demonstrar a inveracidade daqueles factos por qualquer meio de prova[402], com ressalva do disposto no art. 394º, nº 2. Em suma, a força probatória atribuída pelo art. 376º, nº 1, reporta-se à materialidade das declarações documentadas e não à sua exatidão.[403]

Saber se as declarações documentadas vinculam o seu autor é questão que não respeita à força probatória do documento mas sim à eficácia da declaração. As declarações só vinculam o seu autor se forem verdadeiras.[404]

[400] Cf.: Acórdãos do Supremo Tribunal de Justiça de 29.10.2019, *Graça Amaral*, 1012/15, de 23.4.2020, Rosa Tching, ECLI:PT:STJ:2020:308.16.3T8PTM.E1.S2, Acórdão do Tribunal da Relação de Lisboa de 16.10.2014 *Anabela Calafate*, 179/06.

[401] *Provas (Direito Probatório Material)*, 1962, p. 433.

[402] Acórdão do Supremo Tribunal de Justiça de 7.4.2005, *Araújo Barros*, 05B3318.

[403] Acórdãos do Supremo Tribunal de Justiça de 23.11.2005, *Araújo Barros*, 05B3318, de 24.10.2013, *João Trindade*, 2431/09.

[404] Acórdão do Tribunal da Relação de Lisboa de 19.6.2006, *Pimentel Marcos*, 5405/2006. Nas palavras de VAZ SERRA, em anotação ao Acórdão do Supremo de 16.3.76, RLJ, Ano 110º, p. 85: «Desde que o documento se limita a provar que o seu autor fez as declarações que dele constam, não prova que essas declarações correspondam à vontade do declarante; e, desde que os factos compreendidos na declaração se consideram provados na medida em que forem contrários aos interesses do declarante, não está excluído que o interessado se valha dos meios gerais de impugnação da declaração.
A regra do nº 2 do artigo 376º constitui uma presunção fundada na regra de experiência de que quem afirma factos contrários aos seus interesses o faz por saber que são verdadeiros;

4. O valor probatório do documento particular proveniente de terceiro

Os documentos provenientes de terceiros não possuem uma eficácia probatória própria, quer em função do conteúdo quer em função da proveniência. Colocam-se, assim, duas questões quanto a estes documentos: qual o seu valor probatório e se estão sujeitos a impugnação de genuinidade (art. 444º do CPC).

A jurisprudência italiana tem reconhecido a tais documentos um valor puramente indiciário de modo a que – ocorrendo certas circunstâncias tais como (i) a falta de impugnação pela parte contra a qual o documento é produzido, (ii) a presença de instrumentos que demonstram a sua atendibilidade e credibilidade e o concurso com outros elementos probatórios designadamente testemunhais – tais documentos podem sedimentar o convencimento do juiz.[405] No que tange à veracidade das declarações contidas em tal tipo de documentos, haverá que aquilatar: (i) o momento em que foi formado o documento (antes ou depois da eclosão do litígio); (ii) o conhecimento do declarante sobre a existência da controvérsia; (iii) se a declaração é espontânea ou foi feita a pedido de uma das partes; (iv) se a declaração está direcionada a uma das partes ou a terceiro.[406]

A jurisprudência nacional tem afirmado que os documentos provenientes de terceiro são livremente apreciados pelo tribunal nos termos do art. 366º.[407]

essa regra não tem, contudo, valor absoluto, pois pode acontecer que alguém afirme factos contrários aos seus interesses apesar de eles não serem verdadeiros e que essa afirmação seja divergente da sua vontade ou se ache inquinada de algum vício do consentimento: o facto declarado no documento considera-se verdadeiro, embora não o seja, por aplicação das regras da confissão, podendo, porém, o declarante, de acordo com as regras desta, valer-se dos respetivos meios de impugnação.
Pode, por isso, provar o declarante que a sua declaração não correspondeu à sua vontade ou que foi afetada por algum vício do consentimento (cf. Artº 359º)».

[405] Giorgio di Benedetto, *Scrittura Privata e Documento Informatico*, Milano, Giuffrè Editore, 2009, pp. 14, 49-54; Adolfo Ceccarini, *La Prova Documentale nel Processo Civile*, Giuffrè, Milano, 2006, pp. 202-203; Francesco de Santis, *Op. cit.*, pp. 133-134; Fabio Rota, "I documenti", *in* Michele Taruffo (org.), *La Prova nel Processo Civile*, "Trattato di Diritto Civile e Commerciale", 2012, p. 672.

[406] Alberto Ronco, "Riflessioni sulla Disciplina Processuale e Sull'Efficacia Probatoria delle Scritture Provenienti da Terzi", in *Rivista di Diritto Civile*, Anno XXXII, 1986, Parte Seconda, p. 561.

[407] Cf. Acórdãos do STJ de 34.5.2005, *Ferreira Girão*, 05B1094, de 29.1.2008, *Santos Bernardino*, Revista n-º 4528/07, Sumários do STJ.

Cremos que estes documentos podem ser idóneos a integrar factos-base de presunções judiciais. Conforme já defendemos noutro lugar, num sistema de persuasão racional da prova, a prova por presunção possui igual hierarquia na suscetibilidade de influir na formação da convicção do julgador, ressalvadas as disposições que restringem a prova por presunções/testemunhas (arts. 393º a 395º) e situações de colisão da prova por presunção com um meio de prova legal ou tarifada.[408]

Atento o segmento do nº 2 do art. 374º (*"não lhe sendo elas imputadas"*), é admissível a impugnação da letra e/ou assinatura de documento proveniente de terceiro. Nesta eventualidade, cabe à parte que produziu/juntou o documento o ónus de provar a sua veracidade formal, isto é, que o mesmo provém da pessoa a quem é imputado sob pena de o documento não ter qualquer valor probatório, nem sequer como facto-base de presunção judicial.[409] A tramitação correspondente é a prevista no art. 444º,nº 1, 445º, 448º e 449º do CPC . O insucesso desta atividade instrutória ou a sua omissão conduzem à inutilizabilidade do documento proveniente de terceiro como prova naquele processo, vício que a jurisprudência italiana classifica como de ineficácia do documento.[410]

5. A declaração de IRS

A declaração de IRS corresponde a um documento particular que tem como declarante o contribuinte e como declaratário o fisco, cujos factos hão de considerar-se provados apenas entre o contribuinte e o fisco. Em relação a terceiros, *v.g.* seguradora, a declaração vale como elemento de prova a apreciar livremente pelo tribunal.[411] O nº 7 do Artigo 64º do Regime

[408] Cf. os nossos *Prova por Presunção no Direito Civil*, 3ª ed., p. 26, e *Prova Testemunhal*, Almedina, 2013, p. 346.

[409] Giorgio di Benedetto, *Op. Cit.*, pp. 54-56; Adolfo Ceccarini, *Op. Cit.*, p. 204; Salvatore Patti, *Prova Documentale*, 1996, pp. 87-88.

[410] Cf. Margherita Dominici, "La querela de falso" in Alberto Ronco (dir.), *Il Documento nel Processo Civile*, 2011, p. 296 e Pasqualina Farina, *La Querela Civile di Falso*, Roma Tre-Press, 2018, p. 232.

[411] No resumo do Acórdão do Tribunal da Relação de Coimbra de 11.10.2022, *Cristina Neves*, 1170/21: Das declarações efectuadas em sede de IRS pela exequente decorre, perante a Administração Fiscal, uma presunção legal de veracidade desta declaração. Perante terceiros à relação tributária, estas declarações constantes de documentos particulares estão sujeitas à livre apreciação do julgador por apenas o fisco, reconhecida a sua autoria pelo contribuinte, poder invocar a força probatória que advém do artº 376 do C.C.

do Seguro Obrigatório Automóvel veio dispor que: «*Para efeitos de apuramento do rendimento mensal do lesado no âmbito da determinação do montante da indemnização por danos patrimoniais a atribuir ao lesado, o tribunal deve basear-se nos rendimentos líquidos auferidos à data do acidente que se encontrem fiscalmente comprovados, uma vez cumpridas as obrigações declarativas relativas àquele período, constantes da legislação fiscal.*» O que deriva da interpretação desta norma é que a declaração de IRS tem um valor reforçado, sendo utilizada como suporte de partida e componente predominante da prova do facto, mas sem que fique vedado ao tribunal conjugar esse elemento com outros meios de prova, no campo da livre apreciação, sem prejuízo do suporte de arranque mais relevante dever ser a declaração fiscal.[412]

Sobre tal norma , recaiu o Acórdão nº 221/2019 do Tribunal Constitucional, nos termos do qual foi decidido declarar a inconstitucionalidade, com força obrigatória geral, por violação da reserva relativa de competência legislativa da Assembleia da República em matéria de direitos, liberdades e garantias prevista no art. 165º, nº 1, alínea b), da Constituição, da norma constante no nº 7 do art. 64º do Decreto-Lei nº 291/2007, de 21 de agosto, na redação introduzida pelo Decreto-Lei nº 153/2008, de 6 de agosto, segundo a qual, nas ações destinadas à efetivação da responsabilidade civil decorrente de acidente de viação, para efeitos de apuramento do rendimento mensal do lesado, no âmbito da determinação do montante da indemnização por danos patrimoniais a atribuir ao mesmo, o tribunal apenas pode valorar os rendimentos líquidos auferidos à data do acidente, que se encontrem fiscalmente comprovados, após cumprimento das obrigações declarativas legalmente fixadas para tal período.

6. Jurisprudência dos tribunais superiores sobre o documento particular

Na jurisprudência dos tribunais superiores sobre o documento particular, ressaltam os seguintes arestos:

- As faturas, enquanto documentos particulares gozam, nos termos do disposto no artigo 376º, nº 1, do Código Civil, de força probatória plena quanto à materialidade das declarações atribuídas ao seu autor, se apresentados contra este. Se é o autor dos documentos a

[412] Cf. Acórdão do Supremo Tribunal de Justiça de 11.1.2011, *Alves Velho*, 6026/04, CJ 2011-I, pp. 39-43.

utilizá-los ficam sujeitos à livre apreciação do Tribunal, cabendo-lhe produzir livremente prova sobre a exatidão do respetivo conteúdo (Acórdão do Supremo Tribunal de Justiça de 12.1.2022, *Rosa Tching*, 553/19);

- O registo clínico elaborado e subscrito pela médica dentista constitui um documento particular, do qual consta informação sobre as observações clínicas relevantes do paciente, evolução do seu estado de saúde e procedimentos médicos adotados. / Nenhuma das normas legais relativas ao registo clínico determina que este constitui documento com força probatória plena quanto à observância ou inobservância das *leges artis* por parte do médico, conducente à impossibilidade de recorrer a outros meios de prova para apurar tal factualidade, de acordo com o previsto nos arts. 364º, nº 1 e 393º, nº 1, do CC. / O valor probatório do registo clínico é aquele que resulta das normas legais aplicáveis aos documentos particulares, *i.e.*, a força probatória atribuída pelo art. 376º, nº 1 do CC reporta-se à materialidade das declarações documentadas, mas não à sua veracidade ou exatidão; saber se o que está documentado ocorreu, de facto, é matéria que não se encontra abrangida pela força probatória do documento em causa, que, nessa parte, pode ser livremente apreciado pelo juiz (art. 396º do CC) (Acórdão do Supremo Tribunal de Justiça de 21.4.2022, *Graça Trigo*, 1045/20);
- Os ficheiros eletrónicos registados juntos da AT não possuem força probatória plena; ainda que tais ficheiros eletrónicos sejam equiparáveis a documentos particulares (cf. art. 3º, º 2, do DL º 290-D/99, de 02.08, diploma em vigor nas datas invocadas pela autora), a sua força probatória plena circunscreve-se aos factos *«que forem contrários aos interesses do declarante»* (art. 376º, nº 2, do CC) (Acórdão do Supremo Tribunal de Justiça de 30.11.2022, *Graça Trigo*, 56347/19).

ARTIGO 377º - DOCUMENTOS AUTENTICADOS

Os documentos particulares autenticados nos termos da lei notarial têm a força probatória dos documentos autênticos, mas não os substituem quando a lei exija documento desta natureza para a validade do ato.

Remissões: art. 80º do CN (exigência de escritura pública); art. 151º do CN (requisitos dos termos de autenticação); art. 707º do CPC (exequibilidade dos documentos autênticos ou autenticados); art. 12º do DL nº 126/2021, de 30.12 (valor probatório dos atos autênticos, termos de autenticação de documentos particulares e reconhecimentos realizados ao abrigo do regime jurídico temporário aplicável à realização, através de videoconferência, de atos autênticos, termos de autenticação de documentos particulares e reconhecimento).

O documento autenticado constitui uma modalidade de documento particular, com a particularidade de a parte escrever ou mandar escrever o documento, declarando perante o oficial público que confirma o conteúdo do documento (cf. art. 150º, nº 1, do CN).

Os documentos particulares autenticados quer perante o notário quer perante outras entidades (art. 38º, nº 1 e nº 2, do Decreto-lei nº 76-A/2006, de 29.3) têm a força probatória dos documentos autênticos, pelo que fazem prova plena quanto aos factos praticados ou atestados (declarações proferidas pela parte) pela entidade documentadora (arts. 363º, nº 3, 377º e 371º). A força probatória plena incide sobre os atos de autenticação realizados pelo notário e não sobre o conteúdo do próprio documento.

Aos documentos particulares autenticados assiste a força probatória dos documentos autênticos (cf. art. 371º). Todavia, os documentos autenticados não substituem os documentos autênticos quando estes sejam exigidos como formalidade *ad substantiam* (sobre esta matéria, cf. o comentário ao art. 364º, a pp. 128 e ss.).

Nos termos do art. 12º do DL nº 126/2021, de 30.12, «*Os atos autênticos, termos de autenticação de documentos particulares e reconhecimentos realizados ao abrigo do presente decreto -lei têm o mesmo valor probatório dos atos realizados presencialmente, desde que observados os requisitos nele previstos.*» Todavia, «*A preterição das formalidades instituídas pelo presente decreto-lei determina a nulidade dos atos realizados ao seu abrigo*» (art. 13º). Este diploma tem uma vigência temporária entre 4.4.2022 e 4.4.2024.

ARTIGO 38º DO DECRETO-LEI Nº 76-A/2006, DE 29.3

COMPETÊNCIA PARA OS RECONHECIMENTOS DE ASSINATURAS, AUTENTICAÇÃO E TRADUÇÃO DE DOCUMENTOS E CONFERÊNCIA DE CÓPIAS

1 – Sem prejuízo da competência atribuída a outras entidades, as câmaras de comércio e indústria, reconhecidas nos termos do Decreto-Lei nº 244/92, de 29 de outubro, os conservadores, os oficiais de registo, os advogados e os solicitadores podem fazer reconhecimentos simples e com menções especiais, presenciais e por semelhança, autenticar documentos particulares, certificar, ou fazer e certificar, traduções de documentos, nos termos previstos na lei notarial, bem como certificar a conformidade das fotocópias com os documentos originais e tirar fotocópias dos originais que lhes sejam presentes para certificação, nos termos do Decreto-Lei nº 28/2000, de 13 de março.

2 – Os reconhecimentos, as autenticações e as certificações efetuados pelas entidades previstas nos números anteriores conferem ao documento a mesma força probatória que teria se tais atos tivessem sido realizados com intervenção notarial.

3 – Os atos referidos no nº 1 apenas podem ser validamente praticados pelas câmaras de comércio e indústria, advogados e solicitadores mediante registo em sistema informático, cujo funcionamento, respetivos termos e custos associados são definidos por portaria do Ministro da Justiça.

4 – Enquanto o sistema informático não estiver disponível, a obrigação de registo referida no número anterior não se aplica à prática dos atos previstos nos Decretos-Leis n. os 237/2001, de 30 de agosto, e 28/2000, de 13 de março.

5 – O montante a cobrar, pelas entidades mencionadas no nº 3, pela prestação dos serviços referidos no nº 1, não pode exceder o valor resultante da tabela de honorários e encargos aplicável à atividade notarial exercida ao abrigo do Estatuto do Notariado, aprovado pelo Decreto-Lei nº 26/2004, de 4 de fevereiro.

6 – As entidades referidas no nº 1, bem como os notários, podem certificar a conformidade de documentos eletrónicos com os documentos originais, em suporte de papel, em termos a regulamentar por portaria do membro do Governo responsável pela área da justiça.

7 – As entidades mencionadas no número anterior podem proceder à digitalização dos originais que lhes sejam apresentados para certificação.

Remissões: arts. 150º e 151º do CN (documentos autenticados e requisitos da autenticação); art. 153º do CN (reconhecimentos notarias simples ou com menções especiais); art. 707º do CPC (exequibilidade dos documentos autênticos ou autenticados); Decreto-lei nº 28/2000, de 13.3 (confere competência para a conferência de fotocópias às juntas de freguesia e ao serviço público de correios, CTT – Correios de Portugal, S. A., às câmaras de comércio e indústria).

As entidades referidas no nº 1 podem fazer reconhecimentos simples e com menções especiais, tal como os notários (cf. art. 153º do CN).

Embora o nº 1 não se refira expressamente aos advogados estagiários, devem os mesmos, desde que estejam já na segunda fase do estágio e atuem sob orientação do patrono, considerar-se incluídos na previsão (cf. art. 189º, nº 1, al. a), do anterior Estatuto da Ordem dos Advogados, correspondente ao atual art. 196º, nº 1, al. a), da Lei nº 145/2015, de 9.9; Acórdão do Tribunal da Relação de Coimbra de 3.6.2014, *Artur Dias*, 4790/11).

Nos termos do nº 3, os atos referidos no nº 1 devem ser objeto de registo em sistema informático, regulamentado na Portaria nº 657-B/2006 de 20.7. Nos termos do art. 1º desta Portaria, a validade dos reconhecimentos simples e com menções especiais, presenciais e por semelhança, das autenticações de documentos particulares e da certificação, ou realização e certificação, de traduções de documentos nos termos previstos na lei notarial, efetuados por câmaras de comércio e indústria, reconhecidas nos termos do Decreto-Lei nº 244/92, de 29.10, advogados e solicitadores, depende de registo em sistema informático. Esta formalidade justifica-se por razões de segurança, certeza jurídica e salvaguarda da fé pública associada a este tipo de documento.

O registo em sistema informático tem de identificar a natureza e espécie respetiva (art. 3º, al. a), da referida Portaria), v.g., reconhecimento simples ou documento particular autenticado.

Atenta a natureza cogente do nº 3 do art. 38º e dos arts. 1º e 4º da Portaria, o registo informático assume, na economia desses diplomas, a natureza de formalidade essencial, cuja inobservância contende com a validade da autenticação realizada, de modo que um registo de autenticação que pretira o que dispõe o artigo 3º, al. a), da citada Portaria é inválido (cf. Acórdão do Tribunal da Relação de Coimbra de 21.1.2020, *Vítor Amaral*, 4388/18).

Nos termos do nº 1, do art. 4º da Portaria, «*O registo informático é efetuado no momento da prática do ato, devendo o sistema informático gerar um número de identificação que é aposto no documento que formaliza o ato.*» E, prossegue o nº 2: «*Se, em virtude de dificuldades de carácter técnico, não for possível aceder ao sistema no momento da realização do ato, esse facto deve ser expressamente referido no documento que o formaliza, devendo o registo informático ser realizado nas quarenta e oito horas seguintes.*» A inobservância do referido condicionalismo temporal implica que o documento particular não chega sequer a adquirir a natureza de documento particular autenticado, não podendo, nessa medida, servir de base à ação executiva (Acórdãos do Tribunal da Relação do Porto de 23.1.2017, *Baldaia de Morais*, 4871/14, de 8.11.2018, *Paulo Dias da Silva*, 3261/17, de 9.3.2020, *Diogo Rodrigues*, 9446/19). O período temporal de 48 horas, referido nº 2 do artº 4º, respeita ao momento da elaboração do termo de autenticação do documento e do registo do mesmo, e não à celebração do contrato e respetiva autenticação (Acórdão do Tribunal da Relação do Porto de 22.10.2020, *Francisca Mota Vieira*, 7633/20).

ARTIGO 378º – ASSINATURA EM BRANCO

Se o documento tiver sido assinado em branco, total ou parcialmente, o seu valor probatório pode ser ilidido, mostrando-se que nele se inseriram declarações divergentes do ajustado com o signatário ou que o documento lhe foi subtraído.

A redação e assinatura do documento particular podem ocorrer a dois tempos, sendo o documento primeiramente assinado em branco e, depois preenchido por outro sujeito, o qual deverá atender ao teor do pacto de preenchimento ou às indicações fornecidas pelo subscritor. Uma vez preenchido o documento, pode o subscritor arguir que as declarações apostas no documento são diversas das que deviam ser aí exaradas, nos termos do pacto de preenchimento ou das instruções dadas. Esta desconformidade integra um caso de *falsidade material* porquanto quem preencheu o documento, fê-lo alterando as declarações do subscritor no momento do preenchimento do documento.[413] Em Itália, a jurisprudência e alguma doutrina sustentam que o preenchimento do documento com declarações diversas das ajustadas com o subscritor não influi na autenticidade do documento, mas representa um vício da vontade impugnável através das ações de impugnação do negócio jurídico, designadamente com invocação do erro obstativo.[414]

No caso do documento ser subtraído com a assinatura em branco e posteriormente preenchido, o vício já será uma *contrafação* na medida em que o autor real do documento não coincide com o autor aparente do mesmo.

A arguição e prova da subtração do documento assinado em branco, bem como da inserção nele de declarações diversas das ajustadas com o signatário (preenchimento abusivo), compete ao subscritor, aplicando-se a tramitação do nº 1 do art. 446º do CPC.

Quanto à prova do preenchimento abusivo de cheque emitido com data em branco, no Acórdão de Uniformização de Jurisprudência de 14.5.1996 decidiu-se que: «*Em processo de embargos de executado é sobre o embargante, subscritor do cheque exequendo, emitido com data em branco e posteriormente completado pelo tomador ou a seu mando, que recai o ónus da prova da existência de acordo de preenchimento e da sua inobservância.*»

Demonstrando-se a violação do pacto de preenchimento ou a subtração do documento, fica impedida a atribuição de qualquer valor probatório ao documento.[415]

ARTIGO 379º – VALOR DOS TELEGRAMAS

Os telegramas cujos originais tenham sido escritos e assinados ou somente assinados, pela pessoa em nome de quem são expedidos, ou por outrem a seu rogo, nos termos do nº 4 do artigo 373º, são considerados para todos os efeitos como documentos particulares e estão sujeitos, como tais, ao disposto nos artigos anteriores.

[413] Lebre de Freitas in Ana Prata (Coord.), *Código Civil Anotado*, Vol. I, Almedina, 2017, p. 467.

[414] Cf. Margherita Dominici, "La querela de falso" in Alberto Ronco (dir.), *Il Documento nel Processo Civile*, 2011, pp. 290-291; Salvatore Patti, *Prove*, Zanichelli Editore, pp. 396-397.

[415] Neste sentido, cf. João de Castro Mendes e Miguel Teixeira de Sousa, *Manual de Processo Civil*, Vol. I, AAFDL, 2022, p. 537.

Remissão: art. 97º do Código Comercial (admissibilidade da correspondência telegráfica e seu valor).

O telegrama consiste num despacho escrito, entregue ao destinatário por serviço público, o qual contém uma mensagem do emitente, que a ordena por forma escrita ou por telefone (telegrama telefonado). Quando a mensagem é ordenada por forma escrita, o original fica depositado no serviço público respetivo.

Para os casos em que o original é escrito e assinado ou somente assinado pelo emitente, esta norma equipara o telegrama ao documento particular, o que significa que a subscrição adquire autenticidade pelas quatro vias analisadas no comentário ao art. 374º (pp. 171-172), estando também sujeita a impugnação nos termos do nº 1 do art. 444º do CPC.

No caso de telegrama telefonado, a prova da sua emissão e encargo conferido da transmissão alcança-se por quaisquer meios, incluindo a prova indiciária assente na identificação do número de telefone donde foi feito o telefonema, pela referência ao emitente contido no texto do telegrama ou pela sucessiva correspondência entre as partes.[416]

SUBSECÇÃO IV – DISPOSIÇÕES ESPECIAIS

ARTIGO 380º – REGISTOS E OUTROS ESCRITOS

1. Os registos e outros escritos onde habitualmente alguém tome nota dos pagamentos que lhe são efetuados fazem prova contra o seu autor, se indicarem inequivocamente, posto que mediante um simples sinal, a receção de algum pagamento; mas o autor do escrito pode provar, por qualquer meio, que a nota não corresponde à realidade.

2. Têm igual força probatória os mesmos escritos, quando feitos e assinados por outrem, segundo instruções do credor.

3. É aplicável nestes casos a regra da indivisibilidade, nos termos prescritos para a prova por confissão.

[416] Cf. Rafaela di Iorio, "Le altre scriturre private, le copie e il telefax", in Alberto Ronco (dir.), *Il Documento nel Processo Civile*, 2011, p. 121; Salvo Leuzzi, *I Mezzid di Prova Nel Processo. Formazione, Acquisizione, Integrazione*, Giuffrè Editore, 2013, p. 290.

Remissões: art. 44º do Código Comercial (força probatória da escrituração); art. 360º (indivisibilidade da confissão); art. 382º (cancelamento dos escritos ou notas).

Este artigo rege sobre o valor probatório de escritos, não assinados pelo seu autor, nos quais este toma nota dos pagamentos que lhe são efetuados, indicando, de forma inequívoca, a receção de algum pagamento. Abarcam-se aqui os documentos que o autor utiliza, habitualmente, para manter um registo dos pagamentos que lhe são efetuados. O escrito pode estar registado tanto a tinta como a lápis. Quanto ao âmbito subjetivo de aplicação da norma, por confronto com a norma especial do art. 44º do Código Comercial, a norma aplica-se a pessoas que não exercem a atividade comercial bem como a comerciantes, desde que o escrito em causa não conste dos livros de escrituração comercial.

Estes documentos têm, na sua génese, a natureza de apontamentos destinados a guardar memória, não sendo gerados como declarações conscientemente dirigidas a quem beneficiam. Daqui emergem duas consequências importantes. Em primeiro lugar, não lhes pode assistir a natureza de confissão extrajudicial, razão pela qual a lei lhes confere a singela natureza de prova, não lhes assistindo a eficácia de prova plena. A força probatória destes registos pode ser afastada por recurso a qualquer meio de prova e sem as restrições a que alude o art. 394º do mesmo diploma (Acórdão do Supremo Tribunal de Justiça de 14.4.2015, *Clara Sottomayor*, 1899/12, *Sumários*). Em segundo lugar, a autografia não deve, em conformidade, constituir um elemento essencial da fatispécie, razão pela qual a norma «deve aplicar-se mesmo no caso de documentos escritos à máquina ou informáticos.»[417]

Subsumem-se à previsão da norma os apontamentos insertos em folhas soltas.[418]

A menção ao *pagamento* deve entender-se de forma ampla, abrangendo a extinção de uma obrigação em espécie, que não apenas a entrega de uma soma pecuniária.

Decorre do nº 2 que assume a autoria do documento quem o manda escrever, sendo que, quando feito por terceiro segundo instruções do credor, o escrito tem de ser assinado pelo terceiro. Este terceiro pode ser um empregado, secretário, alguém «que pela sua qualidade ou profissão

[417] Salvatore Patti, *Prove*, Zanichelli Editore, 2015, p. 447.

[418] Cf. Salvatore Patti, *Op. Cit.*, p. 448.

estivesse encarregado pelo autor moral de lavrar os registos de que se trata.»[419]Apesar de assinado, a valoração do escrito será efetuada nos termos do nº 1.

No que tange ao regime de impugnação, há que distinguir consoante o documento esteja manuscrito ou não. Na primeira eventualidade, a impugnação reporta-se à letra de quem elaborou o escrito ou à conformidade do escrito às instruções recebidas (cf. art. 444º, nº 1, do CPC). Caso o documento não seja manuscrito, a impugnação da respetiva autoria demanda que o apresentante a prove por outro meio, que não a veracidade da letra do seu autor material.

Por força do nº 3, é aplicável a regra da indivisibilidade prevista para a confissão, de modo que o beneficiário do registo ou escrito não pode cindir o escrito, utilizando apenas os segmentos favoráveis descartando os segmentos favoráveis ao autor do escrito. Aplica-se, assim, o que ficou dito no comentário ao art. 360º (cf. pp. 113 e ss.).

ARTIGO 381º - NOTAS EM SEGUIMENTO, À MARGEM OU NO VERSO DO DOCUMENTO

1. A nota escrita pelo credor, ou por outrem segundo instruções dele, em seguimento, à margem ou no verso do documento que ficou em poder do credor, ainda que não esteja datada nem firmada, faz prova do facto anotado, se favorecer a exoneração do devedor.

2. Idêntico valor é atribuído à nota escrita pelo credor, ou segundo instruções dele, em seguimento, à margem ou no verso de documento de quitação ou de título de dívida em poder do devedor.

3. A força probatória das notas pode ser contrariada por qualquer meio de prova; mas, quando se trate de quitação no documento ou título em poder do devedor, se a nota estiver assinada pelo credor, são aplicáveis as regras legais acerca dos documentos particulares assinados pelo seu autor.

Remissão: art. 382º (cancelamento dos escritos ou notas).

[419] Maria Joana Féria Colaço in Ana Prata (Coord.), *Código Civil Anotado*, Vol. I, Almedina, 2017, p. 864.

Este preceito rege sobre a nota escrita feito pelo credor em documento que não constitua o registo habitual das suas notas, caso em que se aplica o artigo anterior.

A aposição de nota escrita, em seguimento, à margem ou no verso do documento (depois da finalização deste), que ficou em poder do credor (não se exigindo que tenha permanecido sempre na posse do credor), mesmo que não datada nem assinada, faz prova do facto anotado desde que este favoreça a exoneração do devedor. A anotação pode ser feita por terceiro (cf. anotação anterior), incluindo mandatário com poderes para cobrar dívidas e dar quitações, desde que em conformidade com as instruções do credor.

O valor probatório da nota escrita não está subordinado à subscrição do devedor. A autografia não é requisito necessário da nota escrita, podendo a proveniência da declaração ser demonstrada pela aposição de um carimbo do credor ou pelo reconhecimento em juízo pelo credor contra quem são produzidas as notas escritas.[420]

Da nota liberatória emerge a prova de facto extintivo do débito e não propriamente uma presunção do pagamento.

O nº 2 particulariza o regime para a eventualidade de, após a aposição da nota escrita liberatória, o documento de quitação ou título de dívida ficar em poder do devedor. Em tal cenário, flui da experiência comum que tal nota é escrita após o pagamento, sendo que o credor não a aporia na ausência deste (*declaratio contra se*).

O nº 3 rege sobre a ilisão da força probatória da nota liberatória, a qual pode ser amplamente afastada nos mesmos termos já analisados na anotação ao artigo anterior, quando se esteja perante nota escrita em documento na posse do credor. Já se o documento ou título estiver na posse do devedor, e tratando-se de quitação (cf. art. 787º), são aplicáveis as regras gerais dos documentos particulares assinados pelo autor, o que remete para o regime do art. 376º, nº 1 e para a sujeição às restrições probatórias decorrentes dos arts. 393º e 394º. Se a nota não estiver assinada pelo credor, apesar de ter a eficácia probatória prevista no nº 2, a respetiva força probatória já será, novamente, ilidível por qualquer meio probatório.

No que tange à articulação deste regime com a eventual exigência de documento particular para a quitação, haverá que distinguir entre a prova

[420] Cf. Rafaela di Iorio, "Le altre scriturre private, le copie e il telefax", in Alberto Ronco (dir.), *Il Documento nel Processo Civile*, 2011, p. 128.

do pagamento e a prova da obrigação, admitindo-se que a prova do pagamento se faça sem documento particular uma vez que as razões subjacentes à exigência da formalidade para a prova da obrigação parecem ser estranhas à prova do pagamento.[421]

ARTIGO 382º - CANCELAMENTO DOS ESCRITOS OU NOTAS

Se forem cancelados pelo credor, os escritos a que se referem os dois artigos anteriores perdem a força probatória que neles lhes é atribuída, ainda que o cancelamento não prejudique a sua leitura, salvo quando forem feitos por exigência do devedor ou de terceiro, nos termos do artigo 788º.

Em caso de cancelamento dos escritos a que se reportam os artigos 380º e 381º, há que distinguir consoante (i) o cancelamento seja da iniciativa do credor ou (ii) por exigência do devedor ou de terceiro, nos precisos termos do art. 788º. Se o cancelamento provier da iniciativa do credor, os escritos deixam de ter a força probatória que lhes é atribuída nos arts. 380º e 381º, mesmo que o cancelamento não prejudique a sua leitura. O seu valor probatório passa a ser livremente valorado, nos termos do art. 366º. Esta degradação da força probatória conforma-se às situações em que o credor tenha razões atendíveis para efetuar tal cancelamento, *v.g.* antecipação da nota escrita face a pagamento que, efetivamente, não ocorreu. De modo que o devedor pode alegar e provar que insubsistem razões válidas para o cancelamento, traduzindo-se este numa atuação deliberada em prejuízo do devedor. Se o credor cancela o escrito em cumprimento de exigência do devedor ou de terceiro, nos precisos termos que são admitidos no art. 788º, persiste o valor probatório atribuídos aos escritos nos termos dos arts. 380º e 381º.

[421] Cf. Vaz Serra, "Do cumprimento como modo de extinção das obrigações", BMJ, nº 34, 1953, p. 139, *apud* Maria Joana Féria Colaço in Ana Prata (Coord.), *Código Civil Anotado*, Vol. I, Almedina, 2017, p. 867.

ARTIGO 383º – CERTIDÕES

1. As certidões de teor extraídas de documentos arquivados nas repartições notariais ou noutras repartições públicas, quando expedidas pelo notário ou por outro depositário público autorizado, têm a força probatória dos originais.

2. A prova resultante da certidão de teor parcial pode ser invalidada ou modificada por meio da certidão de teor integral.

3. Qualquer interessado, e bem assim a autoridade pública a quem for exibida, para efeito de prova, uma certidão parcial, podem exigir do apresentante a exibição da certidão integral correspondente.

Remissões: arts. 160º, nº 1 e 167º (requisitos da certidão notarial), 164º (certidões), 165º (espécies de certidões), 168º (certidões de teor integral) e 169º (certidões de teor parcial), todos do CN; art. 268º, nº 2, da Constituição (direito de acesso aos arquivos); arts. 83º (consulta do processo e passagem de certidões) e 84º do Código de Procedimento Administrativo (certidões independentes de despacho); art. 13º, nº 1, al. c), da Lei nº 26/2016, de 22.8 (certidão como meio de acesso aos documentos administrativos); art. 8º, nº 2, al. g), da Lei nº 2/2004, de 15.1 (competência dos titulares de cargos de direção intermédia de 2º grau para autorizar a passagem de certidões); Portaria nº 1416-A/2006, de 19.12. (certidão permanente do registo comercial), Portaria nº 1513/2008, de 23.12 (certidão permanente do registo predial); Portaria nº 181/2017, de 31.5 (certidão online do registo civil); Portaria nº 121/2021, de 9.6 (certidão notarial permanente); art. 144º, nº s. 2, 4 e 5 do CPC (documentos enviados por meio eletrónico têm a força probatória dos originais, nos termos definidos para as certidões, sem prejuízo de ser ordenada a exibição dos originais).

Este artigo e os subsequentes regulam a eficácia probatória das cópias (em geral) em função da competência do oficial público que as emite, das formalidades observadas na sua emissão bem como da possibilidade de se operar o confronto com o original.

A certidão consiste numa «cópia de documento, autêntico ou particular, arquivado em repartição notarial o outra repartição pública, cujo teor reproduz por meio não fotográfico»[422], podendo ser de teor (se reproduz

[422] Lebre de Freitas in Ana Prata (Coord.), *Código Civil Anotado*, Vol. I, Almedina, 2017, p. 471.

literalmente o original) ou narrativa (se reproduz, por extrato, o conteúdo do original).

Nos termos do nº 1, a certidão de teor extraída de documento arquivado nas repartições notarias ou noutras repartições públicas, desde que expedidas pelo notário ou por qualquer outro depositário público autorizado, tem a força probatória do original. Em primeiro lugar, isto significa que, para efeitos probatórios, é indiferente utilizar a certidão ou original, sendo que este, em regra, não circula estando à guarda de quem emite a certidão. Em segundo lugar, a fé pública da certidão reporta-se à exatidão material da reprodução literal do original, sendo que o original pode ser um documento particular ou um documento autêntico. Se o original for um documento particular, a certidão tem os limites próprios do documento particular, ou seja, a letra e assinatura do documento particular (ou só esta) podem ser impugnadas nos termos gerais (cf. arts. 374º, nº 1, e art. 444º, nº 1, este do CPC) ou ser objeto de reconhecimento tácito. Na verdade, o controlo da fidelidade da certidão processa-se pelo confronto com o original (cf. art. 385º), o que constitui realidade distinta da autenticidade do original. Conforme clarifica Di Benedetto, «A autenticidade da cópia exaure-se na sua conformidade com o original enquanto a autenticidade do original diz respeito, quanto ao documento particular, à sua proveniência daquele contra quem é produzido.»[423] De modo que podem existir cópias inautênticas de originais autênticos ou não autênticos bem como cópias autênticas de originais autênticos e não autênticos. Em suma e no que tange aos factos documentados pelo original, à certidão não assiste maior força probatória do que aquela que assiste ao original, provando a certidão apenas a existência do documento original e do respetivo conteúdo. Na parte em que atesta a conformidade ao original, a certidão integra um documento autêntico.

No Acórdão do Tribunal da Relação de Évora de 17.1.2019, *Ana Leite*, 225/16, entendeu-se que, no caso de uma certidão extraída de um documento original de um instituto público, o documento original não tem força probatória plena no que respeita à realidade fáctica nele exposta, se os respetivos subscritores não invocam o conhecimento direto de tais factos, os quais não atestam com base na respetiva perceção direta, mas sim com fundamento na interpretação de elementos documentais e na

[423] *Scrittura Privata e Documento Informatico*, Giuffrè Editore, 2009, p. 131.

consulta efetuada à bibliografia que citam, valendo o conteúdo fáctico do documento como um elemento sujeito à livre apreciação do julgador, nos termos previstos na parte final do nº 1 do art. 371º.

No que tange à exegese do que seja ***repartição pública***, para efeitos do nº 1, a mesma abrange «todos os serviços do Estado e das demais pessoas coletivas públicas, nos quais se encontrem depositados e guardados documentos que constituem um arquivo público.»[424] Quanto à densificação do que seja o ***depositário público autorizado*** emitente da certidão, «Se não houver norma expressa que identifique os funcionários habilitados e emiti-las, deve considerar-se que o poder certificador cabe aos funcionários a quem as leis ou os regulamentos atribuírem a responsabilidade da conservação e guarda dos arquivos, como são tipicamente os funcionários dirigentes das secretarias administrativas», sendo que esta regra da competência implícita se impõe para não questionar a garantia constitucional de informação procedimental e de acesso aos arquivos administrativos.[425]

Nos termos do nº 2, a prova resultante da certidão de teor parcial pode ser invalidada ou modificada por meio da junção/exibição da certidão do teor integral.

Qualquer interessado, ou a autoridade pública a quem for exibida a certidão, pode exigir ao apresentante a exibição da certidão integral correspondente, cabendo este encargo ao apresentante da certidão parcial. Em caso de desconformidade, sucumbe a força probatória da certidão (cf. supra).

O pedido do confronto da certidão com o original de onde foi extraída deve ser efetuado no prazo de 10 dias contados da apresentação da certidão (art. 444º, nº 3, do CPC).

A Portaria nº 121/2021, de 9.6, veio criar o arquivo eletrónico de documentos lavrados por notário bem como a certidão notarial permanente. Nos termos do art. 9º, nº 1, da referida Portaria, «*Para que seja reconhecido aos documentos arquivados eletronicamente o mesmo valor probatório dos documentos originais é sucessivamente aposta aos documentos arquivados eletronicamente assinatura eletrónica qualificada e selo temporal qualificado, com validade máxima de 10 anos, pela Ordem dos Notários, enquanto entidade gestora da plataforma eletró-*

[424] Maria Joana Féria Colaço in Ana Prata (Coord.), *Código Civil Anotado*, Vol. I, Almedina, 2017, p. 870.
[425] Maria Joana Féria Colaço, *Op. cit*, p. 872.

nica, antes de expirar a validade da última assinatura eletrónica qualificada aposta.» O acesso à certidão notarial permanente processa-se através de um código de acesso (art. 11º, nº 2). Com este regime agiliza-se o acesso aos documentos notariais, o que ocorre mediante a convolação de documentos originariamente analógicos em documentos eletrónicos.

ARTIGO 384º - CERTIDÕES DE CERTIDÕES

As certidões de certidões, expedidas na conformidade da lei, têm a força probatória das certidões de que forem extraídas.

Remissão: Decreto-lei nº 66/2005, de 15.3. (regula a transmissão e receção por telecópia e por via eletrónica de documentos com valor de certidão respeitantes aos arquivos dos serviços dos registos e do notariado ou destinados à instrução dos respetivos atos ou processos ou a arquivo nos mesmos serviços).

Partindo do pressuposto que a certidão tem a força probatória do documento original (cf. art. 383º), consagram-se aqui a certidão de segundo grau, atribuindo-lhe a mesma força probatória da certidão de que foi extraída, desde que a certidão de segundo grau seja expedida na conformidade da lei, ou seja, desde que o emissor seja competente e observe as formalidades legalmente prescritas atinentes à emissão.

ARTIGO 385º - INVALIDAÇÃO DA FORÇA PROBATÓRIA DAS CERTIDÕES

1. A força probatória das certidões pode ser invalidada ou modificada por confronto com o original ou com a certidão de que foram extraídas.

2. A pessoa contra quem for apresentada a certidão pode exigir que o confronto seja feito na sua presença.

Remissões: art. 387º, nº 1 (fotocópias de documentos).

A iniciativa do confronto pode partir da contraparte, contra quem é produzida a certidão, ou do juiz (cf. art. 372º, nº 3). Se, em resultado do confronto entre a certidão e o original ou entre a certidão de segundo grau e a certidão primária, se concluir pela existência de divergência, prevalece o documento original ou a certidão primária.

São possíveis as seguintes desconformidades: emissão de cópia/certidão de um original inexistente (falsidade ideológica); emissão de cópia/certidão desconforme com o original (falsidade ideológica); alteração da cópia/certidão emitida sem vício (falsidade material).

O confronto deve ser pedido no prazo de 10 dias contados da apresentação da cópia/certidão, se a parte a ela estiver presente, ou da notificação da junção, no caso contrário (nº 3 do art. 444º do CPC).

Pedido o confronto, pode ocorrer que o original já não exista, por destruição ou extravio, designadamente. Nessa eventualidade, o arguente da falsidade da certidão/cópia poderá demonstrá-la com a tramitação dos arts. 446º a 449º do CPC. Para este mesmo cenário de falta do original, Vaz Serra opina que, estando impedido o confronto, a certidão fica sem a força probatória que teria se o original ainda existisse.[426]

O que fica dito não preclude a arguição e discussão da inautenticidade do documento original (cf. comentário ao art. 383º).

A exigência do confronto com o original não preclude a subsequente arguição de falsidade da cópia/certidão. Assim, a parte pode começar por pedir o confronto (nº 3 do art. 444º) e, após este e havendo motivos para tal (cf. supra), arguir a falsidade da certidão/cópia (nº 2 do art. 446º).

Nos termos do nº 2, permite-se que o requerente do confronto exija que o mesmo seja feito na sua presença, o que dará uma garantia acrescida da fidedignidade da confrontação.

ARTIGO 386º – PÚBLICAS-FORMAS

1. As cópias de teor, total ou parcial, expedidas por oficial público autorizado e extraídas de documentos avulsos que lhe sejam apresentados para esse efeito têm a força probatória do respetivo original, se a parte contra a qual forem apresentadas não requerer a exibição desse original.

2. Requerida a exibição, a pública-forma não tem a força probatória do original, se este não for apresentado ou, sendo-o, se não mostrar conforme com ela.

[426] *Provas (Direito Probatório Material)*, BMJ nº 112, p. 131.

Remissões: Artigo 171º do CN (públicas-formas); Decreto-lei nº 28/2000, de 13.3 (confere competência para a conferência de fotocópias às juntas de freguesia e ao serviço público de correios, às câmaras de comércio e indústria reconhecidas nos termos do Decreto-Lei nº 244/92, de 29.12, aos advogados e aos solicitadores); art. 38º do Decreto-lei nº 76-A/2006, de 29.3 (competência para os reconhecimentos de assinaturas, autenticação e tradução de documentos e conferências de fotocópias).

A pública-forma é uma cópia de teor, total ou parcial, extraída por oficial público autorizado (aqui se incluindo o advogado, solicitador, câmara de comércio ou indústria), em regra por fotocópia (ou, não sendo esta possível, pode ser datilografada ou manuscrita), de documentos estranhos ao seu arquivo, os quais lhe foram presentes para esse efeito, contendo a declaração do emitente de conformidade com o original (arts. 166º, nº 1, e 171º do CN; art. 1º, nº 3 e nº 4 do Decreto-lei nº 28/2000, de 13.3; art. 38º, nº 1, do Decreto-lei nº 76-A/2006, de 29.3).

Nos termos do nº 1, as públicas-formas têm a força probatória do respetivo original, desde que a parte contra a qual forem apresentadas não requeira a exibição desse original ou se, requerida esta, se demonstrar a conformidade da pública-forma com o original. O pedido de confronto com o original deve ser feito no prazo de 10 dias contados da apresentação da pública-forma, se a parte estiver a ela presente, ou da notificação da junção, no caso contrário (nº 3 do art. 444º).

A pública-forma perde a força probatória do original quando, sendo requerida a exibição do original, este não for apresentado ou, sendo-o, se mostrar desconforme com a pública-forma (nº 2). A inexistência do original implica, automaticamente, a inexistência do valor de prova plena da pública-forma, não sendo exigível a adicional arguição de falsidade. Sobre as desconformidades possíveis entre a pública-forma e o original, cf. o comentário ao art. 385º.

No segmento em que integra a atestação com o original, a pública-forma constitui um documento autêntico. Já no plano da relação entre o original e os factos a provar, a pública-forma assume a força probatória do original. O que significa que, se o original for um documento particular, a pública-forma tem os limites próprios do documento particular, conforme se viu no comentário ao art. 383º (pp. 196-199).

ARTIGO 387º – FOTOCÓPIAS DE DOCUMENTOS

1. As cópias fotográficas de documentos arquivados nas repartições notariais ou noutras repartições públicas têm a força probatória das certidões de teor, se a conformidade delas com o original for atestada pela entidade competente para expedir estas últimas; é aplicável, neste caso, o disposto no artigo 385º.

2. As cópias fotográficas de documentos estranhos aos arquivos mencionados no número anterior têm o valor da pública-forma, se a sua conformidade com o original for atestada por notário; é aplicável, neste caso, o disposto no artigo 386º.

Remissões: art. 368º (reproduções mecânicas); art. 144º, nº s. 2, 4 e 5 do CPC (documentos enviados por meio eletrónico têm a força probatória dos originais, nos termos definidos para as certidões, sem prejuízo de ser ordenada a exibição dos originais); art. 32º do Decreto-lei nº 135/99, de 22.4, na redação do Decreto-lei nº 73/2014, de 13.5 (dispensa dos originais dos documentos para a instrução de processos administrativos graciosos); art. 171º-A do CN (conferência de fotocópias); art. 3º, nº 11, do DL nº 12/2021, de 9.2 (cópias de documentos eletrónicos); Decreto-lei nº 28/2000, de 13.3 (Confere competência para a conferência de fotocópias às juntas de freguesia e ao serviço público de correios, CTT – Correios de Portugal, S. A., às câmaras de comércio e indústria).

Este artigo integra uma norma especial face ao art. 368º.

As cópias fotográficas (fotocópias) de documentos arquivados nas repartições notariais ou noutras repartições públicas (sobre este conceito, cf. o comentário ao art. 383º na pp. 196-199) têm a força probatória das certidões de teor (cf. art. 383º, nº 1), ou seja, dos originais, se a conformidade delas com o original for atestada pela entidade competente para expedir as certidões de teor. Todavia, aplica-se o disposto no art. 385º, o que significa que a força probatória da fotocópia pode ser invalidada ou modificada por confronto com o original.

As fotocópias extraídas de documentos, que não estejam arquivados nas repartições notariais ou noutras repartições públicas, têm o valor de pública-forma, ou seja, do respetivo original, se a sua conformidade com o original for atestada por notário (nº 2). Nesta eventualidade, é aplicável o disposto no art. 386º, o que significa que a fotocópia deixará de ter o valor probatório do original se, requerida a exibição do original, o mesmo não for apresentado ou, sendo apresentado, se revelar desconforme com a fotocópia.

Em qualquer dos casos, a assunção do valor probatório do original não é idónea a suprir o documento original que a lei exija como formalidade *ad substantiam*, nos termos do art. 364º, nº 1.

Nos segmentos em que integram a atestação com o original, as fotocópias a que se reporta este art. 387º constituem um documento autêntico. Já no plano da relação entre o documento original e os factos a provar, as fotocópias assumem a força probatória do original. O que significa que, se o original for um documento particular, as fotocópias têm os limites próprios do documento particular, conforme se viu no comentário ao art. 383º (p. 197).

O valor probatório das fotocópias, que não sejam atestadas nos termos deste artigo, será determinado nos termos do art. 368º, o qual assume carácter residual face a este art. 387º.[427] Em sentido diverso, há quem pugne que tais fotocópias ficam sujeitas à livre apreciação do juiz[428], o que se poderá escudar no art. 366º.

SECÇÃO V – PROVA PERICIAL

ARTIGO 388º – OBJETO

A prova pericial tem por fim a perceção ou apreciação de factos por meio de peritos, quando sejam necessários conhecimentos especiais que os julgadores não possuem, ou quando os factos, relativos a pessoas, não devam ser objeto de inspeção judicial.

Remissões: arts. 467º (quem realiza a perícia), 468º (perícia colegial e singular), 476º (fixação do objeto da perícia), todos do CPC.

1. O perito e a sua função

ALBERTO DOS REIS distingue o perito da testemunha com base nos seguintes critérios: «A função característica da testemunha é *narrar* o facto;

[427] Neste mesmo sentido, cf. JOÃO DE CASTRO MENDES e MIGUEL TEIXEIRA DE SOUSA, *Manual de Processo Civil*, Vol. I, AAFDL, 2022, p. 538.

[428] MARIA JOANA FÉRIA COLAÇO in ANA PRATA (Coord.), *Código Civil Anotado*, Vol. I, Almedina, 2017, p. 864.

a função característica do perito é avaliar ou *valorar* o facto (emitir, quando a ele, juízo de valor, utilizando a sua cultura e experiência especializada). (...) O verdadeiro papel do perito é captar e recolher o facto para o *apreciar* como técnico, para emitir sobre ele o *juízo de valor* que a sua cultura especial e a sua experiência qualificada lhe ditarem.»[429] E, mais adiante, enfatiza que os peritos servem-se de princípios científicos, de critérios artísticos, de máximas de experiência para fazer a valoração dos factos, «valoração que constitui precisamente o ato caraterístico da prova pericial.».[430] Na análise deste autor, sob o enfoque do silogismo judicial, os dados fornecidos pela testemunha constituem a premissa menor enquanto os dados normativos fornecidos pelo perito integram a premissa maior.

O traço definidor da prova pericial é, de facto, o de se chamar ao processo alguém que tem conhecimentos especializados em determinados aspetos de uma ciência ou arte para auxiliar o julgador, facultando-lhe informação sobre máximas de experiência técnica que o julgador não possui, e que são relevantes para a perceção e apreciação dos factos controvertidos. Em regra, além de facultar ao julgador o conhecimento dessas máximas de experiência técnica, o perito veicula a ilação concreta que se justifica no processo, construída a partir de tais máximas de experiência.

2. O objeto da perícia

A prova pericial pode ter por objeto factos, máximas de experiência e prova sobre prova.

Quando incide sobre factos, a prova pericial pode visar a afirmação de um juízo de certeza sobre os mesmos ou a valoração de factos ou circunstâncias. Como exemplos da primeira situação, temos uma perícia para determinar a área de um terreno ou a perícia sobre o ADN de alguém. Exemplos da segunda situação, serão uma perícia para determinar as causas dos defeitos de um edifício (facto passado) ou os efeitos de lesões corporais (facto futuro). A função do perito é aqui a de fazer um labor de reconstrução dos factos do passado e de estabelecer uma relação de causa-efeito ou de fazer uma projeção dos efeitos futuros dos factos de acordo com a mesma relação causa-efeito, respetivamente.

Podemos distinguir entre uma perícia cientificamente objetiva e de uma perícia de opinião. A primeira ocorre quando o objeto da mesma é

[429] *CPC Anotado*, IV Vol., Coimbra Editora, 1987, p. 171.

[430] *CPC Anotado*, IV Vol., Coimbra Editora, 1987, p. 181.

apenas verificar a exatidão de algum enunciado fáctico feito pela parte, operando por uma metodologia que só pode dar um resultado, v.g., medir a área de um terreno ou um exame DNA. Na perícia de opinião a regra é a da admissibilidade de resultados contraditórios que terá de ser objeto de adequada valoração.

A prova pericial tem por objeto máximas de experiência quando o labor pericial visa apenas proporcionar ao juiz regras ou princípios técnicos para que este, recorrendo aos mesmos, possa conhecer ou apreciar os factos. Atua nestes mesmos moldes o técnico que o juiz pode nomear para o elucidar sobre a averiguação e interpretação de factos que o juiz de propõe observar – cf. art. 492º, nº 1, do CPC.

A prova pericial integra uma prova sobre prova quando versa sobre a valoração de outro meio de prova ou quando visa conhecer o conteúdo e sentido de outra prova. Pense-se no exame grafológico ou na tentativa de recuperar o que consta duma gravação sonora imperfeita.

No processo civil, o perito está sujeito ao mesmo regime de impedimentos que o juiz (art. 470º, nº 1, do CPC) pelo que não pode depor como testemunha (art. 115º, nº 1, al. h), do CPC).

ARTIGO 389º – FORÇA PROBATÓRIA

A força probatória das respostas dos peritos é fixada livremente pelo tribunal.

Remissões: arts. 484º (relatório pericial), 485º (reclamações contra o relatório pericial), 489º (valor da segunda perícia), todos do CPC.

1. Os critérios de valoração da prova pericial

Conforme deflui da norma, a prova pericial, incluindo a resultante de junta médica, encontra-se sujeita ao princípio da livre apreciação da prova pelo Tribunal.[431]

A livre apreciação da prova pericial preconiza que o julgador adote parâmetros o mais objetivo possíveis na análise da prova pericial e mensuração da sua idoneidade.

[431] Cf. Acórdão do Supremo Tribunal de Justiça de 29.11.2022, *Júlio Gomes*, 23119/16.

Assim, a apreciação da prova pericial abrange: a profissionalidade do perito; a análise dos requisitos internos do laudo pericial e a observância, na elaboração do mesmo, de parâmetros científicos de qualidade bem como o uso de resultados estatísticos.

No que tange à profissionalidade do perito, é curial começar por impor ao perito que apresente o seu *curriculum* na parte em que este possa evidenciar especial qualificação para a realização da perícia. Os conhecimentos, habilidades e experiência profissional do perito constituem fatores diferenciadores do mesmo.[432] Releva, sobretudo, saber se já efetuou anteriormente perícias do mesmo teor. Relevará mais a trajetória científica do perito do que propriamente o cargo que ocupe.

Cabe ao juiz, em segunda linha, verificar se o laudo é inteligível e não apresenta contradições, ou seja, verificar se o mesmo é coerente. O perito deve ter presente que elabora o laudo para não especialistas pelo que deve fazer um esforço suplementar de expor as suas conclusões de forma clara, precisa e congruente, sem deixar pontas soltas.

Quanto à observância de parâmetros científicos, acompanhando de perto Nieva Fenoll[433], o juiz deve analisar se o laudo cumpre os seguintes requisitos:

1. **As técnicas e teorias científicas utilizadas para obter dados e conclusões foram já utilizadas previamente, são relevantes e estão geralmente aceites pela comunidade científica internacional.** A indagação sobre a observância deste requisito pode alcançar-se mediante:
   - A menção das publicações científicas ou manuais onde estão expostas essas técnicas e teorias que foram utilizadas;
   - Subsidiariamente, deverá ser explicitada a técnica utilizada e se a mesma é de uso comum na práxis científica ou profissional;
   - A descrição pelo perito do procedimento de análise que realizou bem como os instrumentos de que se socorreu na sua tarefa. Ou

[432] Relevando a experiência dos peritos: «O tribunal da Relação pode e deve controlar a convicção do julgador da 1ª instância quando os elementos dos autos permitam dúvidas razoáveis sobre aquela formação, mas elas não se colocam no caso em que não há motivos para valorizar mais o exame médico singular em relação ao exame por junta médica em que intervieram peritos todos eles da pertinente especialidade, devendo assim dar-se acertado relevo à experiência dos médicos, sobretudo quando têm formação especializada» (Acórdão do Tribunal da Relação de Coimbra de 9.11.2022, *Azevedo Mendes*, 2393/20).

[433] *La Valoración de la Prueba*, Marcial Pons, Madrid, 2010, pp. 294-298.

seja, é necessário explicar o *iter* técnico que o conduziu às suas conclusões. Só assim de pode confrontar a metodologia do perito com a dos demais. Acresce que a não explicitação da metodologia faz com que os resultados fiquem a pairar no vazio, sucumbido arrimo ao juiz para apreciar criticamente o laudo.

2. **As técnicas utilizadas foram aplicadas segundo os padrões e normas de qualidade vigentes.** Apela-se aqui às normas internas de cada profissão em que se incluem normas deontológicas e manuais de boas práticas.
3. **O laudo contém informação sobre o nível de erro e sobre a graduação de variabilidade e incerteza dos dados obtidos através da técnica ou teoria científica utilizadas.** O que se visa aqui é que o laudo contenha informação estatística contrastável sobre o acerto dos seus resultados. Esse contraste pode ser alcançado pelo recurso a publicações científicas sobre a matéria. Por exemplo, numa singela avaliação de um imóvel, o perito tem de investigar e demonstrar preços de vendas de imóveis similares. Em matérias de índole mais científica, pode mesmo chegar-se à conclusão que inexiste investigação alargada sobre o assunto, eventualidade em que a prova pericial não terá a mesma força.
4. **O laudo deve sustentar-se em suficientes factos e dados**, não devendo o perito bastar-se com meras amostras ou elementos colhidos de forma incompleta ou precipitada.

Este conjunto de critérios objetivos permite ao juiz, na ausência de conhecimentos científicos equiparáveis ao do perito, formular um juízo sobre o mérito intrínseco e grau de convencimento a atribuir ao laudo pericial.

No caso da coexistência de relatórios periciais contraditórios, o juiz deve recorrer aos critérios ora enunciados para graduar o valor dos laudos e escolher o que será mais convincente. Com efeito, o juiz não poderá formular essa graduação com base em conhecimentos científicos. Deverá proceder à análise de cada um dos laudos de acordo com os critérios objetivos enunciados de modo que o laudo prevalecente será o que obtiver melhor resultado nessa análise individual, feito critério a critério. Se essa análise não conduzir a resultados claros no sentido da prevalência de um laudo sobre os demais, resta ao juiz aplicar as regras de decisão decorrentes do ónus da prova (no processo civil) ou da presunção da inocência (no processo penal).[434]

Sintetizando o que fica dito com recurso a ideias-chave mais sucintas, diremos que no que tange aos critérios de valoração da prova pericial, quer no caso de perícia uniforme quer no caso de perícias contraditórias, os fatores que deverão ser tidos em conta para apreciar a força de convicção dos laudos e a escolha por um em detrimento de outros serão nomeadamente os seguintes:

- A qualificação do perito e a maior especialização e prática na matéria objeto da perícia;
- O método de proceder utilizado mediante a descrição das operações levadas a cabo pelo perito pois na perícia tão importante como a conclusão é o que caminho que se seguiu para chegar a esta;
- O contacto direto e a imediação temporal no exame que constitui a fonte de prova;
- A disponibilidade de meios técnicos e equipamentos de análise, assim como o procedimento utilizado pelo perito; ou a justificação de o perito ter optado por um dos procedimentos possíveis em detrimento de outros;
- A coerência, motivação e racionalidade das conclusões. A prova pericial mais apropriada é aquela que se apresenta melhor fundamentada e veicula maiores razões de ciência e objetividade[435].

Face ao que fica exposto, o critério da imparcialidade do perito do tribunal deverá ser relativizado, não podendo partir-se do pressuposto que o perito da parte é menos profissional ou parcial. O laudo do perito da parte pode ser imparcial na medida em que assista razão à parte. Os critérios decisivos são os enunciados e não qualquer apriorismo sobre as relações dos peritos com as partes. Mais do que a imparcialidade do perito releva a qualidade da perícia porquanto um perito, mesmo imparcial, pode cometer erros, ter convicções erradas, usar técnicas inadequadas, etc.[436]

[434] Consoante veremos *infra*, o regime de apreciação da prova pericial no processo penal contém peculiaridades no que tange à admissibilidade do juiz dissidir do laudo pericial.

[435] Maria Martínez Urrea, "La valoración de dictámes periciales contraditórios", in *Aspetos problemáticos en la valoración de la prueba civil*, Bosch Procesal, 2008, p. 109.

[436] Cf. Carmen Vázquez, "A Modo de Presentación", in Carmen Vásquez (ed.), *Estándares de Prueba y Prueba Científica*, Marcial Pons, Madrid, 2013, p. 17.

O juiz não é um recetor passivo da opinião do perito, assistindo-lhe o poder/dever de valorar autonomamente tal prova. Neste âmbito, é conhecido o brocardo ***iudex peritus peritorum*** cujo sentido específico merece densificação. A análise crítica que o juiz faz do laudo servirá para adquirir um convencimento sobre o seu resultado, assumindo ou não as conclusões do laudo, das quais extrairá as máximas da experiência necessárias para a apreciação dos factos relevantes. O juiz valora as *máximas de experiência especializadas* trazidas pelo perito aplicando *máximas de experiência comuns* para o que não são necessários conhecimentos especializados mas apenas capacidade crítica de entendimento e apreciação.

O juiz aprecia o rigor do método, a veracidade das suas premissas e a consistência das suas conclusões. O que se exige é que o juiz seja capaz de valorar se está perante uma forma de conhecimento dotada de dignidade e validade científica, e se os métodos de investigação e controlo típicos dessa ciência foram corretamente aplicados no caso concreto. Em suma, trata-se de confirmar se existem condições de cientificidade da prova.[437]

Se essas condições de cientificidade da prova ocorrerem, as máximas da experiência especializadas trazidas pelo perito deverão, em princípio, prevalecer sobre a prova testemunhal. Note-se que a testemunha não observa o facto da mesma forma que um observador com conhecimentos técnicos, ou seja, o leigo não é competente para observar corretamente o acontecimento de um ponto de vista científico. Em suma, se está em causa apurar um facto cuja solução depende de uma apreciação científica e se a prova pericial for produzida segundo os padrões científicos pertinentes e atendíveis, deverá prevalecer esta sobre a opinião de um leigo.

Na formulação desse juízo sobre a prevalência, ou não, do laudo pericial sobre a prova testemunhal, poderão ser determinantes os esclarecimentos verbais prestados pelos peritos no decurso da audiência, valorados com os fatores que a imediação põe em destaque, tais como: a segurança do perito ao revelar os seus resultados; as suas dúvidas, assumidas ou implícitas; a sua expressão, tom de voz.[438]

Há que atentar se as declarações do perito são coerentes, se o perito as contextualiza devidamente, se o perito apela e expressa os dados técnicos

[437] Cf. Michele Taruffo, *La Prueba*, Marcial Pons, 2008, pp. 293-295.

[438] Cf. Rosário Herrera Habián, *La inmediación como garantia procesal (En el proceso civil y en el proceso penal)*, Editorial Comares, 2006, p. 56.

que corroboram os seus esclarecimentos (rigor científico e racionalidade). Os comentários oportunistas do perito, no sentido justificar a sua atuação e que excedem o âmbito do que lhe foi perguntado, deverão – em princípio – ser secundarizados porquanto, na maioria dos casos, são apenas defensivos da profissionalidade do seu trabalho. Todavia, quando o perito faz a comentários oportunistas de forma excessiva, tal poderá ser valorado como evidência de que o perito está consciente de que o seu trabalho não foi bem realizado e que, com essa atuação, o perito tenta disfarçar com retórica as deficiências da prestação. [439]

2. Prova pericial no processo penal

No processo penal, o art. 163º, nº 1, do CPP, dispõe que o "*O juízo técnico, científico ou artístico inerente à prova pericial presume-se subtraído à livre apreciação do julgador.*" E, no nº 2 do mesmo preceito, determina-se que "*Sempre que a convicção do julgador divergir do juízo contido no parecer dos peritos, deve aquele fundamentar a divergência.*"[440]

Este regime decorre do ensinamento de FIGUEIREDO DIAS, segundo o qual «perante um certo juízo cientificamente provado, de acordo com as exigências legais, o tribunal guarda a sua inteira liberdade no que toca à apreciação da base de facto pressuposta; quanto porém ao juízo científico, a apreciação há de ser científica também e estará, por conseguinte, subtraída

[439] *La Valoración de la Prueba*, Marcial Pons, Madrid, 2010, pp. 308.

[440] A propósito da diversidade de regimes do processo civil e do processo penal sobre a valoração da prova pericial, discorreu o Tribunal Constitucional no seu Acórdão nº 422/99 de 30.6.1999, *Bravo Serra*, www.tribunalconstitucional.pt., nestes termos:
"(...) no processo criminal, e porque não se pode olvidar que a inocência do arguido se presume até ao trânsito em julgado da sentença condenatória, sendo uma das suas garantias o próprio direito ao recurso quanto a sentenças impositoras de sanções penais, o dever de fundamentação da sentença quanto à matéria de facto há de impor-se com maior acuidade do que no domínio civil, sendo certo que desta afirmação não decorrerá desde logo que as soluções consagradas no processo penal são as únicas que se hão de considerar como conformes à Constituição ou, ao menos, como as mais conformes a ela.
Alcançado, assim, que, mesmo ponderando uma harmonia do sistema jurídico, daí não decorre que as leis adjetivas tenham de consagrar soluções idênticas, compreende-se que exista no processo criminal norma tal como a constante do nº 2 do artº 163º do Código de Processo Penal, e que já não se surpreenda essa existência no CPC, exatamente porque nem sequer se estatui a presunção segundo a qual é subtraído à livre apreciação do juiz que o juízo técnico, científico ou artístico inerente à prova pericial. E, inexistindo essa presunção, torna-se claro que se não imporá, no domínio processual civil, uma prescrição semelhante à daquela norma."

em princípio à competência do tribunal – salvo nos casos inequívocos de erro, mas nos quais o juiz terá então de motivar a sua divergência.»[441]

Resulta deste regime que o resultado da perícia não é livremente valorável pelo julgador, o qual deve fundamentar a sua divergência em relação às conclusões do perito. O julgador só pode arredar a conclusão inscrita no relatório pericial com fundamento numa crítica material da mesma natureza. Na explicação do Acórdão do Supremo Tribunal de Justiça de 11.2.2004, «Não vale uma crítica material procedente do julgador, alicerçada no seu critério pessoal, na forma particular de subjetivar os resultados, os factos, assente em conhecimentos meramente profanos, tudo sem apoio em conceitos científicos; se o julgador pudesse fundamentar a divergência sem apelo ao critério científico, seria uma forma, clara, de iludir, frustrar o comando imperativo resultante do nº 2, do art. 163º, do CPP, contraditória, até, nos seus termos, caindo-se na proibição a obstar, não se conciliando essa fundamentação própria e interpretação pessoal com a indispensabilidade do apoio científico.»[442]

O julgador fundamenta suficientemente a sua divergência, nomeadamente quando adere: (i) às conclusões da opinião vencida numa perícia colegial; (ii) às "observações" expressas pelo consultor técnico (cf. Artigo 155º do CPP); (iii) a uma das opiniões perante duas ou mais perícias com resultados contraditórios.[443]

A prova pericial tem que ser apreciada pelo julgador a três níveis:

(i) Quanto à sua validade (respeitante à sua regularidade formal);
(ii) Quanto à base de facto pressuposta na perícia e
(iii) Quanto à própria conclusão da perícia.

No que tange ao primeiro nível, há que aferir se a prova foi produzida de acordo com a lei, se não foi produzida contra proibições legais e examinar se o procedimento da perícia está de acordo com normas da técnica ou da prática corrente.

[441] *Direito Processual Penal*, Coimbra Editora, reimpressão de 1981, pp. 209-210.

[442] Sendo relator *Armindo Monteiro*, CJ 2004-I, pp. 197-200.

[443] Cf. Paulo Pinto de Albuquerque, *Comentário ao Código de Processo Penal à Luz da Constituição da República Portuguesa e da Convenção Europeia dos Direitos do Homem*, Universidade Católica Editora, 4ª Ed., pp. 457-458. Como exemplo da situação referida em último lugar, veja-se o Acórdão do Tribunal da Relação de Coimbra de 10.5.2006, *Orlando Gonçalves*, CJ 2006 – III, pp. 43-47.

Quanto à base de facto – cuja perceção e/ou apreciação não exija especiais conhecimentos – pressuposta na perícia, é lícito ao julgador divergir dela, sem que haja necessidade de fundamentação científica, porque não é posto em causa o juízo de carácter técnico-científico expendido pelos peritos, aos quais escapa o poder de fixação daquela matéria.[444] Ou seja, o Tribunal mantém a liberdade de apreciação da prova se a divergência se confinar aos factos em que se apoia o juízo pericial.

Quando é ordenada a realização de uma perícia e o resultado da mesma é inconclusivo, tal situação não conduz necessariamente a uma dúvida insanável. Como o resultado em causa não integra um verdadeiro juízo pericial mas antes um estado dubitativo, devolve-se plenamente ao tribunal a decisão sobre a matéria de facto de modo a superar, se possível, aquela dúvida.[445] É o caso, por exemplo, dos exames periciais à letra e assinatura que, por vezes, são inconclusivos. Dito de outra forma, quando os peritos não conseguiram lograr um parecer livre de dúvidas, quando se conclui por um juízo de mera probabilidade ou opinativo[446], incumbe ao tribunal tomar posição, julgando segundo o princípio da livre apreciação da prova, não estando o Tribunal vinculado a um resultado que não assume natureza científica.

Também o juízo sobre a intenção de matar não integra um juízo técnico, científico ou artístico e nem é tão pouco um juízo de técnica médica; pelo contrário, a presunção de intenção de matar é apenas um juízo de probabilidade sobre aquela intenção, pelo que o mesmo não fica sujeito ao valor probatório reforçado preconizado no Artigo 163º, nº 1.[447]

[444] Cf. Acórdãos do Supremo Tribunal de Justiça de 9.5.1995, *Costa Pereira*, CJ 1995-II, pp. 189-190, de 25.10.1995, *Amado Gomes*, CJ 1995- III, pp. 211-212; Acórdão do Tribunal da Relação de Coimbra de 11.3.2009, *Jorge Gonçalves*, 4/05.
Estão sujeitos ao regime geral da livre apreciação da prova, a apreciação ou perceção de factos que, muito embora veiculados por um perito, não traduzam nenhum conhecimento especializado – Acórdão do Supremo Tribunal de Justiça de 19.10.2005, *Sousa Fonte*, CJ 2005-III, pp. 189-190.

[445] Acórdãos do Supremo Tribunal de Justiça de 11.7.2007, *Armindo Monteiro*, 07P1416, de 1.10.2008, *Raul Borges*, 08P2035, Acórdão do Tribunal da Relação do Porto de 27.1.2010, *Jorge Gonçalves*, 45/06.

[446] Se o juízo de imputabilidade diminuída, formulado pelo perito, foi emitido como uma probabilidade, e não como um juízo técnico-científico é legítimo ao tribunal, com base em investigação definitiva dos factos, apreciados livremente, nos termos do artigo 127º do CPP, concluir pela existência de uma total inimputabilidade – Acórdão do Supremo Tribunal de Justiça de 20.10.1999, *Armando Leandro*, CJ 1999- III, pp. 196-197.

[447] Cf. Acórdão do Supremo Tribunal de Justiça de 3.7.96, *Flores Ribeiro*, CJ 1996-II. Pp. 214-215.

Se uma perícia médico-legal for realizada nos termos do art. 159º do CPP e Lei nº 45/2004, de 19.8. (pelo Instituto Nacional de Medicina Legal), a mesma beneficia do valor probatório imposto pelo art. 163º, nº 1, do CPP. Neste caso e demais similares, nada impede que a testemunha, durante o seu depoimento, se refira ao teor do exame pericial constante dos autos. O que está vedado à testemunha é pronunciar-se sobre o juízo técnico/científico constante da perícia.[448]

Diversamente, os relatórios de avaliação psicológica com estudo de personalidade e de avaliação psiquiátrica elaborados por psicólogo clínico e por um médico psiquiatra (apresentados pelo arguido no decurso da audiência de julgamento e cujos subscritores deponham como testemunhas), porque não realizados nos termos das disposições citadas (art. 159º do CPP e Lei nº 45/2004, de 19.8.), não estão submetidos à regra da prova vinculada do art. 163º, nº 1, estando sujeitos à livre apreciação do tribunal nos termos do art. 127º do CPP.[449] De forma equivalente, não pode ser

[448] Cf. Acórdão do Tribunal da Relação de Lisboa de 15.9.2011, *Carlos Benido*, 1154/07, www.colectaneadejurisprudencia.com.

[449] Acórdão do Supremo Tribunal de Justiça de 19.3.2009, *Fernando Fróis*, 09P0392.

A propósito da articulação do relatório pericial ordenado no processo com os conhecimentos profissionais de testemunhas que são médicos, no Acórdão do Tribunal da Relação de Évora de 5.2.2013, *Gomes de Sousa*, 529/08, raciocinou-se assim:

"É certo que se suscita, com os médicos inquiridos como testemunhas e que emitem um "juízo" médico sobre a matéria dos autos, um problema de cariz processual que outras legislações resolvem através da criação de uma figura híbrida de "testemunha" e "perito", o "temoin-expert".

Confusão que também ocorre quando se pretenda fazer – erradamente – a analogia com os sistemas anglo-saxónicos, que em regra apelidam o "perito" como "expert-witness", o que se compreende pela generalizada inexistência – por ora – de peritagem oficial ou, ao menos, pela generalizada e sistemática aceitação de opiniões periciais de testemunhas que o tribunal aceite com a qualidade de "expert-witness" e no exercício de um contraditório amplo e privatístico no âmbito específico da perícia.

O sistema processual penal português não consagra tal figura híbrida, ou um sistema de perícias contraditórias, acolhendo um sistema oficial de peritagens, designadamente as de cariz médico-forense.

Mas não proíbe a testemunha de "emitir opinião" sobre matéria técnica ou científica que esteja no âmbito dos seus conhecimentos, desde que assente num conhecimento perfeito e não parcial dos factos.

O peso relativo a atribuir a tais "opiniões", aqui no sentido positivo de opinião sustentada numa correta perceção dos factos aceites pelo tribunal como provados, racionalmente fundada, de acordo com os princípios técnicos ou científicos a atender e passível de revisão face a "*provas contrárias ou raciocínios mais bem fundamentados*", está necessariamente, por imposição

atribuído o valor de prova pericial a depoimento de alguém com formação técnico-científica, v.g., testemunha psicóloga, que, pelas suas declarações, confere "credibilidade" às declarações de menor vítima de crime de abuso sexual, mesmo que tal psicóloga tenha prestado assistência e acompanhado a vítima. Tratar-se-á de um depoimento eventualmente qualificado mas que não assume o carácter de prova pericial produzida nos termos legais.[450]

O regime consagrado no art. 163º do CPP evidencia a entronização da prova pericial, à qual vem sendo atribuída uma certa áurea de infabilidade e de superioridade face à prova não científica. Assim, afirma-se que a prova científica se articula mediante um raciocínio dedutivo enquanto a prova não científica se estrutura mediante um raciocínio indutivo. Todavia, as

legal, inserido no princípio da livre apreciação probatória e dependente – na sua aceitação substancial – da devida fundamentação do tribunal recorrido.
Como já afirmou o relator, é «dever do tribunal, como do filósofo, "*defender o raciocínio dialógico entre as opiniões, a necessidade de justificar o opinado não a partir do inefável, do irredutível ou do inverificável, mas sim através do publicamente acessível, do inteligível*"» (Fernando Savater).
E, para esse desiderato, ouvir várias opiniões válidas e consistentes racional e cientificamente, apresenta uma coloração positiva.
Mas enfrenta um obstáculo inultrapassável – com consagração legal – a prevalência formal e substancial da opinião do perito, que apenas pode ser afastada pelo tribunal nos termos do disposto no artigo 163º do Código de Processo Penal, no que muitos consideram uma limitação ao princípio da livre apreciação e que nós vemos como uma regra qualificada da livre apreciação probatória (v. g. o nº 2 do artigo 163º do Código de Processo Penal).
Ou seja, a opinião emitida por um médico que seja testemunha no processo que incida sobre matéria médica objeto do processo, não obstante qualificada pelo seu conhecimento profissional, será sempre uma opinião não qualificada, face à opinião pericial.
Daqui resulta que, havendo discrepância entre a opinião pericial e a opinião de um qualquer médico que seja testemunha, prevalecerá sempre a opinião pericial, a não ser que o tribunal fundamente, com a razão e os conhecimentos técnicos e científicos implicados no caso, a divergência da opinião pericial, se assumir como sua a "opinião" não (processualmente) qualificada de uma testemunha ou se optar por uma visão científica ou técnica própria.
Isto é, o artigo 163º, nº 2 do Código de Processo Penal é aplicável não só à convicção livre e racional do juiz enquanto processo interior mas racional de convicção e posterior motivação, também à apreciação probatória feita pelo tribunal relativamente a vários e diferentes meios probatórios, com uma obrigação legal e científica de fundamentar devidamente a não-aceitação da opinião pericial e o dar prevalência à "opinião" divergente constante de qualquer outro meio de prova."

[450] Cf. Artigo 131º, nº 3, do CPP, que prevê a realização de perícia sobre a personalidade de menor de 18 anos vítima de crime sexual. No sentido aludido, cf. MARIA DO CARMO SILVA DIAS, "Particularidades da Prova em Processo Penal. Algumas Questões Ligadas à Prova Pericial", in *Revista do CEJ*, Nº 2, 2º Semestre 2005, p. 221.

provas científicas não constituem em geral um raciocínio do tipo dedutivo, assentando prevalentemente em leis estatísticas e os seus resultados devem ser interpretados à luz de outros dados, o que impede que este tipo de conhecimento se arrogue como puramente objetivo.

3. Sobrevalorização epistémica e semântica da prova pericial

Gascón Abellán afirma que prova científica tem sido objeto de uma sobrevalorização epistémica na medida em que os seus resultados são tidos como infalíveis, bem como se uma sobrevalorização semântica na medida em que se considera que os resultados da prova científica dizem coisas distintas do que, na realidade, dizem.[451]

Assim, a qualidade epistémica dos resultados da prova científica depende de vários fatores, designadamente:

(i) Da validez científica e/ou metodológica da prova científica porquanto nem todos os métodos científicos gozam do mesmo crédito na comunidade científica;
(ii) Da sua qualidade técnica, designadamente da correção técnico-procedimental que vai desde o descobrimento do vestígio, sua custódia, até à análise em laboratório;
(iii) Da correção técnico-científica na parte atinente à realização da perícia em laboratório por pessoal qualificado e com observância dos protocolos adequados;
(iv) Dos riscos cognitivos de algumas provas como a dactiloscópica que têm uma forte componente comparativa, ficando sob a supervisão do perito. Deste modo, a fiabilidade dos resultados da prova científica não deve ser dada por adquirida.

No que tange à sobrevalorização semântica da prova científica, o paradigma que tem vigorado nas ciências forenses é o *paradigma da individualização,* segundo o qual existe a capacidade de identificar plenamente um indivíduo ou um objeto a partir de vestígios.

Contudo, este paradigma tem sido ultimamente objeto de críticas por parte da comunidade científica, argumentando-se que a pretensão de vincular um vestígio desconhecido a uma única fonte representa uma equi-

[451] "Prueba Científica. Un Mapa de Retos", in Carmen Vásquez (ed.), *Estándares de Prueba y Prueba Científica*, Marcial Pons, Madrid, 2013, pp. 181-187.

vocada intuição probabilística que iguala infrequência com unicidade, ou seja, considera-se impossível obter prova concludente da unicidade. Os críticos do paradigma da individualização propugnam que os resultados da prova científica têm que ser interpretados, não em termos de identificação de um vestígio com uma fonte, mas em termos de *razão de verosimilitude* ("*likelihood ratio*").[452] Assim, o resultado de uma análise de voz ou uma comparação de perfis de ADN a partir de um vestígio não diz – de forma conclusiva nem provavelmente – que a voz e o ADN analisados pertencem à pessoa *y* mas, simplesmente, contribuem com dados que, uma vez interpretados com as adequadas ferramentas estatísticas, afirmam coisas do género: "*é x vezes mais provável que se observe tal característica na voz analisada se este pertencer ao arguido do que se não pertencer*" ou "*é x vezes mais provável que coincidam os perfis genéticos se o vestígio analisado proceder do arguido do que se proceder de uma fonte distinta.*". Em suma, "as provas científicas tratam da probabilidade de os dados analíticos e técnicos, resultantes depois da análise no laboratório, à luz das hipóteses judiciais examinadas, e não ao contrário: isto é, não tratam da probabilidade das hipóteses judiciais consideradas à luz desses dados."[453] Em coerência com esta posição, deve abandonar-se a metodologia corrente de expressar os resultados da prova científica em termos de identificação categórica, v.g., "*provável*", "*muito provável*". Estas escalas reproduzem o paradigma da identificação, estabelecendo, não o que dizem os dados, mas o que deve crer-se sobre a hipótese em apreciação a partir dos dados.

O *paradigma da verosimilitude* propõe valorar os resultados das provas científicas, formulando três questões:

(i) O que dizem os dados e observações resultantes da prova científica sobre a hipótese A em relação com a hipótese B;
(ii) O que devemos crer a partir desses dados e
(iii) O que devemos fazer.

[452] Em termos estatísticos, "*likelihood*" não é equivalente a probabilidade ("*probability*"). A primeira designação reporta-se à possibilidade de os dados ocorrerem, no caso de uma hipótese ser verdadeira, enquanto a segunda se refere à possiblidade de que a hipótese seja verdadeira, atentos os dados observados – cfr. Kevin Clermont, "Standards of Proof Revisited", http://scholarship.law.cornell.edu/facpub/13/, p. 479, Nota 19.

[453] Gascón Abellán, "Prueba Científica. Un Mapa de Retos", in Carmen Vásquez (ed.), *Estándares de Prueba y Prueba Científica*, Marcial Pons, Madrid, 2013, p. 187.

A resposta à primeira questão é a principal tarefa do perito, o qual deve interpretar e comunicar o resultado da perícia feita em laboratório, expressando-a nos termos já enunciados.

A resposta à segunda questão integra a avaliação da veracidade das hipóteses em confronto, a qual tem de assentar no que dizem os dados científicos mas também no que resulta das restantes provas produzidas. Esta tarefa incumbe ao juiz que pauta a sua decisão pelo conjunto da prova produzida e norteado pelo princípio da livre apreciação da prova. Ou seja, o juiz é que determina o que há que crer sobre a hipótese em apreciação à luz da prova pericial e também do resto das provas disponíveis no processo. Neste preciso sentido, o juiz valora a prova e não é propriamente o perito dos peritos. Aqui reside a diferença essencial entre o paradigma da individualização e o da verosimilitude porquanto naquele não se distingue claramente entre a tarefa do perito e a do juiz.

No que tange à terceira questão (o que devemos fazer), a mesma remete para o *standard* da prova aplicável ao caso em apreço. Isto é, partindo-se do que se deve crer, há que aquilatar se tal é suficiente para que possamos considerar provada uma hipótese e atuar em conformidade. Sobre o *standard* da prova, cf. o comentário ao art. 346º (pp. 58 e ss.).

SECÇÃO VI – PROVA POR INSPEÇÃO

ARTIGO 390º – OBJETO

A prova por inspeção tem por fim a perceção direta de factos pelo tribunal.

Remissões: arts. 416º (apresentação de coisas móveis ou imóveis); 490º (fim da inspeção), 493º (auto de inspeção) e 494º (verificações não judiciais qualificadas), todos do CPC.

A inspeção consiste na atividade (do juiz, acompanhado das partes) de perceção sensorial do estado ou condição de coisas ou pessoas que, por razões objetivas e intrínsecas à sua natureza, não podem ser adquiridas para o processo na sua corporeidade física, mas que assumem relevo na formulação de um juízo sobre a prova dos factos controversos no processo. Através da inspeção, permite-se ao juiz (co)fundamentar a decisão de facto numa observação direta das coisas ou pessoas, evitando-se os riscos inerentes à fundamentação da decisão num conhecimento indireto, veiculado por outras provas.

É, frequentemente, assinalada à prova por inspeção o seu carácter de prova direta, o que está correto quando o visionamento da coisa ou pessoa coincida, total ou parcialmente, com o *thema probandum*. Todavia, pode suceder que a observação direta da coisa ou pessoa constitua, apenas, uma fonte auxiliar de conhecimento para a fixação do facto que integre o *thema probandum*, sem que isso inquine a pertinência da realização da prova por inspeção.

A inspeção abrange a modalidade de reconstituição dos factos (art. 490º, nº 1, do CPC), a qual consiste numa atividade de reprodução dinâmica de um facto, já exaurido no tempo e espaço mas suscetível de ser repetido, nas condições e pelo modo que se assumem como tendo ocorrido, destinada a averiguar se o evento terá acontecido com essa configuração. Nessa reconstituição, pode ser relevante a presença e explicações de um técnico (cf. art. 492º do CPC), podendo o juiz convocar a presença de testemunhas arroladas pelas partes para serem inquiridas, total ou parcialmente, no local (cf. art. 501º do CPC).

Outra modalidade de inspeção consiste na ***cibernavegação***, no âmbito da qual a parte faculta ao juiz um computador, ou este utiliza um próprio, com acesso à internet, a fim de o juiz se inteirar, diretamente e na presença das partes, do conteúdo de *sites* ou de correio eletrónico trocado entre as partes.

A realização da prova por inspeção está sujeita a requisitos negativos ou limites, designadamente a ressalva da vida privada, familiar e da dignidade humana (art. 490º, nº 1, do CPC) e os sigilos profissionais (art. 417º, nº s. 1 e 3, do CPC). O confronto entre o direito à prova e o sigilo profissional, de funcionários público ou do Estado dirime-se, casuisticamente, segundo uma ponderação pautada pelo princípio da proibição do excesso ou da proporcionalidade (art. 18º, nº 2, da Constituição), o qual se desdobra nos subprincípios da adequação ou idoneidade, da exigibilidade ou necessidade e justa medida ou proporcionalidade em sentido estrito.

O art. 490º, nº 1, do CPC, faz depender a realização da inspeção judicial de um juízo de oportunidade formulado pelo juiz, de molde que estamos no domínio de um poder discricionário. Em conformidade, o exercício de tal poder só será sindicável em recurso quanto à verificação dos pressupostos definidos por lei para a prolação de tal tipo de despacho, visando determinar se o juiz extravasou o quadro das possibilidades legais de atuação ou se ocorreu desvio de poder.[454] Perante a corroboração ou infirmação sólida de uma determinada versão dos factos, afigura-se inócuo acrescer o meio de prova inspeção, dando relevo a exigências de economia processual (cf. art. 130º do CPC). Deste modo, a partir do momento em que a inspeção judicial deixou de ser, tendencialmente, infungível e passou a ser fungível, poderá o juiz dispensá-la.

ARTIGO 391º - FORÇA PROBATÓRIA

O resultado da inspeção é livremente apreciado pelo tribunal.

A prova por inspeção está sujeita à livre apreciação do juiz, não integrando uma prova taxada.

A livre apreciação da prova significa, desde logo, que o juiz não está sujeito às regras de prova legal que fixam, *a priori* e de forma abstrata, o valor probatório de cada meio de prova. O juiz fica liberto de tais regras de prova legal mas continua vinculado às regras da razão, devendo seguir as regras da lógica e do discorrer humano para valorar a prova de forma prudente, sem incorrer em voluntarismos ou em arbitrariedades.[455] Na síntese de CASTRO MENDES e TEIXEIRA DE SOUSA, «A forma prudente de obtenção da convicção significa que esta tem de respeitar o conhecimento *a priori*, as leis do raciocínio e da ciência e as regras de experiência. A convicção sobre a verdade do facto é, por isso, uma convicção cognitiva

[454] GERALDES, ABRANTES/PIMENTA, PAULO/SOUSA, LUÍS FILIPE, *CPC Anotado*, I Vol., 3ª ed., p. 592.

[455] JOSÉ RAINHO, "Decisão de Facto – Exame Crítico das Provas", in Revista do CEJ, nº 4, p. 150, afirma de forma pertinente que: «(...) sempre esteve implícito no princípio da livre apreciação da prova a ideia de que só uma prudente convicção era aceitável. / A verdade é que a convicção pode não ser arbitrária, pode não ser abusiva, pode não ser irracional, pode não ser caprichosa mas, a despeito disso tudo, pode também não ser prudente. Basta que para o efeito seja leviana, temerária ou temerosa. É leviana quando se forma de modo desatento, ligeiro ou superficial. É temerária quando se funda em extrapolações desmedidas ou em bases pouco sólidas. É temerosa quando cede perante a mais leve dúvida. Numa palavra: não é sensata. Na minha perspetiva a prudente convicção significa convicção *conscienciosamente* e *sensatamente* formada ou adquirida.»

(assente no conhecimento), não uma convicção volitiva (baseada no querer), nem, muito menos, uma convicção fundada no crer (baseada na fé).»[456]

A valoração da prova faz-se caso a caso segundo padrões flexíveis e critérios razoáveis, devendo o juiz enunciar os motivos pelos quais aceita ou rejeita o valor de convicção de cada meio de prova.

Na sua essência, a valoração da prova integra uma operação mental que se resolve num silogismo em que: a premissa menor é a fonte-meio de prova (a testemunha e a sua declaração ou a inspeção); a premissa maior é uma máxima de experiência e a conclusão é a afirmação da existência ou da inexistência do facto que se pretende provar.[457]

O que carateriza a livre apreciação da prova é que, no silogismo referido, a premissa maior é constituída por uma máxima de experiência que é determinada pelo juiz e não já pela lei. O juiz tem que precisar, expressa ou implicitamente, que máxima de experiência é que utilizou na formação da sua convicção probatória. Esta exigência condu-lo a uma valoração razoada, motivada e responsável.

Num sistema de prova legal, a máxima de experiência que constitui a premissa maior é estabelecida *ex ante* pelo legislador que ordena ao juiz que aplique essa máxima de experiência ao caso concreto. Assim, as regras de prova legal não são mais que máximas de experiência que o legislador objetiva, sem deixar margem ao juiz para escolher a máxima de experiência que se deve aplicar ao caso. Ou seja, as regras de prova legal são máximas de experiência legais.[458]

[456] *Manual de Processo Civil*, Vol. I, AAFDL, 2022, p. 522.

[457] Montero Aroca, *La Prueba en el Proceso Civil*, Thomson Civitas, 2007, p. 610. Também G. Foschini, *Sistema del diritto Processuale Penale*, Giuffré, Milão, 1965, pp. 414-415 *apud* Andrés Ibañez, *Valoração da Prova e Sentença Penal*, Lumen Juris, Rio de Janeiro, 2006, p. 102, afirma que: «(...) percebido o facto fonte de prova, este permanecerá absolutamente carente de significado e mudo, aos fins da prova, se não estivesse referido à experiência e, mais precisamente, subsumido numa máxima da experiência, porque só desse modo resulta possível obter o convencimento sobre a verdade do facto diverso que é objetivo de prova.»

[458] Montero Aroca, *La Prueba en el Proceso Civil*, Thomson Civitas, 2007, p. 611. Por sua vez, Lebre de Freitas, *A Confissão no Direito Probatório*, Coimbra Editora, 1991, p. 284, Nota 58, também afirma que: «No caso da prova legal, o papel do juiz é tão só o de verificar a ocorrência concreta do facto probatório e, constituindo este a factispécie da norma probatória, logo deverá dar como provado o facto principal; mas, no caso de prova livre, uma vez convicto da realidade do facto probatório, o juiz poderá ou não daí deduzir a realidade do facto principal, valendo-se para o efeito das regras de experiência que achar mais adequadas ao caso concreto.»

Perante a inexistência de uma hierarquia rígida das máximas de experiência (pois se tal ocorresse, estaríamos em sede de prova legal), cabe ao juiz eleger – a partir da prova feita no processo e das particularidades do caso – a máxima de experiência aplicável com prevalência sobre outras, em função de critérios de racionalidade. Esta escolha será examinada criticamente quanto à sua racionalidade ou arbitrariedade. A mesma situação fáctica pode suscitar a aplicação de várias máximas da experiência, válidas e atendíveis, de modo que dificilmente se poderá afirmar, na maioria dos pleitos, que apenas uma valoração da prova é racional e que as demais são irracionais.

O que está vedado ao juiz é fazer assentar a sua convicção apenas na intuição. Existe aqui uma regra de ouro qual seja a de que ***o que não se consegue motivar legitimamente, não existe.***[459] Como explica Nieva Fenoll, «Apesar de a intuição ser um mecanismo extraordinariamente eficaz para tomar decisões rápidas na vida quotidiana, o seu uso não pode estender-se a algo que não tem que ser rápido, nem muito menos irrefletido, como uma sentença. Quer dizer, o uso na valoração da prova por parte do juiz desse conjunto difuso que constituem as "máximas da experiência", não pode levar-se ao extremo de substituir com essas máximas aquilo que as provas dizem, ou colmatar as lacunas do que as provas não dizem.»[460] Em sentido equivalente, Michel Taruffo afirma que a decisão sobre os factos não pode ser o fruto de uma intuição irracional, ou de uma introspeção através da qual o juiz penetre nas pregas mais recônditas do seu espírito para emergir com uma certeza subjetiva, inescrutável e misteriosa, sobre a verdade dos factos.[461]

Em suma, a convicção expressa tem que ser objetivável e intersubjetiva. No contexto de descobrimento em que se formulam hipóteses de interpretação e reconstituição dos factos, a intuição poderá ser uma ferramenta de trabalho a que o juiz recorre. Todavia, quando passamos ao contexto de justificação[462], há que descartar tudo o que não seja suscetível de verbalização. Assim, as potencialidades heurísticas da intuição são transitórias:

459 Nieva Fenoll, *La Valoración de la Prueba*, Marcial Pons, Madrid, 2010, p. 207.

460 Nieva Fenoll, *La Valoración de la Prueba*, Marcial Pons, Madrid, 2010, p. 207.

461 *Simplemente la Verdad, El Juez y la Construcción de los Hechos*, Marcial Pons, Madrid, 2010, p. 220.

462 Sobre o contexto de descobrimento e de justificação, cf. o nosso *Prova Testemunhal*, pp. 321-322.

no caso de existirem provas que constituam arrimo suficiente para a formulação da convicção, a intuição desaparece e estas é que sedimentam a convicção; inexistindo tais provas, fenece qualquer relevo probatório ao juízo intuitivo. Na esteira de PERFECTO IBAÑEZ, o juiz que assuma com profissionalismo e honestidade intelectual o dever de motivar esforçar-se-á para eliminar do seu discurso valorativo aqueles elementos cuja utilização não seja suscetível de justificação racional, para mover-se – unicamente – no âmbito do racionalmente justificável.[463]

O resultado da valoração da prova é sempre contextual, ou seja, decorre de um determinado conjunto de elementos de prova pelo que se este conjunto variar, por adição ou subtração de algum elemento, o resultado pode ser perfeitamente outro.

SECÇÃO VII – PROVA TESTEMUNHAL

ARTIGO 392º – ADMISSIBILIDADE

A prova por testemunhas é admitida em todos os casos em que não seja direta ou indiretamente afastada.

Remissões: art. 313º (confissão do devedor); art. 364º (exigência legal de documento escrito); art. 68º do CN (casos de incapacidade ou de inabilidade para ser testemunha em atos notariais); art. 393º (inadmissibilidade da prova testemunhal); art. 394º (convenções contra o conteúdo de documentos ou além dele).

A admissibilidade geral da prova testemunhal está cerceada por dois tipos de limites: subjetivos, atinentes à relação entre a testemunhas e os factos que integram o objeto do litígio, e objetivos, os quais derivam de uma hierarquia legal dos meios de prova e da natureza dos factos sob discussão.

Assim, estão impedidos de depor como testemunhas as partes, os seus representantes legais, bem como quem dispuser de poderes para confessar a ação, sendo que a inabilidade legal é apreciada no momento em que deve ser prestado o depoimento (cf. art. 496º do CPC). Sobre esta matéria, cf., desenvolvidamente, GERALDES, Abrantes/PIMENTA, Paulo/SOUSA, Luís Filipe, *CPC Anotado*, I Vol., 2020, 2ª ed., pp. 573-574. Não pode tam-

[463] *Valoração da Prova e Sentença Penal*, Lumen Juris, Rio de Janeiro, 2006, p. 48.

bém ser testemunha o juiz que se declare, ou seja declarado, impedido (cf. arts. 115º, nº 1, al. h) e 499º, do CPC).

Os subsequentes artigos 393º a 395º, de per si e conjugados com outros normativos, estabelecem regras de inadmissibilidade da prova testemunhal que, em regra, derivam da desconfiança face à prova testemunhal bem como da assunção legal da superioridade de outros meios de prova face à prova testemunhal.

ARTIGO 393º – INADMISSIBILIDADE DA PROVA TESTEMUNHAL

1. Se a declaração negocial, por disposição da lei ou estipulação das partes, houver de ser reduzida a escrito ou necessitar de ser provada por escrito, não é admitida prova testemunhal.

2. Também não é admitida prova por testemunhas, quando o facto estiver plenamente provado por documento ou por outro meio com força probatória plena.

3. As regras dos números anteriores não são aplicáveis à simples interpretação do contexto do documento.

Remissões: art. 223º (forma convencional); art. 364º (exigência legal de documento escrito).

1. Âmbito da exclusão da prova testemunhal (Nº 1)

Nos termos do nº 1, quando a declaração negocial, por disposição legal ou por estipulação das partes (cf. art. 223º), tiver de ser reduzida a escrito (formalidade *ad substantiam*) ou necessitar de ser provada por escrito (formalidade *ad probationem*), não é admitida a prova testemunhal. Sobre a caraterização da formalidade *ad substantiam* e *ad probationem*, veja-se o comentário ao art. 364º (pp. 128 e ss.). Entre a insegurança da prova testemunhal e a segurança do documento enquanto prova pré-constituída (e os modos restritos de supri-la, cf. comentário art. 364º), o legislador opta, claramente, por esta. A título exemplificativo, estando a guia de transporte terrestre sujeita a emissão por papel ou por meios informáticos, na hipótese de ter assim sido criada, não é de admitir a prova testemunhal para fazer prova do contrato, de acordo com o disposto no nº 1.[464]

[464] Cf. Acórdão do Tribunal da Relação de Lisboa de 12.11.2019, *Adelaide Domingos*, 123203/17.

A exclusão da prova testemunhal imposta pelo nº 1 não vale a favor ou contra os terceiros, nem quando se trate de provar, não o contrato, mas factos que tendem a esclarecer a vontade das partes. Também não será aplicável tal exclusão quando se trate de provar «um concreto pacto contratual, que, embora celebrado em coincidência da estipulação de um negócio, para que seja exigida a forma escrita, tenha, porém, um conteúdo independente e em geral diverso do mesmo negócio.» [465]

O facto material de terem sido emitidas certas declarações negociais, enquanto factualidade produtora de outros efeitos jurídicos, que não de elemento constitutivo de um negócio jurídico, como *v.g.* a responsabilização por culpa *in contrahendo* decorrente de se ter emitido dolosamente uma declaração nula, já pode ser provado por prova testemunhal e presunções.

As restrições dos nos. 1 e 2 não se aplicam à simples interpretação do contexto do documento (nº 3 do mesmo preceito), ou seja, é de admitir a prova testemunhal somente para interpretação de declarações constantes do documento (prova testemunhal *iuxta scripturam*), contanto que o resultado da interpretação encontre expressão (ainda que imperfeita) nos termos da declaração documentada. Havendo divergência entre as partes quanto ao sentido que quiseram dar à declaração contratual, deve admitir-se que sobre a mesma se produza prova testemunhal a fim de se apurar qual o sentido real da declaração. [466] Esse sentido pode decorrer designadamente das negociações prévias, do modo como as partes executaram o contrato, da finalidade prosseguida pelo declarante pelo que – deste modo – poderá incidir depoimento sobre estes elementos.[467] A prova testemunhal é admissível quando se cuida, apenas, de clarificar e integrar o conteúdo da vontade negocial e não de ampliar, modificar ou alterar a disciplina objetiva prevista no contrato celebrado por escrito. [468] A solução será a mesma quando a prova testemunhal se destine a completar elementos apenas em parte claramente expressos no documento, *v.g.*, identificação do objeto do contrato.[469]

[465] VAZ SERRA, *Prova, Direito Probatório Material*, BMJ nº 112, pp. 233-234, citando FERRUCCI.

[466] Cf. Acórdão do Supremo Tribunal de Justiça de 13.11.86, *Joaquim Gonçalves*, BMJ nº 361, pp. 496-499, Acórdão do Tribunal da Relação do Porto de 5.7.90, *António Lebre*, BMJ nº 399, p. 574 e Acórdão do Tribunal da Relação de Évora de 21.4.2005, *Maria Moura*, 2214/04.

[467] Cf. Acórdão do Tribunal da Relação de Guimarães de 26.1.2012, *Antero Veiga*, 30/08.

[468] Cf.: SALVATORE PATTI, *Prove*, Zanichelli Editore, 2015, p. 578; SALVO LEUZZI, *I Mezzi di Prova Nel Processo. Formazione, Acquisizione, Integrazione*, Giuffrè Editore, 2013, p. 371.

[469] VAZ SERRA, *Provas (Direito Probatório Material)*, 1962, p. 562.

2. Prova da quitação

O disposto no nº 1 não se aplica quanto à prova da quitação. De acordo com o art. 787º, nº 1, quem cumpre tem direito de exigir quitação daquele a quem a prestação é feita, devendo essa quitação constar de documento autêntico ou autenticado ou ser provida de reconhecimento notarial, se aquele que cumpre tiver nisso interesse legítimo. Deste preceito não resulta a obrigatoriedade da quitação ser provada por escrito, mas tão-somente um direito ou faculdade do devedor-pagador. Ou seja, a validade da declaração de quitação não depende da observância de forma especial, salvo se o devedor-pagador ou terceiro-pagador exigir documento ou reconhecimento notarial. De onde se infere que a quitação, em geral, não está submetida a qualquer forma especial e pode ser provada por qualquer meio de prova, nos termos do art. 219º.[470] Todavia, consoante veremos a propósito do art. 395º, a exigência da quitação escrita pode assumir particular importância.

3. A exclusão prevista no Nº 2

Nos termos do nº 2, «*Também não é admitida a prova por testemunhas* [e presunções] *quando o facto estiver plenamente provado por documento ou outro meio com força probatória plena.*».

Nesta norma, a lei veda o recurso a testemunhas/presunções como meio de:

(i) alcançar a prova da existência ou do conteúdo duma declaração para a qual é exigida a forma escrita ;

(ii) ou de contrariar a prova que haja sido extraída dum documento (cf. arts. 370º, nº 1, 371º, nº 1 e 376º, nº 1) ou duma declaração confessória ou aposta em documento que não é costume assinar ou doutra fonte com força probatória plena (cf. arts. 358º, 380º, nº 1 e 381º, nº 1).

A prova plena, recorde-se, só cede perante a prova do contrário, ou seja, mediante a prova do facto contrário do facto provado. No caso deste nº 2, estamos perante uma prova plena qualificada na medida em que a prova do contrário não pode fazer-se por testemunhas, presunções ou declarações de parte.[471]

[470] Acórdãos do Supremo Tribunal de Justiça de 5.11.1995, *Cardona Ferreira*, BMJ nº 451, pp. 378-386 e de 29.5.2007, *João Camilo*, 07A1291.

[471] João de Castro Mendes e Miguel Teixeira de Sousa, *Manual de Processo Civil*, Vol. I, AAFDL, 2022, p. 480.

Conforme adverte LEBRE DE FREITAS,

«(...) ao estabelecer a inadmissibilidade da prova testemunhal em caso de negócio jurídico formal ou "*quando o facto estiver plenamente prova por documento* (ou por outro meio com força probatória plena)", a lei está vedando o recurso a testemunhas como meio de estabelecer a prova da existência ou do conteúdo para o qual é exigida a forma escrita (mesmo assim, com a ressalva do nº 3: interpretação do contexto do documento existente) ou de contrariar a prova que haja sido extraída, por presunção legal , dum documento (C. Civil, arts. 370º-1, 371º1, 376º-1; ou duma declaração confessória ou aposta em documento dos que não é costume assinar, ou ainda de outra fonte ou fator probatório com aquela força: arts. 358º, 380º-1 (...) e 350º-2), *mas sempre ressalvando a possibilidade de ilisão da presunção que estabelece*. A própria redação do art. 393º-2 é, a nosso ver, significativa: a utilização da forma verbal «estiver» significa que só *depois de estar* definitivamente assente a prova plena, por preclusão do direito de a contrariar ou por improcedência da ação contrária (vise esta, no caso dos documentos, estabelecer a sua não genuinidade ou a sua falsidade) é que não é mais admissível prova em contrário daquela. O art. 393º do Código Civil articula-se assim com o art. 653-2 do CPC e, contendo uma norma de prova legal negativa, é um mero *reflexo* das normas de prova legal positiva acima referidas (...): imposto como possível um único meio de prova, estão excluídos todos os outros (nº 1); imposta uma decisão, está negado valor aos meios de prova que a decisões diferentes poderiam conduzir (nº 2).»[472]

Note-se que a inadmissibilidade da prova testemunhal reporta-se à prova de facto já plenamente provado por documento, por confissão ou outro meio probatório com força probatória plena, o que nos remete para o regime dos arts. 358º, nº 1 e nº 2, 371º, nº 1, 376º, nº 1, 383º, nº 1, 386º, nº 1, designadamente. Quanto aos factos a que não assiste a força probatória plena é inaplicável a proibição de recurso à prova testemunhal que se acha estabelecida no nº 2. [473]

Exemplificativamente, constando da escritura pública de um contrato de distrate o direito à restituição de determinada quantia, não é admissível prova testemunhal ou por presunção judicial destinada a provar o acordo

[472] LEBRE DE FREITAS, *A Falsidade no Direito Probatório*, Almedina, 2ª ed., 2013, p. 190, Nota 36.

[473] Cf. o exemplo do Acórdão do Supremo Tribunal de Justiça de 23.5.2019, *Acácio das Neves*, 3585/16.

das partes em sentido diverso do ali consignado, nos termos dos artigos 393º, nº 1 e 2, 394º, nº 1, e 351º.[474]

No Acórdão do Supremo Tribunal de Justiça de 2.6.2016, *Fernanda Isabel*, 781/11, entendeu-se que, não tendo o resultado da prova testemunhal sido empregue para infirmar o âmago da força probatória plena reconhecida a esse documento – a prestação, pelos outorgantes nesse ato notarial, das declarações consignadas na escritura pública de compra e venda – mas antes para demonstrar a falta de correspondência entre a vontade real e a vontade declarada do comprador para efeitos de ilisão da presunção legal (arts. 344º, nº 1, e 350º) derivada do registo predial (e não os requisitos da simulação), inexiste violação do disposto no nº 2 do art. 393º.

ARTIGO 394º - CONVENÇÕES CONTRA O CONTEÚDO DE DOCUMENTOS OU ALÉM DELE

1. É inadmissível a prova por testemunhas, se tiver por objeto quaisquer convenções contrárias ou adicionais ao conteúdo de documento autêntico ou dos documentos particulares mencionados nos artigos 373º a 379º, quer as convenções sejam anteriores à formação do documento ou contemporâneas dele, quer sejam posteriores.

2. A proibição do número anterior aplica-se ao acordo simulatório e ao negócio dissimulado, quando invocados pelos simuladores.

3. O disposto nos números anteriores não é aplicável a terceiros.

1. Ratio e âmbito do nº 1

Esta norma assenta na consideração de que a admissão de prova testemunhal de pactos contrários ou adicionais seria perigosa dados os riscos de tal prova (por falsidade ou infidelidade) e traduzir-se-ia, praticamente, na inutilização do documento, sendo ainda certo que é possível às partes munirem-se de uma prova escrita dos mencionados pactos.[475] Pode ainda apelar-se a uma regra da experiência nos termos da qual o recurso à forma escrita é normalmente integral, no sentido de que a adoção da forma escrita para parte de um ato documentado demonstra e comporta a sua escolha para todo o ato. Dito de outra forma, é objetivamente inve-

[474] Acórdão do Supremo Tribunal de Justiça de 1.6.2017, *Tomé Gomes*, 664/05.

[475] Vaz Serra, *Provas, Direito Probatório Material*, BMJ nº 112, pp. 178, 193, 202.

rosímil que as partes, designadamente antes ou aquando da redução do contrato a escrito, tenham acordado estipulações verbais sem que as vertam no texto escrito e, bem assim, que tenham acordado diversamente do que verteram no texto.

Este preceito aplica-se às convenções contrárias aos documentos na parte em que estes não têm força probatória plena e às convenções adicionais ou acessórias. [476]

A convenção é *contrária* quando tem por escopo modificar ou eludir uma cláusula do contrato escrito, *v.g.* estipulação de uma condição resolutiva ou suspensiva. É *adicional* quando completa (e em tal sentido modifica) as estipulações escritas do contrato, introduzindo um *quid* que as partes não previram, *v.g.* estipulação de uma dilação ou de um termo final. O que é objeto de restrição são as convenções contrárias ou adicionais e não factos materiais diversos, como será o exemplo de a entrega do bem ter ocorrido em data diversa da ajustada.

A validade e eficácia dos pactos contrários ou adicionais ao documento, legal ou convencionalmente exigido para a declaração negocial, está regulada nos arts. 221º e 222º. Só após a fixação da validade dos mesmos é que coloca o problema da respetiva prova poder, ou não, ser feita por testemunhas. Sendo nulo o pacto contrário ou adicional, obviamente que não se coloca a questão da admissibilidade da prova testemunhal para provar aquele.

Dispõe o art. 221º, nº 1, que «*As estipulações verbais acessórias anteriores ao documento legalmente exigido para a declaração negocial, ou contemporâneas dele, são nulas, salvo quando a razão determinante da forma não lhes seja aplicável e se prove que correspondem à vontade do autor da declaração.*» E, nos termos do nº 2, «*As estipulações posteriores ao documento só estão sujeitas à forma legal prescrita para a declaração se as razões da exigência especial da lei lhes forem aplicáveis.*»

O regime assim consagrado parte da distinção entre cláusulas essenciais e acessórias do negócio celebrado. Numa primeira aproximação, por cláusulas acessórias deverão entender-se as estipulações das partes que não são elemento fisionómico do tipo negocial em causa nem constituem reprodução desnecessária de normas legais supletivas.[477]

A distinção entre cláusulas essenciais e cláusulas acessórias dos negócios jurídicos, para o efeito de determinar se estão ou não sujeitas à forma

[476] Antunes Varela e Pires de Lima, *Código Civil Anotado,* I Vol., 4ª Ed., 1987, p. 343.
[477] Acórdão do Supremo Tribunal de Justiça de 16.5.2002, *Eduardo Baptista,* 01B2338.

que a lei prescreve para a declaração negocial, deve ser estabelecida atendendo às razões desse requisito legal, assim se determinando quais as cláusulas que, segundo essas razões, são abrangidas pela norma legal. Tais razões podem ser para precaver os declarantes contra a sua precipitação e ligeireza, dar maior segurança à conclusão do negócio e ao conteúdo negocial, facilitar a prova, dificultar o negócio, facilitar o seu controle no interesse geral, garantir a sua reconhecibilidade por terceiros, dar às partes a oportunidade de obter o conselho de peritos.[478]

Neste âmbito, PAIS DE VASCONCELOS[479] propugna que para determinar se a razão da forma se comunica aos pactos acessórios será necessário verificar se: isoladamente considerados preenchem a previsão legal de um preceito que exija essa forma, *v.g.* art. 80º do CN; de acordo com o seu conteúdo e função, se devem considerar como substancialmente integrantes do núcleo do negócio principal, embora dele formalmente separados.[480]

A validade das estipulações anteriores ao documento ou contemporâneas dele depende da verificação cumulativa das seguintes condições:

a) Que se trate de cláusulas acessórias – não deve tratar-se de estipulações essenciais e parece dever igualmente tratar-se de estipulações adicionais, que completem o documento, que estejam para além do conteúdo do mesmo ("*praeter scripturam*"), e não de estipulações que o contradigam;

b) Que não sejam abrangidas pela razão de ser da exigência do documento;

c) Que se prove que correspondem à vontade das partes – este requisito traduz-se na prova de que a estipulação existiu; se sobre o ponto acessório há cláusula no documento, o pacto verbal não será válido, pois tem de se admitir que as partes, regulando aquele ponto no documento, não quiseram de todo o pacto verbal anterior ou contemporâneo.

[478] VAZ SERRA, Anotação na RLJ, Ano 113º, p. 145.

[479] *Teoria Geral de Direito Civil*, II Vol., Almedina, 2002, pp. 65-66.

[480] Exemplifica com a alienação de herança que integre imóveis para a qual é exigida escritura pública. Uma estipulação acessória relativa a um dos móveis não comunga da razão de ser da exigência da forma do negócio principal, ao contrário do que sucederá com a estipulação sobre um imóvel.

Não são abrangidas pela razão da exigência da forma (alínea b)) as cláusulas que, por exemplo, fixam o lugar ou o tempo do cumprimento da obrigação, a forma do cumprimento ou a quitação do próprio pagamento. Assim, por exemplo, desde que não conste do contrato-promessa uma cláusula a fixar a data da outorga da escritura, é válida a estipulação verbal de tal data porquanto esta não é elemento essencial para contrato-promessa de compra e venda. Se, anteriormente à celebração escrita de contrato de cessão de quotas, o cessionário acordar verbalmente com o cedente que assumirá as responsabilidades do cedente perante C e D, tal acordo verbal é válido porquanto a aludida obrigação não se identifica com os elementos essenciais da cessão (sujeitos, quota e preço), constituindo uma estipulação adicional que está para além do conteúdo essencial desse contrato, não o contradizendo.

No Acórdão do Tribunal da Relação de Coimbra de 14.11.2017, *Maria João Areias*, 2840/12, foi entendido que a cláusula verbal pela qual um dos cônjuges se obriga a devolver o montante de 30.000,00 € – correspondendo 15.000,00 € ao valor adiantado pelo outro cônjuge na compra da fração comprada por ambos no estado de solteiro, 7.500,00 € ao valor dos móveis que ficaram para o cônjuge e 7650,00 € de empréstimos que o outro cônjuge lhe fizera – não se encontra sujeita à forma legal exigida para a partilha do imóvel comum ou para a venda da quota-parte do imóvel que possuíam em compropriedade, sendo válida. Em conformidade, declarou que não está vedada a utilização de mensagens SMS e de e-mails para a prova de estipulações verbais acessórias ao conteúdo de documento autêntico, anteriores ou contemporâneas à formação do documento.

Pelo contrário, já são abrangidas pela razão da exigência a forma estipulações em que se amplie ou reduza o objeto de um contrato sujeito a certa forma.[481] Desta forma, a alteração das condições de pagamento (renegociação da dívida) de um mútuo com hipoteca são estipulações essenciais desse contrato pelo que a sua alteração teria de ser reduzida a escrito porquanto tais cláusulas constam do primitivo contrato. [482] A não redução a escrito de tais alterações implica a sua invalidade, não podendo – do mesmo passo – fazer-se prova de tais alterações por meio de testemunhas ou presunções.

[481] Antunes Varela e Pires de Lima, *Código Civil Anotado*, I Vol., 4ª Ed., 1987, p. 212.
[482] Acórdão do Tribunal da Relação de Guimarães de 5.2.2009, *Conceição Bucho*, 2745/08.

Da conjugação do art. 221º com o art. 394º resulta que as estipulações adicionais não formalizadas, anteriores ou contemporâneas do documento, não abrangidas pela razão determinante da forma, só produzirão efeitos se ocorrer a confissão ou se forem provadas por documento escrito que não obedeça aos requisitos legais (art. 366º), podendo ser menos solene do que o exigido para o negócio, *v.g.*, uma carta no caso do negócio constar de escritura pública.[483]

O regime das estipulações acessórias posteriores consagrado no nº 2 do art. 221º é mais aberto. Em decorrência do mesmo, os pactos pelos quais se altera a área do prédio vendido, ou aumenta ou se agrava as obrigações (por ex. fiança), cuja constituição a lei sujeita a forma, devem considerar-se abrangidos pela exigência da forma legal. Já quando o pacto cancele ou reduza as obrigações de alguma ou de ambas as partes (sujeição a um prazo da obrigação de pagar o preço, remissão do preço, limitação da obrigação do fiador, etc.) dever-se-á entender que o mesmo não está abrangido pela exigência da forma legal.

O regime do nº 1 do art. 394º não obsta a que se faça prova testemunhal que tenha por objeto o motivo ou o fim do negócio, o qual não é contrário ao conteúdo do documento nem constitui uma cláusula adicional à declaração.[484]

As convenções contra ou além do conteúdo do documento contratual, anteriores, contemporâneas ou posteriores, poderão ser provadas por quaisquer outros meios probatórios , como a confissão judicial ou a confissão extrajudicial por escrito.[485]

A restrição probatória não se aplica em sede de arguição da falsidade de documento autêntico, *v.g.* quando a parte pretende demonstrar a falsidade ideológica do que o oficial público atestou como tendo ocorrido na sua presença.

A restrição opera unicamente *inter partes*, quando o contrato escrito é invocado em juízo como fonte de obrigações e direito entre os contraentes, não colhendo aplicação quando a prova testemunhal respeita a um con-

[483] Acórdão do Supremo Tribunal de Justiça de 15.10.2002, *Afonso Correia*, CJ 2002-III, pp. 92-98.

[484] Cf. Acórdão do Supremo Tribunal de Justiça de 4.3.1997, *Pais de Sousa*, CJ 1997-I, pp. 121-125; Acórdão da Relação de Coimbra de 20.1.2015, *Henrique Antunes*, 2996/12.
No Acórdão do Supremo Tribunal de Justiça de 14.5.2019, *Raimundo Queirós*, 995/13, admitiu-se a prova testemunhal para demonstrar a finalidade da quantia mutuada.

[485] Vaz Serra, *Provas (Direito Probatório Material)*, 1962, p. 571.

trato a respeito do qual quem requer a prova testemunhal é um terceiro. Isto porquanto o terceiro não pode munir-se de uma prova escrita do ato estipulado e documentado *inter alios*, razão suficiente para este regime se estender também à prova da simulação (nº 3).

A jurisprudência italiana vem entendendo que a restrição probatória só tem pertinência perante documento contratual proveniente de ambas as partes, não se aplicando a, *v.g.* promessa de pagamento proveniente de uma só parte e vertida em declaração unilateral e promessa de cumprimento e reconhecimento de dívida (art 458º).[486] Vaz Serra reputa tal posição, subscrita também pela doutrina, como aceitável porquanto a proibição da prova testemunhal contra ou além do conteúdo de documentos funda-se nos perigos dessa prova e na circunstância de ser possível às partes munirem-se de uma prova escrita dos pactos contrários ou adicionais ao que consta do documento, sendo que esta segunda razão só se aplica aos documentos contratuais.[487]

2. Os vícios do consentimento

O regime estatuído no art. 394º, nº 1, não impede o recurso à prova testemunhal e por presunções para a prova de vícios de consentimento, do erro na declaração, da reserva mental bem como de qualquer divergência, não convencionada (exclui-se a simulação), entre a vontade real e a vontade declarada, porquanto os vícios de consentimento não consubstanciam quaisquer pactos contrários ou adicionais ao conteúdo do documento, mas simples factos estranhos a esse conteúdo.[488]

3. O nº 1 e os contratos celebrados com recurso a cláusulas contratuais gerais

Ainda quanto ao âmbito de aplicação do art. 394º, nº 1, Filipe Cassiano dos Santos[489] pugna pela inaplicabilidade do art. 394º nos contratos

[486] Cf.: Salvatore Patti, *Prove*, Zanichelli Editore, 2015, p. 577; Salvo Leuzzi, *I Mezzi di Prova Nel Processo. Formazione, Acquisizione, Integrazione*, Giuffrè Editore, 2013, p. 372.

[487] *Provas (Direito Probatório Material)*, 1962, p. 558.

[488] Cf. Vaz Serra, *Provas (Direito Probatório Material)*, 1962, pp. 555-556; almeida costa, Anotação na RLJ, Ano 129º, Nº 3872, p. 361.

[489] "O contrato de instalação de lojista em centro comercial (e a aplicação do artigo 394º do Código Civil quando celebrado por adesão", in *Cadernos de Direito Privado*, Nº 24, outubro/dezembro 2008, pp. 3-20.

celebrados com recurso a cláusulas contratuais gerais e, em geral, aos contratos de adesão.

Constrói essa conclusão com base nos seguintes pressupostos. A estatuição do nº 1 do art. 394º assenta na suposição, por parte da lei, de que as partes incluíram todos os acordos que alcançaram no documento em que formalizaram o contrato. A não inclusão de eventuais acordos no texto reduzido a escrito significa que os contraentes não querem estar sujeitos a uma prova por meio probatório de natureza distinta e mais falível do que aquele que eles próprios adotaram para as suas convenções (princípio da valorização dos acordos celebrados por escrito). E prossegue:

> «(...) com uma tal *ratio*, a norma supõe, quanto ao seu âmbito de aplicação, que se trata de convenções contrárias ao conteúdo de documentos que formalizam contratos negociados – isto é, contrato em que ambas as partes contribuíram para a determinação do texto contratual, o qual foi também ele objeto de negociação.
>
> Só em tal caso vale a suposição em que assente o preceito. Na verdade, se o texto contratual foi apresentado por uma das partes à outra, sem margem para negociação e sem qualquer contributo desta outra para o teor das cláusulas, e, sobretudo, se o texto foi elaborado para todas as contratações similares, falece qualquer suposição de que, a terem existido antes outros acordos que dele não constam, eles foram afastados no momento final das negociações e não correspondem à última vontade das partes. Nessas especiais condições, nada permite concluir que essa última vontade se identifica com aquela que foi inscrita no documento, e que esta possa ser completada por via de testemunhos.»

Esta posição não foi sufragada no Acórdão do Supremo Tribunal de Justiça de 13.9.2007[490], segundo o qual tendo as partes reduzido a escrito o contrato de instalação de lojista em centro comercial, não podem provar-se por testemunhas quaisquer acordos preliminares ao contrato que o infirmem ou contrariem. Na fundamentação de tal acordo, invocou-se o ensinamento de VAZ SERRA de que «o declarado pelos contraentes no

[490] Sendo relator *Custódio Montes*, 07B1857.
Também no Acórdão do Tribunal da Relação de Lisboa de 12.5.2022, *Pedro Martins*, 14149/20, se entendeu que o artigo 394 não se aplica nos contratos celebrados com recurso a cláusulas contratuais gerais e, em geral, aos contratos de adesão.

clausulado de um contrato (documento particular), assinado por ambos, e que se mostra contrário aos respetivos interesses , deve considerar-se confessado, logo assente nos autos.»[491] Em seguida, afirmou-se que o declarado no contrato não pode ser infirmado pelas negociações que decorreram como preliminares porque, ao escreverem e assinarem o contrato, as partes deram corpo definitivo ao que haviam negociado antes. Doutra forma, desvirtuar-se-ia o objeto do art. 394º, nº 1, que é o de esconjurar os perigos da admissibilidade da prova testemunhal.

No que tange à articulação do regime do art. 394º com o art. 7º do Decreto-lei nº 446/85, de 25.10 ("*as cláusulas especificamente acordadas prevalecem sobre quaisquer cláusulas gerais , mesmo quando constantes de formulários assinados pelas partes*"), entendeu o Supremo que, em primeiro lugar, há que fazer a prova de que foram estipuladas entre as partes cláusulas específicas diferentes das constantes do contrato de adesão e, só depois, é que se poderá aquilatar da prevalência de tais cláusulas nos termos do art. 7º. Quanto à realização da prova de que foram acordadas cláusulas específicas vigora a regra de que, constando o contrato de documento escrito, o mesmo não pode ser contrariado por cláusulas verbais anteriores provadas testemunhalmente (ou por presunções), salvo as três exceções que analisaremos infra.

4. A prova da simulação (nº 2)

O nº 2 estende a proibição do nº 1 ao acordo simulatório e ao negócio dissimulado, quando invocados pelos simuladores.

Esta proibição tem por objetivo esconjurar os perigos que comportaria a admissibilidade da prova testemunhal do acordo simulatório contra o conteúdo do documento: um dos contraentes, querendo infirmar o negócio, poderia valer-se de prova testemunhal para demonstrar que o negócio é simulado, destruindo dessa forma a eficácia do documento mediante simples prova de testemunhas.[492] Sendo que os simuladores sempre se poderão acautelar por meio de contradeclarações escritas.

Os simuladores podem fazer a prova da simulação por qualquer outro meio de prova, *v.g.* documental ou por confissão, com exceção da testemunhal ou por presunções, mesmo que o negócio tenha sido celebrado por

[491] RLJ, Ano 114º, p. 204.

[492] VAZ SERRA, *Provas, Direito Probatório Material,* 1962, p. 551.

documento autêntico. A prova escrita para este efeito não tem de satisfazer os requisitos do documento particular, podendo atender-se a outros escritos (cf. art. 368º). Como se viu, o documento autêntico faz prova plena quanto à declaração negocial documentada mas não quanto à conformidade da declaração com a vontade real, não faz prova da sinceridade das afirmações proferidas perante o oficial público.

Todavia, a restrição do nº 2 não veda a possibilidade de os simuladores provarem o acordo simulatório e o negócio dissimulado com base num princípio de prova escrita contextualizada ou complementada por prova testemunhal ou por presunção judicial.

A este propósito, MOTA PINTO[493] defendeu em parecer que:

> «Por razões de justiça, entendemos que a existência dum princípio de prova por escrito, tal como é definido e aplicado nos sistemas jurídicos francês e italiano, poderá permitir o recurso à prova testemunhal.
>
> Com menos hesitação afirmamos ainda que, existindo já prova documental, suscetível de formar a convicção de verificação do facto alegado, é de admitir a prova de testemunhas, a fim de:
>
> 1º) Interpretar o contexto dos documentos, conforme expressamente prescreve o nº 3 do art. 393º do Código Civil (...);
>
> 2º) Completar a prova documental, desde que esta, a existir (...), constitua, por si só, um indício que torne verosímil a existência de simulação, a qual poderá ser plenamente comprovada não só com a audição de testemunhas *juxta scripturam* – pelos esclarecimentos e precisões que venha a fornecer à interpretação dos documentos – mas também como modo de integração, complementar da prova documental.»

Esta segunda exceção é criticada por CARVALHO FERNANDES por sugerir uma excessiva maleabilidade na interpretação do art. 394º que não estará no espírito desta norma.[494]

Há que conciliar as exigências contrapostas que presidem à razão de ser da proibição do uso da prova testemunhal, por um lado, e a necessidade de acautelar os interesses de um dos simuladores contra o aproveitamento iníquo da simulação pelo outro, por outro lado. Tal conciliação

[493] "Arguição da simulação pelos simuladores, Prova testemunhal", Parecer, CJ 1985- III, pp. 9-15.

[494] *Estudos sobre a simulação*, Quid Juris, 2004, p. 60, Nota 26

passa pela admissão da prova testemunhal quando convocada para complementar prova escrita que possa valer como um princípio de prova do acordo simulatório.

Na explicação de CARVALHO FERNANDES[495]

«(...) coloca-se a hipótese de haver contradeclaração escrita, que traduza a vontade real dos simuladores, seja ela no sentido de não celebrar qualquer negócio – simulação absoluta -, seja no sentido de celebrar um negócio diferente quanto a alguns dos seus elementos – simulação relativa.

Em tal caso, o papel que ainda pode estar reservado à prova testemunhal será o de contribuir para a fixação do alcance de tal documento, isto é, o de contribuir para a interpretação do negócio nele titulado. Não se vê que possa deixar de valer, neste domínio, a função que o nº 3 do art. 393º reserva à prova testemunhal.

Pode, porém dar-se o caso de haver um ou mais documentos escritos, sem que, contudo, qualquer deles, isoladamente ou no seu conjunto, possa ser visto como título suficiente de uma contradeclaração. Se, ainda assim, esse documento ou esse conjunto valer como *começo de prova* da simulação, o recurso ao depoimento de testemunhas afigura-se-nos admissível.

(...) O que se exige é que o documento ou o conjunto de documentos disponíveis no processo torne plausível ou razoável admitir a verosimilhança dos factos que segundo a parte que os alega, qualificam a simulação. Por outras palavras, esses documentos têm de permitir, como um dos sentidos possíveis do seu conteúdo, a comprovação dos factos em que se traduz a simulação.»

Nesse estudo, o mesmo autor conclui que:

«a) A interpretação estrita dos Artigos 351º e 394º, nº 2, do Código Civil limitando fortemente a arguição da simulação pelos simuladores, pode conduzir a resultados injustos de aproveitamento do ato simulado por um dos simuladores em detrimento do outro;

b) A ponderação dos interesses em jogo postula, assim, uma interpretação restritiva desses preceitos, que atenue a limitação dos meios de prova disponíveis a que a letra da lei conduz:

c) Essa interpretação não pode, porém, pôr em causa a ratio desses preceitos, nem chegar ao ponto de sobrepor, à certeza da prova documental, a fragilidade e a falibilidade da prova testemunhal e por presunções judiciais;

[495] *Estudos sobre a simulação*, Quid Juris, 2004, pp. 59-60.

d) Deste modo, a estes meios de prova só pode estar reservado o papel secundário de determinar o alcance de documentos que à simulação se refiram ou de complementar ou consolidar o começo de prova a que neles seja lícito fundar;

e) Sempre que, com base em documentos trazidos aos autos, o julgador possa formular uma primeira convicção relativamente à simulação de certo negócio jurídico, é legítimo recorrer-se ao depoimento de testemunhas sobre factos constantes do questionário e relativos a essa matéria com vista a confirmar ou a infirmar essa convicção;

f) Como legítimo é, a partir desse mesmo começo de prova, pela via de presunções judiciais, deduzir a existência de simulação com base em factos assentes no processo.»[496]

A jurisprudência tem vindo a aderir a esta interpretação restritiva do art. 394º, nº 2.[497]

No que tange à arguição da simulação pelos herdeiros dos simuladores, partindo do pressuposto de que os herdeiros sucedem globalmente na precisa situação jurídica de natureza não pessoal que tinha o autor da herança, é de admitir, à partida, que lhe sejam aplicáveis as restrições de prova que impendiam sobre o simulador.

Todavia, não é excluir que possam ser tratados como terceiros quando visem satisfazer interesses específicos da sua posição de herdeiros que seriam afetados pela subsistência de tal ato e, desta forma, arredá-los das

[496] *Estudos sobre a simulação*, Quid Juris, 2004, p. 68.

[497] Cf. Acórdão do Tribunal da Relação de Coimbra de 24.1.95, *Francisco Lourenço*, CJ 1985-I, pp. 35-39, de 23.10.2007, *Barateiro Martins*, CJ 2007-IV, pp. 43-48, Acórdãos do Supremo Tribunal de Justiça de 17.6.2003, *Ribeiro de Almeida*, CJ 2003-II, pp. 112-115, de 2.3.2010, *Cardoso Albuquerque*, 1700/06, www.colectaneadejurisprudencia.com, Acórdãos do Tribunal da Relação do Porto de 15.1.2009, *Amaral Ferreira*, CJ 2009-I ("No caso de simulação relativa existindo já prova documental suscetíveis de formar a convicção de verificação do facto alegado, é de admitir a prova testemunhal a fim de interpretar o contexto dos documentos ou completar a prova documental, desde que esta, a existir, constitua um indício que torne verosímil a existência da simulação"), de 25.3.2010, *Pinto dos Santos*, 4925/07, www.colectaneadejurisprudencia.com , Acórdão do Tribunal da Relação de Lisboa de 13.4.2010, *Manuel Tomé Gomes*, 5169/05, acessível no mesmo *site* ("A restrição constante do nº 2 do citado art. 394º não veda a possibilidade de os simuladores provarem o acordo simulatório e o negócio dissimulado, mediante um princípio de prova escrita contextualizada ou complementada por prova testemunhal ou por presunção judicial"), de 2.10.2014, *Farinha Alves*, 2402/10 e Acórdão do Supremo Tribunal de Justiça de 9.7.2014, *Pinto de Almeida*, 5944/07.

limitações de prova a que ficam sujeitos os simuladores. «É, sem dúvida, como terceiro que após a morte do autor da simulação, atua o herdeiro legitimário que, por exemplo, pretende demonstrar que certo ato de compra e venda praticado pelo seu progenitor encobre, na realidade, uma doação.»[498]

Por tal motivo, o nº 2 do art. 242º veio permitir a invocação da simulação pelos herdeiros legitimários quando ainda em vida do autor da sucessão pretendam agir contra negócios por eles simuladamente feitos com o intuito de os prejudicar. Isto significa que, mesmo após a abertura da herança, têm, obviamente, os herdeiros legitimários legitimidade para invocar a nulidade de negócios simulados que se traduzam em prejuízo da respetiva legítima, ainda que não com esse intuito.

Deste modo, os herdeiros legitimários devem ser considerados como terceiros quando se proponham defender um direito próprio contra os atos simulados do autor da herança.[499] Do mesmo modo, o herdeiro testamentário defende um direito específico quando a subsistência da sua deixa dependa da demonstração de que certa venda feita a um herdeiro legitimário encobre afinal uma doação sujeita a colação e imputável na quota disponível (Artigos 2162º, 2104º, 2108º e 2114º). [500]

Sendo os herdeiros acima enunciados terceiros, não estão sujeitos à restrição dos nos. 1 e 2 do art. 394º *ex vi* nº 3 do mesmo artigo.[501]

A prova do motivo ou do fim do negócio dissimulado (*animus decipiendi*) não está sujeita à restrição do nº 2, podendo ser feita por testemunhas e por presunção judicial.[502]

5. A ressalva da posição de terceiros (nº 3)

Nos termos do nº 3 do art.394º, o disposto nos números anteriores não é aplicável a terceiros.

[498] CARVALHO FERNANDES, *Estudos sobre a simulação*, Quid Juris, 2004, p. 99.

[499] Acórdão do Tribunal da Relação de Lisboa de 13.4.2010, *Manuel Tomé Gomes*, 5169/05, www.colectaneadejurisprudencia.com e Acórdão do Tribunal da Relação de Guimarães de 14.10.2010, *Raquel Rego*, CJ 2010-IV, pp. 270-271.

[500] CARVALHO FERNANDES, *Estudos sobre a simulação*, Quid Juris, 2004, p. 99.

[501] «Os herdeiros do simulador são *terceiros* quando visem satisfazer interesses específicos da sua posição de herdeiros que seriam afetados pela subsistência do acto simulado, ficando assim arredados das limitações de prova a que estão sujeitos os simuladores» (Acórdão do Tribunal da Relação de Coimbra de 28.9.2022, *Fonte Ramos*, 2033/19).

[502] Acórdão do Supremo Tribunal de Justiça de 4.3.97, *Pais de Sousa*, CJ 1997-I, pp. 121-125, Acórdão do Tribunal da Relação de Lisboa de 11.3.2008, *Tomé Gomes*, 10560/2007.

A justificação desta exceção decorre de os terceiros não poderem munir-se de prova escrita da simulação, por um lado, e de o contrato face aos terceiros – que nele não participaram – não ser tanto um contrato senão um simples facto, referindo-se as restrições de prova aos contratos e não aos factos jurídicos, por outro.[503] Como refere VAZ SERRA, sendo a prova testemunhal limitada em atenção à expectativa de segurança que as partes, recorrendo ao documento, se propõem obter, tal razão não é extensível a terceiros.[504]

6. Limitações à admissibilidade da prova testemunhal e ordem pública

Em Itália, tem sido entendido que estas limitações à admissibilidade da prova testemunhal não são de ordem pública, sendo derrogáveis por acordo das partes e não podem ser oficiosamente apreciadas (constituindo exceções em sentido estrito), salvo quando a lei exige a forma *ad substantiam*, caso em que a ordem pública se opõe à derrogação, impondo-se o seu conhecimento oficioso.[505]

Pronunciando-se, expressamente, sobre a questão, VAZ SERRA reputa esta doutrina como aceitável, argumentando: «A limitação da prova testemunhal destina-se a impedir, no interesse das partes, que, mediante prova testemunhal precária, se enfraqueça ou comprometa o conteúdo do documento: portanto, se elas recorrem voluntariamente à forma escrita para o seu contrato, podem acordar em que a prova dos pactos contrários ou adicionais verbais seja feita por testemunhas. Pelo mesmo motivo, não pode o tribunal aplicar *ex officio* a aludida limitação. / Se, porém, se tratar de relação jurídica para a qual se exija *ad substantiam* forma escrita (sem a qual, portanto, o negócio jurídico é nulo), a ordem pública, determinante de tal exigência, opõe-se a que as partes acordem na livre admissibilidade da prova testemunhal, devendo o tribunal oficiosamente aplicar a limitação legal dessa prova.»[506]

[503] VAZ SERRA, *Provas (Direito Probatório Material)*,1962, p. 555.

[504] *Provas (Direito Probatório Material)*, 1962, p. 572.

[505] Cf. SALVATORE PATTI, *Prove*, Zanichelli Editore, 2015, p. 574; SALVO LEUZZI, *I Mezzi di Prova Nel Processo. Formazione, Acquisizione, Integrazione*, Giuffrè Editore, 2013, p. 365.

[506] *Provas (Direito Probatório Material)*, 1962, p. 573.

7. Exceções à regra da inadmissibilidade da prova testemunhal

Desde os estudos com vista à elaboração do Código Civil de 1966, VAZ SERRA sustentou a formulação de exceções à regra da inadmissibilidade a prova testemunhal /por presunções contra ou além do conteúdo de documentos, mesmo no caso da arguição da simulação entre os simuladores, sob pena da ocorrência de graves iniquidades.

Tais exceções estão consagradas nos arts. 1360º a 1362º do Código Civil Francês[507] e art. 2724º do Código Civil Italiano. Este artigo, sob a epígrafe, *Exceções à proibição de prova testemunhal*, dispõe que:

> «A prova por testemunhas é admissível em qualquer caso:
>
> *1) Quando existe um princípio de prova por escrito: este é constituído por qualquer escrito, proveniente da pessoa contra quem é dirigida a demanda ou do seu representante, que faça parecer verosímil o facto alegado;*
>
> *2) Quando o contraente ficou impossibilitado, moral ou materialmente, de munir-se de uma prova escrita;*
>
> *3) Quando o contraente, sem culpa, perdeu o documento que lhe fornecia a prova.*» (tradução nossa).

Justificando a primeira exceção, esclarece VAZ SERRA que «Existindo um começo de prova por escrito, a prova testemunhal terá o papel de um suplemento de prova, pois as testemunhas não são já o único meio de prova do facto; e a exceção justifica-se pela circunstância de, neste caso, o perigo da prova testemunhal ser, em grande parte, eliminado, uma vez que a convicção do juiz está já formada em parte com base num documento.»[508]

[507] **Article 1360**
Les règles prévues à l'article précédent reçoivent exception en cas d'impossibilité matérielle ou morale de se procurer un écrit, s'il est d'usage de ne pas établir un écrit, ou lorsque l'écrit a été perdu par force majeure.
Article 1361
Il peut être suppléé à l'écrit par l'aveu judiciaire, le serment décisoire ou un commencement de preuve par écrit corroboré par un autre moyen de preuve.
Article 1362
Constitue un commencement de preuve par écrit tout écrit qui, émanant de celui qui conteste un acte ou de celui qu'il représente, rend vraisemblable ce qui est allégué.
Peuvent être considérés par le juge comme équivalant à un commencement de preuve par écrit les déclarations faites par une partie lors de sa comparution personnelle, son refus de répondre ou son absence à la comparution.

[508] VAZ SERRA, *Provas, Direito Probatório Material*, BMJ nº 112, pp. 219-220.

O começo da prova por escrito pode ser constituído por um só escrito ou por vários, mesmo que não subscrito.[509] Deve emanar daquele a quem é oposto, não de um terceiro. A letra ou assinatura desse escrito devem ser previamente reconhecidas ou verificadas; «enquanto não é verificado, o escrito discutido não pode servir de começo de prova porque não se sabe de quem emana.» [510] Será de admitir o escrito que não seja do punho da contraparte (ou seu procurador) mas que tenha sido criado com a sua participação, *v.g.*, auto que contenha respostas da parte a depoimento de parte. Não é necessário que o escrito esteja dirigido à parte que o exibe.

O escrito deve tornar verosímil o facto alegado. Entre o facto indicado pelo escrito e aquele que deveria ser objeto de prova testemunhal, deve existir um nexo lógico tal que confira ao último um relevante *fumus de credibilidade*.[511] Esse nexo lógico não corresponde a um simples momento inferencial de uma argumentação presuntiva, mas deve ser entendido como dado instrumental de um convencimento probabilístico, que o juiz pode firmar com uma razoável correlação lógica entre o conteúdo do escrito e o facto controverso. [512]

Em França, a jurisprudência tem entendido que constituem princípio de prova por escrito as seguintes situações: o documento que reconhece uma dívida cuja assinatura é rasurada pelo credor; cheques cuja assinatura do sacador não é contestada constituem escritos que tornam verosímil a existência do crédito invocado pelo beneficiário contra o sacador; o testamento revogado depois do ato litigioso; um documento não assinado desde que a parte contra quem é oposto reconheça que é da sua autoria; as declarações verbais relatadas num escrito, v.g. num inquérito criminal.[513]

[509] Luigi Comoglio, *Le Prove Civili*, pp. 609-610.

[510] Vaz Serra, *Provas, Direito Probatório Material*, BMJ nº 112, p. 221.

[511] Vaz Serra, *Provas, Direito Probatório Material*, BMJ nº 112, p. 223.

[512] Luigi Comoglio, *Le Prove Civili*, pp. 610-611. Francesco Cordopatri, "Note in tema di "Principio di prova per iscritto", in *Rivista di Diritto Processuale*, 2007, Nº 5, pp. 1155-1176, afasta a aproximação deste princípio de prova ao raciocínio presuntivo. Distingue entre a verosimilhança que representa a ideia de aproximação à verdade compreensiva e que combina verdade com conteúdo e a probabilidade que representa a ideia de aproximação à certeza lógica. Enquanto a verosimilhança serve apenas para permitir a produção de prova, a probabilidade é inerente à prova. Entende este autor que a função do princípio de prova por escrito é o de tornar admissível a prova testemunhal, por definição tida como necessária e o único meio probatório do *factum probandum*, e não tanto ser *de per si* um elemento que qualifica a probabilidade.

[513] Code Civil, 107e. Edition, Dalloz, 2008, pp. 1462-1463.

Em Itália, são dados como exemplos de princípio de prova por escrito: qualquer escrito proveniente da parte contrário ou de representante desta como a subscrição de documento autênticos ou particulares que se refiram, indiretamente, ao facto a provar mediante testemunhas; as declarações prestadas perante oficial público que, em razão da incompetência ou incapacidade do oficial público, são degradadas à categoria de documento particular; as anotações a que se reporta o art. 381º no caso de faltar um requisito prescrito para a sua eficácia probatória.[514]

A segunda exceção é a de ter sido impossível, moral ou materialmente, ao contraente obter *ex ante* uma prova escrita. O fundamento desta exceção radica no seguinte: quando a lei ordena às partes que procurem uma prova escrita dos seus atos, fá-lo no pressuposto que elas têm meio de o fazer. Pelo que não podendo ser tomada tal precaução, há que admitir esta exceção (*ad impossibilia nemo tenetur*).

Esta impossibilidade não deve confundir-se com uma simples dificuldade, mas não pode ter carácter absoluto. Deve ser aferida com referência ao momento da estipulação e tendo em consideração as circunstâncias da estipulação, a situação objetiva e subjetiva dos contraentes, valoradas pelo juiz.

A jurisprudência italiana mais recente sobre a impossibilidade moral frisa que esta não nasce automaticamente de uma abstrata situação de influência, de autoridade ou de prestígio ou de meros vínculos de amizade, parentesco ou afinidade, devendo ocorrer o concurso confluente de outras circunstâncias particulares e especiais a averiguar caso a caso.[515] É necessária uma situação efetiva de impossibilidade de pretender a formação de uma prova escrita. Vaz Serra exemplificou com: as relações entre advogado e cliente; quando uma das partes é analfabeta; entre cônjuges; quando entre as partes existem estreitas relações de parentesco ou afinidade, desde que vivificadas por vínculos de amizade e confiança, ou relações de convivência *more uxorio*.[516] Será também o caso de um estado de necessidade, de carência económica ou de diminuídas condições psíquicas de uma das partes, devidamente aproveitado pela contraparte.

[514] Salvo Leuzzi, *I Mezzi di Prova Nel Processo. Formazione, Acquisizione, Integrazione*, Giuffrè Editore, 2013, p. 375.

[515] Luigi Comoglio, *Le Prove Civili*, p. 611, Nota 145.

[516] Vaz Serra, *Provas, Direito Probatório Material*, BMJ nº 112, p. 229.

A terceira exceção é a da perda, sem culpa, do documento que fornecia a prova. Esta exceção tem como pressuposto prévio, cuja demonstração incumbe ao alegante, a alegação e prova de que o documento se formou validamente, ficando a eficácia da prova do conteúdo do documento subordinada à de perda não culposa do mesmo. Aqui é essencial que a perda não seja de algum modo imputável à falta de diligência da parte, que a mesma não possa imputar-se a alguma forma de imprudência ou de negligência e incúria na custódia do escrito, aferidas segundo os cânones de comportamento exigíveis ao bom pai de família.[517]

A jurisprudência tem aderido a esta construção doutrinária de VAZ SERRA, admitindo expressamente três exceções à inadmissibilidade da prova testemunhal prevista nos arts. 393º, nºs 1 e 2 e 394º:

a) existência de qualquer escrito, proveniente daquele contra quem a ação é dirigida ou do seu representante, que torne verosímil o facto alegado;[518]
b) impossibilidade de obtenção de prova escrita por parte de quem invoca a prova testemunhal;
c) ocorrência da impossibilidade de prevenir a perda, sem culpa, da prova escrita.[519]

No que tange à primeira exceção, o Supremo Tribunal de Justiça no seu Acórdão de 2-3-2011[520] expressou de forma clara que a prova testemunhal relacionada com convenção contrária ao conteúdo de escritura pública é de ter como admissível quando complementar (coadjuvante) de um elemento de prova escrito que constitua um suporte documental suficientemente

[517] LUIGI COMOGLIO, *Le Prove Civili*, p. 612.

[518] Cf. os Acórdãos do Supremo Tribunal de Justiça de 9.1.2018, *Falcão de Magalhães*, 8470/15, de 21.3.2019, *Joaquim Piçarra*, 2639/13, de 4.6.2019, *Lima Gonçalves*, 2375/11, de 14.9.2021, *Manuel Capelo*, 864/18.

[519] Cf., a título exemplificativo, Acórdão do Tribunal da Relação de Coimbra de 28.9.2004, *Isaías Pádua*, CJ 2004- IV, pp. 14-18, Acórdão do Tribunal da Relação do Porto de 29.11.2006, *Amaral Ferreira*, 0635539, de 25.6.2009, *Barateiro Martins*, 9858/04, de 25.3.2010, *Pinto dos Santos*, 4925/07, Acórdão do Tribunal da Relação de Lisboa de 11.3.2008, *Tomé Gomes*, 10560/2007, Acórdão do Supremo Tribunal de Justiça de 7.2.2008, *Santos Bernardino*, 3934/07, Acórdão do Supremo Tribunal de Justiça de 9.7.2014, *Pinto de Almeida*, 5944/07, Acórdão do Tribunal da Relação de Coimbra de 6.6.2017, *Maria João Areias*, 472/14, Acórdão do Tribunal da Relação do Porto de 15.11.2018, *Carlos Gil*, 28924/17.

[520] Sendo relator *Alves Velho*, 758/06.

forte para que, constituindo a base da convicção do julgador, se possa, a partir dele, avançar para a respetiva complementação, ou seja, demonstrar não ser verdadeira a afirmação produzida perante o documentador.

Vejamos, exemplificativamente algumas situações já apreciadas:

- Autores demandam o Réu pedindo que: seja declarada nula procuração irrevogável que emitiram a favor deste, por instrumento notarial que declararam ser irrevogável, conferindo-lhe poderes para vender (incluindo poderes para celebrar negócio consigo mesmo) prédio urbano de que os autores eram donos; seja declarada nula a venda outorgada pelo Réu a seu favor com base nessa procuração. Fundamentaram, alegando que as declarações constantes da procuração são não sérias uma vez que o intuito das partes foi só o de garantir o empréstimo de x do Réu aos Autores. Havendo documentos que demonstram a transferência bancária de x do Réu para os autores com data do contrato-promessa e subsequentes depósitos de quantias por parte dos Autores em conta do Réu, está constituído o princípio de prova que abre caminho à admissibilidade da prova testemunhal sobre o contrato efetivamente celebrado pelas partes.[521]
- Autora demanda o Réu pedindo a condenação deste a reconhecer a existência (e subsequente cumprimento) de um acordo extrajudicial celebrado, prévio e condição da partilha judicial para separação de meações. Existindo faxes trocados entre as partes demonstrativos da negociação de tal acordo, deve admitir-se a produção da prova testemunhal.[522]
- Numa ação em que os Autores (cedentes) demandam os Réus (cessionários) pedindo que seja declarada nula a cessão de quotas por simulação, não constitui princípio de prova por escrito a ata de assembleia-geral contendo declarações do autor (cedente) porquanto não se trata de documento proveniente da parte contrária. [523]

[521] Acórdão do Tribunal da Relação de Lisboa de 10.1.2008, *Neto Neves*, CJ 2008-I, pp. 75-78.

[522] Acórdão do Tribunal da Relação de Lisboa de 28.6.2008, *Ataíde das Neves*, 1236/08, www.colectaneadejurisprudencia.com.

[523] Acórdão do Tribunal da Relação de Coimbra de 23.10.2007, *Barateiro Martins*, 579/99, www.colectaneadejurisprudencia.com.

8. A prova da simulação por indícios

Em matéria de simulação, é necessário apurar as intenções das partes ao outorgarem o negócio. Os eventos do foro interno, da vida psíquica, sensorial ou emocional do indivíduo (v.g., a determinação da vontade real do declarante, uma certa intenção, o conhecimento de dadas circunstâncias) constituem factos cujo conhecimento pode ser atingido diretamente pelos sentidos ou através das regras de experiência.[524]

A prova direta dessas intenções é rara (v.g. confissão, contradeclaração escrita) pelo que quase sempre terá que ser feita por meio de indícios/presunções. A prova dessas intenções tem de se alcançar com base em *técnicas de reconstrução indireta* em que, com base na prova de certos factos materiais (factos-base de uma presunção), se argumenta que um sujeito tem ou teve uma determinada vontade. [525]

A análise que faremos doravante centra-se neste tipo de prova da simulação por presunções, a qual é admissível quando:

(i) os simuladores arguem entre si a simulação, alegando e demonstrando que existe um princípio de prova escrita do negócio simulado, o qual poderá ser contextualizado ou complementado por prova testemunhal ou por presunção judicial;[526]

(ii) a arguição da simulação é feita por terceiros (art. 394º, nº 3),

desde que , quer a arguição seja feita pelos simulares quer por terceiros, o negócio simulado (simulação absoluta) não deva ser titulado por documento, caso em que estaremos fora da aplicação do art. 394º ou, tratando-se de simulação relativa, o negócio dissimulado seja válido por estarem observados os requisitos de forma e de substância necessários, como se o negócio tivesse sido concluído em meio aberto.[527]

524 Cf. Acórdãos do Supremo Tribunal de Justiça de 22.4.2009, *Mário Pereira*, 08S1901, de 7.5.2009, *Vasques Dinis*, 08S3441.

525 Michele Taruffo, *La Prueba de los Hechos*, Editorial Trotta, Madrid, 2002, p. 164.

526 Cf. Acórdãos do Supremo Tribunal de Justiça de 7.2.2017, *Sebastião Póvoas*, 693/17, de 3.7.2018, *José Rainho*, 3057/11.

527 Conforme constitui jurisprudência do STJ, o negócio real, mas dissimulado, só é válido se nele tiverem sido observados os requisitos de substância e de forma que, para tanto, seriam necessários se o mesmo tivesse sido concluído em meio aberto, não sendo suficiente a observância da respetiva forma- cf. Acórdãos do Supremo Tribunal de Justiça de 2.5.2015, *Hélder Roque*, 505/07, de 17.12.2002, *Ribeiro de Almeida*, 03A1565, de 14.9.2010, *João Camilo*,

Na simulação impõe-se a indagação de condutas humanas em que a motivação tem um papel essencial como elemento propulsor. O simulador atua de forma planeada com o intuito de se esquivar a um determinado efeito jurídico ou adverso aos seus propósitos. O motivo ou interesse que determinam a atuação do simulador constitui a *causa simulandi*, a qual corresponde assim ao interesse que leva as partes a celebrar um contrato simulado ou o motivo que as induz a dar aparência a um negócio jurídico que não existe ou a apresentá-lo de forma diversa da que genuinamente lhe corresponde.

Para que se conclua pela existência de simulação não é obrigatório que se prove uma *causa simulandi*. A *causa simulandi* constitui um indício tipicamente axial no sentido de que a presença da mesma, só por si, não permite construir definitivamente a presunção [528] mas constitui um catalisador heurístico que pode resultar da prova de outros indícios da síndrome simulatória. Ou seja, perante o apuramento de uma concreta *causa simulandi*, ficará facilitada a prova da simulação porquanto a *causa simulandi* operará como fio condutor na averiguação e interpretação dos demais factos sob julgamento.

Como estratégia geral de desmontagem da simulação, a investigação deve começar pelo cúmplice do simulador porquanto à intervenção deste falece, geralmente, sentido lógico e o resultado de tal intervenção só beneficia o autor da simulação.

9. Indício *necessitas*

O indício *necessitas*, na sua vertente positiva, procura demonstrar a veracidade do negócio simulado, a qual decorrerá, v.g., do atuar do *homo aeconomicus* que pretende obter o máximo rendimento dos bens, o seu sustento ou aumentar a sua riqueza.

Se o simulador alega a existência de uma motivação atendível para a celebração do negócio, esta não deve ser admitida como válida sem que venha acompanhada da sua oportuna demonstração. Não basta a enunciação

4432/03. E em simulação subjetiva, por interposição fictícia de pessoas, a forma do negócio simulado só aproveitará ao negócio dissimulado desde que haja uma declaração negocial do verdadeiro adquirente com a forma exigida por lei (Acórdão do Supremo Tribunal de Justiça de 21.2.2019, *Pinto Oliveira*, 693/17).

528 Muñoz Sabaté, Luis, *Curso de Probática Judicial*, La Ley, 2009, p. 144 e *Tratado de Probática Judicial, La Prueba del Hecho Psíquico*, Tomo I, Bosch, Barcelona, 1992, p. 364.

de uma mera alegação plausível sob pena de todo o trabalho do simulador se limitar a um pequeno esforço imaginativo. [529] Por exemplo, uma venda é frequentemente justificada com as dificuldades económicas do vendedor mas o indício *necessitas* poderá ficar infirmado, v.g., pelo *pretium vilis* e/ou pelo indício *affectio*.

Se o simulador é demandado enquanto tal e não veicula para o processo qualquer explicação justificativa do negócio, o silêncio pode ser valorado como indício endoprocessual em seu desfavor porquanto não se outorgam negócios sem qualquer razão justificativa. [530] Se o simulador apresenta uma justificação inverosímil ou que não logra subsequentemente demonstrar, haverá que concluir que falta à verdade e que o que presidiu à sua atuação entronca numa *causa simulandi*.

A *causa simulandi* e o indício *necessitas* mantêm uma relação inversamente proporcional: quanto maior préstimo e verosimilitude proporcionar a primeira, menor densidade apresentará o segundo e vice-versa. O indício *necessitas* constitui mesmo o mais eficiente dispositivo infirmativo da *causa simulandi*.

10. Indício *Affectio*

Um dos indícios mais operativos em sede de simulação é o indício *affectio*, gerado pelas relações familiares, de amizade, de dependência, de negócios, profissionais, anteriormente firmadas entre o simulador e o seu coautor e que vinculam este àquele por um motivo de tal índole. O simulador escolhe como parceiro negocial uma pessoa da sua confiança porque pretende preservar o negócio dissimulado (ou o objetivo final que preside à sua atuação) e subtraí-lo a qualquer risco que ponha em causa a sua subsistência.

Naturalmente que, perante a existência destas vinculações afetivas, não deve concluir-se automaticamente pela existência da simulação, tanto mais que a lei não proíbe, v.g. a venda a familiares salvo pontuais restrições (cf. art. 877º). Não se cuida aqui de saber se o ato é permitido ou proibido, mas sim de saber se da relação de parentesco ou outra entre as partes se pode inferir a *insinceridade do ato*. Sabedor da importância deste indício, é

[529] Muñoz Sabaté, Luis, *Tratado de Probática Judicial, La Prueba del Hecho Psíquico*, Tomo I, Bosch, Barcelona, 1992, p. 372.

[530] Sobre a valoração da conduta processual da parte com facto indiciário, cfr. o nosso *Prova por Presunção no Direito Civil*, 3ª ed., pp. 34-50.

frequente que o simulador procure despistá-lo realizando o negócio em dois tempos, com recurso intermédio a um testa de ferro.

No que tange à prova da relação de parentesco para efeitos da sedimentação deste indício, não nos parece que tal prova tenha necessariamente de ser feita por certidão ou equivalente nos termos dos arts. 4º e 211º do Código de Registo Civil. A relação de parentesco não constitui a questão jurídica nuclear, tratando-se de uma relação jurídica prejudicial ou condicionante do *thema decidendum* pelo que a respetiva prova poderá derivar mesmo de uma não impugnação da alegação.[531]

No caso das liberalidades encobertas, o indício *affectio* funde-se frequentemente com o indício *causa simulandi* porquanto um dos intervenientes costuma ser precisamente o donatário, o qual atua como coautor do simulador. Nesta situação, a relação afetiva predetermina a causa simulatória.

No Acórdão do Tribunal da Relação do Porto de 23.2.2020, *Damião e Cunha*, 2620/17, afirmou-se que, sendo necessário, em matéria de simulação, apurar a vontade real dos simuladores ao outorgarem o negócio impugnado, e sendo rara a prova direta dessa intenção, deverá o juiz socorrer-se dos comuns e consolidados indícios/presunções aqui vigentes. «Entre esses indícios/presunções contam-se, por exemplo, o apuramento da causa simulandi (o motivo da simulação), o indício *affectio* (escolhendo o contraente como parceiro negocial uma pessoa da sua confiança, v. g. familiares), e o indício *retentio possessionis* (continuando o contraente a exercer poderes de facto sobre o objeto do contrato, do mesmo modo como os exercia antes); mas podem os mesmos ser infirmados (não confirmados) pelos contornos apurados do caso concreto (nomeadamente, por a simulação presumida não se mostrar naquele contexto sufragada pelas regras da experiência e ser, por isso, ilógica).»

11. Indício *Habitus*

A existência de condutas pretéritas de simulação por parte do simulador e/ou do seu coautor permitem inferir uma habituação significativa (indício

[531] Subscrevemos a corrente jurisprudencial que pugna no sentido de que, desde que a acção não verse sobre direitos indisponíveis ou o *thema decidendum* não passe pela prova da existência do casamento, a prova do casamento poderá derivar da confissão ficta não sendo necessária a junção de certidão do casamento ou assento de nascimento – cfr. Acórdãos do Supremo Tribunal de Justiça de 16.10.2008, *Alves Velho*, 08A343, de 10.9.2009, *Pires da Rosa*, 07B3536, de 10.12.2009, *Alberto Sobrinho*, 1499/09.

habitus), sabendo-se que uma resposta dada por um indivíduo num contexto determinado converte-se numa resposta "aprendida" dentro de um condicionamento operante equivalente.[532] Já BELEZA DOS SANTOS afirmava que «(...) assim como a probidade de um devedor escrupuloso afasta a ideia de uma simulação fraudulenta, em prejuízo dos seus credores, assim também os maus precedentes, o facto de recorrer habitualmente a expedientes desta espécie, fazem aceitar como perfeitamente possível que ele pratique atos simulados.»[533]

Está em causa a experiência do simulador, a qual pode manifestar-se com o recurso às mesmas técnicas simulatórias.

Este indício adquire maior eficácia quando existe uma certa relação entre a alegada simulação em litígio e outras simulações anteriores, entroncando todas na mesma *causa simulandi*, articulando-se ou complementando-se as simulações em execução do mesmo desiderato. Num contexto desta natureza, o indício *habitus* neutraliza mesmo o indício *necessitas*, na sua vertente positiva.

12. Indício *Interpositio*

No intuito de reforçar a aparência de veracidade do negócio, é comum o simulador contratar primeiramente com um estranho para que, seguidamente, este contrate com o familiar ou amigo em quem o simulador deposita maior confiança, destinatário final do negócio (indício *interpositio*). Ao agir desta forma, o simulador pretende esquivar-se ao indício *affectio*. Pode também o simulador constituir uma sociedade para criar um cúmplice para a simulação. Se a constituição da sociedade for recente, o indício sairá reforçado.

Normalmente, existe simultaneidade cronológica ou proximidade temporal entre os dois negócios (indício *tempus*). A necessidade de justificar esta sequência temporal pode ativar o indício *necessitas*.

Os dois negócios que se articulam em cadeia podem ter natureza jurídica diversa, v.g., uma venda seguida de uma permuta ou doação.

No caso de liberalidades encobertas, o doador pode mesmo – no intuito de disfarçar os seus intentos – transmitir os bens a uma pessoa intimamente

[532] MUÑOZ SABATÉ, LUIS, *Tratado de Probática Judicial, La Prueba del Hecho Psíquico*, Tomo I, Bosch, Barcelona, 1992, p. 392.

[533] *A Simulação em Direito Civil*, Coimbra Editora, 1921, Tomo 2, p. 169, nº 92.

ligada ao verdadeiro donatário, v.g. irmão deste, sem que haja necessidade de uma segunda transmissão, pelo menos de forma imediata.

13. Indício *Subfortuna*

A incapacidade financeira ou desproporcionalidade entre os meios económicos do adquirente e os encargos que o mesmo assume nos termos declarados no negócio simulado constituem o indício *subfortuna*. Assim, não é verosímil que um estudante adquira um imóvel.

Para neutralizar este indício, é comum que o pretenso adquirente invoque a realização de um empréstimo, também esse simulado, dificultando-se assim a prova da simulação. Também aqui deverá ser exigida prova contundente desse empréstimo. Se for feita uma mera alegação da existência do mesmo, sem explicitação cabal e prova, tal situação pode fundar um indício endoprocessual contra o alegante.

Pode dar-se o caso do simulador adquirir por empréstimo o dinheiro por algumas horas ou dias apenas no intuito de figurar como detentor de tal quantia. Esta situação articula-se com o indício movimento bancário, sendo que por este será detetável a encenação referida.

No sentido da neutralização do indício *subfortuna*, pode também alegar-se que o adquirente tem poupanças que lhe permitiram fazer a aquisição. Essas poupanças terão de ser devidamente explicitadas e demonstradas sob pena de também se gerar um indício endoprocessual contra o alegante. A prova dessa poupança deverá ser feita preferencialmente por documento e não por prova testemunhal.

14. Indício Movimento Bancário

O *indício movimento bancário* assume frequentemente um papel decisivo para prova da simulação. O argumento do simulador que tinha o dinheiro em casa não é verosímil, sobretudo se tal situação se prolongou no tempo. O normal é que o pagamento e movimento de dinheiro deixe um rasto documental e bancário, sendo fácil ao titular de uma conta bancária fazer a prova dos movimentos da mesma.

Esta prova pode ser dificultada pela pré-constituição de contas e transferência de quantias entre sucessivas contas, o que exige um trabalho acrescido na descoberta do rasto do dinheiro para descobrir se, afinal, o pretenso comprador não depositou o dinheiro com uma mão e o retirou com outra. Note-se que a mera existência de um depósito bancário não é autoexplicativa quanto à origem desse dinheiro.

15. Indício *Pretium Vilis*

O preço irrisório ou abaixo dos valores de mercado constitui outro indício frequente da simulação (indício *pretium vilis*). Este indício abrange não só o preço em sentido estrito como a toda a contraprestação suscetível de valorar-se em dinheiro, v.g. permuta.

Este indício admite múltiplas infirmações, a começar pela prática corrente das partes declararem um preço inferior ao real por razões meramente fiscais. Pode tratar-se de um negócio genuíno, tendo as partes atuado apenas como propósito de aliviarem os encargos perante o Estado. Todavia, esta infirmação pode ser contrainfirmada se ocorrerem os indícios *subfortuna* e *pretium confessus*, casos em que a fixação inferior do preço não poderá estribar-se só em razões fiscais.

Outro tipo de infirmações que podem ocorrer prendem-se com o alegado estado de necessidade por parte do vendedor ou com a existência de vínculos de ordem familiar entre comprador e vendedor que justificarão o preço inferior. Este tipo de infirmações pode ser objeto de contra-infirmação, demonstrando-se, v.g., que a alienação podia perfeitamente ter sido efetuada em melhores condições a terceiro.

16. Indício *Pretium Confessus*

Tal como ocorre em negócios genuínos, é comum nos negócios simulados, v.g. venda, as partes declararem perante o notário que já receberam o preço (indício *pretium confessus*). A diferença reside em que nos negócios simulados as partes dão por realizado o pagamento mas não dizem como, quando e/ou onde, sucumbindo qualquer explicitação sobre as circunstâncias pretéritas integrativas do pagamento do preço.

Este indício é gerado por condicionalismos inerentes ao próprio negócio simulatório: a parte declara que já recebeu porque finge o pagamento de uma quantia que não dispõe e, deste modo, pretende obstar ao despoletamento do indício *pretium vilis*; a pressa ou sigilo do negócio simulatório; para evitar que se investiguem os movimentos bancários da data da escritura; para inviabilizar a investigação sobre o destino do dinheiro no património do *accipiens*; para sustentar a tese do preço compensado, etc.[534]

A situação inversa, de pagamento exteriorizado perante o notário, também não é infirmativa da simulação porquanto o dinheiro pode circular

[534] MUÑOZ SABATÉ, LUIS, *Tratado de Probática Judicial, La Prueba del Hecho Psíquico*, Tomo I, Bosch, Barcelona, 1992, p. 432.

sem um propósito sério de aquisição ou entrega, sendo certo que o ato de entrega nada diz sobre a proveniência do dinheiro e sua efetiva pertença ao comprador.

Incumbe aos simuladores provar o efetivo pagamento e não ao autor provar o facto negativo do não pagamento pelo simulador.[535]

17. Indício *Compensatio*

O pagamento do preço mediante compensação com outro crédito (indício *compensatio*) constitui uma modalidade do indício *pretium confessus*, traduzindo-se, v.g. no aproveitamento de um anterior crédito já extinto, ficcionando-se a sua subsistência. A potência semiótica deste indício brota sobretudo da sua articulação com outros indícios, designadamente com a falsa pré-constituição do débito ou com o indício endoprocessual decorrente da alegação da compensação ser feita de forma extemporânea, sendo a compensação exteriorizada apenas no processo e face à sentida necessidade de explicar o negócio.

18. Indício Preço Diferido

Ainda no que tange ao preço, outro indício decorrente do mesmo é o estabelecimento de um prazo longo de pagamento precedido do pagamento de uma quantia reduzida (indício *preço diferido*). Por vezes, não ocorre mesmo nenhum pagamento de entrada e nem sequer são estabelecidas quaisquer garantias jurídicas, de índole pessoal ou real. Pode também haver ausência de estipulação de juros ou um largo período de carência.

Ao recorrer a este tipo de estipulação contratual, os simuladores logram – do mesmo passo – neutralizar os indícios *subfortuna*, movimento bancário e investimento.

Tal estipulação inviabiliza, de todo, a alegação da situação de necessidade como fundamento da alienação.

19. Indício Investimento

O *indício investimento* diz-nos que a circulação fiduciária não apresenta páginas em branco pelo que, quando elas ocorrem, nasce este indício. Dito de outra forma, o *accipiens* normalmente fará ingressar o dinheiro numa conta

[535] Muñoz Sabaté, Luis, *Summa de Probática Civil, Cómo probar los hechos en el proceso civil*, La Ley, 1ª Ed., maio de 2008, p. 632.

bancária ou de aforro ou dar-lhe-á outro destino em conformidade com a necessidade que pretendeu prover ao efetuar a alienação. A não demonstração do destino efetivamente dado ao dinheiro, depois de ingressar no património do *accipiens*, despoleta, de pleno, este indício.

Também aqui podem os simuladores tentar explicar o destino do dinheiro aproveitando a existência de outras operações financeiras, à semelhança do que foi dito supra a propósito da *compensatio*.

O indício pode ser infirmado, por exemplo, se a quantia em causa for reduzida ou ocorrerem circunstâncias que tenham determinado uma imediata aplicação do dinheiro.

20. Indício *Retentio Possessionis*

Um dos indícios mais emblemáticos da simulação é o indício *retentio possessionis* (retenção da posse) que se traduz no facto de o simulador adquirente da coisa transmitida não exercitar sobre a coisa qualquer conduta possessória, sucumbindo por parte deste qualquer atividade reconduzível ao *jus utendi, fruendi, disponendi* e *vindicandi*. Assim, apesar da transmissão formal de bens, o vendedor continua na posse do imóvel ou aí a residir, ou seja, o contrato não é executado.

No que tange ao *jus fruendi*, a inexistência deste decorre, v.g. do vendedor continuar a receber as rendas, continuar a aproveitar os frutos, prosseguir o cultivo do terreno. Quanto à inexistência do *ius utendi*, a mesma pode demonstrar-se, v.g. pelo facto do vendedor fazer obras no imóvel ou suportar os custos das mesmas, pelo facto de o adquirente não ter sequer mudado o titular dos contratos de água ou eletricidade. Como situações fácticas indicadoras da inexistência de *ius disponendi* e de *ius vindicandi* podem apontar-se, v.g., o facto do vendedor propor a terceiros a compra do bem na presença do adquirente simulador sem objeção deste ou o facto do comprador conferir ao vendedor procuração conferindo-lhe amplos poderes para vender os bens adquiridos por aquele.

Naturalmente que os simuladores tentarão infirmar o indício *retentio possessionis* designadamente com recurso a documentos registais , recibos de impostos e doutro tipo de encargos gerados pela coisa adquirida. Todavia, o que mais releva do ponto de vista semiótico não é a titularidade formal aposta em tal documentação porquanto para o fisco proprietário é quem precisamente figura como tal no título de propriedade, mas sim quem efetivamente pagou tais encargos. Ou seja, mais do que atender a elementos documentais figurativos, haverá que averiguar se o pretenso adquirente exerce uma *intervenção pessoal de domínio de facto sobre a coisa*.

Outro tipo de álibi corrente é a constituição de um arrendamento simulado, no qual o anterior vendedor passa a ser arrendatário. Neste cenário, o contrato de arrendamento funciona como disfarce da *retentio possessionis*. Todavia, o carácter simulado de tal contrato emergirá doutros indícios simulatórios, nomeadamente do não pagamento efetivo de renda ou do valor insignificante desta.

21. Indício *Locus*

Os simuladores tendem a evitar toda a publicidade ao negócio simulado, sobretudo se residirem em povoação reduzida em que o acesso ao conhecimento da existência do negócio será mais facilitado. Interessa-lhes que a existência do negócio simulado persista no limbo até ao dia em que o mesmo produzirá a plenitude dos seus efeitos, v.g. liberalidades encobertas. Deste modo, é comum que a escritura pública ou outro documento oficial seja outorgado noutra localidade que não aquela em que residem (indício *locus*).

Este indício pode também operar no âmbito da constituição de sociedades fictícias em que é comum que o domicílio social da sociedade e do seu sócio maioritário seja o mesmo.

22. Indício *sigillum*

Ainda dentro dos indícios que visam manter oculto o negócio simulado, encontramos o indício *sigillum* que se traduz na adoção das condutas que visam ocultar ou disfarçar a existência do negócio simulado. No fundo, trata-se de máxima de experiência *Qui male agit odiat lucem* (Quem age mal, odeia a luz).

Este indício pode apresentar várias formas, nomeadamente:

- uma conduta silenciadora do simulador perante pessoas que, em virtude da sua relação afetiva ou jurídica com aquele, não poderiam ter ignorado o negócio se este prosseguisse fins lícitos, v.g., o filho só tem conhecimento que o pai vendeu um imóvel a outro filho aquando da morte do pai;
- omissões ou dilações do simulador para registar o negócio ou para cumprir outros trâmites administrativos ou tributários que , em circunstâncias normais, não lhe teriam passado despercebidos;

- silêncio do simulador perante diligência judicial que, normalmente, o levaria a reagir, v.g., perante diligência de penhora.

23. Indício *Preconstitutio*

O indício *preconstitutio* reporta-se a situações em que as partes adotam formalismos ou redações inusuais pela sua minuciosidade que suscitam, *ipso facto*, a suspeita de que as partes atuaram assim para mascarar outro propósito que as moveu. Esse virtuosismo técnico pode ser produto de assessoria técnica na elaboração do contrato.

Constituem manifestações deste indício , exemplificativamente :

- a adoção de forma solene, v.g. escritura pública, para negócios em que tal não é usual ou em que estão em causa valores reduzidos;
- o cuidado em explicitar exaustivamente determinados aspetos do contrato quando tal não é comum, v.g., explicar demoradamente um preço que se afigura inferior ao de mercado pode, precisamente, significar que tal explicitação tem apenas por intuito afastar o indício *pretium vilis*.

24. Indício *Previssio*

O simulador (alienante) pode recear que, por infidelidade da contraparte, sucumbam os resultados que pretendeu atingir sub-repticiamente. E, por isso, adota cuidados sempre com o propósito de, aconteça o que acontecer, não se inviabilizar a finalidade do negócio simulado (indício *previssio*).

Constituem exemplos deste indício as seguintes situações:

- a elaboração de um contradeclaração que, no caso dos negócios fiduciários, já não será apenas um indício mas a prova da própria simulação;
- a aposição em contratos sinalagmáticos e onerosos de cláusulas que viabilizam uma eventual reversão ou represália: v.g., tio que vende a sobrinho bens no valor de x mas no mesmo contrato este reconhece uma dívida perante aquele de valor equivalente , obrigando-se a pagá-la quando for interpelado; cláusula de arrependimento a favor do alienante;
- a concomitante atribuição pelo adquirente ao alienante de amplos poderes que permitirão a este continuar a controlar os bens alienados;
- o estabelecimento de reserva de usufruto ou de nua propriedade a favor do vendedor.

Note-se que a aquisição da nua propriedade pelo comprador traduz-se num investimento com escasso ou nulo benefício.

A ausência de contradeclaração pode, em certas circunstâncias, constituir um indício da inexistência da simulação. Assim, quando a pretensa simulação se urde entre indivíduos não envolvidos por laços afetivos (indício *affectio*), a inexistência de contradeclaração pode ser indiciadora da inexistência da simulação porquanto não é verosímil que o autor da simulação não adote precauções face a um cúmplice que não controla. Em casos de negócios ilícitos, v.g. juros usurários, não é previsível que as partes subscrevam uma contradeclaração porque tal equivaleria à confissão do ato ilícito.

25. Indício *Disparitesis*

Na explicitação de Muñoz Sabaté, o indício *disparitesis* baseia-se no princípio de que «(...) ninguém quer mal a si próprio, pelo menos enquanto conservar a consciência dos seus atos, pelo que qualquer conduta autoprejudicial não obedece mais que a uma mera aparência ou a uma contrapartida que se apresenta mais gratificante. Em direito, todos sabemos que os contratos onerosos são geralmente sinalagmáticos, de modo que até onde seja possível objetivar as prestações recíprocas estas mantêm uma equivalência paritária. Onde se veja que o contrato ficou profundamente desequilibrado sem circunstância alguma que o justifique, onde a pessoa consinta, renuncie ou reprima ação que lhe hão de ser fatais, onde a onerosidade não concorde com a prodigalidade nem a agressão com resignações seráficas, onde não seja possível explicar a generosidade ou a estultícia desse *homo aeconomicus* que geralmente integra a personalidade do litigante, por certo que tudo ali será fingido e simulado.»[536]

A falta de equivalência no jogo das prestações e contraprestações adotadas num concreto contrato pode converter-se num indício de que uma das partes assume um mero papel de cúmplice ou testa de ferro (o que conduz à simulação). Pode também significar que houve um vício na captação da vontade dessa parte.

Nos mútuos dissimulados sob a forma de compra e venda a retro são, frequentemente, estipuladas prestações excessivamente onerosas a cargo do mutuário , fingido vendedor. Numa outra variante, as partes podem

[536] Muñoz Sabaté, Luis, *Tratado de Probática Judicial, La Prueba del Hecho Psíquico*, Tomo I, Bosch, Barcelona, 1992, p. 488.

celebrar uma compra e venda de imóvel pelo preço de *x*, clausulando que o alienante poderá readquirir o imóvel no prazo de um ano mediante o pagamento de *y* (sendo que *Y* é superior a *X* três vezes ou mais). Nesta situação, cremos que o negócio é simulado consubstanciando um mútuo usurário , o que é inequívoco caso se demonstre que o alegado vendedor passa por um período de dificuldades económicas aquando da celebração do negócio.

26. Indício Incúria

A celeridade que, por vezes, preside à preparação e realização do negócio simulado faz com que os intervenientes se concentrem nos elementos essenciais do negócio, descurando elementos mais acidentais, mas que, numa contratação normal, não passariam despercebidos (indício incúria). Trata-se do indício antónimo do indício *preconstitutio*.

Trata-se de omissões contratuais que não seriam desprezadas num negócio sério: v.g., a omissão de que o imóvel está onerado por hipoteca; clausulado demasiado sucinto quanto à descrição das prestações assumidas; insuficiente descrição física e/ou jurídica do bem. Podem também ser omitidas ou aligeiradas formalidades notariais, aceitando e assumindo os outorgantes a responsabilidade por tais situações.

27. Indício Inércia

O cúmplice do simulador remete-se para um papel passivo, alheando-se do destino da coisa, tudo demonstrando uma baixa consistência da sua posição contratual (indício inércia). A inércia traduz-se na ausência de reação do cúmplice a determinadas situações que, caso o mesmo tivesse intervindo em negócio real, não o deixariam indiferente.

Pense-se na ausência de contatos do cúmplice com a coisa alienada, na carência de documentos atinentes à coisa, na apatia face a atos de terceiros suscetíveis de afetar a posse ou de causar danos na coisa adquirida.

28. Indício *Nescientia*

O cúmplice revela, por vezes, uma ignorância inusitada sobre elementos do negócio ou sobre características físicas e jurídicas do objeto adquirido, denunciando essa ignorância o carácter simulado do negócio (indício *nescientia*).

Assim, não é verosímil que o comprador adquira um imóvel sem o ver, que compre um prédio com frações arrendadas sem saber quem são os inquilinos. Muito menos verosímil será o desconhecimento do valor do bem, da renda que produz ou do montante dos impostos por ele devidos.

29. Indício Domínio

O autor da simulação chama a si o papel principal, desde a iniciativa da negociação até á preparação e outorga do contrato, relegando o cúmplice para um papel secundário (indício domínio).

Assim , o principal redige o contrato e assume a condução de todas as diligências de marcação de escritura e entrega de documentos. Por vezes, não entrega sequer cópia do contrato à contraparte.

Não deixa também de ser elucidativo o facto de, já em sede de ação judicial, o principal e o cúmplice estarem patrocinados pelo mesmo advogado, sendo certo que pode vir a ocorrer uma incompatibilidade de interesses entre ambos no seio do processo judicial.

30. Indício *subyacencia*

Em função da técnica ou estratégia seguida pelo simulador principal, este acaba por conferir ao negócio simulado, por vezes, um figurino ilógico ou desusado que – do mesmo passo – desmascara elementos do negócio dissimulado (indício *subyacencia*). Equacione-se, a título exemplificativo, a venda a filhos de vários imóveis por quotas que coincidem com os quinhões das regras sucessórias ou um mútuo dissimulado sob uma compra e venda com pacto de retro, em que o adquirente arrenda o imóvel ao vendedor, coincidindo o montante da renda com os juros do empréstimo (ou só sendo explicável tal montante de renda nesta perspetiva).

É cada vez mais frequente que o titular de uma sociedade , perante a iminência do assédio dos credores ou de execução do património, constitua simuladamente outra sociedade para a qual transfere o património da primeira, continuando a ter o domínio de facto da nova sociedade.

Nestas situações, o carácter fictício da nova sociedade assenta em vários indícios, designadamente: a confusão de patrimónios; a composição das pessoas coletivas pelas mesmas pessoas físicas ou por parentes ou pessoas de especial confiança dos sócios primitivos; a permanência do objeto social ou sua maquilhagem mas mantendo-se o objeto social anterior; a nomeação da cônjuge para gerente mas conferindo plenos poderes ao marido, sócio originário; a coincidência da sede das duas sociedades ou a sua mudança para a morada dos sócios.

Em termos de enquadramento jurídico, o credor pode pedir a declaração da nulidade da constituição da nova sociedade – Artigo 605º.

Quando o cúmplice do simulador é uma sociedade sediada num paraíso fiscal, este facto *de per si* constitui um indício *ex re ipsa* (como resultado da própria coisa).[537]

ARTIGO 395º – FACTOS EXTINTIVOS DA OBRIGAÇÃO

As disposições dos artigos precedentes são aplicáveis ao cumprimento, remissão, novação, compensação e, de um modo geral, aos contratos extintivos da relação obrigacional, mas não aos factos extintivos da obrigação, quando invocados por terceiro.

Decorre desta norma que, quando as obrigações tenham por fonte um negócio jurídico reduzido a escrito por imposição da lei ou vontade das partes, não é admissível a prova por testemunhas e presunções da extinção das obrigações por cumprimento, remissão, novação, compensação, confusão, dação em cumprimento, dação *pro solvendo* e outros contratos extintivos da obrigação.

Justificando este regime, VAZ SERRA explica que «Desde que, com a exclusão da prova testemunhal, se pretende evitar que, mediante testemunhas, se infirme ou amplie o conteúdo do documento, este objetivo tanto é aplicável quando se trate de uma cláusula que diretamente contradiga o conteúdo do documento (*v.g.*, a cláusula que modifique este conteúdo no sentido de alterar o objeto do contrato) como quando se trate de uma cláusula ou convenção extintiva da obrigação resultante do documento.»[538]

Todavia, também aqui serão de admitir as três exceções à inadmissibilidade da prova testemunhal, designadamente a primeira: se o cumprimento ou pagamento for verosímil segundo um princípio de prova por escrito proveniente da contraparte, será de admitir a prova testemunhal. Será o caso de documento contabilístico do credor que dê conta do recebimento de cheque ou transferência bancária proveniente do devedor ou email trocado referenciando esse pagamento.

[537] MUÑOZ SABATÉ, LUIS, *Summa de Probática Civil, Cómo probar los hechos en el proceso civil*, La Ley, 1ª Ed., maio de 2008, p. 634.
[538] VAZ SERRA, *Provas (Direito Probatório Material)*, 1962, p. 567.

Note-se que o devedor que pretenda apresentar prova testemunhal do pagamento (ou outro contrato extintivo da relação obrigacional) deverá, previamente, alegar factos consubstanciadores de um dos três condicionalismos que abrem porta à prova testemunhal e, subsequentemente, prová-los. Caso assim não suceda, não poderá o tribunal valorar a prova testemunhal adrede produzida.

Face ao regime do art. 395º, quando a obrigação derive de contrato escrito por imposição da lei ou vontade das partes, é crucial que o devedor exija a quitação por escrito (art. 787º, nº 1), sob pena de poder ficar impossibilitado de fazer prova do pagamento já que para tal efeito não poderá recorrer a testemunhas (com as ressalvas já assinaladas).

Assim, provindo as obrigações tributárias de ato de liquidação, o qual é obrigatoriamente reduzido a escrito, a prova do pagamento dos impostos apenas se poderá fazer por documento e não por testemunhas nos termos dos arts. 393º, nº 1, e 395º.[539] Do mesmo modo, e a título exemplificativo, o pagamento dos alugueres do contrato de aluguer de veículos sem condutor deverá ser feito através da apresentação dos recibos de quitação.[540]

ARTIGO 396º – FORÇA PROBATÓRIA

A força probatória dos depoimentos das testemunhas é apreciada livremente pelo tribunal.

1. A falibilidade da memória da testemunha

A memória armazena interpretações da realidade e não é um registo da realidade em si, ou seja, a memória é o registo de uma experiência pessoal da realidade. Os dados que percecionamos são processados à luz da nossa experiência, preferências, vieses e expectativas. A memória nunca é o registo completo de uma experiência. Na fase da recuperação, os nossos conhecimentos atuais e crenças exercem influência no modo como lembramos o passado. Os nossos pensamentos atuais, crenças e emoções servem como filtros através dos quais interpretamos e potencialmente reescrevemos o nosso passado.[541]

[539] Cfr. Acórdão do Tribunal Central Administrativo Norte de 7.7.2005, *Dulce Neto*, 00023/03.

[540] Acórdão do Tribunal da Relação de Coimbra de 6.9.2011, *Carlos Querido*, 147/10, CJ 2011-IV, pp. 5-7.

[541] J. Schacter, *The Seven Sins Of Memory: How the Mind Forgets and Remenbers*, New York, 2001, p. 9, *apud* John Yarbrough *et al.*, "The Sins of Interviewing: Errors Made by Investigative

A memória é melhor para eventos com um significado pessoal por contraposição a acontecimentos comuns e rotineiros. Isto pode dever-se quer ao facto de que os eventos com um significado pessoal são, pela sua própria natureza, emocionais e a emoção constitui um eficiente ativador da memória, quer ao facto de que tal tipo de eventos é sucessivamente recuperado e relatado, o que reforça a memória.

Mesmo quando a testemunha está motivada para prestar um depoimento exato, a sua evocação é influenciada por múltiplos fatores, tais como: circunstâncias pessoais, v.g., idade, estado psíquico no momento; conhecimento prévio e expectativas; distintividade do facto observado; os esquemas que guiam a testemunha a catalogar a experiência; o tempo transcorrido desde o evento; informação pós-evento; o modo como se formulam as perguntas.

Todos estes fatores podem distorcer a memória, refletindo-se na fidedignidade do testemunho prestado.

Os investigadores têm confluído na asserção de que testemunho sem erro é uma exceção.[542]

Em suma, a memória não é completamente distorcida nem é completamente exata. Na avaliação do testemunho devem, assim, equacionar-se sempre três hipóteses:

Interviewers and Suggestions for Redress", in Barry S. Cooper (ed.), Dorothee Griesel (ed.), Marguerite Ternes (ed.), *Applied Issues in Investigative Interviewing, Eyewitness Memory, and Credibility Assessment*, Springer, London, 2013, p. 69.
Carlos Poiares e Maria Louro, "Psicologia do Testemunho e Psicologia das Motivações Ajurídicas do Sentenciar: da Gramática Retórica à Investigação Empírica", in *Manual de Psicologia Forense e da Exclusão Social*, Carlos Alberto Poiares (ed.), Lisboa, Edições Universitárias Lusófona, 2012, p. 109, afirmam que :«(...) o acontecimento que o indivíduo presenciou – viu, escutou, cheirou – é objeto de uma apreensão e, por via dos eventuais vieses ao nível dos processos básicos, é reconvertido – a reconstrução do real – dando origem a um testemunho que não possui já a dimensão da realidade, mas da sua reconstituição, de acordo com as idiossincrasias do narrador-testemunha: é o que temos designado como o *acontecido* (=acontecimento após a *personalização* ou reconstrução por parte da testemunha).»

[542] Maria Anabela Nunes dos Reis, *A Avaliação Psicológica do Testemunho em Contexto Judiciário: A Influência do Tempo e das Emoções nos Componentes Mnemónicos do Testemunho*, Faculdade de Medicina de Lisboa, Lisboa, 2006, p. 63. Segundo Binet, o testemunho não sujeito a erros não existe pelo que os erros são dados permanentes e normais do testemunho – cfr. Marisa Alexandra Anastácio, *Psicologia das Motivações Ajurídicas do Sentenciar: O Lado Invisível da Decisão*, Universidade Lusófona de Humanidades e Tecnologias, Lisboa, 2009, p. 28.

a) O relato pode ser verdadeiro;
b) O testemunho pode ser falso em razão de uma simulação propositada (mentira);
c) O testemunho pode ser falso baseado em memórias distorcidas através de processos cognitivos normais, podendo a distorção operar de forma endógena (fatores atinentes à própria testemunha) ou exógena (fatores externos à testemunha).[543]

Têm sido desenvolvidas e testadas várias teorias no sentido de aperfeiçoar a deteção da mentira, quer pelo comportamento não verbal da testemunha quer pelos processos cognitivos e emocionais ínsitos ao ato de mentir. Analisamos, desenvolvidamente, esta matéria no nosso *Prova Testemunhal, Noções de Psicologia do Testemunho*, Almedina, 2020, pp. 113 a 169, para o qual remetemos para um estudo mais aprofundado da questão.

Os fatores endógenos à testemunha que podem causar a distorção da memória da testemunha são designadamente: a atenção e processamento da informação relevante (cf. *Op. cit.*, pp. 19-23); a presença de stresse e trauma no evento, *v.g.* focalização na arma (*Op. Cit.*, pp. 23- 34); o efeito do intervalo de retenção (*Op. Cit.*, pp. 34-38).

Entre os fatores externos que podem causar distorção da memória da testemunha avultam: a informação pós-evento, *v.g.* efeito de conformidade (*Op. Cit.*, pp. 38-45); a transferência de memória (*Op. cit.*, pp. 105 e 346); a formulação de perguntas sugestivas (*Op. Cit.*, pp. 75-81); os efeitos de interrogatórios repetidos (*Op. cit.*, pp. 81-85).

2. A imparcialidade da testemunha

No momento em que decorre o testemunho, a imparcialidade manifesta-se pela ausência de temor da testemunha em comprometer-se com a sua declaração: a testemunha tanto relata factos favoráveis a uma das partes como a outra, sem se preocupar com a aceção que possa ser dada ao seu depoimento. É o que se costume designar por *isenção.*

Todavia, a existência de testemunhas totalmente imparciais é normalmente a exceção e não a regra. Este tipo de testemunha só tenderá a surgir

[543] Andrés Páez, "Una Aproximación Pragmatista al Testimonio Como Evidencia", in Carmen Vásquez (ed.), *Estándares de Prueba y Prueba Científica*, Marcial Pons, Madrid, 2013, pp. 216-217 classifica, genericamente, esta situação como de "incompetência honesta".

em casos de eventos singulares ou únicos tendencialmente ocorridos em locais públicos, v.g., acidentes de viação ou crimes de execução instantânea. Mesmo nestas situações, é possível que as testemunhas se deixem impressionar pelo que viram de tal modo que, no fundo, as suas emoções as levem a desejar que uma das partes triunfe. A multiplicidade de tendências, interesses e afetos que se cruzam nas relações humanas faz com que seja quase impossível "conseguir um estado de neutralidade quimicamente puro" na testemunha.[544]

Sempre se divisou bem que o primeiro requisito de uma testemunha idónea é o de que não esteja interessada, material ou moralmente, no processo. Neste sentido se expressam as máximas *Nullus in re sua testis intelligitur* (ninguém é reputado boa testemunha em causa própria) bem como *Nemo tenetur edere contra se* (ninguém é obrigado a manifestar-se contra si próprio).

A propósito do interesse da testemunha no desfecho do processo, uma teoria generalizada e decorrente do senso comum é a de que ninguém se aparta da verdade se não tiver interesse em mentir. Donde deriva que as testemunhas serão parciais se têm relações ou conexões com o objeto do processo. Em sentido contrário, todo aquele que não espera qualquer dano ou benefício da sua declaração será imparcial e constituirá uma testemunha idónea.

Todavia, aceitar estas asserções com um valor absoluto seria incorrer em mais uma heurística de representatividade[545], sabendo-se que as heurísticas – apesar de terem algumas virtualidades – propiciam muitos erros. Deste modo, mais do que recorrer a heurísticas há que, perante o caso concreto, averiguar e decidir até que ponto a testemunha é parcial.

Em situações em que a testemunha tem relações de subordinação, vizinhança, amizade, parentesco ou afinidade com as partes, por diversas razões de índole psicológica e sociológica, há que admitir *a priori* a existência de circunstâncias propiciadoras da parcialidade do testemunho. Todavia, o julgador tem que valorar, em primeiro lugar, a declaração da testemunha e, só depois, a pessoa da testemunha porquanto o contrário (valorar primeiro a pessoa e depois a declaração) implica prejulgar o testemunho e incorrer no viés confirmatório. Dito de outra forma, tal equiva-

[544] MUÑOZ SABATÉ, *Técnica Probatória,* 3ª Ed., Barcelona, 1993, p. 336.

[545] Sobre o conceito de heurística da representatividade, cf. o nosso *Prova Testemunhal, Noções de Psicologia do Testemunho,* Almedina, 2020, pp. 188-192.

leria a raciocinar assim: *não acredito no familiar porque é familiar*, procurando nas declarações do mesmo detalhes que comprovem a falta de objetividade da testemunha sempre no intuito de confirmar tal ponto de partida. No limite, este modo de proceder equivaleria a um retrocesso ao esquema puro da prova legal.[546]

Deste modo, a atitude correta ao interrogar qualquer testemunha é a de, *ab initio*, não ter em consideração as possíveis circunstâncias que sejam suscetíveis de afetar a sua imparcialidade porque proceder-se de modo contrário equivale a incorrer no viés confirmatório.

O interesse da testemunha no objeto do processo ou o (des)afeto pelas partes originam depoimentos que geralmente se caraterizam por serem demasiado coerentes e com detalhes oportunistas[547], características essas compagináveis com a predição da parcialidade. Contudo, a contextualização do relato e a existência de corroborações periféricas constituem critérios adicionais que, de forma válida, poderão sedimentar a credibilidade do testemunho prestado, neutralizando o argumento do interesse da testemunha. Conforme refere Nieva Fenoll, em relação a testemunhas com interesse na causa, deverá valorar-se fundamentalmente a contextualização dos relatos e, *a posteriori*, a existência de corroborações do testemunho. «A coerência dos testemunhos é expectável, assim como a presença de detalhes oportunistas, pelo que não se deve dar importância a esses dados ou, quando muito, utilizá-los simplesmente como possível elemento corroborador da incredibilidade.»[548]

A contextualização do relato poderá ser, efetivamente, a pedra de toque na valoração deste tipo de testemunhos. Um mentiroso tende a preparar o seu depoimento, memorizando uma história que se limita a repe-

[546] Nieva Fenoll, *La Valoración de la Prueba*, Marcial Pons, Madrid, 2010, p. 270.

[547] Trata-se de situações em que a testemunha faz referência a dados, mesmo desnecessários, que pretendem beneficiar uma das opções que estão em debate no processo. Na explicação de Nieva Fenoll, "Trata-se de manifestações sobre o carácter ou a intencionalidade de uma das partes, ou então justificações das próprias atuações – ou da pessoa que se pretende beneficiar – que vão além do que foi perguntado ao declarante. O declarante manifesta-as, não tanto para infundir credibilidade na sua declaração, mas sim para que os factos que relata se interpretem a favor de quem deseja beneficiar." É o caso de designadamente a testemunha emitir juízos de valor sobre as partes ou a sua atuação que excedem o que lhe foi perguntado. São comentários que designadamente emprestam relevância retórica ao relato, mas que, na prática, não carreiam qualquer dado novo ao depoimento.

[548] *La Valoración de la Prueba*, Marcial Pons, Madrid, 2010, p. 284.

tir. O receio de que se descubra a sua falsidade faz com que o mentiroso tenda a não afastar-se do guião que criou, tal qual fosse um ator de teatro. Sendo-lhe exigida uma contextualização acrescida, a sua estratégia pode desmoronar-se com hesitações e improvisações arriscadas. A técnica da entrevista cognitiva que consiste em pedir à testemunha que mude a perspetiva, pedindo-lhe que relate o que teria visto outra pessoa a partir de um local diferente, pode ser decisiva porquanto, não tendo estado no local, a testemunha dificilmente será capaz de executar essa tarefa.

Só na eventualidade de o interrogatório da testemunha não ser esclarecedor, designadamente porque a contextualização é pobre em contraste com uma excessiva coerência e abundância de detalhes oportunistas, é que o julgador deverá arrimar a sua convicção quanto àquele depoimento nas circunstâncias indutoras de parcialidade, concluindo pela falta de credibilidade do testemunho.

Para um desenvolvimento mais circunstanciado desta matéria atinente à imparcialidade da testemunha, cf. o nosso *Prova Testemunhal, Noções de Psicologia do Testemunho*, 2020, pp. 348-356.

3. A forma de prestação do depoimento

No que tange aos indicadores não verbais e paraverbais mais fidedignos na deteção da mentira, segundo múltiplos estudos os mesmos podem ser enunciados desta forma:

- Os mentirosos falam num tom de voz mais alto/agudo
- Os mentirosos fazem menos movimentos com os dedos, mãos e braços
- Os mentirosos fazem menos movimentos do braço e da mão para modificar ou completar o que é dito verbalmente
- Os mentirosos fazem pausas maiores e têm maior latência nas respostas
- Os mentirosos fazem menos movimentos com as pernas e pés
- Os mentirosos incorrem em mais erros de discurso em razão do esforço cognitivo e/ou de nervosismo.[549]

[549] Cf. Amina Memon *et al.*, *Psychology and Law*, Second Edition, Wiley, West Sussex, 2003, pp. 14-15. Sendo certo que o nervosismo não pode ser automaticamente valorado como indicador da mentira.
Sobre os estudos que fundamentam estas asserções, cf. o nosso *Prova Testemunhal, Noções de Psicologia do Testemunho*, Almedina, 2020, pp. 114-140.

Estas condutas costumam aparecer com mais frequência quando a testemunha mente do que quando fala com verdade. O que não significa que apareçam exclusivamente quanto se mente porquanto inexiste nesta matéria um nariz de Pinóquio, ou seja, uma conduta que ocorra sempre quando se mente e que não ocorra nunca quando se responde com verdade.

Existem uma série de variáveis situacionais que influem na utilidade destes indicadores. Assim, a motivação do emissor, o objetivo que persegue com o engano (ocultar um ato ilícito *versus* outros fins), o tempo durante o qual dura a resposta e a preparação prévia da mentira influem sobre o significado e o poder discriminativo de diversos indicadores.

Quando a mentira versa sobre uma transgressão, a probabilidade de a testemunha estar mais inibida com menor movimento é maior, por contraposição ao condicionalismo em que a mentira versa sobre um assunto de menor importância, caso em que a maior probabilidade é a de que a testemunha apenas esteja irrequieta.[550] Quanto maior foi o período de tempo que o mentiroso fala, maiores serão as probabilidades de sobressaírem os indicadores do tom de voz alto e da latência das respostas. Quando a comunicação não está preparada de antemão, a latência da resposta é maior ao mentir do que ao dizer a verdade. Todavia, quando a comunicação está preparada de antemão, a latência é maior ao dizer a verdade do que a mentir.

O inquiridor que procure obsessivamente estes indicadores corre o risco de, perante a presença de um, concluir mecanicamente que o emissor está a mentir. Esta postura é censurável porquanto aumenta os juízos de mentira em prejuízo da insuficiente focagem em juízos de verdade. Ademais, deve privilegiar-se a conjugação dos indicadores não verbais com os verbais e o recurso a múltiplos indicadores de uma forma flexível (cf. *Prova Testemunhal, Noções de Psicologia do Testemunho*, pp. 170-173).

Em sede de deteção da mentira pelo comportamento não verbal, há que enfatizar que são poucos os indicadores não verbais da mentira validados cientificamente, os que existem têm uma relação débil com tal deteção e, sobretudo, os juízes não têm capacidade e formação específica que lhes permita explorar, com a eficácia e segurança devidas, a deteção de tais

[550] Bella DePaulo e Wendy Morris, "Discerning Lies From Truths: Behaviorial Cues to Deception and the Indirect Pathway of Intuition", in Granhag, Pär Anders/Strömwall, Leif A. (eds.), *The Detection of Deception in Forensic Contexts*, Cambridge University Press, 2004, p, 29.

indicadores da mentira. Mesmo quando recebem formação específica, o aperfeiçoamento não é expressivo.[551]

No que tange aos indicadores verbais a utilizar, há que partir dos ensinamentos designadamente do *Statement Validity Assessment* (Avaliação da Validade da Declaração) e do *Reality Monitoring* (sistemas de avaliação do conteúdo da declaração analisados desenvolvidamente em *Prova Testemunhal, Noções de Psicologia do Testemunho*, pp. 141-161). Estes métodos partem de vários pressupostos, designadamente que:

(i) A invenção de uma história convincente sobre uma alegada experiência pessoal requere, do ponto de vista cognitivo, maiores exigências que a narração de uma história sobre um evento efetivamente vivenciado. Daí que através de um conjunto de características se possa diferenciar uma história experimentada de uma história forjada;
(ii) Evocar uma história inventada é mais difícil que recordar um acontecimento realmente vivido. De modo que, volvidos alguns meses sobre o acontecimento, é mais fácil relatar um acontecimento vivido sem contradições. Estas tenderão a ocorrer mais no relato de uma história inventada. Trata-se aqui da análise da constância do depoimento.

No âmbito da Avaliação da Validade da Declaração (SVA), os indicadores verbais mais relevantes são os que se passam a enunciar.

Produção inestruturada: um declarante genuíno relata os elementos factuais do caso de forma desordenada e não cronológica, com digressões temporais. O relato é feito mais segundo associações momentâneas do que segundo uma sequência lógica e cronológica. O que não impede que o relato efetuado permita reunir os segmentos da declaração formando um todo unificado revelador da consistência lógica do conteúdo do depoimento.

Quantidade de detalhes: um grande número de detalhes (v.g., com descrições especificas do local, tempo, pessoas, objeto, acontecimento

[551] Cf., desenvolvidamente a este propósito, o nosso artigo "O sentido útil do princípio da imediação. Notas a propósito do Artigo 6º-A da Lei nº 1-A/2020, de 19.3, aditado pela Lei nº 16/2020, de 29.5 (audiências de julgamento em tempo de pandemia).", acessível em https://www.academia.edu/43470477/O_SENTIDO_%C3%9ATIL_DO_PRINC%C3%8DPIO_DA_IMEDIA%C3%87%C3%83O_NOTAS_A_PROP%C3%93SITO_DO_ARTIGO_6o_A_DA_LEI.

passo a passo) numa declaração constitui, em princípio, uma indicação da sua credibilidade porquanto é impossível para a maioria das testemunhas embelezar as suas declarações com detalhes forjados.

Contextualização do relato: ocorre quando a testemunha, na sua descrição, faz uma fusão entre os elementos principais do evento com informação atinente às coordenadas espácio-temporais em que ocorreu o evento, sendo estas de carácter periférico mas com influência mútua nos aspetos centrais. Ou seja, o evento é descrito em função de uma localização particular bem como de horários e relações da testemunha com outras pessoas, antes e depois do acontecimento. A descrição do ambiente vital, espacial e temporal em que decorreram os factos, feita de forma plausível e espontânea, constitui índice de veracidade do relato. Em suma, uma testemunha direta dos factos tem que ser capaz de recordar detalhes óbvios do lugar em que ocorreram os factos bem como das circunstâncias que rodearam o evento.

Descrição de cadeias de interações: no relato efetuado, a testemunha descreve interações dos implicados que se caraterizam por serem recíprocas e sucessivas, interdependentes. As reações e respostas relatadas podem ser explicadas psicologicamente como consequências das ações prévias.

Reprodução de conversações: a testemunha reproduz conversações entre várias pessoas como se se tratasse de uma espécie de atuação numa peça, desse modo utilizando o comportamento discursivo particular e o vocabulário dessas pessoas.

Descrição de complicações inesperadas: a testemunha relata ações que não foram concluídas em decorrência de impedimentos ou resistências. Na ótica de uma testemunha que não se atém à verdade, não são expectáveis relatos de tais ações inacabadas.

Detalhes supérfluos: a testemunha descreve detalhes que não são estritamente necessários à descrição do incidente em questão. Normalmente, ao mentir não se inventam detalhes irrelevantes que não contribuem para a demonstração do evento principal, quer pela sua irrelevância quer pelo grau de dificuldade que implica este exercício para a memória.

Correções espontâneas: a testemunha efetua correções ou modifica o que disse anteriormente sem que tenha sido incitada a tal pelo inquiridor. Um mentiroso quer transmitir boa impressão e evita tais correções a todo o custo.

Admissão de falta de memória: quem presta um depoimento falso tende a responder a todas as questões, esquivando-se a admitir a sua falta de memória quanto a certos detalhes. Uma testemunha genuína não assume este desiderato de responder mesmo ao que não sabe.

O sentido útil deste conjunto de indicadores é o de que a presença dos mesmos no depoimento da testemunha prenuncia a genuinidade do depoimento prestado. Pelo contrário, a sua ausência ou a conduta da testemunha a contrariá-los (v.g., correções espontâneas, admissão da falta de memória) pode ser valorada como índice da inveracidade do depoimento.

Naturalmente que uma pessoa inteligente e com talento narrativo pode forjar um depoimento eivado de algumas destas características pelo que o funcionamento dos critérios não deverá ser automático. Em sentido oposto, uma testemunha genuína mas que seja intelectualmente débil, com pouco talento narrativo ou mesmo tímida, não acionará estes critérios na sua plenitude. A valoração da prova é sempre o produto da conjugação de vários critérios e fatores que não se esgotam nestes critérios.

No que tange à **consistência ou coerência do depoimento**, visa-se apurar se o depoimento apresenta contradições intrassujeito (as quais podem ser diretas *tout court*, revelar-se pela adição de nova informação numa nova entrevista ou pelo esquecimento de informação previamente relatada) e se as contradições detetadas são de molde a fazer questionar a credibilidade global do depoimento. Nesta sede, há que ter presente, desde logo, que os interrogatórios repetidos não fomentam a uniformidade do depoimento porquanto, com cada recuperação, a memória transforma-se mediante a incorporação de novos dados e a reinterpretação dos já existentes (cf., mais desenvolvidamente, o nosso *Prova Testemunhal, Noções de Psicologia do Testemunho*, pp. 81-85).

É expectável que as informações veiculadas num relato sobre um acontecimento realmente vivido coincidam quanto: ao acontecimento fundamental; ao papel ou atividade que desempenhou a testemunha; às pessoas que participaram diretamente no evento fundamental; à localização dos factos; aos objetos diretamente relevantes para a ação; às condições de luz e à posição global do corpo no caso de ações corporais.[552]

A existência de subsequentes omissões no depoimento (face a um primeiro depoimento ou a um momento anterior) não inquina a qualidade do depoimento desde que as omissões não alcancem proporções impor-

552 Heinz Offe, "El Dictamen Sobre la Credibilidad de las Declaraciones de Testigos", in *Anuario de Psicologia Jurídica*, 2000, p. 17.

tantes e não afetem aspetos subjetivamente relevantes da primeira versão dos factos.[553]Há que ver se as omissões e contradições excedem simples diferenças razoáveis de matiz ou precisão que possam decorrer da dificuldade de conservar a memória exata dos factos com o decurso do tempo (curva do esquecimento).

A existência de contradições (intrassujeito ou intersujeitos) quanto a detalhes periféricos ou acessórios pode ser explicável, além da curva do esquecimento, pelas naturais diferenças de perceção das testemunhas que não prestam a mesma atenção aos mesmos aspetos, pela diferente forma como foram interrogadas as testemunhas ou pode ser mesmo aparente. O que há que ver é se, no essencial, as declarações constituem um todo coerente. As contradições sobre pontos acessórios podem constituir, bem pelo contrário, sintoma de genuinidade e de espontaneidade da testemunha.[554]

Recorde-se que as declarações forjadas tendem a apresentar-se de uma forma continuamente estruturada e demasiado perfeita de um ponto de vista formal de modo que um bom mentiroso se limita a repetir o que disse anteriormente, aparentando incorrer em menos contradições do que um declarante veraz.[555] Ciente de que as contradições podem ser lidas como indicador da mentira, o mentiroso tenderá a ser fiel às próprias declarações. O mentiroso será mais inconsistente do que a testemunha genuína quando lhe forem formuladas perguntas inesperadas. Em sentido oposto, uma testemunha genuína tende a adotar a estratégia de, pura e simplesmente, recuperar da sua memória a experiência original, reconstruindo-a cada vez que é interrogada. Essa reconstrução propicia inconsistências.

Na verdade, uma plena coincidência em todos os pontos relatados pelas testemunhas (ou sucessivamente relatados pela mesma testemunha) pode constituir uma indicação menos segura de veracidade do que a ocorrência de discrepâncias nos depoimentos. Conforme refere Muñoz Sabaté, o

553 Heinz Offe, *Op. Cit.*, p. 18.

554 Afirma Roberto Ambrosini, *La Prova Testimoniali Civile. Profili Processuali*, IPSOA, 2006, p. 220, que «(...) é normal a discordância entre os depoimentos a demonstrar a genuinidade; basta verificar a cronologia recíproca para verificar que frequentemente respeitam a momentos diversos do evento, ou então ao ponto de observação da testemunha para depreender que são diversos e que é diversa a perceção dos factos.»

555 Cf. Ronald Fischer *et al.*, "Does Testimonial Inconsistency Indicate Memory Inaccuracy and Deception? Beliefs, Empirical Research, and Theory", in Barry S. Cooper (ed.), Dorothee Griesel (ed.), Marguerite Ternes (ed.), *Applied Issues in Investigative Interviewing, Eyewitness Memory, and Credibility Assessment*, Springer, London, 2013, pp. 173 e 185.

exame lógico sobre esta questão reconduz-nos ao ***paradoxo sobre concordâncias***, segundo o qual a concordância prova mais quando está limitada a um curto número de pontos. «Os pontos de concordância das afirmações divergentes são os que constituem os factos históricos cientificamente determinados.»[556]

Diversamente, quanto as contradições se estendem aos aspetos centrais do facto relatado de forma que não seja logicamente possível que a testemunha tenha vivido ambas as versões dos factos, sucumbe credibilidade ao relato. O mesmo sucede se o facto narrado por uma testemunha colide com um facto notório, com as regras da experiência unanimemente aceites ou com a prova legal de um facto, situações em que o relato não pode prevalecer.

Ao contrário do que ocorre com a confissão, inexiste o princípio da indivisibilidade do depoimento pelo que cabe ao julgador cindir os segmentos do depoimento que se afiguram sinceros e verazes daqueles que são forjados e errados. Conforme refere Roberto Ambrosini, por força do princípio da livre apreciação da prova, o juiz não está necessariamente obrigado a acolher integralmente o depoimento da testemunha, tendo a possibilidade de cindi-lo e de utilizá-lo só em parte, ou seja, limitando-o àquela parte que melhor se harmoniza com os outros meios de prova que merecem ser considerados por credíveis, desde que tal convencimento seja oportunamente suportado através de um percurso motivacional côngruo e imune a ilogicidade ou manifesta irracionalidade.[557]

Deste modo, bem se decidiu no Acórdão do Tribunal da Relação do Porto de 17.6.2009 quando aí se afirmou que «O juiz não tem que aceitar ou recusar cada um dos depoimentos na sua globalidade, cabendo-lhe a difícil tarefa de dilucidar em cada um deles o que lhe merece crédito.»[558]

[556] Muñoz Sabaté, *Técnica Probatória, Estudios Sobre las Dificultades de la Prueba en el Proceso*, 4ª Ed., Wolters Kluwer, 2017, p. 466.

[557] *La Prova Testimoniali Civil. Profili Processuali*, IPSOA, 2006, p. 212.

[558] Sendo relator *Borges Martins*, 229/06. No Acórdão da Relação de Coimbra de 20.10.2009, *Gonçalves Ferreira*, 309-B/2001, também se racionou em termos similares:" Não colhe, do mesmo jeito, o argumento do tudo ou nada na aceitação de um depoimento; uma testemunha pode revelar melhor conhecimento e maior segurança em relação a alguns factos do que a outros; quando aos factos de que tem idêntico conhecimento, não é descabida a hipótese da dualidade de depoimento; se, porventura, tiver interesse no desfecho da questão, pode muito bem afeiçoar as declarações à versão defendida pela parte a quem as mesmas aproveitam." E prossegue: "Tudo passará, no fundo, por que o tribunal logre alcançar as motivações do

Em sentido confluente, Ronald Fisher *et al.*, reportando-se a vários estudos sobre a correlação entre a inconsistência e a exatidão dos depoimentos, assinalam que a recordação inexata de partes do crime (evidenciada por declarações contraditórias da testemunha) não pode servir como preditor sobre a exatidão global do depoimento. Ou seja, a inconsistência da recordação sobre um aspeto específico não nos diz nada sobre a exatidão do restante depoimento da testemunha. Essa particular inconsistência deve dar azo a uma sondagem com perguntas adicionais a fim de aferir o âmbito potencial da inexatidão do depoimento. Não pode ser formulada uma regra universal para classificar as pessoas como mentirosas ou não com base na consistência das respetivas respostas. Em decorrência dessa constatação, afirmam que é incorreta a tática dos advogados, comum nos tribunais, de tentarem descredibilizar a globalidade do depoimento com fundamento numa inconsistência específica.[559]

Ainda em sede da conduta da testemunha, existem diversos comportamentos da testemunha que dão azo a uma avaliação infirmadora da sua credibilidade. Reportamo-nos designadamente às seguintes condutas: uma postura recalcitrante e relutante ao responder; tentativa deliberada de não responder a perguntas diretas; uma postura defensiva; respostas evasivas; perda de compostura quando confrontada com um novo documento; impaciência ao ser instada pelo mandatário da contraparte que a arrolou; um incómodo manifesto a responder; pressa de responder antes da conclusão da pergunta; pressa de concluir a resposta; uma postura aparentemente desafiadora; o voluntarismo das respostas; uma postura hesitante e não comprometida; falta de reação a uma pergunta; a referência a "nós" quando a testemunha se reporta a uma conduta de uma das partes; procurar com o olhar a parte ou mandatário com quem se identifica antes de responder, como que procurando neles a aprovação gestual para a resposta; o depoente toma as "dores" da parte que o arrolou; manifesto empenho em fazer passar uma mensagem.

depoente e saiba destrinçar o certo do errado, partindo, naturalmente, de bases lógicas e objetivas, que terá de plasmar na fundamentação."

559 Ronald Fischer *et al.*, "Does Testimonial Inconsistency Indicate Memory Inaccuracy and Deception? Beliefs, Empirical Research, and Theory", in Barry S. Cooper (ed.), Dorothee Griesel (ed.), Marguerite Ternes (ed.), *Applied Issues in Investigative Interviewing, Eyewitness Memory, and Credibility Assessment*, Springer, London, 2013, pp. 178 e 186.

Em sentido diametralmente oposto, sedimenta a credibilidade uma conduta da testemunha reveladora de espontaneidade, isenção, sinceridade, franqueza, simplicidade, assertividade discursiva com distinção clara entre o que se sabe e o que não se sabe.

Para uma análise mais desenvolvida, cf. o nosso *Prova Testemunhal, Noções de Psicologia do Testemunho*, pp. 358-379.

4. O depoimento indireto

O depoimento é direto quando a testemunha perceciona o facto pelos próprios sentidos e o relata com base em tal fonte de conhecimento. É indireto quando a testemunha tem conhecimento de um facto através do que lhe transmitiu um terceiro (através de uma representação oral, escrita ou mecânica), não provindo o conhecimento da testemunha sobre o facto da sua perceção sensorial imediata. Comummente, a testemunha que presta depoimento indireto é designada por *testemunha de ouvir-dizer*.

É frequente que, no decurso do seu depoimento, a testemunha ora preste um depoimento direto ora preste um depoimento indireto. Há que precisar melhor o âmbito das duas situações.

Assim, integram a prestação de um depoimento direto (e não depoimento indireto) as seguintes situações:

- Quando a testemunha relata em tribunal aquilo que ouviu da boca de outra pessoa, incluindo o arguido, o depoimento é direto porque a testemunha captou o facto por intermédio dos seus sentidos.[560]

[560] Conforme se explica de forma clara no Acórdão do Tribunal da Relação de Guimarães de 25.5.2009, *Anselmo Lopes*, 359/06, www.colectaneadejurisprudencia.com, "A melhor interpretação da formulação legal conduz a que só se considere depoimento indireto, v.g. se a pessoa que faz o relato, não assistiu ou presenciou a ocorrência. Assim se entre A e B se desenvolve uma conversa, a que C pessoalmente assiste, mas na qual não intervém, apesar de o seu depoimento «resultar do que ouviu dizer a pessoas determinadas» temos como indiscutível que não estamos perante depoimento indireto, ele esteve presente, viveu a realidade, ouviu as conversas de A e B. De outro modo chegávamos ao absurdo de não haver «depoimentos diretos puros», só o que o depoente disse era depoimento direto, já o que ouviu, mesmo em resposta à sua conversa, porque «ouviu dizer a pessoa determinada» seria depoimento indireto. Não pode ser. O critério operativo da distinção entre depoimento direto e indireto é o da vivência da realidade que se relata: se o depoente viveu e assistiu a essa realidade o seu depoimento é direto, se não, é indireto.
O que o legislador quis afastar foi o «depoimento em segunda mão»: o C vem a tribunal dizer que o A lhe disse que o B fez ou aconteceu. São estes, mas não apenas estes, os depoimentos

Todavia, se por exemplo, no caso de uma agressão, a testemunha relata o que ouviu ao ofendido sobre a agressão mas não a presenciou, nesse segmento o depoimento será indireto porquanto a testemunha não possui conhecimento direto da autoria da agressão.[561]

- Quando a testemunha se limita a relatar factos e reações que presenciou de outrem. É o caso dos depoimentos que se consubstanciam no relato de impressões sobre o estado físico ou psicológico de alguém, designadamente de um suspeito ou de uma vítima, após a ocorrência do facto ilícito.[562]
- Quando a testemunha *A* relata o que ouviu dizer a outra testemunha *B* noutra altura, sendo que este relato pode ser usado para confirmar ou invalidar o depoimento que a testemunha *B* presta perante o tribunal. Trata-se de uma forma de exercício do contraditório sobre a credibilidade de um depoimento testemunhal que pode dar origem a um novo depoimento da testemunha ou a uma acareação.[563]
- A testemunha relata um crime (v.g., sexual, violência doméstica) com base no que a vítima lhe contou. Esse depoimento "é usado para demonstrar a congruência do que a vítima narra em Tribunal como relato que fez após o crime ter sido praticado ou para corroborar a prova de que a vítima não consentiu o facto ocorrido."[564] Ao

indiretos que o legislador quis vetar como meio de prova, salvo se chamar o «intermediário» a depor. Assim se estiver em causa saber se o arguido fez, ou não, a predita declaração, se teve ou não a conversa com as testemunhas, não é caso de depoimento indireto."
Também no Acórdão do Tribunal da Relação do Porto de 9.2.2011, *Eduarda Lobo*, 195/07, se afirma de forma clara que "Não constitui depoimento indireto o depoimento de uma testemunha que relata o que ouviu o arguido dizer."

[561] Acórdão do Tribunal da Relação de Guimarães de 11.2.2008, *Cruz Bucho*, 2181/07, www.colectaneadejurisprudencia.com.

[562] Cfr. Acórdão do Tribunal da Relação de Guimarães de 25.2.2009, *Carlos Barreira*, 736-08, Acórdãos do Tribunal da Relação de Coimbra de 2.2.2005, *Fernando Dias*, CJ 2005 – I, pp. 42-44, de 27.6.2007, *Inácio Monteiro*, 690/03, www.colectaneadejurisprudencia.com.

[563] Frederico Costa Pinto, "Depoimento Indirecto, Legalidade da Prova e Direito de Defesa", in *Estudos em Homenagem ao Prof. Doutor Jorge Figueiredo Dias*, III Vol., Coimbra Editora, 2010, p. 1063.

[564] Frederico Costa Pinto, "Depoimento Indirecto, Legalidade da Prova e Direito de Defesa", in *Estudos em Homenagem ao Prof. Doutor Jorge Figueiredo Dias*, III Vol., Coimbra Editora, 2010, p. 1063.
Esta ideia é expressa de forma enfática por Carlos Adérito Teixeira, "Depoimento Indirecto e Arguido: Admissibilidade e Livre Valoração versus Proibição de Prova", in *Revista*

relatar a conversa que teve com a vítima em circunstâncias específicas, a testemunha relata um facto de que teve conhecimento direto. Questão diversa é a da prova da agressão em si, sobre a qual a testemunha não tem conhecimento direto pelo que tal depoimento não é idóneo para demonstrar a agressão em si sem prejuízo de poder relevar em articulação com o depoimento da vítima.

5. O depoimento indireto no processo civil

Alberto dos Reis escreveu que "o juiz pode formar a sua convicção através do depoimento de testemunha auricular e em sentido contrário ao depoimento da testemunhar ocular".[565]

Lebre de Freitas, a propósito da enunciação do princípio da imediação, afirma que «(...) quando esteja disponível uma fonte de prova que implique menos ilações no *iter* probatório (...), a ela se deve recorrer, em vez de a uma outra mais distante do facto fundamental a provar. Assim, por exemplo, não está excluída a inquirição da chamada "testemunha de ouvir dizer", mas o depoimento daquela de quem ela ouviu o relato dos factos a prova tem maior valor probatório.»[566]

Nieva Fenoll começa por assinalar que a desconfiança da jurisprudência em relação ao depoimento indireto é razoável, sobretudo se aten-

do CEJ, Nº 2, pp. 153-154, "(...) cabe indagar se não merece bastante crédito a testemunha de referência quando se mostra, reconhecidamente, bem posicionada para colher a informação da testemunha-fonte, no primeiro relato subsequente à vivência ou observação do facto criminoso, porquanto se mostra incomparavelmente mais espontâneo, genuíno, acompanhado de reações e emoções (espanto, desorganização de ideias, falta de domínio ou de compreensão dos acontecimentos, pânico, etc.), jamais susceptíveis de serem captadas através do depoimento direto em momento posterior e ambiente informal, além de ainda estar isento de processos de "reconstrução", desculpabilização ou de vindicta; ou, por qualquer forma, a testemunha indireta tinha um especial "estatuto" ou se encontrava em situação "privilegiada" relativamente à testemunha-fonte, v.g. confidente, médico que assiste a vítima, etc.). Não se vê razão para não reconhecer um valor probatório de relevo em muuitas das situações práticas com esta configuração. De resto, algumas dimensões referenciadas, designadamente, o que se ouvivu e a forma como foi feito o realto e as reações comportamentais e emotivas da testemunha, sobretudo na veste de vítima, constituem depoimento direto, constituindo, ndesta parte, imediação probatória não só das afirmações daquela mas também das consequências do crime e, por vezez, até de aspetos que integram elementos do tipo penal em questão."

[565] *CPC Anotado*, IV Vol., p. 358.

[566] *Introdução ao Processo Civil, Conceito e Princípios Gerais à Luz do Código Revisto*, Coimbra Editora, 1996, p 156.

tarmos que é muito difícil detetar a falsidade do depoimento porquanto a testemunha, não tendo presenciado o facto, não pode ser avaliada quanto à coerência do relato e à sua contextualização. Todavia, entende que não deve descartar-se este tipo de prova sem mais porque (i) pode tratar-se de um elemento de prova autêntico e (ii) porque num sistema de livre apreciação não podem existir exclusões apriorísticas de meios de prova.[567]

Defende que a testemunha indireta tem tremendos problemas de credibilidade e, por isso, o seu papel só pode ser corroborador no processo, salvo se existir uma pluralidade de testemunhas indiretas. Nesta última eventualidade, as testemunhas indiretas podem por si só fundar a convicção do tribunal desde que concorram os seguintes parâmetros:

1. Pluralidade de testemunhas indiretas
2. Coerência entre as declarações de cada testemunha indireta
3. Coincidência das declarações das testemunhas
4. Contextualização das circunstâncias em que a testemunha indireta teve acesso ao relato
5. Verosimilitude do relato
6. Origem diversa das testemunhas indiretas.[568]

Serra Domínguez afirma a propósito das testemunhas indiretas que «Resulta lógico que quanto mais se afaste a testemunha da fonte de conhecimento, maiores serão as probabilidades de incorrer em erro, razão pela qual, sem que possam descartar-se as testemunhas indiretas, a sua eficácia será em princípio menor do que a das testemunhas presenciais. Em todo o caso, as testemunhas indiretas são inevitáveis a respeito de factos antigos, a respeito dos quais faleceram as pessoas que os presenciaram.»[569]

Montero Aroca assinala que o CPC espanhol (LEC) no seu art. 360º não exige que a testemunha tenha que ter conhecimento direto, impondo-se apenas que a testemunha indique a sua razão de ciência. Daí infere que é admissível a testemunha indireta, questão diversa do valor a conceder-lhe.[570]

[567] *La Valoración de la Prueba*, Marcial Pons, Madrid, 2010, pp. 278-279.

[568] *La Valoración de la Prueba*, Marcial Pons, Madrid, 2010, pp. 282 e 284. Na proposta deste autor, estes critérios são válidos quer para o processo penal quer para o processo civil.

[569] *Estudios de Derecho Probatorio*, Communitas, Lima, 2009, pp. 435-436.

[570] *La Prueba en el Proceso Civil*, Thomson Civitas, 2007, p. 404.

Em Itália, a doutrina e a jurisprudência maioritárias têm confluído quanto à admissibilidade e valoração da testemunha indireta nos termos que se explanam de seguida.

A testemunha indireta propicia uma narração de segundo grau, tendo uma eficácia probatória bem menor do que a que assiste a uma testemunha direta. Há que distinguir entre três situações:

a) A testemunha indireta tem como fonte um terceiro estranho à lide;
b) A testemunha indireta tem como fonte uma parte que produziu declarações favoráveis a si própria;
c) A testemunha indireta tem por fonte uma parte que produziu declarações desfavoráveis a si própria.

Na situação enunciada sob a), a testemunha indireta integra uma prova meramente indiciária, que poderá adquirir relevância através do cotejo com outras circunstâncias objetivas e concordantes que corroborem a sua credibilidade de molde a influenciar o convencimento do juiz. Na expressão de LUIGI COMOGLIO, "O depoimento feito pela testemunha indireta com base em factos apreendidos de terceiros apresenta uma perfil de relevância probatória atenuada, justamente porque indireta, mas é livremente utilizável pelo juiz, no âmbito da sua livre apreciação ["*prudente apprezzamento*"], desde que concorra com outros elementos de prova objetivos e concordantes, capazes de corroborarem a sua credibilidade global".[571]

O juiz poderá convocar o terceiro que é a fonte para inquiri-lo e, assim, conseguir um testemunho pleno (art. 257º, nº 1, do CPC Italiano, equivalente ao nosso art. 526º, nº 1, do CPC).

Na situação descrita sob b), denominada de testemunha *de relato ex parte*, tal testemunha por si só, sem o conforto de outros elementos, não tem valor probatório nem sequer indiciário, e a sua relevância processual é substancialmente nula. Tal testemunha só alcançará eficácia probatória na condição de concorrerem circunstâncias objetivas e subjetivas extrínsecas à testemunha que confirmem a sua credibilidade ou desde que outros resultados probatórios corroborem o seu relato, especialmente quando o depoimento versa sobre comportamentos íntimos e reservados das partes,

[571] *Le Prove Civili*, Terza Edizione, UTET, 2010, p. 574. Cfr., a título exemplificativo, Cassazione civile, Sez. I, 3 aprile 2007, n. 8358 e Cassazione Civile, Sez II, 26 aprile 2012, nº 6519.

insuscetíveis *ex se* de perceção direta por testemunhas ou até de uma investigação técnica determinada *ad hoc* pelo juiz.[572]

A testemunha indireta tem aqui o valor de fonte subsidiária de prova.[573] Na explicação de COMOGLIO, a testemunha indireta pode adquirir aqui uma relevância limitada, qual fonte de meros indícios (factos-base de uma presunção), e – como tal -utilizável pelo juiz na formação do seu convencimento sem qualquer hierarquia pré-constituída de fontes probatórias, desde que o testemunho indireto seja confirmado por outros elementos autónomos, precisos e concordantes, que vêm corroborar a credibilidade global do relato da testemunha indireta.[574]

Finalmente, a situação referida sob c), denominada *de relato ex parte contra se*, o relato feito pela testemunha importa para o processo uma confissão extrajudicial feita a terceiro, a qual é livremente valorável pelo tribunal nos termos do art. 2735º do Código Civil Italiano, equivalente ao nosso art. 358º, nº 4, do Código Civil.

Na jurisprudência nacional, encontramos enunciadas várias posições a este propósito, de que destacamos, a título exemplificativo, as seguintes:

- Não releva o testemunho indireto, ou seja, o testemunho que foi obtido através de outrem e que já contém em si uma versão e interpretação dos factos feitos por este último. Neste caso, o que a testemunha pode narrar é apenas o que lhe foi revelado e já não o que terá acontecido, porque esse conhecimento não foi captado por si.[575]
- Nem sempre o depoimento indireto, produzido por uma testemunha se deve considerar inócuo para o apuramento do facto, em particular quando o que se ouviu dizer partiu das próprias partes e numa ocasião em que não era previsível a emergência de qualquer litígio entre as partes.[576]
- São de admitir depoimentos indiretos para provar a existência de um telefonema anónimo, sendo que tais depoimentos relatam con-

[572] É, por exemplo, o caso dos processos de divórcio em que o Supremo Tribunal de Justiça Italiano admite as testemunhas indiretas como meio de prova da culpa da separação e/ou do adultério – cfr. Acórdão nº 6697 de 19.3.2009, http://www.studiolegaleluongo.it/blog/la-testimonianza-indiretta-e-valida-quale-prova-ai-fini-della-dichiarazione-di-addebito/.

[573] ISIDORO BARBAGALLO, *La Prova Testimoniale, Nei Procedimenti Civili e Penali: Diritto e Metodologia Probatoria*, Giuffrè Editore, Milano, 2002, p. 267.

[574] *Le Prove Civili*, Terza Edizione, UTET, 2010, p. 575.

[575] Acórdão do Tribunal da Relação de Lisboa de 16.2.2012, *Jerónimo Freitas*, 1761/11.

[576] Acórdão do Tribunal da Relação de Lisboa de 11.1.2011, *Luís Lameiras*, 152/09.

versas entre as testemunhas e um gerente de sociedade, sendo que este recebeu uma chamada anónima e depois trocou impressões com as testemunhas em causa sobre a mesma e o modo de atuar em decorrência dela. "Tais depoimentos são indiretos mas não existem quaisquer razões para não os valorar, já que da audição dos mesmos não decorre qualquer sinal no sentido da não credibilidade das referidas testemunhas."[577]

- Não deverá ser pelo facto de se tratar de testemunha "auricular" que se deverá, sem mais, pôr em causa a sua isenção, credibilidade ou força probatória.[578]
- A lei processual civil não proíbe o depoimento indireto, sendo que a força probatória dos depoimentos das testemunhas é apreciada livremente pelo tribunal – Artigo 396º do Código Civil.[579]
- A prova testemunhal não tem como limite legal o conhecimento direto dos factos. Qualquer facto enunciado por uma testemunha pode legalmente influenciar a convicção do julgador.[580]
- O valor da prova não depende da sua natureza (direta ou indireta), mas fundamentalmente da sua credibilidade. Assim, a prova testemunhal indireta, ainda que seja o único meio probatório produzido, beneficia do valor jurídico reconhecido pelos Artigos 392º e 396º do Código Civil, nada obstando, pois, à sua admissibilidade e valoração.[581]

Feito este excurso doutrinário e jurisprudencial, entendemos que não pode ser afastada a admissibilidade da testemunha indireta porquanto tal colidiria com um sistema misto mas em que livre apreciação da prova é preponderante.

Se durante o julgamento, uma testemunha relata factos tendo como fonte outra testemunha não arrolada, sendo tais factos relevantes para a

[577] Acórdão do Tribunal da Relação do Porto de 8.9.2008, *Fernanda Soares*, 0841768.

[578] Acórdão do Tribunal da Relação do Porto de 16.12.2004, *Saleiro de Abreu*, 0436832.

[579] Cf.: Acórdão do Tribunal da Relação de Guimarães de 26.1.2012, *António Sobrinho*, 373/11, Acórdão do Tribunal da Relação do Porto de 29.6.2015, *Paula Carvalho*, 839/13, Acórdão do Tribunal da Relação de Guimarães de 15.11.2018, *Moreira Dias*, 2544/16, Acórdão do Tribunal da Relação de Lisboa de 27.6.2019, *Laurinda Gemas*, 18561/17.

[580] Acórdão do Supremo Tribunal de Justiça de 18.12.2003, *Bettencourt de Faria*, Revista 2987/03, *Sumários do STJ* de 2003.

[581] Acórdão do Supremo Tribunal de Justiça de 22.4.2008, *Ferreira de Sousa*, Revista 878/08, *Sumários*.

apreciação de mérito, cabe ao juiz exercer o poder-dever que lhe é conferido pelo Artigo 526º, nº 1 do CPC (não se tratando de um poder discricionário) e convocar a testemunha-fonte para ser ouvida. No processo civil, à semelhança do processo penal (Artigo 129º), o legislador faculta ao julgador um meio processual para inquirir a testemunha-fonte, sempre no intuito de exaurir o primado da melhor prova disponível.

Sendo a testemunha indireta admitida no processo penal e sendo o processo penal mais garantístico em virtude da presunção da inocência do arguido, será admissível a testemunha indireta no processo civil sempre que se verifiquem os requisitos da sua admissibilidade no processo penal. Opera aqui um incontornável argumento da maioria de razão.

Abaixo desse patamar de admissibilidade, cremos que devem ser acolhidas as linhas gerais da posição maioritária da doutrina e jurisprudência italianas, sem prejuízo do que segue.

De facto, existem factos com relevância processual que são, pela sua própria natureza e condicionalismo, insuscetíveis de prova testemunhal direta, de prova documental, inspeção judicial e mesmo de prova pericial. Neste tipo de condicionalismos, os únicos meios probatórios admissíveis são as declarações de parte (art. 466º do atual CPC) e as testemunhas indiretas.

A propósito da admissibilidade da declarações de parte com factos favoráveis ao declarante em situações insuscetíveis de outros meios de prova, Remédio Marques assinala que "(...) a recusa , nestas raras eventualidades, em admitir e valorar livremente ou apenas como base de presunções judiciais as declarações favoráveis ao autor, volve-se, desde logo, numa concreta e intolerável ofensa do direito à prova, no quadro do direito de acesso aos tribunais e ao direito e de uma tutela jurisdicional efetiva (art. 20º, nº 1, da Constituição)."[582] Acompanhamos sem reservas este raciocínio, sendo que – no nosso entender – esta argumentação abrange também a relevância e a atendibilidade do depoimento indireto na precisa medida em que, nas situações insuscetíveis de outros meios de prova, o julgador apenas se poderá socorrer das declarações de parte e das testemunhas indiretas.

Deste modo, e no limite, admitimos que o juiz possa fundar a sua convicção quanto a tal tipo de factualidade apenas nas declarações de parte

[582] "A Aquisição e a Valoração Probatória de Factos (Des)Favoráveis ao Depoente ou à Parte Chamada a Prestar Informações ou Esclarecimentos", in *Julgar*, Nº 16, janeiro – abril 2012, p. 154.

e/ou nos depoimentos indiretos. Necessário é que a valoração dos mesmos, feita segundo as singularidades do caso concreto e as máximas da experiência convocáveis, permita ao julgador atingir o patamar da convicção suficiente, sendo a valoração plasmada numa explicitação racional e percetível da convicção construída.

As Declarações de Parte

ARTIGO 466º DO CPC

1. As partes podem requerer, até ao início das alegações orais em 1ª instância, a prestação de declarações sobre factos em que tenham intervindo pessoalmente ou de que tenham conhecimento direto.

2. Às declarações de parte aplica-se o disposto no artigo 417º e ainda, com as necessárias adaptações, o estabelecido na secção anterior.

3. O tribunal aprecia livremente as declarações das partes, salvo se as mesmas constituírem confissão.

1. A razão de ser da inovação.
Até à entrada em vigor do atual CPC, a parte estava impedida de depor como testemunha (art. 617º do CPC), podendo ser ouvida pelo juiz para a prestação de esclarecimentos sobre a matéria de facto (art. 265º, nº 2, do CPC) sendo que tais esclarecimentos não podiam ser valorados de per si como meios probatórios. Podia ainda a parte ser convocada, oficiosamente ou a requerimento da contraparte, para a prestação de depoimento de parte (art. 552º, nº 1, do CPC).

Constitui doutrina e jurisprudência dominantes que o depoimento de parte constitui um meio processual através do qual se pode obter e provocar a confissão judicial, sendo esta uma declaração de ciência que emana da parte e em que se reconhece a realidade de um facto desfavorável ao declarante (*contra se pronuntiatio*) e favorável à parte contrária a quem competiria prová-lo (art. 352º do Código Civil). Nessa medida, o depoimento de parte só pode incidir sobre factos desfavoráveis ao depoente. Chamado a pronunciar-se sobre esta questão, o Tribunal Constitucional no seu Acórdão nº 504/2004, *Artur Maurício*, DR, II Série de 2.11.2004, p. 16.093, foi perentório no sentido de que "A confissão (...) não constitui meio de prova de quem emite a declaração, mas a favor da parte com interesses contrários, ninguém podendo, por mero ato seu, formar provas a seu favor. / Não se vê que fique vedado ao legislador ordinário regular a possibilidade de limitar o depoimento de parte de forma a impedir o exercício do direito de o prestar quando o respetivo objeto seja *irrelevante* enquanto confissão, ou seja, quando se anteveja uma disfunção entre o meio processual e o fim tido em vista pela sua previsão."

Todavia, ainda na vigência do CPC revogado, foi crescendo uma corrente jurisprudencial pugnando no sentido de que o depoimento de parte- no que exceder a confissão de factos desfavoráveis à mesma parte – constitui meio de prova de livre apreciação pelo tribunal – art. 361º.[583] Ou seja, embora configurado processualmente no sentido da obtenção da confissão, foram reconhecidas ao depoimento de parte virtualidades probatórias irrecusáveis perante um sistema misto de valoração da prova em que a par de prova tarifada existem meios de prova sujeitos a livre apreciação.

A parte podia ser ouvida pelo juiz sob as vestes preconizadas no art. 265º, nº 2, do CPC e como depoente de parte, estando-lhe vedado ser testemunha em causa própria ("*nemo debet esse testis in propria causa*"). As razões determinantes desta inadmissibilidade são essencialmente três: «receio de perjúrio; as partes têm um interesse no resultado da ação e podem ser tentadas a dar um testemunho desonesto e finalmente mesmo que as mesmas

[583] Neste sentido, cf. os Acórdãos do STJ de 2.10.2003, *Ferreira Girão*, 03B1909, de 9.5.2006, *João Camilo*, 06A989, de 16.3.2011, *Távora Víctor*, 237/04 ("(...) *o depoimento tem um alcance muito mais vasto, podendo o tribunal ouvir qualquer uma das partes quando tal se revele necessário ao esclarecimento da verdade material. E se é certo que "a confissão" só pode versar sobre factos desfavoráveis à parte, não é menos verdade que o Juiz no depoimento em termos gerais não está espartilhado pela confissão, podendo colher elementos para a boa decisão da causa de acordo com o princípio da "livre apreciação da prova"*"), de 4.6.2015, *João Bernardo*, 3852/09. No Acórdão do Tribunal da Relação de Guimarães de 22.11.2011, *Araújo de Barros*, 2700/03, também se discorreu que: «*Por decorrência do princípio da livre apreciação da prova, embora o depoimento de parte seja o meio próprio para colher a confissão judicial das partes, nada impede que dele se extraiam elementos que contribuam para a prova de factos favoráveis ao depoente ou para a contraprova de factos que lhe sejam desfavoráveis.*»

não sejam desonestas, estudos psicológicos demonstram que as pessoas têm uma maior tendência a recordar factos favoráveis do que factos desfavoráveis pelo que o depoimento delas como testemunhas nos processos em que são partes não é, por essa razão de índole psicológica, fidedigno.»[584]

Todavia, constituía dado da experiência comum que a inadmissibilidade da prestação de declarações de parte conduzia – com frequência – a assimetrias no exercício do direito à prova[585] dificilmente compagináveis com o princípio da igualdade de armas ínsito no direito à prova. Constitui exemplo paradigmático o julgamento de acidente de viação em que o autor/condutor – por ser formalmente parte – não era ouvido quanto ao relato da dinâmica do acidente enquanto o segurado (e também condutor) da Ré (Seguradora) era sempre arrolado como testemunha. Por outro lado, existem factos integrantes do *thema probandum* que são por natureza revéis à prova documental, testemunhal e mesmo pericial, nomeadamente «factos de natureza estritamente doméstica e pessoal que habitualmente não são percecionados por terceiros de forma direta»[586], factos respeitantes a «acontecimentos do foro privado, íntimo ou pessoal dos litigantes».[587] No que tange a este tipo de factos, a recusa do tribunal em admitir e valorar livremente as declarações favoráveis do depoente pode implicar «uma concreta e intolerável ofensa do direito à prova, no quadro da garantia de um processo equitativo e da tutela jurisdicional efetiva dos direitos subjetivos e das demais posições jurídicas subjetivas.»[588]

Se outras razões não ocorressem, tanto bastava para evidenciar a pertinência da consagração das declarações de parte como um novo meio de prova no atual CPC. Na Exposição de Motivos, de forma bastante sucinta, anuncia-se o novo meio de prova assim: «Prevê-se a possibilidade de prestarem declarações em audiência as próprias partes, quando face à natureza pessoal dos factos a averiguar tal diligência se justifique, as quais são livremente valoradas pelo juiz, na parte em que não representem confissão.»

[584] Elizabeth Fernandez, "Nemo Debet Essse Testis in Propria Causa? Sobre a (in) Coerência do Sistema Processual a Este Propósito", in *Julgar Especial, Prova Difícil*, 2014, p. 27.
[585] Elizabeth Fernandez, *Op. Cit.*, p. 22, apela aqui à ideia de «um preocupante deficit de processo equitativo.»
[586] Elizabeth Fernandez, *Op. Cit.*, p. 37.
[587] Remédio Marques, "A Aquisição e a Valoração Probatória de Factos (Des) Favoráveis ao Depoente ou à Parte", in *Julgar*, jan-abr. 2012, Nº 16, p. 168.
[588] Remédio Marques, *Op. Cit.*, p. 168.

2. A quem incumbe a iniciativa da prestação de declarações de parte e qual o seu âmbito

Nos termos do art. 466º, nº 1, do CPC, "*As partes podem requerer, até ao início das alegações orais em 1ª instância, a prestação de declarações sobre factos em que tenham intervindo pessoalmente ou de que tenham conhecimento direto.*"

Atenta a formulação legal adotada, assiste à parte o *direito potestativo processual* de requerer a própria prestação de declarações de parte, tendo como limite temporal o início das alegações orais. Refere PAULO PIMENTA que esta figura tem carácter voluntário, estando preterido à contraparte requerer tal meio de prova nem podendo este ser determinado oficiosamente pelo juiz.[589] LEBRE DE FREITAS conflui na asserção de que as declarações de parte não podem ser ordenadas oficiosamente.[590] RAMOS DE FARIA entende que nada impede que o tribunal determine oficiosamente a prestação de declarações de parte, o que tem fundamento legal bastante no art. 411º do CPC.[591]

Concordamos sem reservas com a posição de RAMOS DE FARIA. Com efeito, o atual art. 411º do CPC (correspondente ao anterior art. 265º, nº 3, do CPC) – ao afirmar que incumbe ao juiz ordenar oficiosamente todas as diligências necessárias ao apuramento da verdade quanto aos factos de que lhe é lícito conhecer – postula um *critério de plenitude do material probatório* no sentido de que todas as provas relevantes devem ser carreadas para o processo, mesmo que seja por iniciativa do juiz. A decisão de facto só será justa «se o juiz proceder, de modo racionalmente controlável, a uma reconstrução dos factos com observância do critério da plenitude do material probatório».[592] A admissibilidade do juiz ordenar, oficiosamente, a prestação de declarações de parte sempre resultaria da remissão do art. 466º, nº 2, para o art. 452.1. do CPC .

A prestação de declarações versa "*sobre factos em que* [as partes] *tenham intervindo pessoalmente ou de que tenham conhecimento direto*", ou seja, sobre factos pessoais, os quais abrangem: (i)o ato praticado pela parte ou com a sua intervenção; (ii)o ato de terceiro praticado perante a parte em que se inclui a declaração escrita dirigida à parte; (iii) o facto ocorrido na pre-

[589] *Processo Civil Declarativo*, Almedina, 2014, p. 356.

[590] *A Ação Declarativa Comum, À Luz do Processo Civil de 2013*, Coimbra Editora, 2013, p. 278.

[591] *Primeiras Notas do Novo CPC*, Almedina, 2013, I Vol., p. 365.

[592] Cf. o nosso *Prova por Presunção no Direito Civil*, 3ª ed., p. 154.

sença da parte e (iv)o conhecimento do facto ocorrido na sua ausência.[593] O segmento que se reporta a factos "*de que* [as partes] *tenham conhecimento direto*" diverge, aparentemente, dos factos "*de que o depoente deva ter conhecimento*" (art. 454º, nº 1, do CPC; cf. ainda o regime paralelo do art. 574º, nº 3, do CPC). A redação teria sido mais feliz se o legislador uniformizasse a terminologia. Todavia, não faz qualquer sentido pretender divisar uma subtil distinção entre factos de que a parte *tenha* conhecimento e factos de que a parte *deva ter* conhecimento. Assim, as declarações de parte abarcam os «casos em que , pela natureza do facto e pelas circunstâncias concretas em que ele se produziu, o juiz deve entender, segundo o seu prudente arbítrio, usado em conformidade com as regras da experiência, que a parte dele [*facto*] teve conhecimento.»[594] Em suma, o objeto das declarações de parte alarga-se até onde se possa divisar uma presunção judicial no sentido de que determinado facto caiu no âmbito da perceção pessoal da parte.

Pode questionar-se se a parte pode requerer as suas declarações de parte em processos que versam sobre direitos indisponíveis. A questão colhe alguma razão de ser na medida em que as declarações de parte podem constituir confissão (art. 466º, nº 3, do CPC) e esta, como sabemos, não faz prova contra o confitente se versar sobre direitos indisponíveis (art. 354º, al. b)). A questão emerge porque este meio de prova é tarifado ou de livre apreciação em função do sentido das declarações proferidas, o que suscita uma «bipolaridade artificial».[595]Cremos que será de admitir a prestação de declarações de parte neste tipo de processos em observância do direito à prova e do princípio de inclusão (analisados *infra*). A circunstância de uma eventual confissão ser ineficaz não priva a pertinência da produção deste meio de prova.[596]

3. Qual o sentido da remissão do Art. 466º, nº 2, do CPC.

Dispõe o art. 466º, nº 2, que: «*Às declarações das partes aplica-se o disposto no artigo 417º e ainda, com as necessárias adaptações, o estabelecido na secção anterior.*»

[593] Lebre de Freitas, *A Ação Declarativa Comum, À Luz do CPC de 2013*, Coimbra Editora, 2013, pp. 101 e 278.

[594] Lebre de Freitas, *Op. cit.*, p. 101. Cf., ainda, o Acórdão do Tribunal da Relação de Lisboa de 11.3.2010, *Márcia Portela*, 180/09.

[595] A expressão é de Elizabeth Fernandez, *Op. cit.*, p. 35.

[596] No sentido da admissibilidade das declarações de parte em processos que versam sobre direitos indisponíveis, cf. Acórdãos do Tribunal da Relação de Lisboa de 10.4.2014, *Ondina Alves*, 2022/07, de 4.7.2019, *Ana Paula Carvalho*, 13670/16.

O legislador foi parco na regulação deste novo meio de prova, entendendo que – por defeito – o regime do depoimento de parte seria aplicável *mutatis mutandis*. Todavia, como se verá, não se aplica em bloco e sem mais o regime do depoimento de parte.

Em primeiro lugar, a remissão para o art. 417º do CPC significa que a parte pode recusar-se a responder a questões cuja resposta importe violação da sua integridade moral, intromissão na sua vida privada ou familiar, no domicílio, na correspondência ou telecomunicações bem como violação do sigilo profissional (nº 3 do art. 417). ISABEL ALEXANDRE entende que «não se proíbe (como resulta do confronto entre o art. 466º, nº 1, e o art. 454º do CPC de 2013) que estas tenham por objeto factos criminosos ou torpes, de que a parte seja arguida, o que parece significar que o legislador consente que a parte solicite ser ouvida sobre um facto dessa natureza e que o mesmo possa ficar provado através das suas declarações.»[597] Dissentimos, parcialmente, desta posição porquanto se a suscetibilidade da resposta colidir com reserva da vida privada e outras (art. 417º, nº 3) confere ao declarante a faculdade de se recusar a depor, por argumento *a fortiori a minori ad maius*[598], o declarante pode recusar-se a responder sobre factos torpes ou que sejam suscetíveis de o constituir em responsabilidade criminal (princípio *nemo tenetur edere contra se*, literalmente: *ninguém é obrigado a manifestar-se contra si próprio*).[599] Não há uma verdadeira proibição de prova mas assiste ao declarante o direito de se recusar a responder sobre tais matérias.

A remissão para o estabelecido na secção anterior constante do nº 2 do art. 466º reporta-se, em primeira linha, às regras respeitantes à produção da prova por confissão das partes, a saber:

[597] "A Fase de Instrução e os Novos Meios de Prova no Código de Processo Civil de 2013", in *O Novo Processo Civil, Contributo da Doutrina para a Compreensão do Novo Código de Processo Civil*, CEJ, dezembro de 2013, p. 289.

[598] Cf. TEIXEIRA DE SOUSA, *Introdução ao Direito*, Almedina, 2013, pp. 442-443.

[599] Conforme se refere no Acórdão do Tribunal Constitucional nº 340/2013, *Cura Mariano*, www.tribunalconstitucional.pt, «Os direitos ao silêncio e à não autoincriminação devem considerar-se incluídos nas garantias de defesa que o processo penal deve assegurar (artigo 32º, nº 1, da Constituição), não deixando estes direitos processuais de proteger mediata ou reflexamente a dignidade da pessoa humana e outros direitos fundamentais com ela conexos, como sejam os direitos à integridade pessoal, ao livre desenvolvimento da personalidade e à privacidade, não se revelando necessário, para sustentar o acolhimento constitucional, o recurso a parâmetros mais genéricos ou distantes como o direito ao processo equitativo (artigo 20º, nº 4, da Constituição) ou à presunção de inocência (artigo 32º, nº 2, da Constituição).»

(i) Prestação de juramento pelo declarante (art. 459º);
(ii) Interrogatório conduzido pelo juiz (art. 460º);
(iii) Pedidos de esclarecimentos pelos advogados (art. 462º).

Tal remissão não abrange as regras respeitantes aos requisitos de admissibilidade do depoimento de parte. Assim, não são aplicáveis às declarações de parte as seguintes regras do depoimento de parte:

i. O requisito da legitimidade do depoente, entendido como poder de dispor do direito a que o facto se refere (art. 353º, nº 1). Tal requisito explica-se pelo valor especial da prova por confissão judicial escrita que pode ter o efeito equivalente à disposição do direito, raciocínio que não é transponível para as declarações de parte.[600]Conforme refere Catarina Pedra, «sendo a confissão um resultado meramente eventual da prova por declarações de parte e não sendo a sua obtenção o objetivo que a determina e delimita, afigura-se de todo incoerente a importação, sem mais, do critério relativo à possibilidade de dispor dos direitos a que os factos se referem para este meio de prova.»[601]
ii. As regras da irretratabilidade e da indivisibilidade da declaração salvo nos segmentos desta em que ocorra confissão.[602]
iii. A regra que permite o requerimento de depoimento de parte pela comparte. Com efeito, a prestação de declarações de parte é um meio de prova – por assim dizer – pessoalíssimo em que é a parte que se autopropõe a prestar tais declarações, fazendo com um intuito finalístico diverso do que preside ao instituto do depoimento de parte cuja *ratio* única é a obtenção da confissão. Ou seja, «a prestação de declarações é requerida pela parte que as irá prestar, revelando-se este aspeto essencial para a definição da pessoa que assim haja de ser ouvida.»[603]

[600] Maria dos Prazeres Beleza, *Op. Cit.*, p. 12.

[601] *Op. Cit.*, p. 130.

[602] Maria dos Prazeres Beleza, *Op. Cit.*, p. 12.

[603] Catarina Gomes Pedra, *A Prova por Declaração das Partes no Novo Código de Processo Civil. Em Busca da Verdade Material no Processo*, Escola de Direito, Universidade do Minho, 2014, p. 132. Também Carolina Martins, *Declarações de Parte*, Universidade de Coimbra, 2015, p. 27, entende que pelo carácter específico e estritamente pessoal deste meio de prova não faz sentido requerer a prestação de declarações de parte de uma comparte.

No que tange à capacidade para a prestação de declarações de parte, afigura-se mais adequada à sua finalidade a aplicação da regra do Artigo 495 do CPC (capacidade para depor como testemunha) de modo que a pessoa incapaz pode requerer a sua prestação de declarações de parte, sendo a sua capacidade para prestar tais declarações aferida nos termos do art. 495º do CPC. Se, no decurso das suas declarações, esse declarante reconhecer factos que lhe são desfavoráveis, a respetiva valoração far-se-á nos termos do art. 453º, nº 2, do CPC e art. 361º do CC.[604]

4. É admissível a acareação entre o declarante e as testemunhas?

Nos termos do art. 523º do CPC, «*Se houver oposição direta, acerca de determinado facto entre os depoimentos das testemunhas ou entre eles e o depoimento da parte, pode ter lugar, oficiosamente ou a requerimento de qualquer das partes, a acareação das pessoas em contradição.*»

A questão que daqui emerge é se se justifica a aplicação por analogia (não pela remissão do art. 466º, nº 2) deste regime às declarações de parte, admitindo-se a acareação entre o declarante e as testemunhas.

Aqui há que distinguir entre os segmentos das declarações de parte que integram confissão, por um lado, e os segmentos das declarações em que não ocorra confissão. Na parte em que as declarações de parte integrem confissão, reduzida a escrito *ex vi* art. 463º, nº 1, as mesmas têm força probatória plena contra o declarante/confitente (art. 358º, nº 1, do CC), não podendo tal valor ser afastado por um meio de prova de livre apreciação como é a prova testemunhal (arts. 347º e 396 do CC). Nesta medida, a acareação constituiria neste cenário um ato inútil e – como tal – deve ser rejeitada.

Diversamente, nos segmentos das declarações de parte em que não ocorra confissão, nada obsta a que se requeira a acareação com as testemunhas que depuseram de forma colidente. Conforme refere CATARINA GOMES PEDRA, «Sendo o valor probatório das declarações das partes apreciado livremente, não se vê que especiais riscos possa comportar a possibilidade de acareação entre estas ou entre estas e os depoimentos

Em sentido oposto, propugnando pela admissibilidade do requerimento para prestação de declarações de parte pelo comparte, cf. RAMOS DE FARIA, *Op. Cit.*, p. 365, «Pode, no entanto, perguntar-se se uma parte pode requerer que a sua comparte preste declarações. Da aplicação conjugada do nº 2 deste artigo e do art. 453º, nº 3, resulta que sim.»

[604] CATARINA GOMES PEDRA, *Op. Cit.*, pp. 131-132.

das testemunhas. Na verdade, não é desprovida de razão de ser e de utilidade a possibilidade daquela acareação em nome da descoberta da verdade material e na medida em que não há, entre umas e outros, disparidade de valor probatório.»[605]

Não se ignora que numa fase adiantada do julgamento, na qual normalmente ocorrerá a prestação das declarações de parte, a formulação de requerimento peticionando a acareação entre o declarante e uma testemunha suscitará – com muita probabilidade – desagrado no julgador, tanto mais que as acareações normalmente são improfícuas. Todavia, sempre em nome da maior segurança que se propicia ao julgador com a incorporação do máximo de informação possível no processo, não se vê fundamento bastante para a não aplicação analógica do art. 523º às declarações de parte.

5. Exclusões à admissibilidade das declarações de parte.

Os arts. 392º a 395º do Código Civil impõem exclusões à admissibilidade da prova testemunhal cuja razão de ser radica na falibilidade da prova testemunhal, tida como inidónea para provar determinados factos com um grau de certeza que as testemunhas não podem dar.[606] Em nome da previsibilidade e segurança do tráfego jurídico, a lei dá prevalência a prova documental sobre a prova testemunhal, coartando a apetência das partes para recorrerem a esta com intuitos de infirmar aquela.

Na parte em que as declarações de parte não integrem confissão, as mesmas- à semelhança do que ocorre com a prova testemunhal – são livremente valoráveis. Estando ambas no mesmo patamar probatório e abrangendo a *ratio* de tais exclusões também as declarações de parte (a segurança, fidelidade e credibilidade deste meio de prova são equiparáveis às ínsitas ao comum depoimento testemunhal), haverá que aplicar analogicamente os arts. 393º a 395º quanto à inadmissibilidade/exclusão das declarações de parte.

Assim, por exemplo, a necessidade de forma escrita para o contrato-promessa de compra e venda consubstancia uma formalidade *ad substantiam* que se transmite para o contrato de cessão da posição contratual (cf. art. 425º do Código Civil; Acórdão do Tribunal da Relação de Lisboa de 10.9.2009, *Márcia Portela*, 4595/07). Tendo sido respeitada tal forma escrita,

[605] *Op. Cit.*, p. 143.

[606] Cf. o nosso *Prova por Presunção no Direito Civil*, 2017, 3ª edição, p. 201.

o contrato de cessão da posição contratual só pode ser revogado/extinto por escrito *ex vi* arts. 220º, 393º, nº 1 e 395º do Código Civil. Nesta precisa medida, não podem ser admitidas declarações de parte visando demonstrar que ocorreu uma revogação verbal de tal contrato de cessão da posição contratual.

6. As declarações de parte servem para a parte aduzir factos complementares novos?

Nos termos do art. 5º, nº 2, al. b), do CPC, deve o juiz relevar na decisão de facto os factos que sejam complemento ou concretização dos que as partes hajam alegado e resultem da instrução da causa, desde que sobre eles tenham tido a possibilidade de se pronunciar.

A questão que daqui emerge é a de definir qual o regime aplicável quando, de forma propositada, a parte guarda a alegação de factos complementares para as suas declarações de parte, surpreendendo a parte contrária numa fase processual em que é mais difícil a produção de um contraditório eficiente sobre tais novos factos complementares.

Uma tal atuação preordenada integra litigância de má fé porquanto consubstancia um uso manifestamente reprovável do processo (art. 542º, nº 2, al. d), do CPC). Todavia, não se afigura que as sanções típicas da litigância de má fé (multa e/ou indemnização) constituam sanção suficiente e adequada para tal atuação.

Maria dos Prazeres Beleza entende que para a parte continua a vigorar a regra da preclusão da alegação dos factos complementares pelo que rejeita, em princípio, que a parte possa introduzir no processo tais factos pela via das declarações de parte.[607]

Teixeira de Sousa entende que a aplicação do regime do abuso de direito não resolve a situação porquanto através deste regime se sancionam situações de abuso ***através*** do processo, quando o que está em causa é uma situação de abuso ***do*** processo. E prossegue:

> «Sob um ponto de vista doutrinário, talvez seja mais prometedora uma outra via. Em vez de procurar construir um regime paralelo ao da litigância de má fé, talvez seja melhor procurar esgotar as potencialidades do regime desta litigância. O que se pergunta é então se é possível extrair do regime da

[607] *Op. Cit.*, p. 9.

litigância de má fé que a parte não pode retirar nenhuns benefícios da sua conduta ilícita.

Existem dois preceitos que demonstram que, além da condenação da parte como litigante de má fé, o tribunal também obsta ao objetivo pretendido pela parte. Um deles é o art. 107º nCPC (o tribunal que reconhece a tentativa ilícita de desaforamento condena o autor como litigante de má fé e declara-se incompetente); o outro é o art. 272º, nº 2, nCPC (o tribunal que conclui que uma outra ação foi proposta só para obter a suspensão da ação nele pendente deve recusar-se a decretar a suspensão da instância).

Para além disto, é evidente que, se a parte omitiu um facto relevante para a decisão da causa, a consequência é a sua condenação como litigante de má fé (art. 542º, nº 2, al. b), nCPC) e a consideração do facto omitido para a decisão da causa.

Sendo assim, talvez se possa concluir que a parte que não alegou atempadamente o facto e que usou a sua declaração para surpreender a contraparte e dificultar a descoberta da verdade sobre ele pode ser sancionada não só com a sua condenação como litigante de má fé, mas também com a preclusão da alegação do facto.»[608]

Esta solução consistente na preclusão da alegação do facto configura-se como a sanção mais adequada para tal litigância de má fé

7. O juiz pode rejeitar as declarações de parte com fundamento na sua desnecessidade?

Nos diversos ordenamentos jurídicos existe o princípio da pertinência ou relevância da prova, segundo o qual não devem ser admitidas provas que, mesmo que subsequentemente produzidas com êxito, não facultem qualquer conhecimento útil para a decisão sobre a fixação dos factos.[609] Esse princípio exprime-se no brocardo *frustra probatur quod probatum non relevat* (em vão se prova o que, provado, não é relevante), o qual radica em razões de economia processual. Este princípio tem uma função inclusiva no sen-

[608] «Declarações de Parte e "Factos-surpresa"», texto de 12.5.2014, https://blogippc.blogspot.pt/2014/05/declaracoes-de-parte-e-factos-surpresa.html#links.

[609] Michele Taruffo, *La Prueba*, Marcial Pons, 2008, p. 38, afirma que a «relevância é um padrão lógico segundo o qual os únicos meios de prova que devem ser admitidos e tomados em consideração pelo julgador são aqueles que mantêm uma conexão lógica com os factos em litígio, de modo que possa sustentar-se neles uma conclusão acerca da verdade de tais factos.»

tido de que estabelece que todas as provas relevantes podem e devem ser admitidas, à qual se contrapõe uma função exclusiva que impõe a inadmissibilidade das provas irrelevantes.[610] O juiz formula *ex ante* um juízo sobre a relevância da prova, assentando tal juízo num raciocínio hipotético: «o juiz deve partir da premissa de que a prova, no caso de ser admitida, produzirá o resultado prefigurado pela parte que a requere. Colocada esta premissa hipotética, o juiz deve estabelecer se da mesma poderão extrair-se consequências quanto à verdade ou falsidade de um dos enunciados relativos aos factos que devem ser apurados. No caso da prova ser potencialmente idónea a fornecer conhecimentos úteis, a prova é relevante e deve ser admitida.»[611] Não deve confundir-se a questão da relevância com a da eficácia da prova: esta corresponde ao grau de confirmação, ou de suporte cognoscitivo, que a prova pode conferir ao enunciado factual a que se reporta, sendo fixada a final pelo juiz.

O princípio da relevância da prova está expresso no art. 6º, nº 1, do CPC, quando se consigna que cumpre ao juiz recusar o que for impertinente ou meramente dilatório. Está também consagrado no art. 443º, nº 1, do CPC, quando se impõe ao juiz que não admita os documentos impertinentes.

Na jurisprudência, têm sido considerados documentos impertinentes como sendo os que dizem respeito a factos estranhos à matéria da causa[612], a factos cuja prova seja irrelevante para a sorte da ação.[613] São impertinentes os documentos que, por sua natureza, não possam ter qualquer influência na decisão da causa, ou por dizerem respeito a factos que lhe sejam estranhos, ou por representarem factos irrelevantes para a decisão.[614]De um modo mais abrangente, pode afirmar-se que um meio de prova será pertinente desde que se pretenda provar com o mesmo um facto relevante para a resolução do litígio, seja de um modo direto por se tratar de um facto constitutivo, impeditivo, ou extintivo, seja de um modo indireto por se tratar de um facto que serve à construção ou à impugnação de presunções conducentes aos factos principais já referidos ou por se tratar de um facto importante para apreciar a fiabilidade de outro meio de prova.

[610] MICHELE TARUFFO, *La Prova nel Processo Civile*, Giuffrè Editore, 2012, pp. 65-66.

[611] MICHELE TARUFFO, *Op. cit.*, p. 67.

[612] Cf. Acórdão do Tribunal da Relação de Lisboa de 27.4.2006, *Fernanda Isabel Pereira*, 6904/2006.

[613] Cf. Acórdão do Tribunal da Relação de Coimbra de 3.12.2009, *Falcão Magalhães*, 59/08.

[614] Cf. Acórdão do Tribunal da Relação de Lisboa de 26.3.2009, *Pereira Rodrigues*, 2687/05.

O princípio da relevância da prova opera como um filtro para a admissão das provas no processo. Em caso de dúvida sobre a relevância final da prova, atento o direito constitucional à prova (analisado *infra*) e as consequências gravosas da eventual procedência de recurso sobre o despacho que rejeite o meio de prova (cf. art. 644º, nº 2, al. d), do CPC), deverá ser adotado o princípio pró-admissão da prova ou princípio de inclusão, o qual propiciará uma decisão mais fundamentada, mais segura e mais célere.

Há que distinguir entre a relevância ou pertinência do meio de prova, por um lado, e a sua necessidade, por outro. Devem ser rejeitados os documentos que se mostrem desnecessários (art. 443º nº 1, do CPC), sendo esta norma o afloramento do princípio da necessidade do meio de prova também ínsito no art. 411º do CPC (*"todas as diligências necessárias ao apuramento da verdade"*).

Na jurisprudência têm sido considerados desnecessários os documentos que, atento o estado da causa, nada sejam suscetíveis de acrescentar ao bom desfecho da lide, ou por dizerem respeito a factos que já se mostram devidamente comprovados, ou por respeitarem a factos que não constam do elenco a apurar na discussão da causa, ou ainda por já constarem no processo documento de igual ou superior relevo – v.g., junção de fotocópia do original já junto.[615] Na formulação do Acórdão do Tribunal da Relação de Coimbra de 17.4.2012[616], «o juiz do processo é quem está colocado na melhor posição para verificar se as provas requeridas em sede de audiência de julgamento, face às provas já indicadas e às já produzidas, são necessárias para a formação da sua convicção e apuramento da verdade: se concluir que sim ordena a diligência, ao abrigo do disposto no nº 3 do artigo 265º do CPC; se concluir que não, não a ordena, por se tratar de uma diligência com carácter dilatório, na medida em que prolonga temporal e desnecessariamente a vida do processo.»

Não podemos subscrever esta jurisprudência no segmento em que erige, como critério da desnecessidade da prova e sem mais, a convicção já formada pelo juiz quanto à suficiência da prova (já alcançada) de determinados factos.

Com efeito, o direito à prova tem como conteúdo essencial o direito de a parte apresentar as provas das quais se pretende fazer valer para demons-

[615] Cf. Acórdão do Tribunal da Relação de Lisboa de 26.3.2009, *Pereira Rodrigues*, 2687/05.
[616] *Alberto Ruço*, 217/10.

trar o fundamento factual do direito que se arroga, desde que essas provas sejam relevantes, tendo o direito à prova consagração constitucional (art. 20º, nº 1). Assim, o direito à prova «implica o direito à admissão de todas as provas relevantes e admissíveis que a parte deduza.»[617] Cabe à parte eleger, no seu critério, as provas que há de utilizar no processo. De forma clara, no Acórdão do Tribunal da Relação do Porto de 29.10.2012[618], afirmou-se que:

«No processo civil igualmente não encontramos norma semelhante [*que limite a produção de prova às provas essenciais*], antes parecendo que as partes, litigando em matérias disponíveis, são ainda soberanas, nessa disponibilidade, para apresentarem as provas que bem entenderem e julgarem – bem ou mal – aptas a provar os factos que alegam. O julgador não pode indeferir a inquirição duma testemunha ou a produção dum depoimento de parte com esse fundamento. Em matéria de prova documental, o artº 523º do CPC apenas estabelece que os documentos têm de ser destinados a fazer prova dos factos alegados, posto que ainda estejam por provar. Ser destinado a fazer prova não é a mesma coisa que ser apto a fazer prova. Estamos, de novo, no domínio da liberdade das partes na escolha das suas provas.»

É certo que, à medida que vão sendo produzidas as provas, pode ocorrer uma confluência das mesmas no sentido da confirmação ou refutação de um determinado enunciado fáctico essencial ao processo. À medida que as novas provas repetem as anteriores (no que tange ao seu contributo para o apuramento dos factos) pode colocar-se a questão da sua redundância. A redundância pode ocorrer entre provas do mesmo tipo (v.g. testemunhas) ou entre meios de prova diversos.

A questão que daqui emerge é a de saber se uma prova pode ser rejeitada pelo juiz com fundamento na sua redundância ou, visto de outra perspetiva, com o fundamento do juiz entender que já existem elementos probatórios suficientes para formar a sua convicção quanto à (in) demonstração de determinado enunciado fáctico.

Por um lado, há que ter em consideração que o grau de corroboração de uma hipótese aumenta com o número de resultados favoráveis da averi-

[617] Michele Taruffo, *La Prova nel Processo Civile*, Giuffrè Editore, 2012, pp. 84-87.

[618] *Eduardo Petersen Silva*, 108/11. Também no Acórdão do Tribunal da Relação de Guimarães de 16.1.2014, *Maria Purificação Carvalho*, 394/12, se considerou que o direito à prova constitucionalmente reconhecido faculta às partes a possibilidade de utilizarem em seu benefício os meios de prova que consideraram mais adequados tanto para a prova dos factos principais da causa, como também para a prova dos factos instrumentais ou mesmo acessórios.

guação probatória. Por outro, a abundância de informação pode produzir o denominado perigo de transbordamento no seu tratamento, atenta a limitada capacidade humana para processar informação e a necessidade jurídico-processual de proferir uma decisão num período limitado de tempo.

Todavia, não pode afirmar-se que sejam supérfluas todas as provas redundantes. Cada vez que uma testemunha declara ter visto o mesmo que uma testemunha anterior, a sua declaração aumenta a fiabilidade do que foi declarado pela primeira testemunha. Cada nova testemunha faz acrescer um novo grau de corroboração ao que foi dito pelas demais. Esse grau de corroboração, contudo, é decrescente de modo que a partir da primeira prova, cada nova prova confluente aporta um grau de corroboração menor de modo que «para evitar o perito de transbordamento da informação, parece epistemologicamente razoável impor algum limite à admissibilidade de provas deste tipo.»[619] Conforme afirma FERRER BELTRÁN, neste caso de redundância de provas do mesmo tipo (v.g. testemunhal), há que «determinar o ponto em que deve situar-se esse limite, questão que não pode ser objeto de uma resposta geral. Deverá, pois, atender-se ao caso concreto, devendo o julgador determinar em que ponto se situa o equilíbrio entre as exigências de corroboração da hipótese e a economia processual.»[620]

Diferentemente, no caso de redundância entre provas de diferente tipo (v.g., declarações de parte *versus* prova testemunhal), «entra em jogo uma regra epistemológica distinta que nos indica que «a confirmação de uma hipótese não depende só da quantidade de dados favoráveis de que se dispõe, mas também da sua variedade: quanto maior for a variedade, maior será o apoio resultante" (Hempel, 1966:58). A razão que sustenta esta regra é bastante simples. Quanto maior for a variedade de testes a que se submete uma hipótese, maiores serão as possibilidades de que seja refutada em caso de ser falsa. E, por isso, outorga maior nível de corroboração em caso do resultado das distintas provas ser positivo para a hipótese.»[621]

No caso de meios de prova distintos, ocorre também um rendimento decrescente das novas provas face às anteriores, sendo que o início desse rendimento decrescente é mais tardio. Assim, «Se a corroboração de uma

[619] JORDI FERRER BELTRÁN, *La Valoración Racional de la Prueba*, Marcial Pons, 2007, p. 75.
[620] *Op. Cit.*, pp. 75-76.
[621] JORDI FERRER BELTRÁN, *Op. Cit.*, p. 76.

hipótese nunca é absoluta, então novas provas confirmatórias (e refutadoras) podem ser sempre relevantes. Mas a partir de determinado ponto de equilíbrio, a incorporação de novas provas confirmatórias supõe um grau adicional de corroboração muito pequeno, enquanto aumenta o perigo de transbordamento no manejo da informação por parte do julgador. Nesse ponto, justificar-se-á epistemologicamente a exclusão da prova.»[622]

A análise feita por FERRER BELTRÁN é irrepreensível do ponto de vista epistemológico.

Todavia, os legisladores nacionais adotam regimes díspares quanto à articulação entre o direito à prova e o princípio da economia processual.

Em Espanha, o juiz pode dispensar a produção da prova testemunhal a partir de certo limite mínimo. Nos termos do Art. 363 da Ley de Enjuiciamiento Civil: «*Cuando el tribunal hubiere escuchado el testimonio de al menos tres testigos com relación a un hecho discutido, podrá obviar las declaraciones testificales que faltaren, referentes a esse mismo hecho, si considerare que con las emitidas ya ha quedado suficientemente ilustrado.*»

Em Itália, nos termos do Art. 209 do *Codice di Procedura Civile*, o juiz pode declarar encerrada a fase da instrução probatória quando considerar supérflua, em função dos resultados já atingidos, a ulterior assunção de prova. TARUFFO formula reservas a este regime, afirmando que não se pode reputar como supérflua uma prova que visa opor-se ao êxito de outra prova ou de qualquer modo a fornecer uma versão diversa dos factos que devam ser provados. «Na realidade, uma prova torna-se supérflua só quando visa demonstrar algo que já está demonstrado por outra forma: só neste caso se poderá evitar a assunção, em nome da economia processual, sem que isso determine uma violação do direito à prova.»[623]Isto porque o direito à prova implica não só o direito de deduzir as próprias provas como a possibilidade de discutir e contrariar as provas da contraparte. LUIGI COMOGLIO, a propósito desta mesma norma, afirma que tal poder do juiz pode colidir com a garantia funcional da imparcialidade, a qual impõe ao juiz que deixe em aberto até ao momento final a formação do seu convencimento sobre os factos controvertidos, vedando-lhe a antecipação desse convencimento para um momento anterior.[624]

622 JORDI FERRER BELTRÁN, *Op. Cit.*, p. 76.

623 "Il Diritto Alla Prova nel Processo Civile", in *Rivista di Diritto Processuale*, 1984, p. 98.

624 *Le Prove Civili*, Utet Giuridica, 2010, p. 49.

O nosso legislador não conferiu ao juiz poderes similares aos existentes em Espanha ou Itália. No que mais se aproxima, limitou-se a reduzir o número de testemunhas admissíveis para dez (art. 511º, nº 1,do CPC), dando poderes ao juiz para aumentar o número de testemunhas e não para o diminuir.

Daqui se infere que o nosso paradigma se consubstancia numa tutela reforçada do direito à prova.[625]Assim, o direito constitucional à prova e a sua regulação no processo civil opõem-se a que o juiz possa dispensar a produção de um meio de prova por entender que o enunciado fáctico em causa já está suficientemente provado. O juiz só tem o poder de rejeitar provas por serem desnecessárias quando existe habilitação legal bastante, como sucede no âmbito dos processos de jurisdição voluntária – cf. art. 986º, nº 2, do CPC.

Por outro lado, não cabe ao juiz antecipar – no decurso da audiência – a explicitação de qual a convicção formada quanto à (in)suficiência da prova sobre os enunciados fácticos em discussão. A convicção que existe nesta fase é – por natureza e definição- provisória, sempre sujeita a revisão face à ponderação mais refletida e abrangente que será feita após a conclusão do julgamento. A audiência insere-se no contexto de descobrimento da prova e a subsequente decisão escrita ancora-se no contexto de justificação da prova que se regem por paradigmas diversos.[626]

O *quantum* da convicção do juiz, formulado na fase de justificação da prova, pode exprimir-se de uma forma decimal desde que esta forma de expressão seja lida como expressando apenas uma diferença de grau (qualitativa) e não como uma determinação puramente quantitativa. Conforme refere TARUFFO, «o grau de confirmação de um enunciado deriva de inferências lógicas que tenham em conta a quantidade e a qualidade das provas disponíveis que se refiram a esse enunciado, o seu grau de atendibilidade e a sua coerência"[627], apelando-se ao conceito de probabilidade lógica ou

[625] Poder-se-á questionar se o propósito do legislador é apenas este ou se também evidencia – do mesmo passo – uma falta de confiança no juiz de modo a não conferir-lhe poderes similares aos existentes em Espanha ou Itália. Cremos que, em coerência com a consagração mais abrangente do poder/dever de gestão processual feita no CPC de 2013, o legislador poderia ter avançado para uma solução similar à espanhola ou italiana.

[626] Sobre estas noções, cf. o nosso *Prova Testemunhal, Noções de Psicologia do Testemunho*, Almedina, 2020, pp. 381-382.

[627] *La Prova nel Processo Civile*, Giuffrè Editore, 2012, p. 231.

baconiana como grau de confirmação obtido por um enunciado com base de elementos de prova que se reportam ao mesmo. Sobre o *standard* da prova, ver o que já foi explicitado supra (pp. 58 e ss.).

O *standard* de prova e o raciocínio subjacente à aplicação do mesmo, atinente ao grau de confirmação particular e grau global de confirmação de cada prova, evidenciam que cada prova produzida se repercute no *quantum* da convicção judicial, mesmo que seja para acrescê-la quando já se atingiu um patamar suficiente para a prova do facto, por exemplo, grau de confirmação global de 0,51 num caso comum de responsabilidade civil ou de dívida. Atenta a margem de subjetividade ínsita à valoração da prova, esse *quantum* de convicção pode não ser replicado pelo tribunal de recurso pelo que será temerário rejeitar uma prova com fundamento na existência de um *quantum* de convicção já tido por suficiente.[628]

Feito todo este excurso, concluímos que o juiz não pode rejeitar o requerimento de prestação de declarações de parte pela simples razão de entender que o mesmo é desnecessário face à prova já produzida.

O que o juiz pode fazer é rejeitar a prestação de declarações de parte por inadmissibilidade legal, o que pode ocorrer em duas situações:

(i) Quando os factos sobre que a parte se proponha prestar declarações já estejam plenamente provados por documento ou por outro meio de prova com força probatória plena (art. 393º, nº 2, por analogia);

(ii) Quando os factos sobre que a parte se proponha prestar declarações beneficiem de prova pleníssima, designadamente os casos de presunções legais inilidíveis, casos em que não é admissível prova em contrário.

O legislador de 2013 esqueceu-se que a teoria material das provas está regulada, em primeira linha, no Código Civil. Constituiu um erro dogmá-

[628] Assim, cremos que é parcialmente correta a doutrina do Acórdão do Tribunal da Relação de Lisboa de 29.4.2014, *Conceição Saavedra*, 211/12, quando aí se afirma: «Assistindo à parte o direito de prova os factos por si alegadas e que sustentam a sua pretensão, ou mesmo de fazer a contraprova dos factos contra si invocados, é a ela que incumbe, sem prejuízo de certas limitações, eleger os meios de prova adequados à demonstração com que está onerada ou que, de algum modo, convêm à prossecução dos seus interesses. (...) A menos que seja evidente a redundância em sentido favorável à parte requerente, é temerário justificar a recusa de um meio de prova com o facto de o Tribunal já estar convencido de uma certa versão dos factos.»

tico ou, no mínimo, incorreção técnica criar um novo meio de prova sem que o mesmo tenha sido incorporado no Código Civil.

Nos artigos 393º a 395º do Código Civil, o legislador introduziu limitações à admissibilidade da prova testemunhal e por presunções, as quais radicam na alegada particular falibilidade deste tipo de provas. A exclusão da prova testemunhal fundamenta-se na exigência, para a prova de determinado facto, de um grau de segurança que as testemunhas não podem dar.[629] Esta *ratio* assumida legislativamente vale igualmente para as declarações de parte. Com efeito, a segurança, fidelidade e credibilidade deste meio de prova são equiparáveis às ínsitas ao comum depoimento testemunhal. Nessa medida, os artigos 393º a 395º são aplicáveis, analogicamente, às declarações de parte.

8. Como valorar as declarações de parte

Nos termos do art. 466º, nº 3, do CPC, o tribunal aprecia livremente as declarações das partes, salvo se as mesmas constituírem confissão. Nos casos em que ocorra confissão, há que sublinhar a imprescindibilidade de efetuar a correspondente assentada a fim de que a confissão passe a beneficiar da força probatória plena consignada no art. 358º, nº 1, do Código Civil.

No segmento em que não constituem confissão, as declarações de parte são – na definição legal – livremente apreciadas.

Esta liberdade de valoração, todavia, nada nos diz sobre os concretos parâmetros de valoração das declarações de parte nem sobre a função da mesma como meio de prova no processo.

Assim, a doutrina e a jurisprudência vêm assumindo várias posições no que tange à função e valoração das declarações de partes que são aglutináveis em três teses essenciais:

i. Tese do carácter supletivo e vinculado à esfera restrita de conhecimento dos factos;
ii. Tese do princípio de prova;
iii. Tese da autossuficiência/valor probatório autónomo das declarações de parte.

No âmbito da primeira tese, insere-se LEBRE DE FREITAS para quem «A apreciação que o juiz faça das declarações de parte importará sobre-

[629] ANTUNES VARELA e PIRES DE LIMA, *Código Civil Anotado*, I Vol., 4ª Ed., 1987, p. 313.

tudo como elemento de *clarificação* do resultado das provas produzidas e, quando outros não haja, como prova *subsidiária*, *máxime* se ambas as partes tiverem sido efetivamente ouvidas.»[630] Ou seja, para este autor as declarações de parte têm uma função eminentemente integrativa e subsidiária. Paulo Pimenta afirma que «Face ao sistema probatório instituído, o mais provável é que a prova por declarações de parte tenha uma natureza essencialmente supletiva(...)».[631] A Conselheira Maria dos Prazeres Beleza afirma, por sua vez, que «(...) esta proveniência [*da parte*] implicará que, como regra, as declarações de parte não sejam aptas, por si só, a fundamentar um juízo de prova – salvo eventualmente nos casos em a natureza dos factos a provar torne inviável outra prova.»[632]

A razão de ser do surgimento desta figura processual (cf. supra, designadamente alicerçada nas assimetrias probatórias no exercício do direito à prova e nos casos de prova única) estriba, em primeira linha, esta tese, bem como o facto de as declarações poderem ser requeridas até ao início das alegações orais, o que inculca que se visa colmatar falhas ao nível da produção da prova designadamente testemunhal.

Nesta linha de raciocínio, enfatiza-se a maior fragilidade deste meio de prova na demonstração dos factos, imputando-se às declarações de parte um valor autónomo e suficiente apenas quanto a factualidade essencial que, segundo os articulados, apenas teve lugar entre as partes, sem a presença de terceiros intervenientes.[633]

A tese do princípio de prova propugna que as declarações de parte não são suficientes para estabelecer, por si só, qualquer juízo de aceitabilidade final, podendo apenas coadjuvar a prova de um facto desde que em conjugação com outros elementos de prova.

Na doutrina, Carolina Henriques Martins, *Declarações de Parte*, Universidade de Coimbra, 2015, p. 58, pronuncia-se assim:

> «É que não é material e probatoriamente irrelevante o facto de estarmos a analisar as afirmações de um sujeito processual claramente interessado no objeto em litígio e que terá um discurso, muito provavelmente, pouco objetivo sobre a sua versão dos factos que, inclusivamente, já teve oportunidade para expor no articulado.

630 *Op. cit.*, p. 278.

631 *Op. cit.*, p. 357.

632 *Op. Cit.*, p. 21.

633 Acórdão do TCAS de 15.12.2016, *Paulo Pereira Gouveia*, 13325/16.

Além disso, como já referimos, também não se pode esquecer o carácter necessária e essencialmente supletivo destas declarações que, na maior parte dos casos, servirá para combater uma fraca ou inexistente prestação probatória.

Caso se considere útil a audição da parte nesta sede quando coexistem outros meios de prova, propomos a sua apreciação como um princípio de prova, equivalente ao mencionado *argomenti di prova* italiano, que não deixará de auxiliar na persuasão do juiz, mas que apenas o fará em correlação com a restante prova já produzida contribuindo para a sua (des)credibilização, e apenas nesta medida.

Estas são as coordenadas fundamentais para a consideração das declarações de parte no nosso esquema probatório.»

Na jurisprudência, esta tese tem sido – provavelmente –a que tem sido mais publicitada.

Sem preocupações de exaustividade, respigamos as seguintes decisões:

- «(...)é certo que atualmente já se admite o "testemunho" de parte, a que se chama declarações de parte (art. 466 do CPC) e a lei diz que o juiz aprecia livremente as declarações de parte, salvo se as mesmas constituírem confissão. Mas a apreciação desta prova faz-se segundo as regras normais da formação da convicção do juiz. Ora, em relação a factos que são favoráveis à procedência da ação, o juiz não pode ficar convencido apenas com um depoimento desse mesmo depoente, interessado na procedência da ação, deponha ele como "testemunha" ou preste declarações como parte, se não houver um mínimo de corroboração de outras provas.»[634]
- «As declarações de parte [*artigo 466º do novo CPC*] – que divergem do depoimento de parte – devem ser atendidas e valoradas com algum cuidado. As mesmas, como meio probatório, não podem olvidar que são declarações interessadas, parciais e não isentas, em que quem as produz tem um manifesto interesse na ação. Seria de todo insensato que sem mais, nomeadamente, sem o auxílio de outros meios probatórios, sejam eles documentais ou testemunhais, o Tribunal desse

[634] Acórdão do Tribunal da Relação do Porto de 20.11.2014, *Pedro Martins*, 1878/11, posição reiterada no Acórdão da mesma Relação de 17.12.2014, *Pedro Martins*, 2952/12.

como provados os factos pela própria parte alegados e por ela, tão só, admitidos.»[635]

- «As declarações de parte que não constituam confissão só devem ser valoradas, favoravelmente à parte que as produziu, se obtiverem suficiente confirmação noutros meios de prova produzidos e/ou constantes dos autos.»[636]
- «Mas a livre apreciação é sempre condicionada pela razão, pela experiência e pelas circunstâncias. (...) Neste enquadramento, será normalmente insuficiente à prova de um facto essencial à causa de pedir a declaração favorável que desacompanhada de qualquer outra prova que a sustente ou sequer indicie.»[637]
- «As declarações de parte constituem princípio e prova e serão apreciadas livremente pelo tribunal, salvo se as mesmas constituírem confissão, devendo ser valoradas com especial cuidado.»[638]
- «Em relação a factos que são favoráveis à procedência da ação, o juiz não pode ficar convencido apenas com um depoimento desse mesmo depoente, interessado na procedência da ação, se não houve um mínimo de corroboração de outras provas.»[639]
- «Se as declarações de parte não têm suficiente lastro probatório noutros meios de prova gerando sérias dúvidas sobre a realidade dos factos, então tal dúvida volve-se contra os autores, a parte a quem o facto aproveitava.»[640]

No mesmo sentido, pronunciaram-se os seguintes arestos: Acórdãos do Tribunal da Relação do Porto de 23.4.2018, *Ana Paula Amorim*, 482/17, de 4.2.2019, *Domingos Fernandes*, 999/15, de 9.11.2020, *Domingos Fernandes*, 1975/17, de 10.10.2022, *Domingos Fernandes*, 4019/19, de 28.11.2022,

[635] Acórdão do Tribunal da Relação do Porto de 26.6.2014, *António José Ramos*, 216/11, posição reiterada no Acórdão da mesma Relação de 30.6.2014, *António Ramos*, 46/13, www.colectaneadejurisprudencia.com.

[636] Acórdão do Tribunal da Relação do Porto de 17.12.2014, *Pinto dos Santos*, 8181/11.

[637] Acórdão do Tribunal da Relação do Porto de 23.3.2015, *Eusébio Almeida*, 1002/10. No mesmo sentido e com a mesma verbalização, cf. o Acórdão do Tribunal da Relação do Porto de 20.6.2016, *Manuel Fernandes*, 2050/14 e Acórdão do Tribunal da Relação de Lisboa de 13.10.2016, *Ondina Alves*, 640/13.

[638] Acórdão do Tribunal da Relação de Évora de 6.10.2016, *Tomé Ramião*, 1457/15.

[639] Acórdão do Tribunal da Relação de Lisboa de 7.6.2016, *Pedro Brighton*, 427/13.

[640] Acórdão do Tribunal da Relação de Coimbra de 11.2.2020, *Moreira do Carmo*, 286/17.

Jerónimo Freitas, 4251/19; Acórdãos do Tribunal da Relação de Guimarães de 3.5.2018, *Moreira Dias*, 4891/17, de 28.5.2020, *Maria Nogueira*, 5959/16, de 9.7.2020, *Lígia Venade*, 2347/17; Acórdão do Tribunal da Relação de Évora de 17.1.2019, *Manuel Bargado*, 800/17; Acórdão do Tribunal da Relação de Lisboa de 28.5.2019, *Ana Rodrigues da Silva*, 97280/18.

Já no Acórdão do Supremo Tribunal de Justiça de 16.6.2019, *Nuno Pinto Oliveira*, 3577/17, entendeu-se que, ainda que se considere que, como regra, as declarações de parte não são, só por si, suficientes para suportar uma decisão sobre um facto, sempre deverá ressalvar-se uma exceção para os casos em que a natureza dos factos a provar torne inviável outra prova.

Teixeira de Sousa critica esta posição que atribui às declarações de parte o mero valor de princípio de prova. Nas suas palavras,

> «Se o princípio de prova é o menor grau de prova admissível e se se atribui esse valor às declarações de parte, então o que não teria nenhum valor probatório em si mesmo (nem sequer como mera justificação) passa a poder ter algum valor probatório, ainda que o menor na escala dos valores probatórios. Mais em concreto: se se atribui às declarações de parte relevância como princípio de prova, isso significa que estas declarações, apesar de não serem suficientes para formar a convicção do juiz nem sobre a verdade, nem sobre a plausibilidade ou verosimilhança do facto, ainda assim podem ser utilizadas para corroborar outros resultados probatórios. A conclusão não deixa de ser a mesma, se se pretender defender (...) que as declarações de parte só podem relevar como princípio de prova.
>
> À medida que se baixa nos graus de prova, mais fácil se torna atribuir relevância probatória a um certo meio de prova. Lembre-se o que sucede em sede de procedimentos cautelares. É exatamente com o intuito de facilitar a prova de um facto que o art. 368º, nº 1, CPC aceita, no âmbito destes procedimentos, a mera justificação como o grau de prova suficiente.
>
> Assim, em vez de atribuir às declarações de parte o valor de princípio de prova, melhor solução parece ser o de atribuir a estas declarações o grau normal dos meios de prova, que é o de prova *stricto sensu* ou, nas providências cautelares, o de mera justificação. Isto significa que, de acordo com o critério da livre apreciação da prova, o tribunal tem de formar uma prudente convicção sobre a verdade ou a plausibilidade do facto probando (cf. art. 607º, nº 5 1ª parte, CPC).
>
> Abaixo desta relevância probatória e da convicção sobre a verdade ou a plausibilidade do facto, as declarações de parte não devem ter nenhuma rele-

vância probatória, nem mesmo para corroborarem outros meios de prova. Esta é, aliás, a melhor forma de combater a natural tendência das partes para só deporem sobre factos que lhes são favoráveis.»[641]

Para a terceira tese, pese embora as especificidades das declarações de parte, as mesmas podem estribar a convicção do juiz de forma autossuficiente, assumindo um valor probatório autónomo.

Assim, Catarina Gomes Pedra, *Op. Cit.*, p. 145, afirma que:

> «Não se duvida que, atento o manifesto interesse que a parte tem no desfecho da lide e a forte tradição da máxima *nemo debet esse testis in propria causa*, a valoração das suas declarações deva revestir-se de especiais cautelas, num juízo dirigido, em concreto, à sua credibilidade. Ademais, a subsistência do regime consagrado no artigo 361º do Código Civil e a não previsão da valoração da *pro se declaratio* obtida na prova por declarações de parte são suscetíveis de gerar a convicção de que se trata, afinal, de um meio de prova complementar. Porém, não pode esquecer-se que a limitação do valor probatório das declarações das partes, como, de resto, a sua compreensão no contexto de um meio de prova subsidiário, pode consubstanciar, em determinadas situações, uma violação do princípio da igualdade de armas previsto no artigo 6º da Convenção Europeia dos Direitos do Homem.
>
> Digno de referência é ainda o que se propõe sobre a questão nos *Princípios de Processo Civil Transnacional* desenvolvidos pelo ALI e o UNIDROIT. O Ponto 16.6 dos referidos Princípios estabelece que "[T] *the court should make free evaluation of the evidence and attach no unjustified significance to evidence according to its type or source*", o que significa que não deve ser atribuído um valor legal especial, *negativo ou positivo*, às provas relevantes, como são, por exemplo, as declarações daqueles com interesse na decisão da causa, mormente as partes.»

Com maior abertura ao protagonismo das declarações de partes, Mariana Fidalgo, *A Prova por Declarações de Parte*, FDUL, 2015, p. 80, afirma claramente que:

> «(...) ponto, para nós, assente é que este meio de prova não deve ser previamente desprezado nem objeto de um estigma precoce, sob pena de perversão do intuito da lei e do princípio da livre apreciação da prova. Não olvidando

[641] Texto de 20.1.2017, acessível em https://blogippc.blogspot.pt/2017/01/jurisprudencia-536.html#links.

o carácter aparentemente subsidiário das declarações de parte, certo é que foram legalmente consagradas como um meio de prova a ser livremente valorado, e não como passíveis de estabelecer um mero princípio de prova ou indício probatório, a necessitar forçosamente de ser complementado por outros. Assim sendo, e ainda que tal possa naturalmente suceder com pouca frequência na prática, defendemos que será admissível a concorrência única e exclusiva deste meio de prova para a formação da convicção do juiz em determinado caso concreto, sem recurso a outros meios de prova.»

Por nós, entendemos que a posição mais correta radica na tese mais ampla e permissiva sobre a potencialidade e centralidade das declarações de parte na formação da convicção do juiz (iii).

Consoante já afirmámos no nosso *Prova Testemunhal*, repudiamos o pré-juízo de desconfiança e de desvalorização das declarações de parte[642], sendo infundada e incorreta a postura que degrada – prematuramente – o valor probatório das declarações de parte.

Em primeiro lugar, a prova testemunhal, a prova pericial e a prova por inspeção estão também sujeitas à livre apreciação do tribunal (arts. 389º, 391º e 396º do Código Civil), sem que se questione que o juiz possa considerar um facto provado só com base numa dessas provas singulares, no limite, só com base num depoimento.

Em segundo lugar, desde há muito que se enfatiza que o interesse da testemunha na causa não é fundamento de inabilidade, devendo apenas ser ponderado como um dos fatores a ter em conta na valoração do testemunho. Assim, «Nada impede assim que o juiz forme a sua convicção com base no depoimento de uma testemunha interessada (até inclusivamente com base nesse depoimento) desde que, ponderando o mesmo com a sua experiência e bom senso, conclua pela credibilidade da testemunha.»[643] Ou seja, o interesse da parte (que presta declarações) na sorte do litígio não é uma realidade substancialmente distinta da testemunha interessada: a novidade é relativa e não absoluta, a diferença é de grau apenas.

642 ELIZABETH FERNANDEZ, "Nemo Debet Essse Testis in Propria Causa? Sobre a (in) Coerência do Sistema Processual a Este Propósito", in *Julgar Especial, Prova Difícil*, 2014, p. 23, pergunta pertinentemente se «a aferição da credibilidade da prova é tarefa que possa ser detetada previamente, em geral e abstrato?».

643 Acórdão do Tribunal da Relação do Porto de 15.3.2012, *Deolinda Varão*, 6584/09.

ELIZABETH FERNANDEZ enfatiza pertinentemente que «se as partes podem passar a declarar a seu pedido o que viram, ouviram, sentiram, cheiraram, tocaram, conversaram, disseram, em suma, o que testemunharam, e porque o testemunharam não faz qualquer sentido conferir a estas declarações proferidas por pessoas que materialmente são testemunhas só porque são partes, um valor diverso do daqueles factos que foram testemunhados por quem é material e formalmente testemunha.»[644] Com efeito, amiúde se não na maioria dos casos, quem tem melhor razão de ciência do que a própria parte?

Em terceiro lugar, o texto do art. 466º não degradou o valor probatório das declarações de parte, nem pretendeu vincar o seu carácter subsidiário e/ou meramente integrativo e complementar de outros meios de prova. Se esse fosse o desiderato do legislador, o mesmo teria adotado uma formulação diversa à semelhança, por exemplo, do que se prevê no § 445 do CPC Alemão.[645]

Em quarto lugar, conforme enfatiza CATARINA GOMES PEDRA, «O problema da valoração das declarações de parte não prescinde de uma alusão ao enquadramento valorativo que às declarações do assistente e das partes civis é dado no processo penal. A lei processual penal dispõe que estas declarações são apreciadas livremente pelo tribunal (cf. artigo 127º do Código de Processo Penal), não prevendo exceções, nem estabelecendo um especial valor probatório, designadamente em função do sentido das declarações. Tem entendido a doutrina e a jurisprudência que, devendo a respetiva valoração respeitar *apenas* o princípio da livre apreciação da prova, inexiste obstáculo legal a que aquelas declarações possam fundar a convicção do tribunal, conquanto este possa, no confronto dos demais meios de prova, concluir pela sua credibilidade.»[646] Este argumento é particularmente relevante porquanto, consoante sabemos, o *standard* da prova no processo penal é mais exigente do que o *standard* da prova vigente no processo civil.[647]

644 *Op. cit.*, p. 36.

645 Na tradução de EMÍLIO EIRANOVA ENCINAS e MIGUEL LOURIDO MIGUEZ, *Código Procesal Civil Alemán*, Marcial Pons, 2001, dispõe tal norma que: «*I Una parte que no há llevado a cabo por completo la prueba que le compete com otros medios probatorios o no ha alegado otros medios de prueba puede aducir la prueba solicitando que se interrogue al contrario sobre los hechos que deben ser probados. II La solicitud no se tendrá en cuenta si se refiere a hechos de los que el tribunal considera demostrado lo contrario.*»

646 *Op. Cit.*, p. 146.

647 Sobre esta matéria, cf., desenvolvidamente, o nosso *Prova por Presunção no Direito Civil*, 2017, 3ª edição, pp. 165-180.

Em quinto lugar, o julgador tem que valorar, em primeiro lugar, a declaração de parte e, só depois, a pessoa da parte porquanto o contrário (valorar primeiro a pessoa e depois a declaração) implica prejulgar as declarações e incorrer no viés confirmatório.[648] Dito de outra forma, tal equivaleria a raciocinar assim: *não acredito na parte porque é parte*, procurando nas declarações da mesma detalhes que corroborem a falta de objetividade da parte sempre no intuito de confirmar tal ponto de partida. A credibilidade das declarações tem de ser aferida em concreto e não em observância de máximas abstratas pré-constituídas, sob pena de esvaziarmos a utilidade e potencialidade deste novo meio de prova e de nos atermos, novamente, a raciocínios típicos da prova legal de que foi exemplo o brocardo *testis unis, testis nullus* (uma só testemunha, nenhuma testemunha).

Antes do julgamento, a parte relatou por múltiplas vezes a sua versão dos factos ao respetivo mandatário tendo em vista a articulação dos factos pelo mandatário no processo. Em conformidade, é expectável que as declarações da parte primem pela coerência, tanto mais que a parte pode mesmo ter-se preparado para prestar declarações. Assim, o funcionamento da coerência como parâmetro de credibilização das declarações de parte deve ser secundarizado.

Também é expectável que a parte, durante as suas declarações, incorra na afirmação de detalhes oportunistas em seu favor.[649] A parte, à semelhança da testemunha, tem uma estratégia de autoapresentação, pretendendo dar a melhor imagem de si própria, pelo que não deixará passar o ensejo de enxertar no relato detalhes que favoreçam a posição que sustenta, com maior ou menor convicção e verdade, no processo. Daí que este parâmetro deva ser também relativizado na avaliação das declarações da parte.

Em sentido oposto, assumem especial acutilância outros parâmetros, a começar pela contextualização espontânea do relato, em termos tempo-

[648] O viés confirmatório é um erro do raciocínio indutivo nos termos do qual o sujeito tende a procurar informação que confirme a sua hipótese/interpretação inicial, descurando a indagação de informação que seja revel a tal hipótese.

[649] Na explicação de Nieva Fenoll, *La Valoración de la Prueba*, Marcial Pons, 2010, p. 229, "Trata-se de manifestações sobre o carácter ou a intencionalidade de uma das partes, ou então justificações das próprias atuações – ou da pessoa que se pretende beneficiar – que vão além do que foi perguntado ao declarante. O declarante manifesta-as, não tanto para infundir credibilidade na sua declaração, mas sim para que os factos que relata se interpretem a favor de quem deseja beneficiar."

rais, espaciais e até emocionais. Note-se que o atual CPC preconiza que os articulados sejam minimalistas, centrando-se nos factos essenciais. Desta circunstância deriva que os factos instrumentais, cerne da contextualização do relato, não foram necessariamente trabalhados entre a parte e o mandatário para efeitos processuais. Um relato autêntico/espontâneo que faça uma contextualização pormenorizada e plausível colhe credibilidade acrescida por contraposição a um relato seco, estereotipado/cristalizado ou com recurso a generalizações.

Um segundo parâmetro particularmente relevante é o da existência de corroborações periféricas que confirmem o teor das declarações da parte. As corroborações periféricas consistem no facto das declarações da parte serem confirmadas por outros dados que, indiretamente, demonstram a veracidade da declaração.[650] Esses dados podem provir de outros depoimentos realizados sobre a mesma factualidade e que sejam confluentes com a declaração em causa. Podem também emergir de factos que ocorreram ao mesmo tempo (ou mesmo com antecedência) que o facto principal, nomeadamente de circunstâncias que acompanham ou são inerentes à ocorrência do facto principal. Abarcam-se aqui sobretudo os factos-bases ou indícios de presunções judiciais.

As declarações da parte podem constituir, elas próprias, uma fonte privilegiada de factos-base de presunções judiciais, lançando luz e permitindo concatenar – congruentemente – outros dados probatórios avulsos alcançados em sede de julgamento.[651]

Existem outros parâmetros, normalmente aplicáveis à prova testemunhal, que podem desempenhar um papel essencial na valoração das declarações da parte. Reportamo-nos designadamente à produção inestruturada, à quantidade de detalhes, à descrição de cadeias de interações, à reprodução de conversações, às correções espontâneas[652], à segurança/assertividade e fundamentação[653], à vividez e espontaneidade das declarações[654], à reação da parte perante perguntas inesperadas, à autenticidade do testemunho. São também aqui pertinentes os sistemas de deteção da

[650] Nieva Fenoll, *La Valoración de la Prueba,* Marcial Pons, Madrid, 2010, p. 226.

[651] Sobre os factos-base de presunções judiciais e sua dinamização por nexos lógicos ou máximas de experiência, cf. o nosso *Prova Por Presunção no Direito Civil,* 3ª ed., pp. 33 a 68.

[652] Cf., mais desenvolvidamente, o nosso *Prova Testemunhal...*, pp. 360-362.

[653] Cf., mais desenvolvidamente, o nosso *Prova Testemunhal...*, pp. 368-370.

[654] Cf., mais desenvolvidamente, o nosso *Prova Testemunhal...*, pp. 163-166.

mentira pela linguagem não verbal e a avaliação dos indicadores paraverbais da mentira.[655]

Inexiste qualquer hierarquia apriorística entre as declarações de parte e a prova testemunhal, devendo cada uma delas ser individualmente analisada e valorada segundo os parâmetros explicitados. Em caso de colisão, o julgador deve recorrer a tais critérios sopesando a valia relativa de cada meio de prova, determinando no seu prudente critério qual o que deverá prevalecer e por que razões deve ocorrer tal primazia.

Num sistema processual civil cuja bússola é a procura da verdade material dos enunciados fáticos trazidos a juízo, a aferição de uma prova sujeita a livre apreciação não pode estar condicionada a máximas abstratas pré-assumidas quanto à sua (pouca ou muita) credibilidade mesmo que se trate das declarações de parte. Se alguma pré-assunção há a fazer é a de que as declarações de parte estão, *ab initio,* no mesmo nível que os demais meios de prova livremente valoráveis. A aferição da credibilidade final de cada meio de prova é única, irrepetível, e deve ser construída pelo juiz segundo as particularidades de cada caso segundo critérios de racionalidade.

Sintetizando, diremos que: (i) a degradação antecipada do valor probatório das declarações de parte não tem fundamento legal bastante, evidenciando um retrocesso para raciocínios típicos e obsoletos de prova legal; (ii) os critérios de valoração das declarações de parte coincidem essencialmente com os parâmetros de valoração da prova testemunhal, havendo apenas que hierarquizá-los diversamente.

Em última instância, nada obsta a que as declarações de parte constituam o único arrimo para dar certo facto como provado desde que as mesmas logrem alcançar o *standard* de prova exigível para o concreto litígio em apreciação.

No sentido que propugnamos do valor probatório próprio e mesmo eventualmente autossuficiente, pronunciaram-se os seguintes arestos: Acórdãos do Tribunal da Relação de Lisboa de 26.4.2017, *Luís Sousa*, 18591/15, de 9.4.2019, *Micaela Sousa*, 16687/16; Acórdão do Tribunal da Relação de Guimarães de 13.9.2018, *Margarida Sousa*, 1591/17; Acórdão do Tribunal da Relação de Guimarães de 4.4.2019, *Maria João Matos*, 1012/15; Acórdãos do Supremo Tribunal de Justiça de 7.2.2019, *Rosa Ribeiro Coelho*, 2200/08, de 11.7.2019, *Bernardo Domingos*, 6518/16. Como se refere no Acór-

[655] Cf., mais desenvolvidamente, o nosso *Prova Testemunhal...*, pp. 113-140.

dão do Supremo Tribunal de Justiça de 28.1.2020, *Pinto de Almeida*, ECLI:PT:STJ:2020:287.11.3TYVNG.G.P1.S1 «Será, por outro lado, de admitir a autossuficiência dessas declarações, ou seja, elas podem servir de apoio autónomo e autossuficiente para a convicção do juiz; a exigência de que tais declarações sejam corroboradas por outros meios de prova é critério que pode ser seguido no âmbito da referida livre apreciação, mas que a lei não impõe.»

Regulamento (UE) nº 910/2014
do Parlamento Europeu e do Conselho

de 23 de julho de 2014

relativo à identificação eletrónica e aos serviços de confiança para as transações eletrónicas no mercado interno e que revoga a Diretiva 1999/93/CE

O PARLAMENTO EUROPEU E O CONSELHO DA UNIÃO EUROPEIA,

Tendo em conta o Tratado sobre o Funcionamento da União Europeia, nomeadamente o artigo 114º,

Tendo em conta a proposta da Comissão Europeia,

Após transmissão do projeto de ato legislativo aos parlamentos nacionais,

Tendo em conta o parecer do Comité Económico e Social Europeu,

Deliberando nos termos do processo legislativo ordinário,

Considerando o seguinte:

(1) Criar confiança no ambiente em linha é fundamental para o desenvolvimento económico e social. A falta de confiança, nomeadamente devido à perceção de incerteza jurídica, leva os consumidores, as empresas e as autoridades públicas a hesitarem em realizar transações por via eletrónica e em adotar novos serviços.

(2) O presente regulamento pretende reforçar a confiança nas transações eletrónicas no mercado interno criando uma base comum para a realização de interações eletrónicas em condições seguras entre os cidadãos, as empresas e as autoridades públicas, aumentando assim a eficácia dos serviços públicos e privados em linha, os negócios eletrónicos e o comércio eletrónico na União.

(3) A Diretiva 1999/93/CE do Parlamento Europeu e do Conselho trata das assinaturas eletrónicas sem oferecer um quadro transfronteiriço e transetorial geral que garantisse a segurança, a fiabilidade e a facilidade de realizações das transações eletrónicas. O presente regulamento melhora e desenvolve as disposições daquela diretiva.

(4) A comunicação da Comissão, de 26 de agosto de 2010, intitulada «Agenda Digital para a Europa», apontou a fragmentação do mercado digital, a falta de interoperabilidade e o aumento da cibercriminalidade como os principais obstáculos ao ciclo virtuoso da economia digital. No seu Relatório de 2010 sobre a Cidadania da União, com o título «Eliminar os obstáculos ao exercício dos direitos dos cidadãos da UE», a Comissão sublinhou ainda a necessidade de resolver os principais problemas que impedem os cidadãos da União de colher os benefícios do mercado único digital e dos serviços digitais transfronteiriços.

(5) Nas suas conclusões de 4 de fevereiro de 2011 e de 23 de outubro de 2011, o Conselho Europeu convidou a Comissão a criar um mercado único digital até 2015, a avançar rapidamente em áreas fundamentais da economia digital e a promover um mercado único digital completamente integrado, facilitando para isso a utilização transfronteiriça dos serviços em linha e, em particular, a identificação e a autenticação eletrónicas em condições seguras.

(6) Nas suas conclusões de 27 de maio de 2011, o Conselho convidou a Comissão a contribuir para o mercado único digital criando as condições necessárias para o reconhecimento mútuo transfronteiriço de tecnologias facilitadoras fundamentais, como a identificação eletrónica, os documentos eletrónicos, as assinaturas eletrónicas e os serviços de entrega eletrónica, e para a implantação de serviços de administração pública em linha interoperáveis em toda a União Europeia.

(7) O Parlamento Europeu, na sua resolução de 21 de setembro de 2010 sobre a realização do mercado interno do comércio eletrónico, realçou a importância da segurança dos serviços eletrónicos – em especial, os de assinaturas eletrónicas – e a necessidade de criar uma infraestrutura de chave pública a nível pan-europeu e instou a Comissão a criar um portal europeu para as autoridades

de validação, a fim de assegurar a interoperabilidade transfronteiriça das assinaturas eletrónicas e aumentar a segurança das transações efetuadas através da Internet.

(8) A Diretiva 2006/123/CE do Parlamento Europeu e do Conselho exige que os Estados-Membros criem «balcões únicos» para garantir que todas as formalidades e procedimentos relativos ao acesso às atividades de prestação de serviços e ao seu exercício possam ser facilmente cumpridos, à distância e por meios eletrónicos, por intermédio do balcão único e com as autoridades competentes. Muitos dos serviços em linha acessíveis através dos balcões únicos exigem a identificação, autenticação e assinatura eletrónica.

(9) Na maioria dos casos, os cidadãos não podem utilizar a sua identificação eletrónica para procederem à autenticação noutro Estado-Membro porque os sistemas nacionais de identificação eletrónica do seu país não são reconhecidos noutros Estados-Membros. Este obstáculo de cariz eletrónico impede os prestadores de serviços de tirarem pleno partido das vantagens do mercado interno. A existência de meios de identificação eletrónica mutuamente reconhecidos facilitará a prestação de numerosos serviços no mercado interno a nível transfronteiriço e permitirá que as empresas desenvolvam as suas atividades numa base transfronteiriça sem encontrarem muitos obstáculos nas suas interações com as autoridades públicas.

(10) A Diretiva 2011/24/UE do Parlamento Europeu e do Conselho institui uma rede de autoridades nacionais responsáveis pela saúde em linha. Para reforçar a segurança e a continuidade dos cuidados de saúde transfronteiriços, esta rede deve estabelecer orientações sobre o acesso aos dados e serviços eletrónicos de saúde além-fronteiras, nomeadamente apoiando «medidas comuns de identificação e autenticação destinadas a facilitar a transferência dos dados no âmbito de cuidados de saúde transfronteiriços». O reconhecimento mútuo da identificação e autenticação eletrónicas é fundamental para tornar a prestação de cuidados de saúde aos cidadãos europeus a nível transnacional uma realidade. Quando as pessoas se deslocam a outro país para receberem tratamento, é necessário que os seus dados médicos estejam acessíveis

nesse país. Para isso, é indispensável que exista um quadro sólido, seguro e de confiança para a identificação eletrónica.

(11) O presente regulamento deverá ser aplicado no pleno cumprimento dos princípios relativos à proteção de dados pessoais, nos termos da Diretiva 95/46/CE do Parlamento Europeu e do Conselho. Nesta matéria, tendo em conta o princípio de reconhecimento mútuo estabelecido pelo presente regulamento, a autenticação para acesso a um serviço em linha deverá dizer respeito ao tratamento apenas dos dados de identificação que sejam adequados, pertinentes e não excessivos para conceder acesso ao serviço em linha em causa. Além disso, os requisitos previstos na Diretiva 95/46/CE em matéria de confidencialidade e segurança do tratamento dos dados deverão ser respeitados pelos prestadores de serviços de confiança e pelas entidades supervisoras.

(12) Um dos objetivos do presente regulamento é eliminar os obstáculos existentes à utilização transnacional dos meios de identificação eletrónica utilizados nos Estados-Membros para a autenticação para, pelo menos, os serviços públicos. O presente regulamento não visa intervir em matéria de sistemas de gestão da identidade eletrónica e infraestruturas conexas existentes nos Estados-Membros. O seu objetivo é garantir que, para aceder aos serviços em linha transfronteiriços oferecidos pelos Estados-Membros, seja possível utilizar com segurança a identificação e autenticação eletrónicas.

(13) Os Estados-Membros deverão continuar a ter a liberdade de utilizar ou de introduzir, para fins de identificação eletrónica, meios de acesso aos serviços em linha. Deverão igualmente poder decidir envolver ou não o setor privado na disponibilização desses meios. Os Estados-Membros não deverão ser obrigados a notificar os seus sistemas de identificação eletrónica à Comissão. A decisão de notificar à Comissão todos, alguns ou nenhum dos sistemas de identificação eletrónica utilizados a nível nacional para aceder, pelo menos, aos serviços públicos ou a serviços específicos em linha compete aos Estados-Membros.

(14) Há que estabelecer no regulamento algumas condições respeitantes aos meios de identificação eletrónica que têm imperativamente de ser reconhecidos e ao modo como os sistemas

de identificação eletrónica deverão ser notificados. Tais condições deverão ajudar os Estados-Membros a ganhar a confiança necessária nos respetivos sistemas de identificação eletrónica e a reconhecer mutuamente os meios de identificação eletrónica previstos nos seus sistemas notificados. O princípio do reconhecimento mútuo deverá aplicar-se se o sistema de identificação eletrónica do Estado-Membro notificante satisfizer as condições de notificação e se a notificação tiver sido publicada no Jornal Oficial da União Europeia. Contudo, o princípio só deverá dizer respeito à autenticação para acesso a um serviço em linha. O acesso a esses serviços em linha e a sua prestação final ao requerente deverão estar estreitamente ligados ao direito a beneficiar de tais serviços nas condições estabelecidas pela legislação nacional.

(15) A obrigação de reconhecer meios de identificação eletrónica deverá referir-se apenas aos meios cujo nível de garantia de identidade corresponder a um nível igual ou superior ao nível exigido pelo serviço em linha em causa. Além disso, essa obrigação só se deverá aplicar se o organismo público em causa exigir o nível de garantia «substancial» ou «elevado» para conceder acesso ao referido serviço em linha. Nos termos da legislação da União, os Estados-Membros deverão continuar a ter a liberdade de reconhecer meios de identificação eletrónica com níveis de garantia de identidade mais baixos.

(16) Os níveis de garantia deverão caracterizar o nível de confiança de um meio de identificação eletrónica na determinação da identidade de uma pessoa, garantindo assim que quem declara ter determinada identidade é de facto a pessoa a quem essa identidade foi atribuída. O nível de garantia depende do nível de confiança que os meios de identificação eletrónica conferem a respeito da identidade declarada ou reivindicada por uma pessoa tendo em conta os processos (por exemplo, prova e verificação da identidade e autenticação), as atividades de gestão (por exemplo, a entidade que produz os meios de identificação eletrónica e o procedimento para produzir esses meios) e os controlos técnicos aplicados. Existem diversas definições técnicas e descrições dos níveis de garantia resultantes de projetos-piloto de grande escala financiados a nível da União, da normalização e das atividades

internacionais. Em particular, o projeto de grande escala STORK e a norma ISO 29115 referem, entre outras coisas, os níveis 2, 3 e 4, que deverão ser tidos na máxima conta ao estabelecer os requisitos técnicos mínimos, as normas e os procedimentos para os níveis de garantia reduzido, substancial e elevado, na aceção do presente regulamento, garantindo simultaneamente a aplicação coerente do presente regulamento, nomeadamente em relação ao nível de garantia elevado de prova da identidade para a emissão de certificados qualificados. Os requisitos criados deverão ser tecnologicamente neutros. Deverá ser possível satisfazer os requisitos de segurança necessários por meio de diferentes tecnologias.

(17) Os Estados-Membros deverão incentivar o setor privado a utilizar voluntariamente meios de identificação eletrónica que integrem um sistema notificado para fins de identificação, sempre que isso seja necessário para aceder a serviços em linha ou efetuar transações eletrónicas. A possibilidade de utilizar esses meios de identificação eletrónica permitirá que o setor privado recorra à identificação e à autenticação eletrónicas já amplamente utilizadas em muitos Estados-Membros, pelo menos para os serviços públicos, e que seja mais fácil às empresas e aos cidadãos acederem aos seus serviços em linha noutros países. Para facilitar a utilização desses meios de identificação eletrónica a nível transfronteiriço pelo setor privado, a possibilidade de autenticação oferecida por qualquer Estado-Membro deverá estar ao dispor dos utilizadores do setor privado estabelecidos fora do território desse Estado-Membro, nas mesmas condições que se aplicam aos utilizadores do setor privado nele estabelecidas. Por conseguinte, relativamente aos utilizadores do setor privado, o Estado-Membro notificante poderá definir termos de acesso aos meios de autenticação. Esses termos de acesso poderão determinar que os meios de autenticação associados ao sistema notificado não estejam de momento ao dispor dos utilizadores do setor privado.

(18) O presente regulamento deverá prever que o Estado-Membro notificante, a parte que produz os meios de identificação eletrónica e a parte que executa o procedimento de autenticação respondam pelo incumprimento das obrigações nele previstas.

Contudo, o presente regulamento deverá ser aplicado em conformidade com as disposições nacionais sobre responsabilidade. Desta forma, o presente regulamento não afeta essas disposições nacionais em matéria, por exemplo, de definição dos danos ou de normas processuais aplicáveis, incluindo as que regem o ónus da prova.

(19) A segurança dos sistemas de identificação eletrónica é fundamental para a fiabilidade do reconhecimento mútuo transfronteiriço de meios de identificação eletrónica. Neste contexto, os Estados-Membros deverão cooperar em matéria de segurança e interoperabilidade dos sistemas de identificação eletrónica ao nível da União. Quando os sistemas de identificação eletrónica exijam que os utilizadores usem hardware ou software específicos ao nível nacional, a interoperabilidade transfronteiriça exige que tais Estados-Membros prescindam de impor tais requisitos e custos conexos aos utilizadores estabelecidos fora do seu território. Nesse caso, deverão ser debatidas e desenvolvidas as soluções que forem mais adequadas no quadro da interoperabilidade. Contudo, são inevitáveis os requisitos técnicos que decorrem das especificações inerentes aos meios nacionais de identificação eletrónica e que podem afetar os detentores desses meios eletrónicos [por exemplo, cartões inteligentes (smartcards)].

(20) A cooperação entre os Estados-Membros deverá ter por objetivo facilitar a interoperabilidade técnica dos sistemas de identificação eletrónica notificados, a fim de criar um nível elevado de confiança e segurança, adequado ao grau de risco. A troca de informações e a partilha das melhores práticas entre os Estados-Membros tendo em vista o seu reconhecimento mútuo deverão facilitar essa cooperação.

(21) O presente regulamento deverá igualmente estabelecer um quadro legal geral para a utilização dos serviços de confiança. Contudo, não deverá criar uma obrigação geral de utilização dos mesmos nem de instalação de um ponto de acesso para todos os serviços de confiança existentes. Designadamente, não deverá abranger a prestação de serviços utilizados exclusivamente dentro de sistemas fechados entre um grupo determinado de participantes, sem consequências para terceiros. Por exemplo, os

sistemas que sejam criados em empresas ou administrações públicas para a gestão de procedimentos internos e que recorram a serviços de confiança não deverão ficar sujeitos aos requisitos do presente regulamento. Apenas os serviços de confiança prestados ao público com consequências para terceiros deverão cumprir os requisitos estabelecidos no presente regulamento. O presente regulamento também não deverá abranger os aspetos relacionados com a celebração e a validade de contratos ou outras obrigações legais quando estes estabeleçam requisitos de carácter formal previstos na legislação nacional ou da União. Além disso, ele não deverá afetar os requisitos nacionais de forma aplicáveis aos registos públicos, em particular, registos comerciais e prediais.

(22) A fim de contribuir para a sua utilização transfronteiriça generalizada,, deverá ser possível utilizar os serviços de confiança como prova em justiça em todos os Estados-Membros. Os efeitos legais dos serviços de confiança deverão ser definidos pelo direito nacional, salvo disposição em contrário do presente regulamento.

(23) Na medida em que o presente regulamento cria uma obrigação de reconhecer um serviço de confiança, este só pode deixar de ser reconhecido se o destinatário da obrigação não o puder ler ou verificar por motivos técnicos que escapem ao controlo direto do destinatário. Contudo, essa obrigação não exige, em si mesma, que os organismos públicos adquiram o hardware e software necessários para a legibilidade técnica de todos os serviços de confiança existentes.

(24) Os Estados-Membros podem manter ou criar, em conformidade com o direito da União, disposições nacionais em matéria de serviços de confiança, na medida em que esses serviços não se encontrem totalmente harmonizados pelo presente regulamento. Contudo, os serviços de confiança que cumpram o presente regulamento deverão gozar da liberdade de circulação no mercado interno.

(25) Os Estados-Membros deverão continuar a ser livres de definir outros tipos de serviços de confiança para além dos que constam da lista exaustiva de serviços de confiança prevista no presente regulamento, tendo em vista o seu reconhecimento a nível nacional como serviços de confiança qualificados.

(26) Tendo em consideração o ritmo da evolução tecnológica, o presente regulamento deve adotar uma abordagem aberta às inovações.

(27) O presente regulamento deverá ser tecnologicamente neutro. Os efeitos legais que o presente regulamento produz deverão poder ser obtidos por qualquer meio técnico, desde que os requisitos do regulamento sejam cumpridos.

(28) Para aumentar, em particular, a confiança das pequenas e médias empresas (PME) e dos consumidores no mercado interno e promover a utilização de serviços e produtos de confiança, deverão ser introduzidas as noções de serviço de confiança qualificado e de prestador qualificado de serviços de confiança, tendo em vista indicar os requisitos e obrigações que asseguram um nível elevado de segurança em todos os serviços e produtos de confiança qualificados que sejam utilizados ou fornecidos.

(29) Em consonância com as obrigações previstas na Convenção das Nações Unidas sobre os direitos das pessoas com deficiência, aprovada pela Decisão 2010/48/CE do Conselho, nomeadamente no artigo 9º da Convenção, as pessoas com deficiência deverão poder utilizar os serviços de confiança oferecidos e os produtos de utilizador final utilizados nesses serviços em condições iguais às dos outros consumidores. Como tal, se for exequível, os serviços de confiança prestados e os produtos de utilizador final utilizados na prestação desses serviços deverão ser acessíveis às pessoas com deficiência. A avaliação da exequibilidade deverá, entre outras coisas, atender a considerações de ordem técnica e económica.

(30) Os Estados-Membros deverão designar uma ou mais entidades supervisoras, para realizar as atividades de supervisão previstas no presente regulamento. Os Estados-Membros deverão também poder decidir, por acordo mútuo com outro Estado-Membro, designar uma entidade supervisora no território desse outro Estado-Membro.

(31) As entidades supervisoras deverão cooperar com as autoridades de proteção de dados, por exemplo, informando-as dos resultados das auditorias realizadas a prestadores qualificados de serviços de confiança, se houver suspeita de terem sido violadas as regras

de proteção dos dados pessoais. O fornecimento de informações deverá, nomeadamente, abranger os incidentes de segurança e as violações dos dados pessoais.

(32) Todos os prestadores de serviços de confiança deverão aplicar boas práticas de segurança, adequadas aos riscos inerentes às suas atividades, de modo a reforçar a confiança dos utilizadores no mercado único.

(33) As disposições relativas à utilização de pseudónimos nos certificados não deverão impedir os Estados-Membros de exigir a identificação das pessoas nos termos da legislação nacional ou da União.

(34) Todos os Estados-Membros deverão cumprir requisitos essenciais comuns em matéria de supervisão, a fim de garantir um nível de segurança comparável dos serviços de confiança qualificados. Para facilitar a aplicação coerente de tais requisitos em toda a União, os Estados-Membros deverão adotar procedimentos comparáveis e trocar informações sobre as suas atividades de supervisão e as melhores práticas neste domínio.

(35) Todos os prestadores de serviços de confiança deverão ficar sujeitos aos requisitos do presente regulamento, nomeadamente aos que dizem respeito à segurança e à responsabilidade para garantir a devida diligência, a transparência e a responsabilização das suas operações e serviços. Contudo, tendo em conta o tipo de serviços por eles prestados, é necessário distinguir entre prestadores qualificados e não qualificados de serviços de confiança relativamente a esses requisitos.

(36) A criação de um regime de supervisão para todos os prestadores de serviços de confiança deverá garantir condições de igualdade no que respeita à segurança e à responsabilização no quadro das suas operações e serviços, contribuindo desta forma para a proteção dos utilizadores e para o funcionamento do mercado interno. Os prestadores não qualificados de serviços de confiança deverão ser sujeitos a uma supervisão ligeira e reativa realizada, a posteriori e justificada pela natureza dos seus serviços e operações. Por esse motivo, a entidade supervisora não deverá ter a obrigação geral de supervisionar prestadores de serviços não qualificados. A entidade supervisora só deverá tomar medidas quando for informada (por exemplo, pelo próprio prestador não quali-

ficado de serviços de confiança, por outra entidade supervisora, por notificação de um utilizador ou parceiro comercial, ou com base na sua própria investigação) de que determinado prestador de serviços não qualificado não preenche os requisitos do presente regulamento.

(37) O presente regulamento deverá prever a responsabilidade de todos os prestadores de serviços de confiança. Em particular, cria um regime de responsabilidade nos termos do qual todos os prestadores de serviços de confiança respondem pelos danos causados a todas as pessoas singulares ou coletivas por incumprimento das obrigações previstas no presente regulamento. Para facilitar a avaliação do risco financeiro em que os prestadores de serviços de confiança possam incorrer ou que devam cobrir mediante seguro, o presente regulamento permite que, em determinadas condições, os prestadores de serviços de confiança definam limites à utilização dos serviços prestados e que não respondam por danos decorrentes da utilização dos serviços que excedam esses limites. Os clientes deverão ser prévia e devidamente informados dos referidos limites. Estes deverão ser identificáveis por terceiros, por exemplo, fornecendo informações sobre os limites nos termos e condições do serviço prestado ou recorrendo a outros meios identificáveis. Para tornar estes princípios efetivos, o presente regulamento deverá ser aplicado em conformidade com as regras nacionais em matéria de responsabilidade. Como tal, o presente regulamento não afeta, por exemplo, essas regras nacionais relativas, por exemplo, à definição dos danos, à intenção, à negligência ou às normas processuais aplicáveis.

(38) A notificação das violações da segurança e das avaliações dos riscos para a segurança é essencial para que sejam fornecidas as necessárias informações às partes interessadas em caso de violação da segurança ou de perda de integridade.

(39) Para que a Comissão e os Estados-Membros possam avaliar a eficácia do mecanismo de notificação das violações da segurança instaurado pelo presente regulamento, deverá exigir-se às entidades supervisoras que forneçam informações sucintas à Comissão e à Agência da União Europeia para a Segurança das Redes e da Informação (ENISA).

(40) Para que a Comissão e os Estados-Membros possam avaliar a eficácia do mecanismo de reforço da supervisão instaurado pelo presente regulamento, deverá exigir-se às entidades supervisoras que façam relatório das suas atividades. Essa obrigação será fundamental para facilitar o intercâmbio de boas práticas entre as entidades supervisoras e garantirá a verificação da aplicação coerente e eficiente dos requisitos essenciais da supervisão em todos os Estados-Membros.

(41) Para garantir a sustentabilidade e a durabilidade dos serviços de confiança qualificados e promover a confiança dos utilizadores na sua continuidade, as entidades supervisoras deverão verificar a existência e correta aplicação de disposições sobre os planos de cessação de atividade quando os prestadores qualificados de serviços de confiança deixem de a exercer.

(42) Para facilitar a fiscalização dos prestadores qualificados de serviços de confiança, por exemplo no caso de prestação de serviços no território de outro Estado-Membro, onde o prestador não está sujeito a supervisão, ou no caso de os computadores do prestador estarem localizados no território de um Estado-Membro diferente daquele em que se encontra estabelecido, deverá ser criado um sistema de assistência mútua entre as entidades supervisoras dos Estados-Membros.

(43) Para verificar que os prestadores qualificados de serviços de confiança e os serviços qualificados por eles prestados cumprem os requisitos do regulamento, deverão ser realizadas avaliações de conformidade por um organismo de avaliação da conformidade e os relatórios da avaliação da conformidade daí resultantes ser submetidos à entidade supervisora pelos prestadores qualificados de serviços de confiança. Quando a entidade supervisora exigir que um prestador qualificado de serviços de confiança apresente um relatório ad hoc de avaliação da conformidade, a entidade supervisora deverá respeitar, nomeadamente, o princípio da boa administração, inclusive a obrigação de fundamentar as suas decisões, e o princípio da proporcionalidade. Como tal, a entidade supervisora deverá fundamentar devidamente a sua decisão de exigir uma avaliação ad hoc da conformidade.

(44) O presente regulamento tem como objetivo garantir um quadro coerente que assegure um elevado nível de segurança e certeza jurídica relativamente aos serviços de confiança. Neste contexto, relativamente à avaliação da conformidade de produtos e serviços a Comissão deverá, se necessário, procurar sinergias com sistemas existentes e pertinentes, europeus e internacionais, como o Regulamento (CE) nº 765/2008 do Parlamento Europeu e do Conselho, que estabelece os requisitos de acreditação dos organismos de avaliação da conformidade e fiscalização do mercado de produtos.

(45) Para permitir que haja um processo de iniciação eficaz, pelo qual os prestadores qualificados de serviços de confiança e os serviços de confiança qualificados por eles prestados sejam inscritos em listas de confiança, convém encorajar as interações preliminares entre os futuros prestadores qualificados de serviços de confiança e a entidade supervisora competente, no intuito de facilitar as diligências necessárias para a prestação de serviços de confiança qualificados.

(46) As listas de confiança são elementos essenciais para a criação de confiança entre os operadores do mercado, uma vez que indicam o estatuto de qualificado do prestador do serviço atribuído por ocasião da fiscalização.

(47) A confiança nos serviços em linha e a respetiva conveniência são essenciais para que os utilizadores tirem pleno partido dos serviços eletrónicos e os utilizem de maneira consciente. Para esse efeito, deverá ser criada a marca de confiança «UE» para identificar os serviços de confiança qualificados prestados pelos prestadores qualificados de serviços de confiança. Esta marca de confiança «UE» para serviços de confiança qualificados distingue claramente os serviços qualificados de outros serviços de confiança, contribuindo desta forma para a transparência no mercado. A utilização de uma marca de confiança «UE» pelos prestadores qualificados de serviços de confiança deverá ser voluntária e não deverá implicar qualquer outro requisito além dos previstos no presente regulamento.

(48) Embora seja necessário um nível elevado de segurança para garantir o reconhecimento mútuo das assinaturas eletrónicas,

em casos específicos, como no contexto da Decisão 2009/767/CE da Comissão, deverão igualmente ser aceites assinaturas eletrónicas com menor garantia de segurança.

(49) O presente regulamento deverá estabelecer o princípio segundo o qual não podem ser negados efeitos legais à assinatura eletrónica pelo facto de se apresentar sob forma eletrónica ou de não cumprir os requisitos da assinatura eletrónica qualificada. Contudo, o efeito legal das assinaturas eletrónicas nos Estados-Membros deverá ser definido pelo direito nacional, exceto no caso do requisito previsto no presente regulamento nos termos do qual a assinatura eletrónica qualificada deverá ter um efeito legal equivalente ao de uma assinatura manuscrita.

(50) Como as autoridades competentes dos Estados-Membros utilizam atualmente diferentes formatos de assinatura eletrónica avançada de documentos, é necessário garantir que pelo menos alguns formatos de assinatura eletrónica avançada possam ser tecnicamente aceites pelos Estados-Membros quando recebam documentos assinados eletronicamente. Do mesmo modo, se as autoridades competentes dos Estados-Membros utilizarem selos eletrónicos avançados, será necessário garantir a sua compatibilidade técnica com, pelo menos, alguns formatos de selo eletrónico avançado.

(51) Os dispositivos qualificados de criação de assinaturas eletrónicas deverão poder ser confiados a terceiros pelo signatário, desde que sejam aplicados mecanismos e procedimentos adequados para garantir que o signatário tenha o controlo exclusivo da utilização dos dados necessários para a criação da sua assinatura eletrónica e que a utilização do dispositivo cumpra os requisitos da assinatura eletrónica qualificada.

(52) A criação de assinaturas eletrónicas à distância, sendo o ambiente em que são criadas gerido por um prestador de serviços de confiança em nome do signatário, tende a desenvolver-se em razão das suas múltiplas vantagens económicas. No entanto, a fim de garantir que estas assinaturas eletrónicas beneficiam do mesmo reconhecimento jurídico que as assinaturas eletrónicas criadas num ambiente inteiramente gerido pelo utilizador, os prestadores de serviços de assinatura à distância deverão aplicar procedi-

mentos de segurança, de gestão e de administração específicos e utilizar sistemas e produtos fiáveis, que incluam, nomeadamente, canais de comunicação eletrónica seguros, para garantir a fiabilidade do ambiente de criação de assinaturas eletrónicas e garantir que esse mesmo ambiente é utilizado sob a supervisão exclusiva do signatário. No caso de assinaturas eletrónicas qualificadas criadas através de dispositivos de criação das assinaturas eletrónicas à distância, deverão aplicar-se os requisitos aplicáveis aos prestadores qualificados de serviços de confiança estabelecidos no presente regulamento.

(53) A suspensão de certificados qualificados é prática operacional estabelecida dos prestadores de serviços de confiança em diversos Estados-Membros, sendo diferente da revogação e implicando a perda temporária de validade do certificado. A segurança jurídica exige que a suspensão de um certificado seja sempre indicada claramente. Para esse efeito, os prestadores de serviços de confiança deverão ser responsáveis pela clara indicação do estatuto do certificado e, se estiver suspenso, ao período exato pelo qual fica suspenso. O presente regulamento não deverá impor aos prestadores de serviços de confiança nem aos Estados-Membros o recurso à suspensão, mas prever regras de transparência quando e onde tal prática existir.

(54) A interoperabilidade e o reconhecimento transfronteiriço de certificados qualificados é um requisito prévio do reconhecimento transfronteiriço de assinaturas eletrónicas qualificadas. Como tal, os certificados qualificados não deverão estar sujeitos a requisitos obrigatórios que excedam os requisitos estabelecidos no presente regulamento. Contudo, a nível nacional, deverá ser permitida a inclusão de características específicas, como identificadores únicos, nos certificados qualificados, desde que essas características específicas não prejudiquem a interoperabilidade e o reconhecimento transfronteiriço de certificados qualificados e de assinaturas eletrónicas qualificadas.

(55) A certificação de segurança informática baseada em normas internacionais (como a ISO 15408 e os métodos de avaliação e acordos de reconhecimento mútuo conexos) é um instrumento importante para verificar a segurança dos dispositivos qualifica-

dos de criação de assinaturas eletrónicas, e deverá ser promovida. Contudo, as soluções e serviços inovadores (como a assinatura móvel, a assinatura em nuvem, etc.) dependem de soluções de ordem técnica e organizativa para os dispositivos qualificados de criação de assinaturas eletrónicas, para os quais ainda não existem normas de segurança ou cuja primeira certificação de segurança informática esteja em curso. O nível de segurança desses dispositivos qualificados de criação de assinaturas eletrónicas só pode ser avaliado com recurso a processos alternativos quando ainda não existam normas de segurança ou a primeira certificação de segurança informática esteja em curso. Esses processos deverão ser comparáveis às normas de certificação de segurança informática na medida em que os seus níveis de segurança são equivalentes. Estes processos poderão ser facilitados por uma avaliação pelos pares.

(56) O presente regulamento deverá estabelecer os requisitos aplicáveis aos dispositivos qualificados de criação de assinaturas eletrónicas para garantir a funcionalidade das assinaturas eletrónicas avançadas. O presente regulamento não deverá abranger a totalidade da arquitetura do sistema em que esses dispositivos evoluem. Desta forma, o âmbito da certificação dos dispositivos qualificados de criação de assinaturas deverá ser limitado ao hardware e ao software do sistema utilizado para gerir e proteger os dados de criação da assinatura criados, conservados ou tratados no dispositivo de criação de assinaturas. O âmbito da obrigação de certificação, conforme referem as normas aplicáveis, deverá excluir as aplicações de criação de assinaturas.

(57) Para garantir a segurança jurídica no que respeita à validade da assinatura, é essencial especificar os componentes da assinatura eletrónica qualificada que deverão ser avaliados pelo utilizador que procede à validação. Além disso, a especificação dos requisitos aplicáveis aos prestadores qualificados de serviços de confiança que podem prestar serviços qualificados de validação a utilizadores que não desejem ou não possam efetuar eles mesmos a validação das assinaturas eletrónicas qualificadas deverá incentivar os setores público e privado a investirem em tais serviços. Ambos os setores deverão tornar a validação das assina-

turas eletrónicas qualificadas fácil e conveniente para todas as partes a nível da União.

(58) Para as transações em que é exigido o selo eletrónico qualificado de uma pessoa coletiva, deverá ser igualmente aceitável a assinatura eletrónica qualificada do respetivo representante autorizado.

(59) Os selos eletrónicos deverão servir de prova da emissão de um documento eletrónico por determinada pessoa coletiva, certificando a origem e a integridade do documento.

(60) Os prestadores de serviços de confiança que emitam certificados qualificados de selo eletrónico deverão aplicar as medidas necessárias para determinar a identidade da pessoa singular que representa a pessoa coletiva à qual tenha sido fornecido certificado qualificado de selo eletrónico, se a identificação for necessária a nível nacional em ações judiciais ou administrativas.

(61) O presente regulamento deverá assegurar a preservação das informações a longo prazo, para assegurar a validade legal das assinaturas e dos selos eletrónicos durante períodos alargados e garantir que possam ser validados independentemente da evolução tecnológica futura.

(62) Para garantir a segurança dos selos temporais qualificados, o regulamento deverá exigir a utilização de um selo eletrónico avançado ou da assinatura eletrónica avançada ou de outros métodos equivalentes. É previsível que a inovação possa abrir caminho a novas tecnologias que garantam um nível de segurança equivalente para os selos temporais. Se for utilizado um método diferente do selo eletrónico avançado ou da assinatura eletrónica avançada, deverá caber ao prestador qualificado de serviços de confiança demonstrar, no relatório de avaliação da conformidade, que o método utilizado garante um nível de segurança equivalente e cumpre as obrigações estabelecidas no presente regulamento.

(63) Os documentos eletrónicos são importantes para o futuro desenvolvimento das transações eletrónicas transfronteiriças no mercado interno. O presente regulamento deverá estabelecer o princípio segundo o qual não podem ser recusados efeitos legais a um documento eletrónico pelo facto de se apresentar em

formato eletrónico garantindo que que nenhuma transação eletrónica é rejeitada pelo facto de o documento se apresentar em formato eletrónico.

(64) Relativamente aos formatos das assinaturas e selos eletrónicos avançados, a Comissão deverá basear-se nas práticas, normas e disposições legislativas existentes, nomeadamente na Decisão 2011/130/UE da Comissão.

(65) Além de autenticarem o documento produzido pela pessoa coletiva, os selos eletrónicos podem ser utilizados para autenticar qualquer bem digital da pessoa coletiva, como um código de software ou um servidor.

(66) É essencial prever um quadro legal para facilitar o reconhecimento transfronteiriço entre os sistemas jurídicos nacionais vigentes no que diz respeito aos serviços de envio registado eletrónico. Esse quadro também pode abrir novas oportunidades aos prestadores de serviços de confiança da União para oferecerem novos serviços de envio registado eletrónico pan-europeu.

(67) Os serviços de autenticação de sítios web fornecem meios que dão aos visitantes de um sítio web a garantia de que existe uma entidade genuína e legítima responsável pelo sítio. Estes serviços contribuem para a criação de segurança e confiança na realização de negócios em linha, pois os utilizadores terão confiança nos sítios web que tenham sido autenticados. A prestação e utilização dos serviços de autenticação de sítios web são inteiramente voluntárias. Contudo, para que a autenticação de sítios web venha a constituir um meio de reforçar a confiança, proporcionar uma melhor experiência ao utilizador e estimular o crescimento no mercado interno, o presente regulamento deverá estabelecer obrigações mínimas em matéria de segurança e responsabilidade a cumprir pelos prestadores e pelos serviços por eles prestados. Para esse efeito, foram tidos em conta os resultados de atuais iniciativas do setor (por exemplo, Fórum de Autoridades de Certificação/Browsers – CA/B Fórum). Além disso, o presente regulamento não deverá impedir a utilização de outros meios ou métodos para autenticar um sítio web não abrangido pelo presente regulamento, nem deverá impedir que os prestadores de países terceiros prestem os seus serviços de

autenticação de sítios web a clientes na União. Todavia, em conformidade com o presente regulamento, os serviços de autenticação de sítios web de prestadores de países terceiros só deverão ser reconhecidos como qualificados se tiver sido celebrado um acordo internacional entre a União e o país de estabelecimento do prestador.

(68) A noção de «pessoa coletiva», nos termos do disposto no Tratado sobre o Funcionamento da União Europeia (TFUE) em matéria de estabelecimento, deixa aos operadores a liberdade de escolherem a forma jurídica que considerarem mais adequada para o exercício da sua atividade. Assim, entende-se por «pessoa coletiva», na aceção do TFUE, todas as entidades constituídas nos termos da lei de um Estado-Membro, ou por estas regidas, independentemente da sua forma jurídica.

(69) As instituições, órgãos, gabinetes e agências da União são incentivadas a reconhecer a identificação eletrónica e os serviços de confiança abrangidos pelo presente regulamento para efeitos de cooperação administrativa, nomeadamente tirando partido das boas práticas e dos resultados dos projetos em curso nos domínios abrangidos pelo presente regulamento.

(70) A fim de complementar com flexibilidade e rapidez certos aspetos técnicos detalhados do presente regulamento, o poder de adotar atos nos termos do artigo 290º do TFUE deverá ser delegado na Comissão no que diz respeito aos critérios a cumprir pelas entidades responsáveis pela certificação de dispositivos qualificados de criação de assinaturas eletrónicas. É particularmente importante que a Comissão proceda às consultas adequadas durante os trabalhos preparatórios, inclusive ao nível de peritos. A Comissão, quando preparar e redigir atos delegados, deverá assegurar a transmissão simultânea, atempada e adequada dos documentos relevantes ao Parlamento Europeu e ao Conselho.

(71) A fim de garantir condições uniformes de execução do presente regulamento, deverão ser atribuídas competências de execução à Comissão, em particular para especificar os números de referência das normas cuja utilização conferirá uma presunção de conformidade com certos requisitos estabelecidos no presente regulamento. Essas competências deverão ser exercidas nos ter-

mos do Regulamento (UE) nº 182/2011 do Parlamento Europeu e do Conselho.

(72) Quando adotar atos delegados ou de execução, a Comissão deverá considerar as normas e especificações técnicas estabelecidas pelas organizações e entidades europeias e internacionais de normalização, nomeadamente o Comité Europeu de Normalização (CEN), o Instituto Europeu de Normas de Telecomunicações (ETSI), a Organização Internacional de Normalização (ISO) e a União Internacional das Telecomunicações (UIT), a fim de assegurar um nível elevado de segurança e de interoperabilidade da identificação eletrónica e dos serviços de confiança.

(73) Por razões de segurança jurídica e de clareza, a Diretiva 1999/93/CE deverá ser revogada.

(74) Para garantir segurança jurídica aos operadores do mercado que já utilizam certificados qualificados emitidos a pessoas singulares em conformidade com a Diretiva 1999/93/CE, é necessário prever um prazo suficiente para a transição. Do mesmo modo, deverão ser previstas medidas transitórias para os dispositivos seguros de criação de assinaturas, cuja conformidade tenha sido determinada nos termos da Diretiva 1999/93/CE, e para os prestadores de serviços de certificação que emitam certificados qualificados até 1 de julho de 2016. Por último, é também necessário dotar a Comissão dos meios que lhe permitam adotar os atos de execução e os atos delegados antes dessa data.

(75) As datas de aplicação fixadas no presente regulamento não afetam as obrigações que já incumbem aos Estados-Membros nos termos da legislação da União, em especial da Diretiva 2006/123/CE.

(76) Atendendo a que os objetivos do presente regulamento não podem ser suficientemente alcançados pelos Estados-Membros, mas podem, devido à dimensão da ação prevista, ser mais bem alcançados ao nível da União, a União pode tomar medidas em conformidade com o princípio da subsidiariedade consagrado no artigo 5º do Tratado da União Europeia. Em conformidade com o princípio da proporcionalidade consagrado no mesmo artigo, o presente regulamento não excede o necessário para alcançar esses objetivos.

(77) A Autoridade Europeia para a Proteção de Dados foi consultada em conformidade com o artigo 28º, nº 2, do Regulamento (CE) nº 45/2001 do Parlamento Europeu e do Conselho e emitiu parecer em 27 de setembro de 2012,

ADOTARAM O PRESENTE REGULAMENTO:

CAPÍTULO I – DISPOSIÇÕES GERAIS

ARTIGO 1º – OBJETO

Tendo em vista assegurar o correto funcionamento do mercado interno e alcançar um nível adequado de segurança dos meios de identificação eletrónica e dos serviços de confiança, o presente regulamento:

_a)_ Estabelece as condições em que os Estados-Membros reconhecem e aceitam os meios de identificação eletrónica para identificar pessoas singulares e coletivas no quadro de um sistema de identificação eletrónica notificado de outro Estado-Membro;

_b)_ Estabelece normas aplicáveis aos serviços de confiança, nomeadamente às transações eletrónicas; e

_c)_ Institui um quadro legal para as assinaturas eletrónicas, os selos eletrónicos, os selos temporais, os documentos eletrónicos, os serviços de envio registado eletrónico e os serviços de certificados para autenticação de sítios web.

Confrontado com a nova realidade que é o documento eletrónico, cabia ao legislador assumir uma opção quanto à sua regulamentação. Num primeiro cenário, acreditando na capacidade de expansão automática do ordenamento jurídico (com recurso à aplicação analógica, interpretação extensiva e princípios gerais), o legislador podia remeter-se à inércia. Num segundo cenário, podia criar uma disciplina totalmente nova e original para o documento eletrónico. Finalmente, num último cenário o legislador podia criar uma disciplina *ad hoc*, tendo designadamente como modelo o documento analógico em suporte de papel, intervindo nas matérias em que não se prefigurava que o sistema assumisse elasticidade suficiente para tutelar os interesses envolvidos perante esta nova realidade. Nesta última eventualidade, caberia à doutrina e jurisprudência – como sempre – a tarefa de eliminar eventuais contradições e ruturas por via interpretativa de molde a assegurar a coerência e unidade do sistema jurídico.

O caminho trilhado foi, essencialmente, o referido em último lugar.

Através do Decreto-lei nº 290-D/99, de 2.8., foi instituído o regime jurídico do documento eletrónico e da assinatura digital (doravante RJDEAD) com o propósito assumido de contribuir para a "*plena afirmação do comércio eletrónico*" (preâmbulo). Inspirando-se na proposta de diretiva então existente (Diretiva 1999/93/CE, de 13.12.1999, relativa a um quadro legal comunitário para as assinaturas eletrónicas, JOCE de 19.1.2000), o legislador disciplinou a assinatura eletrónica com base no modelo das técnicas criptográficas e, visando garantir a identificação do signatário, instituiu um sistema de confirmação das assinaturas por entidades certificadoras. No que tange à forma e força probatória do documento eletrónico, disciplinou tais matérias tendo como modelo o documento analógico (cf. art. 3º do RJDEAD).

A falta de confiança nas assinaturas eletrónicas procedentes de outros Estados-Membros e as dificuldades inerentes à sua validação constituíram um obstáculo ao uso transfronteiriço da assinatura eletrónica, apesar do propósito que motivou a Diretiva 1999/93/CE.

A Diretiva 1999/93/CE foi revogada, com efeitos a partir de 1 de julho de 2016, pelo art. 50º do Regulamento (EU) nº 910/2014, de 23.7.2014, publicado no Jornal Oficial da União Europeia em 28.8.2014. Este Regulamento (conhecido também pelo acrónimo *eIDAS – eletronic IDentification Authentication and Signature*) entrou em vigor em 1 de julho de 2016 e veio instituir o denominado Mercado Único Digital. Entre os objetivos que presidiram a tal Regulamento destacam-se:

- Reforçar a confiança nas transações eletrónicas no mercado interno criando uma base comum para a realização de interações eletrónicas em condições seguras entre os cidadãos, as empresas e as autoridades públicas (Considerando 2);
- Promoção de um mercado único digital completamente integrado, facilitando: (i) a utilização transfronteiriça dos serviços em linha, (ii) a identificação e (ii) a autenticação eletrónicas em condições seguras (Considerando 5);
- Criação das condições necessárias para o reconhecimento mútuo transfronteiriço de tecnologias facilitadoras fundamentais, como a

identificação eletrónica, os documentos eletrónicos, as assinaturas eletrónicas e os serviços de entrega eletrónica (princípio do reconhecimento mútuo) (Considerandos 6 e 14), o que facultará a realização de operações eletrónicas seguras entre cidadãos, empresas e poderes públicos na União Europeia.

Este Regulamento é obrigatório em todos os seus elementos e diretamente aplicável aos Estados-Membros (art. 288º do Tratado de Lisboa e art. 8º, nº 4, da Constituição), incorporando-se automaticamente no ordenamento jurídico nacional, sem necessidade de qualquer mecanismo de receção.[656] O Regulamento não esgota a disciplina do documento eletrónico, relegando aspetos da disciplina deste para os ordenamentos jurídicos nacionais. Inicialmente, nos segmentos em que as suas disposições contrariavam o regime estatuído pelo Decreto-lei nº 290-D/99, de 2.8, ocorreu uma revogação tácita parcial (ou derrogação) deste último diploma nos termos do art. 7º, nº 1 e nº 2, do Código Civil.[657]Posteriormente, com a entrada em vigor do DL nº 12/2021, de 9.2, ocorrida em 9.3.2021, a articulação entre a legislação nacional e o Regulamento foi assegurada por este diploma.

O Regulamento pauta-se pela observância de certos princípios, designadamente os seguintes: ***princípio da não-discriminação***, segundo o qual não podem ser negados efeitos legais nem a admissibilidade a instrumentos eletrónicos enquanto prova em processo judicial pelo simples facto de se apresentarem em formato eletrónico (cf. arts. 25º, nº 1, 35º, nº 1, 41º, nº 1, 43º, nº 1 e 46º); ***princípio da neutralidade tecnológica***, segundo o qual o Regulamento enumera uma série de requisitos que os instrumentos eletrónicos devem ter sem, contudo, impor as modalidades técnicas que garantam tais requisitos (cf. considerando 27); ***princípio do reconhecimento mútuo***, segundo o qual um instrumento legal emanado de um Estado-Membro

[656] Manuel Lopes Porto e Gonçalo Anastácio (coords.), *Tratado de Lisboa, Anotado e Comentado*, Almedina, 2012, p. 1029.

[657] Cf. Teixeira de Sousa, *Introdução ao Direito*, Almedina, 2013, pp. 176-178. Também Francesco Delfini e Giusella Finocchiaro (Org.), *Identificazione Elettronica e Servizi Fiduciari pel le Transazioni Elettroniche nel Mercato Interno, Commento al Regolamento UE 910/2014*, Giappichelli Editore, 2017, p. 26, entendem que a vigência do Regulamento, enquanto disciplina uniforme, implica a obrigação de desaplicar as normas de direito interno que estejam em contradição com o mesmo.

deve ser reconhecimento nos mesmos termos nos outros Estados-Membro (cf. arts. 25º, nº 3, 35º, nº 3, e 41º, nº 3).

ARTIGO 2º – ÂMBITO DE APLICAÇÃO

1. O presente regulamento aplica-se aos sistemas de identificação eletrónica notificados pelos Estados-Membros e aos prestadores de serviços de confiança estabelecidos na União.

2. O presente regulamento não se aplica à oferta de serviços de confiança utilizados exclusivamente dentro de sistemas fechados que decorram da legislação nacional ou de acordos entre um grupo definido de participantes.

3. O presente regulamento não prejudica as disposições legislativas nacionais ou da União em matéria de celebração e validade de contratos nem outras obrigações legais ou de natureza processual relativas à forma.

Remissões: art. 9º (notificação); art. 7º do DL nº 12/2021, de 9.2 (notificação dos sistemas de identificação eletrónica).

O Regulamento aplica-se, apenas, aos sistemas de identificação eletrónica que sejam notificados pelos Estados-Membros à Comissão e aos prestadores de serviços de confiança estabelecidos na União Europeia. Assim, o Regulamento não se aplica aos serviços de confiança que se usem exclusivamente dentro de um Estado-Membro.

Face ao nº 2, a sujeição, ou não, do serviço de confiança ao regime do Regulamento depende do modo como o serviço é utilizado, da mesma forma que a sujeição dos prestadores de serviços de confiança ao Regulamento dependerá do modo como os serviços são prestados (cf. considerando 21). Assim, o Regulamento não se aplica a sistemas de pagamento exclusivamente acessíveis a clientes em e-banking ou e-commerce, bem como não se aplica aos serviços de confiança não disponibilizados ao público.[658]

Nos termos do nº 3, o Regulamento não prejudica as disposições legislativas nacionais ou da União em matéria da celebração e validade de con-

[658] Ragno in Zaccaria/Schmidt-Kessel/Schulze/Gambino (ed.), *EU eIDAS Regulation*, Beck-Hart-Nomos, Munique, 2020, p. 66.

tratos nem outras obrigações legais ou de natureza processual relativas à forma. Ou seja, o Regulamento não pretende harmonizar as legislações nacionais sobre contratos, em particular quanto à sua perfeição e eficácia, nem tampouco quanto a outras formalidades de natureza não contratual relativas à assinatura. No Considerando 49 é expressamente dito que «o efeito legal das assinaturas eletrónicas nos Estados-Membros deverá ser definido pelo direito nacional, exceto no caso do requisito previsto no presente regulamento nos termos do qual a assinatura eletrónica qualificada deverá ter um efeito legal equivalente ao de uma assinatura manuscrita.» O Regulamento respeita, assim, o princípio da subsidiariedade.

ARTIGO 3º - DEFINIÇÕES

Para efeitos do presente regulamento, entende-se por:

1) «Identificação eletrónica»: o processo de utilização dos dados de identificação pessoal em formato eletrónico que representam de modo único uma pessoa singular ou coletiva ou uma pessoa singular que represente uma pessoa coletiva;

2) «Meio de identificação eletrónica»: uma unidade material e/ou imaterial que contenha os dados de identificação pessoal e que seja utilizada para autenticação de um serviço em linha;

3) «Dados de identificação pessoal»: um conjunto de dados que permitam determinar a identidade de uma pessoa singular ou coletiva ou de uma pessoa singular que represente uma pessoa coletiva;

4) «Sistema de identificação eletrónica»: um sistema de identificação eletrónica ao abrigo do qual sejam produzidos meios de identificação eletrónica para as pessoas singulares ou coletivas, ou para as pessoas singulares que representem pessoas coletivas;

5) «Autenticação»: o processo eletrónico que permite a identificação eletrónica de uma pessoa singular ou coletiva ou da origem e integridade de um dado em formato eletrónico a confirmar;

6) «Utilizador»: a pessoa singular ou coletiva que utiliza a identificação eletrónica ou o serviço de confiança;

7) «Organismo público»: uma entidade estatal nacional, regional ou local, um organismo de direito público ou uma associação formada por uma ou mais dessas entidades ou por um ou mais organismos de direito público, ou uma entidade privada mandatada por, pelo menos,

uma dessas autoridades, organismos ou associações como sendo de interesse público, ao abrigo de tal mandato;

8) «Organismo de direito público»: o organismo definido no artigo 2º, nº 1, ponto 4), da Diretiva 2014/24/UE do Parlamento Europeu e do Conselho;

9) «Signatário»: a pessoa singular que cria uma assinatura eletrónica;

10) «Assinatura eletrónica»: os dados em formato eletrónico que se ligam ou estão logicamente associados a outros dados em formato eletrónico e que sejam utilizados pelo signatário para assinar;

11) «Assinatura eletrónica avançada»: uma assinatura eletrónica que obedeça aos requisitos estabelecidos no artigo 26º;

12) «Assinatura eletrónica qualificada»: uma assinatura eletrónica avançada criada por um dispositivo qualificado de criação de assinaturas eletrónicas e que se baseie num certificado qualificado de assinatura eletrónica;

13) «Dados para a criação de uma assinatura eletrónica»: o conjunto único de dados que é utilizado pelo signatário para criar uma assinatura eletrónica;

14) «Certificado de assinatura eletrónica»: um atestado eletrónico que associa os dados de validação da assinatura eletrónica a uma pessoa singular e confirma, pelo menos, o seu nome ou pseudónimo;

15) «Certificado qualificado de assinatura eletrónica»: um certificado de assinatura eletrónica, que seja emitido por um prestador de serviços de confiança e satisfaça os requisitos estabelecidos no anexo I;

16) «Serviço de confiança»: um serviço eletrónico geralmente prestado mediante remuneração, que consiste:

a) Na criação, verificação e validação de assinaturas eletrónicas, selos eletrónicos ou selos temporais, serviços de envio registado eletrónico e certificados relacionados com estes serviços; ou
b) Na criação, verificação e validação de certificados para a autenticação de sítios web; ou
c) Na preservação das assinaturas, selos ou certificados eletrónicos relacionados com esses serviços;

17) «Serviço de confiança qualificado»: um serviço de confiança que satisfaça os requisitos aplicáveis estabelecidos no presente regulamento;

18) «Organismo de avaliação da conformidade»: o organismo definido no artigo 2º, nº 13, do Regulamento (CE) nº 765/2008, que é acreditado nos termos do mesmo regulamento como sendo competente para realizar a avaliação da conformidade de prestadores qualificados de serviços de confiança e dos serviços de confiança qualificados prestados;

19) «Prestador de serviços de confiança»: a pessoa singular ou coletiva que preste um ou mais do que um serviço de confiança quer como prestador qualificado quer como prestador não qualificado de serviços de confiança;

20) «Prestador qualificado de serviços de confiança»: o prestador de serviços de confiança que preste um ou mais do que um serviço de confiança qualificado e ao qual é concedido o estatuto de qualificado pela entidade supervisora;

21) «Produto»: hardware ou software, ou componentes pertinentes de hardware ou software, que se destinem a ser utilizados para a prestação de serviços de confiança;

22) «Dispositivo de criação de assinaturas eletrónicas»: software ou hardware configurados, utilizados para criar assinaturas eletrónicas;

23) «Dispositivo qualificado de criação de assinaturas eletrónicas»: o dispositivo para a criação de assinaturas eletrónicas que cumpra os requisitos estabelecidos no anexo II;

24) «Criador de um selo»: a pessoa coletiva que cria um selo eletrónico;

25) «Selo eletrónico»: os dados em formato eletrónico apenso ou logicamente associado a outros dados em formato eletrónico para garantir a origem e a integridade destes últimos;

26) «Selo eletrónico avançado»: um selo eletrónico que obedeça aos requisitos estabelecidos no artigo 36º:

27) «Selo eletrónico qualificado»: selo eletrónico avançado criado por um dispositivo qualificado de criação de selos eletrónicos e que se baseie num certificado qualificado de selo eletrónico;

28) «Dados para a criação de um selo eletrónico»: o conjunto único de dados que seja utilizado pelo criador do selo eletrónico para criar um selo eletrónico;

29) «Certificado de selo eletrónico»: um atestado eletrónico que associa os dados de validação do selo eletrónico a uma pessoa coletiva e confirma o seu nome;

30) «Certificado qualificado de selo eletrónico»: um certificado de selo eletrónico emitido por um prestador qualificado de serviços de confiança que satisfaça os requisitos estabelecidos no anexo III;

31) «Dispositivo de criação de selos eletrónicos»: software ou hardware configurados, utilizados para criar selos eletrónicos;

32) «Dispositivo qualificado de criação de selos eletrónicos»: um dispositivo para a criação de selos eletrónicos que satisfaça mutatis mutandis os requisitos estabelecidos no anexo II;

33) «Selos temporais»: os dados em formato eletrónico que vinculam outros dados em formato eletrónico a uma hora específica, criando uma prova de que esses outros dados existiam nesse momento;

34) «Selo temporal qualificado»: um selo temporal que satisfaça os requisitos estabelecidos no artigo 42º;

35) «Documento eletrónico»: qualquer conteúdo armazenado em formato eletrónico, nomeadamente texto ou gravação sonora, visual ou audiovisual;

36) «Serviço de envio registado eletrónico»: um serviço que torne possível a transmissão de dados entre terceiros por meios eletrónicos e forneça prova do tratamento dos dados transmitidos, nomeadamente a prova do envio e da receção dos mesmos, e que proteja os dados transferidos contra o risco de perda, roubo, dano ou alteração não autorizada;

37) «Serviço qualificado de envio registado eletrónico»: um serviço de envio registado eletrónico que satisfaça os requisitos estabelecidos no artigo 44º;

38) «Certificado de autenticação de sítio web»: um atestado que torne possível autenticar um sítio web e associe o sítio web à pessoa singular ou coletiva à qual o certificado tenha sido emitido;

39) «Certificado qualificado de autenticação de sítios web»: um certificado de autenticação de sítios web que seja emitido por um prestador de serviços de confiança e satisfaça os requisitos estabelecidos no anexo I;

40) «Dados de validação»: dados que são utilizados para validar uma assinatura eletrónica ou um selo eletrónico;

41) «Validação»: o processo pelo qual é verificada e confirmada a validade de uma assinatura ou selo eletrónico.

Este artigo enuncia quarenta e uma definições legais segundo o estilo anglo-saxónico que o legislador comunitário adota.

Não procederemos à sua análise casuística, remetendo as análises pertinentes para cada comentário a propósito dos artigos subsequentes.

1. Jurisprudência do Tribunal de Justiça

Acórdão de 20.10.2022, C-362/21:

«2) O artigo 3º, ponto 12, do Regulamento nº 910/2014 deve ser interpretado no sentido de que a falta de «certificado qualificado de assinatura eletrónica», na aceção do artigo 3º, ponto 15, deste regulamento, é suficiente para demonstrar que uma assinatura eletrónica não constitui uma «assinatura eletrónica qualificada», na aceção deste artigo 3º, ponto 12, uma vez que a sua eventual qualificação de «assinatura eletrónica profissional» não é pertinente a este respeito.

3) O Regulamento nº 910/2014 deve ser interpretado no sentido de que a inscrição de uma assinatura eletrónica no certificado emitido pelo prestador de serviços de confiança não basta para que essa assinatura cumpra os requisitos estabelecidos por este regulamento para ser considerada uma «assinatura eletrónica qualificada», na aceção do artigo 3º, ponto 12, do referido regulamento. Quando essa qualificação é impugnada no âmbito de um processo judicial, o órgão jurisdicional nacional é obrigado a verificar se os requisitos cumulativos previstos nesse artigo 3º, ponto 12, estão todos preenchidos, o que lhe impõe, nomeadamente, verificar se cumpre os requisitos previstos no artigo 26. º no anexo I do mesmo regulamento.

4) O artigo 3º, ponto 12, e o anexo I do Regulamento nº 910/2014 devem ser interpretados no sentido de que, ao verificar a conformidade da assinatura eletrónica qualificada com os requisitos do referido anexo, a circunstância de os nomes do signatário, que habitualmente recorre ao alfabeto cirílico para os escrever, terem sido objeto de uma transliteração para o alfabeto latino não obsta a que a assinatura eletrónica deste seja considerada uma «assinatura eletrónica qualificada», na aceção do artigo 3º, ponto 12, desde que esta assinatura esteja associada de modo único ao signatário e permita identificá-lo, o que cabe ao órgão jurisdicional nacional verificar.»

ARTIGO 4º – PRINCÍPIOS RELATIVOS AO MERCADO INTERNO

1. Não podem ser impostas restrições à prestação de serviços de confiança no território dos Estados-Membros por prestadores de serviços de confiança estabelecidos noutros Estados-Membros por razões que se enquadrem nos domínios abrangidos pelo presente regulamento.

2. Os produtos e serviços de confiança que cumpram o disposto no presente regulamento podem circular livremente no mercado interno.

Remissões: art. 3º, nº 16 (serviço de confiança); art. 3º, nº 21 (produto).

O sentido útil do nº 1 é o de afastar a admissibilidade/aplicabilidade do *princípio do país de origem*, de modo que o Estado-Membro do lugar do prestador de serviços de confiança não tem uma competência regulatória quanto ao regime do prestador de serviços, evitando-se – assim – um conflito de leis entre o direito interno e o direito comunitário.

O princípio da livre prestação de serviços visa os serviços fornecidos num dos Estados-Membros, sendo que, no caso de um fornecedor de serviços pela internet, o lugar do estabelecimento não corresponde ao local em que está a tecnologia mas ao local onde se prossegue a atividade económica.[659] O nº 1 deve ser interpretado no sentido que se aplica a pessoas físicas estabelecidas num Estado-Membro que sejam nacionais desse Estado-Membro e, segundo o art. 54º do TFUE, a pessoas coletivas estabelecidas num Estado-Membro, que se tenham formado de acordo com a lei de um Estado-Membro.[660]

Decorre do nº 2 que, quando o serviço de confiança se consubstancie ou incorpore num produto, v.g., num *hardware* ou *software*, o princípio da livre circulação de bens aplica-se a tais produtos, ficando precludidas medidas que imponham restrições quantitativas ou outras com efeitos equivalentes na circulação de tais produtos.

[659] Ragno in Zaccaria/Schmidt-Kessel/Schulze/Gambino (ed.), *EU eIDAS Regulation*, Beck-Hart-Nomos, Munique, 2020, p. 67.

[660] Ragno in Zaccaria/Schmidt-Kessel/Schulze/Gambino (ed.), *EU eIDAS Regulation*, Beck-Hart-Nomos, Munique, 2020, p. 67.

ARTIGO 5º – TRATAMENTO E PROTEÇÃO DOS DADOS

1. O tratamento dos dados pessoais é realizado nos termos da Diretiva 95/46/CE.

2. Sem prejuízo dos efeitos legais conferidos aos pseudónimos nos termos das legislações nacionais, não é proibido utilizar pseudónimos em transações eletrónicas.

Remissões: art. 32º, nº 1, al. e) (utilização de pseudónimo); art. 13º, al. e), do Decreto-lei nº 12/2021, de 9.2 (deveres do prestador qualificado de serviços de confiança).

A referência feita à Diretiva 95/46/CE deve ser lida, atualizadamente, como reportando-se ao Regulamento (UE) 2016/679, de 27 de abril de 2016, relativo à proteção das pessoas singulares no que diz respeito ao tratamento de dados pessoais e à livre circulação desses dados. Por sua vez, a Lei nº 58/2019, de 8.8., assegura a execução, na ordem jurídica nacional, do Regulamento (UE) 2016/679. A referência feita à Diretiva visa enfatizar que o legislador comunitário deixa aos Estados-Membros a competência exclusiva, dentro dos limites impostos pelo atual Regulamento (EU) 2016/679, para regular o processamento de dados.

O Regulamento não tem por propósito fornecer uma solução regulativa para a complexa questão da proteção do direito a ter uma identidade em linha.[661]

A necessidade de proteger o uso de pseudónimo constitui corolário do direito fundamental a ter um nome e identidade pessoal e, como tal, também ocorre quando o titular não tem intenção de indicar meios de identificação eletrónica. O sentido do nº 2 é o de inviabilizar as disposições nacionais que impeçam a utilização de pseudónimos nas transações eletrónicas, sem prejuízo dos Estados-Membros exigirem a identificação das pessoas nos termos da legislação nacional ou da União (considerando 33).

A opção ínsita ao nº 2 conforma-se com o art. 4º, nº 5, do Regulamento (EU) 2016/679, segundo o qual constitui pseudonimização o «*tratamento de dados pessoais de forma que deixem de poder ser atribuídos a um titular de dados específicos sem recorrer a informações suplementares, desde que essas informações suplementares sejam mantidas separadamente e sujeitas a medidas técnicas e orga-*

[661] Omodei Salè in Zaccaria/Schmidt-Kessel/Schulze/Gambino (ed.), *EU eIDAS Regulation*, Beck-Hart-Nomos, Munique, 2020, pp. 42-43.

nizativas para assegurar que os dados pessoais não possam ser atribuídas a uma pessoa singular identificada ou identificável».

CAPÍTULO II – IDENTIFICAÇÃO ELETRÓNICA

ARTIGO 6º – RECONHECIMENTO MÚTUO

1. Quando, para aceder a um serviço em linha prestado por um organismo público de um Estado-Membro, seja exigida, ao abrigo da legislação ou nos termos da prática administrativa nacional, uma identificação eletrónica baseada num meio de identificação eletrónica e numa autenticação, o meio de identificação eletrónica produzido noutro Estado-Membro é reconhecido no primeiro Estado-Membro para efeitos de autenticação transfronteiriço para o referido serviço em linha, se estiverem reunidas as seguintes condições:

- ***a)*** **O meio de identificação eletrónica ser produzido por um sistema de identificação eletrónica constante da lista publicada pela Comissão nos termos do artigo 9º;**
- ***b)*** **O nível de garantia do meio de identificação eletrónica corresponder a um nível de garantia igual ou superior ao exigido pelo organismo público para o acesso ao serviço em linha no primeiro Estado-Membro, desde que o nível de garantia do referido meio de identificação eletrónica corresponda ao nível substancial ou elevado;**
- ***c)*** **O organismo público em causa utilizar o nível de garantia substancial ou elevado para conceder acesso ao referido serviço em linha.**

O reconhecimento é efetuado num prazo de 12 meses após a Comissão ter publicado, a lista a que se refere a alínea a) do primeiro parágrafo.

2. O meio de identificação eletrónica produzido por um sistema de identificação eletrónica constante da lista publicada pela Comissão nos termos do artigo 9º, e correspondente ao nível de garantia baixo, pode ser reconhecido pelos organismos públicos para efeitos de autenticação transfronteiriça para conceder acesso ao serviço prestado em linha por esses mesmos organismos.

Remissões: art. 3º, nº 1 (identificação eletrónica); art. 3º, nº 7 (organismo público); art. 8º (níveis de garantia dos sistemas de identificação eletrónica); art. 7º do DL nº 12/2021, de 9.2 (entidade nacional competente para o reconhecimento).

Este artigo estabelece as condições necessárias para que um sistema de identificação eletrónica existente num Estado-Membro possa ser reconhecido, de modo a dar acesso noutros Estados-Membros a serviços em linha fornecidos por organismos públicos daquele Estado.

O Regulamento impõe indicações mínimas de segurança para garantir o uso transfronteiriço de diferentes sistemas desenvolvidos nos Estados-Membros, podendo cada Estado-Membro notificar a Comissão da existência desses sistemas e, uma vez aceites pela Comissão e publicitados no JOUE (cf. arts. 7º e 9º), tais sistemas serão reconhecidos por todos os Estados-Membros. Cada Estado-Membro pode manter em funcionamento instrumentos de identificação digital ou introduzir novos, mas tem de reconhecer os sistemas notificados pelos outros Estados-Membros, que assegurem um nível de garantia igual ou superior ao exigido ao organismo público para o acesso ao serviço em linha no primeiro Estado-Membro, desde que o nível de segurança do referido meio de identificação eletrónica corresponda ao nível substancial ou elevado (al. b) do nº 1 e art. 8º, nº 2, als. b) e c)). Daqui deriva que o reconhecimento mútuo de sistemas notificados é obrigatório para o setor público, sendo uma mera opção para o setor privado.[662]

O art. 3º, nº 7, define organismo público como uma entidade estatal nacional, regional ou local, um organismo de direito público ou uma associação formada por uma ou mais dessas entidades ou por um ou mais organismos de direito público, ou uma entidade privada mandatada por, pelo menos, uma dessas autoridades, organismos ou associações como sendo de interesse público, ao abrigo de tal mandato. A referência a organismo de direito público deve interpretar-se em articulação com o art. 2º, nº 4, da Diretiva (UE) 2014/24, segundo a qual são «*Organismos de direito público*», *os organismos que apresentem todas as seguintes características: a) foram criados para o fim específico de satisfazer necessidades de interesse geral, sem carácter industrial ou comercial; b) têm personalidade jurídica; e c) são maioritariamente financiados*

[662] Omodei Salè in Zaccaria/Schmidt-Kessel/Schulze/Gambino (ed.), *EU eIDAS Regulation*, Beck-Hart-Nomos, Munique, 2020, p. 44.

pelo Estado, por autoridades regionais ou locais ou por outros organismos de direito público, ou a sua gestão está sujeita a controlo por parte dessas autoridades ou desses organismos, ou mais de metade dos membros nos seus órgãos de administração, direção ou fiscalização são designados pelo Estado, pelas autoridades regionais ou locais ou por outros organismos de direito público.»

A identificação eletrónica é definida no art. 3º, nº 1, como o processo de utilização dos dados de identificação pessoal em formato eletrónico que representam, de modo único, uma pessoa singular ou coletiva ou uma pessoa singular que represente uma pessoa coletiva. A identificação eletrónica tem como propósito assegurar que as operações remotas são realizadas pela pessoa identificada e autorizada, desempenhando a sua função exclusivamente durante a interação em linha, sem produzir documentos que visem armazenar informação sobre a sua origem. Esta última função é desempenhada pela assinatura eletrónica e pelo selo eletrónico.

O art. 3º, nº 5, define autenticação como o processo eletrónico que permite a identificação eletrónica de uma pessoa singular ou coletiva ou da origem e integridade de um dado em formato eletrónico a confirmar. A autenticação é um procedimento com recurso a diversos instrumentos (v.g., PIN, password, dados biométricos) que visa estabelecer a certeza da associação da identidade a uma determinada pessoa, singular ou coletiva. A identificação é uma operação que está a montante da mensagem/documento ou do seu envio enquanto a autenticação é o seu efeito, isto é, se o documento provém efetivamente da pessoa identificada então será autêntico. A identificação e a autenticação constituem duas fases complementares do mesmo processo finalizado de acesso a sistema eletrónico.

ARTIGO 7º – ELEGIBILIDADE PARA NOTIFICAÇÃO DOS SISTEMAS DE IDENTIFICAÇÃO ELETRÓNICA

Os sistemas de identificação eletrónica podem ser notificados nos termos do artigo 9º, nº 1, se estiverem reunidas todas as seguintes condições:

- ***a)*** **Os meios de identificação eletrónica que integram o sistema de identificação eletrónica serem produzidos:**
  - ***i)*** **pelo Estado-Membro notificante,**
  - ***ii)*** **por mandato do Estado-Membro notificante, ou**

iii) independentemente do Estado-Membro notificante e serem por ele reconhecidos;

b) Os meios de identificação eletrónica que integram o sistema de identificação eletrónica poderem ser utilizados para aceder pelo menos a um serviço prestado por um organismo público que exija identificação eletrónica no Estado-Membro notificante;

c) O sistema de identificação eletrónica e os meios de identificação eletrónica por ele produzidos preencherem os requisitos de pelo menos um dos níveis de garantia estabelecidos no ato de execução a que se refere o artigo 8º, nº 3;

d) O Estado-Membro notificante garantir que os dados de identificação que representam de modo único a pessoa em causa são atribuídos, em conformidade com as especificações técnicas, as normas e os procedimentos para o nível de garantia pertinente definido no ato de execução a que se refere o artigo 8º, nº 3, à pessoa singular ou coletiva referida no artigo 3º, ponto 1, no momento em que os meios de identificação eletrónica que integram o sistema forem produzidos;

e) A parte que produz os meios de identificação eletrónica que integram o sistema garantir que os mesmos meios de identificação são atribuídos à pessoa singular ou coletiva a que se refere a alínea d), do presente artigo, em conformidade com as especificações técnicas, as normas e os procedimentos para o nível de garantia pertinente definido no ato de execução a que se refere o artigo 8º, nº 3;

f) O Estado-Membro notificante garantir a possibilidade de autenticação em linha, para que qualquer utilizador estabelecido no território de outro Estado-Membro possa confirmar os dados de identificação recebidos em formato eletrónico.

Para os utilizadores que não sejam organismos públicos, o Estado-Membro notificante pode definir termos de acesso à referida autenticação. Este tipo de autenticação transfronteiriça é gratuito se for realizado para acesso a um serviço em linha prestado por um organismo público.

Os Estados-Membros não podem impor requisitos técnicos específicos desproporcionados aos utilizadores que pretendam executar essa autenticação, se esses requisitos impedirem ou

dificultarem significativamente a interoperabilidade dos sistemas de identificação eletrónica notificados;

g) **No mínimo seis meses antes da notificação prevista no artigo 9º, nº 1, o Estado-Membro notificante fornecer aos outros Estados-Membros para cumprimento da obrigação estabelecida no artigo 12º, nº 5, uma descrição do sistema, de acordo com as modalidades processuais definidas pelos atos de execução a que se refere o artigo 12º, nº 7;**

h) **O sistema de identificação eletrónica cumprir os requisitos definidos no ato de execução mencionado no artigo 12º, nº 8.**

Remissões: art. 3º, nº 4 (sistema de identificação eletrónica); art. 11º, nos 1 a 3 (responsabilidade civil do Estado-Membro notificante).

Este art. 7º estabelece as condições para que um sistema de identificação eletrónica seja elegível para ser notificado, nos termos do art. 9º, por um Estado-Membro à Comissão. Como decorre do art. 6º, os Estados-Membros não têm obrigação de notificar os seus regimes de identificação eletrónica (cf. considerando 13). A notificação de um sistema de identificação eletrónica constitui um passo necessário quando um Estado-Membro pretende que tal sistema seja reconhecido por outro Estado-Membro para efeitos de autenticação transfronteiriça, quando o uso de meio de identificação e autenticação eletrónicas é exigido pela lei nacional ou pela prática administrativa (deste último) para aceder a serviços fornecido por um organismo público.

Os requisitos de um dos níveis de garantia estabelecidos no ato de execução a que se refere o art. 8º, nº 3 (al c)) são os consignados no Regulamento de Execução (EU) da Comissão, de 8 de setembro de 2015, que estabelece as especificações técnicas mínimas e os procedimentos para a atribuição dos níveis de garantia dos meios de identificação eletrónica, nos termos do artigo 8º, nº 3, do Regulamento (UE) nº 910/2014.

ARTIGO 8º – NÍVEIS DE GARANTIA DOS SISTEMAS DE IDENTIFICAÇÃO ELETRÓNICA

1. Os sistemas de identificação eletrónica notificados nos termos do artigo 9º, nº 1, especificam os níveis de garantia reduzidos, subs-

tanciais e/ou elevados para os meios de identificação eletrónica neles produzidos.

2. Os níveis de garantia reduzidos, substanciais e elevados cumprem, respetivamente, os seguintes critérios:

a) **O nível de garantia reduzido corresponde a um meio de identificação eletrónica, no contexto de um sistema de identificação eletrónica, que confere um nível de confiança limitado relativamente à identidade declarada ou reivindicada por determinada pessoa, e que se caracteriza por referência a especificações técnicas, normas e procedimentos conexos, nomeadamente controlos técnicos, cuja finalidade é reduzir o risco de utilização ou alteração indevida da identidade;**

b) **O nível de garantia substancial corresponde a um meio de identificação eletrónica, no contexto de um sistema de identificação eletrónica, que confere um nível de confiança substancial relativamente à identidade declarada ou reivindicada por determinada pessoa, e que se caracteriza por referência a especificações técnicas, normas e procedimentos conexos, nomeadamente controlos técnicos, cuja finalidade é reduzir substancialmente o risco de utilização ou alteração indevida da identidade;**

c) **O nível de garantia elevado corresponde a um meio de identificação eletrónica, no contexto de um sistema de identificação eletrónica, que confere um nível de confiança relativamente à identidade declarada ou reivindicada por determinada pessoa mais elevado do que os meios de identificação eletrónica com o nível de garantia substancial, e que se caracteriza por referência a especificações técnicas, normas e procedimentos conexos, nomeadamente controlos técnicos, cuja finalidade é evitar a utilização ou a alteração indevida da identidade.**

3. Até 18 de setembro de 2015, tendo em conta as normas internacionais aplicáveis e sob reserva do nº 2, a Comissão define, por meio de atos de execução, as especificações técnicas mínimas, as normas e os procedimentos que devem servir de referência para a especificação dos níveis de garantia reduzido, substancial e elevado para meios de identificação eletrónica para efeitos do nº 1.

As especificações técnicas mínimas, as normas e os procedimentos são estabelecidos por referência à confiança e qualidade:

a) **Do procedimento para provar e verificar a identidade das pessoas singulares ou coletivas que requeiram a produção do meio de identificação eletrónica;**
b) **Do procedimento para a produção do meio de identificação eletrónica solicitado;**
c) **Do mecanismo de autenticação através do qual a pessoa singular ou coletiva utiliza o meio de identificação eletrónica para confirmar a sua identidade a um utilizador;**
d) **Da entidade que produz os meios de identificação eletrónica;**
e) **De qualquer outro organismo implicado no processo de requisição da produção do meio de identificação eletrónica; e**
f) **Das especificações técnicas e de segurança do meio de identificação eletrónica produzido.**

Esses atos de execução são adotados pelo procedimento de exame a que se refere o artigo 48º, nº 2.

Remissões: art. 3º, nº 1 (identificação eletrónica); art. 3º, nº 5 (autenticação).

O Regulamento não institui um sistema europeu comum de identificação eletrónica, sendo que esta constitui matéria que pertence à soberania nacional, mas impõe o reconhecimento mútuo dos sistemas de identificação, condicionado a certos requisitos. Para esse efeito, a definição dos níveis de segurança é essencial.

Os fatores de autenticação podem ser de três categorias: com base em algo que o sujeito possui (*something you have* ou fator de autenticação com base na posse); baseado nalgo que o sujeito conhece (*something you know* ou fator de autenticação baseado em conhecimento); ou com base nas características pessoais do sujeito (*something you are* ou fator inerente de autenticação).

O nível se segurança reduzido pressupõe a utilização de um fator de autenticação, sendo que o meio de identificação eletrónico está configurado de modo a que o emitente tome medidas razoáveis para verificar que o fator de autenticação é apenas usado sob o controlo ou posse da pessoa a quem pertence. O nível se segurança substancial requere a utilização de dois fatores de autenticação de categorias diferentes, sendo que o meio de identificação eletrónica deve estar concebido de modo a que se possa assumir que só pode ser utilizado sob o controlo ou posse da pessoa a quem pertence. Finalmente, o nível de garantia elevado exige que os meios de identificação eletrónica estejam protegidos contra duplicação e manipulação bem como contra atacantes com elevado potencial; o meio de identificação eletrónica deve, também, estar concebido de modo a que possa ser protegido, fiavelmente pela pessoa a quem pertence, contra o seu uso por terceiros.[663] Neste último nível, a comunicação dos dados de identificação pessoal é precedida por uma verificação confiável do meio de identificação eletrónica e da sua validade através de uma autenticação dinâmica, com recurso a um meio eletrónico que utilize criptografia ou outra técnica, que assegure a criação de uma prova eletrónica no sentido de que o sujeito está no controlo ou na posse dos dados de identificação pessoal, e que mude a cada autenticação entre o sujeito e o sistema que verifica a identidade. De igual modo, a este nível, o mecanismo de autenticação implementa controlos de segurança para a verificação do meio de identificação eletrónica, de modo a que seja improvável que atividades de manipulação, interceção ou reprodução da comunicação por um atacante moderado possam subverter os mecanismos de autenticação.

Os requisitos de um dos níveis de garantia estabelecidos no ato de execução a que se refere o art. 8º, nº 3 (al c)) são os consignados no Regulamento de Execução (UE) nº 2015/1502 da Comissão, de 8 de setembro de 2015, que estabelece as especificações técnicas mínimas e os procedimentos para a atribuição dos níveis de garantia dos meios de identificação eletrónica, nos termos do artigo 8º, nº 3, do Regulamento (UE) nº 910/2014.

ARTIGO 9º – NOTIFICAÇÃO

1. O Estado-Membro notificante notifica à Comissão as seguintes informações e, sem atrasos indevidos, todas as eventuais alterações posteriores às mesmas:

[663] Arroyo Vendrell in Zaccaria/Schmidt-Kessel/Schulze/Gambino (ed.), *EU eIDAS Regulation*, Beck-Hart-Nomos, Munique, 2020, p. 105.

a) Uma descrição do sistema de identificação eletrónica, nomeadamente dos seus níveis de garantia e do produtor ou produtores dos meios de identificação eletrónica que integram o sistema;
b) O regime de supervisão e de responsabilidade aplicáveis no que diz respeito:
  i) à parte que produz o meio de identificação eletrónica, e
  ii) à parte que executa o procedimento de autenticação.
c) Os dados da autoridade ou autoridades responsáveis pelo sistema de identificação eletrónica notificado;
d) Os dados da entidade ou entidades que gerem o registo dos dados únicos de identificação da pessoa singular ou coletiva;
e) Uma descrição da forma como são cumpridos os requisitos definidos nos atos de execução a que se refere o artigo 12º, nº 8;
f) Uma descrição da autenticação referida no artigo 7º, alínea f);
g) As disposições previstas para a suspensão ou a revogação do sistema de identificação eletrónica notificado, da autenticação ou das partes afetadas em causa.

2. Um ano após a data de aplicação dos atos de execução a que se refere os artigos 8º, nº 3, e 12º, nº 8, a Comissão publica no Jornal Oficial da União Europeia uma lista dos sistemas de identificação eletrónica que tenham sido notificados nos termos do nº 1 do presente artigo e as informações básicas a eles respeitantes.

3. Se receber uma notificação após o termo do prazo referido no nº 2, a Comissão publica no Jornal Oficial da União Europeia as alterações à lista referida no nº 2 num prazo de dois meses a contar da data da receção da notificação.

4. Os Estados-Membros podem solicitar à Comissão que retire da lista referida no nº 2 os sistemas de identificação eletrónica que tenham notificado. A Comissão publica no Jornal Oficial da União Europeia as correspondentes alterações à lista no prazo de um mês após a receção do pedido do Estado-Membro.

5. A Comissão pode, por meio de atos de execução, definir as circunstâncias, os formatos e os procedimentos para a notificação ao abrigo do nº 1. Esses atos de execução são adotados pelo procedimento de exame a que se refere o artigo 48º, nº 2.

Remissões: art. 3º, nº 4 (sistema de identificação eletrónica); art. 11º (responsabilidade do Estado-Membro); art. 12º, nº 1 (interoperabilidade); art. 6º do DL nº 12/2021, de 9.2 (entidade supervisora nacional); art. 7º do DL nº 12/2021, de 9.2 (entidade nacional competente para a notificação).

O propósito do Regulamento é o de assegurar que a interoperacionalidade técnica dos sistemas de identificação eletrónica esteja acoplada com a interoperacionalidade legal dos mesmos, o que requere o reconhecimento mútuo. Tendo em vista esse reconhecimento mútuo, os Estados-Membros devem notificar a Comissão de informação específica atinente aos sistemas de identificação eletrónica, desde que os mesmos sejam elegíveis nos termos do art. 7º e que ocorram os níveis de segurança enunciados no art. 8º.

Os requisitos deste art. 9º devem ser lidos articuladamente com o conteúdo da Decisão de Execução (UE) 2015/1984 da Comissão, de 3 de novembro de 2015, que estabelece as circunstâncias, os formatos e os procedimentos para a notificação ao abrigo do artigo 9º, nº 5, do Regulamento (UE) nº 910/2014.

Os processos de pré-notificação e de avaliação pela rede de cooperação estão regulados em detalhe na Decisão de Execução (UE) 2015/296 da Comissão, de 24 de fevereiro de 2015 (máxime arts. 14º a 16º), que estabelece as disposições processuais de cooperação entre Estados-Membros em matéria de identificação eletrónica nos termos do art. 12º, nº 7, do Regulamento (UE) nº 910/2014.

Em 30.5.2018, Portugal fez a pré-notificação dos seguintes sistemas de segurança: cartão do cidadão; chave móvel digital e sistema de certificação de atributos profissionais.

ARTIGO 10º – VIOLAÇÃO DA SEGURANÇA

1. Se o sistema de identificação eletrónica notificado nos termos do artigo 9º, nº 1, ou a autenticação referida no artigo 7º, alínea f), forem violados ou parcialmente comprometidos de forma que prejudique a fiabilidade da autenticação transfronteiriça do sistema, o Estado-Membro notificante suspende ou revoga sem demora a referida autenticação ou os elementos comprometidos, informando desse facto os outros Estados-Membros e a Comissão.

2. Se a violação ou o comprometimento referidos no nº 1 forem sanados, o Estado-Membro notificante restabelece a autenticação transfronteiriça e informa desse facto sem demora indevida os outros Estados-Membros e a Comissão.

3. Se a violação ou o comprometimento referidos no nº 1 não forem sanados no prazo de três meses a contar da suspensão ou revogação, o Estado-Membro notificante notifica os outros Estados-Membros e a Comissão da supressão do sistema de identificação eletrónica.

A Comissão publica no Jornal Oficial da União Europeia, sem demora indevida, as alterações correspondentes à lista a que se refere o artigo 9º, nº 2.

Remissões: art. 3º, nº 4 (sistema de identificação eletrónica); art. 3º, nº 5 (autenticação); art. 19º, nº 2 (notificação da violação de segurança ou perda de integridade).

Este artigo enuncia as ações que devem ser tomadas caso ocorra violação ou compromisso do sistema de identificação eletrónica ou do sistema de autenticação. Esta responsabilidade dos Estados-Membros constitui o contraponto da subsistência dos sistemas nacionais de identificação eletrónica e de autenticação.

Ocorre a violação ou comprometimento dos sistemas de identificação eletrónica e de autenticação quando os dados computadorizados para efeitos de identificação, na sequência de um incidente interno ou externo, são objeto de acesso e/ou de uso indevido e, bem assim, quando são objeto de destruição, perda ou alteração, tudo redundando no compromisso da confidencialidade, integridade e disponibilidade dos dados.[664] A fiabilidade da autenticação transfronteiriça do sistema fica afetada quando não se possa garantir que a função de autenticação decorra do modo previsto, ou seja, quando os meios disponibilizados para a identificação eletrónica não podem ser verificados e a identidade do utilizador não pode ser confirmada de acordo com o Regulamento e os seus atos de implementação.

Os procedimentos requeridos para a suspensão, revogação e reativação estão enunciados no Regulamento de Execução (EU) nº 2015/1502, da Comissão, de 8 de setembro de 2015.

[664] Demmer in Zaccaria/Schmidt-Kessel/Schulze/Gambino (ed.), *EU eIDAS Regulation*, Beck-Hart-Nomos, Munique, 2020, p. 116.

A persistência da violação ou comprometimento por três meses determina a supressão do sistema de identificação eletrónica, sendo que o Estado-Membro não tem poder discricionário para tomar tal decisão, sendo a mesma obrigatória.

ARTIGO 11º - RESPONSABILIDADE

1. O Estado-Membro notificante responde pelos danos causados deliberadamente ou por negligência a qualquer pessoa singular ou coletiva por incumprimento das obrigações que lhe são impostas nos termos do artigo 7º, alíneas d) e f), numa transação transfronteiriça.

2. A parte que produz o meio de identificação eletrónica responde pelos danos causados deliberadamente ou por negligência a qualquer pessoa singular ou coletiva pelo incumprimento da obrigação que lhe é imposta nos termos do artigo 7º, alínea e), numa transação transfronteiriça.

3. A parte que executa o procedimento de autenticação responde pelos danos causados deliberadamente ou por negligência a qualquer pessoa singular ou coletiva por não assegurar, numa transação transfronteiriça, a correta autenticação a que se refere o artigo 7º, alínea f).

4. Os nº s 1, 2 e 3 aplicam-se nos termos das disposições nacionais em matéria de responsabilidade.

5. Os nº s 1, 2 e 3 aplicam-se sem prejuízo da responsabilidade das partes nos termos do direito nacional, relativamente a uma transação em que sejam utilizados meios de identificação eletrónica abrangidos pelo sistema de identificação eletrónica notificado nos termos do artigo 9º, nº 1.

Remissões: art. 3º, nº 1 (identificação eletrónica); art. 3º, nº 3 (dados de identificação pessoal); art. 19º, nº 2 (obrigação dos prestadores de serviços de confiança notificarem a entidade supervisora das violações de segurança ou perda de integridade); Lei nº 67/2007, de 31.12. (responsabilidade do Estado); art. 18º do DL nº 12/2021, de 9.2 (requisitos patrimoniais dos prestadores de serviços de confiança).

Este artigo regula a responsabilidade civil por facto ilícito no que tange à identificação eletrónica, enquanto o art. 13º rege sobre a responsabilidade dos prestadores de serviços. A responsabilidade aqui consagrada é uma responsabilidade por facto ilícito e não uma responsabilidade pelo risco. Está em causa a violação da diligência exigida pelos padrões de comportamento exigíveis a um profissional.[665]

A título exemplificativo, pode suceder que um serviço público em linha do Estado-Membro *A* seja acedido por alguém utilizando uma identidade falsa, mediante recurso a um sistema de identificação eletrónica notificado nos termos do art. 9º pelo Estado-Membro *B*. Nesta eventualidade, o Estado-Membro *B* pode ser responsabilizado pelos danos causados, negligentemente, a uma pessoa singular ou coletiva, decorrentes do incumprimento da obrigação de se assegurar que os dados de identificação pessoal representam apenas a pessoa a quem estão atribuídos, de acordo com as especificações e procedimentos aplicáveis àquele nível de segurança. Ou seja, o Estado-Membro notificante responde se houver algo errado com o sistema de identificação eletrónica notificado, nomeadamente se o mesmo não corresponder ao nível de segurança que foi notificado.

Conforme decorre do considerando 18 e do nº 3 deste art. 11º, são aplicáveis as disposições nacionais quanto ao ónus da prova, à qualificação da responsabilidade e à natureza dos danos. É, assim, aplicável o disposto na Lei nº 67/2007, de 31.12, nomeadamente no que tange à responsabilidade administrativa do Estado (arts. 1º, nº 1, e 7º, nº 1), à obrigação de indemnização (art. 3º), ao prazo de prescrição (art. 5º), bem como quanto à ilicitude (art. 9º, nº 1). Nos termos gerais, o ónus da prova dos factos integrativos da responsabilidade incumbe ao lesado (art. 342º, nº 1, do CC).

Este art. 11º rege sobre transações transfronteiriças, não tendo aplicação em transações puramente nacionais. Constitui também pressuposto da aplicação desta norma que o Estado-Membro tenha procedido à notificação nos termos do art. 9º. Uma vez efetuada tal notificação, a mesma determina não só a responsabilidade do Estado-Membro mas também, por extensão, a da parte que emite os meios de identificação eletrónica bem como da parte que gere o procedimento de autenticação.[666]A parte que emite os meios de identificação eletrónica é responsável quando viola a obrigação de assegurar que os meios de identificação eletrónica são atri-

[665] Tescaro in Zaccaria/Schmidt-Kessel/Schulze/Gambino (ed.), *EU eIDAS Regulation*, Beck-Hart-Nomos, Munique, 2020, p. 122.

[666] Anna Rita Popoli in Delfini/Francesco e Finocchiaro/Giusella (org.), I*dentificazione Elettronica e Servizi Fiduciari pel le Transazioni Elettroniche nel Mercato Interno, Commento al Regolamento UE 910/2014*, Giappichelli Editore, 2017, p. 137.

buídos unicamente à pessoa que se trata. A responsabilidade da entidade que gere o procedimento de autenticação ocorre quando esta não cumpre a obrigação de garantir a correta gestão da autenticação.[667]

ARTIGO 12º - COOPERAÇÃO E INTEROPERABILIDADE

1. Os sistemas nacionais de identificação eletrónica notificados nos termos do artigo 9º, nº 1 são interoperáveis.

2. Para efeitos do requisito previsto no nº 1, é estabelecido o quadro de interoperabilidade.

3. O quadro de interoperabilidade obedece aos seguintes critérios:

a) Procurar ser tecnologicamente neutro e não fazer discriminações em relação às soluções técnicas nacionais específicas utilizadas para a identificação eletrónica no Estado-Membro em causa;

b) Seguir, se possível, as normas europeias e internacionais;

c) Facilitar a aplicação do princípio da privacidade desde a conceção; e

d) Assegurar que os dados pessoais são tratados nos termos da Diretiva 95/46/CE.

4. O quadro de interoperabilidade compreende:

a) A referência aos requisitos técnicos mínimos relacionados com os níveis de garantia previstos no artigo 8º;

b) A tabela das correspondências entre os níveis de garantia nacionais dos sistemas de identificação eletrónica notificados e os níveis de garantia previstos no artigo 8º;

c) A referência aos requisitos técnicos mínimos para a interoperabilidade;

d) A referência a um conjunto mínimo de dados de identificação que representem de modo único uma pessoa singular ou coletiva, produzido por sistemas de identificação eletrónica;

e) As regras processuais;

f) As disposições em matéria de resolução de litígios; e

g) As normas comuns de segurança operacional.

[667] ANNA RITA POPOLI, *Op. Cit.*, p. 138.

5. Os Estados-Membros cooperam nas seguintes matérias:

a) Interoperabilidade dos sistemas de identificação eletrónica notificados nos termos do artigo 9º, nº 1, e dos sistemas de identificação eletrónica que os Estados-Membros pretendem notificar; e

b) Segurança dos sistemas de identificação eletrónica.

6. A cooperação entre os Estados-Membros compreende:

a) O intercâmbio de informações, experiências e boas práticas relativamente aos sistemas de identificação eletrónica, nomeadamente no que respeita aos requisitos técnicos relacionados com a interoperabilidade e os níveis de garantia;

b) O intercâmbio de informações, experiência e boas práticas relativamente aos níveis de garantia de sistemas de identificação eletrónica previstos no artigo 8º;

c) A avaliação pelos pares dos sistemas de identificação eletrónica abrangidos pelo presente regulamento; e

d) A análise dos aspetos importantes da evolução do setor da identificação eletrónica.

7. Até 18 de março de 2015, a Comissão estabelece, por meio de atos de execução, as necessárias modalidades processuais de facilitação da cooperação entre os Estados-Membros a que se referem os nº s 5 e 6, tendo em vista promover um nível elevado de confiança e segurança, adequado ao grau de risco.

8. Até 18 de setembro de 2015, para efeitos da definição das condições uniformes para o cumprimento do requisito referido no nº 1, a Comissão, sob reserva dos critérios estabelecidos no nº 3 e tendo em conta os resultados da cooperação entre os Estados-Membros, adota atos de execução referentes ao quadro de interoperabilidade tal como é definido no nº 4.

9. Os atos de execução referidos nos nº s 7 e 8 são adotados pelo procedimento de exame a que se refere o artigo 48º, nº 2.

Um dos pressupostos deste Regulamento partiu da constatação que os sistemas nacionais de identificação eletrónica não eram reconhecidos noutros Estados, de modo que os cidadãos não se podiam autenticar juntos dos serviços de outro Estado-Membro. Nessa senda, os pilares do sistema de identificação erigido pelo Regulamento são o mútuo reconhecimento, notificação, níveis de garantia dos sistemas de identificação eletrónica, interoperabilidade, cooperação e responsabilidade. Este artigo rege sobre a interoperabilidade e cooperação.

Em observância do nº 7, foi publicada a Decisão de Execução (UE) 2015/296 da Comissão, de 24 de fevereiro de 2015, que estabelece as disposições processuais de cooperação entre Estados-Membros em matéria de identificação eletrónica nos termos do artigo 12º, nº 7, do Regulamento (UE) nº 910/2014.

Em cumprimento do nº 8, foi publicado o Regulamento de Execução (UE) 2015/1501 da Comissão, de 8 de setembro de 2015, que estabelece o quadro de interoperabilidade, nos termos do artigo 12º, nº 8, do Regulamento (UE) nº 910/2014.

CAPÍTULO III - SERVIÇOS DE CONFIANÇA

SECÇÃO 1 - DISPOSIÇÕES GERAIS

ARTIGO 13º - RESPONSABILIDADE E ÓNUS DA PROVA

1. Sem prejuízo do disposto no nº 2, os prestadores de serviços de confiança respondem pelos danos causados deliberadamente ou por negligência a todas as pessoas singulares ou coletivas por incumprimento das obrigações previstas no presente regulamento.

O ónus da prova da intenção ou negligência de um prestador não qualificado de serviços de confiança recai sobre a pessoa singular ou coletiva que intente a ação de indemnização pelos danos referidos no nº 1.

Presume-se a intenção ou negligência de um prestador qualificado de serviços de confiança, exceto se este provar que os danos referidos no primeiro parágrafo não foram causados por sua intenção ou negligência.

2. Se os prestadores de serviços de confiança informarem prévia e devidamente os seus clientes sobre os limites da utilização dos servi-

ços prestados e, se esses limites forem identificáveis por terceiros, os mesmos prestadores de serviços de confiança não respondem pelos danos decorrentes de uma utilização dos serviços que exceda os limites indicados.

3. Os nº s 1 e 2 aplicam-se nos termos das disposições nacionais em matéria de responsabilidade.

Remissões: art. 3º, nº 16 (serviço de confiança); art. 3º, nº 19 (prestador de serviços de confiança); considerando 37; art. 19º, nº 1 (tomada de medidas para gerir riscos); art. 24º, nº 2, al. c) (seguro de responsabilidade adequado), al. d) (informação da limitação à utilização); art. 24º, nº 3 (revogação de certificado qualificado); art. 13º do DL nº 12/2021, de 9.2 (deveres do prestador qualificado de serviços de confiança); art. 15º do DL nº 12/2021, de 9.2 (atribuição do estatuto de prestador qualificado de serviços de confiança).

Esta norma rege sobre a responsabilidade dos prestadores de serviços relativos à assinatura eletrónica, designadamente na criação, verificação e validação de assinaturas eletrónicas, selos eletrónicos, selos temporais, serviços de envio registado eletrónico, criação e validação de certificados para autenticação de sítios web e na preservação das assinaturas, selos ou certificados eletrónicos (cf. art. 3º, nº 16). A responsabilidade aqui prevista é extracontratual, no confronto de qualquer pessoa singular ou coletiva, ou seja, perante terceiros que não estejam ligados contratualmente aos prestadores, como é o caso dos clientes finais. As principais obrigações dos prestadores qualificados de serviços de confiança estão enunciadas no nº 2, do art. 24º.

O nº 1 estabelece uma presunção de culpa do prestador qualificado de serviços de confiança, a qual colhe justificação porquanto estes são controlados não só *a priori* como *a posteriori*, bem como porque os mesmos constam das listas de confiança (art. 22º), podendo utilizar a marca de confiança "EU" (art. 23º, nº 1).

Decorre do nº 2 que os prestadores de serviços de confiança podem estabelecer, previamente, limites sobre a utilização dos serviços prestados, desde que informem os seus clientes e tais limites sejam identificáveis por terceiros. Assim, por exemplo, os prestadores de serviços de confiança podem fixar um limite do valor da transação a partir do qual não responderão. Desse modo, é excluída a responsabilidade aquiliana do prestador perante o terceiro, que sofreu um dano com a utilização dos serviços de confiança no segmento em que a transação excede o limite do uso, indicado e identificável pelo terceiro. Este nº 2 confirma a não vinculatividade para o signatário dos negócios em que é aposta a assinatura eletrónica no segmento em que estes excedem os limites validamente aplicáveis.[668] Ou seja, o mesmo sujeito dispõe de vários níveis de assinatura eletrónica segundo os valores em jogo.

Face ao que dispõe o nº 3, aplicam-se subsidiariamente as normas internas com os limites prevalecentes impostos pelo Regulamento.

Conforme decorre dos considerandos 24 e 25, os Estados-Membros são encorajados a desenvolver outros serviços de confiança, além dos previstos no Regulamento. Em termos de articulação entre o Regulamento e a legislação nacional, o Regulamento não revoga a legislação nacional, embora prevaleça sobre esta em caso de conflito. Neste caso, é necessário verificar em que medida os parâmetros da legislação nacional sobre matéria objeto do Regulamento estão conformes com este.

ARTIGO 14º – ASPETOS INTERNACIONAIS

1. Os serviços de confiança prestados por prestadores de serviços de confiança estabelecidos num país terceiro são reconhecidos como juridicamente equivalentes aos serviços de confiança qualificados prestados por prestadores qualificados de serviços de confiança estabelecidos na União, se os serviços de confiança originários do país terceiro forem reconhecidos nos termos de um acordo celebrado entre a União e o país terceiro em causa ou uma organização internacional em conformidade com o artigo 218º do TFUE.

2. Os acordos referidos no nº 1 asseguram, nomeadamente, que:

a) **Os requisitos aplicáveis aos prestadores qualificados de serviços de confiança estabelecidos na União e os serviços de confiança qualificados por eles prestados são cumpridos pelos prestadores de serviços de confiança no país terceiro ou organizações**

[668] Francesco Delfini in Delfini/Francesco e Finocchiaro/Giusella (org.), *Identificazione Elettronica e Servizi Fiduciari pel le Transazioni Elettroniche nel Mercato Interno, Commento al Regolamento UE 910/2014*, Giappichelli Editore, 2017, p. 155.

internacionais com os quais tenham sido celebrados acordos, e pelos serviços de confiança que fornecerem;

b) Os serviços de confiança qualificados prestados pelos prestadores qualificados de serviços de confiança estabelecidos na União são reconhecidos como juridicamente equivalentes aos serviços de confiança prestados por prestadores de serviços de confiança nos países terceiros ou organizações internacionais com os quais tenham sido celebrados acordos.

ARTIGO 15º – ACESSIBILIDADE PARA AS PESSOAS COM DEFICIÊNCIA

Quando tal for exequível, os serviços de confiança oferecidos e os produtos de utilizador final utilizados na oferta desses serviços serão acessíveis às pessoas com deficiência.

ARTIGO 16º – SANÇÕES

Os Estados-Membros estabelecem o regime de sanções aplicável às infrações ao presente regulamento. As sanções impostas serão efetivas, proporcionadas e dissuasivas.

SECÇÃO 2 – SUPERVISÃO

ARTIGO 17º – ENTIDADE SUPERVISORA

1. Os Estados-Membros designam uma entidade supervisora estabelecida no seu território ou, por mútuo acordo com outro Estado-Membro, uma entidade supervisora estabelecida nesse outro Estado-Membro. Essa entidade é responsável pelas funções de supervisão no Estado-Membro que procede à designação.

As entidades supervisoras são dotadas dos poderes necessários e recursos adequados para o exercício das suas funções.

2. Os Estados-Membros comunicam à Comissão os nomes e os endereços das entidades supervisoras que designarem.

3. A entidade supervisora tem as seguintes funções:

a) Supervisionar os prestadores qualificados de serviços de confiança estabelecidos no território do Estado-Membro que procede à designação por forma a garantir, por meio de atividades de supervisão a priori e a posteriori, que os prestadores e os serviços de confiança qualificados por eles prestados cumprem os requisitos estabelecidos no presente regulamento;

b) Se necessário, tomar medidas face aos prestadores de serviços de confiança não qualificados estabelecidos no território do Estado-Membro que procede à designação, por meio de atividades de supervisão a posteriori, se lhe for alegado que os ditos prestadores ou os serviços de confiança por eles prestados não cumprem os requisitos estabelecidos no presente regulamento.

4. Para efeitos do nº 3 e sob reserva dos limites nele impostos, contam-se entre as funções da entidade supervisora, em particular:

a) Colaborar com outras entidades supervisoras e prestar-lhes assistência, nos termos do artigo 18º;

b) Analisar os relatórios de avaliação da conformidade referidos no artigo 20º, nº 1, e no artigo 21º, nº 1;

c) Informar outras entidades supervisoras e o público das violações de segurança ou perdas de integridade, nos termos do artigo 19º, nº 2;

d) Apresentar à Comissão relatório sobre as suas atividades principais, nos termos do nº 6;

e) Realizar auditorias ou solicitar a organismos de avaliação da conformidade que efetuem avaliações da conformidade de prestadores qualificados de serviços de confiança, nos termos do artigo 20º, nº 2;

f) Cooperar com as autoridades de proteção de dados, nomeadamente informando-as sem demora indevida dos resultados das auditorias realizadas a prestadores qualificados de serviços de confiança, se houver suspeita de terem sido violadas as regras de proteção dos dados pessoais;

g) Atribuir e retirar o estatuto de qualificado aos prestadores de serviços de confiança e aos serviços por eles prestados, nos termos dos artigos 20º e 21º;

h) **Informar a entidade responsável pela lista de confiança nacional referida no artigo 22º, nº 3, das suas decisões de atribuir ou retirar o estatuto de qualificado, exceto se a referida entidade for a própria entidade supervisora;**

i) **Verificar a existência e a aplicação correta das disposições sobre os planos de cessação quando o prestador qualificado de serviços de confiança cesse a sua atividade, nomeadamente a forma como é garantido o acesso à informação, nos termos do artigo 24º, nº 2, alínea h);**

j) **Exigir que os prestadores de serviços de confiança corrijam os eventuais incumprimentos dos requisitos previstos no presente regulamento.**

5. Os Estados-Membros podem exigir que a entidade supervisora crie, conserve e atualize uma infraestrutura de confiança de acordo com as condições estabelecidas pelo direito nacional.

6. Até 31 de março de cada ano, as entidades supervisoras apresentam à Comissão um relatório sobre as principais atividades do ano anterior, juntamente com um resumo das notificações de violações enviadas pelos prestadores de serviços de confiança nos termos do disposto no artigo 19º, nº 2.

7. A Comissão põe o relatório anual referido no nº 6 à disposição dos Estados-Membros.

8. A Comissão pode, por meio de atos de execução, definir os formatos e os procedimentos aplicáveis ao relatório referido no nº 6. Esses atos de execução são adotados pelo procedimento de exame a que se refere o artigo 48º, nº 2.

Remissões: art. 6º do DL nº 12/2021, de 9.2 (entidade nacional supervisora).

ARTIGO 18º – ASSISTÊNCIA MÚTUA

1. As entidades supervisoras cooperam tendo em vista o intercâmbio de boas práticas.

Após receção de um pedido justificado por outra entidade supervisora, as entidades supervisoras prestam assistência àquela entidade para que as atividades de entidade supervisora possam ser exercidas de

maneira coerente. A assistência mútua pode abranger, em particular, pedidos de informação e medidas de supervisão, tais como pedidos de realização de inspeções relacionadas com os relatórios de avaliação da conformidade referidos nos artigos 20º e 21º.

2. As entidades supervisoras às quais tenham sido dirigidos pedidos de assistências podem indeferi-los por qualquer dos seguintes motivos:

- ***a)*** **Não forem competentes para prestar a assistência solicitada;**
- ***b)*** **A assistência solicitada não for proporcional às atividades de supervisão realizadas pelas entidades supervisoras nos termos do disposto no artigo 17º;**
- ***c)*** **Prestar a assistência solicitada for incompatível com o presente regulamento.**

3. Quando se justificar, os Estados-Membros podem autorizar as respetivas entidades supervisoras a efetuar investigações conjuntas nas quais participem quadros das entidades supervisoras de outros Estados-Membros. As disposições e procedimentos aplicáveis a tais atividades conjuntas são acordadas e estabelecidas pelos Estados-Membros em causa nos termos das respetivas legislações nacionais.

Remissões: art. 6º do DL nº 12/2021, de 9.2 (entidade nacional supervisora).

ARTIGO 19º – REQUISITOS DE SEGURANÇA APLICÁVEIS AOS PRESTADORES DE SERVIÇOS DE CONFIANÇA

1. Os prestadores qualificados e não qualificados de serviços de confiança tomam as medidas de carácter técnico e organizativo que forem adequadas para gerir os riscos que se colocam à segurança dos serviços de confiança que prestam. Tendo em conta a evolução tecnológica mais recente, essas medidas assegurarão um nível de segurança proporcional ao grau de risco existente. Em particular, são tomadas medidas para impedir ou reduzir ao mínimo o impacto dos incidentes de segurança e informar as partes interessadas dos efeitos adversos dos eventuais incidentes.

2. Os prestadores, qualificados e não qualificados, de serviços de confiança notificam, sem demora indevida, mas sempre no prazo de

24 horas após terem tomado conhecimento do ocorrido, a entidade supervisora e, se necessário, outras entidades, como a entidade nacional competente em matéria de segurança da informação ou a autoridade responsável pela proteção de dados, de todas as violações da segurança ou perdas de integridade que tenham um impacto significativo sobre o serviço de confiança prestado ou sobre os dados pessoais por ele conservados.

Se a violação da segurança ou perda de integridade constatada for suscetível de prejudicar a pessoa singular ou coletiva a quem o serviço de confiança tiver sido prestado, o prestador dos serviços de confiança notifica também sem demora indevida a referida pessoa singular ou coletiva da violação da segurança ou da perda de integridade.

Se necessário, em particular se a violação da segurança ou a perda de integridade disserem respeito a dois ou mais Estados-Membros, a entidade supervisora notificada informa do facto as entidades supervisoras dos outros Estados-Membros em causa e a ENISA.

A entidade supervisora notificada informa o público ou exige que o prestador do serviço de confiança o faça, se considerar que a divulgação da violação da segurança ou perda de integridade é do interesse público.

3. A entidade supervisora fornece uma vez por ano à ENISA um resumo das notificações de violações da segurança e de perda de integridade que tenha recebido dos prestadores de serviços de confiança.

4. A Comissão pode, por meio de atos de execução:

a) **Especificar mais as medidas referidas no nº 1, e**
b) **Definir os formatos e os procedimentos, incluindo os prazos, aplicáveis para efeitos de cumprimento do disposto no nº 2.**

Esses atos de execução são adotados pelo procedimento de exame a que se refere o artigo 48º, nº 2.

Remissões: art. 13º do DL nº 12/2021, de 9.2 (deveres do prestador qualificado de serviços de confiança); art. 16º do DL nº 12/2021, de 9.2 (auditorias periódicas aos prestadores qualificados de serviços de confiança).

SECÇÃO 3 - SERVIÇOS QUALIFICADOS DE CONFIANÇA

ARTIGO 20º - FISCALIZAÇÃO DOS PRESTADORES QUALIFICADOS DE SERVIÇOS DE CONFIANÇA

1. Os prestadores qualificados de serviços de confiança são auditados, pelo menos de 24 em 24 meses, a expensas suas, por um organismo de avaliação da conformidade. O objetivo de tal auditoria é confirmar que tanto os prestadores qualificados de serviços de confiança como os serviços de confiança que prestam cumprem os requisitos estabelecidos pelo presente regulamento. Os prestadores qualificados de serviços de confiança apresentam o relatório de avaliação da conformidade à entidade supervisora no prazo de três dias úteis depois de o terem recebido.

2. Sem prejuízo do disposto no nº 1, a entidade supervisora pode, em qualquer altura, auditar ou pedir a um organismo de avaliação da conformidade que efetue uma avaliação da conformidade dos prestadores qualificados de serviços de confiança, a expensas desses prestadores qualificados de serviços de confiança, para confirmar que tanto os próprios prestadores, como os serviços de confiança qualificados por eles prestados cumprem as condições estabelecidas no presente regulamento. Em caso de suspeita de violação das regras de proteção de dados pessoais, a entidade supervisora informa as autoridades responsáveis pela proteção de dados dos resultados das suas auditorias.

3. Se a entidade supervisora exigir que o prestador qualificado de serviços de confiança corrija os incumprimentos dos requisitos do presente regulamento e se o prestador não agir em conformidade, eventualmente dentro de um prazo fixado pela entidade supervisora, esta pode, tendo em conta nomeadamente a dimensão, a duração e as consequências desse incumprimento, retirar o estatuto de qualificado ao prestador ou ao serviço afetado por ele prestado e informar a entidade referida no artigo 22º, nº 3, para efeitos de atualização das listas de confiança referidas no artigo 22º, nº 1. A entidade supervisora informa o prestador qualificado de serviços de confiança da retirada do seu estatuto de qualificado ou do estatuto de qualificado do serviço em causa.

4. A Comissão pode, por meio de atos de execução, estabelecer os números de referência das normas aplicáveis:

a) À acreditação dos organismos de avaliação da conformidade e ao relatório de avaliação da conformidade a que se refere o nº 1;

b) Às regras de auditoria segundo as quais os organismos de avaliação da conformidade efetuam a avaliação da conformidade dos prestadores qualificados de serviços de confiança a que se refere o nº 1.

Esses atos de execução são adotados pelo procedimento de exame a que se refere o artigo 48º, nº 2.

Remissões: art. 3º, nº 20 (prestador qualificado de serviços de confiança); art. 16º do DL nº 12/2021, de 9.2 (auditorias periódicas aos prestadores qualificados de serviços de confiança).

ARTIGO 21º – INÍCIO DE UM SERVIÇO DE CONFIANÇA QUALIFICADO

1. Quando os prestadores de serviços de confiança, sem estatuto de qualificado, pretendam começar a prestar serviços de confiança qualificados, apresentam à entidade supervisora uma notificação da sua intenção acompanhada de um relatório de avaliação da conformidade emitido por um organismo de avaliação da conformidade.

2. A entidade supervisora verifica se o prestador de serviços de confiança os serviços de confiança por ele prestados cumprem os requisitos estabelecidos no presente regulamento, designadamente com os requisitos previstos para os prestadores qualificados de serviços de confiança e para os serviços de confiança qualificados por eles prestados.

Se a entidade supervisora concluir que o prestador de serviços de confiança e os serviços de confiança por ele prestados cumprem os requisitos a que se refere o primeiro parágrafo, a entidade supervisora atribui o estatuto de qualificado ao prestador de serviços de confiança e aos serviços de confiança por ele prestados e informa a entidade referida no artigo 22º, nº 3º, para efeitos de atualização das listas de confiança referidas no artigo 22º, nº 1, o mais tardar três meses após a notificação feita nos termos do nº 1 do presente artigo.

Se a verificação não ficar concluída no prazo de três meses a contar da notificação, a entidade supervisora informa o prestador de serviços

de confiança, indicando as razões do atraso e o prazo dentro do qual a verificação estará concluída.

3. Os prestadores qualificados de serviços de confiança podem iniciar a prestação do serviço de confiança qualificado depois de o estatuto de qualificado ter sido publicado nas listas de confiança referidas no artigo 22º, nº 1.

4. A Comissão pode, por meio de atos de execução, definir os formatos e os procedimentos aplicáveis para efeitos do disposto nos nº s 1 e 2. Esses atos de execução são adotados pelo procedimento de exame a que se refere o artigo 48º, nº 2.

Remissões: art. 3º, nº 20 (prestador qualificado de serviços de confiança); art. 9º do DL nº 12/2021, de 9.2 (organismos de avaliação de conformidade); art. 15º do DL nº 12/2021, de 9.2 (atribuição do estatuto de prestador qualificado de serviços de confiança); art. 19º do DL nº 12/2021, de 9.2 (requisitos de idoneidade).

ARTIGO 22º - LISTAS DE CONFIANÇA

1. Os Estados-Membros elaboram, conservam e publicam listas de confiança com informações relativas aos prestadores qualificados de serviços de confiança para os quais forem competentes, assim como informações relacionadas com os serviços de confiança qualificados por eles prestados.

2. Os Estados-Membros elaboram e publicam, em condições seguras, as listas de confiança referidas no nº 1, eletronicamente assinadas ou seladas, num formato adequado ao tratamento automático.

3. Os Estados-Membros transmitem à Comissão, sem atrasos indevidos, informações sobre a entidade responsável pela elaboração, conservação e publicação das listas de confiança nacionais, os dados referentes ao local em que tais listas se encontram publicadas, bem como sobre os certificados utilizados para as assinar ou selar e as eventuais alterações a tais informações.

4. A Comissão disponibiliza ao público, através de um canal seguro, as informações referidas no nº 3 num formato eletronicamente assinado ou selado, adequado ao tratamento automático.

5. Até 18 de setembro de 2015, a Comissão especifica, por meio de atos de execução, as informações referidas no nº 1 e define as especi-

ficações técnicas e os formatos das listas de confiança aplicáveis para efeitos do disposto nos nº s 1 a 4. Esses atos de execução são adotados pelo procedimento de exame a que se refere o artigo 48º, nº 2.

Remissões: considerandos 45 e 46; art. 6º do DL nº 12/2021, de 9.2 (entidade nacional que elabora e gere as listas de confiança).

Em cumprimento do nº 5, foi publicada a Decisão de Execução (UE) 2015/1505 da Comissão, de 8 de setembro de 2015, que estabelece as especificações técnicas e os formatos relativos às listas de confiança, nos termos do artigo 22º, nº 5, do Regulamento (UE) nº 910/2014.

A lista dos prestadores de serviços de confiança em Portugal está acessível em https://webgate.ec.europa.eu/tl-browser/#/tl/PT e nos demais países pode ser encontrada em https://webgate.ec.europa.eu/tl-browser/#/.

ARTIGO 23º – MARCA DE CONFIANÇA «UE» PARA SERVIÇOS DE CONFIANÇA QUALIFICADOS

1. Depois de o estatuto de qualificado referido no artigo 21º, nº 2, segundo parágrafo, ser publicado na lista de confiança a que se refere o artigo 22º, nº 1, os prestadores qualificados de serviços de confiança podem utilizar a marca de confiança «UE» para identificar, de forma simples, reconhecível e clara, os serviços de confiança qualificados que prestam.

2. Ao utilizar a marca de confiança «UE» para os serviços de confiança qualificados referida no nº 1, os prestadores qualificados de serviços de confiança asseguram-se da existência de uma ligação à correspondente lista de confiança no seu sítio web.

3. Até 1 de julho de 2015, a Comissão estabelece, por meio de atos de execução, as especificações relativas à forma e, em particular, à apresentação, composição, dimensão e conceção da marca de confiança «UE» para serviços de confiança qualificados. Esses atos de execução são adotados pelo procedimento de exame a que se refere o artigo 48º, nº 2.

Remissões: considerando 47.

Em cumprimento do nº 3, foi publicado o Regulamento de Execução (UE) 2015/806 da Comissão, de 22 de maio de 2015, que estabelece especificações relativas à forma da marca de confiança «UE» para serviços de confiança qualificados.

ARTIGO 24º – REQUISITOS APLICÁVEIS AOS PRESTADORES QUALIFICADOS DE SERVIÇOS DE CONFIANÇA

1. Ao emitirem certificados referentes a serviços de confiança, os prestadores qualificados de serviços de confiança verificam, pelos meios adequados e nos termos da legislação nacional, a identidade e as eventuais características específicas da pessoa singular ou coletiva à qual é emitido o certificado qualificado.

As informações referidas no primeiro parágrafo são verificadas pelos prestadores qualificados de serviços de confiança pelos seus próprios meios ou recorrendo a um terceiro, nos termos da legislação nacional:

- ***a)*** **Mediante a presença física da pessoa singular ou de um representante autorizado da pessoa coletiva; ou**
- ***b)*** **À distância, utilizando meios de identificação eletrónica, para os quais tenha sido assegurada, antes da emissão do certificado qualificado, a presença física da pessoa singular ou de um representante autorizado da pessoa coletiva e que cumprem os requisitos estabelecidos no artigo 8º relativamente aos níveis de garantia «substancial» ou «elevado»; ou**
- ***c)*** **Por meio de um certificado de assinatura eletrónica qualificada ou de um selo eletrónico qualificado emitido nos termos das alíneas a) ou b); ou**
- ***d)*** **Utilizando outros métodos de identificação reconhecidos a nível nacional que deem garantias equivalentes, em termos de confiança, à da presença física. A equivalência de tais garantias será confirmada por um organismo de avaliação da conformidade.**

2. Os prestadores qualificados de serviços de confiança que prestam serviços de confiança qualificados:

a) Informam a entidade supervisora de todas as alterações à prestação dos seus serviços de confiança qualificados, inclusivamente da intenção de cessação de atividades;

b) Empregam pessoal e, eventualmente, subcontratantes que possuam a especialização, a confiança, experiência e as qualificações necessárias e que tenham recebido formação adequada em matéria de regras de segurança e de proteção de dados pessoais e aplicam procedimentos administrativos e de gestão que correspondam às normas europeias ou internacionais;

c) Face ao risco da responsabilidade por danos prevista no artigo 13º, conservam recursos financeiros suficientes e/ou adquirem um seguro de responsabilidade adequado, de acordo com a legislação nacional;

d) Antes de estabelecerem uma relação contratual, informam, de forma clara e completa, as pessoas que pretendam utilizar serviços de confiança qualificados dos termos e condições exatos da utilização de tais serviços, incluindo de qualquer limitação à sua utilização;

e) Utilizam sistemas e produtos fiáveis que estejam protegidos contra modificações e garantam a segurança e a fiabilidade técnicas dos processos de que são suporte;

f) Utilizam sistemas fiáveis de armazenamento dos dados que lhes são fornecidos, num formato verificável, de modo a que:

i) os dados apenas estejam publicamente disponíveis para extração se tiver sido obtido o consentimento da pessoa a quem os dados digam respeito,

ii) apenas as pessoas autorizadas possam introduzir dados e alterações aos dados armazenados,

iii) a autenticidade dos dados possa ser verificada;

g) Tomam as medidas adequadas para prevenir a falsificação e o roubo dos dados;

h) Registam e mantêm acessíveis durante um prazo adequado, incluindo depois de o prestador qualificado de serviços de confiança ter deixado de prestar esses serviços, todas as informações pertinentes relativas aos dados emitidos e recebidos pelo prestador qualificado de serviços de confiança, em particular para efeitos de apresentação de provas em processos judiciais

e para garantir a continuidade do serviço. Esse registo poderá ser feito eletronicamente;

i) **Conservam um plano de cessação de atividades atualizado que garanta a continuidade do serviço de acordo com as disposições verificadas pela entidade supervisora nos termos do artigo 17º, nº 4, alínea i);**

j) **Garantem um tratamento lícito dos dados pessoais em conformidade com a Diretiva 95/46/CE;**

k) **Criam e mantêm atualizada uma base de dados de certificados, quando emitam certificados qualificados.**

3. Se os prestadores qualificados de serviços de confiança que emitem certificados qualificados decidirem revogar um certificado, registam a revogação na sua base de dados e publicam-na em tempo útil, mas sempre no prazo de 24 horas após a receção do pedido. A revogação produz efeitos imediatamente após a sua publicação.

4. No que respeita ao disposto no nº 3, os prestadores qualificados de serviços de confiança que emitam certificados qualificados fornecem a qualquer utilizador informações sobre a validade ou a revogação dos certificados qualificados por eles emitidos. Estas informações são fornecidas pelo menos para cada certificado, em qualquer altura e mesmo após o termo do prazo de validade do certificado, de uma maneira automática que seja fiável, gratuita e eficaz.

5. A Comissão pode, por meio de atos de execução, estabelecer os números de referência das normas relativas aos sistemas e produtos fiáveis que cumprem os requisitos constantes do nº 2, alíneas e) e f). Os sistemas e produtos fiáveis conformes com as referidas normas beneficiam da presunção de conformidade com os requisitos estabelecidos no artigo 24º. Esses atos de execução são adotados pelo procedimento de exame a que se refere o artigo 48º, nº 2.

Remissões: art. 3º, nº 15 (certificado qualificado de assinatura eletrónica); art. 13º (responsabilidade e ónus da prova); art. 28º (certificados qualificados de assinaturas eletrónicas); art. 10º do DL nº 12/2021, de 9.2 (prestadores de serviços de confiança); art. 13º do DL nº 12/2021, de 9.2 (deveres do prestador qualificado de serviços de confiança).

SECÇÃO 4 – ASSINATURAS ELETRÓNICAS

ARTIGO 25º – EFEITOS LEGAIS DAS ASSINATURAS ELETRÓNICAS

1. Não podem ser negados efeitos legais nem admissibilidade enquanto prova em processo judicial a uma assinatura eletrónica pelo simples facto de se apresentar em formato eletrónico ou de não cumprir os requisitos exigidos para as assinaturas eletrónicas qualificadas.

2. A assinatura eletrónica qualificada tem um efeito legal equivalente ao de uma assinatura manuscrita.

3. As assinaturas eletrónicas qualificadas baseadas em certificados qualificados emitidos num Estado-Membro são reconhecidas como assinatura eletrónica qualificada em todos os outros Estados-Membros.

Remissões: considerandos 2 e 49; art. 3º, nº s 10 (assinatura eletrónica), 11 (assinatura eletrónica avançada), 12 (assinatura eletrónica qualificada); art. 28º (certificados qualificados de assinaturas eletrónicas); art. 3º, nº 5, do DL nº 12/2021, de 9.2 (força probatória da assinatura eletrónica qualificada); art. 9º, nº 1, da Portaria nº 121/2021, de 9.6 (aposição de assinatura eletrónica qualificada em documento notarial arquivado eletronicamente).

1. Assinatura eletrónica simples

A assinatura eletrónica simples é definida como «*os dados em formato eletrónico que se ligam ou estão logicamente associados a outros dados em formato eletrónico e que sejam utilizados pelo signatário para assinar*» (art. 3º, nº 10). A definição legal enfatiza a função declarativa da assinatura (adesão ao conteúdo; cf. pp. 166-167), estando a função identificativa pressuposta.

A assinatura eletrónica simples é uma categoria residual face à assinatura eletrónica avançada e à assinatura eletrónica qualificada (cf. Art. 3º, nos. 11 e 12), consistente em qualquer método de imputação da autoria de um documento eletrónico. Assim, integra uma assinatura eletrónica «qualquer marca eletrónica que identifique alguém como signatário do documento.»[669] Pode ser um nome no final de um e-mail, um código numérico ou uma assinatura digitalizada.

[669] Marco Scialdone,"Il Documento Informativo e la Sua Eficacia Probatoria", in Andrea Lisi, Luca Giacopuzzi, *Guida al Codice dell'Amministrazione Digitale,* Halley, 2006, p. 45,

A assinatura eletrónica simples assume uma função identificadora no sentido de que deva dar indicação sobre a identidade eletrónica do subscritor do documento eletrónico. Há que não confundir identificação eletrónica com autenticação eletrónica. Na identificação eletrónica (art. 3º, nº 1), cuida-se de recolher dados identificativos objetivos através dos quais o sujeito se apresenta e afirma ser uma determinada pessoa. A autenticação (art. 3º, nº 5) é um procedimento com recurso a diversos instrumentos (v.g., PIN, password, dados biométricos) que visa estabelecer a certeza da associação da identidade a uma determinada pessoa, singular ou coletiva. A identificação é uma operação que está a montante da mensagem ou do seu envio enquanto a autenticação é o efeito, isto é, se o documento provém efetivamente da pessoa identificada então será autêntico.

Existem diversas tecnologias que permitem assumir a paternidade de um documento: (i) a digitalização gráfica de uma subscrição autógrafa, (ii) a representação de um dado biométrico, (iii) uma palavra-passe ou um PIN, (iv) a mera digitação do nome do autor no fim do documento, (v) um autenticador de mensagem (em inglês, MAC-*Message authentication code*) baseado na criptografia simétrica.[670]

A assinatura eletrónica simples é idónea a identificar o subscritor mas não é criada com dispositivos que assegurem, de forma absoluta, que apenas o subscritor tem acesso a eles[671], não garantindo também que o documento não sofreu qualquer modificação desde a sua formação. Falha a característica da univocidade, isto é, a possibilidade de reconduzir a assi-

apud Pedro Lacerda, "A Prova por Documentos Eletrónicos", in *Cadernos de Direito Privado*, abril-junho 2016, p. 20.

Por sua vez, João Marques Martins, "Documentos Eletrónicos e Meios de Prova", in Menezes Cordeiro (coord.), *Código Civil, Livro do Cinquentenário*, Almedina, 2019, pp. 811-812, define esta categoria como «qualquer marca ou sinal de natureza eletrónica que identifique determinada pessoa como autor do documento eletrónico, mas cuja aposição não pressuponha a intervenção do signatário nem proporcione a detetabilidade da alteração do documento após a aposição da marca ou sinal.»

670 Os valores MAC são criados e verificados com a utilização da mesma chave, de modo que o remetente e o recetor devem combinar a mesma chave previamente à comunicação. Deste modo, o autenticador de mensagem não propicia o não repúdio na medida em que o utilizador que verifica um MAC pode gerar MACs para mais mensagens.

671 Uma vez que a identificação eletrónica neste tipo de assinaturas se baseia, em regra, no conhecimento de um dado sigiloso que é cognoscível por pessoas diversas do subscritor, nomeadamente pelo gestor do sistema com quem o subscritor interage, as funções identificativa e declarativa da subscrição são eventuais e condicionadas a uma valoração *ex post*.

natura a um sujeito e apenas a este. Em suma, este tipo de assinatura não propicia, de forma segura, a autenticidade e integridade da subscrição.[672]

É nesta sede de assinatura eletrónica simples que mais se evidencia a diferença essencial entre a assinatura autógrafa analógica em suporte de papel e a assinatura eletrónica: enquanto aquela é uma categoria absoluta no sentido de que o documento ou está assinado ou não assinado, esta é uma categoria gradativa porquanto na assinatura eletrónica existem diversos graus de assinatura, sendo que a lei cuida de «garantir que o valor probatório que se atribui a cada documento eletrónico reflete o grau de confiança que se pode imputar à sua assinatura.»[673]

2. Princípio da não discriminação ou do não desconhecimento

A técnica legislativa utilizada pelo Regulamento foi de uma abordagem a dois níveis: estabeleceu o ***princípio da equivalência funcional*** entre a assinatura eletrónica qualificada e a assinatura autógrafa reconhecida (art. 25º, nº 2); quanto ao mais, estabeleceu o ***princípio da não discriminação ou do não desconhecimento***[674], nos termos do qual: «*Não podem ser negados efeitos legais nem admissibilidade enquanto prova em processo judicial a uma assinatura eletrónica pelo simples facto de se apresentar em formato eletrónico ou de não cumprir os requisitos exigidos para as assinaturas eletrónicas qualificadas*» (nº 1). Do princípio da não discriminação deriva que os tribunais nacionais têm que valorar os documentos dotados de assinatura eletrónica da mesma forma que são confrontados com a necessidade de valorar documentos analógicos providos de assinatura. O princípio da não discriminação ou não desconhecimento aplica-se quer à assinatura eletrónica simples quer à assinatura avançada.[675] O Regulamento não disciplina os efeitos jurídicos destes dois tipos de assinatura, relegando a fixação do respetivo valor probatório para os ordenamentos nacionais (cf. art. 2º, nº 3). Todavia, quanto à assi-

[672] Os códigos de acesso são acessíveis a um computador normal e estão na disponibilidade de quem propicia o serviço de modo que os conhecimentos necessários para encriptar e desencriptar a mensagem/assinatura são partilhados por várias pessoas.

[673] Pedro Lacerda, *Op. Cit.*, p. 20.

[674] Esta última menção é comum na doutrina italiana, cf., por todos, Francesco Delfini e Giusella Finocchiaro (Org.), *Identificazione Elettronica e Servizi Fiduciari pel le Transazioni Elettroniche nel Mercato Interno, Commento al Regolamento UE 910/2014*, Giappichelli Editore, 2017, pp. 6, 23.

[675] Francesco Delfine e Giusella Finocchiaro (Org.), *Op. Cit.*, p. 216.

natura eletrónica qualificada, do nº 2 resulta que a mesma tem sempre o efeito jurídico equivalente a uma assinatura manuscrita, sendo este regime uniforme nos Estados-Membros.

Do princípio da equivalência funcional derivam consequências relevantes, designadamente a nível da exigência da forma escrita como requisito *ad substantiam*. Assim, quando a lei exige a forma escrita para um negócio (v.g. art. 1143º, segunda parte, do CC), tal requisito só será satisfeito com uma assinatura eletrónica qualificada, sendo insuficientes as demais modalidades. Para maiores desenvolvimentos, cf. o comentário ao art. 3º, nº 5, do DL nº 12/2021, de 9.2 (pp. 452 e ss.) e comentário ao artigo seguinte.

Em conformidade com o princípio da não discriminação, o Art. 3º, nº 10, do DL nº 12/2021 dispõe que «*Salvo disposição especial, o valor probatório dos documentos eletrónicos não associados a serviços de confiança qualificados é apreciado nos termos gerais de direito.*» Por sua vez, o art. 21º, nº 1, do CAD Italiano dispõe que "*O documento informático, no qual é aposta uma assinatura eletrónica, satisfaz o requisito da forma escrita e no plano probatório é livremente valorado em juízo, tendo em conta as suas características objetivas de qualidade, segurança, integridade e imodificabilidade.*"

O nosso art. 3º, nº 10, peca por redundar numa enunciação de tal modo genérica que mais não visa do que salvaguardar a observância do princípio da não discriminação. Contudo, a interpretação sistemática do DL nº 12/2021 (que, neste aspeto, não difere substancialmente do anterior RJDEAD) e do Regulamento 910/2014 permite afirmar que os parâmetros de apreciação do valor probatório do documento eletrónico munido de assinatura simples assentam nas referidas características de qualidade, segurança (estes dois parâmetros reportam-se ao processo de criação do documento eletrónico), integridade e imodificabilidade do documento eletrónico. Tais características pairam como pontos de referência ou ideais regulativos que operam como pauta gradativa de apreciação da consistência e confiabilidade do documento eletrónico munido de assinatura simples. Com efeito, tais características são ínsitas e constitutivas da assinatura eletrónica qualificada, assumindo expressamente a lei que de tal assinatura promanam efeitos substantivos e probatórios equivalentes à assinatura autógrafa com força probatória plena.

Colocado perante um documento eletrónico com assinatura simples numa das modalidades técnicas enunciadas, cabe ao julgador aquilatar até que ponto tal assinatura – desde o momento da sua criação até à apresentação do documento em juízo – reveste as características de qualidade, segurança, integridade e imodificabilidade, graduando a sua eficácia probatória em conformidade. Neste âmbito, as presunções judiciais podem assumir um papel central. FABIO ROTA afirma a este propósito que: «Para determinar o efetivo valor probatório, competirá ao juiz valorar, mesmo com o recurso a presunções simples, o grau de confiança que é possível atribuir aos instrumentos de identificação informática empregues, mas não poderá chegar a negar em absoluto eficácia ao documento, como inversamente pode fazer face a um documento informático não subscrito, privado daquelas características objetivas a que a lei se reporta.»[676] Assim, por exemplo, se o documento eletrónico estiver dotado de assinatura eletrónica com as características técnicas da assinatura qualificada com exceção da intervenção do certificador, será razoável valorar como credíveis o texto e a assinatura, cabendo aferir quanto a esta até que ponto o subscritor teve um controlo exclusivo do dispositivo de criação da assinatura. Haverá sempre que apurar qual o grau de segurança atribuível à proveniência real do documento, indagar até que ponto a tecnologia empregue permite manipulações bem como se existem indícios destas.

Esta valoração casuística tem como reverso que o utilizador da assinatura eletrónica simples não está em posição de conhecer, previamente e com segurança, quais os efeitos probatórios de tal documento.

3. A assinatura eletrónica simples no enfoque processual

A circunstância de o documento eletrónico com assinatura simples, em razão das características técnicas desta, ser inidóneo a assumir a eficácia probatória prevista no art. 376º, nº 1, do CC tem consequências processuais relevantes. Assim, na vertente processual, a regra da livre valoração da prova significa que tal valoração não está condicionada pelo reconhecimento ou desconhecimento da contraparte a quem é imputado o documento.[677] Ou seja, o juiz pode considerar utilizável o documento e valorá-lo, erigindo-o a um dos fundamentos da sua convicção quanto à ocorrência

[676] *Op. cit.*, p. 754.

[677] Cf. FABIO ROTA, "I documenti", *in* Michele Taruffo (org.), *La Prova nel Processo Civile*, "Trattato di Diritto Civile e Commerciale", Milano, Giuffrè Editore, 2012, pp. 754-755; MATTEO LUPANO, "L'Informatica e le Nuove Frontiere della Prova Documentale", *in* Alberto Ronco (dir.), *Il Documento nel Processo Civile*, Zanichelli Editore, Bologna, 2011, p. 261; VILLECCO BETTELLI, *L'Efficacia Delle Prove Informatiche*, 2004, p. 124.

de um facto, mesmo que o documento tenha sido objeto de desconhecimento por parte do imputado subscritor.

Em sentido divergente, GIOVANNI VERDE entende que o desconhecimento deste tipo de documento «(...) dá vida a um verdadeiro e próprio incidente no decurso do qual o juiz deve verificar as características objetivas de qualidade e segurança, sobre as quais o documento pode ser considerando utilizável, sendo contrapostos os elementos probatórios facultados pela parte interessada. Noutros termos, o documento informático vai preliminarmente valorado pelo juiz, o qual deve oficiosamente verificar se o procedimento de formação oferece suficientes garantias de qualidade e segurança; se a resposta é positiva, o juiz pode assumir o conteúdo como base para a formação do seu convencimento; se a parte contra a qual o documento é produzido, assume que este foi formado abusivamente ou foi alterado por qualquer forma, deve alegar e provar o abuso; isto, todavia, acontece no âmbito de um incidente que tem por objeto a utilizabilidade da prova.»[678] Esta posição, que abre espaço para o reconhecimento/desconhecimento do documento, esbarra com a regra da livre valoração desta prova, não podendo ser subscrita. A comparação entre as características objetivas do documento no que tange à sua autenticidade e integridade, por um lado, com a posição expressa pela parte a quem o documento é imputado, por outro, é incorporada e absorvida no procedimento lógico da formação da convicção do juiz.[679] No limite, o juiz pode desatender o documento eletrónico munido de assinatura simples mesmo que a parte a quem é imputado não declare impugná-lo, desde que o juiz fundamente a não atendibilidade do documento na insubsistência das características apontadas.

4. Valor probatório material da assinatura eletrónica simples

Há que ter presente que a atuação judicial – sob a égide dos parâmetros de apreciação do valor probatório do documento eletrónico munido de assinatura simples, radicando nas características de qualidade, segurança, integridade e imodificabilidade da assinatura eletrónica – tem por escopo a fixação do conteúdo extrínseco do documento, a materialidade

678 "Prove Nuove", in *Rivista di Diritto Processuale*, Pádova, Ano 61, nº 1 (janeiro-março 2006), p. 43.

679 MATTEO LUPANO, *Op. cit.*, pg. 261, Nota 30; MICHELE TARUFFO, *La Prueba de los Hechos*, pp. 143 ss, 233-241, 331 e ss, 370 e ss.

das declarações vertidas no documento. No que tange à sinceridade, veracidade e carácter vinculativo de tais declarações, o juiz está apenas condicionado pelo *princípio da indivisibilidade* (art. 376º, nº 2, do CC; cf. p. 180), sendo tudo o demais valorado em sede de livre apreciação da prova quanto ao convencimento que merecem as declarações. O que não deve ocorrer é uma permuta entre o continente e o conteúdo no sentido de que, apurada a genuinidade daquele, se tenha por genuíno também o conteúdo.[680]

5. Princípio do mútuo reconhecimento

O nº 3 consagra o princípio do mútuo reconhecimento, segundo o qual uma assinatura eletrónica qualificada baseada em certificado qualificado emitido num Estado-Membro deve ser reconhecida como tal em todos os Estados-Membros. O propósito deste princípio é assegurar a interoperabilidade e o reconhecimento transfronteiriço da identificação eletrónica, autenticação e assinatura, tendo em vista reforçar o mercado digital único.

No que tange às tipologias de assinaturas, cf. o comentário ao artigo 26º.

Quanto ao regime do documento provido de assinatura eletrónica qualificada, cf. comentário ao art. 3º, nº 5, do DL nº 12/2021 de 9.2 (pp. 452 e ss.).

Pode verificar-se o tipo de assinatura eletrónica que está aposta num documento eletrónico em https://joinup.ec.europa.eu/dss-webapp/validation (DSS Demonstration WebApp).

6. Jurisprudência do Tribunal de Justiça

Acórdão de 20.10.2022, C-362/11:

> «O artigo 25º, nº 1, do Regulamento nº 910/2014 do Parlamento Europeu e do Conselho, de 23 de julho de 2014, relativo à identificação eletrónica e aos serviços de confiança para as transações eletrónicas no mercado interno e que revoga a Diretiva 1999/93/CE, deve ser interpretado no sentido de que não se opõe a que um ato administrativo estabelecido sob a forma de um documento eletrónico seja declarado nulo, quando é assinado através de uma assinatura eletrónica que não cumpre os requisitos deste regulamento para ser considerada uma «assinatura eletrónica qualificada», na aceção do artigo 3º, ponto 12,

[680] Cf. Giovanni Verde, "Prove Nuove", in *Rivista di Diritto Processuale*, Pádova, Ano 61, nº 1 (janeiro-março 2006), p. 43; Alessandra Villecco, "Le Prove Informatiche e la Produzione dei Documenti Probatori su Supporto Informatico", in G. Taddei Elmi (org.), *Il Processo Telematico*, 2000, p. 206.

do mesmo, desde que a nulidade desse ato não seja declarada apenas pelo facto de a assinatura se apresentar sob forma eletrónica.»

ARTIGO 26º – REQUISITOS PARA AS ASSINATURAS ELETRÓNICAS AVANÇADAS

A assinatura eletrónica avançada obedece aos seguintes requisitos:

a) **Estar associada de modo único ao signatário;**
b) **Permitir identificar o signatário;**
c) **Ser criada utilizando dados para a criação de uma assinatura eletrónica que o signatário pode, com um elevado nível de confiança, utilizar sob o seu controlo exclusivo; e**
d) **Estar ligada aos dados por ela assinados de tal modo que seja detetável qualquer alteração posterior dos dados.**

Remissões: art. 3º, nº 11 (assinatura eletrónica avançada).

1. Tipologias de assinaturas eletrónicas

A **assinatura eletrónica** comporta duas grandes espécies: a assinatura eletrónica não avançada ou simples e a assinatura eletrónica avançada. A **assinatura eletrónica simples** é definida como "*os dados em formato eletrónico que se ligam ou estão logicamente associados a outros dados em formato eletrónico e que sejam utilizados pelo signatário para assinar*" (art. 3º, nº 10).

Deve atentar-se que o Regulamento consente a emissão de assinaturas eletrónicas apenas a pessoas singulares/físicas, só estas podendo ser "Signatários" (cf. art. 3º, nº 9), criando o instituto do selo eletrónico para as pessoas coletivas.

A **assinatura eletrónica avançada** é definida (arts. 3º, nº 11, e 26º) como sendo a assinatura eletrónica que preenche os seguintes requisitos:

a) Estar associada de modo único ao signatário;
b) Permitir identificar o signatário;
c) Ser criada utilizando dados para a criação de uma assinatura eletrónica que o signatário pode, com um elevado nível de confiança, utilizar sob o seu controlo exclusivo; e
d) Estar ligada aos dados por ela assinados de tal modo que seja detetável alteração posterior dos dados (*princípio da integridade do documento*).

Esta definição de assinatura eletrónica avançada respeita o princípio da neutralidade tecnológica porquanto são elencadas uma série de condições sem que se imponha uma modalidade técnica tendo em vista a observância de tais condições. A assinatura eletrónica avançada não é um produto mas um processo.

Constitui exemplo deste tipo de assinatura a que é objeto de certificação por um prestador qualificado de serviços de confiança cujo certificado não esteja válido no momento da certificação (cf. art. 32º, nº 1, al b)).

A assinatura eletrónica avançada comporta, por sua vez, a subespécie de **assinatura eletrónica qualificada** definida como «*uma assinatura eletrónica avançada criada por um dispositivo qualificado de criação de assinaturas eletrónicas e que se baseie num certificado qualificado de assinatura eletrónica*» (Art. 3º, nº 12). Por sua vez, o certificado qualificado de assinatura eletrónica deve ser emitido por um prestador de serviços de confiança bem como conter os seguintes requisitos:

> «*a) Uma indicação, pelo menos num formato adequado ao tratamento automático, de que o certificado foi emitido como certificado qualificado de assinatura eletrónica;*
>
> *b) Um conjunto de dados que representem inequivocamente o prestador qualificado de serviços de confiança que tiver emitido os certificados qualificados, incluindo, pelo menos, o Estado-Membro em que esse prestador se encontre estabelecido e*
>
> *– para as pessoas coletivas: a designação e, eventualmente, o número de registo conforme constam dos registos oficiais,*
>
> *– para as pessoas singulares: o nome;*
>
> *c) Pelo menos, o nome do signatário, ou um pseudónimo, caso seja utilizado um pseudónimo, este deve ser claramente indicado;*
>
> *d) Os dados necessários para a validação da assinatura eletrónica que correspondam aos dados necessários para a criação da assinatura eletrónica;*
>
> *e) A indicação do início e do termo da validade do certificado;*
>
> *f) O código de identidade do certificado, que deve estar associado de modo único ao prestador qualificado de serviços de confiança;*
>
> *g) A assinatura eletrónica avançada ou o selo eletrónico avançado do prestador qualificado de serviços de confiança emitente;*
>
> *h) O local em que está disponível, a título gratuito, o certificado que sustenta a assinatura eletrónica avançada ou o selo eletrónico avançado a que se refere a alínea g);*
>
> *i) A localização dos serviços aos quais se pode recorrer para inquirir da validade do certificado qualificado;*

j) Se os dados para a criação da assinatura eletrónica relacionados com os dados para a validação da assinatura eletrónica se encontrarem num dispositivo qualificado de criação de assinatura eletrónica, uma indicação adequada desse facto, pelo menos num formato adequado para tratamento automático.» (art.3º, nº 15 e Anexo I do Regulamento).

Em resumo, a assinatura eletrónica qualificada, além de satisfazer os requisitos da assinatura eletrónica avançada, tem dois requisitos adicionais: a criação através de um dispositivo qualificado e a sua atestação através de um certificado qualificado. O seu maior grau de segurança advém destes requisitos adicionais.

A assinatura eletrónica qualificada pressupõe soluções tecnológicas nos termos das quais a assinatura se incorpora no documento de um modo tecnicamente indissolúvel.

A Lei nº 37/2014, de 26.6 (alterada pela Lei nº 32/2017, de 1.6), criou a Chave Móvel Digital como meio complementar e voluntário de assinatura eletrónica qualificada, nos termos previstos neste Regulamento (cf. pp. 387 e 479).

2. A assinatura eletrónica autenticada

O CAD Italiano prevê no art. 25º, nº 1, a assinatura eletrónica ou qualquer outro tipo de assinatura avançada autenticada pelo notário ou por outro oficial público autorizado. E o nº 2 do mesmo artigo dispõe que: "*A autenticação da assinatura eletrónica, mesmo que obtida por aquisição digital da assinatura autógrafa, ou por qualquer outro tipo de assinatura eletrónica avançada, consiste na atestação, por parte do oficial público, que a assinatura foi aposta pelo titular na sua presença, após prévia verificação da sua identidade pessoal, da validade do eventual certificado eletrónico utilizado e do facto de que o documento subscrito não é contrário ao ordenamento jurídico.*"

Apesar da nossa legislação não prever expressamente esta figura da assinatura eletrónica autenticada, a mesma não está vedada. Assim, o subscritor pode apor a assinatura eletrónica avançada/qualificada na presença do notário, declarando este que verificou a identidade do subscritor, que o subscritor assinou eletronicamente na sua presença, mais atestando o notário que verificou o certificado digital correspondente àquela assinatura (reconhecimento presencial com menções especiais; cf. art. 153º, nº 5, do CN). Todavia, o notário não tem de verificar a legalidade do ato em si, o que só ocorre no âmbito da escritura pública. Enquanto o notário fixa um nexo entre um sujeito e um documento singular, o certificador molda um nexo entre o sujeito e os instrumentos necessários para a geração e a verificação da assinatura eletrónica.

3. Caracteres da assinatura eletrónica qualificada

A assinatura eletrónica qualificada, obtida assim com o sistema de criptografia assimétrica ou de chave pública[681], confere segurança ao documento eletrónico porquanto é dotada dos seguintes atributos:

(i) É única para cada documento uma vez que está vinculada ao conteúdo (variável) pelo que o mesmo subscritor apõe uma assinatura eletrónica diferente em cada documento eletrónico que assina;

(ii) Assegura a **autenticação** porquanto quem possui a chave de verificação (pública) pode determinar se a transformação se realizou utilizando a chave de assinatura (privada);

(iii) Assegura a conferência da **integridade** do documento na medida em que qualquer alteração feita ao documento (para tal, basta adicionar um espaço em branco entre palavras), após a sua assinatura, invalida a assinatura. A assinatura digital confere ao documento eletrónico o atributo de *imutabilidade lógica*, sendo que «a inalterabilidade é dita "lógica" pelo facto não de impedir a modificação do documento, mas de impedir que o documento adulterado permaneça validamente assinado.»[682] PUPO CORREIA denomina esta função da assinatura eletrónica qualificada como *função de inalterabilidade*.[683]

O procedimento de validação da assinatura eletrónica, com intervenção de um terceiro certificador denominado prestador qualificado de serviços de confiança (art. 3º, nº 20, e Anexo II do Regulamento) é que atesta a proveniência do documento.

[681] Sobre a vertente técnica da criação de uma chave pública bem como sobre o processo de criação e verificação de uma assinatura digital, cf. DAVID DE PAULA SANTOS SILVA, *Portal de Validação de Documentos Assinados*, FCUP, 2021, acessível em linha.

[682] CHRISTIANO VITOR DE CAMPOS LACORTE, "A Validade Jurídica do Documento Digital", http://www.digital-log.com/artigos/a-validade-juridica-do-documento-digital, acedido em 11.11.2014.

[683] "Assinatura Electrónica e Certificação Digital", in *Direito da Sociedade da Informação*, 6º Vol., p. 307.

Esta assinatura eletrónica qualificada cumpre as funções da assinatura autógrafa, quais sejam: indicativa, que permite distinguir o autor do documento (cf. art. 3º, nº 2, al. a), do DL nº 12/2021, de 9.2); identificativa, que permite imputar aquela concreta assinatura àquele sujeito (cf. Anexo II, nº 1, al. d), do Regulamento); declarativa, que consiste na assunção da paternidade do documento pelo seu autor, apropriação do conteúdo da declaração (cf. art. 3º, nº 2, al. b), do DL nº 12/2021, de 9.2) e a função de afirmação da completude do texto (cf. art. 3º, nº 2, al. c), do DL nº 12/2021, de 9.2).

A circunstância da assinatura eletrónica qualificada exercer as mesmas funções que a assinatura autógrafa, aliada à equiparação legal preconizada entre a respetiva força probatória e a do documento particular com eficácia probatória plena (art. 3º, nº 5, do DL nº 12/2021, de 9.2), faz com que a assinatura eletrónica qualificada seja substituível pela assinatura autógrafa. Ou seja, quando a lei preconiza formalidade não inferior a um documento eletrónico com assinatura eletrónica avançada, constitui sucedâneo do mesmo um documento em suporte de papel com assinatura autógrafa reconhecida (cf. arts. 374º, nº 1, 375º, nº 1, do CC e art. 153º do CN). A assinatura eletrónica qualificada poderá ser sucedânea da assinatura autógrafa desde que o documento ao qual é aposta seja eletrónico.

O documento eletrónico provido de assinatura qualificada satisfaz os objetivos que presidem à imposição de uma forma vinculada: ponderação e documentação. Com efeito, ocorre uma chamada de atenção da parte para a importância do ato que vai praticar e, por outro lado, ao apor uma assinatura eletrónica qualificada, a parte desenvolve uma atividade formal que coincide com a atividade de documentação, produzindo um documento com valor probatório à semelhança do que ocorre com a subscrição de um documento em suporte de papel. Enquanto a função da ponderação se exprime na forma como atividade, a função de documentação reflete-se na forma como coisa (produto da atividade).[684]

Com o regime adotado nos arts. 3º, nº 5, do DL nº 12/2021, de 9.2, e 25º, nº 2, do Regulamento, o legislador considera a subscrição do documento eletrónico particular como um elemento estrutural do mesmo e, sobretudo, clarifica que quem queira beneficiar do regime probatório do art. 376º do CC tem de assinar o documento analógico em suporte de papel de forma autógrafa ou o documento eletrónico com assinatura eletrónica qualificada.

684 Cf. Raimondo Zagami, *Firma Digitale e Sicureza Giuridica Nel D.P.R. 10 novembre 1997, n. 513 e Nel D.P.C.M. 8 febbraio 1998*, Cedam, Padova, 2000, pp. 155-156.

ARTIGO 27º - ASSINATURAS ELETRÓNICAS EM SERVIÇOS PÚBLICOS

1. O Estado-Membro que exigir assinatura eletrónica avançada para a utilização de serviços em linha oferecidos por organismos públicos ou em nome destes, reconheça [*deve reconhecer*] as assinaturas eletrónicas avançadas, as assinaturas eletrónicas avançadas baseadas em certificados qualificados para assinaturas eletrónicas e as assinaturas eletrónicas qualificadas que pelo menos se apresentem nos formatos ou utilizem os métodos definidos nos atos de execução a que se refere o nº 5.

2. O Estado-Membro que exigir assinatura eletrónica avançada baseada num certificado qualificado para a utilização de serviços em linha oferecidos por organismos públicos ou em nome destes, reconheça [*deve reconhecer*] as assinaturas eletrónicas avançadas baseadas em certificados qualificados para assinaturas eletrónicas e as assinaturas eletrónicas qualificadas que pelo menos se apresentem nos formatos ou utilizem os métodos definidos nos atos de execução a que se refere o nº 5.

3. Os Estados-Membros não exigem para a utilização transfronteiriça em serviços em linha prestados por organismos públicos, uma assinatura eletrónica com um nível de garantia de segurança superior ao da assinatura eletrónica qualificada.

4. A Comissão pode, por meio de atos de execução, estabelecer os números de referência das normas relativas às assinaturas eletrónicas avançadas. As assinaturas eletrónicas avançadas conformes com as referidas normas beneficiam da presunção de conformidade com os requisitos aplicáveis às assinaturas eletrónicas avançadas referidos nos nº s 1 e 2 do presente artigo e no artigo 26º. Esses atos de execução são adotados pelo procedimento de exame a que se refere o artigo 48º, nº 2.

5. Até 18 de setembro de 2015, e tendo em conta as práticas, normas e atos jurídicos da União, a Comissão, mediante atos de execução, define os formatos de referência das assinaturas eletrónicas avançadas ou os métodos de referência se forem utilizados formatos alternativos. Esses atos de execução são adotados pelo procedimento de exame a que se refere o artigo 48º, nº 2.

Remissões: art. 3º, nº 7 (organismo público) e nº 8 (organismo de direito público); art. 37º (selos eletrónicos em serviços públicos); art. 4º do DL nº 12/2021, de 9.2 (documentos eletrónicos das entidades públicas); art. 27º do DL nº 12/2021, de 9.2 (entidade de certificação eletrónica do Estado); art. 6º (balcão único eletrónico) do Decreto-lei nº 92/2010, de 26.7 (princípios e regras para simplificar o livre acesso e exercício das atividades de serviços); Decreto-lei nº 83/2018, de 19.10 (transpôs a Diretiva (UE) 2016/2102, do Parlamento Europeu e do Conselho, de 26 de outubro de 2016, relativa à acessibilidade dos sítios web e das aplicações móveis de organismos do setor público); Lei nº 36/2011, de 21.6 (estabelece a adoção de normas abertas nos sistemas informáticos do Estado).

Esta norma disciplina o reconhecimento recíproco da assinatura eletrónica nos serviços públicos, estando direcionada apenas para as pessoas singulares. Estão abrangidos os organismos públicos enunciados no art. 3º, nº s. 7 e 8 bem como os sujeitos privados encarregues de desenvolver um serviço público.[685]

Em termos gerais, o Estado-Membro, que exige aos utentes o emprego de uma assinatura eletrónica avançada para poderem utilizar serviços em linha no setor público, deve reconhecer todas as assinaturas eletrónicas avançadas e as baseadas num certificado qualificado, desde que respeitam os requisitos técnicos indicados pela Comissão. Assim, se uma assinatura eletrónica avançada é requerida, os Estados-Membros estão vinculados a reconhecer assinaturas que garantam um igual ou superior grau de segurança.

A Lei nº 37/2014, de 26.6 (alterada pela Lei nº 32/2017, de 1.6), criou a «Chave Móvel Digital» (CMD) como meio complementar e voluntário: a) de autenticação dos cidadãos nos portais e sítios na Internet da Administração Pública; b) de assinatura eletrónica qualificada, nos termos previstos neste Regulamento. O procedimento consiste na associação de um número de identificação civil a um número de telemóvel ou endereço de *e-mail*. Constitui um método de autenticação seguro e que implica uma presunção de autoria, nos termos da qual se presume que os atos associados ao cidadão nos portais ou sites da administração pública foram praticados por ele (cf. p. 479).

[685] Neste sentido, cf. Beatrice Desio Levi in Francesco Delfini e Giusella Finocchiaro (Org.), *Identificazione Elettronica e Servizi Fiduciari pel le Transazioni Elettroniche nel Mercato Interno, Commento al Regolamento UE 910/2014*, Giappichelli Editore, 2017, p. 224.

A Decisão de Execução (UE) 2015/1506 da Comissão, de 8 de setembro de 2015, veio estabelecer as especificações relativas aos formatos das assinaturas eletrónicas avançadas e dos selos eletrónicos avançados para reconhecimento pelos organismos públicos nos termos dos arts. 27º, nº 5, e 37º, nº 5, do Regulamento.

1. Jurisprudência do Tribunal de Justiça
Acórdão de 1.12.2022, C-564/21:

> «O artigo 23º, nº 1, e o artigo 46º, n.os 1 e 3, da Diretiva 2013/32/UE do Parlamento Europeu e do Conselho, de 26 de junho de 2013, relativa a procedimentos comuns de concessão e retirada do estatuto de proteção internacional, lidos em conjugação com o artigo 47º da Carta dos Direitos Fundamentais da União Europeia, devem ser interpretados no sentido de que: não se opõem a uma prática administrativa nacional nos termos da qual a autoridade administrativa que se pronunciou sobre um pedido de proteção internacional transmite ao representante do requerente uma cópia do processo eletrónico relativo a este pedido na forma de uma sequência de ficheiros distintos em formato PDF (Portable Document Format), sem uma paginação sequencial, e cuja estrutura pode ser visualizada através de um programa informático gratuito e de livre acesso na Internet, desde que, por um lado, este modo de transmissão garanta um acesso à totalidade das informações pertinentes para a defesa do requerente, constantes deste processo, com base nas quais a decisão relativa a esse pedido foi adotada, e, por outro, o referido modo de transmissão ofereça uma representação tão fiel quanto possível da estrutura e da cronologia do referido processo, sem prejuízo dos casos em que objetivos de interesse geral se oponham à divulgação de certas informações ao representante do requerente.»

ARTIGO 28º – CERTIFICADOS QUALIFICADOS DE ASSINATURAS ELETRÓNICAS

1. Os certificados qualificados de assinaturas eletrónicas cumprem os requisitos estabelecidos no anexo I.

2. Os certificados qualificados de assinaturas eletrónicas não podem estar sujeitos a requisitos obrigatórios que excedam os requisitos estabelecidos no anexo I.

3. Os certificados qualificados de assinaturas eletrónicas podem incluir características específicas adicionais não obrigatórias. Tais

características não prejudicam a interoperabilidade e o reconhecimento das assinaturas eletrónicas qualificadas.

4. Os certificados qualificados de assinaturas eletrónicas que tenham sido revogados após a ativação inicial perdem a validade a partir do momento da revogação, não podendo o seu estatuto ser revertido, em nenhuma circunstância.

5. Os Estados-Membros podem estabelecer regras nacionais sobre a suspensão temporária dos certificados qualificados de uma assinatura eletrónica na condição de:

- ***a)*** **O certificado qualificado de assinatura eletrónica que tiver sido suspenso temporariamente perder a sua validade durante o período da suspensão.**
- ***b)*** **O período de suspensão ser claramente indicado na base de dados de certificados e, durante o período pertinente, o estatuto de suspensão ser visível para o serviço que presta informações sobre o estatuto dos certificados.**

6. A Comissão pode, por meio de atos de execução, estabelecer os números de referência das normas relativas aos certificados qualificados de assinatura eletrónica. Os certificados qualificados de assinatura eletrónica conformes com as referidas normas beneficiam da presunção de conformidade com os requisitos estabelecidos no anexo I. Esses atos de execução são adotados pelo procedimento de exame a que se refere o artigo 48º, nº 2.

Remissões: considerando 54; art. 3º, nº 15 (certificado qualificado de assinatura eletrónica).

ARTIGO 29º – REQUISITOS APLICÁVEIS AOS DISPOSITIVOS QUALIFICADOS DE CRIAÇÃO DE ASSINATURAS ELETRÓNICAS

1. Os dispositivos qualificados de criação de assinaturas eletrónicas cumprem os requisitos estabelecidos no anexo II.

2. A Comissão pode, por meio de atos de execução, estabelecer os números de referência das normas relativas aos dispositivos qualificados de criação de assinaturas eletrónicas. Os dispositivos qualifica-

dos de criação de assinaturas eletrónicas conformes com as referidas normas beneficiam da presunção de conformidade com os requisitos estabelecidos no anexo II. Esses atos de execução são adotados pelo procedimento de exame a que se refere o artigo 48º, nº 2.

Remissões: art. 3º, nº 23 (dispositivo qualificado de criação de assinaturas eletrónicas).

ARTIGO 30º – CERTIFICAÇÃO DOS DISPOSITIVOS QUALIFICADOS DE CRIAÇÃO DE ASSINATURAS ELETRÓNICAS

1. A conformidade dos dispositivos qualificados de criação de assinaturas eletrónicas com os requisitos estabelecidos no anexo II é certificada pelas entidades públicas ou privadas competentes designadas pelos Estados-Membros.

2. Os Estados-Membros comunicam à Comissão a denominação e o endereço da entidade pública ou privada por eles designada, referida no nº 1. A Comissão põe a informação à disposição dos Estados-Membros.

3. A certificação referida no nº 1 é baseada:

a) **Num processo de avaliação de segurança executado de acordo com as normas da avaliação de segurança dos produtos informáticos constantes da lista elaborada nos termos do segundo parágrafo; ou**

b) **Num processo diferente do referido na alínea a), desde que esse processo utilize níveis de segurança comparáveis e a entidade pública ou privada referida no nº 1 notifique esse processo à Comissão. Esse processo só pode ser utilizado na falta das normas constantes da alínea a) ou se estiver em curso um processo de avaliação de segurança referido na alínea a).**

A Comissão deve, por meio de atos de execução, elaborar a lista de normas da avaliação de segurança dos produtos informáticos a que se refere a alínea a). Esses atos de execução são adotados pelo procedimento de exame a que se refere o artigo 8º.

4. A Comissão tem poderes para adotar atos delegados nos termos do artigo 47º para estabelecer os critérios específicos a cumprir pelas entidades designadas referidas no nº 1 do presente artigo.

Remissões: art. 3º, nº 23 (dispositivo qualificado de criação de assinaturas eletrónicas).

A Decisão de Execução (UE) 2016/650 da Comissão, de 25 de abril de 2016, veio estabelecer normas para a avaliação da segurança dos dispositivos qualificados de criação de assinaturas e selos nos termos dos arts. 30º, nº 3 e 39º, nº 2, do Regulamento.

A lista de processos alternativos notificados à Comissão, de acordo com os arts. 30º nº 3, a. b) e 39º, nº 2, reportada a 2019, está acessível em https://ec.europa.eu/futurium/en/system/files/ged/list_of_alternative_processes_01042019.pdf.

ARTIGO 31º – PUBLICAÇÃO DE UMA LISTA DE DISPOSITIVOS QUALIFICADOS E CERTIFICADOS DE CRIAÇÃO DE ASSINATURAS ELETRÓNICAS

1. Os Estados-Membros comunicam à Comissão, sem atrasos indevidos, no prazo de um mês após a conclusão da certificação, informações sobre os dispositivos qualificados de criação de assinaturas eletrónicas que tenham sido certificados pelas entidades referidas no artigo 30º, nº 1. Comunicam também à Comissão, sem atrasos indevidos, no prazo de um mês após a conclusão da certificação, informações sobre os dispositivos de criação de assinaturas eletrónicas que deixem de estar certificados.

2. Com base nas informações recebidas, a Comissão elabora, publica e mantém atualizada uma lista dos dispositivos qualificados e certificados de criação de assinaturas eletrónicas.

3. A Comissão pode, por meio de atos de execução, definir os formatos e os procedimentos aplicáveis para efeitos do disposto no nº 1. Esses atos de execução são adotados pelo procedimento de exame a que se refere o artigo 48º, nº 2.

Com referência a 24.1.2020, uma compilação da lista das notificações dos Estados-Membros está acessível em https://ec.europa.eu/futurium/en/system/files/ged/eidas-art.31-list-2020-01-24.pdf.

ARTIGO 32º – REQUISITOS APLICÁVEIS À VALIDADE DAS ASSINATURAS ELETRÓNICAS QUALIFICADAS

1. O processo de validação de uma assinatura eletrónica qualificada confirma a validade desta na condição de:

a) No momento da assinatura, o certificado que lhe serve de suporte ser um certificado qualificado de assinatura eletrónica conforme com o disposto no anexo I;
b) O certificado qualificado ter sido emitido por um prestador qualificado de serviços de confiança e ser válido no momento da assinatura;
c) Os dados para a validação da assinatura corresponderem aos dados fornecidos ao utilizador;
d) O conjunto único de dados que representam o signatário no certificado serem corretamente fornecidos ao utilizador;
e) A utilização de um pseudónimo no momento da assinatura ser claramente indicada ao utilizador;
f) A assinatura eletrónica ter sido criada por um dispositivo qualificado de criação de assinatura eletrónica;
g) A integridade dos dados assinados não ter sido afetada;
h) Os requisitos previstos no artigo 26º se encontrarem preenchidos no momento da assinatura;

2. O sistema utilizado para validar a assinatura eletrónica qualificada fornece ao utilizador o resultado correto do processo de validação e permite-lhe detetar eventuais problemas de segurança.

3. A Comissão pode, por meio de atos de execução, estabelecer os números de referência das normas para a validação de assinaturas eletrónicas qualificadas. A validação de assinaturas eletrónicas qualificadas que seja conforme com as referidas normas beneficia da presunção de conformidade com os requisitos estabelecidos no nº 1. Esses atos de execução são adotados pelo procedimento de exame a que se refere o artigo 48º, nº 2.

Remissões: art. 3º, nº 15 (certificado qualificado de assinatura eletrónica); art. 3º, nº 41 (validação).

ARTIGO 33º - SERVIÇO QUALIFICADO DE VALIDAÇÃO DE ASSINATURAS ELETRÓNICAS QUALIFICADAS

1. Os serviços qualificados de validação de assinaturas eletrónicas qualificadas só podem ser prestados por prestadores qualificados de serviços de confiança que:

a) **Efetuem a validação em conformidade com o artigo 32º, nº 1, e**

b) **Permitam aos utilizadores receber o resultado do processo de validação de um modo automático que seja fiável e eficaz e que inclua a assinatura eletrónica avançada ou o selo eletrónico avançado do prestador do serviço qualificado de validação.**

2. A Comissão pode, por meio de atos de execução, estabelecer os números de referência das normas relativas ao serviço qualificado de validação referido no nº 1. O serviço de validação de assinaturas eletrónicas qualificadas que seja conforme com essas normas beneficia da presunção de conformidade com os requisitos estabelecidos no nº 1. Esses atos de execução são adotados pelo procedimento de exame a que se refere o artigo 48º, nº 2.

Remissões: art. 3º, nº 20 (prestador qualificado de serviços de confiança).

ARTIGO 34º - SERVIÇO QUALIFICADO DE PRESERVAÇÃO DE ASSINATURAS ELETRÓNICAS QUALIFICADAS

1. Os serviços de preservação de assinaturas eletrónicas qualificadas só podem ser prestados por prestadores qualificados de serviços de confiança que utilizem procedimentos e tecnologias capazes de prolongar a fiabilidade das assinaturas eletrónicas qualificadas para além do prazo de validade tecnológica.

2. A Comissão pode, por meio de atos de execução, estabelecer os números de referência das normas relativas ao serviço qualificado de preservação de assinaturas eletrónicas qualificadas. As disposições aplicáveis ao serviço qualificado de preservação de assinaturas eletrónicas qualificadas que sejam conformes com essas normas beneficiam da presunção de conformidade com os requisitos estabelecidos no

nº 1. Esses atos de execução são adotados pelo procedimento de exame a que se refere o artigo 48º, nº 2.

Remissões: considerando 61.

A preservação de assinaturas eletrónicas qualificadas e de selos eletrónicos qualificados (cf. art. 40º) constitui um serviço diferente do arquivo eletrónicos de documentos, sendo que este não é um serviço de confiança nos termos do Regulamento. Enquanto aquela tem como objetivo garantir a confiabilidade de uma assinatura eletrónica qualificado ou selo eletrónico qualificado, o arquivo eletrónico tem como propósito assegurar que um documento se armazena com o fim de garantir a sua integridade e outras características legais. Compete aos Estados-Membros regular o serviço de arquivo/preservação de documentos eletrónicos.

SECÇÃO 5 – SELOS ELETRÓNICOS

ARTIGO 35º – EFEITOS LEGAIS DOS SELOS ELETRÓNICOS

1. Não podem ser negados efeitos legais nem admissibilidade enquanto prova em processo judicial a um selo eletrónico pelo simples facto de se apresentar em formato eletrónico ou de não cumprir os requisitos dos selos eletrónicos qualificados.

2. O selo eletrónico qualificado beneficia da presunção da integridade dos dados e da correção da origem dos dados aos quais está associado.

3. Os selos eletrónicos qualificados baseados em certificados qualificados emitidos num Estado-Membro são reconhecidos como selos eletrónicos qualificados em todos os outros Estados-Membros.

Remissões: considerandos 58, 59, 65; art. 3º, nº 25 (selo eletrónico), nº 27 (selo eletrónico qualificado) e nº 30 (certificado qualificado de selo eletrónico); art. 3º, nº 7, do DL nº 12/2021, de 9.2 (força probatória do selo eletrónico qualificado); art. 5º, nº 3, do DL nº 12/2021, de 9.2 (comunicação de documento eletrónico provido de selo eletrónico qualificado); art. 13º, al. d), do DL nº 12/2021, de 9.2 (deveres do prestador qualificado de serviços de confiança).

O Regulamento define o selo eletrónico como o conjunto de «*dados em formato eletrónico apenso ou logicamente associado a outros dados em formato eletrónico para garantir a origem e a integridade destes últimos*» (art. 3º, nº 25). Os selos eletrónicos servem de prova da emissão de um documento eletrónico por determinada pessoa coletiva, certificando a origem e a integridade do documento (Considerando 59).

Trata-se de um instrumento para garantir a integridade do documento e a sua emissão por uma pessoa coletiva, embora sem assinatura. Na ausência de expressa indicação do Regulamento em tal sentido, deve excluir-se que – mediante o simples emprego do selo eletrónico – possa ser imputada uma declaração negocial diretamente à pessoa coletiva, sem que esteja implicado o representante legal pressuposto à função declarativa. Por outras palavras, «o uso do selo eletrónico não deve incidir sobre a disciplina da representação legal e voluntária dos entes.»[686] Ou seja, o selo eletrónico não pode considerar-se propriamente como "assinatura eletrónica da pessoa coletiva", subsistindo como um instrumento juridicamente distinto.[687] O mesmo exerce uma função identificativa mas não declarativa, de forma que a pessoa coletiva a que o selo eletrónico se refere não assume a paternidade do documento formado e não exprime um consenso juridicamente relevante.[688] Ou seja, o selo eletrónico não tem a função de expressar a adesão de um organismo ao conteúdo de uma afirmação.[689]

A assinatura eletrónica permite imputar uma declaração de ciência ou de vontade a uma pessoa singular enquanto o selo eletrónico só pode ser criado por uma pessoa coletiva (cf. art. 3º, nº 24). Atenta a opção do legislador comunitário, uma pessoa singular tem de utilizar a assinatura eletrónica para alcançar o propósito típico do selo eletrónico.

Todavia, atento o teor do considerando 24, será de entender que o legislador nacional tem liberdade para introduzir disposições que assegurem funções adicionais ao selo eletrónico. Nesta medida, o legislador nacional pode atribuir ao selo eletrónico os mesmos efeitos que decorrem de uma

[686] Francesco Delfini e Giusella Finocchiaro (Org.), *Identificazione Elettronica e Servizi Fiduciari pel le Transazioni Elettroniche nel Mercato Interno, Commento al Regolamento UE 910/2014*, Giappichelli Editore, 2017, p. 25.

[687] Francesco Delfini e Giusella Finocchiaro, *Op. Cit.*, p. 53.

[688] Francesco Delfini e Giusella Finocchiaro, *Op. Cit.*, p. 264.

[689] Gatti in Zaccaria/Schmidt-Kessel/Schulze/Gambino (ed.), *EU eIDAS Regulation*, Beck-Hart-Nomos, Munique, 2020, p. 280.

assinatura de uma pessoa, passando o mesmo a assumir o valor vinculativo de uma assinatura.[690] O intuito do legislador comunitário foi o de não modificar as regras nacionais sobre a representação legal das pessoas.

Um selo eletrónico consiste numa imagem eletrónica (que pode conter o NIF e a denominação da sociedade/entidade), correspondente aos documentos privados emitidos pela sociedade/entidade, com a mesma validade e eficácia, imagem essa obtida através de processos de digitalização que garantem a respetiva autenticidade, integridade e a conservação. Este certificado está pensado designadamente para realizar a emissão automatizada de documentos mesmo pela Administração Pública (cf. art. 37º do Regulamento). Os selos eletrónicos também ser utilizados em comunicações máquina a máquina, sendo uma ferramenta útil para respaldar transações automatizadas seguras.[691] Em termos funcionais, os antecessores do selo eletrónico são o carimbo tradicionalmente utilizado nas empresas e o selo branco utilizado nos organismos públicos.

Com esta inovação, pretende-se reforçar a confiança nas transações eletrónicas no mercado único, conseguindo-se uma interação segura entre empresas, cidadãos e a administração pública, no intuito de incrementar a eficácia dos serviços em linha de entidades privadas e públicas bem como do comércio eletrónico na União Europeia.

Os selos eletrónicos podem ser utilizados para autenticar qualquer ativo digital da empresa, nomeadamente as suas aplicações informáticas, v.g., equipamentos, *software, hardware* e conectividade que faz com que estes estejam à disposição dos utilizadores: correio eletrónico, bases de dados de clientes, etc. A aposição do selo eletrónico atalha as vulnerabilidades que podem estar associadas a estes ativos (v.g., software pouco seguro) com recurso à confidencialidade, integridade, autenticidade e não repúdio.[692]

Simetricamente ao que ocorre com a assinatura eletrónica, o Regulamento prevê o selo eletrónico avançado e o selo eletrónico qualificado com progressivos níveis de segurança (arts. 3º, nos. 26 e 27, 36º e 38º).

O nº 1 institui, mais uma vez, o princípio da não discriminação, sendo atribuídos ao selo eletrónico simples efeitos jurídicos e reconhecida a sua

[690] Neste sentido, GATTI, *Op. Cit.*, p. 281.

[691] PALOMA LLANEZA, *Reglamento Eidas, Nuevos Servicios de Confianza, Identificación Eletrónica, Y Sus Prestadores,* Comares, 2018, p. 38.

[692] ANTONIO MERCHÁN MURILLO, *Firma Electrónica: Funciones y Problemática*, Aranzadi, 2016, p. 115.

idoneidade a valer como prova num processo. Dentro dos limites estabelecidos pelo Regulamento, o selo eletrónico simples terá uma eficácia e valor probatórios que poderão variar de Estado-Membro para Estado-Membro. Cada Estado-Membro definirá os efeitos do selo eletrónico, sem prejuízo das normas injuntivas, designadamente do nº 2. O nº 7, do art. 3º, do DL nº 12/2021, de 9.2, determina que a aposição de um selo eletrónico qualificado faz presumir, nos termos do nº 2 deste art. 35º, a origem e a integridade do documento eletrónico. No que tange aos efeitos legais, os mesmos não são enunciados por ramos de direito, sendo certo que a doutrina assinala que tais efeitos não podem ser invocados em processo penal, uma vez que falta competência nessa matéria à União Europeia.

O nº 2 estabelece para o selo eletrónico qualificado a presunção da integridade dos dados e da correção da origem dos dados ao qual está associado. Note-se que o legislador não estabeleceu similar presunção no art. 25º a propósito da assinatura eletrónica qualificada. Não existe consenso quanto à interpretação deste nº 2. Assim, para uma corrente, a presunção instituída no art. 35º, nº 2, determina a inversão do ónus da prova, incumbindo à parte contrária demonstrar que os dados provêm de uma fonte diversa ou que foram alterados. Assim, incumbe o ónus da prova a quem impugnar a proveniência do documento da pessoa coletiva ou a quem alegar a ocorrência de alteração ou modificação do documento.[693] Para outra corrente, o Regulamento não especifica a força da presunção em causa nem o modo de a ilidir. Neste sentido, afirma-se que não faz sentido atribuir a um selo eletrónico qualificado um valor probatório uniforme mais consistente do que o atribuído a uma assinatura eletrónica qualificada.[694]

A maior fragilidade do selo eletrónico decorre da circunstância do mesmo ser materialmente criado por uma pessoa singular, por delegação ou autorização, sendo que tal pessoa singular não é necessariamente identificada, sendo o selo imputado à pessoa coletiva. É por essa ordem de razões que se justifica o teor do considerando 60, o qual, não tendo consagração no texto do Regulamento, não tem um efeito legal compulsório. Neste contexto, numa situação de emissão de selo eletrónico por pessoa singular sem autorização da pessoa coletiva, uma via de solução poderá

[693] Francesco Delfini e Giusella Finocchiaro, *Op. Cit.*, p. 269.

[694] Gatti in Zaccaria/Schmidt-Kessel/Schulze/Gambino (ed.), *EU eIDAS Regulation*, Beck-Hart-Nomos, Munique, 2020, p. 286.

ser encontrada na teoria da representação aparente, conforme é entendido na Bélgica.[695]

ARTIGO 36º – REQUISITOS PARA OS SELOS ELETRÓNICOS AVANÇADOS

O selo eletrónico avançado obedece aos seguintes requisitos:

a) **Estar associado de modo único ao seu criador;**
b) **Permitir identificar o seu criador;**
c) **Ser criado através dos dados de criação de selos eletrónicos cujo criador pode, com um elevado nível de confiança e sob o seu controlo, utilizar para a criação de um selo eletrónico; e**
d) **Estar ligado aos dados a que diz respeito de tal modo que seja detetável qualquer alteração posterior dos dados.**

Remissões: art. 3º, nº 26 (selo eletrónico avançado), nº 27 (selo eletrónico qualificado), nº 29 (certificado de selo eletrónico) e nº 30 (certificado qualificado de selo eletrónico).

1. Tipologias de selos eletrónicos

Simetricamente com o que ocorre com as assinaturas eletrónicas, os selos eletrónicos podem ser simples, avançados e qualificados. O selo eletrónico avançado tem de observar os quatro requisitos constitutivos enunciados neste artigo. Um selo eletrónico avançado assegura um nível de confiança mais elevado que um selo eletrónico simples mas, ainda assim, não atinge o patamar de confiança enunciado no nº 2, do art. 35º, para o selo eletrónico qualificado.

O Regulamento não estabelece um valor probatório explícito e próprio para o selo eletrónico avançado, o qual beneficia apenas do princípio da não discriminação consagrado no nº 1 do art. 35º. Contudo, considerando o nível de segurança e os requisitos técnicos ínsitos ao selo eletrónico avançado (nomeadamente, está ligado apenas à pessoa que o cria, a qual é identificável e permite detetar qualquer alteração), é possível que os juízes nacionais entendam valorar o selo eletrónico avançado como meio probatório adequado para demonstrar a autenticidade e a origem dos dados aos quais está ligado.[696]

[695] Gatti, *Op. Cit.*, p. 291.
[696] Gatti, *Op. Cit.*, p. 293.

O selo eletrónico qualificado é um selo eletrónico avançado criado por um dispositivo qualificado de criação de selos eletrónicos e que se baseie num certificado qualificado de selo eletrónico (art. 3º, nº 27). Este certificado qualificado é emitido por um prestador qualificado de serviços de confiança que satisfaça os requisitos estabelecidos no Anexo III (art. 3º, nº 30). Em conformidade com o grau mais elevado de confiança que lhe assiste, o selo eletrónico qualificado beneficia da presunção do nº 2 do art. 35º, reafirmada no nº 7, do art. 3º, do DL nº 12/2021, de 9.2.

ARTIGO 37º – SELOS ELETRÓNICOS EM SERVIÇOS PÚBLICOS

1. O Estado-Membro que exigir selo eletrónico avançado para a utilização de serviços em linha oferecidos por organismos públicos ou em nome destes, reconhece os selos eletrónicos avançados, os selos eletrónicos avançados baseados em certificados qualificados para selos eletrónicos e selos eletrónicos qualificados pelo menos que se apresentem nos formatos ou utilizem os métodos definidos nos atos de execução a que se refere o nº 5.

2. O Estado-Membro que exigir selo eletrónico avançado baseado num certificado qualificado para a utilização de serviços em linha oferecidos por organismos públicos ou em nome destes, reconhece os selos eletrónicos avançados baseados em certificados qualificados para selos eletrónicos e selos eletrónicos qualificados pelo menos que se apresentem nos formatos ou utilizem os métodos definidos nos atos de execução a que se refere o nº 5.

3. Os Estados-Membros não exigem, para a utilização transfronteiriça em serviços em linha prestados por organismos públicos, um selo eletrónico com um nível de garantia de segurança superior ao do selo eletrónico qualificado.

4. A Comissão pode, por meio de atos de execução, estabelecer os números de referência das normas relativas aos selos eletrónicos avançados. Os selos eletrónicos avançados conformes com as referidas normas beneficiam da presunção de conformidade com os requisitos para selos eletrónicos avançados referidos nos nº s 1 e 2 do presente artigo e no artigo 36º. Esses atos de execução são adotados pelo procedimento de exame a que se refere o artigo 48º, nº 2.

5. Até 18 de setembro de 2015, e tendo em conta as práticas, normas e atos jurídicos da União, a Comissão, através de atos de execução, define os formatos de referência dos selos eletrónicos avançados ou os métodos de referência se forem utilizados formatos alternativos. Esses atos de execução são adotados pelo procedimento de exame a que se refere o artigo 48º, nº 2.

Remissões: art. 3º, nº 7 (organismo público) e nº 8 (organismo de direito público); considerando 64; art. 3º, nº 7, do DL nº 12/2021, de 9.2 (força probatória do selo eletrónico qualificado); art. 4º, do DL nº 12/2021, de 9.2 (documentos eletrónicos das entidades públicas).

Este artigo institui normas similares e paralelas às que constam do art. 27º a propósito das assinaturas eletrónicas em serviços públicos. Este paralelismo colhe razão de ser face ao conteúdo similar, de um ponto de vista técnico, entre os dois instrumentos. Sinteticamente, o que se estabelece é que os Estados-Membros que exijam selos eletrónicos, tendo em visto a utilização de um serviço público em linha, têm de reconhecer selos eletrónicos que sejam dotados de um nível de confiança equivalente ao exigido.

Em observância do nº 5, a Decisão de Execução (UE) 2015/1506 da Comissão, de 8 de setembro de 2015, veio estabelecer as especificações relativas aos formatos das assinaturas eletrónicas avançadas e dos selos eletrónicos avançados para reconhecimento pelos organismos públicos nos termos dos arts. 27º, nº 5, e 37º, nº 5, do Regulamento.

Atento o teor do considerando 64, é ainda de atender à Decisão de Execução (EU) 2014/148 da Comissão, de 17 de março de 2014, que alterou a Decisão 2011/130/EU, que estabelece requisitos mínimos para o processamento transfronteiras de documentos assinados eletronicamente pelas autoridades competentes nos termos da Diretiva 2006/123/CE do Parlamento Europeu e do Conselho relativa aos serviços no mercado interno.

ARTIGO 38º – CERTIFICADOS QUALIFICADOS DE SELOS ELETRÓNICOS

1. Os certificados qualificados de selos eletrónicos devem cumprir os requisitos estabelecidos no anexo III.

2. Os certificados qualificados de selos eletrónicos não estão sujeitos a requisitos obrigatórios que excedam os requisitos estabelecidos no anexo III.

3. Os certificados qualificados de selos eletrónicos podem incluir características específicas adicionais não obrigatórias. Tais características não prejudicam a interoperabilidade e o reconhecimento dos selos eletrónicos qualificados.

4. Os certificados qualificados de selo eletrónico que tenham sido revogados após a ativação inicial perdem a validade a partir do momento da revogação, não podendo o seu estatuto ser revertido, em nenhuma circunstância.

5. Os Estados-Membros podem estabelecer regras nacionais sobre a suspensão temporária dos certificados qualificados de selos eletrónicos na condição de:

a) O certificado qualificado de selo eletrónico que tiver sido suspenso temporariamente perder a sua validade durante o período da suspensão;

b) O período de suspensão ser claramente indicado na base de dados de certificados e, durante o período pertinente, o estatuto de suspensão ser visível para o serviço que presta informações sobre o estatuto dos certificados.

6. A Comissão pode, por meio de atos de execução, estabelecer os números de referência das normas relativas aos certificados qualificados de selos eletrónicos. Os certificados qualificados de selo eletrónico conformes com as referidas normas beneficiam da presunção de conformidade com os requisitos estabelecidos no anexo III. Esses atos de execução são adotados pelo procedimento de exame a que se refere o artigo 48º, nº 2.

Remissões: art. 3º, nº 30 (certificado qualificado de selo eletrónico).

ARTIGO 39º – DISPOSITIVOS QUALIFICADOS DE CRIAÇÃO DE SELOS ELETRÓNICOS

1. O artigo 29º aplica-se com as necessárias adaptações aos requisitos exigidos para os dispositivos qualificados de criação de selo eletrónico.

2. O artigo 30º aplica-se com as necessárias adaptações à certificação dos dispositivos qualificados de criação de selo eletrónico.

3. O artigo 31º aplica-se com as necessárias adaptações à publicação da lista de dispositivos qualificados e certificados de criação de selo eletrónico.

Remissões: art. 3º, nº 32 (dispositivo qualificado de criação de selos eletrónicos).

A Decisão de Execução (UE) 2016/650 da Comissão, de 25 de abril de 2016, veio estabelecer normas para a avaliação da segurança dos dispositivos qualificados de criação de assinaturas e selos nos termos dos arts. 30º, nº 3, e 39º, nº 2, do Regulamento.

ARTIGO 40º – VALIDAÇÃO E PRESERVAÇÃO DOS SELOS ELETRÓNICOS QUALIFICADOS

Os artigos 32º, 33º e 34º aplicam-se com as necessárias adaptações à validação e à preservação dos selos eletrónicos qualificados.

SECÇÃO 6 – SELOS TEMPORAIS

ARTIGO 41º – EFEITO LEGAL DOS SELOS TEMPORAIS

1. Não podem ser negados efeitos legais nem admissibilidade enquanto prova em processo judicial a um selo temporal pelo simples facto de se apresentar em formato eletrónico ou de não cumprir os requisitos do selo temporal qualificado.

2. O selo temporal qualificado beneficia da presunção da exatidão da data e da hora que indica e da integridade dos dados aos quais a data e a hora estão associadas.

3. O selo temporal qualificado emitido num Estado-Membro é reconhecido como selo temporal qualificado em todos os Estados-Membros.

Remissões: art. 3º, nº 33 (selo temporal), e nº 34 (selo temporal qualificado); considerando 61 e 62; art. 3º, nº 8, do DL nº 12/2021, de 9.2 (força probatória do selo temporal qualificado); art. 9º, nº 1, da Portaria nº 121/2021, de 9.6 (aposição de selo temporal qualificado em documento notarial arquivado eletronicamente).

1. Noção de selo temporal

O selo temporal consiste no processo de atribuição, através de um procedimento computadorizado, de uma certa data e hora a um ficheiro eletrónico, quer este contenha texto, som, imagens ou vídeo. Quando é feito através de um prestador de serviços de confiança (art. 3º, nº 19), a sequência é a seguinte: o utilizador liga o seu computador ao do certificador e, usando um programa especial, seleciona o documento a marcar; o utilizador extrai o HASH[697] que é subsequentemente transmitido ao certificador. O certificador, automaticamente e sem intervenção humana, apõe uma assinatura eletrónica no documento recebido e devolve-o ao remetente. A verificação do selo temporal é, subsequentemente, feita com *software* especial que regenera o HASH do documento eletrónico, cuja marcação se requereu, e compara-o com o documento onde foi afixado o selo temporal. Tal como acontece com as assinaturas eletrónicas, a verificação do selo temporal ocorre mediante conexão com o registo do certificador de modo a excluir que este esteja expirado, revogado ou suspenso.[698]

Ou seja, do ponto de vista técnico, o selo eletrónico integra, ele próprio, uma assinatura eletrónica: quem pretende validar o documento remete-o por via eletrónica a uma entidade habilitada a prestar o serviço de aposição de selo temporal[699], e esta associa a marca ao documento com o sistema de cifratura de chaves assimétricas, após o que restitui o documento ao emitente. Caso tenha sido assinado originariamente, o documento passa

[697] Conforme referem FERNANDO PINTO PALACIOS e PURIFICACIÓN PUJOL CAPILLA, *La Prueba en la Era Digital*, Wolters Kluwer, 2017, p. 86, a função *hash* baseia-se numa teoria matemática que propugna que para identificar um conjunto de informação é suficiente a obtenção de um resumo matemático da mesma. Deste modo, é possível identificar um grande conjunto de informação através de outro subconjunto menor que comporte a mesma função matemática. A referida relação matemática ou algoritmo é sempre a mesma de modo que qualquer alteração do conjunto afeta o subconjunto e vice-versa.

[698] SCARAMUZZINO in ZACCARIA/SCHMIDT-KESSEL/SCHULZE/GAMBINO (ED.), *EU eIDAS Regulation*, Beck-Hart-Nomos, Munique, 2020, p. 318.

[699] Entre nós, a Multicert está habilitada a prestar este serviço, cf. www.gns.gov.pt/media/1891/TSLPTHK.pdf, acedido em 13.11.2014.

a ter duas assinaturas eletrónicas, a original do subscritor e a do prestador qualificado de serviços de confiança.[700]

2. O selo eletrónico qualificado

Enquanto a assinatura autógrafa é perene, a assinatura eletrónica está sujeita a uma vigência cronológica limitada.

Esta limitação temporal constitui, quiçá, uma das maiores fragilidades da assinatura eletrónica qualificada. A limitação decorre de razões técnicas porquanto, com o decurso do tempo e com o crescimento da capacidade de cálculo dos computadores, a segurança da chave privada não é absoluta, mas relativa em função desses fatores. Daí que o certificado deva conter a indicação do início e do termo da sua validade (al. e) do Anexo II do Regulamento). A lei sanciona com gravidade a aposição de assinatura eletrónica qualificada que conste de certificado que esteja revogado (cf. art. 28º, nº 4, do Regulamento), caduco ou suspenso na data da aposição ou que não respeite as condições constantes no certificado, considerando que "*equivale a falta de assinatura*", sendo o documento assim assinado valorado nos termos do nº 10, do art. 3º, do DL nº 12/2021, de 9.2 (cf. nº 4 do art. 3º do DL nº 12/2021, de 9.2).

A perda de validade do certificado da chave pública não afeta a validade *ab origine* do ato praticado, o qual está consumado, mas faz desaparecer a assinatura eletrónica como prova de tal ato. Como a assinatura eletrónica deixa de existir, sucumbe a prova do requisito forma *ad substantiam* nos casos em que este é integrado pela assinatura eletrónica.

Este resultado ínvio pode ser atalhado mediante o mecanismo da aposição de ***selo temporal qualificado*** (arts. 3º, nº 34, e 42º). Esse selo tem os seguintes requisitos:

a) Vincula a data e hora aos dados de forma a tornar razoavelmente impossível a alteração dos dados de forma não detetável;
b) Baseia-se numa fonte horária precisa ligada à hora universal coordenada;
c) É assinado utilizando uma assinatura eletrónica avançada ou um selo eletrónico avança do prestador qualificado do prestar de ser-

[700] Sobre o procedimento técnico da aposição do selo temporal, cf. Francesco delfini e Giusella Finocchiaro (Org.), *Identificazione Elettronica e Servizi Fiduciari pel le Transazioni Elettroniche nel Mercato Interno, Commento al Regolamento UE 910/2014*, Giappichelli Editore, 2017, pp. 299-300.

viços de confiança, ou por outro método equivalente (art. 42º, nº 1, als. a) a c)).

Estes requisitos são cumulativos de modo que, faltando um, o selo temporal deixa de ser qualificado.

O selo temporal qualificado beneficia da presunção da exatidão da data e da hora que indica e da integridade dos dados aos quais a data e a hora estão associados (art. 41º, nº 2), valor probatório este reiterado no nº 8, do art. 3º, do DL nº 12/2021, de 9.2. O selo temporal não atesta que o documento eletrónico foi criado naquela hora mas simplesmente que existia naquele dia e hora. A aposição de selo temporal qualificado a um documento eletrónico provido de assinatura eletrónica qualificada permite cristalizar no tempo o momento da assinatura, permitindo aferir a aposição da assinatura no âmbito do arco temporal de vigência do certificado, de modo que a assinatura do ato não desaparece, não podendo ser questionada, supervenientemente, a sua validade formal.[701]

O Regulamento não esclarece se se trata de uma presunção relativa ou absoluta, devendo-se entender-se que se trata de uma presunção relativa atento o carácter excecional das presunções absolutas, que não admitem prova em contrário. Feita a prova da existência dos requisitos cumulativos do selo temporal qualificado, que dão azo à presunção relativa, compete à parte que queira afastar a presunção relativa produzir prova no sentido de que não estão preenchidos os requisitos cumulativos, seja porque a datação não está correta ou porque ocorreu uma alteração dos dados objeto de *eletronic time stamping* (cf. art. 342º, nº 1, do CC).[702]

O selo temporal a que falte algum dos requisitos do selo temporal qualificado integra um selo temporal simples, regendo sobre o mesmo o art. 41º, nº 1, do Regulamento, que reitera o princípio da não discriminação. Conforme já foi enfatizado, o princípio da não discriminação não enuncia, positivamente, o valor probatório do selo eletrónico simples. Neste caso, a valoração probatória do mesmo é relegada para a livre apreciação

[701] Francesco Delfini e Giusella Finocchiaro (Org.), *Identificazione Elettronica e Servizi Fiduciari pel le Transazioni Elettroniche nel Mercato Interno, Commento al Regolamento UE 910/2014*, Giappichelli Editore, 2017, p. 321.

[702] Cf.: Francesco Delfini e Giusella Finocchiaro (Org.), Op. Cit., p. 311; Scaramuzzino in Zaccaria/Schmidt-Kessel/Schulze/Gambino (ed.), *EU eIDAS Regulation*, Beck-Hart-Nomos, Munique, 2020, p. 320.

do juiz, o qual terá em consideração as particulares características dos instrumentos de validação temporal utilizados, com o inerente risco de decisões díspares.[703] Também aqui se pode discutir qual o âmbito da eficácia probatória, designadamente se a mesma é extensível ao processo penal, o que parece ser de afastar porquanto a União Europeia não tem jurisdição em tal matéria (cf. art. 82º, nº 2, do TFUE).

A validação cronológica é, cada vez mais, inerente à utilização de certas plataformas eletrónicas públicas, não tendo de ser pedida autonomamente.[704]

ARTIGO 42º – REQUISITOS APLICÁVEIS AOS SELOS TEMPORAIS QUALIFICADOS

1. Os selos temporais qualificados cumprem os seguintes requisitos:

a) **Vincular a data e a hora aos dados de forma a tornar razoavelmente impossível a alteração dos dados de forma não detetável;**

b) **Basear-se numa fonte horária precisa ligada à Hora Universal Coordenada; e**

c) **Ser assinado utilizando uma assinatura eletrónica avançada ou um selo eletrónico avançado do prestador qualificado de serviços de confiança, ou por outro método equivalente.**

2. A Comissão pode, por meio de atos de execução, estabelecer os números de referência das normas relativas à vinculação da data e da hora aos dados e às fontes horárias precisas. A vinculação da data e da hora aos dados e à fonte horária precisa que sejam conformes com as referidas normas beneficiam da presunção de conformidade com os requisitos estabelecidos no nº 1. Esses atos de execução são adotados pelo procedimento de exame a que se refere o artigo 48º, nº 2.

Remete-se para o comentário ao art. 41º.

[703] Cf. Francesco Delfini e Gisella Finocchiaro, *Op. Cit.*, p. 313.

[704] Cf. Art. 14 da Portaria nº 1535/2008, de 30.12 (Depósito Eletrónico de Documentos Particulares Autenticados e Pedidos Online de Atos de Registo Predial).

SECÇÃO 7 – SERVIÇO DE ENVIO REGISTADO ELETRÓNICO

ARTIGO 43º – EFEITO LEGAL DOS SERVIÇOS DE ENVIO REGISTADO ELETRÓNICO

1. Não podem ser negados efeitos legais nem admissibilidade enquanto prova em processo judicial aos dados enviados e recebidos com recurso a um serviço de envio registado eletrónico pelo simples facto de se apresentarem em formato eletrónico ou de não cumprirem todos os requisitos do serviço qualificado de envio registado eletrónico.

2. Os dados enviados e recebidos com recurso a um serviço qualificado de envio registado eletrónico beneficiam da presunção legal de integridade dos dados, do envio pelo remetente identificado e da receção pelo destinatário identificado dos dados e da exatidão da data e hora de envio e receção dos dados indicados pelo serviço qualificado de envio registado eletrónico.

Remissões: art. 3º, nº 36 (serviço de envio registado eletrónico) e nº 37 (serviço qualificado de envio registado eletrónico); considerando 66; art. 5º do DL nº 12/2021, de 9.2 (comunicação de documentos eletrónicos).

1. Noção de correio eletrónico

Nos termos do art. 2º, nº 1, al. b), da Lei nº 41/2004, de 18.8[705] (com a redação da Lei nº 46/2012, de 18.8), correio eletrónico é "*qualquer mensagem textual, vocal, sonora ou gráfica enviada através de uma rede pública de comunicações que possa ser armazenada na rede ou no equipamento terminal do destinatário até que este a recolha*". Maria Ortuño Navalón descreve o correio eletrónico como um sistema instantâneo de comunicação, de textos escritos, imagens e sons, entre um emissor e um ou múltiplos destinatários, mediante o uso de endereços eletrónicos previamente conhecidos pelos intervenientes.[706] Acompanhando Armando Dias Ramos, afirmamos que o correio eletrónico apresenta as características de ser: eletrónico na medida em "que utiliza meios eletrónicos de gestão e de transporte"; assíncrono "em vir-

[705] Transpõe a Diretiva 2002/58/CE que versa sobre o tratamento de dados pessoais e sobre a proteção no setor das comunicações eletrónicas.

[706] *La Prueba Electrónica Ante los Tribunales*, 2014, p. 77.

tude de não haver necessidade de sincronia entre envio e receção"; ubíquo "porque permite o seu acesso em locais diferentes" e informático por "estar relacionado com as tecnologias da informação".[707]

2. Serviço de envio registado eletrónico

O Regulamento veio prever o serviço de envio registado eletrónico, definido como um serviço que torne possível a transmissão de dados entre terceiros por meios eletrónicos e que forneça prova do tratamento dos dados transmitidos, nomeadamente a prova do envio e da receção dos mesmos, e que proteja dos dados transferidos contra o risco de perda, roubo, dano ou alteração não autorizada (art. 3º, nº 36). Nos termos do nº 1 deste art. 43º, institui-se – novamente – o princípio de não discriminação quanto ao correio eletrónico enviado com recurso a um serviço de envio registado eletrónico, sendo que o legislador comunitário não se pronuncia pela positiva quanto ao respetivo valor probatório, relegando tal matéria para os direitos nacionais e/ou doutrina.

Ao contrário do que sucede com o correio registado postal, o remetente do correio eletrónico pode optar, ou não, por pedir o aviso de receção, sendo que este faz parte do serviço prestado. O Regulamento não precisa se o destinatário do correio eletrónico registado, que foi informado do envio do correio, tem a oportunidade de recusar a transmissão dos dados. Deste modo, cada Estado-Membro pode escolher entre as duas opções.[708]

Nos termos do nº 2, os dados enviados e recebidos com recurso a um serviço qualificado de envio registado eletrónico beneficiam de uma presunção quanto a quatro elementos: a integridade dos dados assim enviados e recebidos; o envio pelo remetente identificado; a receção dos dados pelo destinatário identificado; a exatidão da data e hora de envio e receção dos dados indicados pelo serviço qualificado de envio registado eletrónico. Das garantias acrescidas de qualidade e segurança inerentes ao serviço qualificado de envio registado eletrónico (cf. art. 44º) decorre uma presunção de integridade dos dados bem como da identificação do remetente, do destinatário e da data e hora de expedição e receção. Ou seja, esta prova é mais abrangente e segura do que a tradicional prova alcançada através de uma

[707] *A Prova Digital em Processo Penal: O Correio Eletrónico*, 2014, pp. 28-29.

[708] Faccioli in Zaccaria/Schmidt-Kessel/Schulze/Gambino (ed.), *EU eIDAS Regulation*, Beck-Hart-Nomos, Munique, 2020, p. 326.

carta registada com aviso de receção porquanto nesta não se assegura a integridade (inalterabilidade) do conteúdo da comunicação.

Todavia, a efetividade da presunção deve ser reduzida no que tange à integridade dos dados, uma vez que estes, depois de transferidos, podem ser alterados sem rasto da ocorrência da alteração. Assim, a presunção só pode reportar-se à autenticidade dos dados com referência à hora de chegada ao endereço eletrónico do destinatário, uma vez que não são modificados durante o processo de transmissão. Ou seja, o que acontece com os dados após a sua receção não pode ser objeto de presunção.

A presunção instituída no nº 2 é relativa, podendo ser ilidida (cf. art. 350º, nº 2, do CC). Também aqui, será de entender que os efeitos legais fixados no nº 1 não se aplicam ao processo penal, atento o disposto no art. 82º, nº 2, do TFUE.

Note-se que este artigo não estabelece a equivalência entre os serviços de envio registado eletrónico e a carta registada com aviso de receção de modo que os Estados-Membros podem estabelecer, ou não, essa equivalência funcional. Dito de outra forma, quando a lei exige que um procedimento seja formalizado por carta registada com aviso de receção, o emprego do serviço de envio registado eletrónico só cumpre esse requisito se a legislação nacional estabelecer tal equivalência.[709] Em Portugal, o legislador veio regular a matéria nos termos do nº 4, do art. 5º, do DL nº 12/2021, de 9.2, segundo o qual a comunicação de dados e documentos com recurso a serviços qualificados de envio registado, nos termos definidos neste art. 43º do Regulamento, «*equivale à remessa por via postal registada com aviso de receção.*»

Ao contrário do que está previsto para a assinatura eletrónica qualificada, selo eletrónico e selo temporal (arts. 25º, nº 3, 35º, nº 3, e 41º,nº 3), o legislador não previu expressamente o princípio do mútuo reconhecimento como um nº 3 deste art. 43º. Contudo, tratar-se-á de mero esquecimento, sendo que a aplicação de tal princípio decorre do art. 4º conjugado com o considerando 66.

3. O valor probatório do correio eletrónico simples

Sabemos que a maioria das mensagens eletrónicas não beneficia da aposição de uma assinatura eletrónica qualificada nem de um selo temporal, sendo

[709] Paloma Llaneza, *Reglamento Eidas, Nuevos Servicios de Confianza, Identificación Eletrónica, Y Sus Prestadores*, Comares, 2018, p. 46.

cada vez mais frequente a utilização de tais mensagens eletrónicas como fonte de prova nos processos judiciais. A principal questão que emerge aqui é, precisamente, a da fixação do valor probatório deste correio eletrónico.

Em Itália, a discussão surgiu na sequência de várias decisões judiciais que – considerando o correio eletrónico como um documento eletrónico com assinatura simples e, portanto, como satisfazendo o requisito da forma escrita – emitiram uma decisão de injunção nos termos dos Arts. 633º, 634º e 641º do *Codice di Procedura Civile*.[710] Existem, essencialmente, duas correntes: uma que nega ao correio eletrónico a natureza de documento eletrónico munido de assinatura simples, sendo a eficácia probatória do correio eletrónico reconduzida ao regime do Art. 2712º do *Codice Civile* (correspondente ao nosso art. 368º do CC), e uma segunda que pugna no sentido de que o correio eletrónico está munido de assinatura eletrónica simples.

Em prol da primeira tese, enfatizam-se – em primeiro lugar – as características técnicas subjacentes ao correio eletrónico. O serviço de correio eletrónico é fornecido por um sujeito (*internet service provider*) que aceita os dados de identificação do utente para lhe atribuir um código (*username*) e uma palavra-passe mediante a qual o utente acede ao serviço. A mensagem de correio eletrónico contém a indicação de que provém de um determinado endereço eletrónico escolhido aleatoriamente pelo utente, sendo que o endereço pode conter referências mais ou menos diretas ao nome do emitente mas poderá, de igual modo, conter referências a outros nomes que não ao emitente real ou corresponder mesmo a uma designação de fantasia. Os dados de identificação do utente, facultados ao *provider*, persistem inacessíveis ao destinatário do correio eletrónico.[711]Tecnicamente, é possível criar uma mensagem falsa de correio eletrónico dentro da respetiva caixa de correio e modificar uma mensagem existente, alterando-lhe um parâmetro qualquer, v.g., conteúdo.[712] Em segundo lugar, embora se reco-

[710] Cf. ERMANNO CALZOLAIO, "L'Imputazione Della Dichiarazione nel Documento Informatico Tra Volontà e Affidamento: Spunti Per Una Riflessione", in *Rivista Trimestrale di Diritto e Procedura Civile*, Vol. 59, Nº 3, 2005, p. 938; GIORGIO DI BENEDETTO, *Scrittura Privata e Documento Informatico*, Milano, Giuffrè Editore, 2009, pp. 347-349 com o teor integral da decisão que gerou a discussão.

[711] Cf. CRISTIAN ERCOLANO, "Sul Valore Giuridico Dell'E-Mail", in *Il Nuovo Diritto*, nº IX, 2005, www.ilnuovodiritto.com.

[712] Cf. MASSIMO FARINA, "Riflessioni Sul Valore Legale Dell'E-mail a Seguito della Pronuncia di Alcuni Decreti Ingiuntivi Basati Esclusivamente sulla Produzione di una E-mail", *Rassegna di diritto civile*, Nº . 3, 2005 , pp. 615-629; DONATO EUGENIO CACCAVELA, "Riconstruzione

nheça que o *username* e a palavra-passe constituem um conjunto de dados em forma eletrónica, anota-se que falha a sua conexão lógica à mensagem com o intuito de assumir a paternidade desta, ou seja, falta a vontade de, «à semelhança do que acontece no normal documento em papel, da sua união [do *username* e palava-passe] ao documento com o escopo de fazê-lo próprio.»[713] Neste enfoque, a digitação do *username* e da palavra-passe visa apenas aceder ao serviço de correio eletrónico (autenticação conexa ao acesso ao serviço, sendo que o *provider* não faz qualquer atestação pública sobre a identidade do utente[714]) e não fazer próprio o conteúdo do documento que o utente enviará posteriormente. Também não fará sentido que, ao contrário do que é a regra, a "assinatura" do documento preceda a manifestação da declaração de vontade/ciência.

Francesco Rizzo afirma que: «Existe apenas uma presunção de "riferibilità" [rastreabilidade] dos atos ao utente determinada pelo reconhecimento preliminar mas não uma assinatura eletrónica; falta a associação ou a conexão dos dados eletrónicos, constituintes do resultado do reconhecimento (...) aos outros dados informáticos que constituem o documento.»[715] Gianluca Navone entende que o *username* e a palavra-passe constituem procedimentos que visam verificar a identidade de quem acede a um recurso informático ou rede (*entity authentication*), realidade diversa da averiguação da proveniência do documento informático de quem aparece como emitente (*data origin authentication*). Salienta ainda que a noção legal de assinatura eletrónica do Art. 1º, al. q), do CAD impõe que a assinatura esteja ligada ou conexa por associação lógica aos dados objeto de autenticação, o que não ocorre com a digitação do *username* e da palavra-passe.[716] Já no que tange ao SMS, este mesmo autor aceita que o mesmo incorpora uma assinatura eletrónica na medida em que o acesso à rede telefónica e o subsequente envio da mensagem pressupõem a disponibilidade material de um objeto de autenticação (o cartão SIM inserido

Dell-identità del Mittente di una E-mail Anonima", in *Diritto Dell'Internet*, 2006, pp. 419-426, http://www.libreriascala.it/img_articoli/EIPS00040763R.pdf, acedido em 12.5.2015.

713 Giorgio di Benedetto, *Scritura Privata e Documento Informatico*, Milano, Giuffrè Editore, 2009, p. 328.

714 Matteo Lupano, "L'Informatica e le Nuove Frontiere della Prova Documentale", in Alberto Ronco (dir.), *Il Documento nel Processo Civile*, Zanichelli Editores, 2011, p. 259.

715 *Op. Cit.*, p. 288.

716 *Op. Cit.*, pp. 107-110. Esta al. q) veio a ser revogada pelo DLS de 26.8.2016.

no telefone) e o conhecimento de um PIN.[717] SANDEI CLAUDIA subscreve esta linha de argumentação, aditando um argumento de ordem prática decorrente do facto de uma caixa de correio eletrónico poder ser utilizada por várias pessoas o que dificulta a imputação do documento.[718]

A corrente que sustenta a tese inversa começa por frisar que o legislador não previu sistemas de validação e certificação (constitutivos da assinatura eletrónica qualificada) para a assinatura eletrónica ligeira: «(...) não se pode pretender que a assinatura eletrónica ligeira tenha os mesmos requisitos da assinatura eletrónica qualificada, caso contrário não faria qualquer sentido que o legislador definisse, como fez, vários tipos de assinatura com valor diverso entre si.»[719] Dito de outra forma, por definição, a assinatura eletrónica simples está privada das funções de garantia próprias da entidade certificadora. O advento da assinatura eletrónica (em geral) implica uma despersonalização da assinatura (já não é autógrafa), propiciando um conjunto de mecanismos informáticos que permitem, com graus de certeza variáveis, atribuir a paternidade de um documento eletrónico. Assim, os métodos de autenticação da assinatura eletrónica simples terão de radicar num conjunto de instrumentos eletrónicos e em procedimentos de verificação indireta da identidade do emitente.

Os *headers* da mensagem de correio eletrónico contêm informações sobre todo o percurso da mensagem desde o IP do remente e servidor de origem até ao servidor do destinatário e IP deste.[720] Os requisitos legalmente exigidos para a criação de uma assinatura eletrónica simples "são

[717] *Op. Cit.*, p. 110, Nota 20.

[718] *Il Valore Giuridico del Documento Informatico*, Università degli Studi di Ferrara, 2008, http://eprints.unife.it/110/1/TESI_COPISTERIA_def..pdf, pp. 129-131. No sentido de que o correio eletrónico é um documento sem assinatura, cf. ainda FABIO ROTA, "I documenti", *in* MICHELE TARUFFO (org.), *La Prova nel Processo Civile*, "Trattato di Diritto Civile e Commerciale", Milano, Giuffrè Editore, 2012, p. 751, com citação de abundante doutrina na Nota 616.

[719] M. PANI, "Il Valore di Prova Scritta di una E-mail", in *Giur. Merito*, 2005, 3, p. 560, *apud* LUCA ARIOLA, *Le Prove Atipiche Nel Processo Civile*, Torino, Giappichelli Editore, 2008, p. 242.

[720] O *header* da mensagem eletrónica ou cabeçalho "consiste num ficheiro que contém as informações suplementares colocadas no começo de um bloco de dados armazenados ou transmitidos, por norma por e-mail ou em pacotes de dados emitidos através da internet, precedidos pela informação de cabeçalho, tal como o remetente e os endereços do IP do emissor e do recetor" – ARMANDO DIAS RAMOS, *A Prova Digital em Processo Penal: O Correio Eletrónico*, Chiado Editora, 2014, p. 43, Nota 52.
O *header* indica, designadamente, o remetente, o destinatário, o assunto, a data e a hora da mensagem. A título exemplificativo, para visualizar o *header* no Gmail, o procedimento

satisfeitos graças à biunívoca associação, dos dados de endereço eletrónico do emissor e dos *headers*, por um lado, com os dados identificativos pessoais integrados pelo *username* e pela palavra-passe, por outro."[721] Apesar de não assegurar a imodificabilidade e a proveniência do documento (ínsitas à assinatura eletrónica qualificada), a assinatura eletrónica simples permite associar/atribuir um documento a um sujeito. A não identificação da pessoa física que efetivamente redigiu a mensagem determina a livre apreciação do juiz quanto à genuinidade e recondução efetiva do conteúdo da mensagem ao titular do endereço eletrónico.

A jurisprudência italiana replica a divergência doutrinária, havendo decisões que assentam na asserção que o correio eletrónico integra um documento eletrónico com assinatura eletrónica ligeira, a valorar livremente pelo juiz segundo as suas características objetivas de qualidade e segurança[722], às quais se contrapõem outras que negam a verificação de assinatura eletrónica ligeira, pugnando pela subsunção do correio eletrónico ao regime do Art. 2712º. [723]

Escrevendo antes da publicação do Decreto-lei nº 290-D/99, Paula Costa e Silva afirmou que «A possibilidade de considerar um documento como assinado, caso contenha uma assinatura eletrónica, resulta do art. 373º/2 do Código Civil. Onde se admite o menos (simples reprodução mecânica de assinatura) há de admitir-se o mais (assinatura eletrónica).»[724]

Margarida Lima Rego, depois de analisar a orientação dos ordenamentos jurídicos de matriz anglo-americana e os elementos que estes preconizam como constituindo a essência da assinatura eletrónica (função identificativa do autor e função de comprometimento com o conteúdo do documento assinado/função declarativa), afirma que:«(...) se a função de identificação do autor de um e-mail é desempenhada, em primeira linha, pelos dados que ainda antes do acesso ao seu conteúdo, nos indicam de onde ela proveio, de harmonia com o que vem sendo a tendência maiori-

recomendado é o seguinte: com o email aberto, clicar na seta para baixo ao lado de *Responder*, no canto superior do painel da mensagem. Após, selecionar Mostrar Original.

[721] Luca Ariola, *Op. Cit.*, p. 242.

[722] Cf. Trib. Taranto, sez. lav., 28 novembre 2012, n. 5916, *apud* Filippo Novario, *Op. Cit.*, p. 11.

[723] Cf. Trib. Roma, 27 maggio 2010, Trb. Prato 27 maggio 2010, *apud* Filippo Novario, *Op. Cit.*, pp. 12, 94.

[724] "Transferência Electrónica de Dados: a Formação dos Contratos (O Novo Regime dos Documentos Eletrónicos)", in *Direito da Sociedade de Informação*, I Vol., 1999, p. 215, Nota 11.

tária na doutrina e na jurisprudência norte-americanas, creio que apenas o e-mail cuja mensagem termine com a aposição do nome do emissor, seja ele datilografado ou resultante de um ato de programação anterior, revela de modo suficiente um compromisso com o seu conteúdo. Assim, qualifico este e-mail como um documento *assinado*, contrapondo-o ao e-mail em que o remetente apenas se identifica no cabeçalho, que qualifico como um documento nominal não assinado.»[725]

No que tange ao valor probatório do correio eletrónico munido de assinatura simples, a remissão do art. 3º, nº 5, do RJDEAD (correspondente ao atual nº 10, do art. 3º, do DL nº 12/2021) para a apreciação "*nos termos gerais de direito*" deve ser interpretada como implicando o reenvio para o regime do art. 374º do CC, com as necessárias adaptações. Entre essas adaptações, a mesma autora realça a admissibilidade de – à semelhança do que ocorre com as assinaturas por chancela- se questionar a proveniência do documento sem se impugnar a sua veracidade, o que se justifica na medida em que pode não haver coincidência entre o autor real da assinatura eletrónica simples e o titular da conta de correio eletrónico. Em suma, o correio eletrónico munido de assinatura simples equivale «a um documento particular *assinado*, considerando-se verdadeiro se a sua genuinidade for reconhecida, ou não impugnada, pela parte contra quem ele é invocado.»[726] Também Pedro Lacerda sustenta que a remissão do art. 3º, nº 5 (correspondente ao atual nº 10, do art. 3º, do DL nº 12/2021), para os termos gerais de direito suscita a aplicação do art. 374º do CC, de modo que: «Enquanto a inércia daquele a quem é oposto um documento eletrónico conduz à prova da sua autoria, uma eventual impugnação onera quem o apresente com a prova da sua genuinidade. Assim, não é senão marginal o âmbito da livre apreciação.»[727]

A jurisprudência nacional já foi chamada a pronunciar-se sobre o valor do correio eletrónico como título executivo, concluindo que a «aposição informática das letras que representam o nome do remetente de um e-mail,

[725] *Op. Cit.*, p. 1034.

[726] *Op. cit.*, p. 1037.
Dentro deste linha de raciocínio, cf. o Acórdão do Tribunal da Relação do Porto de 7.12.2018, *Fátima Andrade*, 2905/18, quando aí se afirma que o valor probatório do documento eletrónico ao qual não se mostre aposta uma assinatura eletrónica qualificada certificada no que à sua autoria respeita será apreciado nos termos gerais de direito, podendo ainda o reconhecimento da sua autoria resultar da própria aceitação da pessoa a quem o mesmo é oposto.

[727] "A Prova por Documentos Eletrnicos", in *Cadernos de Direito Privado*, abril-junho 2016, p. 27.

sem qualquer tipo de certificação, não equivale à assinatura do devedor exigida pela alínea c) do nº 1 do artigo 46º do CPC.»[728]

Feito este excurso, cabe tomar posição sobre a questão.

A evolução tecnológica conduziu à denominada crise da subscrição, sendo cada vez mais utilizados meios de comunicação em que o emissor não subscreve o documento, v.g., o telex e a telecópia. Com o recurso ao telex, o emissor escreve numa máquina que transforma o texto em impulsos eletrónicos que são transmitidos a outra máquina telescritora através de uma rede telegráfica, sendo que esta máquina descodifica os impulsos eletrónicos restituindo ao texto a forma escrita. Ao utente que utiliza o serviço são atribuídos um número e uma sigla que permitem aceder à máquina telescritora e redigir a mensagem, sendo que tal número e sigla são impressos no início e fim do texto.[729]A partir dos anos noventa, generalizou-se o recurso à telecópia para o envio de documentos, sendo que, no caso do envio de articulados e demais peças processuais, "*quando provenientes do aparelho com o número constante da lista oficial, presumem-se verdadeiros e exatos, salvo prova em contrário.*"[730]

[728] Acórdão do Tribunal da Relação de Lisboa de 21.6.2011, *Graça Araújo*, 10693/10. Na fundamentação do aresto é dito que: "Tratando-se de assinatura fraca ou simples (não segura) o valor probatório dos documentos fica sujeito aos termos gerais, e designadamente à livre apreciação do tribunal.
A função de acertamento na base do título executivo, que é o ponto de partida da execução, não se compagina com qualquer discricionariedade judicial. / A intensa conexão hoje existente entre direito e tecnologia torna indispensável um processo combinado de regras (e interpretação das mesmas), em ambos os campos, que as harmonize com eficiência, mas sem menosprezo pela segurança jurídica. / Sem uma assinatura eletrónica segura não cremos que o título executivo, como documento típico que é, cumpra cabalmente a sua função."
No Acórdão do Tribunal da Relação de Lisboa de 18.10.2016, *Rui Vouga*, 12944/12, afirmou-se que: "Um e-mail, enviado pela executada à exequente, com uma declaração em anexo, na qual declara que assume o pagamento de uma quantia em dívida e que o fará com a maior brevidade possível, pode ter a natureza jurídica de título executivo desde que o seu conteúdo satisfaça os requisitos exigidos pela alínea c) do nº 1 do art. 46º CPC de 1961, pois constitui "documento particular assinado pelo devedor".

[729] O telex está regulado pela Portaria nº 487/72, de 22.8. No que tange ao respetivo valor probatório, na ausência de norma específica, cremos que o mesmo integra ainda a representação mecânica de factos e coisas, mais concretamente a reprodução do facto consistente numa declaração de quem digita o texto pelo que haverá que aplicar o regime do art. 368º do CC – cf., neste sentido, Francesco de Santis, *Il Documento Non Scritto Come Prova Civile*, Napoli, Edizioni Scientifiche Italiane, 1988, pp. 89-90.

[730] Art. 4.1. do Decreto-lei nº 28/92, de 27.2. Por sua vez, o Decreto-lei nº 54/90, de 13.2, regulou anteriormente a transmissão de documentos por telecópia pelos operadores que prestem serviço público de correios e telecomunicações aos serviços dos registos e notariado.

O telex, a telecópia e a mensagem de correio eletrónico comungam um traço definidor essencial: a declaração emitida individualiza um sujeito titular de uma posição jurídica, sendo que esta titularidade é acompanhada – em regra – por um poder de facto de controlo exclusivo sobre o aparelho que emite o documento. O critério de imputação do documento assenta- em primeira linha- no poder de gestão do instrumento de transmissão do documento, alheando-se de considerações estritas sobre a segurança da proveniência e modificabilidade do conteúdo. No que tange a estas, tratando-se de questões eminentemente probatórias, são relegadas para a livre apreciação judicial. O que releva é que, no caso do correio eletrónico, com mais ou menos segurança, é ainda possível associar/atribuir um documento a um sujeito, fazendo-o com um grau de confiança equiparável ao que ocorre com o telex e com a telecópia.

A tese que repudia a natureza de documento eletrónico com assinatura simples é infirmada, desde logo, pelo *princípio da não discriminação* imposto no art. 25º, nº 1, do Regulamento, segundo o qual «*Não podem ser negados efeitos legais nem admissibilidade enquanto prova em processo judicial a uma assinatura eletrónica pelo simples facto de se apresentar em formato eletrónico ou de não cumprir os requisitos exigidos para as assinaturas eletrónicas qualificadas.*» Visando facilitar o desenvolvimento do comércio internacional, o legislador comunitário preconiza a criação de assinaturas eletrónicas com níveis díspares de segurança. Pelo que constitui um contrassenso desqualificar a assinatura simples do correio eletrónico por não assumir os requisitos de segurança erigidos para a assinatura eletrónica qualificada. O argumento atinente à não assunção da paternidade também não nos convence. O ato de digitar o nome do emissor no fim do texto ou o consentimento de tal indicação em virtude de programação anterior, acrescidos do envio da mensagem para um destinatário, integram um procedimento de formação sucessiva de assunção da paternidade do documento, que se inicia com o preenchimento do *username* e indicação da palavra-passe. A recondução do correio eletrónico ao regime do Art. 2712º (equivalente ao nosso art. 368º do CC) também não tem razão de ser porquanto o correio eletrónico é um documento eletrónico original e não a reprodução mecânica de outra realidade.

Flui do exposto que também configuramos o correio eletrónico, que vimos analisando, como um documento eletrónico dotado de assinatura simples. Atingido este patamar, há que atentar nas nuances probatórias que derivam do meio de prova concretamente utilizado para introduzir a fonte de prova (mensagem de correio eletrónico) no processo. Pensemos numa mensagem de correio eletrónico em que *A* declara a *B* que resolve o contrato *x* vigente entre as partes com o fundamento *y*, arguindo *B* no processo que a resolução é ilícita.

Num primeiro cenário, a incorporação no processo da mensagem de correio eletrónico pode assentar na cibernavegação/prova por inspeção requerida pela parte *B*. O juiz e as partes são confrontados com o documento eletrónico original. A contraparte *A*, a quem é imputada a assinatura simples, não está sujeita a um ónus de impugnação da assinatura porquanto a subsunção do documento eletrónico com assinatura simples ao regime do art. 3º, nº 10, do DL nº 12/2021 implica que a valoração do juiz não esteja condicionada pelo reconhecimento ou desconhecimento da contraparte a quem é imputado o documento.[731] Apesar da inexistência desse ónus de impugnação, a contraparte *A* pode aduzir factos/argumentos concretos (e não puramente abstratos e/ou teóricos) no intuito de questionar os parâmetros de qualidade, segurança, integridade e imodificabilidade da assinatura eletrónica simples. Nessa eventualidade, cabe à contraparte *B* fazer a prova da verificação de tais parâmetros por aplicação analógica do art. 374º, nº 2, do CC. A inércia da contraparte *A* (imputado autor) ativa um indício endoprocessual[732] dinamizado pela mesma regra da experiência que rege a admissão (à manifestação de desinteresse em impugnar uma afirmação corresponde a verdade desta), sento tal indício endoprocessual incorporado e absorvido no procedimento lógico da formação da convicção do juiz. Ou seja, o juízo a formular pelo juiz sobre o grau de qualidade, segurança, integridade e imodificabilidade da assinatura simples colhe na conduta passiva do imputado autor uma presunção judicial facilitadora e simplificadora de tal prova.

As presunções judiciais assumem um papel central na elaboração do juízo probatório a formular sobre as características de qualidade, segurança, integridade e imodificabilidade do documento munido de assinatura eletrónica simples. Cremos que conflui com a nossa posição, João Marques Martins quando afirma que «(...) estando nós, é certo, num domínio em que assiste ao julgador liberdade de apreciação, é possível

[731] Cf. Luís Filipe Pires de Sousa, *O valor Probatório do Documento Eletrónico no Processo Civil*, 2ª ed., pp. 84- 85.

[732] Sobre os indícios endoprocessuais, cf. o nosso *Prova por Presunção no Direito Civil*, 3ª ed., pp. 34-50.

antecipar um conjunto típico de factos instrumentais que hão de servir-lhe para gizar inferências sobre a autenticidade da mensagem», reportando-se à coincidência nominal, à autenticidade histórica, ao local de envio e acessibilidade condicionada.[733]

Nos Estados Unidos, esta metodologia do recurso às presunções judiciais (*"circumstancial evidence"*) para sedimentar o juízo probatório sobre a autoria e integridade do correio eletrónico foi desenvolvida jurisprudencialmente a partir das Federal Rules of Evidence. A Regra 901, sob a epígrafe de ***Authenticating or Identifying Evidence***, sob (a) dispõe que «*To satisfy the requirement or authenticating or identifying an item of evidence, the proponent must produce evidence sufficient to support a finding that the item is what the proponent claims it is.*» Segue-se uma lista exemplificativa dos modos como pode ser alcançada essa prova, em que se inclui sob (b) (4) «***Distinctive Characteristics and the Like.*** *The appearance, contents, substance, internal patterns, or other distinctive characteristics of the item, taken together with all the circumstances.*»

Sob a égide desta Regra 901 (b) (4), foram proferidas decisões que consideraram suficientemente provada a autoria de um correio eletrónico desde que:

- O endereço eletrónico do emissor seja consistente com o de outros correios eletrónicos remetidos anteriormente pelo mesmo emissor;
- O correio eletrónico contenha o nome ou diminutivo (*"nickname"*) do recetor no corpo da mensagem;
- O correio eletrónico contenha a assinatura eletrónica do emissor;
- O correio eletrónico verse sobre matérias que normalmente só seriam do conhecimento do emissor;
- O correio eletrónico tenha sido enviado em resposta a outro correio eletrónico anteriormente remetido ao emissor (*"reply letter doctrine"*);
- Após a receção do correio eletrónico, o recetor tenha mantido uma conversa com o emissor do correio eletrónico, sendo que o teor de tal conversa reflete o conhecimento do conteúdo do correio eletrónico.[734]

[733] "Documentos Eletrónicos e Meios de Prova", in MENEZES CORDEIRO (coord.), *Código Civil, Livro do Cinquentenário*, Almedina, 2019, p. 821.

[734] Cf. PAUL F. ROTHSTEIN/MYRNA S. RAEDER/DAVID CRUMP, *Evidence in a Nutshell*, West, 6ª edição, 2012, pp. 617-623; LEAH VOIGT ROMANO, *VI. Electronic Evidence and the*

Sob a égide da Regra 902, ***Evidence That Is Self-Authenticating***, considera-se que não requer prova adicional de autenticação para ser admitida como meio de prova o elemento de prova que contenha *(7) «An inscription, sign, tag, or label purporting to have been affixed in the course of business and indicating origin, ownership, or control.»* Assim, a aposição no correio eletrónico do logotipo e da firma de sociedade comercial remetente tem sido considerada prova suficiente da origem do correio eletrónico.

O *standard* de autenticação ínsito a estas decisões consiste numa probabilidade razoável (*"reasonable likelihood"*) de que o correio eletrónico provenha daquele emissor, evidenciando que os tribunais americanos adotam uma metodologia flexível na fixação da autoria do correio eletrónico. Esta jurisprudência americana densifica, pertinentemente, o papel das presunções judiciais na fixação da autoria do correio eletrónico. Cremos que autoria do correio eletrónico também poderá ser suficientemente provada demonstrando que o imputado autor foi quem teve acesso tendencialmente exclusivo ao computador (IP) do qual provém a mensagem. Da circunstância de, em abstrato e teoricamente, um correio eletrónico ser suscetível de falsificação material não decorre *ipso facto* a sua degradação como meio de prova, o que só poderá suceder se se demonstrarem concretos indícios dessa alteração/falsificação. A possibilidade dessa viciação também ocorre nos documentos analógicos em suporte de papel sem que isso implique, sem mais, a exclusão dos mesmos como meio de prova.

Num segundo cenário, a parte pode socorrer-se de um DVD, *pendrive*, etc., para onde é copiada a mensagem eletrónica, eventualidade em que a mensagem de correio eletrónico acede ao processo em suporte eletrónico, ou seja *bits*, mas constituindo uma cópia eletrónica de documento eletrónico ou duplicado eletrónico.[735] Esta cópia eletrónica pode ser, ou não, objeto de atestação notarial (cf. pp. 471-473). A cópia eletrónica de documento eletrónico só assume a força probatória do respetivo original

Federal Rules, 38 Loyola L.A.L Ver., 1745 (2005), disponível em http://digitalcommons.lmu.edu/llr/vol38/iss4/6, pp. 1768, 1769, 1782; Robinson C. Ramsey, *"Electronic Evidence: New Roads and Old Routes"*, 2012, pp. 7-10, acessível em http://www.texasbarcle.com/materials/special/19_Ramsey.pdf; Gregory P. Joseph, "Internet and Email Evidence (Part 2)" in *The Practical Lawyer*, abril de 2012, acessível em http://files.alicle.org/thumbs/datastorage/lacidoirep/articles/TPL1204_Joseph_thumb.pdf.

[735] Cf. Luís Filipe Pires de Sousa, *O valor Probatório do Documento Eletrónico no Processo Civil*, 2ª ed., pp. 38-40.

(em *bits*) se for submetida a atestação do notário, confirmadora da conformidade da cópia ao original, ou então se estiver gravada em formato eletrónico que, por sua vez, permita (com recurso a *software* adequado) a verificação e validação das assinaturas eletrónicas ou dos selos temporais originais (cf. art. 3º, nº 11, do DL nº 12/2021). Sucumbindo qualquer uma destas circunstâncias, o valor probatório de tal cópia da mensagem de correio eletrónico fica confiado à livre apreciação do tribunal *ex vi* art. 366º do CC. Com efeito, no caso de cópia de documento eletrónico não certificada nos termos do art. 3º, nº 11, do DL nº 12/2021, a norma *a contrario* do art. 3º, nº 6, do DL nº 12/2021 impede a aplicação do art. 368º do CC[736]. Neste contexto, não colhe sentido erigir um ónus de impugnação a cargo da contraparte (*A*) a quem é imputada a assinatura simples da mensagem eletrónica. Dito de outra forma, se *A* nada disser daí não decorre que a assinatura eletrónica simples que lhe é imputada passe a considerar-se sem mais como verdadeira, sendo que a inércia de *A* (imputado autor) apenas ativa um indício endoprocessual.

Finalmente, pode conjeturar-se este cenário: depois de imprimir a mensagem do correio eletrónico, a parte (*B*) extrai uma fotocópia a partir da impressão e junta-a ao processo. A fotocópia integra uma cópia analógica de um documento analógico. Como vimos anteriormente, a cópia tem a virtualidade de transferir a eficácia probatória de um documento (que opera como original) para outro documento pelo que não pode ser conferida a uma cópia um valor probatório superior ao ínsito ao documento do qual é extraída. Desta forma, também aqui o valor probatório da fotocópia fica confiado à livre apreciação do tribunal *ex vi* art. 366º do CC.

Ou seja, a aplicação da norma especial que rege sobre a força probatória das cópias de documentos eletrónicos (art. 3º, nº 11, do DL nº 12/2021) prevalece e afasta a aplicação da norma geral do art. 368º do CC. Assim, partindo da mesma situação fáctica, se *B* juntar ao processo uma fotocópia em papel de uma declaração (original) manuscrita e com assinatura autógrafa de *A*, a determinação do valor probatório desse documento (fotocópia) rege-se pelo art. 368º do CC. Se *A* não impugnar a exatidão da fotocópia, esta faz prova plena das declarações que lhe são atribuídas, restringindo-se tal valor probatório àquele concreto processo. Comparando

[736] Lebre de Freitas, *A Ação Declarativa Comum, À Luz do Código de Processo Civil de 2013*, 3ª Ed., Coimbra Editora, 2013, p. 249, Nota (63B).

esta situação com o segundo cenário acima analisado, é patente o desfavor com que o legislador fixou o regime probatório das cópias de documento eletrónico face a uma mera fotocópia de um documento em suporte de papel: é mais fácil alcançar a prova plena de declarações com recurso a uma fotocópia de documento em papel do que com qualquer cópia de um documento eletrónico.

Se a nossa análise estiver correta, há que inferir que a norma do art. 3º, nº 11, do DL nº 12/2021 dificulta desproporcionadamente a prova de factos mediante cópias de documentos eletrónicos, penalizando o documento eletrónico. Melhor teria sido que o legislador não editasse tal norma, relegando o valor probatório de tais cópias para o regime geral do art. 368º do CC. De *iure condendo*, reputamos que seria melhor um regime no âmbito do qual a cópia de documento eletrónico se considerasse fidedigna salvo se impugnada a sua exatidão fundadamente (de forma clara e circunstanciada) pela contraparte.

4. O SMS

O SMS (*Short Message Service*) foi desenvolvido por Matti Makkonen, em 1985, permitindo o envio de mensagens curtas de texto até 140 caracteres. Quando o utilizador envia um SMS, esta chega a um servidor que, de forma automática, o reenvia ao destinatário escolhido mediante a indicação do número de telefone. Deste modo, pode aceder-se judicialmente ao conteúdo das mensagens, ao contrário do que sucede com o WhatsApp em que as mensagens ficam apenas alojadas nos telefones.[737]

O SMS incorpora uma assinatura eletrónica na medida em que o acesso à rede telefónica e o subsequente envio da mensagem pressupõem a disponibilidade material de um objeto de autenticação (o cartão SIM inserido no telefone) e o conhecimento de um PIN.[738]

De facto, atenta a noção de assinatura eletrónica propugnada pelo art. 3º, nº 10, do Regulamento 910/2014, é lícito afirmar que o processo de autenticação que precede o envio do SMS – sendo efetuado por intermedio do confronto dos dados eletrónicos depositados junto do operador com um código de acesso estritamente pessoal associado ao cartão SIM

[737] FERNANDO PINTO PALACIOS e PURIFICACIÓN PUJOL CAPILLA, *La Prueba en la Era Digital*, Wolters Kluwer, 2017, p.45.

[738] GIANLUCA NAVONE, *Instrumentum Digitale, Teoria e Disciplina del Documento Informatico*, "Quaderni di Studi Senesi", Milano, Giuffrè Editore, 2012, p. 110, Nota 20.

– cumpre a função da assinatura eletrónica, propiciando a identidade do sujeito que envia o SMS.[739] Trata-se de uma assinatura eletrónica com um nível de segurança reduzido (cf. Considerando 48 e art. 8º, nº 2, al. a), do Regulamento).[740]

O SMS pode ser objeto de certificação notarial, passando a assumir força probatória plena quanto aos factos materiais que são atestados com base nas perceções do notário (art. 371º, nº 1, do CC), designadamente, que naquele concreto dia, no telemóvel com o IMEI *x*[741], constava uma mensagem com o teor textual *y*, assinalada com tendo proveniência do número de telefone *Z*.

Não ocorrendo tal certificação notarial bem como na parte não abarcada pela mesma, o valor probatório do SMS terá de ser fixado com base nos mesmos parâmetros analisados quanto ao correio eletrónico.

Não é ilícita a exibição de um SMS pelo seu destinatário porquanto, nesse contexto, não ocorre intromissão abusiva nas telecomunicações ou vida privada do remetente.[742]

O TJUE no seu Acórdão C-207/2016, de 2.10.2018, decidiu que: «*O artigo 15º, nº 1, da Diretiva 2002/58/CE do Parlamento Europeu e do Conselho, de 12 de julho de 2002, relativa ao tratamento de dados pessoais e à proteção da privacidade no setor das comunicações eletrónicas (Diretiva relativa à privacidade e às comunicações eletrónicas), conforme alterada pela Diretiva 2009/136/CE do Parlamento Europeu e do Conselho, de 25 de novembro de 2009, lido à luz dos artigos 7º e 8º da Carta dos Direitos Fundamentais da União Europeia, deve ser interpretado no sentido de que o acesso das autoridades públicas aos dados com vista à identificação dos titulares dos cartões SIM ativados num telemóvel roubado, tais como o apelido, o nome próprio e, sendo caso disso, o endereço desses titulares, constitui uma ingerência nos direitos fundamentais destes últimos, consagrados nesses artigos da Carta, que não apresenta uma gravidade tal que esse acesso deva ser limitado, em matéria de prevenção, de investigação, de deteção e de repressão de infrações penais, à luta contra a criminalidade grave.*»

[739] Clarissa Civardi, *La Disciplina Giuridica del Mobile-Commerce Realizatto Mediante il Short Message Service,* https://www.filodiritto.com/articoli/2016/02/la-disciplina-giuridica-del-mobile-commerce-realizzato-mediante-il-short-message-service.html, p. 18.

[740] Clarissa Civardi, *Op. Cit.*, p. 19.

[741] O IMEI obtém-se com a digitação de *#06#.

[742] Cf. João de Castro Mendes e Miguel Teixeira de Sousa, *Manual de Processo Civil,* Vol. I, AAFDL, 2022, p. 482. Veja-se também a jurisprudência que será citada *infra*.

Na jurisprudência nacional sobre o SMS, relevam:

- Acórdão do Tribunal da Relação de Lisboa de 28.4.2022, *Cristina Lourenço*, 13609/21: «O autor pode apresentar como prova SMS (*short message service*) que lhe foi remetida pela ré via WhatSapp/Messanger, através de telemóvel e que não contém qualquer referência a caráter confidencial da mensagem e não se refere à intimidade da vida privada da remetente, porquanto depois de rececionada, lida e guardada, tal comunicação não se distingue de comunicação escrita que tivesse sido enviada por via mais tradicional, por exemplo, uma carta remetida pelos serviços de correio. / Os SMS, ou cópia dos mesmos, são considerados documentos eletrónicos com força probatória (arts. 2º, al. a), 3º e 4, do Decreto-Lei nº 290-D/99, de 2/08 e art. 46º do Regulamento da União Europeia nº 910/2014, de 23/07/2014) e não contendo assinatura digital certificada por entidade credenciada serão apreciados nos termos gerais de direito, isto é, de acordo com as regras gerais da prova documental (art. 362º e segs. do Código Civil)»;
- Acórdão do Tribunal da Relação do Porto de 24.9.2020, *Correia Gomes*, 122/19: « Sendo o SMS proveniente do telemóvel da parte, que se limitou a impugnar a autoria do correspondente texto, imputando-o a outrem, incumbe à mesma demonstrar que esse SMS não foi por si realizado, existindo, por isso, uma prova indiciária de ter sido essa parte a feitora desse texto»;
- Acórdão do Tribunal da Relação do Porto de 20.5.2013, *Melo Lima*, 74/07: «As mensagens, depois de recebidas, deixam de ter a essência de uma comunicação em transmissão para passarem a ser uma comunicação já recebida, que terá porventura a mesma essência da correspondência, em nada se distinguindo de uma carta remetida por correio físico. / Tendo sido já recebidas, se já foram abertas e porventura lidas e mantidas no computador ou no telemóvel, não deverão ter mais proteção que as cartas em papel que são recebidas, abertas ou porventura guardadas numa gaveta, numa pasta ou num arquivo, visto o disposto no art. 194º, nº 1 do C. Penal» (no mesmo sentido, cf. Acórdão da Relação de Lisboa de 24.9.2013, *Vieira Lamim*, 145/10);
- Acórdão do Tribunal da Relação do Porto de 3.12.2013, *Igreja de Matos*, 37/12: «Uma mensagem telefónica, vulgo SMS, uma vez aberta, rece-

bida e lida terá a mesma proteção da carta em papel que tenha sido recebida pelo correio e que foi aberta e guardada em arquivo pessoal. / Em tese geral, o destinatário de um SMS pode fazer uso do mesmo em sede probatória uma vez descartada a confidencialidade da mensagem enviada ou algum dever especial de sigilo que possa impender, quer pela natureza da mensagem quer pela qualidade dos intervenientes nessa comunicação eletrónica»;

- Acórdão do Tribunal da Relação do Porto de 13.9.2017, *Luís Coimbra*, 4508/15: «As mensagens (SMS) cujo envio à ofendida é imputado à arguida que as recebeu no seu próprio telemóvel, suscetíveis de integrar a prática de um crime de injúria, constituem elemento válido de prova, sem mais, uma vez que não pressupõem nem interceção nem intromissão nas comunicações.»

ARTIGO 44º – REQUISITOS APLICÁVEIS AOS SERVIÇOS QUALIFICADOS DE ENVIO REGISTADO ELETRÓNICO

1. Os serviços qualificados de envio registado eletrónico satisfazem os seguintes requisitos:

_a)_ Serem efetuados por um ou mais prestadores qualificados de serviços de confiança;

_b)_ Garantirem, com um elevado nível de confiança, a identificação do remetente;

_c)_ Garantir a identificação do destinatário antes da entrega dos dados;

_d)_ O envio e a receção dos dados serem securizados por uma assinatura eletrónica avançada ou um selo eletrónico avançado do prestador qualificado de serviços de confiança, de modo a tornar impossível a alteração dos dados de forma não detetável;

_e)_ Qualquer alteração a que devam ser sujeitos para o seu envio ou receção ser claramente indicada ao remetente e ao destinatário dos dados;

_f)_ A data e a hora do envio e da receção, assim como as eventuais alterações dos dados, serem indicadas por meio de um selo temporal qualificado;

Se os dados forem transferidos entre dois ou mais prestadores qualificados de serviços de confiança, os requisitos das alíneas a) a f) serem aplicados a todos eles.

2. A Comissão pode, por meio de atos de execução, estabelecer os números de referência das normas relativas aos processos de envio e receção de dados. O processo de envio e receção de dados que esteja conforme com as referidas normas beneficia da presunção de conformidade com os requisitos estabelecidos no nº 1. Esses atos de execução são adotados pelo procedimento de exame a que se refere o artigo 48º, nº 2.

Remissões: art. 26º (requisitos para as assinaturas eletrónicas avançadas); art. 36º (requisitos para os selos eletrónicos avançados); art. 5º do DL nº 12/2021 (comunicação de documentos eletrónicos).

Nos termos do nº 4, do art. 5º, do DL nº 12/2021, a comunicação da dados e documentos com recurso a serviços qualificados de envio registado eletrónico, nos termos definidos neste artigo 44º, «*equivale à remessa por via postal registada com aviso de receção.*»

No mais, remete-se para o teor do comentário ao artigo anterior.

SECÇÃO 8 – AUTENTICAÇÃO DE SÍTIOS WEB

ARTIGO 45º – REQUISITOS APLICÁVEIS AOS CERTIFICADOS QUALIFICADOS DE AUTENTICAÇÃO DE SÍTIOS WEB

1. Os certificados qualificados de autenticação de sítios web cumprem os requisitos estabelecidos no anexo IV.

2. A Comissão pode, por meio de atos de execução, estabelecer os números de referência das normas relativas aos certificados qualificados de autenticação de sítios web. O certificado qualificado de autenticação de sítio web que esteja conforme com as referidas normas beneficia da presunção de conformidade com os requisitos estabelecidos no anexo IV. Esses atos de execução são adotados pelo procedimento de exame a que se refere o artigo 48º, nº 2.

Remissões: art. 3º, nº 38 (certificado de autenticação de sítio *web*) e nº 39 (certificado qualificado de autenticação de sítios *web*); considerando 67.

1. Autenticação de sítios *web*

O Regulamento veio prever, inovadoramente, os serviços de autenticação de sítios *web*, os quais «fornecem meios que dão aos visitantes de um sítio *web* a garantia de que existe uma entidade genuína e legítima responsável pelo sítio. Estes serviços contribuem para a criação de segurança e confiança na realização de negócios em linha, pois os utilizadores terão confiança nos sítios *web* que tenham sido autenticados» (Considerando 67). Ou seja, o certificado de autenticação de sítios *web* tem a função de conferir genuinidade e legitimidade não só ao sítio *web* mas também às pessoas (físicas e jurídicas) que se declaram como responsáveis pelo sítio *web*, cuja identidade é conferida por tal modo. Dito de outra forma, o propósito principal é o de assegurar a autenticidade da relação entre o *website* e o servidor *web*, de modo a contribuir para a construção da confiança nos contratos celebrados em linha, evitando a proliferação do *phishing*.

Preveem-se dois tipos de certificado: o singelo e o qualificado (art. 3º, nos. 38 e 39), sendo os requisitos aplicáveis aos certificados qualificados de autenticação de sítios *web* enunciados no art. 45º do Regulamento, em articulação com o Anexo IV.

O preceito não faz qualquer menção aos efeitos legais e à relevância probatória dos certificados, sejam qualificado ou não, de modo que a jurisprudência terá de determinar os seus efeitos segundo as especificidades de cada caso.[743]

2. A página *web*

A página *web* constitui um documento eletrónico publicado na *internet*, ao qual se acede através de um servidor para ver a informação que a mesma contém. Uma página web contém (i) um endereço de referência ou URL que normalmente é o *http*, o qual precede o nome de domínio a que se pretende aceder e (ii) um conteúdo de tipo hipertextual (*hyperlink*), constituído por um conjunto de textos e imagens visualizáveis com o auxílio de uma interface eletrónica, permitindo a navegação de uma página para

[743] SCARAMUZZINO in ZACCARIA/SCHMIDT-KESSEL/SCHULZE/GAMBINO (ED.), *EU eIDAS Regulation*, Beck-Hart-Nomos, Munique, 2020, p. 336.

outra. Para interpretar a página *web* é necessário um *software* de navegação, v.g., *internet explorer*, mediante o qual se interpreta o código ou linguagem HTML/XHTML em que está escrita a página.

A página *web* tem por propósito a divulgação de informação e conhecimentos, tendo um conteúdo volátil e dinâmico em constante atualização, de modo que – com maior rigor – pode divisar-se aqui uma sucessão de documentos distintos cuja temporaneidade fomenta a necessidade de assegurar a sua reprodução com o escopo da sua preservação no tempo. Estas características desta fonte de prova repercutem-se no meio de prova correspondente a introduzir no processo. Assim, uma cópia em suporte de papel de uma página *web* deve revestir propriedades que assegurem a correspondência ao original bem como a sua rastreabilidade com referência a um determinado momento,[744] ou seja, há que assegurar a imodificabilidade da página *web*.

A página *web*, enquanto fonte de prova, pode aceder ao processo através de vários meios de prova: (i) documento particular; (ii) certificado notarial; (iii) cibernavegação; (iv) prova pericial; (v) documento multimédia e (vi) prova testemunhal. A esta diversidade de meios de prova não corresponde, naturalmente, uma mesma eficácia probatória.

No que tange ao primeiro meio (i), a parte faz uma impressão da página *web* e incorpora-a no processo como se tratasse de um documento comum em suporte de papel. Essa impressão constitui uma cópia analógica de um documento eletrónico, aplicando-se o regime do art. 3º, nº 11, do DL nº 12/2021 (cf. pp. 470 e ss.). Assim, se o notário atestar a conformidade da cópia ao original eletrónico, a cópia passa a ter a força probatória do respetivo original, salvo se a parte contra a qual for apresentada a cópia requerer a exibição do original.

Quanto ao certificado notarial (ii), aplica-se *mutatis mutandis* o que já ficou dito a propósito do certificado notarial de documento eletrónico (cf. pp. 471-473). O certificado notarial reduzido a papel, em rigor, deverá denominar-se *cópia analógica por extrato de um documento eletrónico* porquanto o conteúdo da cópia não corresponde à totalidade do documento original,

[744] Cf. Luca Ariola, *Op. Cit.*, p. 240, reportando-se à posição do Supremo Tribunal Italiano; Consiglio Nazionale del Notariado, Studio n.7-2007/IG, "La Copia Conforme di una Pagina Web: Natura giuridica e Modalità Operativa", https://ca.notariato.it/approfondimenti/7-07-IG.pdf, p. 6, acedido em 15.3.2015.

limitando-se ao que é reproduzido em papel. A conformidade do conteúdo não textual da página não pode ser atestada pelo notário desta forma. Atentas as características técnicas ínsitas à página *web*, a atividade de certificação do notário dever observar procedimentos mínimos no sentido de que é necessário indicar: (i) o endereço de *internet* por inteiro; (ii) o tipo de *browser* utilizado; (iii) a hora em que ocorreu a realização da cópia; (iv) os dados relativos a eventuais certificados de segurança para a verificação da identidade do *site* de modo que quando o site utiliza criptografia para a transmissão da informação será necessário reportar também os dados do certificado de segurança como procedimento relevante para o estabelecimento da autenticidade.[745] [746]

No caso de criação de uma cópia eletrónica, além dos elementos já referidos, o notário deverá gravar a página *web* num computador ou noutro suporte idóneo e apor a sua assinatura a todo o conjunto de ficheiros ou reduzidos a um único ficheiro, utilizando por exemplo o formato *zip*, apondo a sua assinatura neste.[747] O certificado notarial, além do mais, assume a vantagem de facultar a conservação do documento de forma ilimitada no tempo, ou seja, a garantia do documento eletrónico alcança-se com o retorno ao documento de papel.

A cibernavegação (iii) reconduz-se a uma prova por inspeção (art. 490º do CPC), no âmbito da qual a parte faculta ao juiz um computador com ligação à *internet*[748], possibilitando ao juiz – no decurso da produção de prova – o acesso à página *web*, confirmando a inserção nesta de determinado conteúdo.

[745] Visam-se aqui os protocolos de comunicação ditos seguros (https://) em que aparece um cadeado na barra de endereço. Clicando-se sobre o cadeado, acede-se à visualização do certificado de segurança, sendo certo que este tem vigência temporal limitada.

[746] O Conselho Nacional do Notariado, em Itália, propõe o seguinte formulário que adaptamos: «A presente cópia, composta de (...) folhas, está conforme à pagina *web* "(...)". / O documento informático reproduzido encontra-se no endereço *internet* http://www.(...) às horas (...) portuguesas e foi visualizado com o *browser* (...) (marca, modelo, versão). / A página está munida de um certificado de proteção (...) (ssl) emitido a (...) pelo certificador (...) válido de (...) a (...) e verificado na data (...) às (...) horas. /Data e local»

[747] Cf. Consiglio Nazionale del Notariado, Studio n.7-2007/IG, "La Copia Conforme di una Pagina Web: Natura giuridica e Modalità Operativa", https://ca.notariato.it/approfondimenti/7-07-IG.pdf, p. 11, acedido em 15.3.2015; Ugo Becchini, "La Copia Conforme di una Pagina Web", http://xoomer.virgilio.it/ubechini/copiaweb.pdf, acedido em 16.3.2015.

[748] Aplica-se o art. 428º do CPC, por analogia.

A prova pericial (iv) consistirá na análise por peritos do conteúdo de uma página *web* e na subsequente asserção, ou não, da inserção de determinados conteúdos na página *web*. Existem técnicas de *computer forensics* que, através de sistemas de *dump* dos conteúdos (despejo de banco de dados), permitem a extração de cópia de dados presentes na *internet*, associando-os a uma cristalização em cópia forense imodificável, facultando elementos digitalmente íntegros quando aos dados, assegurando a sua não manipulação.[749] A parte pode recorrer por si a estes procedimentos técnicos e gravar o conteúdo da página *web* num *cd*, *pen drive*, ou dispositivo similar, cuja junção requererá ao processo (v).

Finalmente, com recurso a testemunhas – mas com as reservas e limitações que este meio de prova suscita – a parte pode tentar demonstrar a existência de determinados conteúdos numa página *web*.

3. Valor probatório da página *web*

O conteúdo de uma página *web* pode consistir em (i) sons e/ou imagens, (ii) sons e/ou imagens com texto ou (iii) somente em texto. O valor probatório da fonte de prova página *web* deve ser diferenciado consoante ocorra cada uma das referidas hipóteses. Na situação referida em (i), deve aplicar-se por analogia o disposto no art. 368º do CC no que tange à determinação do valor probatório do documento eletrónico página *web*. Na hipótese referida em (iii), colhe pertinência o que é dito quanto ao valor probatório do documento eletrónico sem assinatura (cf. pp. 466-469). No cenário misto (ii), cremos que haverá que cindir a apreciação do valor probatório do documento entre a parte escrita (iii) e a parte multimédia em sentido estrito (i), aplicando-se-lhe os regimes correspondentes.

Os diversos meios de prova pelos quais a página *web* acede ao processo comportam graduação díspar quanto às garantias que propiciam de fidelidade ao original (página *web*), inalterabilidade e perenidade do seu conteúdo, refletindo-se no peso final a conferir a tal prova.

[749] Entre outros, podemos recorrer ao FAW (*Forensics Aquisition of Websites*), constituído por um *browser* concebido para capturar *sites* de forma forense. Está acessível em www.fawproject.com/en/default.aspx, acedido em 19.3.2015.

CAPÍTULO IV – DOCUMENTOS ELETRÓNICOS

ARTIGO 46º – EFEITOS LEGAIS DOS DOCUMENTOS ELETRÓNICOS

Não podem ser negados efeitos legais nem admissibilidade enquanto prova em processo judicial a um documento eletrónico pelo simples facto de se apresentar em formato eletrónico.

Remissões: art. 3º, nº 35 (documento eletrónico); art. 25º (efeitos legais das assinaturas eletrónicas); art. 3º do DL nº 12/2021, de 9.2 (forma e força probatória dos documentos eletrónicos).

1. Formação e natureza do documento eletrónico

O processo de formação e utilização de um documento eletrónico comporta três fases: (i) fase de criação; (ii) fase de armazenamento e (iii) fase de recuperação ou leitura. Na fase de criação, o computador utiliza um programa informático que converte a linguagem humana em linguagem binária (sequência de números binários: zero e um), sendo que os números binários passam a representar os caracteres da linguagem humana (no caso desta consistir em signos alfabéticos). Todavia, os *bits*[750] comportam, de igual modo, o registo de sons e imagens, isto é, um texto, um som ou uma imagem são reduzidos pela máquina a uma sequência de *bits*. Na fase de armazenamento, a informação é gravada em diversos suportes, v.g., disco duro, cd, etc. Na fase de recuperação ou leitura, com recurso a programa informático, é possível a leitura ou visualização do texto, sons ou imagens que foram previamente gravados.

Deste esquisso, infere-se que as características definidoras do documento eletrónico são:

(i) O documento deve estar redigido em linguagem binária;
(ii) Deve estar armazenado em suporte informático, ótico, magnético ou outro[751];

[750] *Bit* designa a abreviatura de ***Binary Digit***. O *bit* corresponde a um número que pode representar apenas os valores de 0 (ausência de impulso elétrico) e 1 (presença de impulso elétrico). Assim, por exemplo a letra *a*, em linguagem binária, corresponde a 01000001, e a letra *b* a 01000010.

[751] Pelo que um texto redigido a computador e ainda não gravado não constitui um documento eletrónico. É necessário que a informação fique fixada de forma estável num suporte.

(iii) Com recurso a apropriado programa informático, o documento deve ser convertível numa linguagem compreensível para o homem.

Embora não seja essencial, existe outra característica que é comum ao documento informático, qual seja a da admissibilidade do seu tratamento informático, ou seja, de ser modificado, copiado e transmitido por meios informáticos. De forma sintética, pode então definir-se o documento eletrónico como «a representação de um facto [pessoa ou coisa] concretizada por meio de um computador e armazenado em formato específico (organização singular de *bits* e *bytes*), capaz de ser traduzido ou apreendido pelos sentidos mediante o emprego de programa (*software*) apropriado.»[752]

Giovanni Verde afirma, de forma expressiva, que «os fluxos eletrónicos são a nova *tinta* de que nos podemos servir; a memória elétrica ou eletrónica (quaisquer que sejam os suportes em esteja constituída (...)) são o novo *papel*; os *bits* (na combinação necessária para representar qualquer carater alfanumérico) são o novo *alfabeto*.»[753] A questão postulada por esta citação é a de saber se, atualmente e a par da forma escrita e oral, temos a forma informática como *tertium genus*.

Filippo Viglione nota, a este propósito, que o requisito da legibilidade imediata sem mediação de outros instrumentos não é indispensável para que se possa falar de forma escrita, sob pena de não estarmos perante a forma escrita se pretendermos visualizar um texto em caracteres minúsculos com recurso a uma lupa. Argumenta ainda que a lei não exige nenhuma especificação para o uso de determinados instrumentos para o registo dos signos, não exigindo a indelebilidade e a indestrutibilidade destes.[754] Giovanni Verde enfatiza, noutra passagem, que o documento eletrónico não é diverso do documento escrito na precisa medida em que é instrumento capaz de custodiar uma declaração. «A diferença é estrutural, na medida em que não se produz uma coisa material, sendo substituída a tradicional impressão dos signos gráficos sobre papel por outra forma

[752] Aldemario Araújo Castro, "O Documento Eletrónico e a Assinatura Digital", http://www.aldemario.adv.br/doceleassdig.htm, acedido em 8.4.2015.

[753] "Per la Chiareza di Idee in Tema di Documentazione Informatica", in *Rivista di Diritto Processuale*, Ano 45º, Nº 3 (jul.-set. 1990), pp. 718-719.

[754] "L'Imputazione dei Documenti Tra Crisi Della Sosttoscrizione e Innovazioni Tecnologiche", in *Rivista di Diritto Civile*, Milão, Ano 49º, nº 3 (maio-junho 2003), p. 246.

(eletrónica) de conservação dos signos.»[755] ANDREA GRAZIOSI entende que estamos perante uma forma nova: a forma digital. Apesar da comunicação implicar também a escrita, existe uma diferença substancial em relação ao escrever tradicional na medida em que os caracteres são gravados num suporte magnético e são legíveis com recurso a um monitor.[756]

Para este efeito, há que conceitualizar a *forma* como o modo pelo qual o ato (ou declaração) se torna sensível, sendo que o ato se aperfeiçoa na medida em que assume uma forma. Ora, o documento eletrónico aperfeiçoa-se quando ocorre a gravação dos *bits* num suporte. Nesse momento, o documento é ilegível para o homem. Quando posteriormente, tal documento é lido num monitor, o que ocorre é uma descodificação sucessiva dos códigos binários em símbolos gráficos legíveis. Deste modo, a forma eletrónica não é apenas uma nova técnica para escrever mas integra, de pleno, uma nova forma a par da oral e da escrita tradicionais.[757] JOÃO MARQUES MARTINS afirma que «o documento eletrónico é uma nova espécie de documento, que se não encontra especificamente prevista no CC, sendo certo que para efeitos probatórios (ou outros) pode ser equiparado ao documento escrito ou à reprodução mecânica.»[758]

Mais do que uma entidade física, o documento eletrónico constitui uma entidade lógica. Por contraponto ao documento tradicional cujo conteúdo e contexto podem ser analisados física e diretamente, o documento eletrónico é o produto de vários elementos (*software*, *hardware*, suporte de gravação e metadados, sendo que nem todos são visíveis para o utilizador) unidos entre si por um nexo lógico e operacional.

Cumpre questionar se o documento eletrónico assume carácter imaterial por contraposição ao documento convencional vinculado a uma *res*. De facto, o conteúdo do documento tradicional encontra-se ligado – de forma inseparável – a um determinado suporte físico. Pelo contrário, no

[755] "Prove Nuove", in *Rivista di Diritto Processuale*, Pádova, Ano 61, nº 1 (janeiro-março 2006), p. 40.

[756] "Premesse ad una Teoria Probatoria del Documento Informatico", in *Rivista Trimestrale di Diritto e Procedura Civile*, 1998, pp. 487-488.

[757] Afirma FRANCESCO RIZZO, *Op. cit.*, p. 319, que «Aquele que emite uma declaração servindo-se do computador não escreve não fala nem tem uma certa conduta, mas escreve, fala e toma a atitude *usando* um computador. O meio utilizado torna tal ação juridicamente autónoma. Tal ação *é* em forma informática, e não já escrita, oral ou por factos concludentes.»

[758] "Documentos Eletrónicos e Meios de Prova", in MENEZES CORDEIRO (coord.), *Código Civil, Livro do Cinquentenário*, Almedina, 2019, p. 810.

documento eletrónico ocorre uma desvinculação entre o conteúdo e o suporte de modo a que a informação vertida no conteúdo pode mudar de suporte sem que seja alterada ou perdida. No documento eletrónico, existe uma maior autonomia dos signos em relação à *res*, sendo esta degradada em mero suporte ocasional daqueles.

Embora apelativa, a ideia da imaterialidade não deve ser acolhida porquanto o fluxo de corrente tem sempre de ser armazenado num suporte, numa *res*. O que sucede é que a fisicalidade do documento eletrónico não é aferível com os sentidos humanos. Na expressão de Francesco Rizzo, «Sem o suporte a sequência de *bits* torna-se evanescente e não constitui um documento. O documento informático, portanto, necessitando de um suporte para conservar a sequência de *bits* não é imaterial. A matéria perde, nesta situação, o seu usual carácter de tangibilidade, permanecendo sempre imanente.»[759]

A desvinculação entre o suporte e o conteúdo (ou materialidade imanente) comporta várias consequências não despiciendas em sede de documentos escritos. Assim, as disposições que preveem a restituição do título original tornam-se inaplicáveis se este título corresponder a um documento eletrónico. Em segundo lugar, tal característica não é compatível com a incorporação real do direito de crédito nos títulos cambiários. Em terceiro lugar, ocorre uma absoluta incompatibilidade entre a assinatura autógrafa e o documento eletrónico.[760]

Por outro lado, em razão da desvinculação, os elementos de validação do documento eletrónico devem estar vinculados ao conteúdo do documento e não ao suporte. Assim, a assinatura digital garante a integridade do documento[761] porque para ser gerada, além de utilizar a chave do signatário, faz uso de um conjunto de *bits* do próprio documento de modo

[759] *Il Documento Informatico, "Paternità" e "Falsità"*, 2004, pp. 269-270. Ceccarini, *La Prova Documentale nel Processo Civile*, Giuffrè, Milano, 2006, p. 362, afirma que o documento eletrónico é uma realidade imaterial no sentido de que o suporte sobre o qual está registada a informação é irrelevante para a natureza do documento, não conferindo o suporte qualquer característica particular nem se repercutindo na relevância jurídica do documento.

[760] Cf. Gianluca Navone, *Instrumentum Digitale, Teoria e Disciplina del Documento Informatico*, "Quaderni di Studi Senesi", Milano, Giuffrè Editore, 2012, pp. 82-83.

[761] Por integridade deve entender-se "a característica ou estado daquilo que se apresenta ileso, intato, que não foi atingido ou agredido, apontando-se eventual alteração irregular do seu conteúdo" – Caio Carvalho Lima, "A Perícia Forense e a Questão dos Documentos Eletrônicos no Processo Civil Brasileiro", 2009, p. 43.

que qualquer alteração superveniente do conjunto de *bits* gera a invalidação da assinatura.

Uma das características ínsitas ao documento eletrónico é a sua volatilidade/instabilidade na medida em que a sequência originária de *bits* pode ser modificada, sem que fique rasto físico (percetível externamente) da modificação no suporte.[762] O documento eletrónico é inidóneo a permitir a recognoscibilidade externa de algumas formas de falsidade material. Acresce que, quando o computador está em funcionamento, ocorrem processos informáticos, rotinas, que modificam os conteúdos do computador. Nesta medida, para garantir a integridade do material informático com intuitos probatórios, urge congelar o conteúdo do computador, prevenindo a modificação da informação e possibilitando a sua contextualização.

2. Noção legal de documento eletrónico

Nos termos do art. 3º, nº 35, o documento eletrónico é definido como «*qualquer conteúdo armazenado em formato eletrónico, nomeadamente texto ou gravação sonora, visual ou audiovisual*». A definição legal descreve o documento eletrónico por referência ao "conteúdo" e não ao "continente". Ao contrário do documento analógico, o documento eletrónico não está adstrito a um corpo físico, podendo ser transferido entre vários tipos de suporte sem que perca a sua capacidade representativa.

A definição legal comporta, a nosso ver, resposta para questão sobre a qual a doutrina tem divergido, qual seja a de saber se devemos adotar um conceito estrito ou amplo de documento eletrónico. Nas palavras de Teixeira de Sousa, «(...) em sentido estrito, o documento eletrónico é aquele que se encontra gravado em forma digital num suporte magnético ou magneto-ótico; – em sentido amplo, o documento eletrónico é aquele que é elaborado na sua forma definitiva, em suporte de papel ou equivalente, por um computador.»[763] Esta distinção assenta na diferença entre

[762] A este propósito, pode contrapor-se o documento analógico ao documento eletrónico afirmando-se que o primeiro sobrevive no tempo deixando uma memória corporal da própria génese enquanto o segundo é tendencialmente inidóneo a veicular esse rasto histórico – cf. Alessandra Villecco Bettelli, *L'Efficacia Delle Prove Informatiche*, 2004, p. 154 e Francesco Rizzo, *Il Documento Informatico, "Paternità" e "Falsità"*, Napoli, Edizioni Scientifiche Italiane, 2004, p. 278.

[763] "O Valor Probatório dos Documentos Electrónicos", in *Direito da Sociedade da informação*, 2º vol., 1999, p. 172. Cf., em sentido equivalente, Luigi Comoglio, *Le Prove Civili*, "Trattati

input e *output*, ou seja, na modalidade de imissão do texto na memória do computador (a 1ª) e na modalidade utilizada para aceder a tais dados (a 2ª). O documento eletrónico em sentido estrito ou próprio não é *de per si* percetível pelo homem, o que só ocorre com o recurso ao computador e a *software*. O documento eletrónico em sentido lato ou impróprio é formado pelo computador em linguagem inteligível sobre um suporte de papel ou outro o que, na maioria dos casos, se traduz numa impressão. Aqui o documento é legível sem necessidade de intervenção de uma máquina que opera como conversora dos *bits* em linguagem alfanumérica.

Cremos que esta conceção não deve ser subscrita por várias ordens de razões e pugnamos pela adoção de uma conceção unitária do documento eletrónico, coincidente com o sentido estrito enunciado.

Em primeiro lugar, esta conceção dualista nada de útil acrescenta, nem tem maiores virtualidades explicativas do que os conceitos de fonte de prova e meio de prova (cf. pp. 7-8). Com efeito, o documento eletrónico em sentido estrito corresponde – na íntegra – ao conceito de fonte de prova; por sua vez, o documento eletrónico em sentido amplo equivale a um meio de prova. Ou seja, a impressão do documento eletrónico num papel (ou materialização similar) é o meio de prova pelo qual o documento eletrónico (fonte de prova) acede ao processo.

Em segundo lugar, há que distinguir entre o documento eletrónico original, por um lado, e as suas reproduções em que se incluem as cópias, por outro. Por exemplo, o que se vê no monitor do computador constitui uma reprodução do documento eletrónico.[764] Se fizermos um *print screen* (impressão do monitor) e o guardarmos, o que se armazena eletronicamente possui características distintas do documento original.[765] A cópia é uma forma particular de reprodução, distinguindo-se pelo seu objeto: o original.

Brevi", Terza Edizione, 2010, p. 530; Luca Ariola, *Le Prove Atipiche Nel Processo Civile*, 2008, p. 206; Pupo Correia, "Assinatura Electrónica e Certificação Digital", in *Direito da Sociedade da Informação*, 6º vol., p. 286. Este último autor utiliza mesmo a denominação de *documento informático* como equivalente a documento eletrónico em sentido amplo.

[764] Afirma Teixeira de Sousa, *Op. Cit.*, pp. 193-194, que "A visualização do documento num monitor é a forma de exteriorização dos dados memorizados no suporte eletrónicos e, nesse sentido, são uma reprodução desses mesmos dados", concluindo mais adiante que tal visualização – para efeitos probatórios – não é uma realidade distinta do próprio documento eletrónico.

[765] Cf. Andrés Jaume Bennasar, *La Validez del Documento Electrónico y su Eficacia en Sede Procesal*, 2010, p. 98.

A impressão formada a partir de uma sequência de *bits* gravados constitui uma mera *cópia analógica (por extrato) de um documento eletrónico*.[766] Com efeito, a cópia define-se como um *documento de um documento*, ou seja, um documento cujo objeto de representação não é um facto ou uma declaração mas um outro documento.[767] Através da cópia, transfere-se a eficácia probatória de um documento para outro documento desde que o segundo seja fidedigno ao original.

Deste modo, a questão da representatividade de qualquer cópia reconduz-se à da sua conformidade com o original.[768] Em última instância, o critério de distinção entre o documento eletrónico original e cópias eletrónicas extraídas do mesmo é cronológico, residindo na data da sua criação que se pode obter com recurso aos metadados.

Uma outra ordem de argumentos em prol da natureza unitária do documento eletrónico assenta na especificidade da assinatura eletrónica. Quando é feita uma cópia analógica do documento eletrónico, *v.g.*, impressão, a mesma só contém a reprodução do texto ou imagem armazenados no documento original. A assinatura eletrónica aposta no documento original só pode ser objeto de conferência por meio de computador e no confronto com o documento original em formato eletrónico, estando tal conferência vedada no confronto com a cópia. Dito de outra forma, a partir do momento em que ocorre uma impressão em papel de um documento eletrónico com assinatura eletrónica aposta, a assinatura eletrónica deixa de ser verificável de modo que pode afirmar-se que, uma vez impresso, o documento eletrónico deixa de estar assinado.[769]

Aliás, este raciocínio também se aplica- *mutatis mutandis* – quando ocorre o câmbio do suporte de papel para o suporte informático (cópia informática de documento analógico) porquanto, se for questionada a autenticidade da

[766] No sentido de que a impressão é uma mera cópia, cf. SILVIA PEREIRA PUIGVERT, *La Exhibición de Documentos Probatorios y Soportes Informaticos*, Universitat de Girona, 2012, pp. 255 e 269; FILIPPO, *Le Prove Informatiche nel Processo Civile*, 2014, p. 87; MATTEO LUPANO, "L'Informatica e le Nuove Frontiere della Prova Documentale", *in* ALBERTO RONCO (dir.), *Il Documento nel Processo Civile*, 2011, p. 269.

[767] Cf. GIORGIO DI BENEDETTO, *Scrittura Privata e Documento Informatico*, Milano, Giuffrè Editore, 2009, p. 131 e ALFONSO MASUCCI, "Il Documento Informatico, Profili Ricostruttivi Della Nozione e Della Disciplina", in *Rivista di Diritto Civile*, Vol. 50, Nº 5, 2004, p. 783.

[768] Cf. Artigos 386º, nº 1 e 387º, nº 1, do CC.

[769] Cf. SANDEI CLAUDIA, *Il Valore Giuridico del Documento Informatico*, Università degli Studi di Ferrara, 2008, p. 100.

assinatura autógrafa, a mesma só pode ser verificada no original analógico, não podendo ser feito exame grafológico tendo como matéria-prima a cópia informática. Em suma, o câmbio do suporte (eletrónico-papel ou papel-eletrónico) provoca a *perda* da assinatura aposta no original.

Para aferir se estamos perante um original analógico ou perante um documento eletrónico original haverá que adotar este critério: averiguar com referência a que suporte se aperfeiçoou a fase criativa do documento. No caso dos documentos autênticos e particulares há que verificar qual o suporte que recebeu a subscrição.[770] No caso de atos não subscritos, o original será aquele com referência ao qual se concluiu a fase emissiva, *v.g.*, a expedição. Por exemplo, no caso de um correio eletrónico, a impressão do mesmo será a cópia enquanto o original está gravado em suporte informático.[771]

CAPÍTULO V - DELEGAÇÕES DE PODER E DISPOSIÇÕES DE EXECUÇÃO

ARTIGO 47º - EXERCÍCIO DA DELEGAÇÃO

1. O poder de adotar atos delegados é conferido à Comissão nas condições estabelecidas no presente artigo.

2. O poder de adotar os atos delegados referido no artigo 30º, nº 4, é conferido à Comissão por prazo indeterminado, a partir de 17 de setembro de 2014.

3. A delegação de poderes referida no artigo 30º, nº 4, pode ser revogada em qualquer momento pelo Parlamento Europeu ou pelo Conselho. A decisão de revogação põe termo à delegação dos poderes nela especificados. A decisão de revogação produz efeitos a partir do dia seguinte ao da sua publicação no Jornal Oficial da União Europeia ou de uma data posterior nela especificada. A decisão de revogação não afeta os atos delegados já em vigor.

[770] Concretizando com um exemplo: o notário redige a escritura em computador, imprime-a e só depois a mesma é assinada com assinaturas autógrafas. O original é o documento em papel assinado pelas partes e notário. Por sua vez, o arquivo eletrónico correspondente nem consubstancia uma cópia porquanto foi criado antes do original e não contém as assinaturas.

[771] Cf., concordantemente, o Acórdão do Tribunal da Relação de Lisboa de 21.6.2011, *Graça Araújo*, 10693/10.

4. Assim que adotar um ato delegado, a Comissão notifica-o simultaneamente ao Parlamento Europeu e ao Conselho.

5. Os atos delegados adotados nos termos do artigo 30º, nº 4, só entram em vigor se não tiverem sido formuladas objeções pelo Parlamento Europeu ou pelo Conselho no prazo de dois meses a contar da notificação desse ato ao Parlamento Europeu e ao Conselho, ou se, antes do termo desse prazo, o Parlamento Europeu e o Conselho tiverem informado a Comissão de que não têm objeções a formular. O referido prazo é prorrogado por dois meses por iniciativa do Parlamento Europeu ou do Conselho.

ARTIGO 48º – PROCEDIMENTO DE COMITÉ

1. A Comissão é assistida por um comité. Esse comité deve ser entendido como comité na aceção do Regulamento (UE) nº 182/2011.

2. Caso se faça referência ao presente número, aplica-se o artigo 5º do Regulamento (UE) nº 182/2011.

CAPÍTULO VI – DISPOSIÇÕES FINAIS

ARTIGO 49º – REVISÃO

A Comissão analisa a aplicação do presente regulamento e apresenta um relatório ao Parlamento Europeu e ao Conselho até 1 de julho de 2020. A Comissão avalia nomeadamente se é adequado modificar o âmbito do presente regulamento ou as suas disposições especiais, como o artigo 6º, o artigo 7º, alínea f), e os artigos 34º, 43º, 44º e 45º, tendo em conta a experiência adquirida na aplicação do presente regulamento, bem como a evolução da tecnologia, do mercado e da legislação.

Se necessário, o relatório a que se refere o primeiro parágrafo é acompanhado de propostas legislativas.

Além disso, a intervalos de quatro anos a contar do relatório a que se refere o primeiro parágrafo, a Comissão apresenta ao Parlamento Europeu e ao Conselho um relatório sobre a realização dos objetivos do presente regulamento.

ARTIGO 50º - REVOGAÇÃO

1. A Diretiva 1999/93/CE é revogada com efeitos a partir de 1 de julho de 2016.

2. As referências à diretiva revogada são consideradas referências ao presente regulamento.

ARTIGO 51º - MEDIDAS TRANSITÓRIAS

1. Os dispositivos seguros de criação de assinaturas cuja conformidade tenha sido determinada nos termos do artigo 3º, nº 4, da Diretiva 1999/93/CE são considerados dispositivos qualificados de criação de assinaturas eletrónicas na aceção do presente regulamento.

2. Os certificados qualificados emitidos a pessoas singulares em conformidade com a Diretiva 1999/93/CE são considerados certificados qualificados de assinatura eletrónica na aceção do presente regulamento até caducarem.

3. Os prestadores de serviços de certificação que emitam certificados qualificados em conformidade com a Diretiva 1999/93/CE apresentam um relatório de avaliação da conformidade à entidade supervisora no mais breve prazo, o mais tardar até 1 de julho de 2017. Até o referido relatório de avaliação da conformidade ser apresentado e a entidade supervisora concluir a sua avaliação, consideram-se os prestadores de serviços de certificação como prestadores qualificados de serviços de confiança na aceção do presente regulamento.

4. Se os prestadores de serviços de certificação que emitem certificados qualificados em conformidade com a Diretiva 1999/93/CE não apresentarem relatório de avaliação da conformidade à entidade supervisora dentro do prazo referido no nº 3, deixam de ser considerados como prestadores qualificados de serviços de confiança na aceção do presente regulamento a partir de 2 de julho de 2017.

ARTIGO 52º - ENTRADA EM VIGOR

1. O presente regulamento entra em vigor no vigésimo dia seguinte ao da sua publicação no Jornal Oficial da União Europeia.

2. O presente regulamento é aplicável a partir de 1 de julho de 2016, com as seguintes exceções:

a) Os artigos 8º, nº 3, 9º, nº 5, 12º, nº s 2 a 9, 17º, nº 8, 19º, nº 4, 20º, nº 4, 21º, nº 4, 22º, nº 5, 23º, nº 3, 24º, nº 5, 27º, nº 4 e nº 5, 28º, nº 6, 29º, nº 2, 30º, nº 3 e nº 4, 31º, nº 3, 32º, nº 3, 33º, nº 2, 34º, nº 2, 37º, nº 4 e nº 5, 38º, nº 6, 42º, nº 2, 44º, nº 2, 45º, nº 2, 47º e 48º são aplicáveis a partir de 17 de setembro de 2014;

b) Os artigos 7º, 8º, nº s 1 e 2, 9º, 10º, 11º e 12º, nº 1, são aplicáveis a partir da data de aplicação dos atos de execução referidos nos artigos 8º, nº 3, e 12º, nº 8;

c) O artigo 6º é aplicável três anos após a data de aplicação dos atos de execução referidos nos artigos 8º, nº 3, e 12º, nº 8.

3. Se o sistema de identificação eletrónica notificado for incluído na lista publicada pela Comissão nos termos do artigo 9º antes da data referida no nº 2, alínea c), o reconhecimento dos meios de identificação eletrónica que integram esse sistema nos termos do artigo 6º é efetuado num prazo de 12 meses após a publicação do sistema, mas não antes da data referida no nº 2, alínea c).

4. Não obstante o nº 2, alínea c), os Estados-Membros podem decidir que os meios de identificação eletrónica que integram um sistema de identificação eletrónica notificado por outro Estado-Membro nos termos do artigo 9º, nº 1, são reconhecidos no primeiro Estado-Membro a partir da data de aplicação dos atos de execução referidos nos artigos 8º, nº 3, e 12º, nº 8. Os Estados-Membros que decidam fazê-lo informam a Comissão desse facto. A Comissão torna públicas essas informações.

O presente regulamento é obrigatório em todos os seus elementos e diretamente aplicável em todos os Estados-Membros.

Feito em Bruxelas, em 23 de julho de 2014.

Decreto-Lei nº 12/2021

de 9 de Fevereiro

assegura a execução na ordem jurídico interna do regulamento (EU) 910/2014, relativo à identificação eletrónica e aos serviços de confiança para as transações eletrónicas no mercado interno.

O Regulamento (UE) nº 910/2014 do Parlamento Europeu e do Conselho, de 23 de julho de 2014, relativo à identificação eletrónica e aos serviços de confiança para as transações eletrónicas no mercado interno (Regulamento), veio substituir a Diretiva 1999/93/CE do Parlamento Europeu e do Conselho, de 13 de dezembro, que instituiu um quadro legal comunitário para as assinaturas eletrónicas e cuja transposição foi assegurada na ordem jurídica nacional pelo Decreto-Lei nº 62/2003, de 3 de abril, na sua redação atual.

A adoção do Regulamento teve como objetivo aumentar a confiança e segurança das transações *online* na União Europeia, promovendo uma maior utilização desses serviços pelos cidadãos, pelos operadores económicos e pela Administração Pública. Para o efeito, o Regulamento passou a regular, a par da matéria das assinaturas eletrónicas, os selos eletrónicos, os selos temporais, a marca de confiança «UE», os serviços de envio registado eletrónico e os serviços de certificados para autenticação de sítios *web*.

Ainda que o Regulamento seja obrigatório e diretamente aplicável na ordem jurídica portuguesa, incumbe aos Estados-Membros assegurar a sua execução nos respetivos ordenamentos. Nesse sentido, importa designar e dotar as autoridades portuguesas das competências para realizar as atividades de supervisão previstas no Regulamento, bem como definir o quadro sancionatório aplicável em caso de infração das normas do Regulamento.

Paralelamente, aproveita-se a oportunidade para consolidar a legislação existente tanto sobre a validade, eficácia e valor probatório dos documentos eletrónicos, como sobre o Sistema de Certificação Eletrónica do Estado – Infraestrutura de Chaves Públicas.

Foram ouvidos os órgãos de governo próprio das Regiões Autónomas e o Conselho Gestor do Sistema de Certificação Eletrónica do Estado.

Assim:

Nos termos da alínea *a)* do nº 1 do artigo 198º da Constituição, o Governo decreta o seguinte:

CAPÍTULO I – DISPOSIÇÕES GERAIS

ARTIGO 1º – OBJETO

O presente decreto-lei:

a) Assegura a execução na ordem jurídica interna do Regulamento (UE) 910/2014 do Parlamento Europeu e do Conselho, de 23 de julho de 2014, relativo à identificação eletrónica e aos serviços de confiança para as transações eletrónicas no mercado (Regulamento);

b) Regula a validade, eficácia e valor probatório dos documentos eletrónicos, o reconhecimento e aceitação, na ordem jurídica portuguesa, dos meios de identificação eletrónica de pessoas singulares e coletivas e prevê as normas aplicáveis ao Sistema de Certificação Eletrónica do Estado – Infraestrutura de Chaves Públicas (SCEE).

ARTIGO 2º – ÂMBITO DE APLICAÇÃO

O presente decreto-lei aplica-se:

a) Aos documentos eletrónicos elaborados por particulares e pela Administração Pública;

b) Aos sistemas de identificação eletrónica que sejam notificados pelos Estados-Membros da União Europeia ao abrigo dos artigos 7º e 9º do Regulamento, em tudo o que não se encontre neste previsto.

CAPÍTULO II – DOCUMENTOS ELETRÓNICOS

ARTIGO 3º – FORMA E FORÇA PROBATÓRIA

1 – O documento eletrónico satisfaz o requisito legal de forma escrita quando o seu conteúdo seja suscetível de representação como declaração escrita.

2 – A aposição de uma assinatura eletrónica qualificada a um documento eletrónico equivale à assinatura autógrafa dos documentos com forma escrita sobre suporte de papel e cria a presunção de que:

a) A pessoa que apôs a assinatura eletrónica qualificada é o titular desta ou é representante, com poderes bastantes, da pessoa coletiva em causa;
b) A assinatura eletrónica qualificada foi aposta com a intenção de assinar o documento eletrónico;
c) O documento eletrónico não sofreu alteração desde que lhe foi aposta a assinatura eletrónica qualificada.

3 – A assinatura eletrónica qualificada deve referir-se inequivocamente a uma só pessoa singular ou representante da pessoa coletiva e ao documento ao qual é aposta.

4 – A aposição de assinatura eletrónica qualificada que conste de certificado que esteja revogado, caduco ou suspenso na data da aposição, ou não respeite as condições dele constantes, equivale à falta de assinatura, sendo o documento apreciado nos termos do nº 10.

5 – Quando lhe seja aposta uma assinatura eletrónica qualificada, o documento eletrónico com o conteúdo referido no nº 1 tem a força probatória de documento particular assinado, nos termos do artigo 376º do Código Civil, aprovado pelo Decreto-Lei nº 47 344, de 25 de novembro de 1966, na sua redação atual.

6 – Quando lhe seja aposta uma assinatura eletrónica qualificada, o documento eletrónico cujo conteúdo não seja suscetível de representação como declaração escrita tem a força probatória prevista no artigo 368º do Código Civil e no artigo 167º do Código de Processo Penal, aprovado pelo Decreto-Lei nº 78/87, de 17 de fevereiro, na sua redação atual.

7 – A aposição de um selo eletrónico qualificado faz presumir, nos termos do nº 2 do artigo 35º do Regulamento, a origem e a integridade do documento eletrónico.

8 – A aposição de um selo temporal qualificado faz presumir, nos termos do nº 2 do artigo 41º do Regulamento, a exatidão da data e hora por ele indicados e a integridade do documento eletrónico.

9 – O disposto nos números anteriores não obsta à utilização de outro meio de identificação eletrónica, de comprovação da integridade, de correção da origem dos dados ou ainda de atestação temporal de documentos eletrónicos, incluindo outras modalidades de assinatura eletrónica, desde que tal meio seja adotado pelas partes ao abrigo de válida convenção sobre prova ou seja aceite pela pessoa a quem for oposto o documento.

10 – Salvo disposição especial, o valor probatório dos documentos eletrónicos não associados a serviços de confiança qualificados é apreciado nos termos gerais do direito.

11 – As cópias de documentos eletrónicos, sobre idêntico ou diferente tipo de suporte que não permita a verificação e validação das assinaturas eletrónicas ou dos selos eletrónicos, são válidas e eficazes nos termos gerais de direito e têm a força probatória atribuída às cópias fotográficas pelo nº 2 do artigo 387º do Código Civil e pelo artigo 168º do Código de Processo Penal, caso sejam observados os requisitos aí previstos.

Remissões: art. 3º, nº 35, do Regulamento (noção de documento eletrónico); art. 25º do Regulamento (efeitos legais das assinaturas eletrónicas); art. 46º (efeitos legais dos documentos eletrónicos); art. 4º da Lei nº 37/2014, de 26.6 (presunção da autoria na chave móvel digital); Portaria nº 121/2021, de 9.6 (arquivo eletrónico de documentos lavrados por notário e certidão notarial permanente).

1. Nº 1 (requisito legal da forma escrita)

Nos termos do nº 1, «*O documento eletrónico satisfaz o requisito legal de forma escrita quando o seu conteúdo seja suscetível de representação como declaração escrita.*» Como já vimos, o documento eletrónico integra um *tertium genus* face à forma escrita e oral (cf. pp. 432-433). Daí que o legislador tenha feito nesta norma uma equiparação e não afirmado que o documento eletrónico é um documento escrito *tout court*.

Numa breve nota de direito comparado, há que notar que o nosso legislador foi menos exigente que o francês e o alemão quanto ao requisito legal de forma escrita.[772] O art. 1366º do Code Civile dispõe que: «*L'écrit électronique a la même force probante que l'écrit sur support papier, sous réserve que puisse être dûment identifiée la personne dont il émane et qu'il soit établi et conservé dans des conditions de nature à en garantir l'intégrité.*» Por sua vez, o § 126b do BGB consigna que, se a lei prescreve uma determinada forma textual, a declaração deve ser expressa num documento ou em qualquer outro suporte documental duradouro apto para conter o escrito, deve mencionar a pessoa que efetua a declaração e confirmar a declaração mediante a assinatura hológrafa ou de outra maneira reconhecível.

Em ambos os ordenamentos impõe-se a identificação cabal do autor do escrito enquanto o nº 1 não faz qualquer exigência quanto a tal identificação, não a erigindo a requisito constitutivo da forma escrita. Dito de outra forma, o nosso ordenamento não faz depender a natureza escrita do documento de um requisito subjetivo (subscrição), erigindo como essência do documento escrito a sua aptidão para cristalizar uma certa representação no tempo.

Por escrito deve entender-se «uma declaração tradutora de um dado conteúdo do pensamento humano, exteriorizado através de palavras de um determinado idioma, expressas em sinais adequados – máxime, entre nós em carateres alfabéticos e numéricos – sobre um determinado suporte que permita a sua visualização.»[773] O conceito de forma escrita tem vindo a ser desenvolvido por instrumentos de contratação internacional, designa-

[772] Na síntese de TEIXEIRA DE SOUSA, *Op. cit.*, p. 182, a exigência legal de forma escrita tem como funções: a atestação do ato; uma função de ponderação; uma função de advertência; uma função de publicidade e uma função de incorporação de direitos. A primeira é necessária, sendo as demais eventuais segundo os regimes em concreto.

[773] PUPO CORREIA, "Comércio Eletrónico: Forma e Segurança", in *As Telecomunicações e o Direito na Sociedade da Informação*, 1999, p. 235. Segundo o art. 1364º do Code Civile, «*La preuve d'un acte juridique peut être préconstituée par un écrit en la forme authentique ou sous signature privée.*»

damente pela Lei Modelo da Uncitral sobre Comércio Eletrónico, de 1997, cujo art. 6º dispõe que "*Quando a lei requeira que certa informação conste por escrito, este requisito considerar-se-á preenchido por uma mensagem eletrónica se a informação nela contida for acessível para consulta posterior.*" Por sua vez, no Art. 1: 301 dos Princípios do Direito Europeu dos Contratos, sob o título *Meaning of Terms*, ponto 6), afirma-se que *«"written" statements include communications made by telegram, telex, telefax and electronic mail and other means of communication capable of providing a readable record of the statement on both sides»*. Deste conjunto de contributos, infere-se que os elementos caraterizadores da declaração escrita residem na legibilidade e na durabilidade. Este conceito de declaração escrita por vezes é preterido em prol do conceito de suporte duradouro[774], o qual é mais abrangente.

O nº 1 tem de interpretar-se em articulação sistemática com o art. 26º, nº 1, do Decreto-lei nº 7/2004, de 7.1. (Lei do Comércio Eletrónico), dispondo este que: «*As declarações emitidas por via eletrónica satisfazem a exigência legal de forma escrita quando contidas em suporte que ofereça as mesmas garantias de fidedignidade, inteligibilidade e conservação* [do que o papel].» Oferecem garantias de fidedignidade os suportes «que exijam, para a alteração do conteúdo do documento, conhecimentos técnicos especiais».[775] A inteligibilidade, aferida num sentido objetivo, significa que uma pessoa normal, colocada na posição dos contraentes, compreende a linguagem utilizada. A garantia da conservação está observada se for previsível que o acesso à informação contida no suporte perdure «por um período de tempo adequado às necessidades que estão na base da exigência do suporte.»[776]

e nos termos do art. 1365º: «*L'écrit consiste en une suite de lettres, de caractères, de chiffres ou de tous autres signes ou symboles dotés d'une signification intelligible, quel que soit leur support.*»

[774] Cf. Arts. 6º, nº 2, e 12º, nº 1, do Decreto-lei nº 133/2009, de 2.6 (Crédito ao consumo).Na Diretiva 2011/83/CE, de 25.10.2011, JOCE, 22.11.2011, relativa aos direitos dos consumidores, o suporte duradouro é definido como "*qualquer instrumento que possibilite ao consumidor ou ao profissional, armazenar informações que lhe sejam pessoalmente dirigidas, de uma forma que, no futuro, lhe permita aceder às mesmas durante um período de tempo adaptado aos fins a que as informações se destinam e que possibilite a reprodução inalterada das informações armazenadas*" (Art. 2º, nº 10), sendo enumerados como suportes duradouros o papel, chaves USB, CD-ROM, DVD, cartões de memória ou discos duros de computadores, bem como mensagens de correio eletrónico (Considerando 23).

[775] AA. VV., *Lei do Comércio Electrónico Anotada*, Ministério da Justiça, Gabinete de Política Legislativa e Planeamento, 2005, p. 105.

[776] *Ibidem*, p. 105.

A norma equivalente do CAD dispõe que a idoneidade do documento informático a satisfazer o requisito de forma escrita e o seu valor probatório são livremente apreciáveis em juízo, tendo em consideração as suas características objetivas de qualidade, segurança, integridade e imodificabilidade (Art. 20º, nº 1-*bis*). Estes parâmetros para a valoração judicial correspondem àqueles que se pretendem garantir com as características da assinatura eletróncia avançada. Este regime é, pois, mais exigente quanto aos requisitos da observância de forma escrita.

Conjugando os arts. 3º, nº 1, e 26º, nº 1, verificamos que o legislador criou um novo tipo de *documento discricionariamente escrito,* não reconduzível aos figurinos preestabelecidos no Código Civil. Com efeito, a observância da exigência legal de forma escrita tem como pressuposto a inserção da informação num suporte que satisfaça os requisitos cumulativos da fidedignidade, inteligibilidade e conservação. Está em causa a atendibilidade do documento eletrónico determinada em função da sua imodificabilidade e qualidade.[777]

O juiz aprecia livremente o preenchimento destes requisitos de modo que o valor jurídico do documento é relegado para uma valoração *ex post* do juiz, criando-se uma espécie de sistema de autenticação processual do documento assente na apreciação do juiz. Neste juízo a formular sobre a atendibilidade do documento, o juiz aquilatará até que ponto as características técnicas do documento se aproximam do documento eletrónico com assinatura qualificada (ponderando, v.g., se apenas falha a intervenção da entidade certificadora), ponderando também outros fatores, v.g., se a pessoa a quem é imputada a criação do documento deteve um controlo exclusivo sobre o dispositivo que criou o documento bem como a cadeia de custódia do documento. Em suma, o documento será utilizável pelo juiz com base na demonstração da sua consistência objetiva, secundarizando-se nessa avaliação a demonstração cabal da proveniência do documento de quem se arroga ser o seu autor. A diferença de redação entre o nosso art. 3º, nº 1, e as correspondentes normas francesas e alemã conduz a esta interpretação.[778]

[777] PAULA COSTA E SILVA, "Transferência Electrónica de Dados: a Formação dos Contratos (O Novo Regime dos Documentos Eletrónicos)", in *Direito da Sociedade de Informação,* I Vol., 1999, p. 225, afirma pertinentemente que a formulação do então art. 3º, nº 1, do Decreto-lei nº 290-D/99 «(...) é muito deficiente, fazendo-se depender a validade formal do conteúdo.»

[778] Constituem realidades bem diversas a redação vigente («*O documento eletrónico satisfaz o requisito legal de forma escrita* (...)») e uma redação similar às normas francesas e alemãs que seria: «*O documento eletrónico subscrito com assinatura eletrónica satisfaz* (...)»

Sob o ponto de vista substantivo (constituição de efeitos jurídicos no caso dos documentos eletrónicos com assinatura simples, cf. pp. 466-469), gera-se a incerteza porquanto o valor constitutivo do documento está dependente do crivo judicial, não coetâneo da utilização do documento. Esta incerteza não abona a utilização do documento eletrónico.

2. Cisão entre a validade do documento e a sua eficácia probatória

Por outro lado, o nº 1, conjugado com o nº 10, opera uma cisão entre a validade do documento e a sua eficácia probatória. O nº 1 cria uma forma *sine probatione* porquanto a forma (declaração escrita) não exerce a função – normalmente comum e cumulativa – de predisposição de meio de prova suficiente do ato (função probatória do requisito de forma). Com efeito, nos termos do nº 10, «*Salvo disposição especial, o valor probatório dos documentos eletrónicos não associados a serviços de confiança qualificados é apreciado nos termos gerais de direito.*» Ou seja, o nº 1 rege sobre a forma interna constitutiva[779] (requisitos que o documento eletrónico deve reunir para que exista e seja promovido à categoria equivalente de prova escrita: questão substancial de forma) e o nº 10 rege sobre a prova (eficácia probatória do documento, preenchidos que estejam tais requisitos: questão processual de prova) em derrogação do princípio da correspondência entre a forma e a prova (cf. pp. 130 e 139).

3. Documentos abrangidos pelos nº 1

Atento o teor literal do nº 1 – por contraposição ao números 2 e 6 deste mesmo artigo que regem expressamente sobre documentos com assinatura eletrónica qualificada – há que entender que o regime do nº 1 abrange (i) quer o documento eletrónico com assinatura eletrónica simples (ii) quer o documento eletrónico desprovido de qualquer assinatura eletrónica, desde que – em qualquer dos casos – o documento eletrónico tenha um conteúdo expresso em caracteres alfanuméricos sobre um suporte informático que permita a sua leitura, sendo tal suporte durável.

Um documento eletrónico desprovido de qualquer assinatura eletrónica, independentemente do grau de segurança que possa oferecer, não pode integrar um documento declarativo primário. Um documento dessa

[779] Sobre a distinção entre forma interna e externa, caraterizando-se a primeira por participar do ser e da existência do ato (podendo afetar a sua qualificação e existência) e a segunda por respeitar à validade ou prova do ato, cf. PEDRO PAIS DE VASCONCELOS, *Teoria Geral de Direito Civil*, 2012, 7ª ed., pp. 605-606.

índole, apesar de ser considerado escrito, não é equiparável a um documento assinado em suporte de papel ou a um documento com assinatura eletrónica qualificada, sendo inidóneo a concluir um negócio jurídico formal. O raciocínio aqui subjacente é o de que, faltando o ato da assunção da paternidade do documento, o documento não é declarativo.[780]

Há que questionar se o documento eletrónico com assinatura simples é idóneo a satisfazer o requisito da forma escrita quando esta é exigida numa concreta espécie contratual como forma *ad substantiam*.

Nesta sede de conceito normativo de ato escrito, na esteira de Sandei Claudia, afigura-se pertinente fazer uma cisão em função da natureza do ato que se expressa por escrito. Enquanto nos atos negociais com carácter inovatório (em que se constituem, modificam ou extinguem relações jurídicas) é necessária a subscrição como critério de fixação da paternidade, nos atos não negociais que produzem efeitos executivos (não determinando uma mudança *do* direito subjetivo, mas *no* direito já definido) a forma escrita é observada mesmo que o documento não seja subscrito. Aqui, o critério de imputação do documento pode não resultar necessariamente dos termos do próprio documento. A omissão da subscrição gera um problema de imputação da declaração que incide no plano da prova, podendo ser solucionado com recurso a critérios alternativos como a prova testemunhal. Diversamente, no caso das declarações negociais, não se tolera esse tipo de incerteza. Também do ponto de vista económico é de assinalar uma diferença entre estes dois tipos de atos porquanto – em regra- o valor económico dos atos não negociais é inferior.[781]

Conforme se verá a propósito do nº 5, o legislador considera a subscrição do documento eletrónico particular como um elemento estrutural do documento, adotando a assinatura eletrónica qualificada como o paradigma da segurança, integridade e confiabilidade do documento eletrónico. Os arts. 3º, nº 5, do DL nº 12/2021 e 25º, nº 2, do Regulamento nº 910/2014 constituem expressão de um princípio não escrito, mas imanente ao sistema, qual seja o de que a fungibilidade da subscrição autógrafa deve ser explicitamente prevista em instrumento legal alternativo.

[780] Cf. Matteo Lupano, "L'Informatica e le Nuove Frontiere della Prova Documentale", *in* Alberto Ronco (dir.), *Il Documento nel Processo Civile*, 2011, p. 268.

[781] Cf. Sandei Cláudia, *Il Valore Giuridico del Documento Informatico*, Università degli Studi di Ferrara, 2008, pp. 29-33.

O legislador reservou, para os documentos informáticos com assinatura segura, a possibilidade de produção de efeitos negociais quando estes estão subordinados à forma escrita *ad substantiam*. A inclusão dos documentos com assinatura eletrónica qualificada nos arts. 3º, nº 5, do DL nº 12/2021 e art. 25º, nº 2, do Regulamento 910/2014 significa a exclusão do documento eletrónico com assinatura simples (argumento a contrario; *inclusio unius est exclusio alterius*). Exemplificando, um mútuo de € 2501 só será válido se constar de documento em papel com assinatura autógrafa do mutuário ou, em alternativa, de documento eletrónico com assinatura eletrónica qualificada do mesmo mutuário (cf. arts. 3º, nº 5, do DL nº 12/2021 e 1143º do CC). O raciocínio aqui implícito é, de alguma forma, o de que o nível de autenticação deve ser proporcional ao risco associado ao negócio jurídico em causa.

Daqui decorre que o documento eletrónico com assinatura simples só assume efeitos constitutivos nos negócios em que vigora, de pleno, a regra da liberdade de forma (art. 219º do CC), ou seja, nos negócios que podem ser concluídos verbalmente. Assim, por troca de documentos eletrónicos com assinaturas simples pode concluir-se, validamente, um contrato de seguro independentemente do seu valor (cf. art. 32º, nº 1, do Decreto-lei nº 72/2008, de 16.4). Todavia, face ao neoformalismo negocial cada vez mais intenso, sobretudo na área do direito do consumo, são cada vez menos os negócios totalmente sujeitos à regra de liberdade de forma.

Nos casos em que a forma escrita é imposta apenas *ad probationem* – se o documento eletrónico dotado de assinatura eletrónica simples não oferecer as garantias de fidedignidade, inteligibilidade e conservação suficientes para a sua valoração constitutiva como documento escrito – tal documento não satisfará o requisito legal de forma escrita, sendo inidóneo para provar o contrato em causa.

4. Presunções emergentes da aposição de assinatura eletrónica qualificada

O segmento inicial do nº 2 constitui reiteração e ênfase do que já resulta do nº 5, procedendo a enunciação analítica do significado e efeitos da aposição de uma assinatura eletrónica qualificada. A aposição da assinatura cria as presunções ilidíveis enunciadas sob as alíneas a) a c).

Assim, da al. a) emerge que a assinatura exerce uma *função indicativa*, estabelecendo uma presunção da autoria do signatário, em nome próprio ou em representação de pessoa coletiva. Esta al. a) deve articular-se com o nº 3, de modo que, considerando que o Regulamento nº 910/2014 apenas prevê a aposição de assinatura eletrónica por parte de pessoas singulares, a pessoa singular – que aja em representação de pessoa coletiva- deve, necessariamente, invocar tal qualidade de forma expressa.

O mecanismo da assinatura eletrónica qualificada não identifica sem mais o sujeito que, materialmente, apôs a assinatura, mas sim o titular da chave com que foi aposta a assinatura. Presume-se que há coincidência entre o titular efetivo da chave e quem apôs a assinatura. Esta presunção funda-se, por um lado, na intervenção de um terceiro (prestador qualificado de serviços de confiança) que atesta a intitulação da chave e, por outro, nas obrigações específicas a que está vinculado o titular, designadamente as de custódia e de preservação da confidencialidade dos dados necessários para a criação de assinatura eletrónica (cf. Anexo II, nº 1, al. d), do Regulamento 910/2014 e pp. 474 e ss.). A atribuição da proveniência do documento advém da correlação entre a chave pública e a chave privada, sendo uma correlação do tipo matemático. Não sendo possível evidenciar quem é o autor real da assinatura, o legislador recorre ao mecanismo da presunção, estabelecendo uma presunção de proveniência: presume-se que o documento foi assinado pelo titular da chave.

A al. b) evidencia que a assinatura assume quer uma *função declarativa* (de apropriação do conteúdo da declaração) quer uma *função finalizadora ou de completude* do texto.

Finalmente, a al. c) dá expressão ao *princípio da integridade do documento* ou, doutro prisma, à *função de inalterabilidade* da assinatura na medida em que a verificação positiva da assinatura «comprova que o documento ao qual ela foi aposta não foi alterado após a aposição da assinatura, até à sua receção pelo destinatário.»[782] Caso o documento tenha sido alterado, tal circunstância invalida automaticamente a assinatura. Nesta medida, a função de inalterabilidade convola-se numa função probatória, permitindo demonstrar no processo a existência de uma assinatura válida. Os efeitos enunciados nas alíneas a) e b) ocorrem também na assinatura autógrafa, ao contrário do efeito enunciado sob c).

Em suma, este tipo de assinaturas integra uma forma de imputação do documento eletrónico que satisfaz as funções atribuídas à subscrição autó-

[782] Manuel Lopes Rocha *et al*, *Leis do Comércio Electrónico, Notas e Comentários*, 2001, p. 59.

grafa, excedendo-as mesmo porquanto propicia um juízo seguro sobre a integridade do documento, o que está vedado à assinatura autógrafa. Ou seja, a força probatória plena deste tipo de documento estende-se à autenticidade do texto e à sua data atenta a salvaguarda da integridade do texto e a intervenção da entidade certificadora, respetivamente.[783]

5. Documento eletrónico provido de assinatura eletrónica qualificada (nº 5)

Eivado dos propósitos de maximizar a segurança, integridade e confiabilidade dos documentos eletrónicos, o legislador só equipara, ao documento particular assinado com a força probatória plena assinalada no art. 376º, nº 1, do CC, o documento eletrónico a que seja aposta uma assinatura eletrónica qualificada (art. 3º, nº 5, do DL nº 12/2021)[784]. O art. 25º, nº 2, do Regulamento 910/2014 rege sobre esta matéria, em termos equivalentes, mas mais sucintos, ao dispor que «*A assinatura eletrónica qualificada tem um efeito legal equivalente ao de uma assinatura manuscrita*». Articulando os dois preceitos, pode dizer-se que o art. 3º, nº 5, desenvolve e integra no nosso sistema o art. 25º, nº 2.[785]

Sob o ponto de vista de eficácia probatória, o art. 25º, nº 2, do Regulamento, prevê uma equiparação automática entre os efeitos jurídicos da assinatura autógrafa e a assinatura eletrónica qualificada.[786]Este regime constitui expressão do *princípio da equivalência funcional*, nos termos do qual a norma deve limitar-se a definir a função do instrumento jurídico e não a sua fisionomia material ou técnica de modo que se dois instrumentos desenvolvem a mesma função dever-se-á reconhecer-lhes o mesmo valor jurídico.[787]

No art. 3º, nº 5, o legislador equipara o documento eletrónico dotado de assinatura eletrónica qualificada ao documento particular assinado com a força probatória plena (no que tange às declarações atribuídas ao

[783] Cf. A. Gentili, "Documento Elettronico: Validità ed Efficacia Probatoria", in Clarizia Renato (org.), *I Contratti Informatichi*, p. 154.

[784] No que tange aos passos técnicos necessários para saber se estamos perante uma assinatura eletrónica qualificada, cf. as indicações precisas constantes de www.gns.gov.pt/media/2195/docFAQ_1.pdf, acedido em 13.11.2014.

[785] João Marques Martins, "Documentos Eletrónicos e Meios de Prova", in Menezes Cordeiro (coord.), *Código Civil, Livro do Cinquentenário*, Almedina, 2019, pp. 814-815.

[786] Francesco Delfini e Giusella Finocchiaro (Org.), *Op. Cit.*, p. 7.

[787] Francesco Delfini e Giusella Finocchiaro (Org.), *Op. Cit.*, p. 266.

seu autor) assinalada no art. 376º, nº 1, do CC.[788] E fá-lo porque tal tipo de assinatura: (i) é única para cada documento dependendo do conteúdo do documento assinado; (ii) assegura a conferência de integridade do documento impedindo que o documento seja modificado (se for modificado a assinatura perde validade); (iii) pressupõe a vigência do certificado; (iv) não pode ser imitada nem falsificada. Com efeito, este tipo de assinatura é associada ao seu titular através da atividade de um terceiro (o prestador qualificado de serviços de confiança; cf. art. 3º, nº 20, do Regulamento) com base num critério objetivo (titularidade do certificado) e não de um critério subjetivo. Deste modo, se a assinatura for verificada com êxito, tal significa que -juridicamente – aquela assinatura pertence ao titular do certificado utilizado para gerar a assinatura verificada.

Nos termos do art. 9º, nº 1, da Portaria nº 121/2021, de 9.6, «*Para que seja reconhecido aos documentos arquivados eletronicamente o mesmo valor probatório dos documentos originais é sucessivamente aposta aos documentos arquivados eletronicamente assinatura eletrónica qualificada e selo temporal qualificado, com validade máxima de 10 anos, pela Ordem dos Notários, enquanto entidade gestora da plataforma eletrónica, antes de expirar a validade da última assinatura eletrónica qualificada aposta.*» A aposição da assinatura eletrónica qualificada é erigida em requisito essencial para que ao documento notarial arquivado eletronicamente assista o valor probatório do documento original analógico.

No Acórdão do STA de 8.4.2021 decidiu-se que um ficheiro/documento eletrónico, em suporte PDF, ainda que comportando vários documentos é um documento em si mesmo pelo que a sua assinatura implica a assinatura todos os documentos que o integram.[789]

6. A repudiabilidade do documento eletrónico com assinatura eletrónica qualificada

A redação do art. 3º, nº 5, suscita a questão do âmbito do reenvio para o art. 376º do CC: o legislador quis atribuir ao documento com conteúdo escrito e dotado de assinatura eletrónica qualificada força probatória plena

[788] João Marques Martins, *Op. Cit.*, p. 816, conclui: «(...) tenho por correta a constatação de que o art. 3º/2 RJDAE equipara o documento aí mencionado ao escrito com assinatura reconhecida nos termos da lei notarial.»

[789] Sendo relatora *Ana Paula Portela*, 0210/18.

no que tange à materialidade das declarações atribuídas ao seu autor, sem prejuízo da arguição e prova da falsidade do documento? Ou, de forma mais exigente, quis dizer que tal tipo de documento adquire a eficácia de prova plena desde que se verifiquem os requisitos aos quais o Art. 376 subordina a eficácia de prova legal do documento particular? Recorde-se que tais requisitos são alternativamente:

i. Reconhecimento expresso da subscrição pela pessoa a quem é imputada (art. 374º, nº 1, do CC);
ii. Não impugnação ou reconhecimento tácito da pessoa a quem é imputada a subscrição (art. 374º, nº 1)[790];
iii. Reconhecimento notarial da assinatura (art. 375º, nº 1);
iv. Verificação da genuinidade da assinatura na sequência da instrução subsequente à impugnação da genuinidade do documento (arts. 444º e 445º do CPC).

Em qualquer das hipóteses referidas de (i) a (iii), o valor de prova plena do documento particular está condicionado a um mecanismo integrativo e sucessivo de apropriação da assinatura.

A alternativa que se coloca é entre uma conceção *fraca* ou *forte* da eficácia atribuída ao documento munido de assinatura eletrónica qualificada. Segundo a *conceção fraca*, a remissão para o art. 376º do CC importa um reenvio integral para a disciplina do documento particular, incluindo a admissibilidade e ónus de desconhecimento e a sujeição ao regime dos arts. 444º e 445º do CPC, atinentes à impugnação da genuinidade do documento com produção de prova sobre tal exceção probatória. Segundo a *conceção forte*, o sentido da remissão é o de um reenvio *quoad effectum*, quanto ao efeito jurídico, no sentido de que o documento munido de tal tipo de assinatura tem, imediatamente, a eficácia probatória do documento particular dotado de eficácia de prova legal, ou seja, de assinatura reconhecida.[791]

[790] A admissão só é eficaz no processo em que é produzida e ancora-se na regra de experiência, segundo a qual "à manifestação de desinteresse em impugnar uma afirmação corresponde a verdade desta" – Lebre de Freitas, *A Confissão no Direito Probatório*, 1991, p. 482. Segundo este autor, a admissão constitui uma presunção inilídivel que opera no campo estritamente processual.

[791] Fabio Rota, "I documenti", *in* Michele Taruffo (org.), *La Prova nel Processo Civile*, "Trattato di Diritto Civile e Commerciale", Milano, Giuffrè Editore, 2012, pp. 756-757.

Para a dilucidação desta questão, é curial começar por analisar a admissibilidade e efeitos da impugnação[792] da assinatura autógrafa em documento analógico.

A parte, que junta ao processo um documento cuja assinatura imputa à parte contrária, afirma implicitamente a genuinidade de tal assinatura. Aquele a quem é imputado o documento fica investido no ónus de impugnar a letra ou assinatura de tal documento, sob cominação das mesmas passarem a ser tidas como verdadeiras.[793] A impugnação deve ter um conteúdo específico, claro e unívoco, explicitando os elementos essenciais da negação da assinatura ou letra. Embora não sejam necessárias fórmulas sacramentais, a jurisprudência italiana tem considerado inidóneas impugnações deste tipo: "*contestam-se os documentos produzidos pelo autor*"; "*impugnam-se os documentos produzidos*"; "*impugna-se e contesta-se tudo quanto foi deduzido e produzido pela contraparte*".[794]Esta posição da jurisprudência italiana merece a nossa adesão. Conforme já afirmámos, dimana diretamente da regra da boa fé processual (art. 8º do CPC) a exigência do réu assumir uma posição justificada, de contrapor – de forma clara e exaustiva – a sua versão dos factos à do autor, questão que extravasa o âmbito específico do ónus de impugnação.

No que tange especificamente à assinatura autógrafa, a falsidade da mesma ocorre em duas hipóteses: (i) quando inexiste correspondência dos signos gráficos à assinatura original do presumível autor do ato; (ii) quando a assinatura não é aposta pelo punho do sujeito a quem é imputada (não autografia).[795]A primeira situação é restrita à assinatura autó-

[792] A impugnação de um documento escrito pode versar sobre três aspetos: sobre a autenticidade (coincidência entre autor real e autor aparente); exatidão (concordância da cópia ou certidão com o original) e sobre a certeza, ou seja, concordância das declaraçoes vertidas no documento com a realidade – ABEL LLUCH e PICÓ I JUNOY(dirs.), *La Prueba Electrónica*, "Colección de Formación Continua Facultad de Derecho ESADE", 2011, p. 82. Todavia, na prática forense, frequentemente, os mandatários afirmam impugnar o documento *x* sem precisar que tipo de impugnação pretendem fazer.

[793] Ou seja, a produção do documento privado, suscetível de desconhecimento, releva como a alegação de um facto que pode ser objeto de subsequente contestação – cf. SALVATORE PATTI, "L'Efficacia Probatoria del Documento Informatico", in *Rivista di Diritto Processuale*, V. 55, Nº 1, 2000, p. 69.

[794] GIORGIO DI BENEDETTO, *Scrittura Privata e Documento Informatico*, Milano, Giuffrè Editore, 2009, p. 127.

[795] "Forma Elettronica e Nuove Tecniche di Documentazione Formalle Dell'Acordo", in PAOLO CENDON (org.), *I Contratti in Generale*, VII Vol., 2000, p. 165.

grafa não ocorrendo na assinatura digital porque esta não é suscetível de imitação. Já a segunda hipótese – consoante veremos – é configurável sob certos condicionalismos em sede de assinatura digital.

Se o imputado autor do documento impugnar tal letra ou assinatura, recai sobre o apresentante do documento o ónus de provar a autoria do documento particular – art. 374º, nº 2, do CC.[796] Incumbe ao apresentante provar a veracidade da assinatura, cabendo-lhe requerer a produção de prova destinada a convencer da sua genuinidade, no prazo de dez dias – art. 445º, nº 2, do CPC. O apresentante do documento tem, assim, um ónus que opera em dois momentos sucessivos: o da produção do documento e o da demonstração da sua autenticidade (coincidência entre autor real e aparente), sendo que este segundo está sujeito à condição suspensiva da exceção (em sentido estrito) do desconhecimento por parte do presumível autor. A atividade instrutória desenvolvida tem como resultado final uma decisão sobre a (in)utilizabilidade do documento em causa como meio de prova.

Em Itália, a jurisprudência afirma que, caso o apresentante não requeira esta subsequente produção de prova, haverá que valorar tal conduta como uma presunção de que o apresentante não pretende socorrer-se do documento como meio de prova, tudo se passando como se o documento fosse suprimido do processo. Esta posição é criticada por parte da doutrina que, começando por enfatizar que essa presunção não tem fundamento legal, pugna pela valoração do documento – sob o crivo da livre apreciação da prova – como indício ou como princípio de prova.[797] Entre nós, a jurisprudência tem entendido que os documentos particulares que, em resultado de terem sido impugnados, carecem da força probatória estabelecida no art. 376º do CC podem – não obstante – contribuir para a livre convicção

[796] Cf., em particular quanto à falsidade de assinatura aposta em letra, os Acórdãos da Relação de Coimbra de 11.5.93, *Nunes da Cruz*, CJ 1993 –III, p. 33, da Relação do Porto de 5.12.96, *Teixeira Ribeiro*, CJ 1996- V, p. 205, da Relação de Lisboa de 23.11.99, *Ferreira Girão*, CJ 1999-V, p. 98, de 29.6.2004, *Roque Nogueira*, CJ 2004 – IV, p. 63, Acórdãos do Supremo Tribunal de Justiça de 16.6.2005, *Lucas Coelho*, acessível em www.dgsi.jstj.pt, de 14.3.2006, *Ferreira Girão*, CJ AcSTJ 2006 –I, p. 131.

[797] Cf. Francesco Rizzo, *Il Documento Informatico, "Paternità" e "Falsità"*, Napoli, Edizioni Scientifiche Italiane, 2004, pp. 218-219, 299; Salvatore Patti, *Prova Documentale*, 1996, p. 84; Giorgio di Benedetto, *Scrittura Privata e Documento Informatico*, Milano, Giuffrè Editore, 2009, p. 205.

do juiz sobre os factos controvertidos, com base na sua maior ou menor credibilidade.[798]

Quando uma parte junta ao processo um documento eletrónico com assinatura eletrónica qualificada quais são os ónus que impendem sobre o apresentante e sobre o imputado autor do documento em causa?

Se aplicarmos simplesmente as regras existentes sobre o documento analógico com assinatura autógrafa, caberia ao imputado autor negar -tempestivamente – a autoria da assinatura eletrónica, o que constituiria o apresentante no ónus de provar a autenticidade de tal assinatura, isto é, caberia ao apresentante provar que a assinatura eletrónica foi aposta materialmente pelo seu imputado autor. Todavia, esse ónus seria gravoso e iníquo na medida em que onera o apresentante não só com o normal ónus da prova da genuinidade da assinatura como também com a prova negativa da inexistência de uso abusivo ou ilícito da assinatura eletrónica por parte de terceiros, o que redundaria numa prova diabólica.[799] O impugnante ficava numa posição desmesuradamente vantajosa. Note-se que, enquanto no caso de impugnação da assinatura autógrafa pode fazer-se prova por exame pericial com documentos que servem de base de comparação, tal metodologia está preterida no caso da assinatura digital sendo esta única para cada documento. Na primeira situação ocorre uma indagação comparativa enquanto na segunda verifica-se uma averiguação histórico-reconstrutiva. Conforme refere Filippo Viglione, as peculiaridades da assinatura qualificada, que constitui um instrumento impessoal de imputação subjetiva, não se coadunam com as condições pensadas pelo legislador para a assinatura autógrafa.[800] Deste modo, a solução não poderá ser esta.

A solução que reputamos adequada é a de atribuir ao apresentante do documento o ónus de (i) juntar o documento eletrónico demonstrando a presença da assinatura eletrónica qualificada, (ii) bem como demonstrar a

[798] Acórdãos do Supremo Tribunal de Justiça de 15.4.2004, *Quirino Soares*, 04B795, de 2.5.2012, *Alves Velho*, 44768/09 e de 14.2.2017, *Garcia Calejo*, 2294/12. Em sentido equivalente, cf. os Acórdãos do Tribunal da Relação de Coimbra de 2.6.2009, *Gonçalves Ferreira*, 363/07, da Relação do Porto de 30.4.2012, *Augusto de Carvalho*, 169/1993, e da Relação de Lisboa de 13.10.2016, *Pedro Martins*, 28382/15, segundo o qual: «Documentos particulares impugnados podem servir de meios de prova, apreciados livremente pelo tribunal. Ou seja, eles não deixam de existir por terem sido impugnados. Deixam apenas de poder servir de prova plena quanto às declarações atribuídas ao seu autor (art. 376 do CC)."

[799] Cf. Francesco Rizzo, *Op. cit.*, p. 303.

[800] *Op. cit.*, p. 257.

identidade do titular daquela assinatura eletrónica, sendo que esta emerge do certificado eletrónico subjacente à assinatura qualificada. Feita esta dupla prova, opera a presunção de proveniência do art. 3º, nº 2, al. a), do DL nº 12/2021. Esta presunção *juris tantum* dispensa os mecanismos integrativos e sucessivos de apropriação da assinatura previstos nos arts. 374º, nº 1, e 375º, nº 1, do CC. Neste sentido, pode desde já afirmar-se que o documento eletrónico com assinatura qualificada tem uma eficácia probatória mais intensa que o documento analógico com assinatura autógrafa. Pode mesmo equacionar-se que, por via da operacionalidade da presunção de proveniência, o documento com assinatura digital adquire uma eficácia probatória que constitui um *tertium genus* entre o documento particular e o documento autêntico porquanto adquire a mesma eficácia do documento particular que é objeto dos procedimentos integrativos já referidos mesmo faltando uma autenticação autónoma.[801]

A presunção *juris tantum* da aposição da assinatura pelo titular do certificado determina uma inversão do ónus da prova: cabe ao presumido autor da assinatura qualificada desconhecê-la tempestivamente, acrescendo o ónus de alegar e demonstrar que (i) a assinatura foi objeto de um uso abusivo por terceiro ou (ii) que a indicação contida no certificado está incorreta.[802] Só desta forma é que o presumido autor da assinatura ilidirá a presunção de proveniência.[803]

Não cabe ao apresentante o ónus da prova da genuinidade da assinatura qualificada (que ela não é apócrifa) ao contrário do que ocorre com a assinatura autógrafa, estando o presumido autor da assinatura qualificada gravado com o ónus de provar a ocorrência de um uso abusivo da sua assinatura digital. Daqui decorre que, para efeitos da definição da

[801] Cf. Adolfo Ceccarini, *La Prova Documentale nel Processo Civile*, Giuffrè, Milano, 2006, p. 386.

[802] Neste sentido, cf. Matteo Lupano, "L'Informatica e le Nuove Frontiere della Prova Documentale", *in* Alberto Ronco (dir.), *Il Documento nel Processo Civile*, Zanichelli Editore, Bologna, 2011, pp. 264-265.

[803] Mauro Orlandi, *Il Falso Digitale*, Milano, Giuffrè Editore, 2003, p. 110, enfatiza que qualquer critério de paternidade (entendido como facto do qual depende a atribuição do texto), considerado em si, mostra-se suscetível a uma prova contrária pelo que a mutação do critério (da autografia do signo para o documento analógico para uma válida intitulação da chave, no caso do documento eletrónico) não implica uma espécie de carácter absoluto do juízo de imputação, uma impossibilidade ontológica de deduzir um facto incompatível com a imputação.

paternidade da assinatura qualificada, não basta que se demonstre a aposição da assinatura com base num certificado válido, sendo necessário não só que a assinatura seja aposta com base na utilização desse certificado válido, mas também com uma conduta intencional do titular do certificado. O que significa que ao presumido autor da assinatura qualificada não basta a demonstração que a assinatura foi aposta por um terceiro, exigindo-se-lhe que demonstre que tal ocorreu fora da sua esfera de controle do dispositivo da assinatura.

No caso de uma assinatura qualificada autenticada, a intervenção do notário certifica – *ex se* e com eficácia de prova legal – a coincidência entre o utilizador da chave da assinatura e o titular de tal chave, vedando a arguição das situações típicas enunciadas. Em tal eventualidade, a única arguição admissível é a da falsidade ideológica com referência à atestação notarial.[804]

No caso da assinatura qualificada existe um objeto diverso da impugnação por parte do imputado autor: não se argui a falsidade da assinatura porquanto a assinatura qualificada é insuscetível de ser falsa, arguiu-se sim o uso abusivo da assinatura por terceiro. O documento eletrónico munido de assinatura qualificada individualiza sempre como autor da fase emissiva da declaração o titular da chave criptográfica. Para interromper esse nexo de imputação normativa, cabe ao titular da chave provar que ele não foi o autor da fase expressiva do documento. Dito de outra forma, o que o presumido autor da assinatura qualificada argui (e que lhe compete demonstrar) é que o autor material da assinatura qualificada (fase emissiva) não coincide com quem manifestou (por força da presunção da proveniência) uma certa declaração (fase expressiva). Ou seja, o que é objeto de impugnação é a proveniência da declaração, mais concretamente a dissociação subjetiva entre o titular do *instrumentum* (dispositivo de assinatura) e o real utilizador do mesmo.

Perante um documento eletrónico munido de assinatura qualificada está, assim, vedada a singela impugnação por desconhecimento. Solução que colhe sentido na medida em que, em primeiro lugar, não faz qualquer sentido por razões técnicas uma vez que a assinatura em causa é insuscetível de falsidade material.[805] Em segundo lugar, a admissão da impugna-

[804] Cf. Francesca Ferrari, "Il Codice Dell'Administrazione Digitale e le Norme Dedicate al Documento Informatico", in *Rivista di Diritto Processuale,* Ano 62º, (mar.-abr. 2007), nº 2, p. 428; Mauro Orlandi, *Op. cit.*, p. 122.

[805] Conforme já foi referido, a verificação com êxito da assinatura qualificada significa que existe uma relação de índole matemática entre a assinatura digital e o titular da chave utilizada

ção por desconhecimento representaria – sob o ponto de vista de política legislativa – uma opção infeliz porque desmotivaria o recurso à utilização da assinatura e contratação eletrónicas.

Em termos processuais, haverá que aplicar – por analogia – as normas dos arts. 446º a 449º do CPC por serem as que melhor se adequam ao ónus que impende sobre o presumido subscritor do documento. Nas situações previstas no art. 446º, nº 1, do CPC, o ónus da prova também recai sobre o arguente de cada uma das patologias aí previstas.

Em suma, a assinatura autógrafa e a assinatura qualificada são equivalentes no plano substantivo, o mesmo não sucedendo no plano probatório em que a diferente estrutura dos dois tipos de assinatura impõe um procedimento de impugnação distinto e *sui generis* para a assinatura digital.

7. O ónus da prova do presumido subscritor

A solução de impor o ónus da prova do uso abusivo a cargo do presumido subscritor é a mais equilibrada, a que melhor balanceia os interesses em jogo e a que mais favorece a utilização da assinatura eletrónica.

A demonstração, por parte do presumido subscritor/utilizador, de que não utilizou a assinatura qualificada integra a prova de um facto negativo que, por si só, não altera as normas de ónus probatório. Todavia, como não se demonstra materialmente um facto que não ocorreu, a prova de um facto negativo fluirá da demonstração de um facto positivo contrário ou mediante presunções das quais possa inferir-se o facto negativo.[806]

Assim, as situações típicas que cabe ao presumido autor demonstrar são designadamente as de: (i) perda ou extravio não culposo dos dados necessários para a criação da assinatura seguida do tempestivo pedido de suspensão do certificado; (ii) utilização da assinatura digital por parte

para a aposição da assinatura. Em decorrência de tal nexo objetivo, o titular da chave "não pode desconhecer a assinatura digital correspondente à própria chave porque essa é juridicamente a *sua* assinatura" – Bianca, *Diritto Civile. Il Contrato*, Milano, 2006, p. 306 *apud* Sandei Claudia, *Op. cit.*, p. 75.

[806] Cf. Giovanni Buonomo e Aniello Merone, -"*La Scrittura Privata Informatica: Firme Elettroniche, Valor Probatorio e Disconoscimento in Giudizio [Alla Luce delle Modifiche Introdotte dalla l. 221/2012]*", p. 29. Michele Taruffo, *La Prova nel Processo Civile*, "Trattato di Diritto Civile e Commerciale", 2012, p. 21, enfatiza que a prova de um facto negativo – em regra – decorre de forma indireta pela demonstração de um facto incompatível com a verificação do primeiro. O que implica uma diferença entre o facto como é definido na norma em referência e o facto que é efetivamente objeto de prova.

de um usurpador; (iii) criação e expedição do documento eletrónico com assinatura digital em momento em que o titular do certificado estava em lugar em que não tinha acesso a esse procedimento ou ao computador em que foi gerada a assinatura (IP); (iv) infidelidade às instruções do titular sobre o conteúdo da declaração.[807] A prova destas situações típicas poderá emergir de qualquer tipo de prova incluindo a testemunhal.

Quanto à densificação do dever de cuidado a cargo do utilizador, (cf. pp. 474 e ss.).

8. Documento multimédia provido de assinatura eletrónica qualificada (nº 3)

O documento eletrónico previsto no nº 6 constitui um documento eletrónico declarativo porquanto inclui a indicação do sujeito que emite a declaração mediante assinatura eletrónica qualificada.

Da mesma forma que permitem o registo de declarações escritas, os *bits* armazenam sons e/ou imagens que poderão constituir relevantes fontes de prova. Este tipo de documento sói classificar-se como ***documento multimédia***. Estas normas visam estabelecer o respetivo valor probatório desde que ao documento eletrónico, cujo conteúdo redunde apenas em sons e imagens, seja aposta uma assinatura eletrónica qualificada. O documento multimédia pode designadamente: (i) representar uma declaração expressa oralmente ou por gestos; (ii) representar um facto diverso de uma declaração, v.g., acidente de viação e (iii) constituir expressão de uma criação, v.g., filme.

Conforme adverte Paula Costa e Silva , a propósito do Art. 3º, nº 3, do DL nº 290-D/99, de 2.8 (norma anteriormente correspondente a este nº 6), o então nº 3 não se reporta a «cópias ou transposições de documentos eletrónicos para outro tipo de suporte», estabelecendo-se aí a força probatória de documento equiparável ao original.[808]

Quanto ao carácter residual do art. 368º do CC, ao regime da impugnação da exatidão, aos efeitos da impugnação da exatidão e ao sentido precípuo da prova plena, remetemos para o comentário ao art. 368º do CC (pp. 141 e ss.).

[807] Cf. A. Gentili, "Documento Elettronico: Validità ed Efficacia Probatoria", in Clarizia Renato (org.), *I Contratti Informatichi*, p. 155.

[808] "Transferência Electrónica de Dados: a Formação dos Contratos (O Novo Regime dos Documentos Eletrónicos)", in *Direito da Sociedade de Informação*, I Vol., 1999, p. 226.

Uma gravação vídeo e/ou áudio registada em *bits*, desprovida de qualquer tipo de assinatura eletrónica, constitui uma reprodução informática/documento multimédia, subsumindo-se de pleno no regime do art. 368º do CC (reproduções mecânicas).

Feito este excurso quanto à análise dos Arts. 368 do CC e 3º, nº 6, do DL nº 12/2021, testemo-lo perante várias hipóteses, sempre no pressuposto de que os factos relatados estão registados num vídeo arquivado em *bits* ao qual foi aposta uma assinatura eletrónica qualificada, sendo as declarações prestadas oralmente. Caso 1: no balcão de uma instituição de crédito, *A* declara pedir emprestado x para pagamento de uma viatura, o que é aceite, sendo-lhe entregue tal quantia. Caso 2: subsequentemente, no balcão de uma seguradora, o mesmo *A* declara que pretende celebrar um contrato de seguro facultativo para o mesmo veículo, o que é aceite oralmente pelo funcionário da seguradora, o qual entregue uma apólice provisória ao *A*. Caso 3: o mesmo *A* desloca-se na viatura a uma zona rural e, na presença de um notário que o identificou bem como ao *B*, declara que compra ao *B* a vivenda que está por detrás de todos os intervenientes pelo preço de x, sendo a venda aceite por *B*.[809] O notário também apõe ao documento eletrónico a sua assinatura eletrónica qualificada.

A questão que emerge em todas estes casos é a da fixação do valor probatório do documento eletrónico em causa. Há que partir da análise de cada um dos tipos contratuais, aferindo se os mesmos estão sujeitos a uma forma *ad substantiam* ou apenas *ad probationem*.

No Caso 1, o documento eletrónico faz prova do contrato de crédito ao consumo, o qual deve ser exarado em papel ou outro suporte duradouro (art. 12º, nº 1, do Decreto-lei nº 133/2009, de 2.6), sendo certo que o consumidor pode mesmo provar o contrato por qualquer meio (art. 13º, nº 6, do mesmo diploma). No Caso 2, o documento constitui também prova idónea e suficiente do contrato de seguro, o qual atualmente não depende de forma escrita *ad substantiam* ao contrário do que acontecia de pretérito (art. 32º, nº 1, do Decreto-lei nº 72/2008, de 16.4). No Caso 3, o documento eletrónico não constitui forma suficiente do ato, o qual tem de ser reduzido a escritura pública ou a documento particular autenticado (art. 875º do

[809] Nesta hipótese, por brevidade, pressupõe-se que verbalmente é feita a descrição do imóvel. Abstraímo-nos aqui de outros requisitos legais que são exigidos para a formalização deste tipo de aquisição, centrando a nossa atenção na formalidade nuclear.

CC) enquanto forma *ad substantiam*. Este Caso 3 serve para enfatizar que, no caso de contratos sujeitos a forma escrita *ad substantiam* (documento-forma), a aposição da assinatura eletrónica qualificada não tem a virtualidade de transformar a palavra oral em palavra escrita. Neste tipo de negócios, sendo a forma constitutiva, a declaração escrita e a sua documentação têm de ser concomitantes, o que não ocorre no exemplo em apreço.

Nos casos em que a observância da forma escrita é *ad probationem* (documento-prova) não é necessária a sobreposição entre a declaração e a sua documentação, podendo ocorrer uma separação entre o ato de declarar e o ato de documentar, sendo este subsequente cronologicamente.[810] Todavia, atento o regime estatuído no art. 364º, nº 2, do CC, um registo vídeo em *bits* com aposição de assinatura eletrónica qualificada não constitui meio de prova suficiente de um contrato desse tipo porquanto a lei exige, de forma expressa, que a confissão conste de documento escrito de igual ou superior valor probatório. Com efeito, para que um documento possa afirmar-se como escrito é necessário que a representação que o mesmo fornece esteja expressa em signos alfanuméricos. Desta forma, só um *file* (arquivo) de texto pode integrar um ato escrito e, caso seja assinado digitalmente, integrará um documento particular idóneo a produzir efeitos no plano formal e probatório.

Daqui não deriva que a aposição de assinatura digital num documento eletrónico multimédia seja inútil e inconsequente uma vez que é inidónea a servir como meio de imputação de um documento escrito que o documento multimédia não é. A aposição de tal assinatura pode servir para tornar o documento secreto e/ou inalterável bem como para valer como assunção da paternidade do documento. Pense-se numa fotografia ou num *software* informático que são assinados pelo seu autor. Aqui não se acautela a conformidade ao original, mas sim a prova da paternidade do documento. Pode também a assinatura servir para demonstrar que, em certa data, alguém conhecia ou ignorava culposamente o conteúdo de determinado documento, presumidamente íntegro nos termos do art. 3º, nº 2, al. c), do DL nº 12/2021.[811]

[810] Cf. Gianluca Navone, *Instrumentum Digitale, Teoria e Disciplina del Documento Informatico*, "Quaderni di Studi Senesi", Milano, Giuffrè Editore, 2012, p. 34.

[811] Cf. Pedro Lacerda, "A Prova por Documentos Eletrónicos", in *Cadernos de Direito Privado*, abril-junho 2016, p. 24.

9. Selos eletrónicos e selos temporais (nºs 7 e 8).

Sobre o valor probatório dos documentos eletrónicos providos de selo eletrónico e selo temporal, remetemos para os comentários a pp. 394-398 e 403-406.

10. Convenções sobre documentos eletrónicos (nº 9)

Em sede específica dos documentos eletrónicos, a liberdade convencional das partes a exercer nos termos do nº 9 não pode derrogar:

- (i) A relevância da assinatura eletrónica simples (cf. art. 25º, nº 1, do Regulamento 910/2014);
- (ii) A eficácia probatória específica da assinatura eletrónica qualificada (art. 3º, nº 5, do DL nº 12/2021, e art. 25º, nº 2, do Regulamento 910/2014) ou
- (iii) Os requisitos formais de validade dos atos negociais, designadamente as normas sobre a forma *ad substantiam* e *ad probationem* (art. 364º do CC).

O que é facultado às partes é a ampliação, no âmbito das suas relações contratuais, da eficácia probatória dos documentos eletrónicos, designadamente os providos de sistema de autenticação débil (v.g. assinatura eletrónica simples), sendo-lhes vedado restringir a eficácia probatória previamente cominada pela lei.[812]

A convenção firmada ao abrigo do nº 9 não tem a virtualidade de antecipar os seus efeitos de modo que fica, ela própria, sujeita às regras de forma gerais. Exemplificando: uma convenção que amplifique os efeitos da assinatura eletrónica simples terá de ser, ela própria, sujeita a assinatura eletrónica qualificada ou a assinatura autógrafa.

Ao abrigo deste nº 9, as partes podem convencionar que qualquer assinatura simples tenha um valor probatório diferente (mas não inferior: cf. supra) ao que a lei lhe atribui.[813] Assim, «Se qualquer meio técnico é, por vontade das partes, suscetível de comprovar a autoria, um documento eletrónico elaborado em conformidade com o pacto terá, entre elas, a força

[812] Cf. Aurelio Gentili, "Le Tipologie di Documento Informatico Dopo il D.P.R. N. 137/03: Effetti Sostanziali ed Effetti Probatori", in *Il Diritto dell'informazione e dell'informatica*, Milano, A. 19, nos. 4-5 (Luglio-Ottobre 2003), p. 688.

[813] Pedro Lacerda, "A Prova por Documentos Eletrónicos", in *Cadernos de Direito Privado*, abril-junho 2016, p. 24.

probatória de documento particular assinado.»[814] Se, num subsequente litígio, a parte a quem é imputada a declaração nos termos convencionados impugnar a autoria da declaração, «é àquele a quem é imputada [*a assinatura*] que incumbe provar que a não aplicou ou que o documento sofreu alteração posterior», não se aplicando a regra do art. 374º, nº 2, do CC.[815] Podem ainda as partes convencionar a amplificação dos efeitos de documentos eletrónicos providos de selos eletrónicos simples e/ou de selos temporais simples, atribuindo-se efeitos equivalentes a selos eletrónicos avançados ou qualificados ou selos temporais qualificados, respetivamente.

A menção final da norma (*"ou seja aceite pela pessoa a quem for oposto o documento"*) significa que, nesta sede e além dos contratos processuais probatórios acima analisados, a lei admite a figura do negócio jurídico unilateral[816] probatório. Este consubstancia-se numa única declaração, autónoma e expressa, da pessoa a quem é oposto o documento eletrónico com dispensa da anuência da parte contrária que pretende utilizar o documento eletrónico como meio de prova. Esse negócio unilateral probatório está sujeito aos mesmos limites, já analisados, dos contratos probatórios e tem como *ratio* a facilitação da prova da autoria e integridade dos documentos eletrónicos.

Pedro Lacerda propõe uma interpretação mais abrangente deste segmento final da norma, correspondente ao anterior nº 4, do Art. 3º, do DL nº 290-D/99. Nas suas palavras:

> «Em que consiste esta aceitação? Só um comportamento dissociável da previsão do art. 345º do CC permite conferir à norma um sentido útil. Desta feita, não pode valer como *aceitação* – para este fim – uma declaração contratual. Admitindo que a disjunção do art. 3º, nº 4, do RJDEAD não é fortuita, resta uma interpretação possível: aceitar uma assinatura eletrónica implica que a parte a quem seja oposta a reconheça como sua, tácita ou expressamente. Tal significa que às assinaturas eletrónicas, exceção feitas às assinaturas qualificadas, é aplicável a disposição que regula, quanto às assinaturas autógrafas, a aceitação da sua autenticidade: precisamente o art. 374º, nº 1, do CC. Quer isto dizer que a falta de impugnação não tem, em face dos documentos ele-

[814] Pedro Lacerda, *Op. Cit.*, p. 25.

[815] Pedro Lacerda, *Op. Cit.*, p. 26.

[816] Sobre o negócio jurídico unilateral, cf. Menezes Cordeiro, *Tratado de Direito Civil Português, I Parte Geral*, Tomo I, 1999, pp. 253-254.

trónicos, consequências mitigadas: a autoria do documento tem-se admitida por acordo, sem que se conceda a possibilidade de ulterior prova do contrário.

Quando a parte contra quem o documento é apresentado não o impugne, toma-se por autêntica a subscrição que dele conste e dão-se por provadas as declarações atribuídas ao seu autor. A conclusão, extraída do art. 3º, nº 4, do RJDEAD e do Código Civil, não dispensa a análise da hipótese contrária: como se apura a força probatória do documento eletrónico assinado com recurso a uma assinatura eletrónica simples sendo posta em causa a sua genuinidade? A solução deve ser procurada no regime dos documentos particulares. Suscitada a dúvida, a assinatura terá de ser objeto de prova. Porque é sobre o apresentante que passa a recair este ónus, a impugnação constrange-o a demonstrar a sua autenticidade (art. 374º, nº 2, do CC). Não sendo produzida prova ou se dela não resultar o convencimento do tribunal, é contra a parte que ofereceu o documento que se resolve o *non liquet* sobre o facto: frustrada a demonstração, porquanto a dúvida sobre um facto corresponde a prova do facto contrário, deve o tribunal dar por assente que a assinatura não provém do sujeito a quem é atribuída (art. 414º do CPC).»[817]

Reconhecemos que esta interpretação mais abrangente tem o condão de simplificar o juízo probatório quanto à autoria da assinatura eletrónica designadamente nos casos em que esta se apresenta sob a forma simples, v.g., correio eletrónico.

11. Documentos eletrónicos desprovidos de assinatura eletrónica qualificada (nº 10)

Remete-se para o comentário ao art. 25º do Regulamento nº 910/2014 (pp. 374-380) por se tratar de matéria com conexão estreita com este nº 10.

O regime do documento eletrónico escrito (=resultado do processamento eletrónico de texto) desprovido de assinatura qualificada não é fixado, positivamente, por este nº 10.

Existe um ***princípio de correspondência entre forma e prova***, segundo o qual quando o legislador considera uma certa forma suficiente para a validade do ato o mesmo valerá para a sua prova. Deste princípio deriva que qualquer forma documental prevista na lei será, *de per si*, também um meio de prova cujo grau de eficácia deverá ser objeto de graduação.[818]

[817] *Op. Cit.*, p. 26.
[818] Cf. Sandei Claudia, *Op. cit.*, p. 71.

Conforme foi analisado, da conjugação dos nos. 1 e 10 deste art. 3º emerge uma forma *sine probatione* na medida em que a forma (declaração escrita) não exerce a função de predisposição de meio de prova suficiente do ato. Isto porque nos termos do nº 10, ressalvando as convenções probatórias previstas no nº 9 ou disposição legal específica, o valor probatório formal dos documentos eletrónicos aos quais não seja aposta uma assinatura eletrónica qualificada é apreciado *nos termos gerais de direito*. A formulação deste nº 10 abarca quer os documentos eletrónicos com assinatura simples quer os documentos eletrónicos escritos desprovidos de assinatura.

Todavia, entendemos que há que interpretar de modo diferenciado a remissão para os *termos gerais de direito*, consoante se trate de um documento eletrónico com assinatura simples ou de um documento eletrónico escrito, mas não assinado. Nesta última eventualidade, a remissão para os *termos gerais de direito* implica o reenvio para o regime do art. 366º do CC, ficando a força probatória de tais documentos confiada à livre apreciação do tribunal.

Esta remissão não pode ser interpretada como ocorrendo para o art. 368º do CC porquanto um documento multimédia não é um documento escrito mesmo que lhe seja aposta uma assinatura eletrónica qualificada. Interpretar a remissão do nº 10 como sendo *tout court* para o art. 368º do CC corresponderia a criar uma antinomia no sistema porquanto o documento eletrónico provido de assinatura simples seria objeto de livre apreciação em função das características de qualidade, segurança, integridade e imodificabilidade da assinatura eletrónica, enquanto o documento eletrónico escrito desprovido de assinatura – na falta de impugnação da sua exatidão – propiciaria uma prova plena dos factos ou coisas que representa (art. 368º do CC). Acresce que, a montante, não faz sentido questionar a fidelidade de um documento eletrónico escrito perante factos ou coisas, que constituem acontecimentos alegadamente reais, reproduzidos diretamente com recurso a meios mecânicos.[819] Ou seja, o documento eletrónico escrito não integra uma reprodução direta e mecânica da realidade pelo que falece sentido sustentar a existência de um ónus de impugnação da exatidão do mesmo nos termos do art. 368º do CC. Note-se que as cópias

[819] Fabio Rota, "I documenti", *in* Michele Taruffo (org.), *La Prova nel Processo Civile*, "Trattato di Diritto Civile e Commerciale", Milano, Giuffrè Editore, 2012, p. 753.

de documentos eletrónicos escritos se subsumem ao regime do nº 11, não caindo no âmbito do art. 368º do CC.[820]

A livre apreciação significa que o juiz está liberto das regras de prova legal, mas continua vinculado às regras da razão, devendo observar as regras da lógica e do discorrer humano para valorar a prova de forma prudente, sem incorrer em voluntarismos ou em arbitrariedades. Face à ausência de máximas de experiência legais (prova legal), cabe ao juiz eleger – a partir da prova feita e das particularidades do caso – a máxima de experiência aplicável com prevalência sobre outras, em função de critérios de racionalidade.[821] Essa escolha da máxima de experiência aplicável não está condicionada pela posição assumida pela contraparte (que não apresenta o documento) mesmo que esta declare desconhecer ou impugne o documento.[822]

O documento eletrónico não assinado constitui um documento eletrónico não declarativo, o qual – em regra – é insuscetível de constituir efeitos substantivos constitutivos atenta a impossibilidade da sua imputação ao autor e, em conformidade, a estipulação de negócios formais.[823]

[820] Em sentido diverso do que pugnamos, sustentam João de Castro Mendes e Miguel Teixeira de Sousa, *Manual de Processo Civil*, Vol. I, AAFDL, 2022, p. 540, que a valoração *nos termos gerais de direito* dos documentos eletrónicos desprovidos de assinatura eletrónica qualificada implica que «Os documentos eletrónicos cujo conteúdo não seja suscetível de representação como declaração escrita possuem o valor probatório das reproduções mecânicas (at. 368º CC); esta equiparação é justificada pela circunstância de, por exemplo, uma fotografia digital constante de um suporte informático (...) não poder ter um diferente valor probatório da impressão que seja feita dessa mesma fotografia (art. 368º CC).»

[821] Cf. o nosso *Prova Testemunhal, Noções de Psicologia do Testemunho*, Almedina, 2020, pp. 385-386.

[822] Cf. Aurelio Gentili, "Le Tipologie di Documento Informatico Dopo il D.P.R. N. 137/03: Effetti Sostanziali ed Effetti Probatori", in *Il Diritto dell'informazione e dell'informatica*, Milano, A. 19, nos. 4-5 (Luglio-Ottobre 2003), p. 682.

[823] Cf. Aurelio Gentile, "Le Tipologie di Documento Informatico Dopo il D.P.R. N. 137/03: Effetti Sostanziali ed Effetti Probatori", in *Il Diritto dell'informazione e dell'informatica*, Milano, A. 19, nos. 4-5 (Luglio-Ottobre 2003), p. 678; Francesca Ferrari, "Il Codice Dell'Administrazione Digitale e le Norme Dedicate al Documento Informatico", in *Rivista di Diritto Processuale*, Ano 62º, (mar.-abr. 2007), nº 2, p. 429; Ermanno Calzolaio, *Op. cit.*, p. 936; Gianluca Navone, *Op. cit.*, pp. 149.150. Afirma Aurelio Gentili, "Documento Elettronico: Validità ed Efficacia Probatoria", in Clarizia Renato (org.), *I Contratti Informatichi*, p. 131, que: «Um documento não subscrito (...) só pode fazer prova de uma outra declaração constitutiva de relações, expressa *verbis* ou *re*, mas não é ele próprio essa declaração. O mesmo vale para o documento informático.»

O documento elaborado com meios mecânicos/eletrónicos e desprovido de assinatura não pode ser objeto de impugnação quanto à letra ou assinatura- cf. art. 444º, nº 1, do CPC.[824] A autoria de documento particular não assinado «tem que ser estabelecida pelo apresentante do documento quanto a toda a declaração dele constante, não tendo autonomia os conceitos de genuinidade e de falsidade e reconduzindo-se a alteração à figura da contrafação.»[825]

Na jurisprudência sobre documentos eletrónicos desprovidos de assinatura qualificada, relevam os seguintes arestos:

- Enviada impugnação judicial de decisão proferida em processo de contraordenação através de correio eletrónico sem assinatura qualificada ou equivalente, o tribunal deve notificar o apresentante para enviar o original ou ratificar o processado, podendo considerar não válida a impugnação caso o recorrente não corresponda ao convite (Acórdãos do Tribunal da Relação de Évora de 28.10.2021, *Moisés Silva*, 1037/21, de 30.1.2020, *Emília Costa*, 1753/19; Acórdão do Tribunal da Relação de Lisboa de 3.12.2019, *Luís Gominho*, 68/19);
- Não tendo a ré impugnado os documentos juntos aos autos e alusivos a comunicações eletrónicas trocadas entre as partes (*emails*), no que concerne à sua origem (autenticação) – nunca questionou que os *emails* sejam da autoria do representante legal da autora e da ré – e integralidade – nunca questionou que os dados constantes da comunicação foram entretanto alterados –, estamos perante documentos eletrónicos com a força probatória conferida pelo art. 376º do Cód. Civil, *ex vi* do disposto no art. 3º, nº 5, do Dec. Lei 290-D/99, de 2 de agosto [*antecessor do atual nº 10*] (Acórdão do Tribunal da Relação de Lisboa de 7.5.2019, *Isabel Fonseca*, 23191/17).

ALESSANDRA BETTELLI, *L'Efficacia Delle Prove Informatiche*, Milano, Giuffrè Editore, 2004, pp. 119-120, sustenta que o documento eletrónico escrito sem assinatura poderá valer com princípio de prova nos termos do Art. 2724.1. do Codice Civile desde que se interprete esta norma no sentido de que se exige que o escrito seja proveniente da pessoa demandada na ação, dispensando-se a efetiva subscrição do escrito.

[824] Cf. GIORGIO DI BENEDETTO, *Scrittura Privata e Documento Informatico*, Milano, Giuffrè Editore, 2009, p. 124; GIULIA BERTOLINO, "Documento e Rappresentazione della realtà", *in* ALBERTO RONCO (dir.), *Il Documento nel Processo Civile*, Zanichelli Editore, Bologna, 2011, p. 19.

[825] LEBRE DE FREITAS, *A Falsidade no Direito Probatório*, 2013, 2ª ed., pp. 106 e 82-83.

- Perante a dúvida sobre a própria materialidade do envio de requerimento ao tribunal por mensagem de correio eletrónico, incumbiria ao recorrente fazer a adequada prova da respetiva entrega. / Não é suficiente para essa demonstração a mera junção de folhas impressas reproduzindo a suposta mensagem de correio eletrónico (o vulgarmente denominado *print*) (Acórdão do Tribunal da Relação do Porto de 15.12.2021, *Afonso Lucas*, 1135/18).

12. Cópias de documentos eletrónicos (nº 11).

A primeira parte da norma corrobora a tese de que uma impressão de um documento eletrónico constitui *cópia analógica de um documento eletrónico*. Esta matéria da cópia de documentos é disciplinada com maior rigor no Código de Administração Digital Italiano que distingue entre: (i) *cópias analógicas de documentos informáticos* (art. 23º nº 1); (ii) *cópia informática de documento analógico*, entendida como o documento informático que tem conteúdo idêntico ao do documento analógico de que é extraído, v.g. documento digitalizado por *scanner* (art. 1ºi-*bis*)[826]; (iii) *cópia informática de documento informático*, correspondente ao documento informático que tem conteúdo idêntico ao do documento do qual é extraída sob suporte informático mas com sequência diversa de valores binários dos do documento originário (art. 1ºi-*quater*) e (iv) *duplicado informático*, definido como o documento informático obtido mediante a memorização, no mesmo dispositivo ou em dispositivo diverso, da mesma sequência de valores binários do documento originário (art. 1ºi-*quinquis*).[827] A previsão do nº 1 contempla estas categorias à exceção da cópia informática de documento analógico (ii). Em todas elas o elo comum é o de o documento original ser eletrónico.

A atual redação do nº 11 inovou, parcialmente, face à redação anterior do Art. 4º do Decreto-lei nº 290-D/99, ao introduzir o segmento «*que não permita a verificação e validação das assinaturas eletrónicas ou dos selos eletrónicos*». Com a introdução deste segmento, quis-se explicitar que as cópias de documentos eletrónicos gravadas em formato eletrónico que, por sua vez,

[826] Aqui o original é em papel e o documento eletrónico é a cópia. Suscitando-se dúvidas quanto à autenticidade da cópia eletrónica, haverá que analisar o original em papel. Esta cópia eletrónica pode ser autenticada com uma assinatura eletrónica.

[827] Nestes dois casos (iii) e (iv), pode ser aposta uma assinatura eletrónica qualificada à cópia que passa a beneficiar da força probatória plena desde que preenchidos os requisitos do art. 3º, nº 2, do RJDEAD, correspondente ao atual art. 3º, nº 5, do DL nº 12/2021, de 9.2.

permitam (com recurso a *software* adequado) a verificação e validação das assinaturas eletrónicas ou dos selos temporais, têm a mesma força probatória do que os documentos eletrónicos originais (providos de assinaturas eletrónicas ou de selos temporais). Ou seja, estas cópias em formato eletrónico têm um efeito probatório equivalente ao da comum certidão (cf. Art. 383º do CC).

Feita esta ressalva e no que tange à força probatória das demais cópias de documentos eletrónicos, há que distinguir consoante a cópia do documento eletrónico seja simples ou sujeita a atestação do notário.

João Marques Martins sustenta que o segmento "*válidas e eficazes nos termos gerais de direito*" importa uma remissão para o art. 368º do CC, de modo que se a parte contra a qual for apresentada não impugnar a exatidão da reprodução, o documento faz prova plena.[828] Todavia, não nos parece que seja de acolher essa posição porquanto, conforme assinala Lebre de Freitas, no caso de cópia de documento eletrónico não certificada nos termos deste nº 11 (anterior art. 4º do DL nº 290-D/99), a norma *a contrario* do nº 6 (anterior Art. 3º, nº 3, do DL nº 290-D/99) impede a aplicação do art. 368º do CC.[829] Assim, a força probatória de tal cópia simples terá de ser apreciada livremente, nos termos do art. 366º do CC.

Caso a cópia seja sujeita a atestação notarial, rege a segunda parte do nº 11. Assim, tal cópia tem a força probatória atribuída pelo art. 387º, nº 2, do CC, desde que sejam "*observados os requisitos aí previstos*".[830] Após a atestação pelo notário, as cópias passam a ter a força probatória do respetivo original[831] (= documento eletrónico constituído por *bits*)[832], salvo se a parte

[828] "Documentos Eletrónicos e Meios de Prova", in Menezes Cordeiro (coord.), *Código Civil, Livro do Cinquentenário*, Almedina, 2019, p. 819.

[829] *A Ação Declarativa Comum, À Luz do Código de Processo Civil de 2013*, 3ª ed., p. 249, nota (63B).

[830] No fundo, seria um regime em tudo similar ao do artigo 368 do CC atinente às reproduções mecânicas.

[831] «A assunção da força probatória do original não pode, porém, suprir o documento (original) que a lei exija para a *forma* do negócio jurídico (art. 364-1 CC), não se podendo considerar assente o desempenho da função constitutiva do documento exigido» – Lebre de Freitas, *Op. Cit.*, p. 247.

[832] Salvatore Patti, *Prova Documentale*, 1996, p. 137, realça que na cópia existe um afastamento face ao instrumento de documentação, ou seja, a respeito da materialidade do documento original, mas não em relação ao facto representado. Isto é, não se pode falar de uma perda progressiva de credibilidade da cópia em relação ao original na medida em que, se o documento original representa fielmente o facto, tal fidedignidade caraterizará também a cópia.

contra a qual forem apresentadas requerer a exibição desse original (art. 386º, nº 1, do CC). Nessa eventualidade (requerida a exibição do original), a cópia não tem a força probatória do original se este não for apresentado, ficando a cópia sujeita à livre apreciação do julgador. Sendo apresentado o original e não se mostrando este conforme com a cópia (art. 386º, nº 2, do CC), a cópia não poderá ser valorada favoravelmente ao apresentante. A exibição do original implica a conferência do documento eletrónico com recurso a um computador e *software* específico que leia o documento e reconheça a assinatura eletrónica, se for esse o caso. Daqui decorre que, em última instância, o que faz fé é a linguagem binária.[833]

A atestação do notário faz-se no confronto com o original eletrónico e não com uma impressão do original em papel. Partindo de um documento em suporte de papel (*rectius*, de uma cópia analógica de um documento eletrónico), o notário nada pode afiançar quanto à conformidade deste com o documento eletrónico que lhe subjaz. Isto é, não pode estabelecer-se – de forma indubitável – a vinculação entre a fonte e o meio de prova de molde a afirmar-se que a impressão é cópia fidedigna do original eletrónico.

A intervenção do notário pressuposta pelo nº 11 motiva alguns desenvolvimentos adicionais. Atento o regime decorrente dos arts. 171º, nº 1, e 166º, nº 1, do CN, o notário não pode fazer uma pública-forma de um documento eletrónico porquanto a pública-forma constitui uma cópia extraída por meio de fotocópia ou outro modo autorizado de reprodução fotográfica. O que o notário pode fazer é um certificado do documento

[833] Uma das formas de comprovar a autenticidade da informação vertida em suporte informático é o exame dos *metadados* do arquivo informático. Os *metadados* correspondem a qualquer tipo de informação, em forma eletrónica associada a um documento eletrónico, de carácter instrumental e independente do conteúdo do documento, destinando-se tal informação ao conhecimento imediato e automatizado de algumas características do documento, com o propósito de garantir a disponibilidade, o acesso, a conservação e a interoperacionalidade do documento. Permitem, designadamente, conhecer quando foi criado o documento e em que computador – Cf. RODRIGUES-MAGARIÑOS, "La Diligencia de Cotejo de los Documentos Electrónicos", *Revista General de Derecho Procesal*, nº 22 (2010), p. 15 e LARRY E. DANIEL e LARS DANIEL, *Digital Forensics for Legal Professionals, Understanding Digital Evidence From the Warrant to the Courtroom*, 2012, pp. 181-182. O *log* constitui um ficheiro gerado automaticamente pelo sistema operativo que contém o registo digital de todas as informações e da atividade do *software* que gerou o *log*, permitindo a reconstrução cronológica de todas as operações que ocorreram no sistema ou nos programas de aplicativos- cf. FILIPPO NOVARIO, *Le Prove Informatiche nel Processo Civile*, Torino, Giappichelli Editore, 2014, pp. 21 e 109.

eletrónico[834], acedendo ao documento eletrónico através de *software* e com visualização num ecrã, sendo que incumbe ao notário precisar a forma como o facto certificado veio ao seu conhecimento (art. 163º do CN). O certificado notarial constitui um documento autêntico (arts. 4º ,nº 2, al. e), e 35º, nº 2, do CN), o que significa que lhe assiste força probatória plena quanto aos factos materiais que são atestados com base nas perceções do notário (cf. art. 371º, nº 1, do CC).[835] Se o notário digitaliza uma escritura pública (=cópia informática de documento analógico), o documento eletrónico daí emergente constitui – para todos os efeitos – uma pública-forma (cf. arts. 171º, nº 1, do CN e 386º, nº 1, do CC).

Cumpre questionar se um advogado pode ter uma atuação similar à do notário ora analisada. O advogado pode fazer: (i) a conferência de fotocópias com os documentos originais em suporte de papel (art. 1º, nº 3, do Decreto-lei nº 28/2000, de 13.3); (ii) a certificação da conformidade de documentos eletrónicos com os documentos originais, em suporte de papel[836], e digitalização dos originais que lhe sejam apresentados para certificação (art. 38º, nos. 6 e 7, do Decreto-lei nº 76-A/2006, de 29.3); (iii) autenticar documentos particulares relacionados com negócios atinentes a bens imóveis (arts. 22º a 24º do Decreto-lei nº 116/2008, de 4.7).

[834] Um exemplo comum de certificado de documento eletrónico feito por notário é o que ocorre quando o notário acede, com o código de acesso para consulta externa, ao comprovativo de IRS de um cidadão. Nesta situação, o notário cria um certificado declarando que (i) consultou o documento eletrónico através do código de acesso *y* e que (ii) o documento apresentava o teor *x*.

[835] O certificado notarial consubstancia um ato unilateral e declaratório do notário, operando como uma espécie de testemunho oficial do facto que é narrado pelo notário no exercício da sua função, sendo o certificado idóneo – pela sua simples leitura- a descrever o facto ocorrido. Constitui um meio por excelência de pré-constituição de prova para o futuro.

[836] O nº 6 do art. 38º do referido Decreto-lei nº 76-A/2006, de 29.3, relegou a regulamentação dos termos dessa certificação para portaria a publicar. Todavia, tal Portaria não foi publicada. Perante essa lacuna de regulamentação, no Parecer nº 9/PP/2011-G do Conselho Geral da Ordem dos Advogados pugnou-se pela aplicação analógica da norma de certificação do Art. 1º, nº 4, do Decreto-lei nº 28/2000, de 13.3, http://www.oa.pt/Conteudos/Pareceres/detalhe_parecer.aspx?idc=5&idsc=158&ida=124540, acedido em 13.1.2015.

Nos termos do Art. 1º, nº 4, do Decreto-lei nº 28/2000, de 13.3, «*Em concretização das faculdades previstas nos números anteriores, é aposta ou inscrita no documento fotocopiado a declaração de conformidade com o original, o local e a data de realização do ato, o nome e assinatura do autor da certificação, bem como o carimbo profissional ou qualquer outra marca identificativa da entidade que procede à certificação.*»

Daqui decorre que o advogado não está legalmente habilitado a criar um documento equivalente (ou sucedâneo) de um certificado notarial de um documento eletrónico.

13. Os deveres do utilizador quanto à custódia e preservação da confidencialidade dos dados necessários para a criação da assinatura eletrónica.

O Art. 31º do Decreto-lei nº 290-D/99 regia sobre as obrigações do titular do certificado, dispondo que «*O titular do certificado deve tomar todas as medidas de organização e técnica que sejam necessárias para evitar danos a terceiros e preservar a confidencialidade da informação transmitida.*» A norma equivalente do CAD italiano tinha uma redação mais clara: «*O titular do certificado de assinatura deve assegurar a custódia do dispositivo de assinatura e adotar todas as medidas organizativas e técnicas idóneas a evitar danos a terceiros; deve também utilizar pessoalmente o dispositivo de assinatura*» (art. 32º, nº 1).

O DL nº 12/2021 revogou o Decreto-lei nº 290-D/99, não tendo editado norma sucedânea ao referido Art. 31º. Todavia, os sinalizados deveres de custódia e preservação da confidencialidade emergem de vários dispositivos legais. Assim, no nº 1, al. d), do Anexo II ao Regulamento, consta que os dispositivos qualificados de criação de assinaturas eletrónicas asseguram, pelos meios técnicos e procedimentais adequados, que «*Os dados necessários para a criação de assinaturas eletrónicas utilizados para criar as assinaturas eletrónicas possam ser eficazmente protegidos pelo signatário legítimo contra a utilização por terceiros.*» Por sua vez, o Art. 3º-A, nº 3, da Lei nº 37/2014, de 26.6. (Chave móvel digital, na redação do DL nº 88/2021, de 3.11), dispõe que: «*O cidadão é responsável pela utilização segura da sua palavra-chave e do telemóvel associado.*» Estas normas constituem afloramento suficiente da regra segundo a qual o utilizador e signatário da assinatura eletrónica deve custodiar e preservar a confidencialidade dos dados necessários à criação da assinatura eletrónica.

O apelo à preservação da confidencialidade da informação preconiza uma conduta do utilizador/signatário que se consubstancie numa utilização pessoal do dispositivo ou, no limite, numa responsabilização do utilizador/signatário pela assunção de confiança num terceiro a quem confie o dispositivo. Nesta senda, pode invocar-se a consagração da *teoria da aparência imputável*, segundo a qual a chave privada circula sob a responsabilidade objetiva do utilizador, alargando-se a possibilidade de imputação jurídica do texto/assinatura *nolente domino*.[837] Todavia, consoante já vimos, essa consagração não é irrestrita (se o fosse, integraria uma presunção *iuris et de iure*) na medida em que o utilizador/signatário pode ilidir a presunção de proveniência.

Sandei Claudia refere, com acerto, que sobre o utilizador/signatário impende um duplo ónus probatório: (i) tem de provar que a assinatura eletrónica foi aposta materialmente por outrem e (ii) que tal ocorreu apesar do titular ter desenvolvido uma diligente atividade de custódia.[838] Ou seja, o utilizador/signatário não fica eximido se demonstrar apenas a aposição da assinatura por terceiro porquanto – por força da teoria da aparência imputável – a assinatura ser-lhe-á imputável salvo se demonstrar que tal evento adverso não se deve a uma conduta própria omissiva ou de deficiente custódia do dispositivo. O utilizador/signatário arca com as consequências negativas da sua conduta negligente. Na medida em que a custódia negligente implica a imputação ao utilizador/signatário da assinatura materialmente aposta por terceiro ocorre uma imputação sancionatória ao utilizador/signatário. Mauro Orlandi carateriza esta eventualidade sob a designação de *teoria da imputação sancionatória*, no âmbito da qual a imputação da assinatura ao utilizador/signatário ocorre em decorrência de uma custódia negligente da chave.[839]

No que tange à construção de um parâmetro aferidor da diligência exigível, Sandei Claudia propõe o recurso aos princípios elaborados pela jurisprudência a propósito da responsabilidade do proprietário do veículo, a saber, o art. 2054º, nº 3, do Codice Civile, segundo o qual "*O proprietário do veículo (...) é responsável solidário com o condutor, se não provar que a circulação do veículo ocorreu contra a sua vontade*". Existe uma simetria de situações na medida em que o titular de um *instrumentum* é chamado a responder pela conduta de outrem, salvo se provar que o uso abusivo não lhe é, de modo algum, imputável. Segundo a jurisprudência italiana, a exoneração da responsabilidade do proprietário só ocorre perante a prova que a circulação se verificou *prohibente domino*, sendo que tal vontade não pode resultar de meras manifestações tácitas ou verbais de vontade, devendo ancorar-se num concreto e idóneo comportamento obstativo. O dissenso do pro-

[837] Mauro Orlandi, *Il Falso Digitale*, Milano, Giuffrè Editore, 2003, pp. 108-110.

[838] *Il Valore Giuridico del Documento Informatico*, Università degli Studi di Ferrara, 2008, p. 86.

[839] *Op. cit.*, p. 71.

prietário não pode radicar numa conduta passiva ou numa mera atitude psíquica, devendo manifestar-se numa atividade extrínseca e concreta de adoção de precauções e medidas idóneas a impedir a circulação do veículo por terceiros.[840]De tal modo que o furto só exonera o proprietário se este demonstrar que adotou todas as cautelas aptas a impedir tal ocorrência.

Aplicando esta doutrina à obrigação de custódia do dispositivo da chave, «não poderá considerar-se diligente o titular que entregou a chave ao terceiro ou que, de qualquer maneira, tornou possível ao terceiro apossar-se da chave, por exemplo, ao não adotar cautelas adequadas e normalmente idóneas para prevenir o furto, limitando-se a proibir verbalmente o uso da assinatura digital.»[841] Se o titular confiar a custódia da chave a um privado responde pela escolha e pelo ato desse terceiro mesmo que logre demonstrar que havia razões para confiar nesse terceiro.

O nosso CC não tem norma diretamente correspondente ao art. 2054º, nº 3, do Codice Civile. Em termos de direito substantivo, e tendo em vista a densificação de um estalão de cuidado exigível, encontramos um regime equivalente no art. 493º, nº 2, do CC, o qual impõe a obrigação de reparar os danos causados a outrem por quem exerce uma atividade perigosa salvo se mostrar *"que empregou todas as providências exigidas pelas circunstâncias com o fim de os prevenir"*. Esta perigosidade é, normalmente, intrínseca ao exercício de uma atividade quer em função da própria natureza desta quer dos meios utilizados, traduzindo-se numa especial aptidão para a produção de danos.[842] Embora esta norma não esteja pensada para este tipo de atividade (subscrição de documentos eletrónicos com assinatura eletrónica qualificada), ocorre uma forte similitude entre os deveres de tráfego[843] que a mesma impõe e os deveres preconizados anteriormente

[840] SANDEI CLAUDIA, *Op. cit.*, p. 82.

[841] SANDEI CLAUDIA, *Op. cit.*, p. 83.

[842] Cf. Acórdão do STJ de 17.1.2012, *Gregório Alves*, 291/07. O art. 493º, nº 2, impõe ao lesante a prova de que agiu sem culpa, não impondo ao lesado a prova de que o lesante não foi suficientemente diligente – Acórdão do STJ de 28.10.2014, *Sebastião Póvoas*, 1593/07.

[843] MENEZES CORDEIRO, *Tratado de Direito Civil Português, II, Direito das Obrigações*, Tomo II, 2010, elucida que, subjacente aos deveres de tráfego, «está uma dupla ideia do legislador: a de incentivar que, no momento próprio, sejam tomadas as devidas precauções e a de fazer ocorrer, pelos beneficiários do perigo, o risco dos danos.»

FRANCESCO RIZZO, *Il Documento Informatico, "Paternità" e "Falsità"*, Napoli, Edizioni Scientifiche Italiane, 2004, pp. 480-487, pugna pela distinção entre o coeficiente de diligência requerido pela custódia da chave privada sob o ponto de vista negocial, por um lado, e o

no art. 31º, nº 1, do Decreto-lei nº 290-D/99, os quais subsistem vigentes em decorrência de normas que os afloram exemplificativamente (cf. supra).[844]Refere RUI ATAÍDE que a «prova liberatória tem por conteúdo a demonstração da causa estranha à esfera do vinculado que, interferindo com o curso normal das coisas, desencadeou o processo causal conducente à lesão danosa», sendo que «Quanto ao facto de terceiro ou do lesado que concorrem para a produção do dano, não se considera igualmente suficiente para impedir a responsabilidade que o prejuízo seja ocasionado por intromissões não consentidas na esfera do agente, sendo indispensável a prova de se ter adotado todas as medidas oportunas e suficientes para evitar essa interferência (...)».[845]

Logo que ocorram razões para tal, cabe ao utilizador/signatário peticionar de imediato a suspensão do certificado ao prestador de serviços de confiança qualificado. Na medida em que a assinatura aposta na pendência da suspensão equivale a falta de assinatura (art. 3º, nº 4, do DL nº 12/2021), quando confrontado com a junção de um documento com assinatura aposta após a suspensão, o utilizador/signatário pode limitar-

coeficiente de diligência exigido sob o ponto de vista do ilícito, da responsabilidade pelos danos causados a terceiro, por outro. O primeiro reconduz-se, na sua essência, ao que já foi explicitado a propósito dos Arts. 31.1. do RJEDAD e 493.2. do CC. O segundo implica que o titular da chave demonstre a sua falta de culpa com base em factos integradores de caso fortuito sob pena de, caso não o logre fazer, ter de indemnizar o terceiro por força do princípio decorrente do Art. 2047 do *Codice Civile*, correspondente ao nosso Art. 489.1. do CC. A *ratio* desta norma é muito similar à do uso abusivo da assinatura digital porque "em ambas as hipóteses existe um sujeito que causa um dano (o titular da chave ou o incapaz) e um outro sujeito que sofre um dano, o qual não pode agir nem contra o lesante, atenta a falta de culpa, nem pode obter ressarcimento dos outros sujeitos envolvidos (o vigilante do incapaz ou o usurpador da chave), mas que, não obstante, não pode assumir o risco da atuação do primeiro" (p. 483). Esta obrigação de indemnizar assenta, em última instância, na necessidade de evitar a criação de um clima de desconfiança quanto à utilização da assinatura digital bem como no princípio *cujus commoda, eius et incommoda.*

[844] Esta similitude é notada também por ALESSANDRA BETTELLI, *L'Efficacia Delle Prove Informatiche*, 2004, pp. 182-183, a qual enfatiza o maior rigor que deve ser adotado por quem utiliza a assinatura digital. Nas suas palavras, «Este maior rigor das medidas que devem ser observadas por quem utiliza o sistema da assinatura digital, parece evocar o inciso contido na última parte do Art. 2050 do CC [*correspondente ao nosso art. 493º, nº 2, do CC*] segundo o qual a prova liberatória da responsabilidade pelos danos causados a terceiros no exercício de uma atividade perigosa consiste em demonstrar que se adotaram todas as medidas idóneas a evitar o dano.»

[845] *Responsabilidade Civil por Violação de Deveres no Tráfego*, 2015, pp. 514-515.

-se a excecionar a suspensão/revogação. Nesta eventualidade, competirá ao apresentante do documento demonstrar que a data aposta é falsa, correspondendo a data real a um período em que persistia a vigência do certificado.

ARTIGO 4º – DOCUMENTOS ELETRÓNICOS DAS ENTIDADES PÚBLICAS

Nas operações relativas à criação, emissão, arquivo, reprodução, cópia e transmissão de documentos eletrónicos que formalizem atos administrativos através de sistemas informáticos, incluindo a sua transmissão por meios de comunicação eletrónica, os dados relativos à entidade emitente e à pessoa que tenha praticado cada ato administrativo devem ser indicados de forma a torná-los facilmente identificáveis e a comprovar a função ou cargo desempenhado pela pessoa signatária de cada documento.

Remissões: art. 6º (balcão único eletrónico) do Decreto-lei nº 92/2010, de 26.7 (princípios e regras para simplificar o livre acesso e exercício das atividades de serviços); Decreto-lei nº 83/2018, de 19.10 (transpôs a Diretiva (UE) 2016/2102, do Parlamento Europeu e do Conselho, de 26 de outubro de 2016, relativa à acessibilidade dos sítios web e das aplicações móveis de organismos do setor público); Lei nº 36/2011, de 21.6 (estabelece a adoção de normas abertas nos sistemas informáticos do Estado); Lei nº 16/2022, de 16.8 (Lei das Comunicações Eletrónicas); arts. 62º (balcão único eletrónico), 63º (comunicação por meios eletrónicos), 112º, nº 1, al. c), e nº 2, al. b) (notificações por correio eletrónico), 113º, nº 5 (perfeição da notificação por correio eletrónico), todos do CPA.

A Administração Pública pode elaborar documentos eletrónicos (al. a), do Art. 2º) em cuja composição devem ser assumidos os cuidados aqui impostos. Relevam, em primeira linha, as disposições do CPA citadas na nota remissiva.

Nos termos do art. 94º, nº 2, do CPA, «*À decisão final proferida através de meios eletrónicos deve ser aposta assinatura eletrónica ou outro meio idóneo de autenticação do titular do órgão competente, nos termos de legislação própria, o qual deve ser devidamente identificado.*»

No Acórdão do Tribunal da Relação de Lisboa de 26.5.2011, *Carlos Marinho*, 949/07, entendeu-se que a exigência feita na al. g), do nº 1, do art.

123º do CPA (correspondente ao atual art. 151º, n1, al. g): *deve constar do ato administrativo a assinatura do autor do ato ou do presidente do órgão colegial que o emana*) justifica-se pela necessidade logo patente na al. a) de se conhecer com rigor a identidade da autoridade que pratica o ato e seus poderes

A Lei nº 37/2014, de 26.6 (sucessivamente alterada pela Lei nº 32/2017, de 1.6, pela Lei nº 71/2018, de 31.12, pela Lei nº 2/2020, de 31.3 e pelo DL nº 88/2021, de 3.11), criou a «Chave Móvel Digital» (CMD) como meio complementar e voluntário: a) de autenticação dos cidadãos nos portais e sítios na Internet da Administração Pública; b) de assinatura eletrónica qualificada, nos termos previstos do Regulamento. Esta Lei foi regulamentada pela Portaria nº 77/2018, de 16.3 (alterada pelas Portarias nº 190-A/2019, de 21.6 e nº 312-A/2022, de 30.12).

ARTIGO 5º – COMUNICAÇÃO DE DOCUMENTOS ELETRÓNICOS

1 – O documento eletrónico comunicado por um meio de comunicação eletrónica considera-se enviado e recebido pelo destinatário se for transmitido para o endereço eletrónico definido por acordo das partes e neste for recebido.

2 – São oponíveis entre as partes e a terceiros a data e a hora da criação, da expedição ou da receção de um documento eletrónico que contenha uma validação cronológica emitida por um prestador qualificado de serviços de confiança.

3 – A comunicação do documento eletrónico ao qual seja aposta assinatura eletrónica qualificada ou selo eletrónico qualificado, por meios de comunicação eletrónica que assegure a efetiva receção, equivale à remessa por via postal registada e, se a receção for comprovada por mensagem de confirmação dirigida ao remetente pelo destinatário que revista idêntica forma, equivale à remessa por via postal registada com aviso de receção.

4 – A comunicação de dados e documentos com recurso a serviços qualificados de envio registado eletrónico, nos termos definidos nos artigos 43º e 44º do Regulamento, equivale à remessa por via postal registada com aviso de receção.

Remissões: art. 41º, nº 2, e art. 42º do Regulamento (selo temporal qualificado); art. 43º do Regulamento (serviço de envio registado eletrónico); art. 44º do Regulamento (requisitos aplicáveis aos serviços qualificados de envio registado eletrónico); art. 19º, nº s 2, 12, 14 a 16, da Lei Geral Tributária (domicílio fiscal eletrónico e caixa postal eletrónica).

A convenção de um endereço eletrónico (nº 1) pode ser expressa ou tácita, neste caso mediante o fornecimento pelo proponente do seu endereço eletrónico e a resposta, pelo aceitante, confirmativa de ter recebido a proposta no seu respetivo endereço.[846]

Nos termos do art. 63º, nº s 1 e 2 do CPA, presume-se que o interessado consentiu na utilização de meios eletrónicos de comunicação quando, apesar de não ter procedido à indicação da sua caixa postal eletrónica na sua primeira intervenção e de não ter prestado prévio consentimento por escrito, tenha estabelecido contacto regular através de meios eletrónicos.

Quando ao serviço de envio registado eletrónico, remete-se para o comentário ao Art. 43º do Regulamento (pp. 408-409).

No que tange ao significado, âmbito e efeitos da aposição de selo eletrónico qualificado num documento eletrónico, cf. pp. 404-406.

Na redação deste preceito, o legislador socorre-se da técnica de assimilar o regime do documento eletrónico ao documento analógico em papel. A aposição de uma assinatura eletrónica qualificada numa mensagem eletrónica (nº 3) significa, nos termos deste preceito, que o valor probatório que lhe é atribuído é o de documento particular com a autoria reconhecida.

O nº 3 deve interpretar-se em conjugação com o art. 43º do Regulamento (cf. respetiva anotação), tratando-se de disposição nacional que precisa quando é que a utilização do serviço de envio registado eletrónico pode satisfazer as formalidades internamente exigidas como de envio de carta registada, com ou sem aviso de receção.

A jurisprudência nacional, ao abrigo da norma antecedente e equivalente ao nº 1, enfatiza que ao transmitente de um documento eletrónico exige-se não só a prova do seu envio, como a prova da sua receção pelo destinatário do endereço a quem foi enviado.[847]

[846] Cf. Miguel Pupo Correia, "Evolução recente do ordenamento do negócio jurídico eletrónico – Decreto-lei nº 12/2021, de 9 de fevereiro" in *Estudos Jurídicos em Homenagem a Manuel Oehen Mendes*, 2022, p. 672.

[847] Cf. Acórdãos do Tribunal da Relação do Porto de 7.11.2022, *Rita Romeira*, 15584/19, de 18.12.2018, *Carlos Gil*, 6640/12 e de 7.12.2018, *Fátima Andrade*, 2905/18.

CAPÍTULO III – FUNÇÕES DAS ENTIDADES E ORGANISMOS NACIONAIS

ARTIGO 6º – ENTIDADE SUPERVISORA

O Gabinete Nacional de Segurança (GNS) é a entidade supervisora para efeitos do disposto na alínea *b)* do nº 1 do artigo 9º e no artigo 17º do Regulamento, competindo-lhe, ainda, elaborar e gerir as listas de confiança nos termos previstos no artigo 22º do Regulamento.

ARTIGO 7º – NOTIFICAÇÃO DOS SISTEMAS DE IDENTIFICAÇÃO ELETRÓNICA

A Agência para a Modernização Administrativa, I. P. (AMA, I. P.), é a entidade competente para a notificação dos sistemas de identificação eletrónica junto da Comissão Europeia, de acordo com o disposto no artigo 9º e para efeitos de reconhecimento nos termos do artigo 6º, ambos do Regulamento.

Remissões: art. 34º (dever de colaboração com a entidade supervisora).

ARTIGO 8º – ORGANISMO NACIONAL DE ACREDITAÇÃO

O organismo nacional de acreditação é o Instituto Português de Acreditação, I. P. (IPAC, I. P.), tendo como função a acreditação dos organismos de avaliação da conformidade.

ARTIGO 9º – ORGANISMOS DE AVALIAÇÃO DA CONFORMIDADE

1 – Os organismos de avaliação da conformidade procedem à certificação dos prestadores de serviços de confiança nos termos previstos no Regulamento e no presente decreto-lei.

2 – Os organismos de avaliação da conformidade fornecem ao organismo nacional de acreditação, de modo pronto e exaustivo, todas as informações que este lhes solicite para fins de avaliação da sua atividade e facultam-lhe para os mesmos fins o acesso às instalações e o exame local de documentos, objetos, equipamentos de *hardware* e *software* e procedimentos operacionais.

CAPÍTULO IV – SERVIÇOS DE CONFIANÇA

ARTIGO 10º – PRESTADORES DE SERVIÇOS DE CONFIANÇA

São prestadores de serviços de confiança todas as pessoas singulares ou coletivas, públicas ou privadas, que prestem um ou mais serviços de confiança qualificados ou não qualificados, previstos no artigo 3º do Regulamento.

ARTIGO 11º – DEVERES DE INFORMAÇÃO

No âmbito da competência de fiscalização da entidade supervisora, os prestadores de serviços de confiança cumprem os seguintes deveres:

a) **Fornecer todas as informações que esta lhes solicite;**

b) **Facultar o acesso às suas instalações e o exame local de documentos, objetos, equipamentos de *hardware* e *software* e procedimentos operacionais;**

c) **Permitir que a entidade supervisora faça as cópias dos registos e dos documentos ou informações que considere necessárias para o exercício das suas funções com respeito pelas disposições legais relativas ao acesso aos documentos administrativos ou à proteção de dados pessoais.**

ARTIGO 12º – PRESTAÇÃO DE SERVIÇOS DE CONFIANÇA

Sem prejuízo do dever de comunicação em momento anterior à celebração do contrato, os termos e as condições da prestação de serviços de confiança devem ser expressamente aceites pelos utilizadores, independentemente do meio que seja usado.

ARTIGO 13º – DEVERES DO PRESTADOR QUALIFICADO DE SERVIÇOS DE CONFIANÇA

O prestador qualificado de serviços de confiança deve:

a) **Demonstrar a fiabilidade necessária para o exercício da atividade, de acordo com o disposto nos artigos 15º e 16º;**

b) Adotar medidas adequadas para impedir a falsificação ou alteração dos dados constantes dos certificados e, nos casos em que o prestador qualificado de serviços de confiança gere dados de criação de assinaturas, garantir a sua confidencialidade durante o processo de criação;

c) Garantir que os dados de criação de assinatura utilizados para assinar certificados qualificados são exclusivos, não podendo ser utilizados para assinar outro tipo de certificados;

d) Verificar rigorosamente a identidade dos requerentes titulares dos certificados e, tratando-se de representantes de pessoas coletivas, os respetivos poderes de representação;

e) Conservar os elementos que comprovem a verdadeira identidade dos requerentes titulares de certificados com pseudónimo;

f) Conservar, em suporte físico ou eletrónico, os documentos e registos relativos à prestação destes serviços durante sete anos após o fim da validade do respetivo certificado.

Remissões: art. 5º, nº 2, do Regulamento (utilização de pseudónimos em transações); art. 13º do Regulamento (responsabilidade dos prestadores de serviços de confiança e ónus da prova); art. 24º do Regulamento (requisitos aplicáveis aos prestadores qualificados de serviços de confiança).

ARTIGO 14º – PEDIDO DE ATRIBUIÇÃO DO ESTATUTO DE PRESTADOR QUALIFICADO DE SERVIÇOS DE CONFIANÇA

1 – A entidade supervisora define e publica no seu sítio na Internet o formulário eletrónico necessário para requerer o estatuto de prestador qualificado de serviços de confiança.

2 – O formulário deve ser preenchido e submetido eletronicamente, devidamente acompanhado de toda a documentação complementar necessária, nos termos do artigo seguinte.

Remissões: art. 21º do Regulamento (início de um serviço de confiança qualificado).

ARTIGO 15º – ATRIBUIÇÃO DO ESTATUTO DE PRESTADOR QUALIFICADO DE SERVIÇOS DE CONFIANÇA

O estatuto de prestador qualificado de serviços de confiança é atribuído pela entidade supervisora e pressupõe que os prestadores de serviços de confiança satisfaçam os seguintes requisitos:

a) **Cumpram os requisitos definidos no Regulamento;**
b) **Estejam dotados de capital e meios financeiros adequados, em conformidade com o artigo 18º;**
c) **Deem garantias de absoluta idoneidade, integridade e independência no exercício da atividade, nos termos previstos no artigo 19º;**
d) **Tenham um contrato de seguro válido para a cobertura adequada da responsabilidade civil emergente da atividade de prestação de serviços de confiança, nos termos previstos no artigo 20º;**
e) **Possuam uma certificação válida para os serviços que pretendem prestar com o estatuto de qualificado, conforme previsto no artigo 9º**

Remissões: art. 21º do Regulamento (início de um serviço de confiança qualificado); art. 24º do Regulamento (requisitos aplicáveis aos prestadores qualificados de serviços de confiança); Portaria nº 62/2021, de 17.3 (requisitos do contrato de seguro de responsabilidade civil emergente da atividade de prestação de serviços de confiança).

ARTIGO 16º – AUDITORIAS PERIÓDICAS

1 – Sem prejuízo do disposto no nº 2 do artigo 20º do Regulamento, os prestadores qualificados de serviços de confiança estão sujeitos a auditorias anuais a contar da data de início da auditoria inicial, nos seguintes termos:

a) **Auditorias completas, pelo menos a cada 24 meses;**
b) **Auditorias de acompanhamento, nos anos em que não se realizem as auditorias completas.**

2 – As auditorias referidas no número anterior são efetuadas por um organismo de avaliação da conformidade acreditado, nos termos definidos no artigo 20º do Regulamento.

3 – Os prestadores qualificados de serviços de confiança apresentam o relatório de avaliação da conformidade, elaborado pelo organismo de avaliação da conformidade, à entidade supervisora no prazo de três dias úteis após a sua receção.

4 – Os prestadores qualificados de serviços de confiança devem evidenciar durante as auditorias, ou a pedido do organismo de avaliação de conformidade que realiza a auditoria, o cumprimento dos requisitos do Regulamento e dos deveres previstos nos artigos 13º e 15º do presente decreto-lei, devendo, para tal, colaborar com os organismos de avaliação da conformidade e mantê-los informados de qualquer alteração que possa causar um incumprimento do Regulamento ou do presente decreto-lei.

Remissões: art. 20º do Regulamento (fiscalização dos prestadores qualificados de serviços de confiança).

ARTIGO 17º – REVOGAÇÃO DO ESTATUTO DE PRESTADOR QUALIFICADO DE SERVIÇOS DE CONFIANÇA

O estatuto de prestador qualificado de serviços de confiança é revogado sempre que se deixem de verificar as condições definidas nos artigos 13º e 15º e nos n.os 1 e 2 do artigo anterior.

ARTIGO 18º – REQUISITOS PATRIMONIAIS

1 – Os prestadores de serviços de confiança privados que sejam pessoas coletivas devem ter um capital social mínimo de € 200 000, integralmente realizado.

2 – Os prestadores de serviços de confiança privados que sejam pessoas singulares devem ter um património livre de quaisquer ónus com um valor mínimo de € 200 000.

ARTIGO 19º – REQUISITOS DE IDONEIDADE

1 – A pessoa singular e, no caso de pessoa coletiva, os membros dos órgãos de administração e fiscalização, colaboradores, comissários e

outros que representem os prestadores de serviços de confiança com acesso aos atos e instrumentos de certificação, os sócios da sociedade e, tratando-se de sociedade anónima, os acionistas com participações significativas, devem ser sempre pessoas de reconhecida idoneidade.

2 – Entre outras circunstâncias atendíveis, considera-se indiciador de falta de idoneidade o facto de a pessoa ter sido:

a) **Condenada, no país ou no estrangeiro, por sentença transitada em julgado por crime de furto, roubo, burla, burla informática e nas comunicações, extorsão, abuso de confiança, infidelidade, falsificação, falsas declarações, insolvência dolosa, insolvência negligente, favorecimento de credores, emissão de cheques sem provisão, abuso de cartão de garantia ou de crédito, apropriação ilegítima de bens do setor público ou cooperativo, administração danosa em unidade económica do setor público ou cooperativo, usura, suborno, corrupção, receção não autorizada de depósitos ou outros fundos reembolsáveis, prática ilícita de atos ou operações inerentes à atividade seguradora ou dos fundos de pensões, branqueamento de capitais, abuso de informação, manipulação do mercado de valores mobiliários ou crime previsto no Código das Sociedades Comerciais;**

b) **Declarada insolvente por sentença judicial, em fase de liquidação, dissolução ou cessação de atividade, sujeitas a qualquer meio preventivo de liquidação de patrimónios ou em qualquer situação análoga, ou tenham o respetivo processo pendente, salvo quando se encontrar abrangida por um plano de insolvência, ao abrigo da legislação em vigor ou julgada responsável pela insolvência de empresa por ela dominada ou de cujos órgãos de administração ou fiscalização tenha sido membro;**

c) **Tenham sido objeto de aplicação de sanção administrativa por falta grave em matéria profissional, se entretanto não tiver ocorrido a sua reabilitação, no caso de se tratar de pessoas singulares, ou, no caso de se tratar de pessoas coletivas, tenham sido objeto de aplicação daquela sanção administrativa os titulares dos órgãos sociais de administração, direção ou gerência das mesmas e estes se encontrem em efetividade de funções;**

d) **Não tenham a sua situação regularizada relativamente a contribuições para a segurança social em Portugal ou, se for o caso,**

no Estado de que sejam nacionais ou no qual se situe o seu estabelecimento principal;

e) **Não tenham a sua situação regularizada perante a administração fiscal relativamente a obrigações devidas em Portugal ou, se for o caso, no Estado de que sejam nacionais ou no qual se situe o seu estabelecimento principal;**

f) **O não cumprimento dos deveres de informação referidos no artigo 11º, relativos aos prestadores de serviços de confiança.**

3 – Consideram-se participações significativas, para os efeitos do nº 1, as que igualem ou excedam 10 % do capital da sociedade anónima.

ARTIGO 20º – SEGURO OBRIGATÓRIO DE RESPONSABILIDADE CIVIL

Os membros do Governo responsáveis pelo GNS e pela área das finanças definem, por portaria, os requisitos do contrato de seguro de responsabilidade civil a que se refere a alínea *d)* do artigo 15º

Remissões: art. 24º, nº 2, al. c), do Regulamento (seguro de responsabilidade adequado); art. 37º (entrada em vigor deste art. 20º).

ARTIGO 21º – COMUNICAÇÃO DE ALTERAÇÕES

1 – Devem ser comunicadas à entidade supervisora, no prazo de 30 dias a contar da respetiva ocorrência ou, quando aplicável, do respetivo registo, as alterações relacionadas com prestadores qualificados de serviços de confiança relativas a:

a) **Firma ou denominação;**
b) **Objeto social;**
c) **Local da sede ou domicílio fiscal;**
d) **Capital social ou património, sempre que se verifique uma redução igual ou superior a metade do capital social ou do património;**
e) **Estrutura de administração e de fiscalização;**
f) **Limitação dos poderes dos órgãos de administração e fiscalização;**
g) **Cisão, fusão e dissolução;**

h) Alterações significativas na infraestrutura de chaves públicas que suporta a prestação dos serviços de confiança;
i) Alteração na estrutura de pessoal com relação direta na prestação de serviços de confiança.

2 – A entidade supervisora define e publica no seu sítio na Internet o formulário eletrónico necessário para a comunicação das alterações referidas no número anterior.

ARTIGO 22º – CESSAÇÃO DA ATIVIDADE

1 – No caso de pretender cessar a sua atividade, o prestador qualificado de serviços de confiança deve comunicar essa intenção à entidade supervisora e às pessoas com quem tenha estabelecido contrato para a prestação de serviços de confiança, com a antecedência mínima de 90 dias, indicando também o prestador qualificado de serviços de confiança à qual é transmitida toda a sua infraestrutura de chaves públicas utilizada para o efeito e toda a documentação relativa à prestação do serviço qualificado.

2 – No caso previsto no número anterior, se tal transmissão for impossível, toda a infraestrutura e documentação referida no número anterior fica à guarda da entidade supervisora.

3 – O prestador qualificado de serviços de confiança deve informar imediatamente a entidade supervisora quando se encontre em situação de insolvência, de processo de recuperação de empresa ou de cessação da atividade por qualquer outro motivo alheio à sua vontade.

4 – No caso previsto no número anterior, se o prestador qualificado de serviços de confiança tiver de cessar a sua atividade, a entidade supervisora promove a transmissão de toda a infraestrutura e documentação referida no nº 1 para outro prestador qualificado de serviços de confiança, aplicando-se o disposto no nº 2 se tal transmissão for impossível.

5 – A entidade supervisora define e publica no seu sítio na Internet o formulário eletrónico necessário para a comunicação da cessação da atividade.

CAPÍTULO V – SISTEMA DE CERTIFICAÇÃO ELETRÓNICA DO ESTADO – INFRAESTRUTURA DE CHAVES PÚBLICAS

SECÇÃO I – DISPOSIÇÕES GERAIS

ARTIGO 23º – DEFINIÇÃO E ÂMBITO

1 – O SCEE visa estabelecer uma estrutura de confiança eletrónica, a fim de que as entidades certificadoras que o integram disponibilizem serviços que garantam:

a) A realização de transações eletrónicas seguras;
b) A autenticação eletrónica forte;
c) A autoria, integridade, não repúdio e confidencialidade de transações, informações e documentos eletrónicos.

2 – As entidades certificadoras que integram o SCEE devem cumprir as regras previstas no Regulamento para a prestação de serviços de confiança.

3 – Só as entidades certificadoras do Estado compreendidas no âmbito do SCEE, ou outros prestadores de serviços de confiança reconhecidos por este, podem prestar serviços de confiança às entidades públicas.

ARTIGO 24º – ESTRUTURA E FUNCIONAMENTO DO SISTEMA DE CERTIFICAÇÃO ELETRÓNICA DO ESTADO – INFRAESTRUTURA DE CHAVES PÚBLICAS

O SCEE compreende:

a) O Conselho Gestor do SCEE;
b) A Entidade de Certificação Eletrónica do Estado;
c) As entidades certificadoras do Estado.

SECÇÃO II – CONSELHO GESTOR DO SISTEMA DE CERTIFICAÇÃO ELETRÓNICA DO ESTADO

ARTIGO 25º – COMPOSIÇÃO E FUNCIONAMENTO DO CONSELHO GESTOR DO SISTEMA DE CERTIFICAÇÃO ELETRÓNICA DO ESTADO – INFRAESTRUTURA DE CHAVES PÚBLICAS

1 – O Conselho Gestor do SCEE é o órgão responsável pela gestão global e administração do SCEE.

2 – O Conselho Gestor do SCEE é presidido pelo Primeiro-Ministro e composto por representantes de cada uma das seguintes entidades, designados pelos competentes membros do Governo:

- ***a)*** **GNS;**
- ***b)*** **Centro de Gestão da Rede Informática do Governo (CEGER);**
- ***c)*** **AMA, I. P.;**
- ***d)*** **Instituto dos Registos e do Notariado, I. P.;**
- ***e)*** **Autoridade Nacional de Comunicações;**
- ***f)*** **Instituto de Gestão Financeira e Equipamentos da Justiça, I. P.;**
- ***g)*** **Um representante de cada entidade certificadora do Estado que não esteja representada por nenhuma das entidades referidas nas alíneas anteriores.**

3 – Para efeitos do disposto na alínea g) do número anterior, caso exista mais do que uma entidade certificadora pública no âmbito da mesma área governativa, pode o respetivo membro do Governo determinar que apenas um representante das mesmas integra o Conselho Gestor do SCEE.

4 – O Primeiro-Ministro pode delegar a presidência do Conselho Gestor do SCEE em outro membro do Governo, com faculdade de subdelegação.

5 – O Conselho Gestor do SCEE pode solicitar a colaboração de outras entidades públicas ou privadas, bem como de personalidades de reconhecido mérito, para a análise de assuntos de natureza técnica especializada, no âmbito das competências que lhe são cometidas pelo presente decreto-lei.

6 – O Conselho Gestor do SCEE reúne de forma ordinária uma vez por ano e de forma extraordinária, por convocação do seu presidente.

7 – O apoio técnico, logístico e administrativo ao Conselho Gestor do SCEE, bem como os encargos inerentes ao seu funcionamento, são da responsabilidade da entidade à qual é atribuída a função de operação da entidade certificadora eletrónica do Estado.

8 – Os membros do Conselho Gestor do SCEE não têm direito a auferir suplemento remuneratório pelo desempenho das suas funções, sem prejuízo da possibilidade do percebimento de abonos ou ajudas de custo, nos termos gerais.

ARTIGO 26º – COMPETÊNCIAS

1 – Compete ao Conselho Gestor do SCEE:

a) Definir a política de certificação a observar pelas entidades certificadoras que integram o SCEE;
b) Garantir que as declarações de práticas de certificação das várias entidades certificadoras do Estado, bem como da entidade certificadora raiz do Estado, estão em conformidade com a política de certificação do SCEE;
c) Propor os critérios para aprovação das entidades certificadoras que pretendam integrar o SCEE;
d) Propor os critérios para aprovação de prestadores de serviços de confiança que pretendam ser reconhecidos no âmbito do SCEE;
e) Aferir a conformidade dos procedimentos seguidos pelas entidades certificadoras do Estado com as políticas e práticas aprovadas, sem prejuízo das competências legalmente cometidas à entidade supervisora;
f) Pronunciar-se pela exclusão de entidades certificadoras que integrem o SCEE em caso de não conformidade com as políticas e práticas aprovadas, comunicando tal facto à entidade supervisora;
g) Pronunciar-se sobre as melhores práticas internacionais no exercício das atividades de certificação eletrónica e propor a sua aplicação;
h) Representar institucionalmente o SCEE.

2 – Compete, ainda, ao Conselho Gestor do SCEE a promoção das atividades necessárias para o estabelecimento de acordos de intero-

perabilidade, com base em certificação cruzada, com outras infraestruturas de chaves públicas, de natureza privada ou pública, nacionais ou internacionais, nomeadamente:

a) Dar indicações à entidade certificadora raiz do Estado para a atribuição e a revogação de certificados emitidos com base em certificação cruzada;
b) Definir os termos e condições para o início, a suspensão ou a finalização dos procedimentos de interoperabilidade com outras infraestruturas de chaves públicas.

SECÇÃO III – ENTIDADE DE CERTIFICAÇÃO ELETRÓNICA DO ESTADO

ARTIGO 27º – DEFINIÇÃO E COMPETÊNCIAS

1 – A Entidade de Certificação Eletrónica do Estado, enquanto entidade certificadora raiz do Estado, é o serviço certificador de topo da cadeia de certificação do SCEE.

2 – A Entidade de Certificação Eletrónica do Estado disponibiliza exclusivamente serviços de certificação eletrónica para as entidades certificadoras do Estado.

3 – Compete à Entidade de Certificação Eletrónica do Estado executar as políticas de certificados e diretrizes aprovadas pelo Conselho Gestor do SCEE, admitir a integração das entidades certificadoras que obedeçam aos requisitos estabelecidos no SCEE e prestar os serviços de certificação às entidades certificadoras do Estado, no nível hierárquico imediatamente inferior ao seu na cadeia de certificação.

4 – Compete, ainda, à Entidade de Certificação Eletrónica do Estado:

a) Garantir o cumprimento e a implementação, enquanto entidade certificadora, de todas as regras e todos os procedimentos estabelecidos no documento de políticas de certificação e na declaração de práticas de certificação do SCEE;
b) Implementar as políticas e práticas do Conselho Gestor do SCEE;
c) Gerir toda a infraestrutura e os recursos que compõem e garantem o funcionamento da entidade certificadora raiz do Estado, nomeadamente o pessoal, os equipamentos e as instalações;

d) Gerir todas as atividades relacionadas com a gestão do ciclo de vida dos certificados por si emitidos para as entidades certificadoras de nível imediatamente inferior ao seu;
e) Garantir que o acesso às suas instalações, quer principal, quer alternativa, é efetuado apenas por pessoal devidamente autorizado e credenciado;
f) Gerir o recrutamento de pessoal tecnicamente habilitado para a realização das tarefas de gestão e operação da entidade certificadora raiz do Estado;
g) Comunicar imediatamente qualquer incidente, nomeadamente anomalias ou falhas de segurança, ao Conselho Gestor do SCEE.

5 – A Entidade de Certificação Eletrónica do Estado é dirigida, por inerência, pelo diretor do CEGER.

ARTIGO 28º – AUTORIDADE CREDENCIADORA

1 – A autoridade credenciadora é o GNS.

2 – O GNS procede à credenciação das entidades certificadoras do Estado, no caso de estas não terem o estatuto de prestador qualificado de serviços de confiança ao abrigo do Regulamento.

3 – A credenciação é válida por um período de dois anos, podendo ser renovada por períodos iguais, mediante novo pedido.

SECÇÃO IV – ENTIDADES CERTIFICADORAS DO ESTADO

ARTIGO 29º – REQUISITOS

1 – São entidades certificadoras do Estado aquelas que exerçam as funções de prestadores de serviços de confiança, nos termos do Regulamento, e que:

a) Sejam admitidas como entidades certificadoras, de acordo com o nº 3 do artigo 27º;
b) Atuem em conformidade com as declarações de práticas de certificação e com a política de certificação e práticas aprovadas pelo Conselho Gestor do SCEE.

2 – As entidades certificadoras do Estado podem requerer o estatuto de prestador qualificado de serviços de confiança junto da entidade supervisora, ficando sujeitas ao regime constante do presente decreto-lei, com exceção dos requisitos definidos nos artigos 18º a 20º, bem como da apresentação da documentação comprovativa dos requisitos previstos nas alíneas b) a d) do artigo 15º

3 – As entidades certificadoras não podem emitir certificados de nível diverso do imediatamente subsequente ao seu, exceto nos casos de acordos de certificação lateral ou cruzada promovidos e aprovados pelo Conselho Gestor do SCEE.

4 – Os serviços de registo podem ser atribuídos a pessoas singulares e coletivas, designadas como entidades de registo, com as quais as entidades certificadoras acordam a prestação de serviços de identificação e registo de utilizadores de certificados, bem como a gestão de pedidos de revogação de certificados.

CAPÍTULO VI – REGIME SANCIONATÓRIO

ARTIGO 30º – CONTRAORDENAÇÕES

1 – Constituem contraordenações muito graves:

_a)_ O incumprimento dos requisitos de segurança para prestadores de serviços de confiança definidos no artigo 19º do Regulamento;
_b)_ A utilização indevida da marca de confiança «UE» para serviços de confiança qualificados, de acordo com estabelecido no artigo 23º do Regulamento;
_c)_ Iniciar a prestação de serviços de confiança qualificados sem que o estatuto de prestador qualificado tenha sido publicado nas listas de confiança;
_d)_ O não cumprimento, por parte do prestador qualificado de serviços de confiança, dos deveres constantes no artigo 13º

2 – Constituem contraordenações graves:

_a)_ O não cumprimento, por parte do prestador qualificado de serviços de confiança, dos deveres de informação previstos no artigo 11º;

b) O não cumprimento, por parte do prestador qualificado de serviços de confiança, dos deveres constantes no artigo 21º;

c) O não cumprimento, por parte do prestador qualificado de serviços de confiança, do dever de comunicação previsto no nº 1 do artigo 22º;

d) O não cumprimento do prazo máximo referido no nº 3 do artigo 24º do Regulamento, bem como o fornecimento de informação sobre a validade ou revogação de certificados qualificados, tendo em consideração o referido no nº 4 do artigo 24º do Regulamento;

e) Na emissão de certificados qualificados para assinatura eletrónica, o não cumprimento de todos os requisitos estabelecidos no artigo 28º do Regulamento;

f) Permitir a criação de assinaturas eletrónicas qualificadas com recurso a dispositivos que não cumprem os requisitos definidos no artigo 29º do Regulamento;

g) Permitir a criação de selos eletrónicos qualificados com recurso a dispositivos que não cumprem os requisitos definidos no artigo 39º do Regulamento;

h) O fornecimento de serviço de validação de assinaturas eletrónicas qualificadas, sem cumprir os requisitos definidos no artigo 32º do Regulamento;

i) O fornecimento de serviço qualificado de validação de assinaturas eletrónicas qualificadas, sem cumprir os requisitos definidos no artigo 33º do Regulamento;

j) O fornecimento de serviço qualificado de preservação de assinaturas eletrónicas qualificadas, sem cumprir os requisitos definidos no artigo 34º do Regulamento;

k) Na emissão de certificados qualificados para selos eletrónicos, o não cumprimento de todos os requisitos estabelecidos no artigo 38º do Regulamento;

l) Na validação e preservação dos selos eletrónicos qualificados, o não cumprimento de todos os requisitos estabelecidos no artigo 40º do Regulamento;

m) Na emissão de selos temporais qualificados, o não cumprimento de todos os requisitos estabelecidos no artigo 42º do Regulamento;

n) No fornecimento de serviços qualificados de envio registado eletrónico, o não cumprimento de todos os requisitos estabelecidos no artigo 44º do Regulamento;
o) Na emissão de certificados qualificados de autenticação de sítios web, o não cumprimento de todos os requisitos estabelecidos no artigo 45º do Regulamento.

ARTIGO 31º - SANÇÕES

1 - Às contraordenações muito graves são aplicadas coimas entre € 2500 e € 3740, no caso de pessoas singulares, e entre € 20 000 e € 44 890, no caso de pessoas coletivas.

2 - Às contraordenações graves são aplicadas coimas entre € 500 e € 2500, no caso de pessoas singulares, e entre € 5000 e € 20 000, no caso de pessoas coletivas.

3 - A negligência é punível, sendo os limites mínimos e máximos das coimas aplicáveis reduzidos a metade.

4 - Às contraordenações muito graves, para além da coima, pode ser aplicada, em função da gravidade da infração e da culpa do agente, a sanção acessória de interdição do exercício da atividade de prestação de serviços de confiança até ao período máximo de dois anos.

ARTIGO 32º - PROCESSO CONTRAORDENACIONAL

1 - Compete ao dirigente máximo da entidade supervisora a instrução e decisão dos processos de contraordenação.

2 - O produto resultante da aplicação das coimas reverte em:

a) 60 % para o Estado;
b) 40 % para a entidade supervisora.

ARTIGO 33º - DIREITO SUBSIDIÁRIO

Em tudo o que se não se encontre previsto no presente capítulo aplica-se subsidiariamente o regime geral do ilícito de mera ordenação social, constante do Decreto-Lei nº 433/82, de 27 de outubro, na sua redação atual.

CAPÍTULO VII – DISPOSIÇÕES FINAIS

ARTIGO 34º – DEVER DE COLABORAÇÃO

A entidade supervisora pode solicitar às autoridades policiais e judiciárias e a outras autoridades ou organismos públicos, bem como aos organismos de avaliação da conformidade, de acordo com as suas competências, a colaboração que julgue necessária para a fiscalização dos prestadores de serviços de confiança.

ARTIGO 35º – TAXAS

1 – Os prestadores qualificados de serviços de confiança e as entidades certificadoras do Estado estão sujeitos ao pagamento de taxas destinadas a cobrir os encargos com a atribuição do estatuto ou da credenciação, com a gestão do sistema de supervisão, bem como com a monitorização e a fiscalização da respetiva atividade em território nacional.

2 – As taxas referidas no número anterior constituem receita do GNS e são definidas por portaria do membro do Governo de que depende o GNS e do membro do Governo responsável pela área das finanças.

ARTIGO 36º – NORMA REVOGATÓRIA

São revogados:

a) O Decreto-Lei nº 290-D/99, de 2 de agosto, na sua redação atual;
b) O Decreto-Lei nº 116-A/2006, de 16 de junho, na sua redação atual;
c) O Decreto Regulamentar nº 25/2004, de 15 de julho;
d) A Portaria nº 1370/2000, de 12 de setembro;
e) A Portaria nº 597/2009, de 4 de junho.

ARTIGO 37º – ENTRADA EM VIGOR

O presente decreto-lei entra em vigor 30 dias após sua publicação, exceto o artigo 20º e o nº 2 do artigo 35º, os quais entram em vigor no dia seguinte ao da publicação do presente decreto-lei.

Visto e aprovado em Conselho de Ministros de 28 de janeiro de 2021. (...)

Promulgado em 4 de fevereiro de 2021.

Publique-se.

O Presidente da República, Marcelo Rebelo de Sousa.

Referendado em 4 de fevereiro de 2021.

O Primeiro-Ministro, António Luís Santos da Costa.

BIBLIOGRAFIA

ABEL LLUCH, XAVIER
- *Derecho Probatorio,* Bosch Procesal, 2012

ABEL LLUCH, XAVIER/PICÓ I JUNOY, JOAN (dirs.)
- *La Prueba Documental,* Colección de Formación Continua Facultad de Derecho ESADE", Barcelona, Bosch Formación, 2010
- *La Prueba Electrónica,* "Colección de Formación Continua Facultad de Derecho ESADE", Barcelona, Bosch Formación, 2011

ALAMILLO DOMINGO, IGNACIO
- *Identificación Electrónica y Confianza en las Transacciones Electrónicas: la Regulación Jurídico-Administrativa de las Instituciones de Acreditación de la Actuación Electrónica,* Murcia, 2018

ALEXANDRE, ISABEL
- "A Fase de Instrução e os Novos Meios de Prova no CPC de 2013", in *O Novo Processo Civil, Contributo da Doutrina para a Compreensão do Novo CPC,* CEJ, dezembro de 2013

AMBROSINI, ROBERTO
- *La Prova Testimoniali Civile. Profili Processuali,* IPSOA, 2006

ARIOLA, LUCA
- *Le Prove Atipiche Nel Processo Civile,* Torino, Giappichelli Editore, 2008

AA. VV.
- *Lei do Comércio Electrónico Anotada,* Ministério da Justiça, Gabinete de Política Legislativa e Planeamento, Coimbra Editora, 2005

ATAÍDE, RUI PAULO COUTINHO DE MASCARENHAS
- *Responsabilidade Civil por Violação de Deveres no Tráfego,* Almedina, 2015

BARBAGALLO, ISIDORO
- *La Prova Testimoniale, Nei Procedimenti Civili e Penali: Diritto e Metodologia Probatoria,* Giuffrè Editore, Milano, 2002

BELEZA, MARIA DOS PRAZERES
- *O activismo judiciário em matéria probatória e a teoria dinâmica da distribuição do ónus da prova,* 2012, www.ippcivil/recursos-bibliograficos
- "A Prova por Declarações de Parte: Uma Desnecessária Duplicação das Alegações das Partes ou Uma Prova Inútil?", II Congresso de Processo Civil (2014)

BENEDETTO, GIORGIO DI
- *Scrittura Privata e Documento Informatico,* Milano, Giuffrè Editore, 2009

BEIRÃO, JOANA MOREIRA
- *Da Distribuição do Ónus da Prova no Direito Processual Civil Português – Contributo para o Estudo da Possibilidade de Flexibilização através de uma Distribuição Dinâmica,* FDUL, 2017

BERTOLINO, GIULIA
- "Documento e Rappresentazione della realtà", *in* ALBERTO RONCO (dir.), *Il Documento nel Processo Civile*, Zanichelli Editore, Bologna, 2011, pp. 1- 31

BETTELLI, ALESSANDRA VILLECCO
- *L'Efficacia Delle Prove Informatiche*, Milano, Giuffrè Editore, 2004

BIORCI, PAOLO
- "L'atto pubblico e gli altri documenti di formazione pubblica", in ALBERTO RONCO (dir.), *Il documento nel Processo Civile*, 2015, Zanichelli Editore, pp. 33-72

BONOMI, EUGENIO
- "Le Riproduzioni Mecaniche ed i Documenti Che Non Riflettono Una Scrittura", *in* ALBERTO RONCO (dir.), *Il Documento nel Processo Civile*, Zanichelli Editore, Bologna, 2011, pp. 177-200

BORGES, RONALDO SOUZA
- *A Presunção Judicial e a Formação do Convencimento do Juiz no Processo Civil*, FDUL, 2014

BUONOMO/GIOVANNI E MERONE/ANIELLO
- "*La Scrittura Privata Informatica : Firme Elettroniche, Valor Probatorio e Disconoscimento in Giudizio [Alla Luce delle Modifiche Introdotte dalla l. 221/2012]*", http://www.uilpadirigentiministeriali.com/attachments/article/2911/++la_%20scrittura_%20privata%20_informatica.pdf

CALZOLAIO, ERMANNO
- "L'Imputazione Della Dichiarazione nel Documento Informatico Tra Volontà e Affidamento: Spunti Per Una Riflessione", in *Rivista Trimestrale di Diritto e Procedura Civile*, Vol. 59, Nº 3, 2005, pp. 933-948

CARMEN VÁSQUEZ (ed.)
- *Estándares de Prueba y Prueba Científica*, Marcial Pons, Madrid, 2013

CARRATA, ANTONIO
- "Prova e convincimento del giudice nel processo civile", in *Rivista di Diritto Processuale*, Ano 2003, pp. 27-64

CARDIM, GONÇALO ALMEIDA
- *A Inversão do Contencioso. Em Especial, a Distribuição do Ónus da prova na Sequência da Inversão do Contencioso*, UCP, 2018

CASTRO, CÁSSIO BENVENUTTI DE
- *O Standard do Convencimento na Tutela Jurisdicional do Consumidor (Aproximação Dogmática)*, Porto Alegre, 2015

CECCARINI, ADOLFO
- *La Prova Documentale nel Processo Civile*, Giuffrè, Milano, 2006

CIVARDI, CLARISSA
- *La Disciplina Giuridica del Mobile-Commerce Realizatto Mediante il Short Message Service*, https://www.filodiritto.com/articoli/2016/02/la-disciplina-giuridica-del-mobile-commerce-realizzato-mediante-il-short-message-service.html

CLAUDIA, SANDEI
- *Il Valore Giuridico del Documento Informatico*, Università degli Studi di Ferrara, 2008, http://eprints.unife.it/110/1/TESI_COPISTERIA_def.pdf

COMOGLIO, LUIGI PAOLO
- *Le Prove Civili*, "Trattati Brevi", Terza Edizione, Torino, Utet Giuridica, 2010

COOPER/BARRY S., GRIESEL/DOROTHEE E TERNES/MARGUERITE (eds.)
- *Applied Issues in Investigative Interviewing, Eyewitness Memory, and Credibility Assessment*, Springer, London, 2013

CORDEIRO, ANTÓNIO MENEZES
- *Tratado de Direito Civil*, V, Almedina, 2011

CORDOPATRI, FRANCESCO
- "Note in tema di "Principio di prova per iscritto", in *Rivista di Diritto Processuale*, 2007, Nº 5, pp. 1155-1176

CORREIA, MIGUEL PUPO
- "Comércio Eletrónico: Forma e Segurança", in *As Telecomunicações e o Direito na*

Sociedade da Informação, Coimbra, 1999, pp. 223-258
- "Assinatura Electrónica e Certificação Digital", in *Direito da Sociedade da Informação*, 6º vol., Coimbra, Coimbra Editora, 2006, pp. 277-317
- "Assinatura Electrónica e Certificação Digital – Novas Tendências", in *Direito da Sociedade da Informação*, Vol. VIII, Coimbra, Coimbra Editora, 2009, pp. 155-187

Costa, almeida
- *Direito das Obrigações*, Almedina, 12ª Ed., 2016

Delfini/Francesco e Finocchiaro/Giusella (org.)
- *Identificazione Elettronica e Servizi Fiduciari pel le Transazioni Elettroniche nel Mercato Interno, Commento al Regolamento UE 910/2014*, Giappichelli Editore, 2017

Dominici, Margherita
- "La querela de falso" in Alberto Ronco (dir.), *Il Documento nel Processo Civile*, 2011, pp. 281-322

Faria, Maria Paula Ribeiro de
- "O Erro em Medicina e o Direito Penal", in *Lex Medicinae*, Ano 7º, Nº 14 (2010), pp. 5-31

Faria, Paulo Ramos de e Loureiro/Ana Luísa
- *Primeiras Notas ao Novo CPC*, 2013, I Vol.

Faria, Rita Lynce,
- *A Inversão do Ónus da Prova no Direito Civil Português*, Lex, 2001

Fernandes, Carvalho
- *Estudos sobre a simulação*, Quid Juris, 2004

Fernandez, Elizabeth
- "Nemo Debet Essse Testis in Propria Causa? Sobre a (in)Coerência do Sistema Processual a Este Propósito", in *Julgar Especial, Prova Difícil*, 2014, pp. 20-37

fernández hierro,
- *Sistema de responsabilidad médica*, Comares, 2007

Ferrari, Francesca
- "La Nuova Disciplina del Documento Informatico", in *Rivista di Diritto Processuale*, Ano 54º, Nº 1 (Jan-Mar 1999), pp. 129-162
- "Il Codice Dell'Administrazione Digitale e le Norme Dedicate al Documento Informatico", in *Rivista di Diritto Processuale*, Ano 62º, (mar.-abr. 2007), nº 2, pp. 415-431

Ferrer Beltrán, Jordi
- *Prueba y Verdade en el Derecho*, Marcial Pons, Madrid, 2ª Ed., 2005
- *La Valoración Racional de la Prueba*, Marcial Pons, Madrid, 2007

Freitas, Lebre de
- *A Falsidade no Direito Probatório*, 2ª ed., Coimbra, Almedina, 2013
- *A Ação Declarativa Comum, À Luz do CPC de 2013*, 3ª Ed., Coimbra Editora, 2013
- *A Confissão no Direito Probatório*, 2ª ed., 2013

Freitas/Lebre de e Alexandre/Isabel
- *CPC Anotado*, Vol. II, 3ª ed., 2017

Gaete González, Eugenio Alberto
- *Instrumento Público Electrónico*, 3ª ed., Barcelona, Bosch, 2009

Gascón Abellán, Marina
- *Los Hechos en el Derecho, Bases Argumentales de la prueba*, Marcial Pons, Madrid, 2010
- "Prueba Científica. Un Mapa de Retos", in Carmen Vásquez (ed.), *Estándares de Prueba y Prueba Científica*, Marcial Pons, Madrid, 2013, pp. 181-199

Gentili, Aurelio
- "Documento Informatico e Tutela dell'Affidamento", in *Rivista di Dirito Civile*, Ano 44º, nº 3 (maio-junho 1998), Parte Segunda, pp. 163-179
- "Le Tipologie di Documento Informatico Dopo il D.P.R. N. 137/03: Effetti Sostanziali ed Effetti Probatori", in *Il Diritto*

dell'informazione e dell'informatica, Milano, A. 19, nos. 4-5 (Luglio-Ottobre 2003), pp. 671-688
- "Documento Elettronico: Validità ed Efficacia Probatoria", in Clarizia Renato (org.), *I Contratti Informatichi*, pp. 119-167

Geraldes, Abrantes/Pimenta, Paulo/Sousa, Luís Filipe
- *CPC Anotado*, I Vol., 2020, Almedina, 2ª ed.

Gomes, Tomé
- "Um olhar sobre a demanda da verdade no processo civil", in *Revista do CEJ*, 2005, Nº 3, pp. 127-168

Granhag, Pär Anders/Strömwall, Leif A. (eds.)
- *The Detection of Deception in Forensic Contexts*, Cambridge University Press, 2004

Grau Grau, Ignacio
- *Valoración Judicial de la Prueba en los Procesos por Accidente de Tráfico*, Bosch, 2008

Graziosi, Andrea
- "Premesse ad una Teoria Probatoria del Documento Informatico", in *Rivista Trimestrale di Diritto e Procedura Civile*, 1998, pp. 481-529
- "La Nuova Efficacia Probatoria del Documento Informatico", in *Rivista Trimestrale di Diritto e Procedura Civile*, V. 57, Nº 1, mar. 2003, pp. 53-80

Herrera Habián, Rosário
- *La inmediación como garantia procesal (En el proceso civil y en el proceso penal)*, Editorial Comares, 2006

Iorio, Rafaela di
- "Le altre scriturre private, le copie e il telefax", in Alberto Ronco (dir.), *Il Documento nel Processo Civile*, 2011, pp. 117-176

Jaume Bennasar, Andrés
- *La Validez del Documento Electrónico y su Eficacia en Sede Procesal*, Valladolid, Lex Nova, 2010

Kean/Adrian, Griffiths/James e Mckeown/Paul
- *The Modern Law of Evidence*, 8ª Ed., Oxford University Press, 2010

Lacerda, Pedro
- "A Prova por Documentos Eletrónicos", in *Cadernos de Direito Privado*, abril-junho 2016, pp. 11-28

La Torre, Maria Enza
- *Contributo alla Teoria Giuridica del Documento*, Milano, Giuffrè Editore, 2004

Leuzzi, Salvo
- *I Mezzid di Prova Nel Processo. Formazione, Acquisizione, Integrazione*, Giuffrè Editore, 2013

Lombardo, Luigi
- *La Prova Giudiziale, Contributo alla Teoria del Giudizio di Fatto nel Processo*, Giuffrè Editore, 1999

Lupano, Matteo
- "Natura dell'E-mail, Sua Efficacia Probatoria Nella Normativa Vigente e nel Leg. 7.3.2005, nº 82, Trib. Verona 26 Novembre 2005", in *Giur. mer.*, 2005, 2129
- "L'Informatica e le Nuove Frontiere della Prova Documentale", *in* Alberto Ronco (dir.), *Il Documento nel Processo Civile*, Zanichelli Editore, Bologna, 2011, pp. 249-279

Marques, Remédio
- "A Aquisição e a Valoração Probatória de Factos (Des)Favoráveis ao Depoente ou à Parte Chamada a Prestar Informações ou Esclarecimentos", in *Julgar*, Nº 16, janeiro – abril 2012, pp. 137-172
- "Os Poderes da Relação em Matéria de Presunções Judiciais e o Controlo do STJ sobre o Exercício Desses Poderes", in *Boletim da Faculdade de Direito*, Nº 92, 2016, pp. 757-824
- *Acção Declarativa à Luz do Código Revisto*, 2ª ed.

Martínez Urrea, Maria
- "La valoración de dictámes periciales contraditórios", in *Aspetos problemáticos*

en la valoración de la prueba civil, Bosch Procesal, 2008

Martins, João Marques
- "Documentos Eletrónicos e Meios de Prova", in Menezes Cordeiro (coord.), *Código Civil, Livro do Cinquentenário*, Almedina, 2019, pp. 795-824

Masucci, Alfonso
- "Il Documento Informatico, Profili Ricostruttivi Della Nozione e Della Disciplina", in *Rivista di Diritto Civile*, Vol. 50, Nº 5, 2004, pp. 749-786
- "Documento Informatico e Sottoscrizione Elettronica: La Nuova Normativa del T.U. Sulla Documentazione Administrativa Tra Direttiva Europea e Specificità Italiana", in *Rivista Italiana di Diritto Pubblico Comunitario*, Pádova, Ano 14, nº 2 (2004), pp. 541-571

Mendes, Castro
- *Do conceito de prova em processo civil*, Edições Ática, Lisboa, 1961

Mendes, Castro/Sousa, Teixeira de,
- *Manual de Processo Civil*, Vol. I, AAFDL, 2022

Merchán Murillo, Antonio
- *Firma Electrónica: Funciones y Problemática*, Aranzadi, 2016

Mesquita, Miguel
- *Reconvenção e Excepção no Processo Civil*,

Miranda Vásquez, Carlos de
- "La Prueba Indiciaria: Deducción? Inducción? Abducción? O Inferencia a la Mejor Explicación?" in García Amado, Juan António e Raúl Bonorino/Pablo (Coords.), *Prueba y Razonamiento Probatorio en Derecho, Debates sobre Abducción*, Editorial Comares, 2014

Montero Aroca, Juan
- *La Prueba en el Proceso Civil*, 2007

Muñoz Sabaté, Luis
- *Tratado de Probática Judicial, La Prueba del Hecho Psíquico*, Tomo I, Bosch, Barcelona, 1992
- "Los indícios endoprocesales", in *Diario La Ley*, Ano XXVII, Número 6849, 27.12.2007
- *Summa de Probática Civil, Cómo probar los hechos en el proceso civil*, La Ley, 1ª Ed., maio de 2008
- *Curso de Probática Judicial*, Madrid, La Ley, 2009
- "Taxonomia indiciaria" in *La Prueba Judicial, Desafios en las Jurisdicciones civil, penal, laboral y contencioso-administrativa*, La Ley, 2011, pp. 183-212
- *Técnica Probatória, Estudios Sobre las Dificultades de la Prueba en el Proceso*, 4ª Ed., Wolters Kluwer, 2017

Múrias, Pedro Ferreira
- *Por Uma Distribuição Fundamentada do Ónus da Prova*, 2000

Navone, Gianluca
- *Instrumentum Digitale, Teoria e Disciplina del Documento Informatico*, "Quaderni di Studi Senesi", Milano, Giuffrè Editore, 2012

Nieva Fenoll, Jordi
- *La Valoración de la Prueba*, "Proceso y Derecho", Madrid, Marcial Pons, 2010

Novario, Filippo
- *Le Prove Informatiche nel Processo Civile*, Torino, Giappichelli Editore, 2014

Nunes, Manuel Rosário
- *Da responsabilidade civil por atos médicos – Alguns Aspetos*, Universidade Lusíada, 2001

Orlandi, Mauro
- *Il Falso Digitale*, Milano, Giuffrè Editore, 2003

Ortuño Navalón, Maria Del Carmen
- *La Prueba Electrónica Ante los Tribunales*, Valencia, Tirant lo Blanch, 2014

Paloma Llaneza
- *Reglamento Eidas, Nuevos Servicios de Confianza, Identificación Eletrónica, Y Sus Prestadores*, Comares, 2018

PATRÍCIO, ANA CRISTINA AMARAL
- *A Inversão do Ónus da Prova, no Caso de Não Colaboração de Uma das Partes*, UCP, 2013

PATTI, SALVATORE
- "Documento", in *Digesto della Discipline Privatistiche, Sezione Civile*, UTET, VII Vol., 1991, pp. 1- 13
- *Prova Documentale*, Zanichelli Editore, Bologna, 1996
- "L'Efficacia Probatoria del Documento Informatico", in *Rivista di Diritto Processuale*, V. 55, Nº 1, 2000, pp. 60-92
- *Prove*, Zanichelli Editore, 2015

PECORARO, CARLO
- *Le Presunzioni nel Diritto Penale*, Roma Tre, Anno Accademico 2007/2008

PEDRO, RUTE TEIXEIRA
- *A responsabilidade civil do médico, Reflexões sobre a noção de perda de chance e a tutela do doente lesado*, Coimbra Editora, 2008

PELLEGRINO, ANDREA
- *Il Doppio Volto Dell'Indizio nel Processo Penale*, Giappichelli Editore, 2010

PEREIRA, ANDRÉ DIAS
- *O consentimento informado na relação médico-paciente*, Coimbra Editora, 2004
- "Responsabilidade civil dos médicos: danos hospitalares – Alguns casos da Jurisprudência", in *Lex Medicinae*, Ano 4, Nº 7, Jan- Jun (2007), pp. 53-67

PEREIRA PUIGVERT, SILVIA
- *La Exhibición de Documentos Probatorios y Soportes Informaticos*, Universitat de Girona, 2012, http://www.tdx.cat/bitstream/handle/10803/104485/tspp.pdf?sequence=2

PIMENTA, PAULO
- *Processo Civil Declarativo*, 2ª ed., 2017

PINTO, CARLOS MOTA
- "Arguição da simulação pelos simuladores, Prova testemunhal", Parecer, CJ 1985- III, pp. 9-15

PINTO, FREDERICO COSTA
- "Depoimento Indirecto, Legalidade da Prova e Direito de Defesa", in *Estudos em Homenagem ao Prof. Doutor Jorge Figueiredo Dias*, III Vol., Coimbra Editora, 2010, pp. 1041-1088

PINTO PALACIOS/FERNANDO, PUJOL CAPILLA, PURIFICACIÓN
- *La Prueba en la Era Digital*, Wolters Kluwer, 2017

PITT, GIOCONDA FIANCO
- *Prova Indiciária e Convencimento Judicial no Processo Civil*, Universidade Federal do Rio Grande do Sul, Porto Alegre, 2008

PRATA, ANA (COORD.)
- *Código Civil Anotado*, Vol. I, Almedina, 2017

RAMOS, ARMANDO DIAS
- *A Prova Digital em Processo Penal: O Correio Eletrónico*, Chiado Editora, 2014

RAMOS, JOSÉ LUÍS BONIFÁCIO
- *Questões Actuais de Direito Probatório*, AAFDL, 2020

RAPOSO, VERA LÚCIA
- *Do Ato Médico ao Problema Jurídico*, Almedina, 2013

REGO, MARGARIDA LIMA
- "O E-mail como Título Executivo", in *Estudos em Homenagem ao Prof. Doutor José Lebre de Freitas*, 1º vol., Coimbra, Coimbra Editora, 2013, pp. 1021-1043

RIBEIRO, RICARDO LUCAS
- *Obrigações de Meio e Obrigações de Resultado*, Wolters Kluver, 2010

RIZZO, FRANCESCO
- *Il Documento Informatico, "Paternità" e "Falsità"*, Napoli, Edizioni Scientifiche Italiane, 2004
- "Valore Giuridico el Efficacia Probatoria del Documento Informatico", in *Il Diritto Dell'Informazione e Dell'Informatica*, Milano, A. 15, Nº 1, Gennaio-Febbraio 2000, pp. 213-241

ROCHA, MANUEL LOPES/CORREIA, MIGUEL PUPO/RODRIGUES, MARTA FELINO/ANDRADE, MIGUEL ALMEIDA/CARREIRO, HENRIQUES JOSÉ

- *Leis do Comércio Electrónico, Notas e Comentários*, Coimbra, Coimbra Editora, 2001

Rodrigues, Álvaro Gomes
- "Reflexões em torno da responsabilidade civil dos médicos", in *Revista Direito e Justiça*, 2000, XIV, pp. 161-252

Rodriguz-Magariños, Antonio Evaristo Gudín
- "La Diligencia de Cotejo de los Documentos Electrónicos", Revista General de Derecho Procesal, nº 22 (2010), http://www.iustel.com/v2/revistas/detalle_revista.asp?id_noticia=409367
- "Incorporación al Proceso del Material Informático Intervenido Durante la Investigación Penal", in *Boletín del Ministerio de Justicia*, Año LXVIII, nº 2163, Febrero 2014, pp. 2-22

Ronco, Alberto (dir.)
- *Il Documento nel Processo Civile*, Zanichelli Editore, Bologna, 2011

Ronco, Alberto
- "Riflessioni sulla Disciplina Processuale e Sull'Efficacia Probatoria delle Scritture Provenienti da Terzi", in *Rivista di Diritto Civile*, Anno XXXII, 1986, Parte Seconda, pp. 545-564

Rosemberg, Leo
- *La Carga de la Prueba*, Editorial Bdef, Buenos Aires, 2002

Rota, Fabio
- "I documenti", *in* Michele Taruffo (org.), *La Prova nel Processo Civile*, "Trattato di Diritto Civile e Commerciale", Milano, Giuffrè Editore, 2012, pp. 575-776

Russo, marco
- "La scrittura privata in senso stretto", in Alberto Ronco (dir.), *Il Documento nel Processo Civile*, 2011, pp. 73-116
- *Prova Legale e Libero Convincimento del Giudice*, Giappichelli Editore, 2017

Russo, Vincenzo
- *La Prova Indiziaria e il "Giusto Processo"*, Jovene Editore, 2001

Saccone, Giuseppe
- *L'Indizio "Per la Prova" e L'Indizio "Cautelare" nel Processo Penale*, Giuffrè Editore, 2012

Salpico, Nuno Alexandre Pires
- "A inversão do ónus da prova devido a impossibilidade de prova culposamente causada", in *Ius Dictum*, Nº 1, 2020, pp. 45-75, também acessível em https://sousaferro.pt/wp-content/uploads/2020/06/Invers%C3%A3o-por-impossibilidade-culposamente-causada-NUNO-SALPICO.pdf

Sánchez de Movellán, Pedro Álvarez
- "Las presunciones en la Ley de Enjuiciamento Civil", in *Carga de la Prueba y Responsabilidad civil*, Tirant, Valencia, 2007

Santis, Francesco de
- *Il Documento Non Scritto Come Prova Civile*, Napoli, Edizioni Scientifiche Italiane, 1988

Scapini, Nevio
- *La Prova per Indizi nel Vigente Sistema del Processo Penale*, Giuffrè Editore, 2001

Schweizer, Mark
- "The civil standard of proof – What is it, actually?", 2013, http://homepage.coll.mpg.de/pdf_dat/2013_12online.pdf

Segatti, marco
- "La Confessione", in Michele Taruffo (org.), *La Prova nel Processo Civile*, Giuffrè Editore, 2012, pp. 523-571

Serra, Vaz
- *Provas (Direito Probatório Material)*, 1962
- *Direito Probatório Material*, BMJ nº 110, nº 111 e nº 112

Serra Dominguez, Manuel
- *Estudios de Derecho Probatorio*, Communitas, Lima, 2009

Silva, Paula Costa e
- "Transferência Electrónica de Dados: a Formação dos Contratos (O Novo Regime dos Documentos Electróni-

cos)", in *Direito da Sociedade de Informação*, I Vol., Coimbra, 1999, pp. 201-228

SILVEIRA, DANIEL COUTINHO DA,
- *Prova, Argumento e Decisão. Critérios de Suficiência para Orientação dos Juízos de Factos no Direito Processual Brasileiro*, São Paulo, 2011

SOUSA, LUÍS FILIPE PIRES DE
- *Prova por Presunção no Direito Civil*, Almedina, 2017, 3ª ed.
- *Prova Testemunhal, Noções de Psicologia do Testemunho*, Almedina, 2020

SOUSA, MIGUEL TEIXEIRA DE
- "A livre apreciação da prova em processo civil", in *Scientia Iuridica*, jan-abr 1984, Tomo XXXIII, nos. 187-188, pp. 115-146
- *As Partes, o Objecto e a Prova na Acção Declarativa*, Lex, Lisboa, 1995
- "O Valor Probatório dos Documentos Electrónicos", in *Direito da Sociedade da informação*, 2º vol., Coimbra, Coimbra Editora, 1999, pp. 171-201
- *Introdução ao Direito*, Almedina, 2013

STRECK, LENIO LUIZ/RAATZ, IGOR/ DIETRICH, WLLIAM GAELLE
- "Sobre um possível diálogo entre a crítica hermenêutica e a teoria dos standards probatórios: notas sobre valoração probatória em tempos de intersubjetividade", www.univali.br/periodicos, Doi: 10.14210/nej.v21n2. pp. 6-28

TARUFFO, MICHELE
- "Certezza e probabilità nelle presunzioni", in *Foro Italiano*, 1974, V, pp. 83-112
- *La Prueba de los Hechos*, Madrid, Editorial Trotta, 2002
- "Rethinking the sandards of proof", in *American Journal of Comparative Law*, 51, 2003, pp. 659-678
- *La Prueba, Artículos y conferencias*, Editorial Metropolitana, 2008
- *La Prueba*, Marcial Pons, Madrid, 2008
- "Considerazioni Sulle Prove per Induzione", in *Rivista Trimestrale di Diritto e Procedura Civile*, Vol. 64, Nº 4, 2010, pp. 1165-1190
- "Le Prove per Induzione" in MICHELE TARUFFO (org.), *La Prova Nel Processo Civile*, Giuffrè Editore, 2012, pp. 1101-1126
- *La Prova nel Processo Civile*, "Trattato di Diritto Civile e Commerciale", Milano, Giuffrè Editore, 2012

TEIXEIRA, CARLOS ADÉRITO
- "Depoimento Indirecto e Arguido: Admissibilidade e Livre Valoração versus Proibição de Prova", in *Revista do CEJ*, Nº 2, pp. 127-191

TRINDADE, CLÁUDIA
- *A Prova de Estados Subjetivos no Processo Civil, Presunções Judiciais e Regras de Experiência*, Almedina, 2016

VARELA, ANTUNES
- RLJ, Ano 117º, p. 26 e ss
- *Manual de Processo Civil*, 2ª ed.

VEGA VEGA, JOSÉ ANTONIO
- "El Documento Jurídico. Problemas de la Electronificación", in *Revista de Estudios Económicos y Empresariales*, Nº 25, 2013, pp. 145-192

VERDE, GIOVANNI
- "Per la Chiareza di Idee in Tema di Documentazione Informatica", in *Rivista di Diritto Processuale*, Ano 45º, Nº 3 (jul.-set. 1990), pp. 715- 736
- "Prove Nuove", in *Rivista di Diritto Processuale*, Pádova, Ano 61, nº 1 (janeiro-março 2006), pp. 35-52

VIGLIONE, FILIPPO
- "L'Imputazione dei Documenti Tra Crisi Della Sosttoscrizione e Innovazioni Tecnologiche", in *Rivista di Diritto Civile*, Milão, Ano 49º, nº 3 (maio-junho 2003), pp. 243-273

VILLECCO, ALESSANDRA
- "Le Prove Informatiche e la Produzione dei Documenti Probatori su Supporto Informatico", in G. TADDEI ELMI

(org.), *Il Processo Telematico*, Napoli, Edizione Scientifiche Italiane, 2000, pp. 193-221

ZACCARIA/SCHMIDT-KESSEL/SCHULZE/GAMBINO (EDS.)
- *EU eIDAS Regulation*, Beck-Hart-Nomos, Munique, 2020

ZACCHÈ, FRANCESCO
- *La Prova Documentale*, Milano, Giuffrè, 2012

ZAGAMI, RAIMONDO
- *Firma Digitale e Sicurezza Giuridica Nel D.P.R. 10 novembre 1997, n. 513 e Nel D.P.C.M. 8 febbraio 1999*, Cedam, Padova, 2000

ÍNDICE ANALÍTICO

ÍNDICE